한국사

49

민족운동의 분화와 대중운동

국사편찬위원회

자문위원

김 운 태　　이 만 열　　조 동 걸

편찬위원

도 진 순　　정 재 정　　한 시 준

집필(민족운동의 분화와 대중운동)

고 숙 화　　김 용 달　　김 호 일
박 용 옥　　박 찬 승　　박 철 하
안 건 호　　안 태 정　　장 석 흥
전 명 혁　　정 재 정

기획 · 편집

강 영 철　　이 근 택　　고 성 훈
고 숙 화

복간 간행 : 김 용 곤 · 장 득 진

한국사 간행취지

우리 겨레가 앞으로 어떻게 살아갈 것인가 하는 문제는 우리들은 물론 우리와 더불어 살아가는 세계인들의 관심사일 것이다. 이에 대한 해답은 과거에 어떻게 살아왔는가 하는 우리 역사에 대한 인식을 통해 찾을 수 있을 것이라고 생각된다.

본 위원회에서는 이미 1970년대에 『한국사』 25권을 간행하여 해방 이후 한국사의 연구성과를 집대성함으로써 한국사에 대한 인식을 새롭게 한 바 있다. 그 이후 한국사회는 놀라운 성장과 발전을 이루었고 역사학계도 상당한 연구성과를 축적하였다. 이러한 변화에 발맞추어 한국사학계는 새로운 『한국사』 편찬의 필요를 느끼게 되었다.

이에 본 위원회는 일차적으로 한국사 연구지원비를 마련하여 역사학계로 하여금 1980년대 중반까지 연구성과가 미진하다고 생각되는 분야를 연구할 수 있도록 하였다. 이어서 1989년부터 1990년까지의 준비를 거쳐 1991년에는 '신편 한국사 편찬위원회'를 따로 구성하고 총 60권에 달하는 새로운 『한국사』를 편찬하기로 하였다. 그리고 다음과 같은 『한국사』 편찬의 목표를 세웠다.

① 한국의 역사와 문화에 대한 객관적 인식의 토대를 제공할 수 있는 한국사를 편찬한다.

② 민족의 창조적 문화활동과 민족사의 내재적 발전을 드러내는 한국사를 편찬한다.

③ 최근까지의 연구성과를 체계화하고 새로운 영역을 개척함으로써 한국사 연구의 지평을 넓힌다.

④ 한국사 연구와 관련하여 고고학·인류학·사회학·경제학 등 인접학문의 연구성과를 수용하여 한국사 인식의 폭을 넓히는 데 기여한다.

새로운 『한국사』를 펴내면서 우리 모두가 바라는 바는, 민족의 통일에 대비해야 하고 급격히 변화하는 시대상황 속에서, 한국사 연구자의 깊이 있는 연구를 도와주고 독자들의 역사인식을 드높일 수 있는 길잡이 구실을 할 수 있었으면 하는 것이다.

국사편찬위원회 위원장

목 차

Ⅲ. 1920년대의 대중운동

개 요

I

1920년대는 일제의 식민통치뿐만 아니라 한국의 근현대사에서도 특기할 만한 시기였다. 일제는 국권을 강탈한 이후 10여 년 동안 헌병경찰제도, 토지조사사업, 회사령 등의 시행을 통해 식민지 지배기반을 구축하였고 한국민족은 이에 맞서 거족적인 3·1민족해방운동을 전개했다. 3·1운동은 당장에 해방을 가져오지는 못했지만 민족운동의 역량을 한데 모아 分流시키는 호수와 같은 역할을 하였다. 그리고 일제로 하여금 무단통치에서 '문화통치'로 지배정책을 전환하도록 만들었다.

3·1운동 이후 민족운동은 한때 침체를 면치 못하였다. 일본의 압도적 힘에 밀려 3·1운동이 민족해방을 이룩하지 못한데다가 기대를 모았던 미국 등 열강의 지원도 얻지 못했기 때문에 항일투쟁의 전도는 어둡게 보일 수밖에 없었다. 그리하여 한국의 민족운동 세력은 이러한 정세 변화에 대응하여 다양한 활로를 찾아 분화와 통합을 거듭하였다.

그들은 3·1운동 이후, 어떤 세계관에 입각해서 민족운동을 전개할 것인가, 그리고 독립 후에 어떠한 정치체제를 수립할 것인가라는 문제와 관련하여 부르주아민족주의, 사회주의, 무정부주의 등으로 분화하였다. 異民族에 의한 식민지 지배라는 최악의 상황이었음에도 불구하고, 한국의 근현대사에서 1920년대처럼 다양한 사상·정치·경제운동이 전개된 적도 드물 것이다. 이 가운데 부르주아민족주의 운동은 부르주아적 세계관에 입각하여 민족운동을 전개하고, 독립 이후에는 궁극적으로 자본주의 체제의 근대국가를 수립하고자 노력하였다.

국내의 부르주아민족운동은 항일운동의 구체적 방법과 근대화의 주체 및 노선을 어떻게 설정할 것인가를 둘러싸고 좌파와 우파로 분화하였다. 부르주아민족주의 우파는 주로《동아일보》계열, 천도교 신파, 수양동우회 등으로서, 민족의 역량을 양성하려는 운동을 추진하였다. 그들은 실력양성론의 처지에서 문화운동을 전개하였고, 1920년대 후반부터는 좀더 타협적인 '자치운동'을 벌이기도 하였다. 부르주아민족주의 좌파는《조선일보》계열, 천도교 구파 등으로서, 반일투쟁을 적극적으로 계속하려는 자세를 보였다. 이들은 비타협적 정치투쟁론에 입각하여 타협적 자치운동에 반대하면서 대중을 계몽하고 신간회운동에 참여하였다.

부르주아민족주의 우파 운동의 대표적 사례로서는 물산장려운동과 민립대학기성운동 등을 꼽을 수 있다. 그밖에도 교육의 보급, 언론을 통한 민족의식의 앙양, 한국사와 한국어 연구를 바탕으로 한 민족 고유문화의 수호, 민족기업의 육성 등을 전개하였다. 이 운동은 국내에서의 민중봉기론이 좌절된 이후, 한국민족의 즉시 독립이 불가능함을 깨닫고 장기적으로 민족의 실력을 길러 기회가 왔을 때 독립을 도모하자는 주의였다.

물산장려운동과 민립대학기성운동은 1923년 초에 시작되어 불과 1년여 만인 1924년 초에 이르러 유야무야되고 말았다. 이 운동들은 일제 당국의 탄압과 방해, 사회주의자들의 비판적 공세 등으로 인해 실패로 끝났지만, 운동주체세력의 약체성과 열성 부족 등도 실패의 주요 이유였다. 물산장려운동의 경우 당시 조선인 산업자본은 기술과 자본에서 일본자본에 대항할 만한 역량을 가지고 있지 못하였다. 게다가 이 운동을 추진한 사람들조차 일본상품 배척운동은 전개하지 않고 오직 조선인이 만든 물건을 사용해 달라는 것만 호소하는 데 급급했다.

민립대학기성운동은 지도부가 적극적인 활동이나 열성을 보이지 않은 가운데 부호들과 민중들의 신임을 잃게 되어 모금이 거의 이루어지지 않았다. 이 운동의 지도부 가운데는 이미 관료로 등용된 사람들, 일제에 타협적 자세로 기울어가던 사람 등이 많았다. 이들은 3·1운동 이후 민중의 마음에 확고하게 자리잡은 독립이라는 민족적 과제를 안이하게 생각하고 이를 회피함으로써 지도력의 한계를 초래하였다. 이들은 점진적으로 실력을 양성하는 민족주의운동을 전개하겠다고 주장했지만, 사상의 모호성 내지 소극성 때문에 대중의 지지를 받지 못하였던 것이다.

물산장려운동은 민족자본가 상층을 중심으로 한 자본가계급 육성운동과 민족자본 하층 혹은 소상품생산자를 중심으로 한 토산장려운동이 혼재되어 있었다. 1924년 이후에는 후자에 의해 명맥이 유지되었다.

물산장려운동과 민립대학기성운동이 좌절되자 부르주아민족주의 우파는 일제당국에 대해 좀더 타협적인 자세로 기울어 1920년대 후반에는 자치운동을 모색하게 되었다. 자치운동의 움직임은 1923~1924년, 1925~1927년, 1929~1932년의 세 차례에 걸쳐 시도되었으며, 그 중심은 《동아일보》 계열과 천도교 신파의 崔麟 등이었다. 이 가운데 1926년의 자치운동은 일제 총독부 당국과 연결되면서 그 실현 가능성이 상당히 높게 보였다. 그러나 이것은 오히려 부르주아민족주의 좌파와 사회주의자를 자극하여 자치운동에 반대하는 신간회를 조속히 결성하게 만드는 결과를 가져왔다.

또 1930년경에는 신간회 내부와 조선청년총동맹 내부에서도 합법운동, 당면이익 획득운동 등을 내세우며 자치운동으로 방향을 전환하려는 움직임이 나타났다. 자치운동은 독립에 도달하는 한 단계로서 자치권을 획득하는 것이 필요하다는 단계적 운동론을 내세우고 있었다. 그러나 단계적 운동론은 자본의 확대재생산을 앞세우며 예속자본으로 전락하고 있던 민족자본 최상층과 정치적 욕구를 충족하고자 했던 일부 타협주의자들이 일제 지배자들과 야합하려 했던 '정치적 거래'를 합리화하려는 논리에 지나지 않았다.

부르주아민족주의 우파는 일제의 지배에 저항하지 않고 그들과 타협하면서 점진적인 실력양성에 주력하였다. 그들의 타협적·개량주의적 경향은 독립운동으로부터 일보 후퇴한 자치운동론으로까지 나아갔다. 그리고 1930년대 이후에는 일제 지배 아래서 종속적 근대화의 길을 선택하여 친일의 길로 들어섰다. 실력양성론은 국제사회에서 양육강식을 인정하는 식민주의적 사회진화론이 신흥 조선인 자본가계급의 자본축적 요구와 결합되어 내재화되면서 나타난 것이었다.

1920년대의 부르주아민족주의 좌파 운동은 신간회운동에 참여한 비타협적 민족주의자들이 주도하였다. 물산장려운동 내부에서 토산장려론을 주장하고 있던 이들은 1924년 이후 우파의 자치운동론에 반대하여 본격적으로 하나의 세력을 결집하기 시작하였다. 그 결과 1927년 신간회 결성의 한 주역이 되었다. 이들은 신간회 결성 이후에도 '신간그룹'을 만들어 자치운동파의 신간회 주도권 탈취 움직임을 막고자 노력하였다. 이들은 민족주의자와 사회주의자의 견해 차이를 인정하는 가운데 일정 시점까지 공동전선을 펴야 하며, 신간회는 지식층을 중심으로 '정치적 전위분자'를 결집하는 데 힘써야 한다고 생각했다. 반면에 노동자·농민 등 기층 대중을 조직하고 그들을 대중적 정치투쟁에 동원하는 것은 시기상조라고 보았다. 이 연장선상에서 부르주아민족주의 좌파는 1931년 신간회 해소론이 대두되었을 때 소부르주아층을 배제하는 노동·농민 계급만의 진영 편제는 현실적으로 불가능하기 때문에 사회주의자들의 신간회 해소 노선을 비판하였다.

부르주아민족주의 좌파의 대표적 이론가는 安在鴻이었다. 일제시기 그의 정치사상은 '자강론적 민족주의'로 요약할 수 있을 것이다. 그의 사상은 한국민족이 부르주아적 근대민족으로의 성장하는 것을 지향한 것이었다. 그는 일제라는 특수한 상황 아래서 부르주아적 발전과 비타협적 민족주의운동의 중심세력으로서 소부르주아지를 설정하였다. 그러나 일제의 억압 아래 소부르주아지는 성장할 수 없기 때문에, 민족 소부르주아지층과 노동자·농민 계급의 결합, 민족주의자와 사회주의자의 연합이 필요하다고 생각했다. 이것이 민족주의좌익전선이었다.

1931년 신간회가 해체되고 자치운동도 좌절된 이후 국내 부르주아민족주의자들의 운동은 다시 1920년대 전반기와 같은 문화운동으로 복귀하게 되었다. 이 시기에 문화운동에 참여하고 있던 부르주아민족주의 좌파와 우파는 서로 견해 차이를 보이고 있었다. 그럼에도 불구하고 이렇게 상호 접근하게 된 것은 일제의 만주 침략 이후 민족주의 좌파의 자립적 근대화 전략이 더 이상 불가능하게 되었기 때문이었다. 조선인 자본가들은 능동적이건 수동적이건 일본의 경제구조 재편정책에 호응하여 기업활동을 전개할 수밖에 없었다. 그리하여 민족주의 우파가 주장한 종속적 근대화의 길 혹은 친일파가 주장한 황국신민화의 길밖에 남지 않게 되었다.

Ⅱ

사회주의사상이 언제부터 한국에 유입되었는지 정확히 알 수는 없지만, 3·1운동을 전후한 시기에 민족운동의 내부에 수용되기 시작한 것으로 보인다. 그 결과 1920년대에는 사회주의 세력이 민족주의 세력과 더불어 민족해방운동의 주요 담당자로 등장했다. 사회주의운동은 당연히 사회주의적 세계관에 입각하여 민족운동을 전개하고, 독립 후에는 궁극적으로 사회주의적인 체제의 근대국가를 수립할 것을 지향하였다.

일제시기 한국의 사회주의 운동은 러시아 10월혁명의 영향을 짙게 받았다. 한국 사회주의의 이러한 분위기는 한국의 사회주의자들로 하여금 국제 사회주의 운동의 풍향에 민감하게 반응하도록 하였다. 그리하여 그들은 독자적인 사상체계나 이론을 수립하는 데까지는 나아가지 못하고, 코민테른과 러시아 공산당의 방침에 따라 이리저리 끌려 다녔다는 비판을 받기도 했다. 여명기의 한국 사회주의자들은 주로 해외에 있거나 극소수의 지식인에 국한되었기 때문에 그들의 대중적 기반은 취약할 수밖에 없었다.

그렇지만 한국사회 내부에도 사회주의를 수용할 만한 여건은 성숙되어 있었다. 3·1운동 이후 외교독립운동의 좌절에 따른 민족자결주의에 대한 실망, 부르주아 민족주의의 개량화, 노동자·농민운동의 발전 등의 요인이 사회주의 운동을 급격히 확대시키는 여건을 마련했던 것이다. 또 한국 민족운동의 내면적 흐름 속에서 사회주의 운동의 기원을 찾을 수 있을 것이다. 한인 최초의 공산주의 단체인 한인사회당은 대한제국 말기에 해외로 망명한 신민회원으로부터 연유한다고 볼 수도 있다. 그들은 1917년 블라디보스톡에서 《한인신보》 발간에 관여했다. 신민회 이외에 광복회, 대한광복군정부, 철혈광복단 등의 단체들이 한인사회당 주도층의 형성 과정에 관여했을 가능성도 있다.

3·1운동의 폭발을 계기로 한인사회당에 뒤이어 국내외 도처에서 여러 공산주의 단체들이 결성되었다. 연해주에 성립된 일세당, 한족공산당 연해주연합총회, 아무르주 한인공산당, 치타 한족공산당, 모스크바 한인공산당 등과

국내에서의 서울공산주의단체, 사회혁명당 등이 그것이다.

러시아 극동지역의 복잡한 정치정세는 한국의 사회주의운동 세력에 다양한 영향을 미쳤다. 1917년 러시아 2월혁명이 일어난 후 재노령 한인 정치세력은 이주민 사회의 자치와 안정을 우선시하는 세력과 항일독립을 우선시하는 세력으로 분화되었다. 그리고 이 분화는 3·1운동 이후 상해 임시정부와 대한국민회의 간의 통합 문제를 둘러싸고 지지파와 반대파의 대립, 나아가 상해파 고려공산당과 이르쿠츠크파 고려공산당의 대립으로 연장되었다. 1922년 10월 러시아 베르흐네우진스크에서 개최된 고려공산당 연합대회가 결렬되자, 사회주의 대열의 통일운동은 와해되고 이르쿠츠크파와 상해파 공산당의 영향력은 현저히 감소하였다. 반면에 서울파·화요파·북성회파·조선노동당 그룹·만주공청파 등의 새로운 공산주의 그룹이 형성되기 시작했다.

공산주의 그룹은 각각 국내외에 걸쳐 자신의 세포조직을 경쟁적으로 결성해 나갔다. 특히 국내에서는 공개적으로 활동하던 무산자동맹회·신사상연구회·화요회·서울청년회·북성회·조선노동당 등과 같은 사상단체를 매개로 하여 활동했다. 이면에 존재하는 공산주의 단체는 표면의 사상단체와는 별도의 정강, 조직체계, 집행부 등을 가지고 있었다.

공산주의 그룹은 문화정치 시행 후 공개적으로 결성된 각종 청년단체·노동단체·농민단체 활동에 적극적으로 개입했다. 이 때문에 대중단체들, 즉 조선청년회연합회·조선노동공제회·조선노동연맹회 등은 사회주의적 노선의 지도를 받았다.

사상단체는 여러 가지 한계성을 가지고 있었지만 통일된 공산당이 결성되지 않은 상황에서는 대중운동을 지도하는 역할을 맡았다. 각종 사회주의 그룹들은 당 창립을 최우선의 과제로 삼고, 1924년에 단일 공산당을 수립하려는 움직임을 보였다. 그 결과 화요파·북풍회파·상해파 공산주의 그룹은 공산당 결성에 합의하여 1925년 4월 17일 서울에서 비밀리에 조선공산당 제1차 대회를 개최하고 조선공산당을 창당했다. 그렇지만 모든 공산주의자 그룹이 여기에 참여한 것은 아니었다. 서울파 공산주의 그룹은 당 밖에 머물렀다.

조선공산당의 역사는 대체로 4차로 나누어 볼 수 있다. 제1차 조선공산당은 1925년 4월 창당하여 그 해 11월 신의주사건으로 궤멸되었다. 그리고 姜

達永 등이 제2차 공산당을, 金鐵洙 등이 제3차 공산당을 재건하였으나 1928년 2월 궤멸되었다. 그 후 車今奉 등이 다시 제4차 공산당을 재건하였지만 1928년 8월 다시 와해되었다. 이것은 물론 탄압하는 쪽인 일제 경찰의 시각을 그대로 반영한 것이기 때문에 논란의 여지가 없지 않다.

1925년은 조선 사회주의운동 선상에서 각 그룹 사이의 분쟁이 격화된 시기였다. 조선공산당과 당외 서울파 공산주의 그룹(고려공산동맹) 사이의 분쟁, 조선공산당 내에서의 북성회파와 화요파 사이의 분쟁, 당외 연합반대파(서울파·조선노동당파·북성회파)와 조선공산당 사이의 분쟁 등이 그것이다. 그러나 1926년 3월 코민테른 제6차 확대집행위원회에서 조선공산당의 코민테른 가입이 승인을 받게 되자 조선 사회주의운동은 다시 통일을 맞게 되었다. 그리하여 그 해 8월 통합 공산청년회가 성립되었고, 11월 서울파 공산주의 그룹(고려공산동맹)이 해체되어 그 성원들이 대거 조선공산당에 가입했다. 그러나 12월에 개최된 제2차 조선공산당 대회를 계기로 새로운 공산주의 그룹인 ML파가 형성되고, 이에 맞서 서울상해파 공산주의 그룹이 만들어졌다. 이들은 1927년 11월과 1928년 2월에 각각 독자적으로 제3차 조선공산당 대회를 개최하여 분립했다. 공산주의 세력의 분파투쟁은 당내 패권을 장악하기 위한 종파행위임에 틀림없지만, 운동 과정에서 나타나는 좌우의 편향성을 극복하는 과정으로도 볼 수 있다.

1928년 말 코민테른은 조선공산당이 분파투쟁의 폐단에 빠져 있고 당원들이 소부르주아지 지식인으로 구성되어 있다는 이유로 조선공산당의 지부 승인을 취소하고 새로운 공산당을 결성하라고 지시했다. 이어서 〈12월테제〉를 발표했다. 1929년에 개시된 조선공산당 재건운동은 해방에 이르기까지 17년간 지속되었다. 한국의 사회주의자들은 세계대공황을 맞아 한국에서도 혁명적 분위기가 성숙되고 있다고 보았다. 그리하여 1930년 북간도 5·30폭동, 5월 신흥탄광폭동, 7월 단천농민폭동 등을 일으켰다. 이들은 조선내의 정세를 혁명적인 것으로 과대평가한 끝에 모험주의적 행동을 보였다. 민족주의 좌파를 고립시키는 정책을 구사하여 1931년 5월 사회주의자와 민족주의자의 민족통일전선 단체인 신간회를 해소시킨 것이다.

Ⅲ

일제시기 조선사회는 여러 가지 모순이 중첩해서 존재하고 있었기 때문에 제국주의 세력을 구축하기 위해서는 다양한 계급·계층을 조직하고 단결시킬 필요가 있었다. 그러나 현실은 그렇지 못했다. 1910년대 말부터 민족해방운동 세력은 부르주아 세력과 사회주의 세력으로 분립하였다. 양 진영내에서도 여러 정파가 분립되어 주도권을 둘러싼 싸움을 벌였다. 이러한 현상은 민족의 힘을 결집하여 통일전선을 구축하는 데 장애 요소가 되었다.

한국 최초의 공산주의 단체인 한인사회당이 대한민국임시정부에 참여하게 되자 임시정부는 출발부터 좌우연합적인 성격을 띠게 되었다. 그러나 1921년 한인사회당은 임시정부를 탈퇴하여 국내외 민족운동 단체와 또 다른 제휴를 모색하였다.

1924년경부터 국내 공산주의 세력은 혁명적 민족운동과 연대를 모색했다. 여기에는 일부 부르주아 민족주의자의 개량화, 조선청년총동맹과 조선노농총동맹의 성립, 코민테른의 영향 등이 복합적으로 작용하였다. 이 즈음 민족부르주아지 좌파는 민족주의와 사회주의의 입장 차이를 인정한 위에서 공동전선의 모색이 필요하다고 생각했다. 그 일환으로 결성된 조선사정조사연구회는 기독교계·학계·언론계 인사와 일부 공산주의자를 망라하여 조직한 단체였다. 조선공산당은 1926년에 국민당 혹은 대한독립당을 결성하기 위해 천도교 구파 등 민족부르주아지 좌파와 접촉했다. 조선공산당과 대립하던 서울파 콤그룹은 사상단체 전진회를 내세워 민흥회를 발기했다. 민흥회는 서울파 공산주의자와 물산장려회계 민족주의자와 제휴한 통일전선 그룹이었다.

이처럼 1920년대 전반기부터 꾸준히 진척되어온 통일전선운동의 바탕 위에서 1927년 2월 신간회가 결성되었다. 부르주아민족주의 좌파와 사회주의자가 참여한 형태로 결성된 신간회는 전국적 규모로 결성된 통일전선 단체로서 민족운동사상 주목할 만한 일이었다. 신간회운동을 촉발시킨 계기로는 민족주의 우파가 벌인 자치운동에의 견제, 일본 국내 사회운동의 영향 등을 들 수 있다.

1927년 5월부터 지방 공산주의자들이 신간회에 대거 참여함에 따라 신간회 지회는 급속하게 늘어났다. 이후 4년 동안에 약 150개의 지회가 설립되어 4만여 명의 회원을 포괄하게 된 것이다. 그러나 신간회의 활동은 민족통일전선 단체에 합당할 만한 내용으로 채워져 있지는 않았다. 본부의 민중대회 기획, 일부 지회에서 수행한 일제의 말단 지배기구에 대한 투쟁 등을 제외한다면, 신간회가 각 부문 운동을 지도하여 비타협적인 정치투쟁을 수행한 경우는 거의 없었다. 신간회가 이처럼 활동상에 한계를 드러낸 이유로는 비타협적 정치투쟁과 합법적 투쟁 노선 사이에서 오락가락한 점, 구체적 활동방침을 결여한 점, 개인 가맹제를 채택함으로써 조직 형태상 약점을 노출한 점 등을 들 수 있다.

신간회의 창립을 전후하여 중국의 민족운동에서도 민족유일당 결성 움직임이 나타났다. 1926년 하반기부터 1927년 말까지는 북벌이 단행되면서 중국 국민혁명의 열기가 고조된 시기였다. 이러한 정세 아래 1927년부터는 만주에서도 민족유일당 운동이 본격화했다. 정의부·참의부·신민부 등 민족주의 세력의 분립을 통합하려는 3부통합운동이 그것이었다.

1920년대 말부터 공산주의 세력은 민족주의 세력이 개량주의로 나가고 있다고 비판하면서 민족주의 고립화 전술을 구사하기 시작하고 있었다. 그들은 민족주의 세력과의 상층 연합에 의한 통일전선 방침을 폐기하고 대중투쟁을 통한 아래로부터의 통일전선을 모색하였다. 여기에는 코민테른의 〈12월테제〉가 큰 영향을 미쳤다. 공산주의 세력의 전술이 이렇게 달라지면서 중국에서 만들어진 민족유일당은 해체되거나 민족주의자만의 조직으로 개편되었다.

그런데 신간회에서는 1929년 6월의 복대표대회에서 다수의 공산주의자들이 중앙간부로 선출되었다. 사회주의 세력의 민족주의 세력 고립화 전술은 신간회 내부에서도 구사되었다. 그들은 신간회를 대중조직과 분리시키려고 획책하였다. 1929년 말 민중대회 사건으로 신간회의 중앙 지도부가 다수 검거되자, 1930년 중반 이래 신간회의 지도노선은 합법화·온건화로 기울었다. 합법운동으로 전환하려는 신간회 지도부의 움직임은 자치운동과 연결된 것으로 보였다. 합법운동 세력은 신간회를 통해 민족주의 우파까지도 포함하는 폭넓은 통일전선을 구축하려고 시도하였던 것이다.

이렇게 되자, 그렇지 않아도 신간회에서 민족주의 세력을 고립시키려고 시도하였던 공산주의 세력은 신간회의 해소를 주장하기 시작했다. 그 이론적 배경은 〈12월테제〉에서 제시한 방향, 즉 민족부르주아지와 소부르주아지에 대한 평가, 노동자·농민·소부르주아지의 3계급 동맹론이었다. 공산주의자들은 세계대공황을 계기로 혁명적 정세가 도래한 것으로 판단하고, 부르주아 민족주의 좌파를 고립시키려는 정책을 추진하였다. 신간회 해소 정책은 신간회를 혁명적 노동조합 쪽으로 끌고 가려는 시도였다. 그렇지만 신간회 해소는 반일적 민족주의 단체는 물론 개인과의 제휴까지도 전면 거부함으로써 민족운동의 기반을 축소시키는 결과를 가져왔다.

신간회 해소 문제가 제기되자 부르주아민족주의 좌파는 대체로 해소를 반대하며 신간회를 고수하려고 하였다. 그리고 신간회가 끝내 해소되자 부르주아민족주의 좌파와 우파는 정치운동의 장을 복원하려고 노력했다. 《동아일보》·《조선일보》가 주도한 민족적 중심단체 재조직운동, 그리고 민족적 표현단체 재건설운동이나 민족단체통제협의회 등은 그런 노력의 일환이었다.

신간회 해소를 전후하여 국내외 공산주의자들은 새로운 통일전선을 반제동맹 형태로 구현하려고 애썼다. 반제동맹은 모든 반제국주의 세력을 아우르는 통일전선의 형태로 제기되었지만 현실적으로는 주로 학생운동 부문에서만 실현되었다.

Ⅳ

일제시기의 역사는 한편으로는 일제와 지배계급에 의한 억압과 수탈의 역사였지만 다른 한편으로는 그에 맞서 싸운 민중운동의 역사이기도 했다. 민중운동은 농민·노동자·여성·백정·청년·학생 등의 부문운동으로 전개되고 때로는 이것이 전체 민족운동을 선도하는 경우도 있었다. 민중운동은 서로 밀접한 연관을 맺고 전개되었으며 사회주의 계열의 전위조직과도 연결되어 있었다.

농민운동은 3·1운동을 계기로 활성화되었다. 1910년대의 농민운동은 생활상의 요구에 의거한 자연발생적 투쟁이 주류를 이루었다. 이러한 경험을 바탕으로 하여 농민들은 3·1운동에 적극적으로 참여하였다.

그런데 1920년 조선노동공제회를 결성한 것을 전후하여 농민들은 각지에서 소작단체를 조직하여 소작쟁의를 일으켰다. 이어 1924년 조선노농총동맹이 창립됨으로써 전국적 규모의 농민운동이 전개될 기반을 갖추게 되었다. 농민운동은 이 때까지만 해도 농촌내 노동운동으로서의 소작운동론이나 노농제휴론을 크게 벗어나지 못하였다. 그렇지만 조선공산당이 이에 관여한 1926년 무렵부터 소작인조합 등은 중농까지 포함하는 조직으로 확대·개편되었다.

조선노농총동맹이 조선농민총동맹으로 분리된 이후 농민조합은 소작쟁의, 수리조합 반대 투쟁 등의 다양한 활동을 전개했다. 조선공산당이 관여한 농민운동은 농민의 일상의 이익을 추구하면서도 일제와 자본주의에 대한 투쟁을 목표로 내세웠다. 이에 비해 자본주의 안에서 농민 문제를 해결하려는 천도교계의 조선농민사 운동, 기독교청년회의 농촌개조·정신생활 향상 운동도 일어났다. 《조선일보》·《동아일보》의 한글보급 운동과 브나로드운동과 같은 농민계몽운동도 벌어졌다. 그러나 농민운동의 실질적 주도권은 전자의 농민운동이 쥐고 있었다.

1920년대 말부터 1930년대 초가 되면 조선농민사 등의 개량주의적 농민운동이 활성화된 반면에 조선농민총동맹 계열의 합법적인 농민운동은 위축되었다. 그렇지만 세계대공황의 분위기 속에서 농민의 몰락이 가속화되어 대중투쟁의 열기는 고조되었다. 조선공산당은 국제혁명운동의 영향을 받아 빈농위주의 반제국주의, 반봉건주의를 내건 혁명적 농민조합운동을 전개했다. 이들은 토지혁명을 주장하면서 개량주의적 농민단체의 박멸, 신간회 등의 해소를 요구하였다. 혁명적 농민조합이 활발해진 지역에서는 한때 반해방구적인 상황이 벌어지기도 했다. 그러나 이들의 운동은 지역적 분산성과 고립성을 벗어나지 못했다.

노동운동은 1910년대까지만 하더라도 자연발생적인 파업투쟁에 머물고 있었다. 노동자들은 이 경험을 바탕으로 3·1운동에 적극적으로 참가했다.

1920년대 이후 조선노동공제회와 조선노동연맹회의 결성을 계기로 노동자들은 각지에서 조직된 노동단체를 매개로 하여 본격적인 노동운동을 전개하였다. 초기의 노동단체는 상이한 직업의 노동자를 망라한 합동노동조합과 직업이나 직능에 따른 직업별 노동조합의 성격을 띠고 있었다. 1924년 조선노농총동맹이 결성되고, 이것이 1927년 다시 조선노동총동맹과 조선농민총동맹으로 분리되는 과정에서 노동운동은 더욱 활성화되었다. 그 결과 지역이나 직종·산업에 따라 노동단체를 결합하려는 움직임도 나타났다. 1925년을 전후하여 시·군 단위의 지역연맹체가 출현했으며 일부 지역에서는 도연맹체가 결성되었다. 아울러 신문배달·철공·인쇄·양화·양말·양복·목공 등의 같은 직종에서 전국적 연맹체가 결성되기도 하였다. 이러한 노동단체를 통해 노동자의 조직화가 진전됨에 따라 파업투쟁은 더욱 확대되었다.

1920년대 초반의 파업은 노동시간 단축, 임금인상 등의 생존권 요구를 내건 자연발생적인 투쟁이었다. 그러나 1920년대 중반 이후에는 지역별·직업별 파업투쟁이 더욱 활발해졌다. 이들은 조직력, 투쟁성, 계급적 연대 등에서 이전에 비해 더욱 발전된 모습을 보였다. 1920년대 말에 일어난 영흥총파업과 원산총파업 등은 노동대중의 의식을 한껏 고양시켰다. 그리하여 노동운동은 경제적 요구에 기초한 비폭력적 합법투쟁에서 경제투쟁과 정치투쟁을 결합한 폭력적 비합법 투쟁으로 이행하였다.

1928년 서울의 인쇄출판업에서 구체화된 산업별 노조방침은 1930년대 초반 전국으로 확산되었다. 그 과정에서 8시간 노동제, 최저임금제, 동일노동 동일임금제 등의 강령이 발표되었다. 이 때를 전후하여 노동운동은 생산현장 중심의 운동으로 이행했다. 이와 함께 혁명적 노조운동이 전개되었다. 흥남·서울·원산 등지의 노동조합운동은 조선공산당의 재건과 밀접한 관련을 맺고 있었다. 혁명적 노동운동은 대중을 조직하고 지도하는 면에서 진일보한 것이었다. 그렇지만 합법적 노조를 개량주의라고 몰아부침으로써 노동운동을 대중으로부터 분리시킨 측면도 있었다.

노동운동은 기본적으로 경제투쟁이었지만 일제의 식민지 지배 아래라는 특수 상황에서 전개되었기 때문에 항일민족운동의 성격을 띠고 있었다. 여기에 부르주아지에 대한 계급투쟁이라는 성격이 앞선 측면도 있었다.

일제시기의 여성운동은 소수의 신여성, 지식여성이 중심이 되어 여권운동을 벌이는 데서 출발했다. 3·1운동 직후 대한애국부인회를 비롯한 여자교육회·부인회·여자청년회 등의 여성단체가 만들어져 여성의 인권회복과 실력양성을 위한 계몽운동이 일어났다. 이것을 주도한 계층은 부르주아적 기반을 가지고 있던 신여성이었다.

그런데 1924년 조선여성동우회가 창립되면서부터 사회주의 여성운동이 성장하기 시작했다. 이와 함께 노동자·농민 등 기층 여성운동이 등장했다. 1927년에는 부르주아민족주의 여성운동과 사회주의 여성운동의 협동체로서 전국적인 여성 대중조직인 근우회가 결성되었다. 근우회는 선전과 계몽 활동, 노동과 농민 여성의 조직화, 여학생 운동을 활발히 지원했다. 그러나 1931년 사회주의 활동가의 해소론에 따라 근우회는 사실상 해체상태에 빠지게 되었다. 이후 여성조직은 혁명적 노동조합과 혁명적 농민조합의 여성부로 전환되어 대중투쟁을 전개하는 한편 가정부인·지식여성·소부르주아 여성운동은 침체되어 1930년대 말에는 친일화의 길을 걷게 되었다.

갑오개혁에서 신분제도는 일단 법제적으로 사라졌지만, 일제 아래에서도 백정을 천시하는 풍조는 존재하고 있었다. 1923년 4월의 衡平社 창립은 이런 사회적 차별을 철폐하고자 하는 운동이었다. 형평사는 남부지역의 부유한 백정 출신의 지도자와 비백정 출신의 지식인이 백정의 인권과 이익을 옹호하는 운동으로서 출발했다. 즉 자유주의적인 신분해방, 인권옹호 운동으로 출발하였던 것이다.

그러나 이 운동은 곧 사회주의와 연계하면서 새로운 사회의 건설을 지향하는 모습을 보였다. 즉 민족해방, 계급해방의 성격을 띠게 된 것이다. 1920년대 중반에는 형평청년회 등을 통해 개혁적 지도층이 주도권을 장악함으로써 형평운동은 계급운동의 성격이 더욱 짙게 되었다. 그러나 형평사는 1936년 친일적인 大同社로 바뀜으로써 형평운동은 막을 내렸다.

3·1운동 이후 본격화된 청년운동은 1920년대 초반 조선청년연합회와 지방단체를 중심으로 전개되었다. 이 운동은 부르주아민족주의적 성격과 사회주의적 성격을 아울러 띠고 있었다. 그러나 지식인과 학생 사이에 사회주의 사상이 도입되면서 사회주의 계열이 청년운동의 주도권을 장악하게 되었다.

특히 1924년 조선청년총동맹이 결성되고, 1925년 조선공산당과 고려공산청년회가 창립되면서 청년운동은 부문운동과 민족통일전선운동으로 정착되었다. 6·10만세운동이나 광주학생운동은 겉으로는 민족주의적 색채를 띠고 있었지만 그 이면에서는 사회주의운동과 깊은 연계를 맺고 있었다.

1920년대 말 조선청년총동맹과 지방청년동맹이 해소되자 노동운동계와 농민운동계의 청년운동은 혁명적 농민운동이나 혁명적 노동운동으로 흡수되는 현상이 일어났다. 이렇게 되는 데는 세계대공황으로 인한 국제혁명운동의 고양, 대중투쟁의 고조 등과 같은 정세 변화가 작용했다. 이 과정에서 청년운동은 약화되었다. 노동자·농민의 계급적 이해 관계만이 강조되는 풍조가 있었기 때문이다.

〈鄭在貞〉

Ⅰ. 국내 민족주의와 사회주의 운동

1. 1920년대 국내 민족주의 세력의 동향

2. 조선공산당의 성립과 활동

Ⅰ. 국내 민족주의와 사회주의 운동

1. 1920년대 국내 민족주의 세력의 동향

1) 1920년대 전반의 '문화운동'

(1) 신문화건설, 실력양성론의 대두

3·1운동의 열기가 파도처럼 한차례 지나가고, 총독부 당국은 소위 '문화정치'를 표방하면서 최소한의 출판의 자유를 허용하였다. 이에 따라 간행되기 시작한 여러 잡지와 신문의 초기 지면은 이른바 '개조론'과 '신문화건설론'으로 장식되었다.

개조론이란 제1차 세계대전을 계기로 전 세계는 정의와 인도, 자유와 평등, 민중본위와 노동본위의 세계로 개조되고 있으니, 이 개조의 시대를 맞이하여 조선민족도 개조해야만 살아남을 수 있다는 것이 그 골자였다. 개조론자들은 조선의 문화는 너무나 시대에 뒤떨어져 있으며, 따라서 조선민족이 세계개조의 시대적 기운에 부응하여 살아남기 위해서는 '조선사회의 개조'가 필요하다고 보았던 것이다.[1] 그리고 이같은 개조를 위해 신문화의 건설이 필요하다는 주장이 제기되었다.

하지만 신문화건설론 내부에는 이같은 정의와 인도, 민중본위와 노동본위의 세계를 지향하는 개조론의 입장만 있는 것은 아니었다. 다수의 조선 지식인들은 제1차 세계대전의 종전 이후 일시나마 정의·인도의 세계가 올 것을 기대했으나 그 기대는 곧 물거품이 되고 말았다. 여기서 낙관론적인 입장에서의 개조론은 후퇴하고, 대신 실력양성을 주장하는 신문화건설론이나 반자

1) 張道斌, 〈希望과 批評〉(《서울》 3, 1920. 4), 3~4쪽.

본주의를 지향하는 사회주의운동론이 나오게 되었다.

1920년대 초 실력양성론의 입장에서 신문화건설론을 가장 먼저 제창한 것은 《동아일보》였다. 1920년 4월 창간된 《동아일보》는 창간사에서 '문화운동'으로서의 민족운동을 제창하고, 그 사회적 방법으로서 ① 조선사람은 한 덩어리가 될 것, ② 널리 세계에 눈을 떠서 문명을 수입하고 완고함을 버릴 것, ③ 경제의 발달을 도모하고, 교육을 확장하며, 악습을 개량할 것 등을 제기하였다.[2] 잡지 《개벽》도 1920년 6월호에 실린 이돈화의 글 〈朝鮮新文化建設에 대한 圖案〉에서 우승열패의 법칙이 지배하는 세상에서 劣者가 된 조선인이 기사회생의 유일한 방법은 실력을 기르는 것이라고 주장하고, 실력양성을 위한 신문화건설을 제창하였다. 이 글은 신문화건설의 방법으로서 지식열의 제고, 신교육의 보급, 농촌개량, 도시의 발달, 전문가의 육성, 사상의 통일 등을 제시하였다.[3] 물론 일부에서는 정의・인도・노동본위의 세상을 지향하는 신문화건설론도 있었지만, 그보다는 '현대적 문명'의 수립이라고 막연하게 표현된 '근대사회로의 개조'를 지향하는 신문화건설론이 주류를 이루었다. 그리고 그러한 현대적 문명, 신문화의 건설 방법으로서 위에서 본 바와 같은 ① 신사상・신지식의 수용과 보급(신교육의 보급), ② 구습의 개혁, 즉 풍속개량, ③ 산업의 진흥 등이 주로 제기되었다. 결국 신문화건설론의 핵심은 실력양성론이었다. 실력양성론은 이미 한말 자강운동기(계몽운동기)부터 제기되어 1910년대에도 신지식층에 의해 주로 주장되어온 국권회복운동론이었다. 이같은 실력양성론이 1919년 3・1운동을 전후한 시기 일시적으로 잠복하였다가 다시 등장한 것이었다.

실력양성론을 가장 강력하게 주장한 것은 《동아일보》였다. 《동아일보》는 1920년 8월 미국 하원의원단이 방한한 이후 본격적으로 실력양성론을 제기하였다. 미국 하원의원단은 내한하여 "학술과 공업에 노력하여 모든 것을 향상하라"는 말을 남기고 떠났는데, 이후 이 신문은 이 말을 받아 "세계가 변화한다 하더라도 실력이 없으면 개인이나 민족이나 그 존재를 유지하기 어

2) 《동아일보》, 1920년 4월 7일, 〈세계개조의 벽두를 당하야 조선의 민족운동을 논하노라〉(4).
3) 이돈화, 〈朝鮮新文化建設에 대한 圖案〉(《개벽》 4, 1920. 9).

렵다"면서 실력양성론을 본격적으로 펼치기 시작하였다. 이어서 1921년 미국에서 열린 워싱턴회의(일명 태평양회의)에서도 한국문제가 전혀 거론되지 않자 "조선독립은 당분간 절망적이므로 우리들 조선인은 힘써 교육·산업과 문화적 시설에 열중하여 실력양성에 주력하지 않으면 안된다"고 주장하게 되었다.[4] 결국 1922년경에 이르러 실력양성론은 더욱 세력을 얻어 나갔다고 할 수 있다.

그러나 당시 모든 사람들이 실력양성론을 추종한 것은 아니었다. 워싱턴회의의 결과는 한편으로는 당시 점차 확산되어 가고 있던 사회주의자들의 세력도 강화시켜 주었고, 이는 결국 1921년 말에서 1922년 초 사이의 이른바 '사기공산당사건', '김윤식사회장 사건' 등을 빌미로 한 1922년 4월의 조선청년회연합회의 분열로 이어졌다. 1920년 이래의 문화운동 진영은 이제 그 이념에 따른 분화과정에 들어간 것이다. 이는 기존의 문화운동을 주도해온 민족주의계열에는 큰 충격이었다. 따라서 민족주의자들은 "일면은 내부의 단결을 튼튼히 하여 실력을 양성함에 전력해야 하고, 일면에서는 세계대세의 추향을 경솔히 실패의 편으로 해석하지 말고 더욱 전도의 광명을 기대해야 한다"고 주장하였다.[5] 즉 민족운동 진영의 단결을 강조하는 한편, 일부 운동가들의 사회주의로의 경사에 대해 경계하고 있었던 것이다.

그런가 하면 3·1운동에 참가하여 구속되었다가 출소한 민족주의자들 가운데에서도 실력양성론에 본래부터 관심이 없었거나 혹은 그 한계를 인식한 이들은 실력양성론을 추종하지 않고, 대신 일제에 대한 비타협적 정치투쟁을 고집하는 이들도 있었다. 이러한 이들에 대해 실력양성론자들은 그냥 기회를 기다리거나 혹은 기회가 올 때마다 시위운동을 통하여 독립을 주장하는 것보다는 기회를 만들고 기회를 이용할 수 있도록 실력을 기르는 것이 더욱 중요하다는 주장을 폈다. 즉 직접적인 독립운동보다는 '기회에 대비한 준비'로서의 실력양성운동이 필요하다는 것이었다. 이는 '기회에 대비한 실력양성론'이라 할만한 것이었다.[6] 그러면 그들은 그 기회가 어떻게 온다고 생각하

4) 〈太平洋會議ニ對スル金東成所感〉(《朝鮮治安狀況》, 1922), 333쪽.
5) 이돈화, 〈人類相對主義와 朝鮮人〉(《開闢》 25, 1922), 6쪽.
6) 《동아일보》, 1924년 9월 10일, 사설 〈自覺과 準備－오는 時代에 대하야－〉.

였을까. 그 기회는 물론 국제정세의 변화, 특히 미일간의 전쟁으로 올 수밖에 없다는 것이 한말 이래 신지식층의 일관된 생각이었다. 물론 워싱턴회의는 이들에게 실망을 안겨주었지만, 조선의 민족주의자들은 미국에 대한 기대를 완전히 버릴 수는 없었다. 1925년경 宋鎭禹는 "앞으로 4·5년 내에 태평양을 중심으로 한 풍운이 야기될 것"이라고 전망하기도 했다. 그런데 주목되는 것은 이같이 미일간의 전쟁을 기대하면서도 그들은 "吾人은 외세의 파동보다 他力의 원조보다 중심세력의 확립과 자체세력의 해결을 절규"한다고 말하고 있었던 점이다. 즉 국제정세의 변화에 기대를 하면서도 이에 전적으로 의지하지 않고 나름대로 자체세력의 준비를 해야 한다고 생각한 것이다.[7)]

이와 유사한 논리는 李光洙의 〈민족개조론〉에서도 전개되고 있었다. 그는 조선의 독립은 국제회의에서 조선인에게 선물하듯이 줄 수 있는 것이 아니고, 조선인의 실력양성에 의하여 조선인이 독립할만한 자격을 가지게 된 연후에 국제적으로 승인받는 절차를 통하여 얻어지게 될 것이라고 주장하였다. 따라서 외교운동만을 통하여 독립을 얻으려는 것은 무모한 일로서 우선은 독립할 수 있는, 다시 말해서 문명한 생활을 경영할만한 실력을 기르는 것이 더욱 중요하다고 주장하였다.[8)] "외세의존보다는 自力을 기르면서 독립의 기회를 준비한다"는 것이 1922년경 실력양성론자들이 내세운 슬로건이었다.

이광수의 논리는 실력양성론자들 가운데에서도 가장 철저하게 '先실력양성 後독립'을 주장하는 것이었는데, 이즈음 다른 실력양성론자들의 주장도 그 기본구조는 마찬가지였다. 그런데 '선실력양성 후독립론'은 결국 독립운동의 유보와 실력양성을 위한 문화운동의 우선이라는 의미를 지니고 있었다. 따라서 이는 일제에 대한 저항과 투쟁의 논리는 아니었다. 그것은 결국 일제가 허용한 범위내에서 합법적인 실력양성운동을 펴자는 논리가 되었던 것이다. 또 과연 식민지하에서 실력양성운동이 가능할 것인가 하는 현실적인 문제가

---

7) 《동아일보》, 1925년 8월 26일~9월 6일, 사설 〈世界大勢와 朝鮮의 將來〉. 古下先生傳記編纂委員會 편, 《古下宋鎭禹先生傳》(동아일보사, 1965), 190~212쪽.

8) 李光洙, 〈民族改造論〉(《開闢》 23, 1922. 5), 46~47쪽.

있었다. 대한민국임시정부의 《독립신문》의 논설이나 申采浩의 논설 등은 바로 이러한 점들을 지적하면서 문화운동을 격렬히 비판하였다. 신채호는 "강도의 비위에 거스르지 아니할만한 언론이나 주창하여 이것을 문화발전의 과정으로 본다 하면 그 문화발전이 도리어 조선의 불행"이라고 지적하고, 문화운동자를 "강도정치하에서 기생하려는 주의를 가진 자"라고 비판하였다.[9] 《독립신문》에 실린 글은 "금일 한국의 內地에서 어디 가서 한국인 如意의 殖産을 장려할 수 있으며 지금 한국 천지에 어디 가서 한국인 자유적 문화운동을 할 수 있을 것인가. 만일 있다 하면 그것은 부스러기뿐이요, 농락적 이해타산적으로 許하는 것일 뿐일 것이다"라고 비판하였다.[10] 이들은 일제 지배하의 국내에서 실력양성, 문화향상을 내세우는 문화운동은 근본적으로 불가능하다고 주장하고 있었다.

(2) 청년회 운동

앞서 본 것처럼 1920년의 초기 문화운동은 '신문화건설'을 주창하였다. 그리고 신문화건설의 방법론으로서 제시된 것은 신교육보급·수양·풍속개량·농촌개량의 네 가지였다. 이러한 주장들은 1921년 경부터 본격 대두한 실력양성론과 함께 이후 '문화운동'의 주요 슬로건이 되었다. 여기서 수양이 강조된 것은 사회의 개조를 위한 전제조건으로서 개인의 개조, 즉 수양이 필요하다는 논리 위에서였다. 풍속개량은 구관습개혁으로 표현되기도 했는데, 여기서 구관습은 관혼상제, 반상의 관습과 의식, 조혼, 의복, 지방관념, 무조건적인 노인숭배관념, 가족주의, 노동천시풍조 등을 가리키는 것이었다. 농촌개량은 농촌에서의 교육·산업·도덕·관습 등 모든 분야에 걸친 개량을 의미했다.

이와 같은 문화운동의 주된 실행기관으로 설정된 것은 청년회였다. 청년회는 3·1운동 이전에도 비록 소수이지만 존재했었다. 그러나 1919년 말부터 1921년 사이 전국 각지에서 청년회 설립 붐이 일어나 청년회는 엄청난 수로 증가하였다. 〈표 1〉은 전체 사회단체 가운데 청년회가 차지한 비중과 그 급격한 증가추세를 잘 보여준다.

9) 申采浩, 〈朝鮮革命宣言〉(《개정판 丹齋申采浩全集》 下), 38~40쪽.
10) K. H., 〈獨立運動〉(《獨立新聞》, 1922년 10월 30일).

〈표 1〉 1920년대 초 각종 사회단체 현황

연 도	정치사회	노 동	소작인회	청년회	종교청년회	금 주	수 양	사 교	부인회	산 업	교 육
1920	11	33	0	251	98*	46	25	1	12	83	19
1921	18	90	3	446	226	71	126	201	15	189	64
1922	19	81	23	488	271	75	84	146	29	195	114

* 〈조선인단체조사비교표〉(《조선치안상황》, 1922년), 179~180쪽.

〈표 1〉에서 보는 청년회 외에도 수양·사교·금주 등의 단체도 사실은 청년회와 성격을 거의 같이하는 단체였다. 당시 청년회는 '청년구락부'·'청년수양회' 등의 각종 명칭으로 조직되고 있었기 때문이다. 또 종교단체 안에도 엡웟청년회 등 청년회에 포함될 수 있는 것들이 많았다. 종교계의 청년회를 제외하더라도 이 시기 설립된 청년회는 약 500~600개에 달하였다.

각 도별 청년회의 분포는 〈표 2〉와 같다. 여기서 보면 황해도와 전남·경남·경북의 청년회 수가 다른 도에 비해 많았음을 알 수 있다.

〈표 2〉 각 도별 청년회 분포상황

연 도	경기	충북	충남	전북	전남	경북	경남	황해	평북	평남	강원	함북	함남	계
1920	2	10	13	24	28	20	29	44	21	28	15	11	6	251
1921	22	10	17	30	44	49	58	78	14	33	15	57	19	446
1922	14	12	22	13	84	54	66	91	13	39	24	28	28	488

* 《조선치안상황》(1922), 179쪽.

이 시기 조직된 청년회는 대체로 이른바 '유지청년'들에 의해 주도되었지만, 일부 청년회는 3·1운동에 참여한 청년들이 주도한 경우도 있었다. 따라서 이들 청년회 가운데 일부는 겉으로는 '수양'을 내걸고 속으로는 대중들의 민족의식을 고취시키는 경우도 있었다. 예를 들어 평안남도 지사는 1921년 4월 도지사회의에서 "작년 3·4월 경부터 종교에 관계된 청년회 및 보통청년회가 앞을 다투어 각지에서 설립되어 작년 말 즈음에는 본도 내에 124개 단체, 회원 1만 3,088명을 헤아리게 되었다. 그 가운데 온건한 단체는 겨우 27

개에 지나지 않고 대개 겉으로는 청년의 품성향상을 목적으로 한다고 말하고 있으나 이면은 모두 불온한 것이다. 그 단체의 牛耳를 잡고 있는 자 가운데 다수는 위험인물 혹은 전과자들로서 자주 강연회 등을 열어 기교한 언사를 농하여 인심을 미혹하게 하였다. 그런데 근래는 민심이 안정됨에 따라서 불온분자의 청년회는 점차 해산하고 지금은 선량한 것이 남아있는 실정이다"고 말하였다.[11] 또 일부 청년회는 독립운동을 위해 상해의 대한민국임시정부와 연락을 취하려 하다가 적발된 경우도 있었다. 평안북도 희천군 신풍면의 청년회가 그러한 예였다.[12]

당시의 청년회들이 내면적으로는 민족의식 고취를 그 목적으로 하고 있었다 할지라도, 그들은 외면적으로는 대부분 '문화운동'의 취지에 따라 수양·농촌개량·풍속개량 등을 주요 사업으로 설정하였다. 즉 ① 수양을 위한 지·덕·체의 함양, ② 풍기의 개선, 즉 교풍, ③ 실업의 장려, ④ 공공사업의 지원 등을 설립목적으로 내걸고 있었다. 특히 '유지청년'들이 주도하던 청년회는 '민족의식' 고취보다는 '문화운동'에 더 관심이 많았다. 당시 청년회를 적극 후원, 지도하고 있던 《동아일보》도 청년회의 목적이 신사회의 건설(사회의 혁신), 지식을 천하에 구함, 일치단결, 德·義의 존중, 신체건강, 산업의 진흥, 세계문화에의 공헌 등에 두어져야 한다고 강조하였다.[13]

이같은 취지에 따라 당시 청년회는 주요 사업으로서 지·덕·체의 함양을 위한 신문·잡지의 구독 열람, 강연회·토론회·야학의 개최, 運動會·遠足會 등의 개최, 민풍개선 사업, 농촌개량사업 등을 설정하였다. 이러한 사업 가운데 가장 활발하게 이루어진 사업은 강연회·토론회·야학·운동회 등이었다. 강연회와 토론회는 '문화운동'의 취지를 설명하고, 대중들의 의식을 깨우치려는 가장 중요한 장으로서 활용되었다. 물론 부분적으로는 민족의식을 고취하기 위한 장으로도 활용되었을 것이다.

전국 각지에서 청년회가 우후죽순처럼 설립되기 시작하자 《동아일보》는

---

11) 朝鮮總督府, 《道知事會議速記錄》(1921. 4), 44쪽.
12) 《동아일보》, 1921년 5월 26일, 〈독립을 목적한 청년회원〉.
13) 《동아일보》, 1920년 7월 9일, 논설 〈청년회연합에 대하야 각지 同會에 更告하노라〉.

곧 각지 청년회의 연합을 제창하고 나섰고, 1920년 6월 28일 서울에서 각계 인사 53인이 모인 가운데 '전조선청년회연합회'가 발기되었다. 청년회연합회는 그 주의로서 "吾人은 세계개조의 기운에 순응하여 各人의 天賦한 생명을 창달하며 민족의 고유한 生榮을 발휘"할 것을 목표로 내걸었다. 그리고 7가지 강령을 내놓았는데 그것은 사회를 혁신함, 지식을 널리 구함, 건전한 사상으로 단결함, 德義를 존중함, 건강을 증진함, 산업을 진흥함, 세계문화에 공헌함 등이었다.[14] 청년회연합회는 뒷날 이에 대해 설명하면서 위의 '사회를 혁신함'이란 구습·폐습의 개혁을 의미하며, '건전한 사상으로 단결함'이란 인격수양·지식교환·문화발전주의를 중심으로 단결하며, 정치적 의미는 추호도 가지지 않는다는 것을 의미한다고 밝혔다.[15]

1920년 12월 2일 조선청년회연합회는 정식으로 발족하였다. 창립 당시 이 회에는 모두 224개 청년회가 회원단체로 참여하였다. 창립대회 직후의 간담회에서 安廓·張德秀·李秉祚 등이 "우리 청년회는 오직 수양을 목적하는 것이 제일주의이니 신중하야 他에 간여치 않는 범위 내에서 인격을 自成하기를 노력"해야 한다고 말함으로써 연합회의 수양단체로서의 성격을 분명히 하였다.[16]

그러나 청년회운동은 1921년 초에 들어서면서 주춤하기 시작하여 점차 그 활동이 침체상태로 들어갔다. 각 단체는 통상회가 열리는 날 출석자가 전 회원의 3분의 1도 되지 않아 개회하지도 못하는 경우가 늘어갔고, 회비 수납도 제대로 되지 않았다. 이같은 활동 부진에는 여러 이유가 있었지만 가장 중요한 문제는 주도층에 있었다. 당시 청년회를 이끈 주도층은 이른바 '유지청년'들로서 그들은 청년운동에 대한 확고한 전망이나 의지도 없이 분위기에 휩쓸린 지식청년들이거나, 아니면 청년회장 등 명예를 탐낸 지방유지들이었던 것이다. 따라서 그들은 '假志士 假紳士'로 비판받기도 하였다.

이러한 청년회가 다시 활성화된 것은 1923년 봄 각지의 청년회에서 혁신운동이 일어나고, 그들이 그해 3월 말 서울청년회의 주도하에 열린 조선청년

14) 《동아일보》, 1920년 7월 16일.
15) 吳祥根, 〈聯合會와 主義 綱領〉(《我聲》 1, 1921. 3), 16~21쪽.
16) 〈聯合會 彙報〉, 위의 책, 98쪽.

당대회의 깃발 아래 모이면서부터였다. 조선청년당대회에 참여한 청년회는 모두 94개 단체였는데, 이들은 이 대회 이후 점차 청년회의 운동방향을 사회주의운동쪽으로 전환하기 시작하였다. 그해 4월 초에 열린 조선청년회연합회의 4회 총회에 참여한 청년회가 겨우 35개 단체에 지나지 않았던 것은 당시 청년회운동의 추향을 보여주는 것이었다. 그리고 이같은 청년회운동의 방향전환은 이 시기 전개되고 있던 민립대학기성운동과 물산장려운동의 지방조직이 무너진 것을 의미하였다. 청년회운동은 이제 실력양성·수양·구습개량 등의 '문화운동'에서 벗어나 사상운동, 노동·농민운동쪽으로 방향을 전환하고 있었다.

(3) 학교설립운동

가. 학교설립운동의 배경

1920년대 초 문화운동론자들은 신교육을 보급하기 위한 학교설립운동을 제창하였다. 신교육보급론은 우선 앞서 살핀 실력양성론과 연관되어 일어났다. 당시 실력양성의 구체적 방법으로 제시된 것이 신교육의 보급과 산업의 진흥이었다. 이 가운데 신교육보급이 실력양성의 주요 수단으로 거론된 것은 "교육은 국가와 민족의 부강을 가져오는 근본적인 힘"이라는 인식과 관련되어 있었다. 즉 민족의 사활·흥망의 문제는 교육에 달려있다는 것으로, 그러한 실례로서 흔히 독일·프랑스·일본과 인도·중국의 경우가 대비되어 설명되었다.[17] 신교육보급론은 또 '신문화건설론'과도 관련되어 있었다. 즉 세계개조의 시대적 기운에 부응한 '조선사회의 개조'와 이를 위한 신문화건설이 제창되면서 신문화건설, 즉 현대적 문명의 수립을 위한 신교육보급론이 절실하게 받아들여졌던 것이다. 당시 한 논자는 산업발달에도 지식이 필요하고, 사회제도의 개선에도 지식이 필요하고, 자연개척과 이용에도 지식이 필요하기 때문에, "목하 조선인이 신시대를 당하야 신사회를 건설코자 함에 가장 필요한 것은 각 방면의 전문지식이요, 또한 보통학문"이라고 주장하였다.[18] 그러면 전문지식과 보통학문은 어떻게 얻을 수 있는가. 그것은 오직

17) 朴達成, 〈時急히 解決할 朝鮮의 二大問題〉(《개벽》 1, 1920), 24쪽.
18) 《동아일보》, 1922년 9월 28일, 사설 〈평남교육협회에 대하야-文運의 促進〉.

'교육'을 통해서였다. 즉 '교육'은 신문화건설의 관건이었던 것이다.

1920년대 초 신문화건설론과 함께 시작된 '문화운동'을 통해 교육의 중요성이 점차 대중들에게 인식되기 시작하여 이른바 '향학열'이 거세게 일어났다. 당시 총독부 당국자에 의하면 "소요(3·1운동) 이전에는 면장과 경찰서장이 극력 취학을 권유해도 정해진 수의 취학아동을 얻는 것이 극히 어려웠는데, 소요 이후 일변하여 학교는 문전성시가 되었다"고 놀라움을 표시하였다.[19] 당시 한 논자는 향학열이 일어나게 된 원인에 대해 "목하 과학지식에 낙오된 우리, 생존경쟁의 劣敗者된 우리로서 장차 막연한 우리의 생활 前路를 개척하여 남과 같이 살자면 반드시 남과 같이 알아야 할 것이며, 남과 같이 배워야 하겠다는 것이 금일 우리 조선인의 향학열을 도발케 한 원동력"이라고 설명하였다.[20]

이러한 향학열의 급격한 고조는 결국 학교수의 부족으로 입학난을 초래하였다. 1922년 공사립보통학교의 경우 7만 4,891명 모집에 입학지원자가 13만 4,437명이 몰려들었다. 이러한 입학난은 서울의 경우 더욱 심각하여 1,184명 모집에 4,485명이 지원하여 경쟁률은 4대 1에 달하였다.[21] 고등보통학교의 경우에도 사정은 마찬가지였다. 1922년 사립고등보통학교의 경우 1,396명 모집에 4,883명이 지원하였던 것이다.[22] 이같이 입학난이 극심하게 된 것은 학교수가 근본적으로 부족했기 때문이었다. 1919년 현재 관공립 보통학교는 6개 면에 1개교 정도밖에 되지 않았으며, 다소 늘어난 1923년에도 공립보통학교는 전국에 1,059개교로 2~3개 면에 1개교에 지나지 않았다. 고등보통학교는 관립 12개교, 사립 8개교에 지나지 않았으며, 수용학생은 모두 10,300명에 불과하였다.[23] 이외에도 '각종학교'라는 이름으로 사립학교들이 있었지만 역시 입학자를 수용하기에는 태부족이었다. 여기에서 각종 학교설립운동 혹은 학교교육을 대신해줄 수 있는 각종 강습소와 야학 설립운동이 크게 일어난 것이었다.

---

19) 松村松盛, 〈變り行く朝鮮の姿〉(《朝鮮統治の回顧と批判》 1, 1936), 199~200쪽.
20) 金秉濬, 〈新學期 入學難과 우리의 覺醒〉(《개벽》 23, 1922), 98~99쪽.
21) 《동아일보》, 1922년 4월 3일, 〈數字가 證하는 入學難〉.
22) 萩原彦三, 〈朝鮮の教育に就いて〉(《第3回 地方改良講習會講演集》, 1923), 270쪽.
23) 萩原彦三, 위의 글, 270~271쪽.

전문학교와 대학교의 경우에는 문제가 더욱 심각하였다. 1923년 현재 전문학교는 관립 5개교, 사립 3개교가 있을 뿐이었다.[24] 이들 전문학교는 고등교육기관이라기보다는 전문기술인력 양성소였다. 따라서 고등교육을 원하는 학생들은 일본을 비롯한 여러 나라로 유학을 떠나지 않을 수 없는 실정이었다. 1921년에 일본에 유학중인 학생은 모두 1,200명에 달하였다. 그리고 그 가운데에는 중등학교에 유학한 경우도 상당수 포함되어 있었다. 일본뿐만 아니라 중국과 미국·영국·독일 등지로 유학하는 경우도 크게 늘어났다. 이처럼 유학생이 격증하자 국내에서는 '민립대학'을 만들자는 논의가 일어난 것이다.

나. 각종 학교 설립운동

1920년대 초 총독부측은 높아진 향학열에 응하여 공립학교 증설을 발표하였지만 3면 1개교를 원칙으로 하고 있었기 때문에 늘어나는 입학지원자를 감당할 수 없었다. 이에 각 지방의 유지들은 사립보통학교 설립운동을 시작하였다. 예를 들어 전북 고창에서는 기존의 각종학교로 되어 있던 사립학교를 몇몇 유지들이 기금을 보태어 사립보통학교로 바꾸어 놓았다.[25] 충남 대전에서는 대전교육회가 기금을 모아 사립보통학교를 세웠으며, 금산군 부귀면 등에서도 역시 민간유지들이 기금을 모아 사립보통학교를 설립하였다.[26] 하지만 각 지방의 면단위에서 사립보통학교를 세운다는 것은 쉬운 일이 아니었다. 그렇다고 해서 각종학교르 분류되어 불이익을 받게 되는 사립학교는 학생들이 기피하였기 때문에 한말과 같은 대대적인 사립학교 설립운동도 일어나기 어려웠다.

여기서 당시 학교 설립운동의 중심이 된 것이 사립고등보통학교 설립운동이었다. 그것은 고등보통학교의 입학난이 다른 어느 학교의 경우보다 심각했기 때문이었다. 통영·부산·공주·천안·진주·재령·강릉 등지에서 사립고등보통학교를 설립하기 위한 기성회가 설립되었다. 그러나 이러한 사립고보

24) 관립전문학교로는 법학전문학교·고등상업학교·의학전문학교·고등농림학교가 있었고, 사립전문학교로는 세브란스의학전문학교·연희전문학교·보성전문학교가 있었다.

25) 《동아일보》, 1921년 3월 22일, 〈高敞 有志의 敎育熱〉.

26) 《동아일보》, 1922년 7월 12일.

설립운동은 거의 성공하지 못하였다. 그것은 각도 당국에서 고보설립 기성회가 낸 기부금 모집에 관한 허가원을 받아주지 않았기 때문이다. 총독부 당국은 "기부금을 대규모로 모집하면 징세에 영향이 크다"는 각종 구실을 붙여 고보설립운동을 방해하였다. 따라서 1923년까지도 사립고보는 전국적으로 8개교(여자고보는 5개교)에 지나지 않았다.[27]

각급학교 설립운동은 마침내 1923년 민립대학기성운동으로 발전하였다. 민립대학기성운동은 1920년 6월 조선교육회 발기회에서 "조속한 시일 내에 문리과·농과·상공과·의과 등을 내용으로 하는 민립대학을 설립한다"고 결의한 것이 그 발단이 되었다.[28] 이후 《동아일보》는 1922년 2월 〈신교육령〉의 발포에 즈음한 논설 〈민립대학의 필요를 제창하노라〉에서 〈신교육령〉에 조선에서의 대학교육은 일본의 〈대학령〉에 의거한다고 되어 있으므로 조선에서도 대학교육이 가능하게 되었다면서 민립대학의 설립을 제창하였다.[29]

민립대학기성준비회는 1922년 11월 23일 李商在·玄相允·崔奎東 등에 의해 구성되었다. 민립대학기성준비회는 각 군별로 2~5인의 발기인을 선발하기로 하고, 그 선발은 각 군의 민간단체의 협의에 일임하였다. 이에 따라 각 군에서는 주로 청년회가 중심이 되어 긴급회의를 열어 군내 유지들을 초청·협의하여 발기인을 선정하였다. 이러한 과정을 거쳐 전국에서 선출된 발기인은 모두 1,170명에 달하였고, 그 가운데 462명이 모여 1923년 3월 29일 발기총회를 가졌다. 기성회는 발기총회에서 사업계획을 확정하였는데, 그것은 제1기 사업으로 기금 400만원을 모아 학교터 5만 평을 사서 교실 10채와 대강당을 짓고 법과·문과·경제과·이과 등 4과를 설치하며, 제2기에는 300만원으로 공과를 신설하고, 제3기에는 300만원으로 의과·농과를 설치한다는 것이었다.[30] 또 총회에서는 6가지 사항을 결의하였는데, 이에 따르면 회원은 會金 납부자로 하며, 경성과 지방에는 각각 중앙부와 지방부를 두고, 중앙부와 지방부는 각기 집행위원을 두기로 하였다. 이에 따라 각 지방에서는 발기

27) 朝鮮每日新聞社, 《朝鮮施政十五年史》(1925), 262쪽.
28) 《동아일보》, 1923년 6월 23일.
29) 《동아일보》, 1922년 2월 3일, 사설 〈민립대학의 필요를 제창하노라-富豪의 一考를 促함〉.
30) 《동아일보》, 1923년 3월 30일, 〈개회된 民大總會〉.

인들을 확장 모집하여 지방부를 결성하게 되었다. 예를 들어 안성군의 경우 발기인들을 더 모아 12개 면의 유지 120여 명을 발기인으로 하여 5월 6일 안성군 지방부를 창립하였다.[31] 각 지방부에서는 강연회 등을 통하여 이 운동의 취지를 설명하고 회원과 기금을 모집하는 일에 열중하였다. 기금 모집 방법은 대체로 지방유지와 부호로 구성된 지방부의 집행위원들이 상당액을 부담하고, 나머지 액수를 전 군민이 호당 얼마씩 차등을 두어 부담하는 방식을 취하였다.

그러나 이 운동은 예상보다 성과가 크지 않았다. 우선 지방부가 조직된 군도 예상보다 훨씬 적었다. 또 각 지방부의 활동도 1923년 6월 경까지는 어느 정도 이루어졌지만 9월 이후에는 그 기세가 크게 꺾였다. 그것은 1923년 봄 이후 조선청년당 대회에 참석한 각 지방의 청년회들이 실력양성운동 노선을 버리고 사회주의운동 노선으로 방향을 전환하고 있었다. 따라서 당시 조선청년당대회에 참석한 일부 청년회들은 물산장려운동과 민립대학기성운동 '타도'를 결의하고 있었다. 이르써 민립대학기성운동은 사실상 지방 조직을 상실한 셈이었다.

또 이 운동은 부호들의 후원에 크게 의지하고 있었는데, 이 즈음 각 지방의 부호들은 지방자치 실시 등으르 점차 친일화하는 경향이 있었다. 따라서 부분적이나마 민족적 색채를 띠고 있는 이 운동에 그들이 열성적으로 참여하는 것을 기대하기는 어려웠다. 당시 각 지방에서 알게 모르게 가해진 관헌의 방해공작도 모금활동에 큰 지장을 주었을 뿐만 아니라 부호들이 이에 적극 참여하는 것을 견제하였다. 그리고 총독부측은 1923년 관립대학 설립 방침을 발표하고, 11월 대학창설준비위원회를 만들었다. 1924년 봄에는 일본 추밀원회의에서 〈경성제국대학령〉이 통과되었고, 1925년 6월에는 개교를 보기에 이른다. 총독부측의 경성제국대학 설립이 민립대학설립에 대한 견제로부터 시작되었음은 말할 것도 없었다. 여기에 덧붙여 1923년 9월 관동대지진과 1924·1925년 계속된 旱災와 홍수는 모금활동을 사실상 더 이상 계속하기 어렵게 만들었다. 결국 이 운동은 1924년 여름 이후 중단상태에 빠졌다.

---

31) 《동아일보》, 1923년 5월 12일, 〈民大安城郡部〉.

다. 야학과 강습소의 개설

1920년대 초반 교육진흥운동은 한편으로는 학교설립운동으로 진행되면서 다른 한편으로는 서당개량운동, 야학과 강습소의 개설운동이 전개되었다.

서당의 개량이란 구래의 서당에서 한문만이 아니라 일본어·조선어·산술·지리·역사 등을 가르치는 것을 의미하였다. 개량서당은 이미 1910년대 사립학교가 탄압을 받으면서 등장한 것이었는데, 1920년대 초 문화운동론자들은 교육열의 고조와 그에 따른 입학난과 관련하여 서당개량론을 활발히 개진하였다. 당시 서당의 실정을 보면, 1911년 16,540개에서 1915년 2만 3,441개, 1920년 2만 5,492개로 갈수록 늘어나고 있었다. 서당에 수용되는 학생수도 1920년에는 29만 2,625명으로 각종 초등학교 학생 총수 15만 7,851명의 2배 가까운 수를 기록하고 있었다.[32] 이를 볼 때 당시 서당이 초등 수준의 교육에서 차지하는 비중이 얼마나 큰 것이었는지 알 수 있다.

그런데 당시 서당교육은 1918년에 만들어진 〈서당규칙〉에 의해 교과내용과 교과서 등에서 관의 감독을 받게 되어 있었고, 금고 이상의 형을 받은 자는 교사의 자격이 없었다. 도 장관은 유해하다고 판단될 때에는 서당을 폐쇄할 수 있게 되어 있었다. 따라서 개량서당의 교육 내용도 부분적으로는 자율적이긴 했지만 전체적으로는 일제의 식민지 교육방침의 통제하에 놓여 있었다고 할 수 있다.

한편 주야학강습소는 크게 두 가지 종류로 나뉜다. 하나는 입학난 혹은 가정형편 등으로 인해 학교교육을 받기 어렵게 된 아동들을 상대로 한 것이었고, 다른 하나는 노동자·농민을 상대로 한 것이었다. 주야학강습소는 주간의 경우에는 '강습소'(혹은 강습회)라 불렸고, 야간의 경우에는 야학이라 불렸다. 1920년대 초의 강습소는 대체로 각 지방의 유지·청년회·개량적 노동운동단체·종교단체에 의해 설치되었으며, 특히 각 지방청년회는 대부분 강습소 설치를 주요 사업으로 설정하고 있었다.

이들 강습소의 수는 정확히 알 수 없으나 1922년 5월 현재 경남지방에서만 223개소의 강습소가 14,155명의 학생을 수용하고 있었다. 이는 당시 경

32) 노영택, 《일제하 민중교육운동사》(탐구당, 1979), 98~101쪽.

남의 각종 초중등학교 재학생 3만 1,990명과 1,567개 서당의 학생 1만 9,274명의 수와 비교할 때 결코 적은 것이 아니었다.[33] 그런데 이들 사설 강습소는 1913년의 〈사설학술강습회에 관한 건〉에 의해 설치 자체가 허가제(도장관의 인가제)로 되어 있었고, 강습 기간도 1년으로 되어 있었다. 따라서 강습소의 학기는 1년의 단기로 될 수밖에 없었으며, 교사도 초등학교 졸업자가 다수여서 교육의 질은 높아질래야 높아질 수 없었다.[34] 물론 교과목은 보통학교의 그것과 별다름 없이 조선어·일본어·한문·산술 등으로 되어 있었으나, 이 강습회가 흔히 '통속교육'이라 불렸던 데에서 드러나듯이 그 수준은 낮은 것이었다. 하지만 주야학강습소는 당시 학교가 부족한 상황에서 주로 노동자·농민과 그들의 자녀들에게 최소한의 신교육을 보급하는 구실을 한 것은 틀림없다고 할 것이다.

(4) 물산장려운동

가. 물산장려운동의 배경

1923년 한때 크게 일어났던 物産奬勵運動의 배경에는 당시 조선인 토착자본이 처해있던 급박한 상황과 당시 문화운동의 핵심적 논리의 하나였던 경제적 실력양성론이 놓여 있었다. 먼저 당시 조선인 토착자본이 놓여 있었던 상황을 살펴보자. 일본 자본주의는 호황기였던 제1차 세계대전이 종료된 이후 공황기에 빠져들었다. 이에 일본 자본주의는 '과잉생산에 따른 공황'을 돌파하기 위해 식민지 조선을 활용하고자 하였다. 즉 그동안 식량과 원료의 공급기지로 주로 활용해오던 식민지 조선을 한편으로는 이제 과잉생산된 상품의 수출시장으로서, 다른 한편으로는 과잉축적된 자본의 수출시장으로서 그 용도를 확장시키고자 했던 것이다. 여기서 일본정부는 1910년 '한일병합' 때 서구열강에 1920년까지 유보하기로 약속하였던 조선에 대한 관세를 완전히 철폐하는 방안을 검토하기 시작하였다. 당시 일본의 자본가들은 일본과 조선과의 관세가 일본과 조선의 경제권을 독립적으로 존재하게 만드는 요인이라

33) 〈조선문화의 기본조사〉(《개벽》 34, 1923. 4), 5~10쪽.

34) 노영택, 앞의 책, 156~157쪽.

면서 '일선융화'를 해치는 관세제도를 폐지하라고 요구하고 있었다.[35] 그러나 당시 총독부의 재정수입에서 관세는 지세수입 다음으로 큰 비중을 차지하고 있었기 때문에 이를 전면 철폐할 수는 없었다. 따라서 일본정부와 총독부는 1923년 4월 관세 수입의 약 반을 남기는 선에서 기존의 관세를 조정하였다. 이 때 관세가 그대로 유지된 것은 주류와 직물류였다. 1920년 8월 이후 관세 철폐문제가 제기될 때마다 《동아일보》 등 조선의 각 언론매체는 이 관세의 철폐가 일본산 상품이 조선에 물밀듯 밀려와 한국시장을 독점하여 자본과 기술에서 열세에 놓여 있는 조선의 공업을 형적도 없게 만들 것이며, 총독부 수입을 감소시켜 조선인들의 조세부담을 증가시키게 될 것이라면서 강력히 반대하였다.[36]

한편 일본자본의 조선진출도 본격화되고 있었다. 1920년의 〈회사령〉 철폐는 일본 자본의 조선 진출에서의 장애물을 제거하기 위한 것이었다. 이후 일본자본의 조선진출이 활발해졌다. 제조공업의 신설 회사의 경우 1917년 5개사, 1918년 7개사에서 1919년에는 17개사, 1920년에는 16개사로 늘어났다. 상업회사의 경우에도 1917년 5개사, 1918년 8개사에서 1919년 23개사, 1920년 56개사로 신설회사가 늘어났다. 반면에 조선인 토착자본의 수는 그리 크게 늘어나지 않았다. 제조공업의 경우, 1919년 1개사, 1920년 5개사, 1921년 1개사가 신설되었고, 상업부문에서는 1919년 17개사, 1920년 18개사, 1920년 8개사가 늘어났을 뿐이었다.[37] 1921년 2월 현재 각종 회사의 상황을 살펴보면 조선인설립회사는 63개사에 공칭자본 23,404,700원, 불입자본 11,403,615원인 반면, 일본인설립회사는 280개사에 공칭자본 157,225,400원, 불입자본 83,375,962원이었다. 즉 한국인 설립회사는 숫자상으로 일본인 설립회사의 22.5%에 지나지 않았으며, 불입자본금에서는 13.7%에 지나지 않았던 것이다.[38] 그리고 조선인 회사는 대부분 영세한 것으로서, 1930년의 통계에 의하면 전체 2,093개 공장 가운데 노동자 5~49명을 고용한 공장은 2,031개로 전체의 97%를 차지

35) 有吉忠一, 〈思ひ出のまま〉(《朝鮮統治の回顧と批判》, 朝鮮新聞社, 1936), 71쪽.
36) 《동아일보》, 1920년 7월 10~12일, 사설 〈關稅撤廢와 朝鮮産業〉.
37) 《朝鮮銀行會社要錄》(1921).
38) 《동아일보》, 1921년 2월 26일, 〈各種 會社의 近況〉.

하였다. 반면에 50~99명 고용은 42개, 100~199명 고용은 12개, 200명 고용은 8개에 지나지 않았다.[39]

이처럼 영세한 처지에 놓여 있던 조선의 토착자본은 밀려오는 일본자본과 일본상품 앞에 속수무책일 수밖에 없었다. 여기서 토착자본은 우선 총독부권력에 구원의 손길을 내밀었다. 하지만 당시 총독부측은 식민지 조선을 일본자본주의의 식량과 원료의 공급지·상품의 소비시장·자본진출지로서 재편하기 위한 정책을 세우고 있었고, 이를 위해 1921년 9월 산업조사위원회를 구성하였다. 총독부측에서 조선의 산업정책을 세우기 위해 산업조사위원회를 구성한다는 소식이 있자, 조선인들도 이에 대응하여 '조선산업대회'(위원장 박영효)를 창립하여 총독부측에 조선인 본위의 산업정책을 세워줄 것을 요구하기로 하였다.[40] 당시 《동아일보》도 수차에 걸친 사설을 통해 조선인산업은 정치·사회적으로 보호·장려를 받지 않으면 진보·발전하기 어렵다고 주장하였다.[41] 조선인들의 이같은 요구와 기대에도 불구하고 그해 9월 열린 총독부의 산업조사위원회는 조선에서의 산업정책의 기본방침은 일본제국의 산업정책에 순응하는 것이 되어야 한다는 것을 분명히 하였다. 이렇게 되자 조선인 실업가들은 크게 실망하였고, 그들을 대변하던 《동아일보》는 산업조사위원회의 결의안에 대해 맹렬히 비난을 퍼부었다. 즉 산업조사위원회의 결의안은 결국 한국의 경제를 일본에 완전히 예속시키는 일본인 본위의 것이 되었다는 것이었다.[42] 이로써 조선인 토착자본의 기대는 완전히 무너졌고, 《동아일보》는 이제 일본인과 조선인 사이에는 '경제적 전쟁'이 시작되었다고 선언하면서 조선인 자본가들의 분발을 촉구하였다. 이 신문은 한국인들은 '경제적 戰場'에 섰으며, 이 전쟁에서 승리하기 위해서는 근면·단결·선진제국의 경험 흡수 등이 무엇보다 필요하다고 주장하였다.[43] 그러나 이러한 대책들은

39) 정진상, 〈일제하 한국인 토착자본의 성격〉(《한국근대농촌사회와 일본제국주의》, 문학과 지성사, 1986), 209쪽.

40) 《동아일보》, 1921년 8월 1일, 〈조선인산업대회 창립경과〉·9월 14일, 〈산업대회 결의안〉.

41) 《동아일보》, 1921년 6월 10일, 사설 〈産業調査會의 설치-文化政治의 表徵乎〉.

42) 《동아일보》, 1921년 9월 23일, 사설 〈産業調査會의 決議案-朝鮮人 本位의 반대로 日本人 本位의 政策〉.

43) 《동아일보》, 1921년 9월 24일, 사설 〈産業發達에 대하야 朝鮮人에게 警告하노

매우 원칙적인 것으로 조선인 토착자본은 사실상 속수무책의 상황에 처해 있었다. 여기서 토착자본측은 1922년부터 '토산품 애용'이라는 슬로건을 들고 나오면서 자구책을 마련하게 된 것이다.

다음 1920년대 초 문화운동의 핵심적 논리는 실력양성론이었고, 실력양성론의 핵심은 '경제적 측면에서의 실력양성론'이었다. 경제적 실력양성론자들은 정치적 권리의 요구에 앞서 경제적 실력을 양성해야 한다고 주장하였다. 즉 "정치는 결국 실력의 관계이며, 권리는 결국 실력의 표현"이라면서, "현대의 정치적 중심은 … 유산계급 즉 자본가에 있다. 이와 같은 시대에 처하여 경제적 능력이 없이 정치적 권리를 요구한들 그 하등의 소용이 있으며 설혹 정치상 권리를 획득한들 경제적 능력이 없으면 또한 하등의 소용이 있으리오"라고 하여,[44] 경제적인 실력의 양성이 정치적 권리의 주장에 선행되어야 한다고 주장하였다. 이들은 "우리 민족의 생존과 번영을 도모하려면 정치적 방면의 활로도 있고, 기타 각 방면으로도 활로가 있겠지만 가장 긴요한 것은 경제적 방면의 활로"라고 주장하였다.[45] 경제적 실력양성론자들은 이처럼 경제문제가 정치적 문제, 즉 '독립'의 관건이 된다고 보고 있었다. 여기서 경제적 실력양성을 위한 '물산장려운동론'이 대두하였던 것이다.

물산장려운동이 처음 시작된 곳은 1920년 8월의 평양이었다. 曺晩植 등 70명의 평양 유지들은 '조선물산장려회'를 발기하고 '자작자급', 즉 조선물산의 장려를 위한 운동을 펼칠 것을 제창하였다. 그들은 조선이 이렇게 빈약하게 된 近因은 자작자급을 하지 않은 데 있다고 주장하고 부득이한 물품 이외에는 철저히 자작자급을 실행하고, 일보 나아가 상공업에 착수하여 직접으로 실업계의 진흥을 꾀하고 간접으로 사회의 발전과 진보를 기한다는 취지를 내걸었다. 하지만 조선물산장려회는 2년 가까이 창립을 보지 못하고 있다가 1922년 6월 22일에야 창립을 보았다.

그런 가운데 앞서 본 경제적 실력양성론은 계속 제기되었고, 1922년 초 《동

라-産調會 決議案에 대하야〉.

44) 《동아일보》, 1921년 8월 16일, 사설 〈경제적 능력과 정치상 권리-경제는 정치의 기초〉.

45) 《동아일보》, 1922년 12월 26일, 사설 〈내살림은 내것으로〉.

아일보》는 '자작자급운동'을 펼 것을 제창하였다. 이 신문은 "조선민중이 힘을 갱신하여 理想을 달성하는 제일의 방법은 富力의 증진"에 있다고 주장하고, 경제적 자립을 위해 ① 조선인은 조선인 상점에서 물건을 사고 조선인 상인을 통하여 팔고, ② 조선인은 조선인이 만든 물품을 사용하며 조선인의 편익을 도모하고, ③ 이같이 하여 경제적 자립을 기하되 근면·검소·저축·협동을 하고, 경제적 지식을 획득하며, 과학적 경영방법을 채택해야 한다고 주장하였다.[46] 이는 자작자급운동의 방침을 보다 구체적으로 제시한 것이었다. 또 1922년 4월에 열린 조선청년회연합회 제3회 정기총회는 조선인은 산업발달에 대한 기본권을 소유한다는 것을 선언하고, 실행사항으로서 ① 조선인은 근면 노력하여 산업상 기술과 지식을 修得하여 산업적 권리의 확충을 기할 것, ② 조선인은 생산과 소비를 일치단결하기 위하여 소비조합·생산조합·소작인조합의 조직 발달을 기할 것, ③ 조선인은 조선인의 제조품을 사용하며 조선인 상인을 통하여 매매할 것 등을 의결하였다.[47]

하지만 물산장려운동은 1922년 여름까지도 아직 전국적으로 확산되지 못하였다. 물산장려운동이 전국으로 확산되는 계기를 만든 것은 그해 10월 총독부와 일본 대장성이 1923년 4월부터 일본과 조선 사이의 관세를 대부분 철폐하는 안을 협의하여 곧 일본의회에 상정할 것이라는 보도였다. 이러한 보도는 조선인 토착자본가들의 위기의식을 크게 고조시켰다. 이에 따라 각 신문과 잡지에는 본격적으로 자작자급운동을 호소하는 글이 실리기 시작했다. 예를 들어 《東明》에는 薛泰熙가 "자작자급 이것만이 오직 우리의 진로"라고 강조하면서, "가가호호가 물레와 베틀을 다시 사용하라. 무엇보다도 먼저 社會奉公的 生産財團을 일으키라"고 주장하는 글이 실렸다.[48] 또 《개벽》에도 조선인의 살 길은 토지보존, 농업부흥, 외국상품 거부, 토산장려, 근검절약뿐이라고 주장하는 朴達成의 글이 실렸다.[49] 조선청년회연합회는 12월 1일 조선물산장려의 표어를 현상모집하여, 12월 25일 '내살림 내것으로', '조선

46) 《동아일보》, 1922년 1월 4일, 사설 〈經濟的 覺醒을 促하노라－今年에 決行할 綱領〉.
47) 《동아일보》, 1922년 4월 8일, 〈靑年聯合 總會〉.
48) 薛泰熙, 〈自作自給의 人이 되어라〉(《東明》 14, 1922).
49) 朴達成, 〈有耶無耶 朝鮮人의 生道〉(《개벽》 29, 1922).

사람 조선 것' 등의 표어를 당선작으로 발표하여 물산장려운동의 분위기를 돋구었으며, 물산장려를 위한 지방순회강연단을 조직하여 북한 지방을 순회하였다.[50]

이러한 분위기 속에서 서울에서 처음 물산장려운동을 실행에 옮긴 것은 그해 12월 연희전문학교 학생 廉台鎭 등 50여 명이 결성한 自作會였다. 자작회는 조선물산을 장려하여 자작자급의 정신을 기르고 산업의 진흥을 도모하여 경제적 위기를 구한다는 목적으로 구성되었다. 그들이 운동방책으로 내놓은 것은 조선인은 일치하여 조선품만 쓰고 수입품은 쓰지 말 것, 조선인의 所用品은 급히 조선인의 손으로 제조하도록 할 것, 조선인은 일치하여 토지를 전당하거나 매도하지 말고 매입하기를 힘쓸 것 등이었다. 그리고 그들은 운동의 구체적 목표의 하나로서 "조선인이 먹고 입고 쓸 조선품을 생산 공급할만한 영국의 길드식 대산업조합을 만들어 전조선적 생산소비기관으로 만들 것"을 제시하였다.[51] 자작회의 발기에 대해 당시《동아일보》는 이를 전폭적으로 지지하면서 일본인의 자본주의에 대항하기 위해서는 조선인이 소비에 동맹함으로써 생산의 발달을 기해야 할 것이라고 주장하였다.[52]

나. 물산장려운동의 전개

위에서 본 것처럼 물산장려운동이 지방과 학생층으로부터 시작되자 이에 자극받은 서울의 사회운동 인사들도 1923년 1월 9일 '조선물산장려회'의 발기준비회를 구성하였다. 20일에는 발기총회가 있었고, 25일에는 창립총회가 조선청년회연합회 건물에서 열렸다. 이는 물산장려운동의 본격적인 개막을 알리는 것이었다. 조선물산장려회는 그 취지문에서 "조선사람의 물산을 장려하기 위하여 조선물산장려회를 조직하고, 첫째 조선사람은 조선사람이 지은 것을 사서 쓰고, 둘째 조선 사람은 단결하여 그 쓰는 물건을 스스로 제작하여 공급하기를 목적으로 하노라"라고 그 목적을 밝혔다.[53]

---

50)《동아일보》, 1922년 12월 1·13·14·25일.
51)《동아일보》, 1922년 12월 17일, 〈自作會 發起〉.
52)《동아일보》, 1922년 12월 8일, 논설 〈自作會－경제적 자립의 정신〉.
53)《동아일보》, 1922년 1월 11·27일.

물산장려회를 주도한 인물은 당시 이사진을 통해 확인된다. 창립총회에서 선출된 초대 이사와 4월 총회시 추가로 선출된 이사진 30명을 보면 다음과 같다.

창립총회시 이사 : 兪星濬(이사장)·薛泰熙·鄭魯植·金喆壽·金潤秀·白寬洙·羅景錫·金東赫·李順鐸·朴鵬緖·金德昌·李鍾麟·李甲成·朴東完·李得秊·韓仁鳳·李時琓·林敬鎬·高龍煥·吳玄洲 (이상 20명).

4월 총회시 추가 선임된 이사 : 李東植·朱翼·沈宜成·金秉濬·崔元淳·宋鍾愚·吳尙俊·辛泰嶽·李璜珪·玄信運·高裕相·張斗鉉 (12명, 金東赫 吳玄洲는 사임).

이들 물산장려운동의 주도층 가운데에는 일본 유학을 하고 돌아온 신지식층이 많았다. 그 가운데 鄭魯植은 1922년 4월 이후 서울청년회 등이 탈퇴한 조선청년회연합회의 집행위원장을 맡고 있었고, 金喆壽·高龍煥·李時琓 등은 3대 집행위원, 辛泰嶽은 4대 집행위원이었다. 성향별로 보아서는 부르주아민족주의자가 다수를 차지했지만, 사회주의경제학을 공부한 李順鐸과 羅景錫, 그리고 길드사회주의적 성향을 지닌 설태희 등도 끼어 있었다. 실업인으로서는 金德昌(동양염직)·張斗鉉(동양물산)·金潤秀(경성상회)·高裕相(경성 안동서관) 등이 끼어 있었다. 김덕창은 1910년대에도 조선산직장려계에 참여한 바 있었고, 한말부터 조선의 토착 면직업을 이끌어 온 인물이었다. 김윤수와 장두현은 종로의 대표적인 포목상 혹은 무역업자들이었다. 물산장려회에는 친일적인 인사는 거의 없었지만, 이사장 兪星濬은 당시 경기도 참여관으로 있는 인물이었다.

서울에서 조선물산장려회가 조직되자 지방에서도 이와 관련된 많은 단체들이 조직되었다. 전국 각지에서 물산장려회·자조회·토산장려회 등의 이름으로 관련 단체들이 조직되었는데, 그 조직을 주도한 것은 각 지방의 청년회들이었다. 청년회가 조직된 군 단위의 지역은 대부분 관련 단체가 조직되었다고 볼 수 있을 것이다. 특기할 것은 각 지방의 관련단체들이 서울의 조선물산장려회의 지부의 형식을 띠지 않았다는 점이었다.

그러면 물산장려운동은 구체적으로 어떻게 진행되었을까. 서울의 조선물산장려회는 창립시 만든 〈헌칙〉 제3조에서 "본 회는 조선물산을 장려하며 조선인의 산업을 진흥하야 조선인의 경제상 자립을 圖함을 목적함"이라고 천명하였다.[54] 그리고 會의 목적을 달성하기 위한 세칙 2조에서는 産業奬勵·愛用奬勵·經濟的 指導를 그 구체적 방안으로 제시하였다.[55] 물산장려회는 또 창립 후 곧 제1기 실행조건을 정하였는데, 그것은 의복의 경우 남자는 周衣, 여자는 치마를 음력 정월 1일부터 조선인 산품 또는 가공품을 염색하여 착용할 것, 음식물에 대해서는 식염·설탕·과일·청량음료를 제외하고는 모두 조선물산을 사용할 것, 일용품 가운데 조선인 제품으로 대용하는 것이 가능한 것은 이를 사용할 것 등이었다.[56] 즉 제1기의 운동방침은 '애용장려', 즉 토산애용의 대중 계몽에 중점을 둔 것이었다.

당시 물산장려운동의 방향을 둘러싸고 두 가지 견해가 있었다. 하나는 애용장려를 먼저 선행하고 뒤에 생산장려(산업장려)를 병행하자는 견해였고, 다른 하나는 애용장려보다 생산장려에 더 비중을 두자는 견해였다. 전자의 견해는 "순서로 보면 생산이 있어야 소비가 있을 것이지만, 생산을 장려하기 위해서는 대규모 공장을 경영해야 하고, 이에 상당한 자금과 실력, 용기가 필요하므로 현재 상황에서는 어렵다고 보고, 먼저 소비를 장려하여 일반인에게 자작자급의 관념을 유발하는 데에 중점을 두자"는 것이었다. 즉 애용을 장려하면 자연 생산자가 늘어날 것이라는 견해였다.[57] 한편 후자의 견해는 "생산물은 여전한데 소비에만 주력하면 경제학 원칙을 들 것도 없이 물가만 등귀할 것이므로 생산을 장려해야 한다"는 것이었다. 즉 애용장려운동을 위해서는 먼저 생산장려, 즉 기존 공장의 기술과 품질의 개선, 그리고 신규 공

54) 〈조선물산장려회 憲則〉(《조선물산장려회보 : 이하 《회보》》 1-3).
55) 〈조선물산장려회 세칙〉(《회보》 1-3). 이를 보다 자세히 살피면, 산업장려란 조선인의 산업적 지능을 계발, 단련하여 실업에 종사케 하는 것, 애용장려란 조선인의 産品을 愛用撫育하여 조선인의 산업을 융성케 하는 것, 경제적 지도란 조선인의 생활 및 기타에 관하여 경제적으로 건설 또는 개선할 바를 조사하여 그 실현을 지도 관철하는 것이었다.
56) 李鍾麟, 〈本會의 제2회 총회를 경과하고셔〉(《산업계》 4, 1924).
조기준, 〈조선물산장려운동의 전개과정과 그 역사적 성격〉(《역사학보》 41, 1969), 91쪽 참조.
57) 이종린, 위의 글.

장의 설립이 이루어져야 한다는 것이었다.[58] 1923년 조선물산장려회 창립 초기의 운동방침은 대체로 볼 때 애용장려를 기본으로 하고 생산장려를 병행한다는 입장으로 정해졌고, 이는 그 이후에도 그대로 이어졌다.[59]

물산장려회측은 애용장려를 위한 대중계몽운동으로서 1923년 2월 16일 설날의 전국적인 시가행렬을 계획하였다. 이에 따라 각 지방에서도 이미 창립된 물산장려단체들과 각 지방청년회들이 설날의 물산장려행렬에 대중이 적극 참여해줄 것을 대대적으로 선전하였다. 그러나 2월 14일 서울의 종로경찰서는 물산장려의 선전행렬을 금지한다는 통첩을 보내 선전행렬 계획은 중지되었다. 다만 평양에서는 당일 경찰의 감시하에 간단한 선전행렬이 있었고, 충북 영동에서는 2월 9일, 전남 고흥에서는 3월 1일 각각 선전행렬이 있었다. 선전행렬이 좌절되자 각 단체들은 주로 강연회를 통한 선전계몽운동에 나섰다. 서울에서는 물산장려회 주최로 2월 16일 천도교강당에서 강연회가 열렸으며, 각 지방에서도 강연회가 잇따라 열렸다.

물산장려운동에는 '물산장려회'·'토산장려회' 등의 이름을 내건 단체만 참여하고 있는 것은 아니었다. 조선청년회연합회는 이미 1922년 4월 제3회 총회 때부터 산업운동의 실행을 선전하고 있었고, 12월에는 물산장려의 표어를 현상 모집하기도 하였다. 그리고 조선청년회연합회의 집행위원장을 비롯한 중요 인물들이 물산장려회의 이사로 참여할만큼 조선청년회연합회는 이 운동에 적극적이었다. 또 각 지방의 청년회들도 물산장려회의 조직을 주도하기도 하였고, 청년회가 직접 물산장려를 위한 각종 선전활동을 펴기도 하였다. 한편 당시 전국 각지에서는 '금주·단연·저축'을 구호로 한 소비절약운동이 일어나 이와 관련된 각종 단체가 만들어져 물산장려운동을 측면에서 지원하였다.

이같은 계몽운동의 성과는 어떻게 나타나고 있었을까. 비록 일시적이긴 하였지만 '토산장려'·'자작자급' 등의 구호는 조선 물산의 소비를 크게 자극하

58) 윤영남, 〈自滅인가 圖生인가－물산장려운동에 대하야 曰可曰否의 論難을 보고〉(《동아일보》, 1923년 4월 26일). 이에 대해서는 오미일, 〈1920년대 부르주아 민족주의 계열의 물산장려운동론〉(《한국사 연구》 112, 2001).

59) 방기중, 〈1920·30년대 조선물산장려회 연구－재건과정과 주도층 분석을 중심으로－〉(《국사관논총》 67, 국사편찬위원회, 1996), 131～132쪽.

였다. 예를 들어 帽子의 경우 일본·중국·구미산보다 조선 토산이 크게 유행하여 경성 공평동의 한 모자공장은 음력 정월 이튿날부터 40일 동안 3,800여 개의 모자를 팔았고, 4월 초에는 하루 100개씩의 모자를 만들어야 하였다. 그것은 각 지방 청년단체로부터 단체 주문이 많았기 때문이었다.[60] 가장 호황을 누린 것은 직물산업이었다. 양복이나 비단옷보다 무명 周衣가 크게 유행하여 무명과 광목을 생산하는 공장과, 특히 이를 취급하는 상인들은 큰 호황을 누렸다. 3월 초 무명 가격은 이전에 매필 2원 20전 전후였으나, 나중에는 4원 10전으로 두 배 가까이 올랐던 것이다. 유통과정에서의 이같은 폭리로 조선상인들은 큰 이득을 취할 수 있었다. 그리고 조선인 직물업 생산업자들도 이 호황을 놓치지 않기 위해 自社의 상품을 선전하는 데 온갖 힘을 기울였다. 경성방직은 잡지 《동명》에 실린 광고에서 "조선을 사랑하시는 동포는 옷감부터 조선산을 쓰십니다. 처음으로 조선 사람의 자본과 기술로 된 광목은 삼성표 삼각산표 광목"이라고 선전하였다.[61] 김덕창의 동양염직도 잡지 《개벽》에 실린 광고에서 "外貨를 배척함보다 국산을 장려하여야, 신 발명술을 공부함보다 모방성을 길러야 함이 우리의 백년대계"라고 주장하고, 새로이 셔츠부를 신설하고 일본에서 조선인기술자를 초빙하여 메리야쓰와 자켓트를 최신 編造法으로 생산하고 있음을 선전하였다.[62]

그러나 당시 조선인자본의 직물업은 극히 취약하였다. 우선 규모가 어느 정도 되는 공장은 경성방직(김성수)·조선견직(민규식)·대창직물(백낙원)·동양염직(김덕창) 등이 있을 뿐이었다. 또 1년간 전 조선의 무명·삼베·모시의 소비액 1억 1,414만 7,621원 가운데 조선산(이 가운데에는 일본인 공장의 생산액도 포함)은 4,465만 6,442원을 차지하는 데에 지나지 않았다.[63] 따라서 설사 조선의 대중들이 모두 조선물산만 사용하겠다고 나선다 해도 그 수요를 감당할만한 생산능력은 전혀 갖추어지지 않은 상황이었다. 때문에 일시적인 수요 폭발은 조선인 공장에서 생산된 직물의 시장가격만 올려놓았고, 그로 인

60) 《동아일보》, 1923년 4월 2일, 〈帽子로 본 土産運動〉.
61) 《동명》 2-20(1923), 3쪽.
62) 《개벽》 31(1923).
63) 《동아일보》, 1923년 2월 9일, 〈物産奬勵와 織物界現況〉.

한 이득은 대부분 상인들에게 돌아가고 말았다.

이에 대한 대책으로서 물산장려회측이 제시한 것이 소비조합 운동이었다. 물산장려회는 창립시부터 소비조합의 설립을 논의하고 이를 추진하였다. 당시 발기회는 도시와 각 군의 면단위까지 소비조합을 설립하는 방안을 제시하였다. 이에 따라 2월 13일 열린 이사회는 조선물산경성소비조합을 조직하기로 결정하고, 설계위원으로서 김철수·이순탁·나경석을 선출하고, 3월 2일의 이사회에서는 본회 이사 전부를 소비조합 창립준비위원으로 하고 창립준비위원은 1股 5원씩 출자하기로 결정하였다. 그리고 5월 3일의 이사회는 소비조합설립준비위원으로서 나경석 외 4명을 선출하였다. 그러나 기금 마련은 쉽지 않았고, 결국 6월 16일의 이사회는 소비조합 설립안을 보류하기로 결정하고 말았다. 소비조합 설립준비위원의 한 사람이었던 설태희는 물산장려회를 경성총연합－도연합기관－군연합기관－면단위기관 순으로 단계적으로 조직하고 각 면에는 생산조합과 소비조합을 각기 설립하여 매출과 매입을 공동으로 할 것을 제안하기도 하였다.[64] 하지만 소비조합과 생산조합 설립운동은 실패하고 물건가격의 폭등을 막을 수 있는 방법은 없었다.

또 1923년 봄 물산장려운동의 결과 일시적이나마 조선산 상품의 수요가 폭발하였지만, 이를 뒷받침해 줄 수 있는 새로운 공장의 생산도 뒤따르지 않았다. 그것은 조선인들의 조선물산 소비운동이 과연 얼마나 지속되어 당시 일본에서 대량으로 수입되고 있던 일본상품들과의 경쟁에서 승리를 보장해 줄 것인가가 확실하지 않았기 때문이다. 더구나 1921년 경부터는 조선에도 불경기여파가 몰아닥쳐 1919년과 1920년에 설립된 조선인 회사들도 문을 닫고 있는 실정이었다.

한편 조선의 방직업은 당시 조선내에 방적회사가 없어 綿絲나 紬絲 등 원료를 모두 일본에서 수입해서 쓰고 있는 형편이었다. 따라서 설사 조선인 자본의 공장에서 생산되는 직물을 사용한다고 해서 그것이 순수한 조선물산 장려로 이어진다고 보기는 어려웠다. 그것은 결과적으로 일본 원료를 소비하

64) 梧村, 〈物産獎勵에 關하야〉(《동아일보》, 1923년 3월 10·12일).

는 것으로 이어졌기 때문이다. 또 이처럼 조선 직물업이 원료를 거의 일본에 의지하고 있는 상황이었기 때문에 일제 지배자측에서는 물산장려운동을 언제든지 통제할 수 있었다. 따라서 총독부 당국자들은 이 운동이 적극적인 일본상품 배척운동으로 진전되어 정치적 성격을 띠지만 않는다면 별 문제가 없다는 태도를 보이고 있었다. 총독부측에서 보았을 때 적극적으로 일본상품을 배척한다든가 배일을 표방한다든가 하지만 않는다면 물산장려운동은 단순한 하나의 산업운동에 그치는 것이라고 보았고, 따라서 총독부측은 굳이 이 운동을 가로막고 나설 필요성을 느끼지 않았다.[65]

그런데 당시 물산장려운동론자들 가운데에는 절대로 外貨(외국상품)를 사용하지 말아야 한다는 급진론자와 점진적으로 외화를 사용하는 대신 토산품을 사용해야 한다는 점진론자가 있었다. 그러나 한편에서는 아예 이 운동이 외화배척운동이 아님을 강조하는 경우도 있었으며, 절대적인 외화배척은 현실적으로 불가능하니 점진적인 토산장려운동이 되어야 한다는 것이 일반적인 분위기였다. 예를 들어 물산장려운동의 주요 논자 중의 하나인 鮮于全은 "물산장려회가 표방하는 물산장려는 절대적 의미의 물산장려가 아니요, 상대적인 의미의 물산장려, 즉 우리가 사용하고 소비하는 온갖 필요 용품에 대하여 사용효과와 향수이익에 다소 희생이 따르더라도 절대로 없으면 안될 물품 이외에는 토산품으로써 이에 적용하자는 의미의 물산장려"라고 말하였다.[66] 또 《동아일보》도 "吾人이 물산장려를 계획한다 함은 일체 외화를 배척하여 철두철미 원시산업을 복구하자는 것은 아닐 것이니 이 점에 있어서 오인은 점진적 태도를 취하지 아니하지 못할 것은 多言을 不要할 바"라고 말하였다.[67] 위의 선우전은 또 "경제운동을 절대로 다른 운동과 혼합하지 아니할 것", 즉 "경제문제의 연구는 어디까지나 경제의 원칙에 준하여 독립한 범위 내에서 연구할 것"을 주장하고, 이 운동이 결코 배일운동이 아님을 강조하였다.[68]

---

65) 丸山鶴吉, 〈朝鮮現下病弊〉(《在鮮四年有餘半》, 1923), 294쪽.
66) 鮮于全, 〈當然히 起할 吾人의 經濟運動〉(《개벽》 33, 1923), 42쪽.
67) 《동아일보》, 1923년 1월 24일, 사설 〈조선물산장려운동의 단서－이론에서 실제운동으로〉.
68) 鮮于全, 〈經濟思想과 經濟運動의 發現 如何〉(《개벽》 30, 1922), 18쪽.

조선의 물산장려운동은 인도의 스와데시(토산장려)운동을 모델로 한 것이었지만, 인도의 경우에는 스와데시운동과 함께 강력한 외화배척운동이 진행되었다. 하지만 조선의 물산장려운동은 외화배척을 구호로 내걸지 않았다. 조선의 물산장려운동론자들은 외화배척은 조선에서는 현실성이 없는 것이며, 또 외화배척의 구호를 내세우는 것은 공연히 총독부측의 경계심만을 불러일으킬 것이라고 생각하였다. 따라서 그들은 이 운동이 외화배척운동이 아니라는 점을 누누히 강조하였고, 또 정치적 성격이 개입되어서는 안된다는 점도 누누히 강조하였다.

결국 이같은 성격을 띤 물산장려운동은 1923년 여름이 지나면서 그 열기가 급격히 식어버리고 말았다. 물론 이후에도 물산장려회는 계속 존속하여 그 이름은 1937년까지 이어졌다. 그러나 물산장려운동은 1924년 초 물산장려회 창립 1주년 기념강연을 끝으로 사실상 정돈상태에 들어갔다. 앞서도 본 것처럼 물산장려운동은 일차적으로는 조선물산의 소비를 장려하는 것이 그 목적이었다. 그런데 생산기관의 확장이라는 궁극 목적에는 전혀 접근하지 못한 채 조선물산의 소비운동조차도 불과 반년여 만에 가라앉고 만 것이다. 이 운동이 이렇게 끝나버린 원인은 어디에 있었을까. 여기에는 크게 두 가지 원인을 들 수 있을 것이다.

첫째, 자본과 기술의 부족으로 인한 일본자본과의 경쟁력 부족이다. 이는 식민지 조선의 토착자본이 기본적으로 갖고 있는 한계로서 그들은 이 한계를 극복하기 위해서는 정치권력의 뒷받침이 필요하다고 보고 한때 조선산업대회 등을 조직하여 총독부 권력에도 기대를 가져보았으나 그러한 기대는 좌절되었다. 이제 그들은 조선민중에게 호소하여 '토산장려'로써 정치권력의 보호를 대신해보려 하였으나, 토산장려만으로는 자본과 기술의 부족이라는 문제까지 해결할 수는 없었다. 그것은 자본가계급 스스로, 혹은 국가권력의 지원을 통해 해결할 수밖에 없는 문제였다. 그러나 당장 이 문제의 해결방안은 보이지 않았다. 결국 취약한 토착자본이 충분한 자본주의적 생산을 통해 토산소비운동을 뒷받침하지 못할 때, 이미 자본제적 상품을 사용하지 않고서는 생활할 수 없었던 조선민중들은 더 이상 토산소비운동을 지속할 수 없었던 것이다.

둘째, 조직력의 취약이다. 우선 서울의 물산장려회는 서울만의 조직이었을 뿐 지방의 물산장려운동 단체들과는 거의 조직적인 연결을 갖지 못했다. 즉 각 지방의 단체들을 중앙의 물산장려회의 지부로 끌어들이지 못한 것이다. 따라서 각 지방의 운동은 모두 개별 분산적으로 일어났다가 가라앉아버리는 모습을 보였다. 특히 각 지방에서 이 운동을 뒷받침하고 있던 청년회의 다수가 이 시기 사회주의운동으로 노선을 전환하고 있었기 때문에 물산장려운동은 사실상 하부조직을 상실한 셈이었다. 1923년 초의 시점은 바로 사회주의자들과 민족주의자들의 분화가 뚜렷해진 시기로서, 3월 말에 열린 조선청년당대회는 물산장려운동 타도를 결의하는 등 당시 사회주의자들은 물산장려운동을 맹렬히 비난하고 있었다. 따라서 물산장려운동은 조직력에서 극히 취약할 수밖에 없었다.[69]

이러한 요인들 외에도 일제 관헌의 방해, 상인들의 농간에 의한 물가앙등 등을 들 수 있을 것이다. 그러나 무엇보다 근본적인 요인으로서는 식민지 지배하에 놓인 조선에서 실력을 길러 국권회복운동의 발판으로 삼자는 구상, 그리고 특히 경제적 측면에서의 실력 양성에 중점을 두자는 실현 불가능한 구상을 들어야 할 것이다. 식민지 지배하에서, 특히 일제 지배하에서 그러한 구상은 불가능한 일이었고, 물산장려운동의 좌절은 그러한 구상이 현실성이 없음을 그대로 드러내 보여준 것이었다. 일제 지배당국은 조선인 토착자본이 비록 민족적 성격이 아닌 예속적 성격을 띠더라도 극히 한정된 범위 내에서의 성장만을 허용하고 있었다.

1923년 하반기를 기해 조선물산장려운동은 한계를 뚜렷이 드러낸 채 사실상 막을 내렸다. 이후 조선의 토착자본가들은 어떤 길을 걸어갔을까. 조선민중에 의지하여 자본축적의 기회를 얻어보려 하던 그들은 그 기대가 좌절되자 두 가지 방향으로 나아갔다. 그 하나는 자력갱생의 길을 계속 모색하면서 자기 존립을 꾀해 나가는 길이었고, 다른 하나는 총독부 권력에 본

69) 사회주의자들과 민족주의자들의 물산장려운동 찬반 논쟁에 대해서는 다음의 글이 참고된다.
박찬승, 《한국근대정치사상사연구》(역사비평사, 1992), 277~289쪽.
이애숙, 〈물산장려운동과 민족주의, 사회주의〉(《논쟁으로 본 한국사회 100년》, 역사비평사, 2000).

격적으로 접근하여 보호를 구걸하는 길이었다. 조선의 토착자본 가운데 영세자본과 그들을 지원하는 일부 민족주의자들은 전자의 길을 택하였다. 그들은 이후에도 여전히 물산장려회를 지키면서 1937년까지 물산장려운동을 계속하였다. 반면 토착자본 가운데 비교적 규모가 큰 자본과 그들을 대변하던 일부 민족주의자들은 후자의 길을 택하였다. 《동아일보》는 1923년 말 총독부측에 보호관세의 설치, 보조금의 지급, 기술인력의 양성 등 '보다 철저한 보호와 장려'를 요구하였다.[70] 그리고 거의 같은 시기 총독부측은 위의 신문과 뿌리를 같이하는 토착자본인 경성방직에 거액의 보조금을 지급하기 시작하였다.[71] 이처럼 총독부로부터 '보다 철저한 보호와 장려'를 받을 수 있게 된 경성방직의 자본은 이제 정치적으로 일제와 보다 접근하지 않을 수 없었고, 여기서 1924년 1월 초 《동아일보》는 〈민족적 경륜〉이라는 글을 통해 '법률이 허하는 범위 내에서의 합법적 정치운동'을 제창하기에 이르렀다. 당시 세인들은 이를 자치운동의 의미로 받아들였다. 독립운동에서 한 단계 후퇴한 타협적인 운동으로서의 자치운동의 제안은 조선사회에 커다란 파문을 일으키게 된다.

2) 1920년대 중후반 자치운동의 전개와 민족주의 세력의 분화

(1) 자치운동론 대두의 배경

자치운동론이란 한마디로 한국의 독립 대신 우선 자치권을 얻어 독립을 위한 실력을 먼저 양성하자는 주장이다. 이같은 주장은 이미 3·1운동 이전 1910년대에도 국내외에서 등장한 바 있었다. 일부 유학생들이 이를 주장하기도 하였지만, 다른 유학생들에 의해 반박을 당하기도 하였다. 또 3·1운동을 준비하는 과정에서 천도교측에서도 한때 자치운동을 고려하기도 하였다. 이같이 국내외 일부 논자들이 자치론을 제기한 것은 한국의 독립 능력에 대한

70) 《동아일보》, 1923년 12월 16일, 논설 〈更히 朝鮮의 産業政策에 대하야〉.
71) 경성방직은 제5기(1923. 4~1924. 2)의 시기에 총독부로부터 당시 순이익의 1,088%에 해당하는 16,042원의 보조금을 받았다(권태억, 《韓國近代綿業史硏究》, 일조각, 1989, 266쪽).

확고한 자신이 없었기 때문이었다. 한국의 독립 능력에 대한 자신감의 결여는 특히 한말과 1910년대에 일본에 유학한 경험이 있는 신지식층에게는 일반적인 것이었다. 그들은 그만큼 일본의 근대문명에 압도되어 있었으며, 국제사회에서의 약육강식의 법칙을 강조하는 사회진화론에 매몰되어 있었다. 따라서 그들은 자력에 의한 독립쟁취는 물론, 자력에 의한 독립의 유지도 불가능하다고 생각하고 있었다.[72]

자치론이 본격적으로 대두한 것은 3·1운동의 여진이 채 가시지 않은 1919년 여름이었다. 그해 8월 高元勳 등 6명은 자치론을 주장하는 〈의견서〉를 총독부에 제출하였는데, 그 안에서 그들은 ① 조선은 조선인으로 하여금 다스리게 할 것, ② 빠른 시일 안에 조선에 조선의회를 설치할 것, ③ 일본인 총독의 감독하에 조선정부를 설치할 것 등을 요구하였다.[73] 이들은 그해 7월 동경에 건너가 《국민신보》 기자 아베 미쓰이에(阿部充家)를 만나 자치운동에 대해 협의하고, 타나카(田中) 육군대신, 우사미 카쓰오(宇佐美勝夫) 조선총독부 내무부장관 등을 만나 조선의회의 개설 등을 주장하는 의견을 제시하였다.[74] 또 1921년에는 일본 우익단체인 黑龍會 계열의 조직인 同光會의 조선총지부가 결성되어 총지부장 李喜侃이 이른바 〈내정독립청원서〉라는 것을 일본의회에 제출하려는 운동을 벌였다가 총독부로부터 시정방침에 위배된다하여 단체가 강제로 해산당한 일이 있었다. 이때 그들이 주장한 내정독립이란 일본천황의 통치하에 외교·군사를 제외한 일체의 내정을 독립시켜달라는 것이었다.[75] 이같은 자치론은 주로 친일적 성향이 농후한 이들에 의해 제기된 것이었다. 하지만 1920년대 전반 '문화운동'을 전개하고 있던 이들도 이들의 자치운동에 대해 특별히 찬성이나 반대의 입장을 표명하지 않았다. 《동아일보》는 동광회 조선지부의 내정독립운동에 대한 총독부의 탄압에 대해 그것은 독립운동도 아닌데 왜 탄압하는가 하는 비판을 던지고 있었다.[76]

---

72) 이에 대해서는 박찬승, 앞의 책, 306~308쪽.

73) 近藤劒一編, 《万歲騷擾事件》 2 (1964), 116~123쪽. 고원훈은 1910년 명치대학 법과를 졸업하고, 1911~1913년 총독부 경부, 1913년 이후 보성전문학교 교수, 1920년 보성전문학교 교장, 1924년 중추원 참의 등을 지낸 인물이다.

74) 박경식 편, 《在日朝鮮人關係資料集成》 1, 113쪽.

75) 近藤劒一編, 앞의 책, 144~155쪽.

1920년대 중반에 자치론이 대두한 또 하나의 배경은 물산장려운동과 민립대학기성운동 등 '문화운동'의 좌절이었다. 앞서 본 것처럼 이들 운동은 1923년 여름 이후 급격히 침체상태에 빠졌고, 이러한 운동을 추진해온 민족주의자들은 크게 당황하게 되었다. 물산장려운동을 뒷받침해온 조선인 자본가, 특히 중급 이상의 자본가들은 큰 충격을 받았다. 여기에서 이들이 모색한 길은 두 가지였다. 하나는 총독부측에 대해 다시 조선인 자본의 보호·육성을 호소하는 길이고, 다른 하나는 정치적으로 일제와 타협하여 자치권과 같은 일정한 정치권력을 얻어 조선인 자본을 보호·육성하는 길이었다. 그들이 이렇게 일제의 권력에 의지하거나 아니면 스스로 최소한의 권력이라도 가져야겠다고 생각한 것은 '경제적 실력양성'에는 '정치권력의 보호'가 필수적이라는 생각을 하게 되었기 때문이다.[77]

이 시기 자치운동론이 대두하게 된 또 하나의 배경으로서 총독부측의 자치론에 대한 내면적인 검토라는 사실을 들 수 있다. 3·1운동 직후 일본인들 사이에서도 조선자치의 문제는 논란의 대상이 되었다. 당시 일본인들 사이에서 조선문제에 대한 대응책으로서는 ① 일시동인주의와 내지연장주의에 입각한 참정권부여론, ② 자치제 실시론, ③ 식민지 방기론 등이 거론되고 있었다.[78] 첫번째 참정권부여론은 조선인들에게도 장차 일본인들과 똑같이 지방자치, 혹은 일본의회의 참정권을 부여한다는 것으로서 일본정부와 총독부측의 공식입장이면서 동시에 호소이 하지메(細井肇)·나카노 세이고(中野正剛) 등 관변 언론인들의 어용이론이기도 했다. 국민협회의 閔元植이 일본의회를 상대로 벌인 참정권 청원운동은 이와 연결되어 있는 것이었다. 두번째 자치제 실시론은 무단정책과 동화정책을 폐기하고 조선에 자치의회를 설치하자는 주장이다. 이는 당시 大正데모크라시의 민본주의자인 요시노 사쿠조(吉野作造) 등 黎明會 회원들과 동경제대 교수 수에히로 시게오(末廣重雄) 등이 주장한 것이다. 그리고 식민지 방기론은 조선을 식민지로부터 독립시키라는 주

76) 《동아일보》, 1922년 10월 30일, 논설 〈내정독립도 독립인가—당국의 기괴한 해석〉.
77) 《동아일보》, 1924년 12월 26·27일, 사설 〈정치운동에 대하야〉(상·하).
78) 松尾尊兊, 《大正デモクラシー》(岩波書店, 1974), 278~310쪽.

장으로, 극히 소수지만 당시 《東洋經濟新聞》 간부 이시바시 탄잔(石橋湛山) 등이 이를 주장하고 있었다.[79]

3·1운동 이후 일본정부는 참정권부여론을 공식 입장으로 표명하고 있었다. 그런데 1925년 11월 돌연 총독부의 어용지인 《경성일보》에 사장 소에지마 미치마사(副島道正)가 〈총독정치의 根本義〉라는 글을 써서 자치론을 주장하고 나섰다. 이 글이 나오자 일본인 단체인 갑자구락부, 한국인 친일단체인 각파유지연맹·보천교·국민협회 등에서는 이를 맹렬히 비판하고 나왔다. 이에 총독부 당국은 그것은 소에지마 개인의 의견일 뿐이라고 해명하였다. 그러나 《경성일보》는 다시 사설 〈副島伯의 조선통치론〉을 실어 한편으로는 소에지마의 자치론이 총독부와는 관계가 없다고 해명하고, 다른 한편으로는 다시 자치론이 조선을 영원히 통치하기 위한 가장 타당한 통치방식이라고 주장하였다.[80] 이에 《朝鮮及滿洲》의 발행인 사쿠오 토요(釋尾東邦)는 자기 잡지에 자치론을 격렬히 비판하는 논설을 실었고, 이에 마치다 운민(町田耘民)이 다시 자치론을 찬성하는 글을 실음으로써 한때 일본인들 사이에서 자치론을 둘러싼 공방이 벌어졌다.[81]

당시 총독부는 소에지마의 자치론이 총독부와 아무 관련이 없다고 해명했다. 하지만 《경성일보》측의 자치론 개진이 총독부측과의 사전협의 내지는 양해없이 이루어졌으리라고는 볼 수 없었다. 이를 뒷받침하는 것은 당시 총독부의 고위관료 가운데에도 이미 자치론자가 있었다는 사실이다. 당시 내무국장 오오쓰카 쓰네사부로(大塚常二郞)는 총독에게 私案으로서 〈朝鮮議會要綱〉을 만들어 제출하였는데, 이는 참정권론에 반대를 표시하면서 조선의회 설치를 주장한 것이었다.[82] 또 하나 주목되는 것은 이 사설에 관해 《경성일보》측과 《동아일보》측 사이에 사전 협의가 있었다는 사실이다. 즉 총독 사이토 마코토(齋藤實)가 소에지마에게 보낸 편지 가운데에 "전번 《경성일보》에 논

---

79) 松尾尊兊, 위의 책, 303~310쪽.
80) 두 편의 논설은 副島道正編, 《朝鮮統治に就いて》에 전문이 실려있다.
81) 釋尾東邦, 〈自治論者に與へて朝鮮統治の根本方針を論ず〉(《朝鮮及滿洲》 1월호, 1926).
町田耘民, 〈朝鮮統治論と言論界の奇觀〉(李種植 편, 《朝鮮統治策に關する學說》).
82) 《齋藤實文書》 2(고려서림 영인본)에 수록됨.

설을 싣기 전에 《동아일보》의 간부에게 의논했던 것인데, 반대론(일본인들의 반대론)이 일어난 것을 보고 그들은 냉소하고 있다"는 구절이 있는 것이다.[83] 즉 당시 총독의 정치참모였던 소에지마와 아베(阿部充家) 등은 총독으로부터 어느 정도 자치론에 대한 긍정적 반응을 얻은 후, 《동아일보》측과 천도교측의 최린에게 이를 귀띔하고 이어서 여론의 반응을 떠보기 위해 《경성일보》에 문제의 사설을 실은 것이다. 뒤에 보게 될 1925년 말 이후의 《동아일보》와 최린의 자치운동은 이같은 총독부의 자치론 검토와 밀접한 관련을 갖고 있는 것이었다.

사이토 총독은 일본정부의 분위기를 더 살피다가 1927년 2월 조선인들의 자치운동이 여론에 밀리고, 대신 신간회 결성의 움직임이 본격화하자, 때를 놓치지 않기 위해 총독부 관료에게 자치론 문제를 본격 연구하도록 지시하였다. 즉 사이토는 자치론자들의 의견을 받아들여 조선지배에 자치제를 도입해야 한다고 결론을 내린 것이었다. 총독은 총독부 관료들이 만든 자치제 초안을 들고 본국과 협의에 나서서 수상에게 구두로 의견을 전했으나, 4월 일본 내각의 교체, 그리고 총독 자신의 제네바회의 대표 파견, 그리고 그에 이은 12월의 총독 경질로 인해 자치제 검토는 유보되고 말았다.[84]

사이토 총독의 경질로 주춤했던 자치론은 1929년 8월 그가 다시 총독으로 부임해오면서 활성화되었다. 아베의 활동이 재개되면서 최린 등과의 접촉이 본격화되었고, 총독부도 연래의 숙제인 이 문제를 해결하기 위해 협의를 거듭하였다. 총독부측은 그 동안의 연구를 토대로 〈조선에 있어서의 參政에 관한 제도의 방안〉이라는 문서를 작성하여 본국 정부에 제출하였다. 총독부가 제시한 안은 조선인 칙선의원이 귀족원에 참여할 수 있게 하며, 조선에 지방의회를 설치한다는 것이었다.[85] 당시 이를 실질적으로 담당하여 추진한 사람은 코다마(兒玉) 정무총감으로서 그는 조선의회에서 교육·위생·토목·산업 등의 예산을 다루도록 한다는 구상이었다고 한다. 그는 朝鮮在住者의 이해에

83) 강동진, 《日本의 韓國侵略政策史》(한길사, 1980), 350쪽.
84) 강동진, 위의 책, 365~368쪽.
85) 〈朝鮮に於ける參政權制度の方案〉·〈朝鮮に於ける參政に關する制度の方案〉(《齋藤實文書》 2), 541~661쪽.

관계가 깊은 문제를 조선재주자의 의원선거권이 없는 본국의 조선의회에서 다루도록 하는 것보다는 조선재주자가 선출한 의원으로 구성되는 조선의회에서 총독의 설명을 듣고 직접 심의하도록 하는 것이 합리적이라고 생각하였다는 것이다. 이러한 안은 이쿠다(生田) 내무국장 이하 여러 명의 소위원회에서 만든 것이었으며, 사이토 총독은 이 안을 들고 동경에 가서 본국 정부와 협의에 나섰다고 한다.[86] 여기서 조선의회는 형식상으로는 일정한 의결권을 갖는 것으로 되어 있었으나, 총독에 의해 의결의 취소 및 재의의 명령을 받을 수 있는 등 사실상의 자문기관의 성격을 띤 매우 한정적인 권한을 갖고 있었다.

일본정부는 이러한 안에 대해서도 조선인들에게 자치의회나 참정권을 주는 것은 모두 위험요소를 안고 있다고 생각하였고, 또 기본적으로 '내지연장주의'를 포기할 수 없다고 생각했다. 결국 1930년 12월 일본 정부와 총독부는 이 문제를 단순한 지방제도 개정으로 매듭지었다. 즉 기존의 자문기관의 성격만을 지닌 도평의회·부협의회·면협의회 등을 형식적인 의결기관으로서의 道會·府會·面會로 바꾸는 지방제도 개혁을 통해 조선인의 참정권·자치권이 크게 신장된 것처럼 선전하고자 했던 것이다.[87]

이상에서 살핀 것처럼 1925년 이후의 자치운동론의 대두와 자치운동의 전개는 총독부측의 자치의회 검토와 밀접한 연결을 갖고 진행된 것이었다. 총독부측은 장기적으로는 자치제 실시를 통해 독립운동의 기세를 꺾고, 단기적으로는 한국인들의 자치운동을 지원하여 민족운동을 분열시킨다는 이중의 목적으로 갖고 '자치제 실시 검토'라는 카드를 활용하고 있었다고 볼 수 있다.

이밖에도 당시 자치운동의 국제적 배경으로 1922년 에이레가 영국으로부터 자치권을 인정받는 에이레자유국을 성립시켰던 것, 인도에서 1919년 이후 간디가 스와라지(자치)운동을 본격화한 것 등을 들 수 있다.

(2) 자치운동의 전개

1920년대 국내에서 자치운동에 관한 첫 문제제기는 1922년 《동아일보》의

86) 萩原彦三, 《私の朝鮮記錄》(榮光社印刷所, 1960), 59~60쪽.
87) 강동진, 앞의 책, 368~371쪽.

사설 〈정치적 중심세력〉이라는 글에 의해 이루어졌다. 이 글은 자치론을 직접 개진하지는 않았지만 에이레와 인도의 예를 들면서 "중심세력이 없으면 정치운동도 할 수 없다"고 하여 간접적으로 한국에서의 정치적 중심세력의 결성을 제창하였다.[88] 1923년에 들어서도 《동아일보》는 계속해서 '민족적 기치하의 대단결', '민족적 중심세력의 결집', '중심세력이 될만한 단체의 결성'을 주장하였다. 이 때 그들이 내세운 주장은 대체로 '인민의 생명·재산의 보호', '폐정의 개혁' 등 조선민족의 생존권 보장을 위해 '정치상의 유력한 발언권'의 확보가 필요하다는 것이었다.[89] 이는 비록 명확한 표현은 아니었지만 일정한 정치적 권력의 확보를 위해 그것을 담당할 정치적 중심세력의 결성이 필요하다고 주장한 것이었다. 그리고 정치적 발언권의 확보란 자치권의 확보를 의미하는 것이었다. 그런데 주목되는 것은 이러한 주장이 1923년 11월 이후 본격적으로 제기되었다는 점이다. 이 시기는 물산장려운동과 민립대학기성운동이 침체상태에 빠진 시기였다.

자치론자들의 입장이 보다 명확히 드러난 것은 《동아일보》 1924년 1월 1~4일자의 사설 〈민족적 경륜〉이었다. 이 글은 정치·경제·교육의 중심단체 결성과 함께 "조선 내에서 허하는 범위 내에서 일대 정치적 결사를 조직하여 이 결사로 하여금 당면한 민족적 권리와 이익을 옹호하고 장래 구원한 정치운동의 기초를 만들게 할 것"을 제창하였다. 이 글은 1922년 이후 《동아일보》가 주장해온 '당면한 민족적 권리와 이익'의 옹호, 혹은 '정치상의 발언권의 획득'이라는 이름하에 합법적 정치결사를 조직, 비타협적 독립운동이 아니라 타협적인 자치운동을 펴자고 주장한 것에 틀림없었다. 당시 《동아일보》는 참정권 획득운동에는 일관하여 반대해왔기 때문에 여기서의 '정치상의 발언권의 획득'은 자치권 획득이며, '조선내에서 허용되는 범위 내에서의 정치운동'은 자치운동을 가리킴이 분명했다.

이같은 사설이 나간 직후인 1월 중순 천도교의 최린, 《동아일보》의 김성

88) 《동아일보》, 1922년 7월 6일, 사설 〈정치와 중심세력〉.
89) 《동아일보》, 1923년 4월 16일, 사설 〈대동단결의 필요-생활의 비명에 대하야〉· 10월 27일, 사설 〈민족적 해체의 위기-조선인은 다 맹성하라〉· 11월 17일, 〈대동단결의 기운-형제여 맹진하라〉.

수·송진우·최원순, 천도교의 이종린, 변호사 박승빈, 기독교계 이승훈, 대구의 서상일, 평양의 조만식, 그리고 신석우·안재홍 등 16~17명이 회합하여 정치결사의 조직문제를 협의하였다. 이 모임은 이미 1923년 가을부터 신석우·김성수·송진우·최린 등이 누차 회합하여 '유력한 민족단체'의 조직에 대해 협의한 뒤에 성사된 것이었다.[90] 이 모임은 이후 '연정회' 준비모임이라 불리게 되는데, 1월 중순의 모임에 참석한 이들이 모두 자치운동에 찬성하여 참석한 것은 아니었다. 신석우나 안재홍은 그보다는 순수한 의미의 민족운동 대단체의 결성에 관심을 갖고 있었다.

《동아일보》의 〈민족적경륜〉은 일반대중의 격렬한 반발에 부딪쳤다.《동아일보》는 이 사설 이후에도 1월에 두 차례 더 민족적 단결을 주장하는 글을 실었으나 반발이 거세게 일자 1월 29일에는 해명문을 내지 않을 수 없는 처지가 되었다.《동아일보》는 〈정치적 결사와 운동에 대하야〉라는 이 해명문에서 자신들의 주장은 민립대학운동이나 물산장려운동을 통일적·조직적으로 전개하기 위해 민족적 일대단결을 이루지 않으면 안된다는 것을 주장한 것일 뿐이라고 해명하였다. 그러나 이 글은 '합법적 정치운동'이 자치운동이 아니라는 해명은 하지 않았다.《동아일보》가 이같이 애매한 태도를 견지하자 4월에 열린 조선노농총동맹과 조선청년총동맹의 임시대회에서는《동아일보》불매운동과 '타협적 민족운동' 반대의 결의를 하기에 이르렀다. 특히 4월 20일에 열린 노농총동맹에서 김종범 등은《동아일보》문제를 조사한 결과를 보고하였는데, 그들의 주장에 따르면 송진우·김성수와 몇몇 인사들은 1923년 12월 24일 명월관에서 모여 소위 '연정회'라는 것을 조직하기로 하고, 그 비용으로 2만원을 거두고, 동시에 마루야마 쓰루기치(丸山鶴去) 경무국장 휘하의 고관을 방문하고 상호협조의 양해를 얻어 그 취지를 선전하기 위하여《동아일보》의 지상에 〈민족적 경륜〉을 발표하였다는 것이었다. 또 그들은 연정회 주도자들이 이광수를 중국에 있는 안창호에게 보내 연정회 가입을 간구하였으며, 설태희가 만주동포 위문을 다녀온 것도 이 일과 관련이 있다고 주장하였다.[91] 이에《동아일보》는 4월 23일 지면을 통한 해명에 나섰

90) 〈民族運動梗槪〉,《齋藤實文書》10, 233쪽.
91)《조선일보》, 1924년 4월 22일, 〈노농총동맹 임시대회〉.

다. 이에 따르면 〈민족적 경륜〉은 세상에서 오해하는 것과 같은 주장을 한 것이 아니며, 만일 그러한 오해를 불러일으켰다면 그것은 문구의 착오에서 비롯된 것이라고 주장하였다. 그리고 연정회건은 연구와 논의 수준에서 그친 것이며, 이광수와 설태희 건은 오해라고 해명하였다.[92] 이로써 자치론은 다시 잠복기에 들어가게 되는데, 결국 1924년 초의 자치론은 《동아일보》의 송진우 등과 천도교의 최린이 중심이 되어 여론을 떠보고, 연정회와 같은 조직을 만들려 하다가 강한 반발여론에 부딪쳐 미수에 그쳤다고 볼 수 있다.

자치론이 다시 수면에 떠오른 것은 1925년의 일이었다. 1925년 들어 〈치안유지법〉의 실시로 사회주의운동이 잠시 주춤하고 민족주의운동이 다시 대두하였다. 이해 9월에는 장래 민족운동의 지도기관을 목표로 한 조선사정연구회가 결성되었고, 11월에는 하와이범태평양회의 대표 파견을 위해 태평양문제연구회가 결성되었다. 그런 가운데 조선총독부는 소에지마 등 《경성일보》 간부들의 건의를 받아들여 자치제 실시문제를 검토하기 시작하였고, 이는 곧 한국인 자치론자들에게 전해졌다. 당시 총독부측과 한국인 자치론자들 간의 교섭을 담당한 것은 일본으로부터 온 중의원 의원 이노우에 준노스케(井上準之助)와 《경성일보》 사장 소에지마였다. 송진우·최린 등 한국인 자치론자들은 이들로부터 총독부측의 움직임을 전해듣고 1925년 말 경부터 누차 회합을 갖고 조선 현하의 상태에서 독립운동은 절대 불가능하니 차라리 자치운동으로 전환해야 한다는 의견을 나누었다고 한다.[93] 그리하여 그들은 자치제가 실시될 때에 대비한 준비를 시작하였는데, 《동아일보》와 수양동우회, 그리고 천도교신파와 조선농민사 등이 자치운동에 대비한 잠재적 기반으로 간주되고 있었다.[94] 그리고 일본인 자치론자들은 1926년 1월 일본에서 중앙조선협회라는 단체를 만들었다. 공작 야마카타 이사부로(山縣伊三郎)가 회장을 맡고 기요우라 케이고(淸浦奎吾)·시부사와 에이이치(澁澤榮一)·우사미 카쓰오(宇佐美勝夫)·세키야 데이자부로(關屋貞三郎)·아베 미쓰이에(阿部充家) 등이 이사와 고문을 맡았으며, 동경에 본부를 오사카와 경성

92) 《동아일보》, 1924년 4월 23일, 〈兩問題의 眞相〉.
93) 〈民族運動梗槪〉(《齋藤實文書》 10), 237쪽.
94) 고려대 아세아문제연구소 편, 《한국공산주의운동사(자료편)》 2, 120쪽.

에 지부를 두었다. 이들은 대부분 전직 총독부 관리나 현직 정치인, 어용언론인 등이었다. 이 단체는 "조선에 관한 제 방책을 조사하고 그 방책을 강구하여 조선의 건전한 발달을 조성함"을 그 목적으로 내걸었는데, 그 이면의 실질적인 목적은 조선의 자치운동을 지원하기 위한 것으로 간주되고 있었다.[95]

이같이 일본인들에 의해 자치론이 본격적으로 검토되고, 이에 일부 조선인 민족주의자들이 호응하는 가운데 1926년 3월 강달영·유억겸·안재홍·박동완·이종린·신석우·오상준·권동진 등이 회합을 갖고 민족주의자와 사회주의자 간의 연합전선 결성에 합의하였다. 그런데 이 회합에서 이종린은 최린 등이 추진하고 있는 자치운동에 대해 폭로함으로써 최린 등의 자치운동 계획은 세간에 널리 알려지게 되었다. 사회주의자들과 비타협적 민족주의자들은 자치운동을 막고 협동전선을 추구하기 위해 중국의 국민당과 같은 결사를 조직하려는 움직임을 본격화하였다. 그러나 순종이 갑자기 서거하고, 6·10만세운동을 준비하는 등의 사정으로 새로운 결사의 조직은 잠시 유보되었다. 그런 가운데 자치론자들은 본격적으로 움직이기 시작하여 10월 초순 자치운동을 위해 최린 등이 박희도·김준연·조병옥 등 각계 인사와의 접촉에 나섰다. 자치운동에 반대하고 있던 안재홍과 김준연은 이 사실을 민흥회에 알렸다. 이에 민흥회의 명제세는 최린을 찾아가 그를 힐난하고 만일 자치운동 단체의 조직을 강행하면 이를 극력 방해할 것이라고 경고하였다. 최린 등은 10월 14일 시사간담회라는 이름으로 회합을 명월관에서 가질 계획이었는데, 실제로 민흥회와 전진회 회원들이 회합 장소에 미리 나타나 진을 치는 바람에 회합은 무산되었다.[96]

자치운동 단체 조직은 일단 실패로 돌아갔지만 최린은 10월 말 일본에 건너가는 등 자치운동은 물밑에서 여전히 계속되고 있었다. 그런 가운데 사회주의자들과 자치운동에 반대하는 민족주의 좌파의 협동전선 결성 움직임도 활발해져 11월 15일 〈정우회 선언〉이 나왔고, 이는 사회주의사상단체들의 해

95) 《조선일보》, 1926년 2월 6일, 사설 〈統治群의 유혹－中央朝鮮協會의 성립을 듣고〉.

96) 〈民族運動梗概〉(《齋藤實文書》 10), 237쪽.

산과 1927년 2월 신간회의 결성으로 이어졌다. 한편 일본에 건너간 최린은 동경에서 아베와 만나 자치운동 추진에 관해 협의하였다. 앞서 본 것처럼 이 시기 총독부는 신간회 등장 등에 자극되어 본격적으로 자치제 실시안을 만들어 본국 정부와의 협의에 들어갔다. 그러나 곧 이은 일본 내각의 교체, 사이토의 제네바회의 대표 파견으로 인한 총독 경질 등으로 자치제 실시는 그 추진이 지연될 수밖에 없었다. 이에 최린은 아베의 권유에 따라 이승만·안창호와의 접촉과 약소민족운동 시찰을 위해 1927년 6월 미국과 유럽으로 여행을 떠났다.[97] 그는 미국과 유럽 각국을 돌아보고 1928년 4월 귀국하였는데, 그는 여행 도중 이승만·안창호와 접촉하였으나 자치운동과 관련해서는 긍정적인 반응을 얻지 못한 것으로 보인다.

신간회 결성과 최린의 외유로 인해 국내에서는 일시 자치운동의 움직임이 소강상태에 빠졌다. 그러나 신간회 결성에 참여하지 못했던 민족주의 우파의 수양동우회와 《동아일보》 세력은 신간회에 참여하여 이를 활용할 구상을 세우게 된다. 이에 따라 수양동우회 세력은 신간회 평양지회를 만들었고, 《동아일보》의 송진우는 1928년 1월 신간회 경성지회에 가입하였다. 이들 가운데 특히 송진우는 여전히 자치운동에 대한 집념을 갖고 신간회에 참여한 것으로 확인된다.[98] 이러한 상황에서 사회주의자들은 1927년 말 신간회 내부에서의 헤게모니 전취론 등을 제기하고 나왔다. 이로써 신간회 본부의 주도권을 갖고 있던 민족주의 좌파는 민족주의 우파와 사회주의자들에게 신간회 주도권을 빼앗기지 않을까 하는 위기의식을 느끼게 된다. 여기서 이들은 1928년 5월 회합을 갖고 민족주의 좌파 중심의 '신간그룹'을 조직하고, 만일 자치당이 출현하게 되면 이에 항쟁할 것 등을 결의하였다. 그리고 그해 11월 이들은 다시 모임을 갖고 만일 자치당이 등장하면 신간그룹은 신간당을 조직하여 이에 맞설 것 등을 결의하였다.[99]

1928년 봄 귀국한 최린은 밖으로는 이렇다할 움직임을 보이지 않았으나 천도교 신파의 중심세력인 천도교 청년당원들에게 자치론을 고취시키면서

---

97) 《동아일보》, 1927년 6월 11일.
98) 東邦生, 〈東亞日報社長宋鎭禹君と語る〉(《朝鮮及滿洲》 1928년 2월호), 35쪽.
99) 姜德相 編, 《現代史資料》 29·95쪽.

신파의 결속을 도모하고 있었다. 그런 가운데 1929년 8월 사이토가 다시 조선총독으로 부임해 왔다. 그리고 그는 앞서 본 것처럼 〈조선자치의회안〉을 만들어 일본 정부와 본격적인 협의에 들어갔다. 이로써 조선인들의 자치운동도 다시 활발하게 전개되기 시작했다. 1930년 들어 최린은 송진우 등과 자치운동에 대해 협의하였고, 천도교 신파 교도들에게 자신의 자치운동 결심을 피력하였다. 이에 구파의 이종린은 '절대 반대'를 표명하는 성명을 발표하였다. 하지만 최린은 천도교청년당·조선농민사 등에 손을 뻗쳤다. 그리고 그는 천도교 구파에게도 합동을 제안하여, 구파를 설득하여 천도교 신구파의 합동을 성사시키는 등 자치운동의 터를 닦아나갔다.[100]

《동아일보》도 본격적인 움직임에 나서 1930년 여름 각 지국 주최로 지방발전간담회를 갖고 자치제 실시에 대비하여 각 지방사회에서의 유력자 포섭에 들어갔다. 그리고 자치운동과 관련한 움직임은 신간회 내부에까지 파급되었다. 1929년 말부터 신간회 내부에서도 이른바 '합법운동의 탈을 쓴 자치운동'의 움직임이 있다 하여 신간회 내부가 소란하게 된 것이다. 1929년 말 신간회는 광주학생운동 진상보고대회를 겸한 민중대회를 계획하였다가 중앙집행위원장 許憲을 비롯하여 다수의 간부들이 구속되었다. 이에 따라 당시 재정부장이던 金炳魯가 중앙집행위원장 대리를 맡게 되었다. 김병로는 이후 그동안 신간회가 취해왔던 관헌과의 대립 방식의 운동을 지양하고, 합법적인 방향으로 신간회를 끌고 가려 하였다. 그런 가운데 신간회 중앙집행위원의 한 사람인 朴文熹는 《대중공론》이라는 잡지에 자치문제에 관한 원고를 보내 게재를 요구하고 친구에게 자치운동에 참여할 것을 권하는 서한을 보내 물의를 빚게 되었다. 신간회 경성지회는 이러한 사실을 조사·확인하였고, 박문희의 처벌을 본부에 요구하였다. 그러나 신간회 본부측은 "내사하였지만 我會의 지도정신을 위반한 점이 없다"고 통고하고 견책처분을 하는 데 그쳤다. 이러한 신간회 본부측의 '우경화'는 경성지회를 비롯하여 다른 지회 회원들의 반발을 불러 일으켰다.

그런 가운데 1930년 11월에 열린 중앙집행위원회에서 김병로가 중앙집행

100) 〈치안상황〉, 《朝鮮問題資料叢書》 6, 503쪽.

위원장으로 선출되고, 다른 집행위원도 대부분 온건파가 차지하였다.[101] 김병로는 12월 23일 각 지회에 보낸 〈운동정세에 대한 지시의 건〉에서 "대중의 당면이익을 대표하여 건전한 투쟁을 전개함에 노력할 것"이라고 말하였다. 이러한 본부의 움직임에 대해 가장 크게 반발한 것은 천도교 구파의 이종린이 지회장으로 있던 신간회 경성지회였다. 경성지회와 본부 사이의 갈등은 결국 이종린 등 경성지회 회원 31명에 대한 본부의 停權처분으로 이어졌고, 이에 경성지회측도 각 지회에 〈통의문〉을 발송하여 본부의 합법주의 노선, 당면이익획득운동 노선에 대해 격렬히 비난하였다. 이들은 당면이익획득 노선에 대해서는 "아회는 결코 당면 이익을 위해 투쟁하는 단체가 아니다"고 반박하고, 또 '투쟁이 가능한 한도의 전략'에 대해서는 "아회는 아회의 목표를 향해 돌진할 뿐이지 가능·불가능을 표준으로 하지 않는다"고 주장하였다.[102] 신간회 본부측의 합법운동, 당면이익획득운동은 문면상으로는 자치운동을 지칭하고 있지는 않았다. 하지만 본부측이 자치론을 공공연히 주장한 박문희를 감싸고 돌았던 것은 합법운동이 단순한 합법운동이 아니라 자치운동의 가능성까지도 염두에 둔 것임을 짐작케 한다. 당시 청년운동의 중심이던 청년총동맹의 경우에도 중앙간부였던 김재한·이항발 등이 허일의 지도하에 합법운동으로의 방향전환을 모색하고 있었는데, 이항발은 바로 신간회 본부의 김병로파의 인물이었다. 1930년 10월 《별건곤》에 실린 청년총동맹의 중앙위원 KH생의 글은 명백하게 "언론·집회·결사의 자유 획득운동의 전제적 투쟁으로서 공민권 획득운동의 전개"를 제창하였다.

민족운동 진영의 이같은 움직임들은 앞서 본 같은 시기 조선총독부의 자치제 실시 모색과 밀접한 관련을 갖는 것이었다. 당시 아베는 사이토 총독에게 보낸 편지에서 조급히 자치제를 실시해야 한다고 주장하면서 만일 조선의회를 세우려 한다면 지명인사인 최린·허헌·박영철 등을 포섭해서 끌어들여 '어용적인 대정당'을 만들어 '주머니 속의 도장'처럼 마음대로 꺼내 쓸 수 있도록 해야 한다고 건의하고 있었다.[103] 그러나 앞서 본 것처럼 사이토

101) 위와 같음.
102) 위와 같음.
103) 강동진, 앞의 책, 363~364쪽.

의 자치의회안은 본국 정부에 의해 거부되고 대신 지방제도 개정의 선에서 이 문제는 낙착을 보고 말았다. 이로써 1930년 말을 고비로 자치운동은 사그라들게 되었고, 권력의 부스러기라도 줍고자 하는 이들은 도회·부회·면협의회 등에 참여하는 길을 찾게 되었다. 하지만 최린 등은 아직도 미련을 버리지 않고 지방제도 개정이 자치의회로 가는 과정이 될 수도 있다고 보고, 신간회 해소라는 새로운 정세를 이용하여 자치운동을 계속해보려 했다. 그러나 1931년 6월 우가키 카즈시케(宇垣一成)총독의 부임, 9월 일본군의 만주침략 등으로 전반적인 분위기가 달라지면서 자치운동은 종언을 고하였다. 그리고 이제 새로운 정세하에서 자치론자들은 최린을 선두로 하여 친일적 성향을 노골화하면서 일제의 추종세력으로 되어갔다.

(3) 자치론과 반자치론

일부 민족주의 진영의 자치운동 추진은 민족주의자들 내부에 격렬한 논쟁을 불러일으켰고, 마침내는 찬반을 둘러싸고 민족주의 진영의 좌우파 분화를 가져오게 되었다. 뒤에 보듯이 반자치론자들은 스스로를 민족주의 좌파로 불렀고, 이에 따라 자치론자들은 이후 민족주의 우파로 불리게 되었다.

그러면 당시 자치운동을 추진한 민족주의 우파는 어떤 논리를 갖고 있었을까. 자치론은 두 가지 논리로 구성되어 있었다. 그 하나는 "현재로서는 독립이 불가능하므로 독립의 기회에 대비한 준비가 필요하다"는 준비론, 다른 하나는 "독립에 도달하는 한 단계로서 자치권을 획득하는 것이 필요하다"는 단계적 운동론이었다. 준비론자들은 준비가 있어야만 독립의 때가 왔을 때 큰 효과를 거둘 수 있으며, 국제정세의 변화만 기다리고 있을 것이 아니라 준비를 해야 한다고 주장하였다. 여기서 '준비로서의 정치운동'으로서 자치운동론이 제기되었던 것이다.[104] 단계적 운동론은 독립에 도달하는 한 계제로서 자치권 획득을 구상하는 것이었다. 서상일은 자치의회의 개설을 통해 언론·출판·집회·결사의 자유 등 정치적 자유를 얻어, 이를 통해 대중의 정치적 훈련을 쌓고 그 경험으로 독립운동의 단계로 나아가자는 구상을 갖

104) 주 7)의 송진우의 주장 참조.

고 있었다. 이러한 단계적 운동론은 총독부와 일본정부 당국이 자치권 부여를 망설이게 하는 가장 큰 요인이 되고 있었다. 그들은 자치권을 부여하는 것이 결국은 다음 단계인 독립운동의 발판을 마련해주는 것이 되지 않을까 우려한 것이다. 당시 총독부의 밀정이던 노정일은 자치론을 "내정독립을 획득하고 다음에 합법적·조직적으로 조국을 회복하려는 사상"이라고 보고 있었다.[105]

이상에서 살핀 것처럼 자치론은 준비론, 단계적 운동론으로서 제기된 것이었다. 이는 결국 정치적 측면에서의 실력양성론이라고도 볼 수 있다. 그리고 그것은 1910년대 이후의 실력양성론의 연장선 위에서 나온 것이었다. 그러나 자치론은 경제적·문화적 실력양성론과 비교할 때 그 타협성이 훨씬 강화된 것이며, 현실적으로는 민족운동의 목표를 독립이 아닌 자치로 하향 조정한 것을 의미하였다.

그러면 당시 같은 민족주의 진영 내부에서 자치운동에 반대한 민족주의 좌파의 논리는 무엇이었을까. 당시 반자치운동 진영에서는 자치운동의 움직임에 일제통치군이 간여하고 있다고 보고 있었다. 안재홍은 《조선일보》의 사설에서 자치운동을 '官制的 妥協運動'이라고 규정하고, "조선인의 타협운동은 통치군의 조선인에 대한 회유적 양보로 나타날 것", 또는 "타협적 운동은 반드시 통치군들과 연락되고 호응함이 아니고서는 용이하게 나타나지 못할 것"이라 하여, 자치운동을 '관제적 타협운동'이라고 규정하였다.[106] 그는 또 1926년 말 최린이 渡日하여 자치운동을 펴고 있는 동안 "조선인의 공리론적 점진주의자와 저들 통치군들과의 호응에 의하여 조선 대중의 돌진적 또는 좌경적 기세를 줄이고자 타협운동이 출현할 것은 분명하고, 이러한 내외의 사태는 그로 하여금 금후 2·3년을 넘지 않는 동안에 반드시 출현할 것을 예단할 수 있다"라고 하여, 자치운동이 일제 지배자들과 조선인 '功利論的 漸進主義者'의 야합에 의해 조선 민중의 돌진적 좌경적 기세를 꺾기 위한 목적으로 출현할 것이라고 보았다. 따라서 그는 "이러한 관제적 타협운동이 생긴다 하면 우선 출발점부터 그릇된 것이라 할 것이요, 그 전도는 일층 불

---

105) 〈華峰報告書〉 1930년 11월 26일, 《齋藤實文書》 16, 225쪽.
106) 《조선일보》, 1926년 12월 16~19일, 사설 〈조선금후의 정치적 추세〉.

신임을 받을 것"이라 하여, 자치운동이 결코 민중의 호응을 얻지 못할 것이라고 주장하였다.[107]

한편 안재홍은 총독부측이 자치제 실시설을 흘리고 있음을 주목하고, 이는 민족운동의 보조를 교란하는 데 근본 목적이 있다고 보았다. 즉 소에지마가 〈朝鮮統治의 根本義〉에서 한편으로는 자치제 실시를 주장하면서도 다른 한편으로는 "아직 자치고 무엇이고 말할 경우가 아니다"라고 한 것은, 그 역시 진정한 의미를 갖고 한국에서 자치제 실시를 주장하는 것이 아니라 다만 한국인들의 민족운동의 보조를 교란시키기 위해 자치론을 펴고 있는 측면이 더 강하다는 것을 보여준 것이라고 하였다.[108]

그러면서 1927년 초 《조선일보》는 아직 자치운동이 소문으로만 나돌 뿐 구체적으로 진행되지는 않고 있지만, 언젠가는 자치운동을 위한 타협적인 '우익민족단체'가 결성되리라 전망하면서 이를 저지하기 위해 미리 '민족좌익전선'을 결성할 필요가 있다고 주장하였다.[109] 물론 이때 '민족좌익전선'이란 '기회주의'와 '우경적인 타협운동'에 반대하는 '비타협적인 민족주의'에 동조하는 이들의 연합전선을 의미하는 것이었다. 그리고 이때의 '비타협적인 민족주의'란 사회주의자들도 자치운동에 반대한다면 모두 이에 포괄하는 의미를 지니고 있었다.[110] 여기서 민족주의 좌파와 사회주의자들 간의 협동전선론이 대두하게 되었다. 1925년 7월 25일자 《조선일보》 사설은 당시의 조선에서는 계급문제보다는 민족문제가 더 중요하다고 주장하였다. 즉 구미와 일본제국주의와 아시아·아프리카 약소민족간의 문제는 계급 문제라기보다는 민족 문제라 할 수 있으며, 제1차 세계대전 이후 전세계적으로 동요가 계속되고 있는 바 이는 계급문제에서 기인하는 것이기도 하지만 보다 중요하게는 민족문제에 기인하는 것이라고 주장하였던 것이다.[111]

---

107) 위와 같음.
108) 《조선일보》, 1925년 12월 4~5일, 사설 〈소위 '副島伯의 언론'문제－통치군의 보조교란책〉.
109) 《조선일보》, 1927년 2월 9일, 사설 〈민족좌익전선의 의의 및 사명〉.
110) 위와 같음.
111) 《조선일보》, 1925년 6월 28일, 사설 〈東方 諸國民의 覺醒－侵略國家의 深長한 煩悶－〉.

《조선일보》는 더 나아가 민족해방을 목표로 하는 민족운동과 계급해방을 목표로 하는 사회운동은 공동전선을 형성할 수 있다고 주장하고 그 이유를 "제국주의와 항쟁하는 것이 민족운동의 임무도 되고 또한 사회운동의 임무도 되는 것을 알 수 있나니 제국주의는 자본주의의 최신계단으로서 자본주의가 필연적으로 도달할 계단이기 때문이다. 그러면 이 제국주의를 공동의 목표로 하고 사회운동과 민족운동이 서로 악수해야 할 터"라고 주장하였다.[112] 제국주의는 조선의 민족운동과 사회운동의 공동의 적이기 때문에 연합전선을 펼 수 있다는 것이었다. 이 글은 "노동계급의 해방은 약소민족의 해방운동과 서로 악수하고 나아가는 것이 현하의 世界相"이라고 주장하였다.[113] 그러면서 사회주의자와 민족주의자는 비록 민족해방 이후 어떠한 체제의 국가를 건설할 것인가에 대해서는 이견이 있지만, 민족해방을 선차적으로 이루어야 한다는 데 대해서는 이견이 없으므로 민족해방의 단계까지는 보조를 같이 할 수 있다고 주장하였다.[114] 결국 당시 자치운동에 반대하는 민족주의 좌파는 사회주의자들에 대해 아직은 계급해방에 중점을 두는 운동보다는 민족해방에 중점을 두는 운동을 전개해야 할 것이라고 주문하면서, 민족협동전선의 결성을 제의하고 있었던 것이다.

민족주의자와 사회주의자의 민족협동전선 결성 주장은 1925년 초부터 시작되어 1926년 한편에서는 이론적으로 더 세련화되고, 다른 한편에서는 제2차 조선공산당의 강달영과의 협의, 조선민흥회 결성 등의 움직임을 거쳐 1927년 마침내 신간회의 결성으로 열매맺게 되었다.

〈朴贊勝〉

---

112) 《조선일보》, 1926년 4월 14일, 사설 〈社會運動과 民族運動의 相關〉.
113) 《조선일보》, 1926년 6월 14일, 사설 〈계급의식과 민족의식〉.
114) 위와 같음.

2. 조선공산당의 성립과 활동

1) 사회주의사상의 도입

(1) 사회주의사상의 국내 도입과 수용

1919년 식민지 조선에서 일본제국주의에 항거하는 전민족적·혁명적 항일봉기였던 3·1운동이 일어난 이후, 국내에서는 민족주의의 사상적 무기력함이 드러나면서 식민지 민중들에게 사회주의사상이 보급되기 시작했다.

특히 1917년 10월 러시아혁명의 물결은 중국과 일본 그리고 식민지 조선에서도 거센 파도처럼 밀려들어와 식민지 지식인들에게 민족해방운동의 한 이념적 무기로서 자리잡게 되었다.

조선 공산주의운동의 독특함은 그것이 국내보다 국외, 즉 러시아에서 직접적으로 시작되었다는 것이다. 러시아에 존재했던 두 개의 고려공산당은 코민테른(Comintern)과 직접적인 관련 속에서 활동하였고, 이러한 조건 속에서 국내에서 사회주의 분파들이 형성되었다. 따라서 국내 사회주의 분파의 형성은 그 성립 초기부터 단지 마르크스주의 이론의 선전의 차원이 아니라, 일본제국주의의 독점적 식민지로부터의 해방이라는 정치적 실천활동과 국외 전위당과의 긴밀한 연관 속에서 형성되었다. 그리고 이러한 실천활동에 대한 전략·전술의 차이는 국내에 다양한 스펙트럼의 사회주의 분파를 형성시켰다.

사회주의사상의 형성·발전과정은 자본주의의 형성과 더불어 성장했던 노동자운동과 마르크스주의의 융합의 과정이었다. 그러나 서구와는 달리 우리나라는 일본제국주의의 식민지라는 특수한 조건 속에서 성립한 식민지 자본주의 하에서 사회주의사상이 유입되었고 이것은 곧바로 민족해방과 계급해방을 동시에 추구하는 목적을 갖게 되었다.

1919년 3·1운동은 식민지 민중에게 일본제국주의의 폭압성과 대중적인 정치의식을 각인시키는 거대한 역사적 경험이었다. 조선인 혁명가 金山(본명 장지락)의 일대기를 그린 님 웨일즈(Nim Wales)의 《아리랑》은 3·1운동 당시 김산의 역사적 경험을 다음과 같이 묘사하고 있다.

> 이것이 나로서는 처음으로 정치의식에 눈을 뜨게 된 계기였다. 대중운동의 힘이 내 존재를 뿌리로부터 뒤흔들어 놓았다. 나는 하루종일 거리를 뛰어다녔고 아무 시위에나 가담하여 목이 터져라 외쳐댔다. … 나는 힘의 의미와 무저항의 공허함을 깨달았다. … 전국에서 도합 200만 명 이상이 시위에 참가하였다. 재산도, 농사일도, 일신상의 안전도 애국열의 물결 속에서 모조리 잊어버렸다. 이것은 인류역사가 시작된 이래 가장 특이한 운동이었을 것이다(님 웨일즈, 조우화 옮김, 《아리랑》, 동녘, 1992, 63~65쪽).

3·1운동에 영향을 준 사상적 배경으로 우리는 흔히 윌슨(Thomas Woodrow Wilson)의 민족자결주의를 거론한다. 그러나 1917년 10월 러시아혁명과 레닌(Lenin)의 〈민족자결권테제〉는 이에 앞서 식민지 민중들에게 커다란 영향을 주었다.

3·1운동 직전 동경 유학생들의 〈2·8독립선언서〉에 "이미 군국주의적 야심을 포기하고 정의와 자유를 기초로 한 러시아는 신국가의 건설에 종사하는 중이며 … 정의와 자유를 기초로 한 민주주의 상에 선진국의 모범에 따라 신국가를 건설 … "이라고 하며 러시아혁명의 결과에 따른 세계사의 새로운 분위기를 나타내고 있다. 또 3·1운동 직후 韓龍雲은 〈조선독립의 서〉에서 "정의·인도, 즉 평화의 신은 독일 인민들의 손을 빌어 세계의 군국주의를 타파함이니, 곧 전쟁 중의 독일혁명이 이것이다. 독일혁명은 사회당의 손에서 일어난 즉, 그 유래가 오래되고 또한 러시아의 자극을 받은 바 있나니…"라고 하여 러시아혁명의 영향을 받은 1918년 독일혁명의 의의를 언급하고 있다.

朴殷植은 1920년《獨立運動之血史》에서 다음과 같이 러시아혁명에 대한 벅찬 감격과 기대를 서술하고 있다.

> 러시아 공산당은 서두에 적기를 내걸고 전제정치를 타도하여 민중에게 자유와 평등을 가져오고 제민족의 자유와 자결을 선포하였다. 과거에 극단적인 침략주의자가 극단적인 공화주의자로 바뀌었다. 이것은 세계개조의 최초의 신호탄이 되었다.

식민지하에서 사회주의사상은 1910년대 말 러시아혁명의 영향과 제1차 세계대전 직후 고양된 국제혁명운동의 영향, 민족자결주의론에 대한 자각 등의 국제적 조건과 일제의 가혹한 식민통치에 따른 민족적·계급적 모순의 첨예화, 3·1운동 이후 정치의식의 고양 등을 계기로 국내 신문·잡지 등의 언론매체를 통해 수용되었다.

이 무렵 일간지와 정기 간행물은 유물사관, 소비에트 혁명정부와 레닌에 관한 기사를 종종 다루고 있었다. 1921년 6월 3일부터 8월 31일까지 무려 73회에 걸쳐 〈니콜라이 레닌은 어떠한 사람인가〉라는 표제하에 《동아일보》는 그의 일생과 활동 및 볼세비키혁명 등을 연재하였다.

국내에서 3·1운동을 거치면서 일부 민족주의자와 식민지 지식인들은 자신의 이론적·실천적 무기력함을 고백할 수밖에 없었고 무정부주의·사회주의·마르크스－레닌주의 등 다양한 사회사상을 소개하면서 민족해방운동의 이념적 무기로서 수용하게 되었다.

그들은 지역적 관계·학맥·친소관계로 맺어져 동지적 관계를 형성하였고 대중적 실천을 경험하면서 점차 성장해갔다. 예컨데 '서울파'의 리더인 金思國은 3·1운동 시기인 1919년 4월 23일 '국민대회사건'으로 체포되어 2년형을 선고받고 1920년 10월 말에 석방되었다.[1]

출옥 후부터 김사국은 서울청년회 안팎의 자신의 동지들과 마르크스주의 학습을 계속해 왔던 것 같다. 그가 1922년 중반 이후 '서울파'의 가장 탁월한 지도자로 부상하게 되는 것은 이러한 사실을 반증해주는 것이다. 1921년 초부터 1922년 4월 무렵 김사국의 활동[2]은 민족에 대한 뜨거운 애정을 지닌

1) 김사국은 1892년 11월 9일 충남의 빈한한 가정에서 출생하여 10살 때 부친을 잃고 편모슬하에서 동생 金思民과 모친을 따라 금강산 楡岾寺에 들어가 한학을 배우다가 그후 서울에 올라와 보성학교에서 수학하다가 중도에 퇴학하였다. 1910년 한일합병이 되자 불만을 품고 만주와 시베리아로 유랑하며 동지의 결속에 노력하다가 1919년에 3·1운동이 일어나기 전에 국내로 들어와 '국민대회'사건으로 체포되었다.

2) 그는 1920년에 출감한 후 노동운동의 필요를 절실히 느끼고 노동대회에 간부가 되어 활동하였고, 1921년 봄에 청년연합회의 편집부 위원으로 선출되는 동시에 서울청년회를 조직하였다. 1921년 11월에 동경에 건너가 《5·1신보》를 발기하였다. 김사국은 1921년 11월 29일 동경에서 黑濤會 창립에 참여하였다.

한 개인이 급속히 사회주의자로 변모하게 되는 과정을 응축적으로 보여주고 있다. 이것은 아마 식민지 조선의 민족적·계급적 해방을 동시에 열망했던 대다수 사회주의자들이 형성되는 과정이었을 것이다.

또한 1916년 가을 동경에서 金錣洙 등이 신아동맹단을 결성하고 "아세아에 있어서 일본제국주의를 타도하고 새 아세아를 세우는데 전력을 다할 것"을 선언하였다. 이후 신아동맹단은 3·1운동의 대중적 열기에 고무되어 1920년 6월 서울에서 5차대회를 열고 명칭을 사회혁명당으로 바꾸었다. 이들은 "계급타파와 사유제도의 타파, 두산계급 전제정치와 전국인구의 10분지 7되는 무산자들과 함께 혁명운동을 실행할 것" 등을 주장하였다. 1921년 5월 중국 상해에서 고려공산당(상해파) 창립대회에 8명의 대표를 파견하면서 상해파 국내지부로의 위상을 갖게 되었다.[3)]

1920~1922년 무렵 국내에서 발간된《개벽》·《공제》·《아성》·《신생활》 등 잡지에는 크로포트킨(Kropotkin) 등의 무정부주의에 대한 글이 빈번하게 소개되는 등 민족주의·무정부주의·사회주의 등이 혼재되면서 그 내부에 분화과정이 일어나는 시기였다.

'민중문화의 제창, 자유사상의 고취'를 내걸고 1922년 3월 창간된《신생활》6호에서 鄭栢은 〈노농로서아의 문화시설〉이란 글을 통해 1917년 10월 혁명 이후 건설된 노농정부는 미술·연극·문학·교육·정치경제학·사회과학 등 각 부분에서 새로운 민중적 문화를 성장시키고 있음을 소개하고 있다. 또 辛日鎔은 〈마르크스사상의 연구－계급쟁투설－〉에서 마르크스(Karl Heinrich Marx)의 계급·계급의식·프롤레타리아독재에 대한 사상 등을 소개하였다.

박열·김약수 등이 주도하여 흑도회가 창립되었을 무렵 일본 사상계는 생디칼리즘·아나키즘이 풍미하였던 시기였다. 일본의 저명한 무정부주의자인 大杉榮·岩佐作太郎과 사회주의자인 堺利彦·高津正道 등의 후원하에 흑도회는 창립되었다. 이후 흑도회는 1922년 9월 내부의 사상적 대립으로 공산주의 분파와 아나키스트 분파로 분화되어 해체되었다.

3) 이현주,《국내 임시정부 수립운동과 사회주의세력의 형성(1919~1923)－서울파, 상해파를 중심으로－》(인하대 박사학위논문, 1999), 132~144쪽.

이애숙,《1922~1924년 국내의 민족통일전선운동》(《역사와 현실》28, 한국역사연구회, 1998), 94쪽.

그는 '노동운동의 사명과 무산계급의 독재'라는 절에서 다음과 같이 프롤레타리아독재에 대하여 언급하고 있다.

> 노동조합운동 일반이 국가나 사회에 대하여 국민적 요구를 제출하는 것인 이상에는 노동당은 노동조합운동 전체의 정치적 표현이다. 그 기초된 노동조합운동이 확실하고 강고함에 따라서 노동당은 더욱 유력한 활동을 하고 능히 그 임무를 수행할 수 있다면 더욱 결과가 진지한 의의를 가지게 될 것이다. 노동조합은 단순히 현재 다소의 사업으로써 만족할 것이 아니요. 사회변혁의 과정에서 발생한 자본주의○○○(의 변혁)를 위하여 활동하는 무산계급의 포부의 중력의 초점 및 중심이 될 것은 물론이다. 이 목적의 성취에 가장 유력한 근간은 정권장악이다. 그 원조에 의하여 무산계급은 의식적으로 자본주의의 사회를 ○○○○○(사회주의의)사회로 변혁할 수 있다는 견해다. 이 변혁시대에는 일종의 정치적 과도시대가 부수된다고 말하였다. 그리고 그 상태를 무산계급독재라고 명칭하는 것이다(辛日鎔, 〈마르크스 思想의 硏究-階級鬪爭說-〉, 《新生活》 6, 1922년 6월, 40~41쪽).

즉, 그는 마르크스의 〈공산당선언〉·〈고타강령비판〉에서 형성되고 레닌의 《국가와 혁명》에서 정식화된 자본주의에서 공산주의로의 이행기로서 프롤레타리아트(proletariat) 독재에 대하여 설명하고 있는 것이다.

또 김산의 다음의 언급에서 당시 사회주의자들이 마르크스의 〈공산당선언〉, 레닌의 《국가와 혁명》 등을 필수적으로 학습하였음과 무정부주의자에서 사회주의자로의 이론적·정치적 변화 모습을 파악할 수 있다.

> 1921년 북경에 도착하자마자 나는 마르크스주의 문헌을 읽기 시작하였다. 우선 〈공산당선언〉을 공부한 후, 레닌의 《국가와 혁명》을, 그 다음엔 《사회발전사》라는 논문집을 읽었다. 나는 과학적 대중투쟁의 중요성과 쿠데타와 테러행위의 무익함을 금방 깨닫게 되었다. 나는 아직도 테러리스트들의 영웅적인 희생에 찬탄을 금할 수 없으며 내 무정부주의자 친구들 사이에 만연한 동지들의 자유로운 정신을 좋아하고 있었다. 그렇지만 그들이 실패할 운명에 놓여 있다는 것을 분명히 느꼈다(님 웨일즈, 조우화 옮김, 《아리랑》, 동녘, 1992, 121쪽).

이와 같이 러시아혁명과 1919년 3·1운동을 커다란 분수령으로 국내외에서 많은 식민지 지식인들은 사회주의를 수용, 소개하면서 사상단체·비밀 공산주의그룹들을 조직하여 민족해방과 계급해방을 위해 투쟁하였다.

(2) 국외 전위정당의 결성과 활동

우리 나라에서 사회주의사상이 도입되는 과정에서 특이한 점은 1917년 러시아혁명으로 성립된 최초의 사회주의 국가인 러시아와 지리적으로 인접하다는 점이다. 국내에서 사회주의사상의 유입과 동시에 사회주의단체가 조직되기 시작했던 이유는 바로 이러한 특수성에 있었다. 즉 러시아지역에서 한인사회주의단체의 존재와 밀접한 연관이 있었다.

1919년 국내에 사회주의사상이 본격적으로 도입·수용되기 이전 러시아지역에 이주해간 조선인들은 러시아혁명을 직접 경험하고 참가하면서 자연스럽게 사회주의를 수용하게 되었다. 이러한 이유 때문에 그들은 사회주의사상 수용과정에서 일반적으로 경험하는 다른 사상적 조류와의 갈등을 겪지 않고 곧바로 전위당을 창립하게 되었다.

1919년 3·1운동의 정치적 세례와 1920~1921년 내전시기에 조선인 공산주의 그룹은 활발히 출현하였다. 1920년 말에는 소비에트 러시아의 극동과 시베리아 지역에 16개 이상의 조선인 당 조직이 존재하고 당원 및 후보자수는 2,305인이었다. 조선인 사회주의자들은 각지에서 대규모 선전활동과 군사·조직 활동을 수행했다. 조선어 전단과 소책자가 발행되고 조선인 적군부대가 편성되어 일본 점령군과 백위군에 항거하여 투쟁했다.

조선인 사회주의자는 전위당 창립에 노력하여 1918년 4월 李東輝 등이 중심이 되어 韓人社會黨을 결성했다. 1919년 3월 국내에서 대규모 민중운동이 일어나는 정세 속에서 1919년 4월 한인사회당은 블라디보스톡에서 2차당대회를 열고 新民會 '좌파'세력을 포함하여 당조직을 확대하였다. 이 대회에서 한인사회당은 조선혁명에 대한 전술문제, 코민테른 가입문제, 코민테른에 한인사회당 대표를 파견하는 문제 등을 논의하여 朴鎭淳 등이 모스크바에 파견되었다.[4] 이후 한인사회당은 이동휘가 상해 임시정부의 국무총리로 부임

4) 엠.아.뻬르시츠, 〈ロシアにおける東方の國際主義者と民族解放運動の若干の問題(1918~1920년 7월)〉(國際勞動運動硏究所 編, 國際關係硏究所 譯, 《コミンテルンと東方》, 1971), 62쪽.

하면서 활동무대를 상해로 옮기게 된다. 이들은 1921년 5월 고려공산당(상해파)을 창립하였다.

한편 1920년 1월 러시아의 이르쿠츠크(Irkutsk)에서 러시아공산당 이르쿠츠크현 위원회 산하에 한인공산당이 창립되었고 이들도 1921년 5월 고려공산당을 창립하였다. '상해파'와 '이르쿠츠크파'라는 두 개의 고려공산당이 동시에 결성된 것이다. 이들은 국내의 정세에 끊임없이 관심을 기울이면서 국내에 전위정당을 조직하기 위해 노력하였다.

상해파 고려공산당은 〈강령〉에서 "민족적 해방이 사회혁명의 전제"요, "이 역시 곧 세계혁명의 달성"을 위한 것이라고 하였다. 상해파는 러시아와 중국에서 주로 활동하였지만 그들의 목적은 국내 식민지 조선을 일본제국주의로부터 해방시키고 동시에 사회주의국가를 세워야겠다는 것이었다. 고려공산당 〈선언서〉는 마르크스－엥겔스(Friedrich Engles)의 〈공산당선언〉에 입각하여 민족해방운동과 무산대중의 해방을 토로하였고 고려공산당 〈강령〉은 "우리는 무산계급의 執政을 자본주의의 폭위로부터 인류를 해방하는 최선의 방법으로, 또 보편적 절대 자치의 소비에트정치를 무산계급 집정의 유일의 政體"라고 하였다. 이와 같이 상해파 고려공산당은 〈강령〉에서 프롤레타리아트 독재에 의한 소비에트 정부의 수립을 최대 강령으로 선명하게 밝히고 있었다.

상해파와 이르쿠츠크파의 대립은 강령이나 노선 상의 차이보다는 통일전선의 대상과 관련된다. 첫번째 대립은 상해의 임시정부 참여 문제였다. 상해파는 고심 끝에 임시정부 참여를 결정하지만 이르쿠츠크파는 이에 반대하고 대한국민의회 계열과 상해임정과의 '타협'을 거부했다. 또 상해파는 베르흐네우진스크(Вегхне－Учцнск)의 통합대회에서 통일전선의 대상으로 민족주의진영내의 점진적 문화운동론자를 포함하였으나 이르쿠츠크파는 이들에 대해 고립화 정책을 취했다.

임경석, 《고려공산당연구》(성균관대 박사학위논문, 1993), 38~50쪽.

전명혁, 〈1920년대 공산주의운동의 기원과 조선공산당〉(역사학연구소 편, 《한국공산주의운동사연구－현황과 전망－》, 아세아문화사), 75쪽.

2) 국내 무산계급 운동의 성장

(1) 사회주의 분파의 형성

러시아에서 한인사회당 그리고 고려공산당은 코민테른과 긴밀한 연관 속에서 국내에 전위당을 건설하려는 노력을 끊임없이 견지하였다. 그러나 코민테른의 자금을 둘러싼 문제와 전위당 건설에 대한 견해의 차이는 이들 사이에 최초의 대립을 초래하였다. 그리고 그것은 국내의 사회주의자들에게 신뢰를 상실케 했다.

이 무렵 국내 각지에서는 합법적인 모습으로 수많은 운동단체들이 조직되기 시작하였다. 또한 조선청년회연합회기성회와 조선노동공제회 등이 전국에 존재하는 노동·농민·청년단체를 망라하는 위상을 가지고 조직되었다. 이들 내부에는 민족주의자·무정부주의자·사회주의자 등 다양한 사상적 스펙트럼을 가진 사람들이 혼재되어 있었다.

1921년 서울青年會, 1923년 北星會(1924년 북풍회), 1923년 新思想硏究會(1924년 화요회), 1924년 조선노동당 등은 제각기 그 이면에 비합법적 공산주의 그룹들을 가지고 있으면서 이후 합법적인 표면단체인 사상단체라는 이름을 내걸었다.

서울청년회 내부의 비합법적 조직은 고려공산동맹이 북풍회 내부에는 까엔당이 그리고 조선노동당 내부에는 스파르타쿠스당이 존재하였다. 화요회는 코민테른과 직접적으로 조직적 관계를 맺으면서 주로 러시아의 이르쿠츠크파 계열의 사회주의자들과 긴밀한 연관을 가지면서 활동하였다. 이들은 1924년 초부터 조선노농총동맹과 조선청년총동맹 등 전국적인 대중운동체를 조직한 이후 본격적으로 국내에 전위당을 결성하려고 하였다.

이무렵 사회주의 분파들이 독자적인 모습을 띠고 등장하게 되는 데에는 '金允植사회장사건'과 '사기공산당사건'이 하나의 계기가 되었다. 1922년 1월 '김윤식사회장사건'은 한말 대제학을 지냈고 한일합방 후 일제로부터 작위를 수여받았던 김윤식의 장례를 둘러싸고 상해파 국내부와 국내 사회주의 세력

사이에 의견 대립으로 일어났다. 상해파 국내세력이 주도하고 《동아일보》 계열의 민족주의세력이 참가한 '김윤식사회장 장의위원회'에 대항하여 무산자동지회·조선노동공제회 등에서는 '김윤식사회장반대회'를 결성하여 적극적인 반대투쟁을 벌여 마침내 사회장은 취소되었다. 당시 무산자동지회의 김한은 김윤식사회장반대운동은 "귀족사회를 파괴하고 자본가계급 타파와 사회개량가의 매장"을 위한 투쟁이었다고 규정하였다.

1922년 4월에는 '사기공산당사건'이 일어났다. 이는 상해파 고려공산당의 국내간부가 코민테른으로부터 받은 자금의 일부를 사적으로 남용하였다고 하여 이들을 주요 대중단체인 조선청년회연합회·노동공제회·서울청년회에서 축출하는 사건이었다. 이 과정에서 서울청년회는 내부 분화를 겪으면서 김사국을 비롯한 서울파가 출현하였다. 화요파의 배성룡은 〈조선사회운동소사〉에서 "사기공산당사건관계자의 제명을 역설한 서울청년회는 그 존재가 세상에 드러나는 동시에 그 자체가 아주 무산청년운동의 색채를 띠게"되었다고 말하고 있다.

1921년 1월에 조직된 서울청년회는 '김윤식사회장사건', '사기공산당사건'을 겪으면서 그들 내부에 존재했던 이론적 경향들이 대립을 보이게 되었다. 그리고 이들 가운데 사회주의 세력이 주도적 세력을 형성하게 되었다. 이후 김사국·李英을 비롯한 서울청년회 인물들은 1922년 10월 '공산주의 그룹'을 조직하게 되었다. 그들은 독자적인 강령과 조직체계를 갖춘 전위당을 지향하는 그룹이었다. 사회주의 분파로서 서울파가 형성되었던 것이다.

그들은 1922년 10월 자유노동자대회를 개최하는 등 대중운동에 본격적으로 자신의 모습을 드러내기 시작하여 공업지역과 항만지역 등 산업 중심지에 조직적 기반을 확대하기 위해 노력하였다. 1923년 2월 '공산주의 그룹'은 고려공산동맹이라는 이름을 가지게 되었다. 그들은 김사국을 블라디보스톡에 있는 코민테른집행위원회 원동부에 파견하여 코민테른으로부터 조선공산당으로 승인받기를 원했으나, 그들의 희망은 좌절되었다. 고려공산동맹은 1923년 3월 전조선청년당대회를 열었다.[5)]

---

5) 전명혁, 《1920년대 국내사회주의운동 연구－서울파를 중심으로－》(성균관대

서울파가 사회주의 분파로서 자기의 모습을 드러내는 때에 金若水 등을 중심으로 하는 북성회 그룹도 까엔당(К.Н.Дан)이라는 비합법 전위조직을 창립하여 활발한 대중사업을 전개하기 시작했다.[6] 그들은 1924년 11월에 北風會라는 표면적 사상단체를 통하여 자신들을 드러내기 시작했다. 1920년 5월 조선노동공제회 내부의 마르크스주의 학습써클에서부터 시작하여 1921년 10월 '꼼그룹'을 형성한 북풍파는 주로 일본 등지에서 재일 조선인 유학생들을 조직하여 노동운동과 결합하면서 조직을 확장시켜 나갔다.

김약수를 비롯하여 정태신·김종범·송봉우·李憲 등은 일본에서 1923년 1월 15일 北星會라는 합법 사상단체를 조직하여《척후대》·《전진》·《해방운동》등 기관지를 발행하면서 사회주의 조직으로서의 성격을 드러내었다.

1923년 8월 무렵부터 그들은 국내에 들어와 전국을 순회하면서 선전사업을 수행하면서 조직화 사업을 벌여나갔다. 1924년 1월부터는 경남노농운동자간친회·남선노농동맹·전라도노농연맹 등을 조직하고 마침내 1924년 4월 조선노농총동맹을 결성하는데 하나의 축을 형성하여 일제 식민지하 노동자·농민운동에 커다란 기여를 하였다.

그들은 1924년 4월 17일 까엔당이라는 비합법 조직과 합법단체 건설사를 조직하고, 1924년 11월 25일 까엔당의 표면단체였던 建設社와 焰群社 그리고 개별 사회주의자들을 망라하여 마침내 북풍회를 결성하기에 이르렀다. 이것은 조선노동공제회 내부에서 비롯하여 일본의 북성회로 이어지면서 국내 유력한 사회주의 분파로서 자리잡게 되는 '북풍파'의 성립을 의미하는 것이었다.

한편 1923년 12월 무렵 일본·러시아 등지에서 활동했던 20여 명이 모여 공산주의단체인 스파르타쿠스단을 조직했다. 이들은 1924년 8월 17일 전일·이남두·이정수·이충모·이극광·김연희 등 7명의 발기로 스파르타쿠

박사학위논문, 1998), 72~74쪽.

———, 〈서울청년회의 분화과 서울파의 형성〉(《외대사학》 9, 1999), 153~164쪽.

6) 전명혁, 〈1920년대 전반기 까엔당과 북풍회의 성립과 활동〉(《성대사림》 12·13합집, 1997).

박철하, 〈북풍파 공산주의 그룹의 형성〉(《역사와 현실》 28, 1998).

스당의 표면단체로서 조선노동당이라는 사상단체를 결성하고 노동학원을 설치하여 계급의식과 사회주의사상을 선전하는 활동을 하였다. 이들은 출판 및 정치교양사업에 주력하기 위해 프롤레타리아사를 두고 기관지 《무산계급》을 발행하려 했지만 일제에 의해 압수 당하고 발행금지를 당했다.[7]

(2) 꼬르뷰로 국내부와 화요파의 성립

1921년 6월 '자유시사변'으로 '상해파'와 '이르쿠츠크파' 고려공산당의 대립이 무력충돌로까지 확대되자 코민테른 검사위원회의 벨라쿤(Bella Kun) · 쿠시넨(O. kuusinen) · 사파로프(G. Safarov)는 1921년 11월 15일 〈코민테른 검사위원회 결정서〉를 통하여 "서로 충돌하는 상해파와 이르쿠츠크파가 서로 연락할 것은 물론, 필요하다고 인정되면 코민테른집행위원회에서 조선 내지 및 해외의 제단체의 대표로 구성된 대의원회를 소집할 때까지 양당은 서로 연합하여 쌍방 동수로서 임시중앙간부를 조직한다는 결정을 인정하는 것을 照會함으로서 원동(동양)비서부는 이를 준행할 책임을 갖는다"[8]는 결정을 내린다. 또한 1922년 4월 22일 코민테른 집행위원회의 브란델 · 쿠시넨 · 사파로프는 "조선(고려)공산당 중앙간부는 그 위치는 치따(Chita)로 정함과 동시에 내지에는 조선부(국내부)를 설치할 책임을 진다"[9]는 결정을 내린다.

코민테른집행위원회의 〈1921년 11월 결정〉과 〈1922년 4월 결정〉은 두 개의 고려공산당 통합을 위해 1922년 10월 15일 베르흐네우진스크에서 '고려공산당연합대회'로 구체화되었다. 그러나 이 대회에서 '이르쿠츠크파'가 중도에 회의를 거부함으로써 '상해파'만으로 회의가 진행되었다. 베르흐네우진스크 대회에서 두 파의 통합이 실패하자 코민테른은 1922년 11~12월 제4차 대회에서 가따야마 센(片山潛) · 陳獨秀 · 쿠시넨 · 보이찐스키(G. N. Voitinsky) 등 8인으로 구성된 '조선문제 위원회'를 구성하여 조선문제를 논의했으나 결론을

---

7) 전명혁, 앞의 책, 44~51쪽.
8) 〈第三國際共産黨(코민테른) 檢査委員會 決定書(1921년 11월 15일)〉(朝鮮總督府 警務局, 《大正 11年 朝鮮治安狀況》 2, 高麗書林, 1989), 450쪽.
9) 코민테른 집행위원회, 〈조선문제에 대한 코민테른집행위원회의 결정서(1922년 4월 22일)〉(朝鮮總督府 警務局, 위의 책), 441쪽.

내지 못하고 이후 코민테른 확대집행위원회로 위임할 것을 결정하였다. 그리고 1922년 12월 집행위원회는 두개의 고려공산당의 해산명령을 내리고 코민테른 집행위원회 遠東部 산하에 꼬르뷰로(Корбюро)를 설치하게 되었다.[10)]

꼬르뷰로는 국내 당건설을 위해 辛鐵과 金在鳳을 파견하였고, 그들은 1923년 4월과 5월에 서울에 들어와서 국내 사회주의 각 분파의 인물들을 접촉하면서 꼬르뷰로의 당건설 방침과 계획을 전달하면서 당건설 활동을 전개하였다. 이들은 '북풍파'의 김약수 등, '상해파'의 이봉수 등과 1923년 5월 金燦의 집에서 꼬르뷰로 국내부를 조직한다. 당창건준비기관으로서 꼬르뷰로 국내부는 김재봉을 책임비서로, 간부에 신백우·김약수·이봉수·원우관 그리고 공산청년회 책임비서에 신철, 간부에 김찬(김낙준)·安秉珍 등으로 구성되었다.[11)] 朴憲永과 曺奉岩이 고려공산청년회 준비위원회에서 보고한 내용은 꼬르뷰로와 국내부의 성립에 대한 사실을 분명히 밝히고 있다.

> 베르흐네우진스크 연합대회에 코민테른에서는 상해파·이르쿠츠크파·내지중립파·김약수파를 합하여 고려부(꼬르뷰로)를 조직한 후 이것을 ○○○○○○(블라디보스톡)에 두고 내지에다가는 내지부(국내부)를 조직하였다. 그리하여 코민테른의 결의안과 코민테른대표와 킴(국제공청 КИМ)의 대표의 협동적 지령에 의하여 … 중앙지도부(고려공산청년회 중앙총국)는 그의 대표를 내지부에 들여보내고(신용기동무) 이어 내지부와 밀접한 관계를 맺게 되었다.(〈高麗共青一般進行情況(1925년 4월 18일)〉, 러시아현대사문서보관 및 연구센터 ф.533 о п.10 д.1908, 8~9쪽).

이 보고는 꼬르뷰로 국내부의 공산청년회 조직이 사실은 '고려공산청년회 중앙총국'[12)]의 성원과 동일 인물로 구성되어 있음을 확인시켜 준다. 1923년 4월에 제5차 '고려공산청년회 중앙총국'의 책임자인 신철과 간부 안병진(고

---

10) 水野直樹, 〈コミンテルンと朝鮮〉(《朝鮮民族運動史研究》 No1, 1984 ; 임영태편, 《식민지시대 한국사회와 운동》, 사계절, 1985), 330쪽.

11) 京城地方法院, 〈金洛俊調書(1931. 5)〉(金俊燁·金昌順 編, 《韓國共産主義運動史(資料篇 I)》, 高麗大 亞細亞問題硏究所, 1979), 13쪽.

12) 고려공산청년회의 성립과 활동에 대해서는 박철하, 〈고려공산청년회의 조직과 활동(1920~1928)〉(한국역사연구회, 《한국근현대청년운동사》, 풀빛, 1995)를 참조.

준)이 꼬르뷰로 국내부의 공산청년회의 집행부서를 겸직 활동하고 있었던 것이다. 이러한 사실은 꼬르뷰로와 국내부가 여전히 이르쿠츠크파 고려공산당 계열의 영향 속에 있음을 의미한다. 특히 국제공산청년회(КИМ)에서 활동하고 있던 이르쿠츠크파의 趙勳 등은 끊임없이 국내부의 활동에 개입하고 있었다.

이후 국내부는 윤덕병·홍증식·홍덕유 등 30여 명을 조직으로 끌어들이고 각 지역별 야체이카 건설에 착수했다.[13] 1923년 7월 7일 국내부는 그들의 합법적인 표면단체로서 신사상연구회를 조직하였다. 또한 1924년 2월 11일 이준태·박일병 등은 공산청년회의 합법조직으로 신흥청년동맹을 만들고 잡지사 '신흥청년사'를 발기하여 기관지 《신흥청년》을 발간하려 하였다. 그리고 1924년 11월 19일 신사상연구회의 이름을 화요회로 개칭하였다. 이는 '화요파'의 탄생을 의미한다.

(3) 오르그뷰로와 '13인회'

1923년 1~6월 상해에서 열린 국민대표회에서 개조파와 창조파의 대립과 1923년 8월 보이찐스키의 〈민족적 당창건 지침〉 등은 상해파와 노선대립을 일으키고 마침내 1923년 12월 상해파의 지도자 이동휘는 꼬르뷰로를 탈퇴하게 되었다.[14]

이후 1924년 2월 코민테른집행위원회는 조선문제에 대한 위원회를 소집하는데 여기에서 보이찐스키와 쿠시넨의 견해 차이가 발생하였다. 보이찐스키는 조선공산주의자들은 근로대중을 노동조합·농민조합에 끌어들여 자신의 독자성을 유지하면서 민족주의적 단체에서 활동하도록 하고 이를 꼬르뷰로의 강령에 기초하여 통합하도록 한다는 입장을 밝혔다. 반면 쿠시넨은 공산주의자를 민족적 단체에 포함하여 하나의 당에 통합하는 것은 잘못이라고

---

13) 김찬은 대략 1924년 봄까지 서울에 7개의 야체이카와 주요도시에 야체이카를 조직했다고 진술했다. 각 야체이카는 5~6인 정도로 구성되었다. 시대일보사-洪南杓, 노농총동맹-權五卨, 조선일보사-金在鳳, 신사상연구회(화요회)-洪璔植, 신흥청년동맹-全無, 신의주-獨孤全, 마산-金明奎, 전남 광주-申東浩, 대구-崔元澤, 평양-陳秉基, 인천-安基成(京城地方法院, 〈金洛俊調書〉, 高麗大 亞細亞問題硏究所 編, 《韓國共産主義運動史(資料篇Ⅰ)》, 1979, 13쪽).

14) 전명혁, 앞의 글, 54~59쪽.

하면서 독자적인 공산당의 존재의 필요성을 강조했다.15)

이와 같이 코민테른집행위원회 내부에서 조선공산당 창건에 대한 입장 차이가 존재하였다. 보이찐스키와 쿠시넨의 견해 차이는 식민지 조선의 혁명운동을 위한 조선공산당과 반제통일전선체의 결성과 두 조직의 관계를 둘러싼 코민테른 내부의 대립이었다. 이러한 입장의 차이는 단지 조선문제에만 국한되어 있던 것이 아니었다. 이것은 중국에서 국공합작을 둘러싼 중국공산당과 코민테른 내부의 대립과 깊은 연관이 있었다.

1922~1923년 무렵 중국에서 國共合作을 둘러싸고 코민테른 내부와 중국공산당 내에서도 이견이 발생하겼다. 코민테른의 마링은 국민당은 부르주아 정당이 아니라 모든 계급이 연합한 당으로 프롤레타리아트는 국민당에 들어가 그것을 혁명의 주도세력으로 변모시킬 것을 주장한 반면, 진독수 등은 국민당은 부르주아 정당의 하나일 뿐이며 공산당이 가입하여 부르주아와 뒤섞이면 당의 독립성을 상실한다고 말했다. 그러나 1923년 6월 중국공산당 3차 당대회는 마침내 중국공산당과 국민당의 합작과 공산당원이 개인신분으로 국민당에 가입할 것을 결정했다.16)

조선혁명에 대한 보이찐스키와 쿠시넨의 의견 대립은 1924년 2월 코민테른 집행위원회 산하 원동부가 제안한 〈조선문제에 대한 결정〉(제안)으로 일단락되었다. 1924년 2월 〈조선문제에 대한 결정〉에서는 정치적·조직적으로 독립된 공산당의 창립과 발전을 지시하고 대중조직, 즉 기업과 공장 등 현장에 기반한 당조직의 강화를 강조하였다. 또 당의 중앙집행부 구성에 대한 구체적 방침을 제시하고 이러한 방침에 기초하여 조선의 공산당을 결성하기 위해 1924년 4월 블라디보스톡에서 코민테른집행위원회 대표의 참석하에서 당창립대회(inaugural congress ; konstituierenden Kongress)를 개최할 필요성을 제안했다.17)

---

15) 강호출, 〈재노령 고려공산당창립대표회준비위원회(오르그뷰로) 연구〉(《역사와 현실》 28, 1998), 130~131쪽.

16) 벤자민 I. 슈워츠, 권영빈 역, 《중국공산주의운동사》(형성사, 1983), 65쪽.
向靑, 임상범 역, 《코민테른과 중국혁명관계사》(고려원, 1992), 49~57쪽.

17) 〈Korean Question〉, РЦХИДНИ ф.495 оп.135 д.115, 72~81쪽.

〈조선문제에 대한 결정〉(제안)은 1923년 1~6월 상해에서 열렸던 국민대표회에서 꼬르뷰로가 민족주의 그룹 가운데 한 그룹[18]과 관계를 맺었고 이것은 조선공산주의자 사이에 반대를 야기하였다는 사실과 꼬르뷰로가 민족운동의 '좌익적' 요소와 협동을 하려한 것이 잘못된 것은 아니지만 결과적으로 공산당 형성의 긴급성을 소홀히 하였음을 지적하고 있다.[19] 또한 상해파의 지도자 이동휘가 코민테른에 보낸 편지를 인용하면서 이동휘의 입장을 올바른 노선으로 평가하고 있는 것이 주목된다. 1923년 12월 꼬르뷰로에서 탈퇴한 이동휘는 조선공산당의 존재가 '조선의 혁명운동에서 중요한 주체적 요인을 형성할 것'을 강조하였다.[20] 또 원동부는 이 '결정'에서 블라디보스톡의 꼬르뷰로가 해산되어야 할 것을 주장하였다.[21]

이후 코민테른집행위원회는 1924년 4월 꼬르뷰로를 해체하고[22] 金哲勳·朴應七·南萬春·田友·張道政·李衡根·이젤손 등은 1924년 4월 15일 블라디보스톡에서 고려공산당 책임자회의를 개최하고 5월 7일 '고려공산당창립대표회 준비위원회'(이하 '준비위')를 개최하였다.[23] '준비위'의 창립, 이것이 오르그뷰로의 창립이었다. 그러나 오르그뷰로는 아직 코민테른집행위원회의 승인을 받지 못하였고 국내의 대표들도 참석하지 못한 상태에서 설치되었다.

〈鄭在達·李載馥調書〉에서 이재복(李成)은 오르그뷰로의 노령대표로 이형근·남만춘, 지나(중국)대표로 박응칠·김철훈, 국내 대표로 김철훈·신백우·

〈Koreanische Frage〉, РЦХИДНИ ф.495 оп.135 д.115, 82~93쪽.

18) 민족주의 그룹 가운데 한 그룹은 문창범 등의 노령 대한국민의회로 추정된다.

19) 〈Korean Question〉, РЦХИДНИ ф.495 оп.135 д.115, 72쪽.

20) 〈Korean Question〉, РЦХИДНИ ф.495 оп.135 д.115, 75쪽.

21) 〈Korean Question〉, РЦХИДНИ ф.495 оп.135 д.115, 81쪽.

22) СИНЧЕР и КИМЕНУ, ИСПОЛКОМУ КОМИНТЕРНА, 1926. 2. 11(РЦХИДНИ ф.495 оп.135 д.125), 신철·김영우, 〈코민테른집행위원회에게 : 까.엔.당(북풍회 내부의 비합법적 그루빠 대표의 보고〉, 1926년 2월 11일, 85쪽.

23) 고려공산당 책임자회의에 참석했던 김철훈·박응칠·남만춘·장도정·이형근 등은 1923년 초 블라디보스톡에 설치되었던 러시아공산당 연해주 위원회 내의 고려부 위원이었다. 이들은 기관지 《선봉》을 발행하며 연해주의 조선인혁명가들을 결집하여 활동하였다. 이젤손(Идельсон ; 그동안 인데르손으로 알려졌다)은 코민테른집행위원회 산하 원동부의 조선문제 책임자였다. 그는 보이찐스키 후임으로 블라디보스톡의 '원동부'에 부임하였다.

이봉수 등이 지명되었다고 말했다. 그런데 이들 중 국내 대표 김약수·신백우·이봉수 등 3인은 불참하였다.[24]

鄭在達(전우)과 이재복은 다시 준비위원에 참여하여 주로 국내에 여러 차례 파견되어, 국내 사정을 블라디보스톡의 오르그뷰로에 보고하는 주로 실무적인 사업에 배치되었다. 1924년 6월 6일 '준비위' 10차회의는 정재달이 출발한지 1·2주일 후에 그의 사업에 협조하기 위해 이재복을 재차 국내에 파견할 것을 결정하고 "전우 동무와 같이 각 공산단체를 연합하는데에 노력"하라는 내용의 〈지령서〉와 이재복을 고려공산당 창당준비위원회의 대표로서 국내에 파견하여 국내공산단체를 단합하여 고려공산당 창립대표회를 소집할 것을 위임하는 〈위임장〉을 주었다.[25]

'준비위'는 정재달을 파견하기에 앞서 이미 《先鋒》의 주필인 이백초를 파견하여 국내 정세를 파악하였다. 1924년 6월 12일 '준비위' 11차회의록에는 이백초의 보고내용이 수록되어 있다.[26] 이에 따르면 이백초는 3월 26일 블라디보스톡을 출발하여 4월 26일 경성에 도착하여 국내 사회주의자들의 동향을 파악하였다. 그는 1개월 동안 서울에 있으면서 국내 사회주의자들이 '13인회'(국내 '조직국')를 조직하여 이미 4차례의 회의를 개최하고 노농총동맹과 청년총동맹 등 대중조직사업을 활발히 벌이고 있음을 보고하였다. 그러나 '13인회'는 공산단체 각파의 연합적 사업에는 아직 착수치 못하였고, 그 이유는 꼬르뷰로 국내부 지령이 아직 존재하기 때문이었다고 하였다. 또한 국내부 성원들은 "사업진행을 정지하고 그 위원들은 13인 단체에 가입하였다. 13인 단체가 사업에 착수치 아니한 중요(한) … (이유)는 상부기관의 승인을 부득함이라 한다. 동 단체는 계파의 수령들로 조직된 고로 각파에서는 절대 복종한다. 김사국 일파들은 적극적으로 일하지는 않으나 방해할 위험은 결코 없다"[27]고 보고했다.

---

24) 〈鄭在達·李載馥調書〉(金俊燁·金昌順 編, 《韓國共産主義運動史(資料篇 I)》, 高麗大 亞細亞問題硏究所, 1979), 122쪽.

25) 〈지령서〉·〈위임장〉(РЦХИДНИ ф.495 оп.135 д.94, 1924. 6. 6), 126쪽.

26) 위와 같음.

27) 위와 같음.

이백초의 국내에 대한 정세보고를 청취한 뒤, '준비위'는 '13인회'는 조선노농총동맹과 조선청년총동맹을 실현하였고 각 공산단체와의 연합에도 크게 노력할 것이므로 정재달을 파견하여 '13인회'와 연합하여 당창건 준비사업을 진행하라는 결정을 내렸다.[28]

'준비위'의 결정에 따라 정재달은 1924년 6월 15일 블라디보스톡을 출발하여 24일 아침 서울에 도착하고, 이재복은 7월 9일 블라디보스톡을 출발하여 23일 경 서울에 도착했다.[29] 그들은 각각 맡은 바 임무를 수행하기 위하여 국내 여러 분파의 사회주의자들을 만나 블라디보스톡의 오르그뷰로의 당창건 계획을 설명하고 특히 김약수·이봉수·신백우 등과 만나 오르그뷰로의 국내대표로 참석할 것을 권유하였다. 그러나 그들은 1924년 9월 일제 경찰에 검거되고 말았다.

오르그뷰로는 국내 '조직국'('13인회')과 연합을 하여 통일적인 당창건사업을 진행할 예정이었다. 그런데 국내 '조직국' 즉 '13인회'와 통일적 당창건사업을 협의하지 않았다. '13인회'는 서울파 5인(김사국·이영·정백·김유인·이혁로)과 화요파 2인(신백우·김재봉), 북풍파 3인(김약수·김종범·변희용), 상해파 2인(유진희·이봉수), 조선노동당(김연희) 등 5개 분파의 13인의 대표자로 구성되었다.[30] '13인회'는 이와 같이 국내외에 존재하는 모든 사회주의 분파를 망라하여 단일한 통일적 조선공산당 창립을 목표로 조직되었다.[31]

그런데 이재복과 정재달이 '13인회' 즉 국내 당창건을 위한 조직국의 지시에 따르지 않고 블라디보스톡의 오르그뷰로의 지시에 기초하여 화요파의 조선공산당 창립 가능성을 약속하고, 또 화요파는 국내 조직국('13인회')과의 관계를 단절하고 독자적인 당창건 활동을 수행하게 되었던 것이다. 따라서 국

28) 고려공산당창립대회위 준비위원회(РЦХИДНИ ф.495 оп.135 д.94, 1924. 6. 6).

29) 〈鄭在達·李載馥調書〉(金俊燁·金昌順 編, 《韓國共産主義運動史(資料篇 I)》, 高麗大 亞細亞問題硏究所, 1979), 216쪽.

30) КимЕнман·Цойцаник, Исполкому Комунистического Интернационала, 1926. 2, РЦХИДНИ ф.495 оп.135 д.125(김영만·최창익, 〈코민테른집행위원회에게 : 서울청년회 내부에 현존하는 공산주의조직 '고려공산동맹' 전권대표로부터〉, 1926년 2월), 103쪽.

31) КимЕнман·Цойцаник, 위의 글, 104쪽.

내 조직국은 1924년 9월 5개월만에 결렬되고 말았다.[32]

(4) 화요파와 민중운동자대회

화요파는 1924년 11월 19일 신사상연구회를 화요회로 개칭하고, 1925년 1월 3일 북풍회·조선노동당·무산자동맹회 등에게 신년간친회 개최를 제의하여 4단체 연합하에 신년간친회를 개최했다. 150여 명의 사회운동자들이 모여 曺奉岩의 개회사와 김찬의 사회로 '재경사회운동자신년간친회'를 개최하였다.

화요파가 을축년(1925) 벽두부터 '4단체 간친회'를 개최한 이유는 무엇일까. 또한 1924년 4월 꼬르뷰로 국내부에서 제명한 북풍파의 김약수에게 화요파가 다시 간친회를 제안한 이유는 무엇일까. 그리고 당시 가장 강력한 대중적 기반을 갖춘 서울파(서울청년회)를 '신년간친회'에서 제외한 이유는 무엇이었을까.

화요파는 이 무렵 블라디보스톡의 오르그뷰로와 관계를 회복하고 이를 통해 국내 당건설에 대한 시기와 지침을 전달받은 것이 분명하다. 또한 1924년 말부터 화요파는 합법·비합법적 접촉과 회합을 통해 서울파를 제외한 국내 사회주의조직들과 연합을 시도하였고 '재경사회운동자신년간친회'를 통해 화요파와 북풍파·조선노동당 일부의 결합이라는 성과를 가져왔던 것이다. 화요파는 서울파를 제외하고 북풍회·조선노동당의 일부세력을 형식적으로 아울러 당창건을 하려는 계획을 수립하였던 것이다.

서울파가 조선노동당과 더불어 조선노동교육자대회 준비에 박차를 가하고 있을 무렵, 화요파는 북풍파의 협조를 얻어 2월 17일 '전조선민중운동자대회 준비회'를 조직하고 "전조선운동의 조직적 통일과 근본방침을 토의코자 사상·농민·노동·청년·형평·여성 등 각 운동단체의 대표로서 전조선민중운동자대회를 개최"[33]한다는 대회 〈취지〉와 준비위원 72명의 명단을 일간지에 발표하였다.

준비위원은 姜達永·金燦·曺利煥·白光欽·金璟載·金鴻爵·陳秉基·全無·

32) КимЕнман·Цойцаник, 위의 글, 105~106쪽.

33) 《동아일보》, 1925년 2월 19일.

金在鳳·具然欽·朱世竹·洪悳裕·尹德炳·許貞淑·朴憲永·金丹冶·林元根·曺奉岩·朴一秉·權五卨·崔元澤·李準泰·安基成·林亨寬 등 화요파 인물들과 鄭雲海·李憲·金裕昌·朴炳斗·鄭晋武·金大鳳·崔允鈺 등 북풍파 인물로 구성되어 있었다(《조선일보》, 1925년 2월 19일).

화요파는 각 사회운동단체를 통해 전조선민중운동자대회 지지운동을 조직했다. 3월 7일에는 신흥청년동맹과 革靑團이 총회를 열어 민중운동자대회에 참가할 것을 결의했다. 3월 9일에는 신의주 新灣靑年會가 집행위원회를 통해 민중운동자대회를 촉성할 것을 결의했다.[34] 3월 11일 마산의 사상단체인 彗星社와 전남 광양 勞農聯合會가 민중운동자대회 참가를 결의했다. 3월 12일 경북 예천의 신흥청년회와 마산의 勞農同友會·黃州靑年會도 민중운동자대회에 참가할 것을 결의했다. 경상북도 안동의 사상단체 火星會도 월례회를 열고 민중운동자대회에 대표를 파견할 것을 결의하고 진주의 형평사와 형평청년회도 임시총회를 열고 강상호의 사회로 민중운동자대회에 참가할 것을 결의했다.[35]

화요파는 1925년 3월 15일 경성청년회 등 20여 단체를 모아 전조선민중운동자대회 應援會를 조직했다. 서정희가 임시의장을 맡아 경과보고와 집행위원을 선출하고 응원방침에 대한 토의를 했다.[36] 이 응원회에서 주목할 것은 북풍회와 조선노동당이 참가했다는 사실이다. 북풍회의 신철·마명·김약수·서정희 등과 조선노동당의 전일·김연희·이극광 등이 집행위원으로 선출되

34) 《조선일보》, 1925년 3월 12일.

35) 《조선일보》, 1925년 3월 15일.

36) 경성급수부조합·서울인쇄직공청년동맹·경성여자청년동맹·여성동우회·경성여자청년동맹·여성동우회·경성양복직공조합·신흥청년동맹·경성양화직공조합·조선형평사총연맹중앙총본부·형평사정위단·혁청단·조선무산자동맹·염군사·시계종업원친목회·프롤레타리아트사·신흥청년사·경성청년운동사·해방운동사·경성청년회·화화사·조선노동당·북풍회 등 23단체가 참가했다. 또한 집행위원으로는 홍순준·김연희·김창준·전일·이은식·이극광·○오택·황성하·한상우·이경춘·최봉·이종성·이민한·정종명·김지호·민창식·송영·박래원·이병립·임성웅·우○운·배일선·구창회·강균환·송봉우·김청형·손영극·이호○·김장현·신철·마명·김약수·서정희 등 33인이 선출되었다(《조선일보》, 1925년 3월 18일).

었던 것이다. '13인회'의 결렬 이후 화요파가 오르그뷰로의 당건설방침에 따라 북풍파와 조선노동당과 다시 연대하여 민중운동자대회를 개최하면서 조선공산당을 건설하려는 의지를 표명하고 있는 것이었다.

1925년 3월 24일 조선노농총동맹 중앙집행위 제4회 간담회가 개최되었다. 여기에서 '화요파'는 윤덕병·최원택·장준·신동호·김유창·정운해·김부곤 등 7명을 상무집행위원으로 선출하고 민중운동자대회를 적극 후원할 것을 결의했다. 또한 청년총동맹 및 재경해방운동단체 연합간친회 결의사항 가운데 민중운동자대회에 반대하는 단체에 '노총'을 넣은 조항을 취소하라고 경고했다.[37)]

또 3월 30일 진주 청년회관에서는 경남민중운동자간담회가 26개 단체 출석대표 46명의 참가로 개최되어 "전조선민중운동자대회는 해방운동선상에 적합함을 인하고 경남 각 단체 참가를 권유할 일" 등을 결의했다.[38)] 같은 날 함남 홍원군 삼호에 있는 프로청년동맹도 정기총회를 열고 민중운동자대회에 참가할 것을 결의했다.[39)] 4월 13일 光州 노동공제회관에서 전라노농연맹 제2회 정기총회가 열렸다. 집행위원장 서정희의 개회사가 있고 임시의장으로 이영민과 신명준이 선출되어 노동·소작문제 등에 대한 결의와 함께 민중운동자대회에 참가할 것을 결의했다.[40)]

마침내 화요파는 1925년 4월 20일 서울시내 하세가와 조(長谷川町)의 경성공회당에서 조선민중운동자대회를 개최키로 하였다. 4월 18일까지 민중운동자대회에 참가하기로 한 단체는 노농단체 263, 청년단체 100, 형평단체 18, 사상단체 44 등 425개 단체의 대표자 508인이었다.[41)]

---

37) 《동아일보》, 1925년 3월 26·29일.
《조선일보》, 1925년 3월 26일.
상무집행위원 7인 중 장준만 '서울파'였고 나머지 위원은 모두 '화요파'였다. 노농총동맹 중앙집행위원 간담회의 결의에 대해 서울파는 이 회의가 중앙집행위원 중 임종환 등 몇 사람에게 정식통고가 없었기 때문에 무효라고 하며 다시 정식 중앙집행위원회를 소집할 것과 민중운동자대회의 소집을 방지할 것을 주장했다.

38) 《조선일보》, 1925년 4월 2일.

39) 《조선일보》, 1925년 4월 3일.

40) 《조선일보》, 1925년 4월 16일.

그러나 민중운동자대회 몇 시간을 앞두고 일경의 집회금지로 대회가 무산되자 이에 분개한 대의원 300여 명이 파고다공원에 집합하여 일제의 탄압을 규탄하려 했으나 일경에 의해 공원 밖으로 밀려나고 말았다. 그러나 시위대 200여 명이 그날 밤 종로2가 단성사와 우미관 앞에 모여 붉은 기 5개를 들고 "전조선 민중운동자대회 만세"·"무산자 만세"·"무리한 경관의 압박에 반항하자"를 외치며 종로3가로 행진하여 수천 명의 군중이 합세하기에 이르렀다. 이것이 이른바 '赤旗事件'이었다. 이 사건으로 대구청년회의 申哲洙와 마산노농동우회의 金尙珠 등 14명이 경찰에 검거되었다.[42]

화요파가 서울파의 반대에도 불구하고 민중운동자대회를 개최하려고 했던 이유는 무엇이었을까. 그것은 1925년 4월 15~17일 3일간에 걸친 전조선기자대회의 마지막 날인 4월 17일에 일경의 눈을 피해 비밀리에 창립된 화요파 조선공산당의 지도하에 국내의 모든 사회운동단체를 망라하여 대회를 개최함으로써 자신의 대중적 세력을 내외에 과시하면서 자신의 존재를 드러내기 위한 목적이었다.

그러나 화요파의 민중운동자대회는 서울파의 대대적인 반대에 부딪쳤다. 서울파는 조선노농총동맹·조선청년총동맹 등 대중조직이 발달해가는 과정에 있는 조선의 노동·농민·청년운동을 혼란케 하는 결과를 초래할 것이라고 조선민중운동자대회의 부당성을 지적했다.[43] 또 모스크바 동방노력자대학 출신의 李敏用도 화요파의 민중운동자대회를 반대하였다. 그는 "만약 그들이 운동의 유일을 허락한다면 왜 양총동맹으로써 하지 않았는가"라는 문제제기를 하면서 민중운동자대회를 발기한 조봉암은 조선청년총동맹 상무집행위원이고 김찬은 조선노농총동맹 집행위원임에도 불구하고 이들이 민중대회를 소집한 것은 잘못된 것이라고 비판하였다.[44]

화요파의 趙東祜는 코민테른에 민중운동자대회가 공산당의 영향하에 수행

41) 《조선일보》, 1925년 4월 20일.

42) 《동아일보》, 1925년 4월 22일·5월 3일. 김상주는 4월 17일 조직된 화요파 조선공산당 1차당대회에 참가했었다.

43) 《조선일보》, 1925년 3월 3일.

44) 李敏用, 〈片山 同志에게 보내는 보고〉(1925년 5월 30일), 3쪽.

된 조선혁명운동의 역사에서 최초의 사건이었음과 이 운동은 민중에게 사회주의사상의 세례를 주었고 또한 이 대회는 일제에 저항하는 조선인민을 어떻게 선동하는가 하는 조선공산주의자들의 첫번째 시험이었다라고 그 의의에 대해서 보고하였다.[45]

3) 조선공산당의 창건

(1) 조선공산당 1차당대회

1925년 4월 17일 조선공산당 조직을 위한 창당대회는 일경의 눈을 돌리기 위해 표면적으로 전조선기자대회와 전조선민중운동자대회를 준비하면서 '비밀리'에 개최되었다. 이것이 1차당대회였다.

황금정(현 을지로)의 중국음식점인 아서원에서 열린 창립대회에는 金在鳳·金洛俊(金燦)·金若水·朱鍾建·尹德炳·陳秉基·趙東祜·曺奉岩·宋奉瑀·金尙珠·兪鎭熙·獨孤佺·鄭雲海·崔元澤·李鳳洙·金基洙·申東浩·朴憲永·洪悳裕 등 총 19인이 참석하였다.[46]

1차당대회 직후 1925년 8월 8일 상해로 파견된 조동호의 코민테른 〈보고〉는 창당대회에 참가한 19명의 대표들의 소속 및 지역분포를 언급하고 있다. 조동호는 대표자의 이름을 밝히고 있지는 않지만 1차당 시기 19명의 출석대표 가운데 지방 대표들은 대부분 꼬르뷰로 국내부의 각 지역 야체이카 책임자와 일치함을 알 수 있다.[47] 이를 종합하여 각 대표의 야체이카별 분포를

---

45) T.H.Cho, Report : Delegate of KCP, Aug.8, 1925, pp.121~122.
РЦХИДНИ ф.495 оп.135 д.110(조동호-조선공산당 파견대표, 〈보고〉, 1925년 8월 8일).

46) 〈金洛俊調書(1931)〉(金俊燁·金昌順 編, 《韓國共産主義運動史(資料篇 I)》, 高麗大 亞細亞問題硏究所, 1979), 16쪽.
Шабшина Ф. И., ИСТОРИЯ КОРЕИКОГО КОММУНИСТИЧЕСКОГО ДВИЖЕНИЯ (1918-1945 г г.), АКАДЕМИЯ НАУКСССР, МОСКВа, 1988, p.100.

47) 꼬르뷰로 국내부의 각 야체이카 책임자는 다음과 같다. 시대일보-홍남표, 조선일보-김재봉, 조선노농총동맹-권오설, 신사상연구회(화요회)-홍증식, 신흥청년동맹-전무, 신의주-독고전, 평양-진병기, 재령-미상, 함흥-미상, 인천-안기성, 대구-최원택, 동래-백광흠, 마산-김명규, 진주-강달영, 광주-

재구성해 보면 〈표 1〉과 같다.

〈표 1〉 조선공산당 1차당대회 참가자 야체이카별 분포

소속단체 및 지역	참석자(출생지)	소속분파
화요회	박헌영(충남 예산)	화요파
	조봉암(경기 강화)	화요파
북풍회	김약수(경남 동래)	북풍파
	송봉우(경남 하동)	북풍파
조선노농총동맹	윤덕병(서울)	화요파
조선청년총동맹	김　찬(함북 명천)	화요파
동아일보	조동호(충북 옥천)	화요파
조선일보	이봉수(강원 춘천)	상해파
신의주	독고전(평북 의주)	화요파
평양	진병기(경북 칠곡)	화요파
인천	홍덕유(경기 수원)	화요파
광주	신동호(전남 광주)	화요파
순천	김기수(전남 순천)	화요파
대구	최원택(경북 대구)	화요파
	정운해(경북 대구)	북풍파
안동	김재봉(경북 안동)	화요파
마산	김상주(경남 마산)	화요파
김해	유진희(충남 예산)	상해파
진주	강달영(경남 진주)	화요파(불참)
동래	주종건(함남 함흥)	상해파

* T.H.Cho, Report : Delegate of KCP, Aug.8, 1925, pp. 117~126, РЦХИДНИ ф.495 оп.135 д.110 ; 〈金洛俊調書(1931)〉, 《韓國共産主義運動史(資料篇 1)》(高麗大 亞細亞問題硏究所, 1979) ; 강만길 · 성대경 엮음, 《한국사회주의운동인명사전》(창작과 비평사, 1996) 참조.

지역대표들은 대체로 그들의 출신지역에 따라 배치되었다. 이들 중 꼬르뷰로 국내부 때 진주지역 야체이카 대표였던 강달영은 불참한 것으로 보인다.

신동호(〈金洛俊調書〉(金俊燁 · 金昌順 編, 《韓國共産主義運動史(資料篇 I)》, 高麗大 亞細亞問題硏究所, 1979), 13~14쪽).

또한 인천과 동래 지역은 꼬르뷰로 당시에는 안기성·백광흠으로 되어 있었고 김해지역은 꼬르뷰로 이후에 신설된 야체이카인 것으로 보인다. 그들은 참석하지 않은 것으로 보아 지역에 야체이카 근거지를 가지지 않았던 홍덕유와 상해파 출신인 주종건·유진희가 대신 출석한 것으로 보인다. 또 한 가지 의문이 드는 것은 조선노동당 대표가 참석하지 않은 사실이다.

이들 19명 중 김재봉·김약수·김찬·유진희·조동호·주종건·정운해 등 7인으로 이루어진 중앙집행위원회가 구성되었다. 7인의 중앙위원들은 위원회 회의를 개최하고 다음과 같이 각 부서를 조직했다.[48)]

① 비서부 ② 검사부 ③ 조직부 ④ 조사부 ⑤ 정치경제부 ⑥ 선전부 ⑦ 노농부

1차당의 책임비서는 김재봉이었다. 조직부는 김찬이 지도했다. 정치경제부는 유진희, 간부국은 김약수, 조사부는 주종건, 선전부는 조동호, 노농부는 정운해가 지도했다. 조선공산당 중앙위 검사위원에는 윤덕병·조봉암·송봉우가 선출되었다. 당대회는 조선공산당의 창건을 알리고 코민테른 집행위원회의 승인을 얻기 위해 모스크바로 조동호를 파견할 것을 결정하였다.[49)] 집행위원 가운데 김재봉·김찬·조동호 등 3명은 화요파 성원이며, 김약수·정운해 등 2인은 북풍파, 유진희·주종건 등 2명은 상해파 출신이었다.

1차당 창당 시기에 전체 당원수는 120명이었다. 이를 개별적으로 살펴 보면 국내 그룹 20명, 북성회(일본) 7명, 이르쿠츠크 그룹 5명, 상해그룹 2명, 중립그룹 86명 등이었다.[50)]

대회에서는 건설된 당이 진정한 조선공산당으로서 간주될 것과 그 승인을 코민테른에 요청할 것을 결정했다. 이에 조동호와 조봉암이 파견대표로 선출되었다. 또한 당원자격을 위한 후보 심사에 매우 엄격한 요건을 갖는다는 결정을 통과시켰다. 당의 강령은 아직 완성되지 않았지만, 현재의 활동에 조응하여 결정되었고 완성을 차후로 연기하였다. 당의 규약은 통과되었고 실질적

48) T.H.Cho, 앞의 글, 119~120쪽.
49) Шабшина Ф. И., 앞의 책, 100~101쪽.
50) T.H.Cho, 앞의 글, 119쪽.

으로 완성되었다.[51]

조선공산당의 당규약은 1926년 6~7월에 걸친 조공의 2차 검거 당시 압수된 증거물에서 보여진다. 당규약인 〈조선공산당당칙〉은 일제 당국에 따르면 1926년 3월부터 5월까지 강달영·홍덕유 등이 작성하여 이를 국제공산당에 보고한 것으로, 그 내용은 총칙·당원·기관·기본기관·군(부)기관·도기관·중앙기관·재정기관·프랙션·벌칙·고려공산청년회와의 관계 및 부칙의 12장 95개조로 이루어져 있었다.[52] 이 규약은 1차당대회의 규약과 별 차이가 없을 것으로 생각된다. 1차당 시기 규약은 러시아공산당 규약을 조선의 조건에 맞추어 고친 것이었다.[53]

조동호의 〈보고〉 가운데 〈정치적·경제적 상황에 따른 당의 계획〉은 당시 조선의 정세를 분석한 것으로 강령적 성격을 가지고 있다. 그것은 우선 조선의 경제적 상황의 악화로 모든 화폐유통이 일본인 자본의 수중으로 장악되고 있음을 지적하고 있다. 그리하여 조선인 빈농들은 생활을 위하여 일본인 이주자들의 토지를 경작할 수밖에 없고 동양척식주식회사는 조선인의 재정적 이익을 강탈하고 일본인 이민을 고무하면서 전조선의 농업력을 통제하고 있다고 지적하였다. 이러한 정세 속에서 조선공산당은 독립운동이 조선인 전체의 이익을 목적으로 일본제국주의에 저항하는 운동이라고 바라보았고 또한 그것이 조선프롤레타리아가 일본자본주의에 대해 서 있는 동일한 전선위에 있다고 생각하고 있음을 지적했다.[54]

이러한 정세인식하에서 조선공산당은 첫째, 공산당은 일본제국주의에 대항하여 프롤레타리아의 이익을 포함하는 조선인민의 일반적 운동을 지원해야 하고, 둘째 조선인민 일반이 다음의 주장에 동의하지 않을지라도 공산당은 조선의 자본가뿐만 아니라 일본의 자본가에 대항하여 투쟁해야 한다는 결정

51) 위와 같음.
52) 朝鮮總督部 警務局, 〈朝鮮共産黨事件ノ檢擧顚末(1926년 8월)〉(《朝鮮共産黨關係雜件》 1, 高麗書林, 1990), 564~565쪽.
梶村秀樹·姜德相 編, (《現代史資料》 29, みすず書房, 1972), 37쪽.
53) 코민테른 집행위원회 동양부앞, 〈조선공산당대표 조동호(장국보)의 보고(1925. 12 .25)〉(러시아현대사문서보관연구센터, 495-135-110), 9쪽.
54) T.H.Cho, 앞의 글, 125~126쪽.

을 채택했다.55)

조선공산당은 이 결정 외에 "① 일본자본주의에 대항하여 투쟁하자, ② 코민테른의 깃발 아래로 오라, ③ 독립운동을 지속하자, ④ 노동자·농민의 조직을 위해 성실히 활동하자, ⑤ '동양척식회사'를 박살내자, ⑥ 기독교를 타도하자"56)는 투쟁슬로건을 통과시켰다. 또한 당은 조직활동에 더욱 주의를 기울일 것이고 그로부터 모든 다른 브랜치 활동을 발전시킬 것과 월간지·팸플릿·비밀 출판소 설치 등 출판활동과 노동자와 농민을 위한 연구소 설치계획과 교육활동 등 일상적 활동 프로그램을 결정하였다.57)

1차당 대회에서는 조선혁명의 과제가 심의되었으며, 그것을 당면 단계에서는 민족해방혁명·반제국주의 혁명으로 규정하였다. 대회는 국내의 모든 애국적 세력과의 동맹에서 공산주의자들이 적극적으로 투쟁하고 이 투쟁에서 공산주의자들의 전위적 역할의 필요성을 강조하였다.58)

대회에서는 당의 사회적 구성에 대해, 공산주의조직 가운데에서 노동자·농민은 극소수인데 반해 소부르주아지·인텔리겐차 및 학생들이 압도적인 점에 주의를 기울였다. 이점을 고려하여 대회는 노동자·농민 계층의 확대를 위해서 노농국을 창설할 것을 결정했다. 대회와 이후 공산주의자들의 활동에서 본질적인 난관으로 부딪친 것은 민주집중제의 원칙을 최소한의 정도에서나마 실현하고 지방 당조직·위원회·야체이카를 창설할 수 없었다는 점이다.59)

창건된 당은 강령을 채택하지 않고 이를 중앙집행위원회에 위임했다. 그뒤 1928년 조공이 해체될 때까지 세 차례의 당대회를 통해 강령에 대한 공식적 논의와 채택은 없었던 것으로 추정된다. 그러나 상해에서 발행된 조선공산당의 기관지 《불꽃》에 수록된 <조선공산당선언>은 1926년 7월 조선공산당 중

55) T.H.Cho, 위의 글, 126쪽.
56) 위와 같음.
57) 위와 같음.
58) Шабшина Ф. И., 앞의 책, 100쪽.
59) Искрин, Зарождение и развитие коммунистической движения в Корее, 1929. 5. 6(ф.495 оп.135 д.168а, 146~186·248쪽). Шабшина Ф. И., 위의 책, 100쪽에서 재인용.

앙집행위원회의 이름으로 강령적 문헌이 제시되어 있다.60)

이것은 1차 조선공산당사건 당시 검거를 피해 상해로 망명하여 활동하다가 1930년 체포된 화요파의 具然欽이 밝힌 내용과 완전히 일치한다. 구연흠은 조선공산당과 고려공산청년회는 과연 어떠한 사명을 띤 것인가라는 질문에 대해서 1926년 6월 7일에 발표된 〈조선공산당선언서〉를 빌려 설명할 필요가 있다고 하였다. 구연흠은 "조선공산당은 어떤 강령을 세웠는가"라고 말하면서 먼저 "당면한 투쟁의 목적은 일본제국주의의 압박으로부터 조선을 절대 해방하는 데 있다"고 말한 후 당면한 정치적 요구에 대해서 《불꽃》의 강령과 동일한 내용의 강령을 제시하고 있다.61)

〈조선공산당선언〉에는 민주공화국을 건설하되 국가의 최고 및 일체 권력은 국민으로부터 조직한 직접·비밀(무기명투표)·보통 및 평등의 선거로 성립한 입법부에 있을 일, 주 8시간노동제 실시, 직업조합의 조직 및 동맹파업의 자유, 야간노동금지, 아동노동금지, 산모의 산전 2주·산후 4주간 노동금지, 대토지소유자·회사 및 은행이 점유한 토지를 몰수하여 국가의 토지와 함께 농민에게 교부할 일, 소작료를 3할 이내로 할 일, 농민조합을 법률로 승인할 일 등 40개 항에 이르는 강령적 내용이 담겨져 있었다.62) 그 내용은 대체로 일반 민주주의적 과제, 즉 부르주아민주주의혁명의 과제를 내용으로 하는 최소강령적 성격을 띠고 있다.

〈조선공산당선언〉에는 1910년 이래 일본제국주의의 조선 침략의 본질과 3·1운동, 6·10만세운동 등 조선민중의 투쟁에 대해서 약술하면서 조선공산주의자들은 조선의 완전한 해방의 과제를 실행하기 위하여 일본제국주의에 대립한 조선의 모든 역량을 집합하여 민족혁명유일전선을 작성하고 적의 營壘를 향하여 정확한 공격을 준비 또한 개시하여야 할 것이라고 하여 '민족혁명유일전선'을 위해 전민족의 87%를 구성하는 노동자·농민계급과 도시소부

60) 〈朝鮮共産黨宣言〉(《불꽃》 제7호, 1926년 9월 1일).

61) 具然欽, 〈朝鮮共産黨과 高麗共産青年會大獄記〉(在上海重光總領事, 《공산당간부 구연흠의 취조에 관한 보고(1930년 10월 4일)》, 姜德相·梶村秀樹 편, 《現代史資料》 29, みすず書房, 1972), 419~420쪽.

62) 〈朝鮮共産黨宣言〉(《불꽃》 제7호, 1926년 9월 1일).

르주아·지식인 및 부르주아와의 연합을 제시하고 있다.[63]

또한 〈조선공산당선언〉은 조선공산당이 세계 사회주의혁명의 대본영(국제공산당)의 一分隊로 압박받는 조선군중을 세계 피압박민족의 해방운동과 세계 무산자혁명, 특히 일본의 사회주의혁명과 또 쏘베트사회주의연합공화국과 밀접한 동맹을 지어 그들의 제국주의자에 대한 투쟁을 지도할 것[64]이라고 하여 세계혁명운동과의 국제적 연계를 천명하였다.

1차당대회 다음날인 1925년 4월 18일 조선공산당은 산하에 고려공산청년회(이하 공청)를 조직하였다. 공청은 15세부터 30세까지로 연령을 제한하였다. 고려공산청년회 제1차 창립대표회는 10개도에 산재한 28개 세포회의 대표 19인과 조선공산당대표로 김찬 등 20인이 참석하였다. 박헌영과 조봉암이 1921년부터 1925년 4월까지 고려공산중앙총국의 사업경과를 보고하였다.[65] 공청은 국제공청 동양부위원회에서 제정한 〈고려공청강령〉을 채용하고 대회 준비위원회에서 작성한 규약을 통과시켰다. 또한 공청은 1925년 4월 21일 제1차 공청중앙간부회를 열어 책임비서로 박헌영을 선출하였다.[66]

(2) 조선공산당의 활동과 코민테른의 〈1925년 9월 15일 결정〉

1925년 4월 17일 1차당대회 이후 조선공산당의 활동에 대해 조동호는 우선 '4단체합동'에 대해서 보고하고 있다.

---

63) 〈선언〉은 "부르주아는 혁명의 주력대로 될 능력이 없으나 그들도 또한 제국주의자들의 압박을 받아 불관족의 요소를 가지고 있고 따라서 아직까지 그 자체 내에 혁명적 소질이 없지 아니하므로 혁명의 선봉대와 직접 동맹할 수 있을 것이다"라고 하여 부르주아계급까지를 민족해방투쟁의 동맹세력으로 파악하였다(〈朝鮮共産黨宣言〉, 《불꽃》 제七호, 1926년 9월 1일).

64) 〈조선공산당선언〉(《불꽃》 제7호, 1926년 9월 1일), 353쪽.

65) 〈高麗共靑 一般進行情況〉(РЦХИДНИ ф.533 оп.10 д.1908)과 〈고려공산청년회 제1차 창립대표회 회의록〉(РЦХИДНИ ф.533 оп.10 д.1891). 이 자료에는 고려공산청년회의 조직경과와 국제공청, 조공과의 관계 등에 대한 중요한 내용을 담고 있다. 〈高麗共靑 一般進行情況〉에서는 1921년 국제공산청년회(КИМ) 제2차 대회 이후인 1921년 8월 국제공청의 지시로 조직된 고려공산청년회 중앙총국이 조직되었는데 공청은 이를 자신의 조직적 연원으로 파악하고 있다.

66) 〈고려공산청년회 제1차 창립대표회 회의록〉(РЦХИДНИ ф.533 оп.10 д.1891), 7쪽.

> 당이 실행하려고 했던 첫번째 사업은 화요회·북풍회·노동당·무산자동맹 등의 4단체를 하나의 단일한 거대 당으로 합동하는 것이었다. 이에 관한 통지에 뒤이어 조선 신문들에서 위원회가 많은 축사와 축전들을 받게 되었고 모든 조선 신문들은 자신의 사설들에서 호의를 표명했으며 여론은 이 운동에 매우 호의적이었다. 5월 초(4월 27일)에 예정되었던 전체 대회를 위해 모든 것이 준비되었으나 일본 당국은 이 단체들의 통합의 결과 무엇인가 심각하게 될 수 있다는 것을 두려워하면서 대회를 금지하였다. 박해와 전제정치에도 불구하고 통합위원회가 조직되었으며 당의 지시에 따라 활동할 것을 결정하였다(Чо－Донго член ЦК и официальный делегат при Коминтерне, Работа со времени 1－й конференции 17 апреля 1925 г., 1925. 8. 22, РЦХИДНИ ф.495 оп.135 д.110, 코민테른 산하 공식 대표, 중앙위원회 성원 조동호, 〈1925년 4월 17일 1차대회(대표자회의) 현재 활동〉, 1925. 8. 22).

화요파는 민중운동자대회를 개최하기에 앞서 1925년 1월 3일 '4단체신년간친회'를 열었다. 이와 같이 합법적 공간 속에서의 '4합'은 조선공산당 창립 이전에 이미 이루어졌다. 또한 비합법 공간에서 화요파·북풍파·조선노동당의 '3단체 통일협의회', 즉 '3단체합동'이 1925년 4월 6일 성립되었다. '화·북·노'의 '3단체합동'에 화요파 20인, 북풍파(까엔당) 2인, 조선노동당(스파르타쿠스당) 2인 등 총 24인이 참가하였다.

그러면 조동호가 보고한 '4단체합동'은 무엇을 의미하는 것일까. 이것은 화요회·북풍회·조선노동당·무산자동맹의 4단체합동위원회의 성립에 대한 내용이었다. 화요파는 조선공산당을 창립한 직후인 1925년 4월 27일 4단체의 합동총회를 개최하려고 했다. 그러나 일제 경찰당국의 집회금지명령으로 무산되고 1925년 7월 조선노동당의 金演義·李忠模, 북풍회의 金若水·李奎松, 화요회의 朴一秉·金璟載·金燦 등 7인으로 합동상무위원을 구성했다.[67]

조동호의 〈보고〉는 조선공산당 창건 이전에 이루어진 합법 공간에서 '4합'과 비합법 공간에서의 '3단체합동'을 조선공산당 창건 이후 실질적으로 수행할 활동으로 보고하고 있다. 그런데 비합법 공간에서 '3단체합동'이 1925년 10월 26일 해체됨으로써 조선공산당은 화요파만의 당이 되었다.

---

67) 《동아일보》, 1925년 7월 8일.

그럼에도 조선공산당은 당원 수의 증가에 노력하여 1925년 4월 1차당대회에서 적극적으로 활동해왔던 약 120명을 당원으로 승인한 이후 6~7월 동안 40명 이상을 추가하여 당원으로 받아들였으며 끊임없이 중앙위원회는 다른 단체들 속에서 공산주의적 인자들을 당으로 받아들이기 위해 노력했다.68)

조선공산당은 1924년 가뭄에 이은 을축년(1925) 대홍수를 겪으면서 수해이재민에 대한 원조활동을 벌였다. 조선공산당은 가뭄에 이은 홍수 원조를 위해 위원회를 조직하여 모금과 상황조사를 하는 등 홍수 이재민들을 돕기 위한 전국적인 운동에 참여했다.69) 조선공산당은 순회강연을 통해 선전사업을 활발히 벌였다. 매년 여름 휴가를 이용하여 그룹별로 전국 각지를 순회하여 농민·노동자 등에게 강연을 해 왔다.

또한 8월 10일에는 나카니시(中西)·오꾸 등 일본인 사회주의자를 강연을 위해 초대하였다.70) 8월 15일 《동아일보》는 "화요회·조선노동당·무산자동맹·북풍회 등 4개단체 연합으로 나카니시 이노스케(中西伊之助)씨와 오쿠무메오(奥ムメオ) 여사를 청하여 사상대강연회를 연다. … "는 기사를 싣고 두 사람의 간단한 약력과 사진을 게재하였다.71)

조선공산당은 각 직업별 노동조합의 창설을 지도하여 서울에 있는 인쇄공조합·철공조합·구두직공조합·양말직공조합 그리고 물장수조합은 8월 11일 당의 영향 아래 전체대회를 개최했고 연맹을 조직했다. 8월 13일에는 서울에서 학생연맹이 조직되었다.72) 조선공산당은 출판활동을 통해 기관지 《조선지광》과 《신흥청년》을 발행했다. 이것은 합법 출판물로서 사회주의를 선전하는 역할을 담당하였다.73) 《조선지광》이 조선공산당의 합법적 기관지라면 《신흥청년》은 고려공산청년회의 합법적 기관지의 위상을 갖는 것

68) Чо－Донго(조동호), 앞의 글 127쪽.
69) 위와 같음.
70) Чо－Донго, 위의 글, 128쪽.
71) 《동아일보》, 1925년 8월 15일.
72) Чо－Донго, 앞의 글, 128쪽.
73) T.H.Cho, 앞의 글, 120쪽.

이었다. 조선공산당은 주요 일간지에 자신의 프랙션을 조직하고 언론을 장악하기 위해 노력했다. 《조선일보》·《동아일보》·《시대일보》 등 일간지에는 각각 4명·1명·3명의 당원이 있었다. 이 가운데 《조선일보》는 조선공산당에 가장 호의적이고 거의 당 기관지로 간주되었다고 하였다.[74]

조동호가 1925년 8월 22일에 상해에 있는 코민테른집행위원회 연락부에 당의 활동에 대한 보고를 마친 후, 1개월 뒤 코민테른집행위원회(ИККИ)서기국은 조선공산당에게 첫 번째 문서인 〈코민테른집행위원회의 1925년 9월 15일 결정〉(이하 〈결정〉)을 보냈다.[75] 코민테른의 〈결정〉에는 4월에 대규모의 조선공산주의 단체의 대회가 성립되었고 거기에서 중앙위원회의 선출과 이 그룹들의 합동이 일어났고 앞으로 코민테른은 4월 조선공산주의 단체의 대회에서 선출된 이 위원회에 기초하여 조선의 공산주의 운동의 발전과 향후 공산주의 세력의 집결과 단결에 관한 사업을 수행해야 함을 지적하고 있다.[76]

조선 운동의 문제에 관하여 '망명자 그룹'[77]들은 오직 조선공산당의 총체적 지도하에서만 협조그룹으로서 간주되었다. 〈결정〉은 당 중앙위원회에게 비밀의 비합법적 기구에 기초하여 자신의 사업을 수립할 것을 요구했다. 그 기구는 이후에 야체이카를 통해 모든 지방의 노동자·농민 조직의 기구에 기초하여 전 노동자·농민에 침투하였다. 〈결정〉은 또한 공산주의적 대열의 성장이 대체로 노동자와 농민의 희생으로 발생한다는 것과 조속한 시일내에 첫번째 계획으로, 기본적인 정치적·조직적 당노선이 모든 근로계층과 수공업자·인텔리겐치아·중소부르주아지를 단결시키는 민족해방투쟁의 과제의 선정에 있음을 지적했다.[78]

〈결정〉에는 조선공산당이 대중연합체로 노동자·농민을 인입하고 정치적

---

74) 위와 같음.

75) 〈The Last Resolution of The Presidium of the ICCI on the Korean Question〉, 1925. 9. 필자는 샤브시나가 인용한 부분을 다시 인용하였다(Шабшина Ф. И., 앞의 책, 107쪽).

76) ЦПА. Цит. по сб. "Из истории корейского коммунистического движения … "(Шабшина Ф. И., 위의 책, 107쪽에서 재인용).

77) '망명자 그룹'이란 상해파와 이르쿠츠크파 고려공산당 조직을 의미한다.

78) Шабшина Ф. И., 앞의 책, 107쪽.

캠페인을 실시하기 위해 모든 합법적 가능성을 이용할 필연성, 또한 공산주의자들을 지지하는 자들로 공산주의자들이 半합법적 집회를 조직하여 열성자 교육에 이 집회를 이용해야 할 필요성에 커다란 의미를 부여하였다.

〈결정〉은 '음모적'인 지도 중핵과 더불어 '합법적'79)이고 공식적인 당기관을 조속히 창립하고, 노동조합과 농민조직의 출판물을 장악해야 할 필요성을 강조했다.80) 이것은 코민테른집행위원회가 1925년 4월 17일에 창건된 조선공산당을 아직 정식으로 코민테른의 지부로 인정하지 않았음을 의미한다.

조선해방운동의 혁명적 성격을 은폐하고 있지만 노동자·농민대중과 관계를 맺고 있는 종교적, 기타의 단체에 대해서 〈결정〉은 매우 신중할 것을 호소했다. 그리고 그들 속에 침투하여 그들의 혁명적 진출을 지지하고 노동자·농민들에게 타협주의의 근거없음을 체계적으로 설명하면서, 그들을 제국주의에 대한 결정적인 투쟁의 길로 방향을 전환시킬 것을 호소하였다.81) 이 부분은 화요파의 종교단체 등에 대한 '초좌익'적 태도에 대한 코민테른의 비판으로 여겨진다.

화요파는 "종교는 유물론의 적이고 제국주의의 주창자이므로 분쇄하여야 한다"82)는 견해를 가지고 있었다. 서울파의 金榮萬과 崔昌益은 화요파의 이와 같은 태도의 구체적 예로서, 1925년 10월 기독교 주일학교 대표회의에서 화요파는 이러한 견해를 가지고 '반종교적' 활동을 수행했고 그 결과 기독교회의대표와 심각한 투쟁이 발생해서, 100명의 교인들이 신흥청년회 회관 앞에서 시위를 하는 일이 발생했으며, 1926년 1월 《동아일보》에는 신흥청년회 활동가에 응답하여, 그들은 더욱 열성적으로 반종교적 활동을 할 작정이라는 기사를 게재하였다는 예를 들고 있다.83)

서울파는 화요파의 이러한 생각을 '좌익소아병'적 태도라고 비판하면서

---

79) 여기서 '합법적'이란 의미는 제도적인 합법성의 의미가 아니라 통일적이고 민주적인 당대회에 기초한 합법성을 뜻하는 것 같다.
80) Шабшина Ф. И., 앞의 책, 108쪽.
81) 위와 같음.
82) КимЕнман · Цойцаник, 앞의 글, 110~111쪽.
83) 위와 같음.

"그들은 조선 종교의 외견상 존재하는 대중의 경제적·정치적 지위의 하찮고 노예적인 상태를 고려하지 않고, 한편으로는 조선혁명에서 이러한 대중의 역할을 고려하지도 보지도 않는다. 다른 한편으로 종교의 가면을 쓴 혁명적 민족주의 분자 내부의 지하에 있는 민족혁명적 활동을 인정하지 않으며 민족혁명적 통일전선도 인정하지 않는다"[84]라고 하면서 화요파가 민족통일전선을 방해하고 파괴하는 견해를 가지고 있음을 지적했다.

(3) '1·2차 조선공산당사건'과 조선공산당 2차당대회

1925년 11월 22일 조선공산당은 '신의주사건'('제1차조선공산당사건')으로 당 중앙집행위원회의 대부분을 포함하여 약 30여 명의 지도부가 체포되기에 이르렀다. 이는 신의주의 한 식당에서 신만청년회 회원이면서 조선공산당 당원이었던 김경서 등이 친일변호사를 구타한 사건이었다. 그런데 이 사건의 수사 과정에서 고려공산청년회 대표인 박헌영이 조봉암에게 보내는 비밀문서가 드러나면서 조선공산당과 고려공산청년회의 조직이 드러나게 되었고 일제의 조선공산당에 대한 대대적인 검거선풍이 불게 되었던 것이다.

조선공산당 책임비서 김재봉은 체포되기 직전인 1925년 12월 15일 중앙집행위원 김찬·주종건 등과 강달영을 임시 책임비서로 이준태·김철수·이봉수·홍남표 등을 중앙집행위원으로 하는 당조직의 재편을 단행하였다.[85]

한편 화요파 조선공산당은 1925년 말부터 1926년 5월까지 세 차례에 걸쳐 서울파 고려공산동맹과 당통합 논의를 추진하였다. 그러나 당통합 원칙의 차이와 서울파의 지도자인 김사국의 죽음, 그리고 코민테른이 〈1926년 3월 결정〉을 통해서 화요파 조선공산당을 정식 코민테른의 지부로서 승인하자 화요파 조선공산당은 통합논의를 중단해버렸다. 이에 서울파 등 국내 사회주의 분파들은 결국 통일적 당건설에 대한 견해를 철회할 수밖에 없는 '현실'에 부딛치게 되었다.[86]

---

84) 위와 같음.

85) 김준엽·김창순, 《한국공산주의운동사》 2 (청계연구소, 1986), 377~385쪽.

86) 전명혁, 앞의 글(1998), 162~168쪽.

1926년 6·10 만세투쟁으로 인한 화요파 조선공산당에 대한 또 한 차례의 검거('2차조선공산당사건')는 화요파에 대한 치명적 타격을 주었다. 조선공산당은 1926년 6월 10일 조선의 마지막 황제 純宗의 장례식을 계기로 민중봉기를 계획하였다. 당시 고려공산청년회의 책임비서인 권오설의 주도하에 조선공산당은 '6·10투쟁특별위원회'를 두고 〈檄告文〉[87]·〈服喪 慟哭하는 민중에게 檄함!〉 등의 전단을 배포하여 일제에 대항하는 투쟁을 준비하였다. 그러나 이러한 계획이 사전에 발각되어 조선공산당은 100여 명의 당원이 체포되었다. 1·2차 조선공산당 사건은 사실상 화요파 조선공산당의 와해를 가져왔다.

이 무렵 북경의 혁명사 출신의 梁明 등은 '분열된 운동선의 통일'을 위해 레닌주의동맹을 조직하고 서울파의 李廷允·李仁秀·李載夏 등이 참가하고 1926년 8월 동경 一月會 계열의 安光泉·河弼源 등이 가입하면서 'ML파'라는 새로운 사회주의 분파가 형성되었다.

1926년 9월 2일 '상해파' 출신 김철수는 오희선·원우관 등과 회합하여 당 집행부서를 재정비하였다. 서울파 고려공산동맹은 조선공산당가입 문제를 둘러싸고 내부에 심각한 대립을 일으키고 마침내 화요파로의 통합을 반대하는 세력과 조선공산당에 가입하는 세력으로 분화되었다. 그러나 조선사회주의운동의 역사는 화요파를 대체하는 세력이 서울파가 아니라 ML파로 대체되는 과정으로 전개되었다.

조선공산당 임시책임비서 김철수는 11월 28일 중앙위원회를 열었다. 중앙

---

87) 대한독립당의 이름으로 배포된 이 〈격고문〉은 "현재 세계정세는 식민지 민중 대 제국주의 군벌의 투쟁과 무산자계급 대 자본가계급의 투쟁으로 전개되고 있다. 제국주의 군벌에 대한 식민지 민중의 투쟁은 민족적 정치적 해방을 목적으로 하는 것이며, 자본가계급에 대한 무산자 계급의 투쟁은 계급적 경제적 해방을 목적으로 하는 것이다. 그러므로 식민지에 있어서는 민족해방이 곧 계급해방이고 정치적 해방이 곧 경제적 해방이라는 것을 알지 않으면 안된다. 식민지 민족이 총체적으로 무산자계급이며 제국주의가 곧 자본주의이기 때문이다. 그러므로 현재 우리는 당면한 적인 침략군 일본으로부터 정치적 경제적인 모든 권리를 탈환하지 않으면 죽음의 땅을 탈출하는 것은 불가능하다"라고 규정하고 있다. (〈제2차조선공산당검거보고철〉, 김준엽·김창순 편, 《한국공산주의운동사(자료편II)》, 고려대 아세아문제연구소, 1979, 58~59쪽).

위원회에는 禹丹宇(吳義善)·安光泉·權泰錫·金俊淵·梁明 등이 참여하였다. 중앙위원회는 1926년 12월 6일 당대회를 소집할 것과 대회에 출석할 대의원을 정하였다. 참여대의원은 당원분포 비례 및 기타 사정에 의하여 경기도 1인, 충청남북도 1인, 전라북도 1인, 전라남도 1인, 경상북도 1인, 경상남도 1인, 황해도 1인, 평안북도 1인, 평안남도 1인, 함경북도 1인, 함경남도 및 강원도 1인, 일본대표 1인, 고려공청 대표 1인 등 총계 13인으로 정하였다.

중앙위원회는 강령 및 규약의 확정 및 당면한 의안은 금번 대회에서 충분히 토의하기 곤란하므로 그것은 다음해(1927) 2월 8일 임시대회를 소집하여 결정하기로 하고 이번 대회에서는 중앙위원회에서 결정해 놓고 모든 운동방침을 승인받기로 하였다.[88]

마침내 1926년 12월 6일 조선공산당 2차당대회가 개최되었다. 2차당대회는 조선공산당 책임비서 김철수의 개회사로 시작하였다. 김철수는 파괴된 조직 및 질서를 근본적으로 정돈하고 확립하기 위하여 11월 16일 고려공산동맹을 가입시켜 당세의 확장이 이루어졌다는 것과 본대회의 대의원수가 너무 소수이지만 이 대의원들은 각 지방의 주요한 당원인 것과 더욱이 지금까지 분립되어 있던 운동이 통일되어 회집된 것으로 보아 조선혁명운동사상 가장 위대한 힘이 뭉친 모임이라고 말했다.[89]

대회는 대의원심사를 위해 심사위원 3인을 추천하여 鄭學先·하필원·姜錫奉을 선출하였다. 심사위원은 다음의 13인을 대의원으로 선출하였다. 대의원 13인 가운데 강석봉·장준·이인수는 서울파 고려공산동맹의 조직원으로 활동한 바 있었다.

> 경남 盧百容, 전남 姜錫奉, 경북 鄭學先, 전북 林赫根, 충남북 張埈, 경기 河弼源 황해 李仁秀, 평남 安昌壽, 평북 朴殷爀, 함북 金永燮, 강원 徐載國, 동경 朴洛鍾, 高共靑 대표 金剛(〈朝鮮共産黨第二會定期大會 會議錄(1926년 12월 6

---

88) 〈朝鮮共産黨第二會定期大會 會議錄(1926년 12월 6일)〉(러시아현대사문서보관연구센터, Ф.495 Оп.135 д.123), 72쪽.

89) 〈朝鮮共産黨第二會定期大會 會議錄(1926년 12월 6일)〉(러시아현대사문서보관연구센터, Ф.495 Оп.135 д.123), 50쪽.

일)〉, 러시아현대사문서보관연구센터, Ф.495 Оп.135 Д.123, 51쪽).

대회는 먼저 〈민족운동에 관한 방침〉을 통해 '민족주의자의 정당을 형성' 할 것을 결정하고 다음과 같은 방침을 정하였다.

> ㉮ 모든 정치적 운동을 단일기관으로 결과시킬 일. ㉯ 정당조직을 개인단위로 하고 지부제를 채용할 일. ㉰ 만일 兩翼으로 분리하고 말거든 양편에 각각 프락치를 두되 그 중에 가장 우세이고 또 활동이 가능한 자에 주력을 쓸 일. ㉱ 타락적 민족주의자(일본정부의 주구 및 그것에 유사한 자)에 대하여는 그 심사와 술책을 민중 앞에 폭로하여 구축을 기할 일(〈朝鮮共産黨第二會定期大會 會議錄(1926년 12월 6일)〉, 러시아현대사문서보관연구센터, Ф.495 Оп.135 Д.123, 57쪽).

2차당대회에서 채택한 "민족주의자의 정당을 형성"한다는 결정은 1927년 2월 신간회의 결성으로 구체화된다. 대회는 또한 노농총동맹을 노동총동맹과 농민총동맹으로 분맹할 것과 노동쟁의 및 소작쟁의에 대한 구체적 전술을 세울 것을 결정하였다. 대회는 서울파의 조선사회단체중앙협의회를 "일시적 회합에 그치게 할 일"과 "정치운동 시인의 선언을 발표케 할 일", "지방노농협의기관을 발달시킬 일", "각 운동에 대한 논강을 제정케 할 일" 등을 결정하였다.

또한 대회는 "정우회와 전진회를 위시하여 재래의 모든 사상단체를 해체할 일, 그리하여 전위분자로 하여금 전국적 단일 표면적 정당에 가입케 하여 당의 직접 지도하에서 활동케 할 일"과 서울파의 "사회주의동맹에서 소집하게 된 사상(총)동맹은 성립치 못하게 할 일" 등을 결정했다.[90)]

대회는 정학선·강석봉·하필원 3인을 중앙집행위원 및 중앙검사위원 전형을 위한 선거위원회로 하여 안광천·韓偉建·金俊淵·정학선·權泰錫·金南洙·하필원 등 7인을 중앙집행위원으로 선출하고 후보위원에 金泳植·安相吉·金世淵·양명·강석봉·張赤波(張日煥)·李丙儀 7인을 선출하였다. 또

---

90) 〈朝鮮共産黨第二會定期大會 會議錄(1926년 12월 6일)〉(러시아현대사문서보관연구센터, Ф.495 Оп.135 Д.123), 58~61쪽.

중앙검사위원에는 金炳璹·盧百容·林宗桓(林豹) 3인과 후보위원으로 朴泰善·朴洛鍾 2인을 선출했다.[91]

한편 대회 하루 전인 12월 5일 조선공산당 산하 고려공산청년회 책임비서 양명은 중앙집행위원회를 소집하여 새로운 중앙집행위원을 선출하였다.[92]

正委員 : 河弼源·宋彦弼·高準·林炯日·金哲·趙杞勝·溫樂中
候補委員 : 金伊龍·金在明·都寬浩·李基錫·姜宇·金鎬般·韓林

김철수 책임비서 시기 共青책임비서인 양명은 안광천 책임비서 시기를 맞아 일월회 출신의 하필원을 책임비서로 하는 고려공산청년회 중앙집행부서를 조직하였다. 이로써 1926년 12월 6일 조선공산당 2차당대회는 일월회 출신의 당책임비서인 안광천과 고려공산청년회 책임비서 하필원으로 진용을 갖추었다. 그러나 1926년 12월 6일 조선공산당 2차당 대회는 사실상 서울파의 전위조직인 고려공산동맹의 해체를 의미하였다.

(4) 조선공산당 3차당대회와 정치노선

1928년 2월 2일 '제3차 조선공산당사건'에서 검거를 피한 당원들이 중심이 되어 1928년 2월 27~28일 조선공산당의 마지막 당대회였던 3차당대회를 열었다. 당대회에는 전형위원으로 이경호·정백·이정윤을 선정했다. 이들은 노동자출신 車今奉을 책임비서·안광천·양명·한명찬·김재명·김한경·윤일·이성태 등으로 중앙집행위원을 구성했다. 그리고 안광천을 정치부장, 김한경을 조직부장으로 선출했다. 차금봉은 노동자 출신으로 1920년 조선노동공제회 창립 때부터 노동운동의 지도적인 역할을 한 인물이었다.

대회는 규약을 개정하고 〈코민테른 결정서〉를 토의했다. 〈코민테른 결정서〉는 1928년 1월 상해국제위원회으로부터 이정윤이 받은 것으로 파벌청산, 당을

---

91) 〈朝鮮共産黨第二會定期大會 會議錄(1926년 12월 6일)〉(러시아현대사문서보관연구센터, Ф.495 Оп.135 д.123), 79쪽.
92) 〈朝鮮共産黨第二會定期大會 會議錄(1926년 12월 6일)〉(러시아현대사문서보관연구센터, Ф.495 Оп.135 д.123), 64쪽.

노동자 출신으로 강화할 것, 공장·광산·철도 등에 당세포를 조직할 것, 산별노조의 조직, 신간회를 프롤레타리아트의 요소로서 형성할 것 등을 지시했다. 조선공산당은 〈결정서〉 가운데 '파벌청산문제'에 대해서는 코민테른의 지시를 거부하고 "조선에서의 파쟁은 1927년 상반기 이후는 완전히 소멸되어 현재의 소당파는 전혀 비공산주의단체이므로 평화수단에 의한 해결의 필요를 인정하지 않는다"라고 수정하여 가결했다.

대회는 코민테른에 보내는 보고서인 〈국내정세에 관한 보고서〉(〈논강〉)를 토의하고 승인했다. 〈보고서〉는 29개항으로 구성되어 당시 조선의 정세분석과 혁명의 성격, 투쟁슬로건 등을 담고 있는 강령적 성격을 띠고 있다. 〈보고서〉 7항의 "조선의 노농계급은 기억해야 한다. … 중국혁명은 위대한 교훈이고, 국민당은 그 좋은 예이다. 곧 부르주아지와 부르주아 인텔리겐치아는 매우 신뢰하기 어려운 동맹자이며 그들은 혁명운동의 결정적 순간에 이르러 이를 배반하는 자이다. 그러나 그것은 대중의 광범한 집단이 이 운동에 참가하고 사실상 혁명적 전술이 성립한 그때의 일이다"라는 부분은 1927년 장개석의 4·12 쿠테타로 인한 코민테른의 민족부르주아지, 즉 국민당에 대한 입장의 변화를 당시 조선공산당도 그대로 수용하고 있음을 확인할 수가 있다.

1928년 3월 조선공산당은 중앙집행위원회에서 〈조선민족해방운동에 관한 테제〉(〈정치논강〉)를 채택하였다. 이 테제는 안광천이 기초한 것으로 당시 조선의 혁명의 성격을 부르주아 민주주의혁명으로 파악하고 있다. 또한 통일전선의 위상에 대한 당시 서울파의 이항발의 견해를 '좌익소아병적 견해'로 권태석과 장일성(신일용)의 견해를 '청산주의적 견해'로 비판하고 있다. 이 테제에서는 "조선의 장래 권력형태는 조선사회의 정세에 기초한 혁명적 인민공화국이어야 한다. 조선에 소비에트공화국을 건설하는 것은 좌익소아병적 견해이고 부르주아공화국을 건설하는 것은 우경적 견해"라고 하면서 "조선의 장래 권력조직은 조선사회의 실정에 기초한 혁명적 인민공화국에 있어야 한다"고 '인민공화국'을 권력형태로 상정하고 있다. 이는 2월의 당대회에서 채택한 〈보고서〉의 9항에서 "현재 광범한 프롤레타리아계급의 앞에 소비에트공화국을 건설하는 것은 불가능하다. 따라서 시민적 공화국을 건설하는 것도 불가능하다. 투쟁은 노농대중의 민주주의적 집권자를 갖는 인민공화국을 위한 것이어야 한다"와 일맥상통하는 것이다.

그러면 여기서 언급하고 있는 '(혁명적)인민공화국'이란 구체적으로 어떠한 정치적 내용을 갖는 것일까. 조선공산당의 〈보고서〉 10항에는 "조직적 국민회의는 보통선거권 위에 소집되어야 한다. 각도에서도 각각의 방법으로 도인민회의가 선출되어야 한다. 각 촌에서는 농민 및 소작인으로 이루어진 농민소비에트가 선출되어야 한다"는 부분이 있다. 이에 대한 해석은 연구자마다 상이한데 이를 살펴보면 다음과 같다.

먼저 우동수는 이 내용을 "보통선거에 기초한 대표기관과 생산지역을 중심으로 조직되는 소비에트를 기반으로 성립하는 국가"인 혁명적 인민공화국으로 파악한다. 그는 "이것은 부르주아지의 정치참여를 현실적으로 인정하면서 농촌소비에트를 통해 그들을 견제하고자 한 것으로, 이 방침은 부르주아지·소부르주아지 상층을 민족해방운동 속으로 적극적으로 포섭하기 위한 고려에서 나온 것"이었고 "결국 조선공산당이 상정한 혁명적 인민공화국은 노농소비에트국가를 현단계에서 건설하는 것은 현실성이 없다는 인식하에서 노농소비에트국가의 전단계로 설정된 과도적 중간정부"였다고 해석한다.[93]

임경석은 우동수의 견해는 1935년 코민테른 7차대회 이후 제기된 '인민공화국' 슬로건에 대한 설명으로는 타당하지만 당시 정황으로는 설득력이 없다고 하면서 당시 조공은 "민주주의 혁명강령에 입각해 있었고 4대계급의 동맹에 기초한 통일전선전술을 취하고 있었으며, 나아가 통일전선에서 프롤레타리아 헤게모니의 직접적 전취를 주장한 점 등을 고려할 때", 혁명적 인민공화국이란 "노농민주독재의 국가형태로서 제시된 것"이라고 말한다. 또한 그는 조공의 이와 같은 '통일전선정권론'이 1928년 〈12월테제〉 이후 3계급동맹에 기초한 '소비에트슬로건'으로 변화했고 이것은 "종전의 민족통일전선 정책을 사실상 폐기하고 민족주의 고립화론을 채택케하는 역할을 했다"고 한다.[94]

---

93) 우동수, 〈1920년대말~30년대 한국사회주의자들의 신국가건설론〉(《한국사연구》 72, 1991), 106쪽.

94) 임경석, 〈일제하 공산주의자들의 국가건설론〉(《大東文化硏究》 27, 1992), 217~219쪽.

김승은 〈정치논강〉을 기초한 안광천이 코민테른 제8차 확대집행위의 〈중국문제에 관한 결의〉(1927년 5월 30일)에 의거하여 '혁명적인민공화국'을 중국의 무한정부와 같은 권력형태로 상정했다고 한다. 그는 〈중국문제에 관한 결의〉에서 "무한정부를 소비에트로 이행해 가는 과정에서 일반민주주의 개혁을 단행하는 과도단계의 권력형태로 파악"하였고, 따라서 "'혁명적인민공화국' 역시 노농소비에트로 이행하기 위한 전단계의 전술적 권력형태였다"고 파악하고 있다.[95]

또한 서중석은 인민공화국의 성격을 "보통선거에 의해 국민회의－도인민회의－농민소비에트의 실현을 주장한 것으로 보아 중앙정부형태는 부르주아민주공화국에 가깝고, 지방정권은 인민위원회 또는 소비에트에 가까운 것"으로 파악한다.[96]

이와 같이 인민공화국의 정치적 내용에 대한 여러 연구자들의 분석은 상이하지만 각각의 연구는 '사실'에 대한 일단을 말해주고 있다. 그러나 이에 대한 평가는 전혀 다른 내용을 가질 수가 있다.

먼저 우동수와 김승이 노농소비에트의 과도단계로서 상정하고 있는 '중간정부'와 '전술적 권력형태'는 부르주아혁명에서 사회주의혁명으로 성장, 전화한다는 2단계혁명론에서 말하는 부르주아 민주주의혁명의 과정과 어떤 차이가 있을까.

소비에트정부의 수립과 시민적 부르주아정부의 수립을 각각 좌·우편향으로 비판하면서 조공이 권력형태로 제기한 인민공화국은 아마도 프롤레타리아독재와 부르주아권력의 중간적 형태로서 '노농의 혁명적 민주주의적 독재'를 상정하는 것 같다. 그러나 역사적으로 혁명의 과정은 중간적 과정, 즉 제3의 길을 허용하지 않았다. 부르주아독재인가, 프롤레타리아독재인가 하는 두 가지 길만이 있을 뿐이다. 따라서 '노농의 혁명적 민주주의적 독재'라는 슬로건은 화합될 수 없는 두 가지 길을 절충하려고 했던 시도였다. 당시 〈정

---

95) 김 승, 〈신간회 위상을 둘러싼 '양당론'·'청산론' 논쟁연구〉(《釜大史學》 17, 1993), 558쪽.

96) 서중석, 〈해방후 주요정치세력의 국가건설방안〉(《大東文化硏究》 27, 1992), 234~235쪽.

치논강〉의 내용을 볼 때 조공은 결국 부르주아 민주주의적 과제를 제시하였다. 그리고 부르주아 민주주의혁명(1단계)의 과정을 거친 후에 사회주의혁명(2단계)으로 순차적으로 발전한다는 단계적 과정으로 인식하였다. 이러한 2단계혁명론은 당시 코민테른과 조선의 사회주의자들에게는 '철의 원칙'이었다.

그러나 부르주아민주주의혁명의 기본적인 과제, 조공의 슬로건에서도 제기되어 있는 토지혁명을 비롯한 노동자와 농민의 기본적 권리보장 등의 해결은 그것의 완수와 동시에 연속적인 혁명의 과정을 수반하게 된다. 또한 부르주아민주주의적 과제의 완성은 사회주의혁명의 과정 속에서 완수될 수 있는 것이었다.

노동계급이 농민의 지지를 받아 권력을 장악하면 그 권력은 부르주아혁명에 머무는 것이 아니라 프롤레타리아 독재를 수립하는 사회주의혁명으로 나아갈 수밖에 없다. 프롤레타리아독재와 대립되는 민주주의독재의 이론은 결국 정치에 환상과 허구를 끌어들이고 동양의 프롤레타리아의 권력장악투쟁을 마비시키며 식민지 혁명의 승리를 속박하게 되는 것이다. 1925~1927년 중국혁명의 과정은 이러한 과정을 비극적으로 증명하였다.

4) 조선공산당의 해체와 당재건운동

(1) 조선공산당의 해체와 〈12월테제〉·〈9월테제〉

조선공산당은 1928년 7월부터 10월에 이르기까지 계속적인 일제의 검거로 책임비서 차금봉이 구속되는 등 조직이 와해되었고 코민테른의 〈12월테제〉의 지침에 따라 노동자와 빈농에 기초한 당 재건운동으로 나아가게 된다.

미즈노 나오키(水野直樹)는 코민테른의 제1~7차 대회에 참가한 조선인 사회주의자와 그들의 조직을 분석하고, 각 시기 조선의 혁명노선과 코민테른의 관련을 분석하면서 〈12월테제〉 채택 이전인 1928년 11월 경 코민테른 집행위원회의 〈조선공산당조직문제에 대한결정〉(이하 〈결정〉으로 줄임)에서 이미 6차대회의 코민테른 지부승인을 취소하는 결정이 내려졌다고 언급한다.[97]

97) 水野直樹, 〈코민테른과 조선-각 대회의 조선대표의 검토를 중심으로〉(《조선

코민테른의 〈결정〉에 대해 무라다(村田)는 "이 결정은 때때로 코민테른이 조선공산당의 승인을 취소한 문서처럼 해석되어 왔지만, 그렇지 않은 것은 제6회 대회가 명시적으로 조선공산당을 지부로서 승인하고 있는 것으로도 명확하다. 서로 싸우는 분파의 누구도 당의 대표로서 인정할 수 없다는 것을 서술하여 당의 통일의 조급한 실현을 요구한 것에 다름아니다"[98]라고 코민테른의 입장을 변호론적으로 해석하고 있다.

김인덕은 〈결정〉에서 "조선의 어느 공산주의자 그룹도 국제당 지부로 승인 할 수 없다"는 내용은 분명히 "조공을 해산시킨 지부승인 취소의 내용이었다"라고 평가한다. 그는 이어서 코민테른의 〈12월테제〉는 조선공산주의운동에서 파벌적 요소의 잔존, 조직구성에서 지식계급·학생중심의 편향, 주의자의 조직활동의 불철저성을 지적한 점에서 올바르지만 당시 조선의 정세에 부합하지 않는 편향을 범했다고 평가하고 있다.[99]

이균영은 〈코민테른 강령〉과 코민테른 6차대회에서 쿠시넨이 기초한 〈식민지·반식민지국가의 혁명운동에 관한 테제〉·〈12월테제〉·〈9월테제〉 등을 분석하면서 "1926년 4월 코민테른 간부회의에서 잠정적으로 가입을 승인받았던 조공은 제6회 대회에서 정식 코민테른 지부로 승인되었"고, 〈결정〉 역시 조공의 승인취소를 결정한 문서는 아니었다고 해석한다. 또한 그는 〈12월테제〉는 "조공의 승인을 취소하거나 해체를 지시한 것이 아니라 … (이를) 전제로 한 조공의 재건지침이었다"고 말한다.[100]

1928년 12월 10일 코민테른 집행위원회 정치서기국에서 결의한 〈조선의 농민 및 노동자의 임무에 관한 결의〉(〈12월테제〉)는 코민테른 6차대회의 〈식민지 반식민지 국가들에서의 혁명운동에 대하여〉(〈쿠시넨테제〉)가 그대로 반

민족운동사연구》 1, 1984).

임영태 편, 《식민지시대 한국사회와 운동》(사계절, 1985), 338쪽.

98) 村田陽一 편, 《코민테른자료집》 4(대월서점, 1981), 608쪽.

99) 김인덕, 〈조선공산당의 투쟁과 해산〉(《일제하사회주의운동사》, 한길사, 1991), 79~81쪽.

100) 이균영, 〈코민테른 제6회대회와 식민지 조선의 민족문제〉(《역사와 현실》 7, 1992), 312~314쪽.

영되어 있었다.

그 내용은 첫째 조선혁명은 "종래의 자본주의적 존속을 파괴하고 토지관계를 근본적으로 개조하고 자본주의적 압박으로부터 토지를 해방하는", 즉 제국주의의 타도와 토지문제의 혁명적 해결을 주내용으로 하는 '부르주아 민주주의혁명'이라고 규정했다. 둘째 혁명의 동력은 선도적 역할을 증대시킬 노동자계급, 특히 공장노동자·곤궁한 농민(농업노동자)·도시 소부르주아지이고 부르주아지는 기껏해야 민족개량주의적 반대운동을 일으키고 있으며 대지주들은 일제와 완전히 결합하기에 이르렀다. 셋째 조선의 민족해방운동은 프롤레타리아트의 헤게모니하에서 제국주의의 탄압을 이겨냄으로써 토지문제의 혁명적 해결, 노농민주독재의 수립(소비에트의 형식), 나아가 부르주아지 혁명은 프롤레타리아트 헤게모니하에서 사회주의 혁명으로 전화할 것이라고 전망하는 2단계 혁명론이라고 밝히고 있다. 넷째 조선 공산주의 운동의 주요방침은 프롤레타리아트 혁명운동을 강화하여 부르주아지의 민족혁명운동에 대해서는 그 완전한 독립을 보장하는 한편, 민족혁명운동에 계급성을 부여하고 그것을 타협적인 민족개량주의로부터 분리시킴으로써 민족 혁명운동을 강화해야 하는, 즉 부르주아지 민주주의 운동으로부터 이러한 운동의 동요를 지속적으로 그리고 무자비하게 폭로해야 한다고 제시했다.

코민테른의 〈12월테제〉는 결국 파벌싸움을 이유로 조선공산당에 대한 승인을 취소하고 노동자·농민에 기초한 당의 재건을 지령하였다. 이러한 새로운 요구는 프로핀테른(Profintern)의 〈9월테제〉(〈조선의 혁명적 노동조합운동의 임무에 관한 테제〉) 프로핀테른 산하 범태평양노동조합의 〈10월서신〉(〈조선의 범태평양 노동조합 비서부 지지자에 대한 동비서부의 서신〉) 등 국제 혁명지도기관에 의해 노선적으로 뒷받침되고 고무되었다.

1930년 9월 18일 프로핀테른(적색노조인터) 집행사무국에서 채택한 〈9월테제〉는 원산총파업 이래 프롤레타리아트의 계급투쟁이 격화되고 있지만 조선노동총동맹은 노동자들의 자연발생적 투쟁을 목적의식적으로 올바르게 지도하지 못하고 있다고 지적했다. 그리고 그 주요 이유는 조선노동총동맹이 개량적 지도부에 의해서 지도되고 있을 뿐만 아니라 프롤레타리아트가 자신의 독자적인 혁명적 노동조합을 가지고 있지 못하기 때문이라는 것 등이었다. 그러므로 프로핀테른 지지자들은 프롤레타리아트의 공고한 혁명적 당이 부재하고 그에 준하는 '좌익조직'이 전혀 없는 조건에서 기존의 노동조합 내부에 좌익을 집결시켜 그 주도권을 장악하여 산업별 혁명적 노동조합으로 개편하고, 노동조합이 없는 곳에서는 새로운 혁명적 노동조합을 산업별 조직 원칙에 입각하여 건설해야 한다는 것 등을 지적했다.

〈9월테제〉의 주요내용은 첫째 "조선에서의 혁명적 노동운동을 강화할 것과 그것을 위해서는 민족개량주의와의 투쟁이 불가피하다"라는 것을 채택하여 조선의 공산주의자에게 제시했다. 둘째 〈12월테제〉의 기본방침(조공재건)을 기본적으로 따르면서 1929년 세계대공황이 일본의 경제에 미친 영향과 그에 따라 새롭게 변화된 조선의 노동자·농민과의 관계를 고려한 위에서 조선 노농운동의 당면 임무를 제시했다. 셋째 일제와의 민족해방투쟁을 통해 혁명적 노동조합을 조직하고 이를 기반으로 조공을 새롭게 건설할 것을 강조했다고 할 수 있다. 총 8개조 17개 항목 가운데 특히 주목할 것은 신간회를 '민족개량주의 조직'으로 간주한 부분이었다. 코민테른은 신간회에 대해 언급하면서 당시 조선의 민족개량주의적 부르주아지는 일제의 자치제 약속에 매수되어 "조선혁명의 방파제 역할을 하며 《동아일보》·《조선일보》와 천도교 및 신간회는 학생들의 동맹휴학 및 노동자의 시위운동에 사보타지 정책을 펴는" '민족개량주의 단체'라고 규정하였다.

〈12월테제〉는 명시적으로 조공의 해체를 지시하지는 않았다. 그러나 코민테른이 제시한 노동자·농민에 기초한 당재건의 과제는 조선의 사회주의자들에게는 과도한 요구였다. 따라서 많은 조선의 사회주의자들에게 이것은 실질적인 조공의 해체지침으로 받아들여졌다. 이후 코민테른의 일국일당주의에 따라 1930년 3월에 조공의 만주총국이, 31년 10월에 일본총국이 각각 해체되었다.

〈12월테제〉의 내용해석은 코민테른 6차대회의 전체적 기조, 즉 자본주의의 전반적 위기테제라는 낙관적 정세론과 사민주의를 사회파시스트로 규정하는 당시 스탈린주의화된 코민테른에 대한 정확한 이해 속에서 가능할 것이다. 코민테른은 1928년 〈12월테제〉에서 조선공산당의 파벌문제와 소부르주아 지식인 중심의 당 등의 이유로 실질적인 해체지시와 다름없는 노동자·농민에 기초한 새로운 당건설 방침을 지시하였다.

당시 조공사건으로 체포된 당원들의 직업별 구성을 보면 소부르주아(지식인·학생·상인 등)의 비율이 42.4%, 농민이 13%, 노동자 11.6%, 무직 29% 기타 4% 등으로 노동자계급의 비율이 매우 열악함을 알 수 있다. 혁명정당은 노동자계급의 당이므로 구성원 대다수가 노동자로 이루어져야 한다. 그러나 아직은 계급에 뿌리내리는 걸음을 시작한 조선공산당에게 이러한 요구는 과도했다.

또한 당내의 파벌문제는 불가피한 것이었다. 노동자계급의 의식이 불균등하게 발전하는 현실 속에서 획일적인 당을 기대하는 것은 변화하는 현실을 기계적으로 파악하는 것이었다. 1928년 12월 코민테른의 〈12월테제〉가 발표된 이후 조선공산당은 해체되고 '대중 속으로'·'인민 속으로'라는 슬로건 속에서 당재건운동에 주력하게 되었다.

(2) 1920년대 말 당재건운동

1929년 세계자본주의체제는 대공황을 맞게 되면서 위기적 상황에 처하였다. 일본제국주의는 자국의 공황을 타개하기 위해 파쇼군벌체제를 강화하여 국내의 혁명운동에 대한 탄압을 더욱 강화하였다. 한편 국내에서는 1929년 원산총파업을 계기로 전국 각지에서 노동자·농민들의 대중적인 투쟁이 활발히 전개되었다. 부산방직공장의 파업, 함남 신흥군의 장풍탄광노동자의 파업, 평양고무노동자 총파업, 평북 용천군 불이흥업주식회사 서선농장 2,000여 농민들의 소작투쟁, 함남 단천군 농민폭동 등 대규모 투쟁이 전개되었다. 이러한 정세 속에서 조선공산주의 각 분파는 코민테른의 〈12월테제〉에 의거 사실상 조선공산당이 해체된 이후, 노동자·농민에 입각한 대중적 당재건을 위한 모색을 시작하였다.

가. '서상파'의 당재건운동

김규열·이동휘는 블라디보스톡에서 김철수·윤자영·김일수·김영만·김영식·안상훈 등과 만나 당재건방침을 협의하고 1929년 3월 만주 吉林省을 중심으로 조선공산당재건설준비의원회 발기회를 조직하였다. 이들은 1929년 6월 20일 길림에서 재건준비회 발기회를 재건준비회로 개조하고 당재건에 박차를 가했다.

이들은 전국열성자대회를 소집하여 열성자대회에서 재건설과정에 있는 정치적·조직적 전국적 중앙을 산출할 것 등을 결의하고 기관지로서 《볼세비키》를 대중기관지로서 《노력자신문》을 발행하고 조선공산당 재조직문제, 전략과 전술문제, 토지혁명 등에 관한 기사를 싣고 당재건방침을 밝혔다. 1929년 8월에 김영만을 태평양노동조합대회에 파견하고 1929년 12월 말 김철수를 준비위원회 대표로 국내에 파견했다. 김철수가 국내에 파견됨으로써 준비위원회 대표는 윤자영으로 교체했다. 1929년 12월 말에는 코민테른에 김규열을 파견했다.101)

서울 상해파(서상파)의 조선공산당재건설준비위원회는 1930년 6월에 김일수를 조선에 파견하고 평양·경성·함흥·청진 등 주요 도시 및 산업지대의 공장과 농촌 각 지역에 지역책임자를 파견하여 당과 공산청년회 그리고 적색노동조합의 세포를 조직하려는 활동을 하였다. 그러나 코민테른이 1930년 6월 12일 "조선공산당재건설준비회를 해체할 것, 소속 야체이카를 국제당 대표에게 넘길 것, 중국 지방에 있는 단체 및 시설은 전부 중국 당간부에게 넘길 것" 등을 지시한 사실을 알고 1931년 3월 21일 김일수·윤자영·오성세 등은 준비위원회를 해산할 것을 결정하고 조직을 조선좌익노동조합전국평의회준비회로 하여 사실상 당재건운동을 계속할 것을 결의했다.

나. 'ML파'의 당재건운동

1929년 5월 31일 구'ML파' 멤버들인 한해·이경호·한빈·양명·고광수·한위건 등은 길림에서 '조선공산당재조직중앙간부회'를 결성하고 조선공산당

101) 최규진, 《코민테른 6차대회와 조선공산주의자들의 정치사상연구》(성균관대 박사학위논문, 1997), 155~159쪽.

을 재건하려는 활동을 시작했다.

이들 그룹은 1929년 모스크바 공산대학을 졸업한 화요파 출신인 박용선을 국내에 파견한다. 박용선은 부산에 도착하여 부산방적공장·부산瓦電주식회사·竹梁철도공장·부산철공조합 등에 프랙션을 두는 성과를 거두었다. 이들은 부산 시내에 비밀연구반을 두고 일본 좌익잡지《인터내셔널》·《戰旗》·《산업노동시보》등을 탐독하며 다른 지방의 파업투쟁 등이 일어났을 때 물질적·정신적 원조를 하였다.[102)]

이들의 활동은 한해·한빈·고광수 등의 체포로 중단되고 말았지만 양명·한위건 등이 중심이 되어 상해에서 기관지《계급투쟁》을 발행하고 동경에서 상해로 합류한 고경흠 등과 당재건 방향을 협의하여 1931년 2월 무렵 '조선공산당재건설동맹'의 결성으로 이어졌다. 그러나 조선공산당재건설동맹도 〈12월테제〉의 해석을 둘러싼 당재건방침의 차이로 1931년 4월 해산하고 1931년 7월에 조선공산주의자재건협의회를 만들었다. '협의회'는 중앙집권주의를 강조하고 전국 각지에 적색노조·농조·독서회·사회과학연구회·반제동맹 등 조직체를 만들고 활동하다가 1932년 3월 권대형 등 18명이 구속되면서 와해되었다.

다. 화요파의 당재건운동

모스크바 공산대학출신이며 과거 화요파 출신인 김단야·김정하·권오직 등은 귀국하여 1929년 11월 6일 서울에서 채규항·박민영 등과 '조선공산당재조직준비위원회'를 결성한다. 이들은 조직부-김단야, 조사부-채규항, 선전부-권오직·김정하, 연락부-박민영 등으로 하는 조직체계를 갖추고 경성·원산·부산·평양·목포·함흥·마산·청진·웅기·신의주 등지에 기본당원을 배치하고 새로 입국할 공산대학 졸업생을 파견하여 지방 당기관을 설치하기로 했다.[103)]

1930년 1월 권오직·채규항·박민 등은 부산방적회사 동맹파업을 선동하

102) 최규진, 위의 책, 174쪽.
103) 堀內稔, 〈조선공산당재건운동〉(並木眞人 외《1930년대 민족해방운동》, 거름, 1984), 302쪽.

고 인천 加藤정미소의 파업투쟁을 적극 원조할 것을 협의하여 조직원을 현장에 보내고 전국 노동단체에 격문을 보내어 파업기금을 모으는 등 활동을 했다. 그러나 1930년 3·1운동 11주년 기념 격문이 단서가 되어 이들은 대부분 체포되어 활동이 중단되고 말았다.

이후 블라디보스톡 등지에서 활동하던 김단야 등은 1931년 3월 박헌영과 《콤뮤니스트》 창간호를 발간하여 '코민테른을 지지하고 분파주의에 맞서는 무기'로서의 역할과 '부분적 요구를 전체 요구에 종속시키며 다수의 투쟁을 상호연결시켜 공동투쟁으로 전개하고 국내운동을 국제적 투쟁과 연결시킬 볼세비키당이 필요하다'고 주장하였다. 1931년 3월부터 1932년 7월 무렵까지 《콤뮤니스트》 7호를 발간한 '콤뮤니스트그룹'은 조선공산당조직준비위원회 시기의 당재건 노선인 공장세포(공산주의자 소그룹·독서회) → 시위원회 → 지역위원회(지역당조직, 지역별 공산주의자단위) → 전국협의회 → 조선공산당재건 이라는 방침을 그대로 고수하였다.[104]

이와 같이 1925년 4월 창건되어 1928년 12월 해체된 조선공산당의 재건을 위한 각 분파들의 당재건운동은 1945년 해방이 되기까지 성공하지 못하고 실패를 거듭했지만 1920년대 말부터 1930년대 말에 이르는 당재건 운동의 결과는 1945년 8월 해방 직후 박헌영 등 과거 화요파가 중심이 된 '조선공산당재건준비위원회'를 통한 조선공산당의 재건으로 이어지게 되었다.

〈全明赫〉

104) 최규진, 앞의 책, 211쪽.

Ⅱ. 6·10만세운동과 신간회운동

1. 6·10만세운동

2. 신간회운동

Ⅱ. 6·10만세운동과 신간회운동

1. 6·10만세운동

1926년 隆熙皇帝(純宗) 昇遐를 계기로 일어난 6·10만세운동은 3·1운동 때와 같이 전국적 만세운동을 일으키려 한 운동이었다. 때문에 '제2의 만세운동'이라고도 하지만, 이들 두 운동은 배경이나 주체·이념·규모 등에 이르기까지 차별성을 드러내고 있었다. 예컨대 3·1운동이 제1차 세계대전 후 人道主義가 부상하며 세계 개조의 분위기가 무르익던 상황에서 일어난 것이라면,[1] 6·10만세운동은 제국주의적 지배질서가 공고해진 상황에서 계획된 것이었다. 3·1운동의 계획주체가 종교지도자 같은 자유주의자였다면, 6·10만세운동은 자유주의자와 더불어 사회주의자가 전면에 나섬으로써 새로운 양상을 보였다. 그리고 3·1운동 때의 지도이념이 자유주의 사상이었다면, 6·10만세운동은 자유주의와 사회주의사상이 민족독립에 귀결되면서 결합된 지향을 보였다.

6·10만세운동 직후 安昌浩는 중국 상해에서 열린 6·10만세운동보고회에서 6·10만세운동이 "전연 자각적으로 일어난 것"이며 "이의 실현을 위해서는 全民衆의 중심이 될 통일기관"을 만들어야 한다면서[2] 6·10만세운동에서 드러난 민족통일전선의 이념과 노선을 높이 평가한 바 있었다. 또한 조선공산당은 〈조선공산당선언〉에서 6·10만세운동을 민족혁명유일전선의 첫 기초

---

1) 趙東杰, 〈3·1運動의 理念과 思想－독립선언서와 선언자의 비교 분석－〉(《韓國獨立運動의 成立과 獨立運動史 硏究》, 지식산업사, 1989).
　———, 〈3·1운동 전후의 民族知性〉(《韓國民族運動의 발전과 獨立運動史 硏究》, 지식산업사, 1993).

2) 國會圖書館 編,《韓國民族運動史料(中國篇)》(1976), 601～602쪽. 당시 상해에서는 독립신문사와 혁명청년사 등의 발기로 6·10만세운동에 대한 연설회를 개최하였다.

로[3] 의미를 부여하기도 했다. 즉 6·10만세운동은 3·1운동 이후 독립운동의 발전양상을 구체적으로 보여주는 것으로, 사회주의사상의 유입과 더불어 꾸준히 제기된 민족통일전선의 이념과 노선에 새로운 전환점을 이루는 계기가 되었던 것이다.

1) 융희황제의 승하와 6·10만세운동의 태동

1926년 4월 25일 융희황제가 승하하자 望哭과 奉悼를 통한 애도분위기가 전국으로 확산되어 갔다. 여기에 宋學先의 金虎門의거, 그리고 국외 독립군의 심상치 않은 동향들로[4] 민족적 항일분위기는 더욱 고조되었다.

금호문의거는 융희황제의 승하로 전국에 망곡이 물결치던 때인 4월 28일 오후 1시 10분 경 금호문 앞에서 송학선이란 청년이 사이토 마코토(齋藤實) 조선총독을 처단하기 위해 의거를 단행한 것이었다. 평소 安重根 의사를 흠모하였던[5] 송학선은 수년 전부터 조선총독을 처단하기로 뜻을 세워오다가, 융희황제 승하소식을 접하고 조선총독 사이토의 처단을 결행하기로 결심하였다. 4월 28일 조문을 위해 사이토 총독이 온다는 정보를 접한 송학선은 금호문 앞에서 기다리다가 자동차에서 내리는 京城府協議會 의원 사토(佐藤虎次郞)를 사이토로 잘못 알고 의거를 결행하였다. 당초 목표인 사이토 총독 처단에는 빗나갔지만, 망국의 통한에 젖어 있던 한국인에게는 더할 수 없는 통쾌한 쾌거였다. 평범한 그가 그것도 단독으로 결행한 의거라는 점에서 충격과 감동은 배가되어 갔다. 그가 "나는 主義者도 사상가도 아니다. 아무 것

---

3) 《불꽃》 제7호, 1926년 9월 1일. 이들은 6·10만세운동에서 '공산주의자들이 민족해방운동을 위하여 適宜한 투쟁방침을 세우고, 조직적 희생적으로 진행한 것이 확증'되었다고 주장하였다.

4) 융희황제 國喪 동안인 1926년 5월 경 국내의 각 신문들에서는 正義府·新民府 등 만주독립군 단체가 국내로 진입할 것이라는 기사를 여러 차례 내보내고 있는 것을 찾아볼 수 있다.

5) 宋相燾, 《騎驢隨筆》(국사편찬위원회, 1971), 374~377쪽. 그가 안중근 의사를 흠모한 것은 1923년 경 우연히 日本人 商店에 걸려진 안중근 의사의 사진을 보고서였다. 이때 송학선은 伊藤博文을 처단한 안중근 의사가 일본인들에게까지 존경받는 것을 목격하고 조선총독 齋藤實을 처단하기로 결심을 굳혀 갔다고 한다.

도 모른다. 다만 우리 나라를 강점하고 우리 민족을 압박하는 놈들은 백번 죽여 마땅하다는 것을 무엇보다도 알고 있다. 그러나 총독을 못 죽인 것이 저승에 가서도 한이겠다"고[6] 한 법정진술은 당시 식민지 통치의 모순을 극명하게 보여주는 것이었다. 융희황제 승하 직후 결행된 송학선의 의거는 항일적 분위기를 고조시켜 갔고, 3·1운동 때와 같은 기운이 재연될 조짐이 일고 있었다.

일제는 3·1운동 때와 같은 분위기가 다시 일어날 것에 대비하여 망곡과 奉悼式을 철저하게 규제하며 官의 주도 아래 거행하는 것을 기본방침으로 삼고 있었다. 때문에 망곡과 봉도를 강행하는 일반 민중 및 학생들과 이를 저지하는 일제와의 충돌은 불가피한 현상이 아닐 수 없었다. 4월 25일부터 5월 2일까지 8일 동안에 일제 경찰에 주의·설유·검속당한 사람이 3만 명에 달하였다는[7] 사실은 그러한 사정을 말해주고 있다.

2) 해외의 6·10만세운동 계획과 추진

6·10만세운동의 계획은 上海의 조선공산당 임시상해부에서 먼저 추진되었다. 임시상해부는 당초 5월 1일 메이데이(May Day)에 즈음하여 대규모의 대중투쟁을 계획하고 있었다. 국내 대중단체의 대표격인 조선노농총동맹과 조선청년총동맹이 1924년에 창립된 이후 집회금지를 당하였다가 1926년에 이르러 집회가 제한적이나마 허용되면서 활발한 움직임을 보이는 것과 때를 같이 하는 것이었다. 이들 단체는 간담회 형식이나 대의원회를 개최하는 동시에 메이데이기념식 행사를 준비해 갔다. 그리하여 4월 24일에는 정우회·전진회·조선노농총동맹·조선청년총동맹의 4단체 합동으로 메이데이기념식을 거행하기로 의견을 모으기도 했다. 표면적으로는 일제가 허용하는 범위에서 개최되는 것이었지만, 임시상해부와 조선공산당에서는 이를 이용하여 시위투쟁을 전개하고자 한 것이었다.

임시상해부의 金丹冶는 중국 안동현과 국내로 파견되어 대중시위 계획을

---

6) 《동아일보》, 1926년 5월 23일.
7) 《조선일보》, 1926년 5월 5일.

추진해 갔다. 4월 23일부터 4월 29일까지[8] 신의주에 잠입하여 국내 거사를 준비하던 중 김단야는 융희황제의 승하소식을 접하였고, 애도의 분위기가 전국으로 물결쳐 가는 것도 목격할 수 있었다. 또한 일제가 융희황제의 승하로 인하여 메이데이기념행사를 원천봉쇄함에 따라, 메이데이기념일의 대중시위 계획은 수포로 돌아가고 말았다. 이같은 상황에서 김단야 등은 당초의 대중시위 계획을 만세운동으로 방향을 전환해 갔다. 즉 처음에는 계급적 반제시위로 추진되던 메이데이기념시위가 4월 25일 융희황제 승하와 함께 급변하는 상황에서, 보다 민족적 운동의 형태인 만세운동쪽으로 방향을 조정해 갔던 것으로 보인다.[9] 이때 이들은 융희황제의 國葬을 사회주의운동이 대중으로 확산될 수 있는 절호의 기회로 인식하고 있었다. 때문에 '민족운동의 선봉'에 선다는 비난이 있더라도 만세운동을 벌여야 한다는 것이었다.

6·10만세운동의 계획과 더불어 제반의 준비도 추진되어 갔다. 임시상해부는 만세운동에 필요한 자금과 격문의 인쇄를 담당키로 하였다. 이에 따라 김단야는 상해로 돌아와 曺奉岩·金燦 등과 함께 〈服喪 慟哭하는 民衆에 檄함〉이란 격문을 작성한 뒤 崔昌植이 경영하는 上海 삼일인쇄소에서 5,000장 정도를 인쇄하여 서울로 보냈다.[10] 이 격문은 안동에 5월 28일 경 도착되었고, 예정대로 三成運送店에서 서울로 부쳐졌다.[11] 그러나 서울역에 도착된 격문은 국내

---

8) 이때 김단야는 金恒俊과 이봉수 등을 만나서 운동자금을 건네주었다(〈제2차 조선공산당검거보고철〉, 金俊葉·金昌順 編, 《한국공산주의운동사》 자료편2, 고려대 아세아문제연구소, 1980, 109쪽).

9) 시위형태에서 독립만세운동의 특징은 '절대 독립'을 뚜렷이 표방한다는 점이다. 따라서 독립만세운동은 시위의 강도를 떠나 정치적 운동의 성격을 갖는 것이었고, 그런 점에서 식민지통치를 전면 부정하는 강력한 저항의 방법으로 보아야 할 것이다.

10) 당시의 상황에 대해 김찬은 다음과 같이 진술하고 있다. "李王逝去와 國葬은 민중운동을 일으킬 절호의 기회라고 생각하여, 지령을 발하고 운동자금은 후일 보내기로 하였는데 성명은 잊었으나 모학생에게 천백여 원을 탁송하였다. 또 〈望哭하는 民衆에게 檄함〉이라는 제목의 격문 수천 장을 상해 3·1인쇄소 崔昌植 방에서 김단야의 원고에 기초하여 인쇄하고, 기타 격문의 원고와 함께 권오설에게 보냈다"(〈金洛俊調書〉, 金俊葉·金昌順 編, 《韓國共産主義運動史》 자료편1, (고려대 아세아문제연구소, 1980), 405~406쪽).

11) 〈2차조선공산당예심결정서〉(김영진, 《朝鮮共産黨事件眞相》), 33~34쪽. 이때 운송의 책임을 맡았던 金恒俊은 격문을 낡은 상자에 싸서 서울로 보낸 뒤 6월

에서 조선공산당의 계획이 발각되는 것과 함께 국내의 인사들에게 전달되지 못한 채 압수되고 말았다.[12]

그런데 여기에서 주목할 것은 선언서의 인쇄가 임시의정원 의장 최창식이 경영하던 삼일인쇄소에서 이루어졌다는 점이다. 삼일인쇄소는 임시정부의 기관지 《獨立新聞》을 발행하던 곳이기도 했다. 삼일인쇄소의 최창식과 임시상해부의 여운형・김단야 등은 긴밀한 관계를 이루는 사이였다. 이 무렵 임시정부가 최창식 대행체제로 운영되고 있던 점을 감안할 때, 6・10만세운동의 계획은 임시정부 인사들과도 연대를 이루었던 것으로 파악된다. 이는 임시정부의 외곽단체인 병인의용대가 융희황제의 因山에 맞추어 국내 의거를 계획・추진해 갔던 것에서도 잘 나타나고 있다.

1926년 1월 상해에서 결성된 병인의용대는 임시정부 경무국장 羅昌憲 등의 주도로 일제 기관의 파괴・일제 밀정 및 주구배 처단 등을 주요 활동 지침으로 삼아 의열투쟁을 전개했으며, 국내 및 만주의 독립군단체와도 연계하면서 국내에서의 의거를 도모하고 있었다.[13] 병인의용대가 국내에서의 의열투쟁을 계획한 것은 융희황제 승하 직후인 4월 말부터였다. 이들은 5월 9일 최고간부회의를 통해 융희황제 국장을 기해 거사를 단행하기로 최종 결의하였다. 국내의 천도교와 연결된[14] 이들의 목표는 총독과 같은 일본 대관의 처단이었다.[15] 그리하여 金光善(金光孫)・李英全(李德三)・高俊澤・金碩龍 등 대원 4명이 국내로 잠입하기 위해 6월 1일 중국인으로 변장하고 권총 2정과 폭탄 2개, 다수의 격문을 휴대하고 중국 상선 순천호에 승

3일에 서울에와 貨物引換證을 《조선일보》의 홍덕유에게 건네주었고, 홍덕유는 다시 권오설에게 건네주었다.

12) 《동아일보》, 1926년 6월 8일.

13) 1926년 5월 경 나창헌・이유필 등이 간도지역에서 파견된 독립군 요원 10여 명과 상해에서 긴밀하게 접촉하고 있음이 일제 정보망에 포착되고 있는 점으로 미루어, 병인의용대가 만주 독립군과도 연계되어 투쟁 계획을 세워 갔음을 짐작해 볼 수 있다(朝鮮總督府 警務局, 《上海情報》 1926년 5월, 고려대 아세아문제연구소(이하 '아연')자료 문서번호 33, 213쪽).

14) 장석흥, 〈6・10만세운동과 통일전선운동〉(《국사관논총》 90, 국사편찬위원회, 2000), 309쪽.

15) 朝鮮總督府 警務局, 《上海情報》 1926년 5월 20일(고대 아연자료 문서번호 33), 256~257쪽.

선했다가, 황포탄 하류에서 일제의 수상경찰에 잡혀 거사계획이 좌절되고 말았다.16)

3) 국내의 6·10만세운동 추진과 발각

6·10만세운동은 천도교와 조선공산당, 학생층 등 다양한 주체들이 서로 다른 정치이념을 초월하여 깊은 연대 아래 계획·추진되었던 점에서 독립운동상에 중요한 의미를 지니고 있다. 민족독립을 위해 3·1운동이 종교이념을 초월하였다면, 정치이념을 초월한 6·10만세운동은 1920년대 중반 통일전선운동의 새로운 지평을 여는 것이었다.

조선공산당 임시상해부는 계획 초기부터 천도교를 가장 유력한 제휴세력으로 간주하고 있었다. 조선공산당의 투쟁지도부는 6·10만세운동의 거사를 위해 처음부터 천도교 세력과 연대를 모색해 갔다. 이 무렵 조선공산당과 천도교 구파와의 연결은 고려공산청년회의 책임비서인 權五卨과 朴來源을 통해 이루어지고 있었다.

그러나 6·10만세운동에서 천도교 구파의 지도자들은 전면에 나서지 않고 배후에서 지원하는 전술을 취하였다. 3·1운동을 주도했다가 막대한 피해를 입은 바 있는 천도교는 일제의 분열책으로 창건 이래 최대의 위기를 맞이하고 있었으며, 신·구파의 내부분화로 더욱 어려운 상황이었다. 그같은 처지에서 구파의 인사들이 만세운동에 참가하게 될 경우 또 다시 옥고를 치를 것은 뻔한 일이고, 그렇게 되면 구파세력은 붕괴되고 말 형편이었다. 이러한 연유로 이들 지도자들은 일선에 나서지 않은 채 배후에서 청년세력의 활동을 지원하였으며, 이 사실은 절대 비밀리에 붙여졌다.

이러한 사정은 조선공산당의 경우도 비슷하였다. 조선공산당이 6·10만세운동을 추진하는 과정에서 고려공산청년회를 중심으로 진행시켜 갔던 것은 조직보전을 위한 방책으로 취해진 것이었다. 1925년 11월에 1차조선공산당이 발각되어 크게 타격을 입은 조선공산당은 겨우 당의 진용을 수습한 상황이

16) 독립운동사편찬위원회, 《독립운동사》 7(1973), 610~612쪽.
《동아일보》, 1926년 6월 4·19일.

었다. 따라서 조선공산당에서는 당의 충격을 최소화하기 위해 만세시위의 추진을 당 중앙기관과 분리된 형식으로 취하기로 결정하는[17] 등 당의 보전책을 강구하였던 것이다. 권오설의 주장에 따라 '6·10투쟁특별위원회'라는 별도의 투쟁지도부를 결성한 것은 그같은 뜻에서였다.[18] 이것은 공식 명칭은 아니었고 잠정적인 것이었다. 6·10만세운동의 투쟁지도부는 러시아의 10월혁명이 3인의 지도위원회에서 추진되었던 것과 같이 권오설의[19] 책임하에 李智鐸·박민영 3인으로 구성하였다.[20] 이들은 고려공산청년회의 책임비서와 간부들이었다. 따라서 엄밀하게 말하면 6·10만세운동의 투쟁지도부는 고려공산청년회에서 주도해 간 것이었다.

이때 지도부는 세 가지의 투쟁방침을 결정했다. 첫째는 사회주의·민족주의·종교계·청년계의 혁명분자를 망라하여 '大韓獨立黨'을 조직할 것, 둘째는 대한독립당은 우선 6월 10일을 기하여 대시위운동을 실행할 것, 셋째는 시위운동의 방법은 장례행렬이 지나는 연도에 시위대를 분산 배치하였다가 격고문 및 전단을 살포하며 대한독립만세를 고창할 것 등이었다.[21] 이에 따라 6·10만세운동의 주체들은 혁명세력의 결집에 힘을 기울여 나갔고, 그 가운데 천도교 구파는 가장 유력한 세력이었다.

6·10만세운동에서 천도교측의 주요 임무는 격문 인쇄 및 배포와 지방 조

---

17) 조두원, 〈6·10운동과 조선공산당〉(《청년해방일보》, 1946년 6월 9일).
18) 全錫淡, 〈六十運動小史〉(《週報 民主主義》 22, 1947년 7월), 11쪽.
19) 권오설은 1897년 경북 안동 빈농의 집안에서 태어나 어려서는 漢文私塾에서 한문을 익혔고, 11세 때 신학교에 입학하여 1916년에 대구고보와 1918년에 중앙고보를 다녔지만 경제사정으로 학교를 마치지는 못하였다. 이후 그는 전라남도 도청에 잠시 근무했지만 3·1운동으로 퇴직당하고 고향으로 돌아와 농민운동에 투신하였다. 고향에서 佳谷農民組合을 조직하기도 했으며 안동청년회와 풍산소작인조합·풍산청년회 등에서 활동하였다. 이 무렵 그는 李準泰와 동지적 관계를 맺게되면서 사회주의사상에 접근해 갔다. 그리고 1924년 풍산소작인회 대표의 자격으로 조선노농총동맹 창립총회에 참석 후 서울에서 활동하면서 사상단체 火曜會에 가입하였으며 1925년 고려공산청년회 창립에 주도적 역할을 하였다. 1차조선공산당 발각 후 그는 2차고려공산청년회의 책임비서로 활동하다가 6·10만세운동으로 징역 5년형을 받고 옥고를 치르던 중 고문에 의해 1930년 4월 17일에 옥중 순국했다(權大雄, 〈權五卨의 生涯와 活動〉, 《安東文化研究》 6, 1992).
20) 조두원, 〈6·10운동과 조선공산당〉(《청년해방일보》, 1946년 6월 9일).
21) 강덕상 편, 《現代史資料》 29(1976), 425쪽.

직의 활용을 통한 지방만세운동의 확산에 있었다.[22] 비록 천도교 구파의 세력이 신파에 비해 열세였고, 또 천도교청년동맹이 생긴 지 얼마 안됐다고는 하나 천도교의 조직기반은 전국적이었으며 세력규모도 민족세력 중에서는 여전히 유력한 것이었다.[23]

박래원은 천도교청년동맹과 인쇄직공조합의 인사들을 중심으로 동지규합에 나서 손재기·백명천·양재식·민창식·이용재 등을 포섭할 수 있었다. 그리고 권오설로부터 받은 자금으로 인쇄에 필요한 소형 인쇄기 2대와 용지 20장, 활자, 기타 필수품을 구입하였다. 이들이 인쇄에 착수한 것은 5월 15일경 권오설에게서 격고문과 전단의 원고를 받은 후인 5월 17·18일부터였다.[24] 처음에 이들은 안국동 36번지 백명천의 집을 거점으로 삼아 밤낮을 가리지 않고 격문을 인쇄하였다. 그런데 이 과정에서 이웃에서 위조지폐를 제조한다는 소문이 돌자 5월 27일 경에 인쇄기를 몰래 민창식의 집으로 옮겨 5월 31일까지 약 5만 장의 격문 인쇄를 무사히 마칠 수 있었다. 인쇄가 완료된 격문은 비밀을 보존하기 위해 석유상자 등에 나누어 넣은 뒤 경운동 88번지 천도교당 안에 있는 손재기의 집에 숨겨 두었다.

박래원과 관계자들은 격문의 지방배포와 지방조직과의 연락을 위해 두 가지 방법을 세워놓고 있었다. 우선 격문은 지방의 조선일보지사·개벽지사·소비자조합·천도교 교구·기타 청년단체 등에 보내기로 하고 발송 지역을 다음과 같이 정하였다.[25]

---

22) 〈박래원신문조서(1회, 1926. 10. 14)〉(고려대 아연 소장자료, 문서번호 100호), 325~328쪽.
〈권오설신문조서(3회, 1926. 10. 11)〉(고려대 아연 소장자료, 문서번호 100호), 141~145쪽. 이때 박래원은 권오설로부터 600원의 자금을 받았다.

23) 박래원은 당시 천도교가 동원시킬 수 있는 군중의 수가 20만 정도였다고 회고하였다(《조선인민보》, 1946년 6월 10일, 〈박래원의 증언〉). 그러나 이것은 조금 과장된 것으로 보인다. 일제 조사 기록에는 구파의 세력이 1만도 채 안 되는 것으로 기록되어 있다.

24) 〈박래원 신문조서(1회)〉(고려대 아연 소장자료, 문서번호 100호), 325~326쪽.

25) 〈박래원 신문조서(1회)〉(고려대 아연 소장자료, 문서번호 100호), 340~343쪽.
박래원, 〈6·10만세운동 회상〉(《신인간》 통권 337호, 1976), 15쪽. 이들 두 기록은 조금 차이를 보이고 있는데, 양쪽에서 지명되고 있는 지역은 모두 표시했다.

전라남도(광주·목포·순천·광양), 전라북도(전주·군산·정읍·남원), 충청남도(공주·대전·예산·홍성·천안), 충청북도(청주·충주·음성), 경상남도(진주·마산·부산·하동·고성), 경상북도(대구·안동·상주·영천·포항), 경기도(인천·개성·강화·의정부·수원), 황해도(황주·해주·사리원·재령·신천), 평안남도(평양·진남포·안주), 평안북도(신의주·선천·철산·정주), 함경남도(함흥·정평·홍원·영흥·원산·북청), 함경북도(청진·나남·온성·웅기)

격문의 송달 방법은《開闢》·《新民》·《新女性》등의 잡지 사이에 넣어 발송할 계획이었다. 또한 이들 지역에서 만세운동을 추동하기 위해 책임자를 선정하여 파견하기로 하였다. 그리하여 전국을 호남선·경부선·경원선·경의선 방면 등 4개 지역으로 나누고, 박래원은 호남선과 경부선 방면의 중심지인 대전, 민창식은 경의선 방견의 중심지인 사리원이나 경원선 방면의 중심지인 원산을 근거로 활동할 계획을 세워놓고 있었다.[26] 이 과정에서 천도교 청년동맹원을 통한 지방 확산 계획도 세워놓고 있었다. 서울 시가지에는 6월 8일 밤을 기해 배포할 계획이었다.

그러나 상해의 김단야로부터 6월 초까지 오기로 한 격문과 자금이 전달되지 않아 출발이 지연되었고, 박래원은 천도교의 지도인사인 권동진에게 급히 자금요청을 하여 1만원 가량의 자금지원을 약속받고 기다리던 중 예기치 못한 상황이 벌어지면서 발각되고 말았다.

6·10만세운동의 계획이 한참 추진 중이던 1926년 5월 경, 일제는 중국인 위조지폐범이 일본 오사카에서 서울로 잠입했다는 정보에 따라 범인색출을 위해 혈안이 되어 있었다. 그런데 1926년 6월 4일 도렴동 50번지 李東圭의 집을 수색하던 중 화장실에서 위조지폐와 함께 대한독립당 명의로 된 격고문 1장이 발견되었던 것이다. 그리하여 수사망을 좁혀간 일제는 결국 이것이 이상우를 통해 안정식에게 건네 준 것이 다시 이동규에게 건네진 연결통로를 밝혀내고 이상우의 처인 고우섭이 근무하는 개벽사를 급습하여 격고문 상자를 찾아냈던 것이다.[27]

〈박래원 신문조서(1회)〉(고려대 아연 소장자료, 문서번호 100호), 347~348쪽에 기록된 지역은 박래원과 권오설이 함께 지정한 것이다.

26) 〈박래원 신문조서(1회)〉(고려대 아연 소장자료, 문서번호 100호), 338~340쪽.

그리하여 천도교 인사들은 박래원을 비롯하여 천도교당 현장에서 50여 명이 체포된 데 이어 발각 당일에만 천도교 간부와 개벽사 인사 80여 명이 체포되는 수난을 겪어야 했다.

4) 학생들의 만세시위 추진

6·10만세운동에는 학생들도 추진주체로 참가하였는데, 대표적인 집단으로 조선학생과학연구회와 세칭 통동계를 들 수 있다.

조선학생과학연구회는 1925년 9월 서울에서 창립되어 1920년대 후반 서울지역 학생운동을 선도한 단체였다. 조선학생과학연구회는 창립 초기 70~80여 명의 회원으로 출발했으나, 6·10만세운동 무렵에는 500여 명에 달할 만큼 세력을 키워나갔다.[28)]

조선학생과학연구회는 창립 초기 일정하게 조선공산당 내지 고려공산청년회와 깊게 연결되어 있었다. 당시 조선공산당의 6·10만세운동 추진방침 및 전술은 조선학생과학연구회 내에 일정하게 관철되었으며, 특히 6·10만세운동을 책임 맡았던 권오설과 조선학생과학연구회는 긴밀한 관계를 이루고 있었다.[29)]

조선학생과학연구회가 추진한 6·10만세운동의 준비과정은 대략 4단계로 나누어 살필 수 있다. 제1단계는 조선학생과학연구회의 학생 80여 명이 세검정으로 야유회를 가던 도중 융희황제의 승하사실을 알게 된 4월 26일부터 5월 2일까지, 제2단계는 李柄立이 권오설을 통하여 만세운동의 계획을 전달받은 5월 3일 경부터 5월 19일까지, 제3단계는 각급 학교 학생 40여 명이 朴河均의 하숙에 모여 만세운동 계획을 협의했던 5월 20일부터 6월 5일까지, 그리고 제4단계는 조선공산당이 발각되는 상황에서 만세운동의 새로운 전환점

---

27) 지중세 역편, 《조선사상범 검거실화집》(돌베개, 1984), 28쪽.

28) 6·10만세운동 당시 조선학생과학연구회(이하 '조과연')의 사무소는 견지동 98번지에 위치하고, 회원은 509명이었다(一記者, 〈在京學生團體의 內面〉, 《開闢》 72, 1926, 50쪽).

29) 장석흥, 〈조선학생과학연구회의 초기 조직과 6·10만세운동〉(《한국독립운동사연구》 8, 한국독립운동사연구소, 1994) 참조.

을 맞이한 6월 6일 경에서 의거 당일까지로 구분해 볼 수 있다.

제1단계는 융희황제의 승하사실을 접하고, 3·1운동 때와 같은 독립운동을 일으키려는 분위기가 조성되고 있었다. 그러나 학생들의 의식은 만세운동에 대한 구체적 계획을 세우는 수준에 이르지는 못하고, 각급 학생 대표들이 모일 것을 다짐하는 단계에 머물고 있었다.

조선학생과학연구회가 만세운동의 계획을 세우는 것은 제2단계부터이다. 이병립이 권오설로부터 6·10만세운동의 계획과 투쟁지침을 전해 들은 것은 5월 3일이었다. 조선공산당에서 6·10만세운동의 결행을 결정한 다음날에 조선공산당의 방침이 이병립에게 전달되어진 것이다. 이때 권오설은 6·10만세운동 계획과 투쟁지침을 알리는 한편 조선학생과학연구회의 임무와 역할을 지시하였다.[30] 조선학생과학연구회의 주요 임무는 인산 당일 가두행렬에서의 만세선창과 격문살포였다. 당시 인산행렬의 가두에는 학생들이 배열될 예정이었고, 또한 3·1운동 때 학생들의 활약을 경험한 터였으므로 6·10만세운동의 선봉 역할을 조선학생과학연구회가 맡게 된 것이다. 그리하여 이병립·李先鎬·李天鎭·趙斗元 등 조선학생과학연구회 간부들은 수차에 걸쳐 학생동원 및 시위방법 등을 숙의하면서 만세운동의 계획을 세워 나갔다.[31] 즉 조선학생과학연구회 학생들 사이에서 고조되던 항일적 분위기가 조선공산당에서 계획한 만세시위의 지침과 접맥되면서 조선학생과학연구회의 만세운동이 구체화되어 갔던 것이다.

제3단계는 조선학생과학연구회 간부를 중심한 만세운동의 계획이 학생계로 파급되면서, 의거 준비가 성숙되어간 과정이다. 5월 20일에 각급 학교 학생 대표 40여 명이 가졌던 모임에서는 의거의 투쟁방법 및 자금조달 등에 대한 협의가 구체적으로 이루어졌다. 朴斗鍾·이천진·박하균·이병립·이선호 등 5명을 준비책임자로 선임하였는데, 이들 모두가 조선학생과학연구회의 간부들이었다. 이때 박하균·박두종 등은 자금 조달의 책임을 맡았고[32], 이

30) 朝鮮總督府 警務局, 《(극비문서)광주항일학생사건자료》, 392~393쪽.
31) 이천진, 〈육십운동의 회고〉(상), (《독립신보》, 1946년 6월 10일).
32) 정세현, 〈6·10만세운동〉(《한국근대사론》 2, 지식산업사, 1979), 190쪽. 박두종과 박하균은 5월 하순에 귀향하여 거사에 필요한 자금을 조달하였다.

선호와 이병립 등은 학생 포섭의 역할을 맡았던 것으로 보인다.[33)]

그리고 세칭 '통동계' 학생들과의 연결도 이 과정에서 이루어졌던 것 같다. 즉 5월 20일 이후 조선학생과학연구회가 학생들을 포섭하는 과정에서 '통동계'의 계획과 활동을 접하게 되면서[34)] 자연스럽게 연결되었던 것으로 보여진다. 이들 두 계열의 학생계는 비밀유지를 위해 거사를 각기 추진키로 하되, 거사 당일의 의거장소를 안배하는 등 연대투쟁의 성격을 띠었다.

제4단계는 천도교와 조선공산당이 발각되는 상황에서 학생들이 독자적으로 만세운동을 추진해 간 과정이다. 조선공산당이 발각된 것은 6월 6일이었다. 이전까지 만세운동의 계획은 일제의 감시망을 피해 순조롭게 추진되고 있었다. 조선학생과학연구회에서는 거사 당일에 필요한 격문·선전문 등을 조선공산당에서 작성·인쇄한 것으로 사용할 계획이었던 것으로 보인다.[35)] 그러나 천도교와 조선공산당 측에서의 계획이 발각되기에 이르자, 조선학생과학연구회에서는 독자적으로 준비를 추진시켜 갔다. 이들은 이때부터 태극기 200장과 "조선독립만세"라고 쓴 깃발 30장을 제작하는 한편 이병립이 격문을 초안하여[36)] 인쇄에 들어갔다. 인쇄기의 구입은 《시대일보》 배달원 김낙환이 맡아 명함인쇄기 1대를 구하였고, 김규봉이 종이를 구입하여 5명의 학생이 사직동 이석훈의 집에서 주야로 6월 9일까지 격문 1만여 장을 인쇄할 수 있었다.[37)] 그리고 6월 9일부터는 학생들에게 격문을 배포하면서 인산 당

---

33) 〈6·10만세운동 판결문〉(6·10만세기념사업회 편, 《6·10독립만세운동》), 213~215쪽.

34) 박용규 등 '통동계'의 학생들은 5월 16일에 민족적 의거를 일으키기로 결심하고, 동지들을 포섭하여 23일에는 각급 학생 50여 명과 함께 의거의 방법을 논의하였으며, 만세운동을 일으키기로 투쟁방침을 정한 뒤 26일부터 5일 동안 격문을 인쇄하고, 6월 8일 전국 각처의 학교를 대상으로 격문을 발송하였다(〈6·10만세운동 판결문〉, 6·10만세기념사업회 편, 위의 책, 214~215쪽). 《동아일보》, 1927년 3월 26일.

35) 조선학생과학연구회에서 만세운동 때 사용할 격문의 작성·인쇄 작업이 6월 8일 이전까지는 보이는 않는 점이 그러한 사실을 말해주고 있다고 하겠다.

36) 조선학생과학연구회의 격문의 내용이 "이천만 동포여! 원수를 구축하라. 피의 값은 자유이다. 대한독립만세"와 같이 간단한 것은 준비기간이 촉박했던 상황을 대변하고 있다고 하겠다.

37) 〈6·10만세운동판결문〉(6·10만세기념사업회 편, 앞의 책), 212~213쪽.

일의 만세시위를 추진해 갔다. 이때 격문배포는 주로 이선호와 박두종 · 박하균 등이 맡아 우선 조선학생과학연구회 회원들에게 배포되었다. 이선호는 중앙고보생 권태성 · 유면희와 연희전문생 권오상 · 홍명식 · 박한복에게 태극기 수장과 격문을 배포하였으며, 박두종은 김낙환에게 격문 300장을, 조선기독교청년회 영어과 학생 유원식에게 200장을, 근화여학교 학생 김정자에게 100장과 태극기 1장을 교부하였다. 이천진은 중동고보생 김인오에게 격문 600장과 태극기 2장을 전달하였다. 박하균은 연희전문학교생 김규봉에게 격문 50장, 이석훈에게 600장, 韓一清에게 30장을 교부하였다. 그리고 유면희는 중앙고보 학생인 임종업 · 이현상에게 각각 50장을 나누어 주고 거사에 만전을 기하였다.[38] 이때 이들은 인산 당일에 혼란할 것에 대비하여 호각의 신호에 의해 일제히 만세를 부르기로 하였다. 그리하여 이들은 인산 당일의 의거에 맞추어 급박하게 준비를 진행시켜, 당초의 계획대로 의거를 단행할 수 있었던 것이다.

세칭 통동계는 조선학생과학연구회와는 별도의 고보생들을 중심으로 한 추진 주체로서, 중심인물은 5~6경 정도에 불과한 규모였다. 뚜렷한 조직을 기반으로 한 세력도 아니었다. 그래서 이들을 거사를 계획했던 곳인 通洞의 이름을 따서 '통동계'라[39] 가리켜 왔다.

이들의 동지적 결합은 같은 학교의 학우 내지는 하숙집 친우관계로 서로 얽혀져 있었다. 융희황제가 독살되었다는 풍설과 함께[40] 4월 28일 송학선의 금호문의거가 일어나면서 통동계 학생들은 항일투쟁에 대한 결심을 굳혀 갔고, 그것을 민족적 사명감으로 받아들이고 있었다.[41] 3 · 1운동 때처럼 전국적 만세운동을 일으키기로 의지를 모아갔던 것이다.

그런데 주목할 것은 이 무렵의 상황이 3 · 1운동 때와는 많이 달라져 있던 점이다. 국제정세의 객관적 조건이나 민족운동세력의 주관적 조건이 크게 변

---

38) 〈6 · 10만세운동 판결문〉(6 · 10만세기념사업회 편, 위의 책) 참조.

39) 이들은 조선학생과학연구회 같이 조직기반이 있던 것도 아니고, 그렇다고 학교나 출신이 동일한 것도 아니었다. 따라서 이 글에서도 이들의 명칭을 '통동계'로 사용하기로 한다.

40) 朴龍圭, 〈因山에 모여든 '民族의 痛憤'〉(《신동아》 1969년 9월호), 302쪽.

41) 위와 같음.

화되어 있었다. 제국주의의 식민지 민족에 대한 지배력이 더욱 공고해졌으며, 국내에서는 일제의 식민지 분열정책에 의해 개량국면의 양상을 드러내고 있었다. 그러나 이들에게는 국제정세나 국외세력의 변화보다는 국내 민족세력의 개량화가 직접적이고 피부적으로 느낄 수 있는 변화였다. 崔麟이 그랬던 것처럼 3·1운동 때의 지도세력들 대부분이 일제와 타협적 경향을 보이며 민족운동의 범주에서 이탈해 가고 있었다. 식민지 분열정책에 편승한 자치론의 대두는 이 무렵의 국내상황을 단적으로 보여주는 것이었다. 그와 같은 개량국면은 이들로 하여금 기성세대와 연대 또는 합류를 포기한 채, 독자적으로 운동을 계획하게 되는 직접적 원인이 되었던 것이다.[42]

이들의 거사 추진과정은 대략 세 단계로 나누어 살필 수 있다. 제1단계는 거사계획의 구상과 동지포섭(5. 16~5. 25), 제2단계는 만세운동을 위한 격문 작성과 인쇄(5. 26~5. 31), 제3단계는 선언문 배포와 인산 당일의 거사(6. 1~6. 10) 등으로 구분해 살필 수 있다.

제1단계에서는 이들이 因山日을 전후하여 거사를 하기로 원칙적 합의를 이루었다. 구체적 투쟁방법에 대해서는 확정된 상태가 아니었다. 우선 이들은 서울의 각 학교 학생들을 대상으로 동지규합에 나섰다. 이때 지역을 둘로 구분하여, 李東煥이 제일고보와 동쪽방면의 학교를 맡고, 金載文·黃廷煥은 보성고보와 서쪽방면의 학교를 맡기로 했다.[43] 이들은 일주일만에 50여 명의 동지를 규합할 수 있었고,[44] 5월 23일에는 성북구 삼선평에서 축구시합을 위장하고 50여 명의 학생들이 모였다. 이때 투쟁방법에 대해 논의가 있었는데, 총독부를 비롯한 일본기관과 일본인들의 집단 거주지인 충정로(本町) 일대의 폭파와 같은 보다 강력한 투쟁방법이 제시되기도 하였다.[45] 그러나 이같은 투쟁방법은 일동의 동의를 얻지 못한 채 해산하고 말았다. 해산 후 통동계

42) 운동의 주체였던 박용규는 당시의 상황을 "1920년대 후반의 민족주의운동은 현저히 저하된 편이었으며 앞장 서서 친일을 자행하지는 않았다 하더라도 그렇다고 발벗고 나서 항일운동을 전개하지도 못하는 어리벙벙한 풍조가 상당히 짙은 편이었다"고 술회하고 있다(위와 같음).

43) 李東煥 述懷, 〈두갈래의 抗日擧事〉(《경향신문》, 1963년 6월 10일).

44) 이때 참석한 50여 명의 학생은 단언하기 어려우나 통동계 학생들과 동향의 친우 및 선후배를 중심한 것이 아닐까 생각된다.

45) 李東煥, 〈6·10萬歲事件의 眞相〉(《中央》, 1974년 10월호), 268~269쪽.

학생 5명은 24·25일 이틀 동안 회의를 거듭하여 건물폭파와 같은 과격한 투쟁방법은 정세로 보아 실현가능성이 어렵다고 결론을 내리고, 융희황제 인산일을 기해 3·1운동 때와 같은 방법으로 만세운동을 일으키기로 뜻을 모았다.

제2단계에서는 앞서의 결의에 따라 거사에 필요한 격문을 작성하고 인쇄작업에 집중하였다. 5월 26일에 황정환·김재문이 낙원동 255번지 김성기로부터 등사판을 빌려왔고, 이동환은 용지를 구해 왔다. 거사에 필요한 자금은 고향에서 보내오는 생활비의 일부와 외투·책을 팔아 충당하기로 하였다.46) 5월 28일 이동환·김재문이 인쇄에 필요한 물품을 준비했고, 5월 29일 통동 71번지 김재문의 하숙에서 논의를 거쳐 공동으로 격문을 작성하였다.47) 작성된 격문은 5월 31일까지 박용규의 하숙에서 5,000여 장 정도가 인쇄되었다.48)

제3단계에서는 인쇄물 배포를 위한 동지포섭 및 배포와 인산 당일의 거사로 이어진다. 5,000여 장의 격문을 1인당 1,000장 정도를 맡아 포섭된 동지에게 배포하는 한편, 6월 8일과 9일에는 시내 각 학교와 전국 주요 지방학교에 격문을 발송하면서 인산 당일의 거사를 추진시켜 갔다.49) 그런데 이때는 권오설 등의 계획이 발각되면서 일제의 경계와 압박이 극도로 가중되고 있던 때였다. 그러나 이들은 기민하게 행동하면서 격문배포와 발송을 마칠 수 있었다. 박용규는 중앙고보생 조홍제에게 격문 200장을, 휘문고보생 이상민에게 100장을 교부하였고, 이동환은 중앙고보생 최제민에게 400장을 교부하면서 인산 당일 만세제창을 권유하였다.50)

이 과정에서 이들은 조선학생과학연구회와 일정하게 연대해 갔다. 통동계와 조선학생과학연구회의 계획이 처음에는 각기 출발했어도 거사를 추진하는 과정에서 연결되어 갔던 것이다. 조선학생과학연구회과 통동계는 동지를 포섭해 가는 과정에서 서로의 계획을 알게 되었다.51) 이들 두 세력은 거사를

46) 《경향신문》, 1963년 6월 10일.
47) 〈6·10만세운동 판결문〉(6·10만세기념사업회 편, 앞의 책), 214쪽.
48) 박용규는 3만 장이라고 하고 있으나, 판결문에는 약 5,000장을 인쇄한 것으로 나타나고 있다.
49) 이때 이들은 서울의 학교는 직접 방문하여 선전문을 몰래 집어넣고, 지방의 학교에는 우편물로 발송하였다고 한다.
50) 중앙중고등학교, 《中央六十年史》(1969), 129쪽.
51) 李天鎭, 〈六·十運動의 回顧〉 下(《獨立新報》 1946년 6월 11일).

연합해서 추진할 뜻도 있었지만, 각기 별도로 추진해 왔던 것을 합치기에는 시간적 여유가 없었고 또 비밀을 보전하기 위해 각기 추진하기로 의견을 나누었다. 그러나 서로의 연락이 필요하므로 조선학생과학연구회의 이선호와 중앙고보 동급생인 이동환과 박용규 등이 양측에서 연락을 담당하면서 연대투쟁을 추진해 갔다.

5) 만세시위의 전개와 성격

(1) 서울의 만세운동

조선공산당과 천도교계통의 거사계획이 因山을 불과 3일 앞두고 발각되자, 일제는 모든 경찰력과 군대를 동원하면서 철통같은 경계를 펼쳐 나갔다. 그리고 사상단체·종교단체·학교 등에 대해서도 대대적 검속을 단행하였다. 서울역·용산역·청량리역과 여관·음식점 등에 이르기까지 출입자에 대한 검문·검색도 강화해 갔다. 6월 7일 총독 사이토는 정무총감을 직접 지휘하여 조선군사령관과 함께 향후 대책을 강구하는 등 총력적이고도 전면적인 탄압을 가해 왔다.

서울에 동원된 일본 군대는 의장병·도열군대·봉결식장경계대·조포대 등 약 1만 명에 달하는 그야말로 삼엄한 상황이었다. 일제는 만일에 대비하기 위해 각도에서 경찰을 집결시켜, 3,500명의 경찰로 경계를 강화하는 한편 헌병대사령부에서 나남·함흥·평양 등지로부터 응원 헌병을 충원하여 경찰의 경계를 지원했다. 그리고 장례인도에 기마경찰·헌병·정사복 경관 등을 총검으로 무장시켜 거리로 내몰아 인산 당일의 거리는 온통 일본군대와 헌병·경찰로 가득 찼다.

그러나 조선학생과학연구회는 일제의 검거를 피하여 사직동 李錫薰의 하숙집에서 격문을 인쇄하면서 거사 준비를 진행해 갔고, 통동계 학생들 역시 일제의 검거망을 피해서 각 학교와 지방에 전단을 배포하는데 성공하였다. 그리하여 인산 당일의 만세운동을 위한 준비를 차질 없이 진행시켜 나갔다.

《동아일보》, 1926년 11월 4일. 李東煥의 〈법정 진술〉 기사 참조.

인산 당일 장례행렬이 지나갈 연도 양측에는 약 2만 1,000여 명의 중등 이상 각급 학교 학생들이 도열하도록 되어 있었다. 그리고 이들 학생들의 도열 앞뒤로는 기마경찰과 헌병·사복경찰이 포위하며 엄중한 경계와 감시를 하고 있었다.

일제는 인산행렬이 끝나는 대로 만세운동이 일어나지 않도록 교사의 책임 아래 해산하도록 철저히 사전단속을 하였고, 또 당일날에는 경찰과 군대를 동원하여 겹겹히 경계망을 구축하고 있었다.

서울의 거리는 조선박람회의[52] 구경거리와 조선의 마지막 인산을 구경하고자 온 사람들로 인산인해를 이루었다. 서울역에서 승하차한 인원만도 6월 1일부터 일주일 동안에 무려 8만여 명에 달하고 있었다. 이러한 인원은 작년 같은 기간에 비해 무려 5배나 증가된 것이었다. 여기에 용산·청량리·왕십리역까지 합치면 10만 명을 훨씬 넘는 숫자였다. 한편 시내를 다니는 전차에는 하루 평균 10만 명이 이용하였고, 인산 習儀日인 7일에는 15만 명이 이용하여 일대 교통혼잡을 이루었다.[53]

조선학생과학연구회와 '통동계' 학생들은 이러한 틈을 이용하여 일제의 삼엄한 경계와 감시망 속에서도 거사를 계획대로 추진하여 인산 당일에 만세운동을 거행할 수 있었다.

1926년 6월 10일 장례행렬은 오전 8시 창덕궁에서 발인하여 종로 3가－청계3가－을지로3가－을지로6가－훈련원(영결식 : 오전11시)－동대문－창신동－신설동－청량리－金谷裕陵으로 향하게 되어 있었다.

조선학생과학연구회와 통동계 학생들의 만세시위는 오전 8시 반 종로 3가의 만세시위를 신호탄으로 하여 모두 8곳에서 일어났다. 이를 정리해 보면 다음과 같다.

① 단성사 앞의 시위 : 오전 8시 반 종로3가 단성사 앞에서 국장행렬이 통과한 뒤 東洋樓 앞에 도열해 있던 중앙고보 이선호의 선창으로 중앙고보생 30~40명이 만세를 고창하면서 격문서 약 1,000여 장과 태극기 30여 장을 살포

52) 조선박람회는 융희황제의 국상중인 5월 13일부터 경복궁에서 열렸다.
53) 《동아일보》, 1926년 6월 9일.

하였다. 이에 연희전문학교 학생들도 호응하면서 일대 만세시위가 일어났다. 이로써 大輿 뒤에 따르던 기병의장대가 타고 있던 말이 놀라 돌아서서 달리는 바람에 군중이 이리저리 몰리다가 중경상을 입은 사람이 많았다. 이때 만세를 고창하다가 현장에서 잡힌 학생은 연희전문학교 김규봉·이석훈, 중앙고보 이동환·박선석·홍명식·주공조 등 50여 명에 달했다.

② 오전 8시 40분 대여가 지나자마자 관수교 부근에서 연희전문학생 등 50여 명이 격문서를 살포하며 만세를 고창했다. 관수교 남쪽 부근에서는 이병립과 연희전문 박하균·이천진이 앞장서서 격문을 날리며 만세를 고창하자 학생들이 호응하였고, 이때 일경에 의해 주동인물인 이병립·박하균·이천진을 포함하여 학생 40여 명이 강제 연행되었다.

③ 오전 9시 반 경에 청년학원 생도 박두종 외 2명의 청년이 경성사범학교 앞에서 격문 1,000여 장을 살포하며 만세를 고창했다. 이때 만세시위는 격렬하게 이루어져 부근의 사범학교 담이 무너질 정도였다. 만세시위를 주도하던 조선학생과학연구회 간부 박두종은 현장에서 일경에 체포되었다.

④ 오후 1시 경 훈련원 재전 부근에서 학생 1명이 태극기를 흔들면서 만세를 고창했다. 훈련원 서쪽 일대에서 천세봉의 선창으로 만세시위가 일어났다.

⑤ 오후 1시 10분 경 동대문 부인병원 앞에서 대여가 지나간 후 《시대일보》 김락환외 2명이 격문서를 뿌리며 만세를 고창했다.

⑥ 창신동 채석장 입구에서 50세 가량의 사람이 만세를 고창했다. 홍종현(37세)이 혈서를 쓰고 투쟁에 참가하였다.

⑦ 오후 1시 45분 경 대여가 신설동 고무회사 앞을 지나갈 때 학생 1명이 격문서 100여 장을 살포했다.

⑧ 오후 2시 20분 경 동대문 밖 東廟 앞에서 학생 4명이 관수교 부근에서 살포한 것과 같은 격문서 700여 장을 살표했다. 살포한 학생은 '통동계'의 박용규·곽대형·황정환·이동환 등이다.

이날의 만세운동은 오전 8시부터 오후 2시 무렵까지 계속하여 일어났다. 학생들은 가슴에 간직한 태극기를 꺼내 흔들면서 준비해온 격문을 군중을 향하여 힘차게 뿌리면서 "大韓獨立萬歲" 를 고창하였다. 일제의 그토록 삼엄한 경계와 철통같던 감시망이 무색해지는 순간이었다.

여덟 곳에서 일어난 이날의 만세시위에는 500~600명의 학생들이 참가했다.[54] 을지로 부근에서 일어난 시위는 사범학교 담이 무너질 정도로 격렬하

54) 《동아일보》, 1926년 6월 14일. 일제는 당초 만세운동에 참가한 학생 500~600명을 모두 검거하려고 했으나 여론을 무마하기 위해 주동자만 대상으로 처리

였다. 동대문 앞 시위현장에서는 일본 기마병의 말발굽에 치거나 밀려서 쓰러진 사람들로 일대 혼잡을 이루었고, 70~80여 명이 부상을 당하기도 했다.[55] 그런 가운데 창신동 입구에서는 홀홀단신으로 혈서와 함께 태극기를 흔들면서 만세를 고창한 홍종현 같은[56] 사람도 있었다. 그러나 일반 군중은 일제 기마병과 군경의 삼엄한 경계 아래 별다른 반응을 보이지 못하고 있었다. 군중 가운데 몇몇 만이 호응하는 정도였고, 대부분이 학생들에 의해 이루어졌다. 그리고 만세현장에서 일경에 체포된 학생만도 210여 명에 달하였다.[57]

인산 당일 봉도에 참렬했던 시내 각 학교에서는 12일 返虞式[58]에도 봉영할 계획으로 있었다. 그런데 인산 당일에 일제의 삼엄한 경계망 속에서도 만세운동이 일어나자, 일제 당국은 학생들의 봉영을 전면 금하고 경찰과 군인으로 대체하였다. 返虞행렬 때에는 동대문에서 창덕궁으로 이어지는 연도에 2,000여 명의 경관을 배치하고 경찰부장 이하 각 경찰서장이 진두 지휘하면서 경계를 강화했다. 그리고 사복경찰을 골목마다 배치하여 만일의 사태를 원천 봉쇄하고자 했다.

일경의 물샐틈없는 경계 속에서도 새로운 학생들에 의해 만세운동의 계획이 추진되어 갔다. 배재고보생 문창모를 중심한 기독교계통의 학생들은 인산 당일의 운동이 일반 민중의 호응을 크게 얻지 못하자 재차 만세운동을 계획해 갔던 것이다. 이들은 인산 당일 봉영대열에 있다가 만세운동을 직접 목격

하기로 방침을 변경하였다.

55) 이때 만세고창으로 일대가 혼잡을 이루게 되어 이곳에서만 70여 명이 중경상을 입었다. 당시의 사정을 경기도 경찰부 보안과장인 白石은 "자세한 통계는 알수 없으나, 여하간 부상자가 수백 명에 달한 것은 사실"이라고 시인하여 당시의 상황을 엿볼 수 있게 한다(《동아일보》, 1926년 6월 12일).

56) 홍종현은 경북 의성출신으로 3·1운동 때에도 만세시위에 참가한 경력의 열혈인사였다. 그는 단독으로 거사에 임하였으며, 혈서로 "독립만세"를 쓰고 그 가운데 태극기를 그린 것과 〈우리는 자유를 얻고자 싸우자〉라는 격문을 써서 거사 당일에 사용하였다.

57) 《동아일보》, 1926년 6월 11일. 이때 체포된 학생들을 학교별로 보면, 연희전문 42명, 중앙고보 58명, 세브란스의전 8명, 보성고보 7명, 그 밖에 중동학교·양정고보·배재고보·송도고보 학생들이었다.

58) 장사를 지낸 뒤에 神主를 집으로 모셔오는 式을 말한다.

한 바 있었다.[59] 그리고 만세현장에서 만세를 선창한 학생들이 일경에 잡혀 가는 것도 보았다. 그리하여 이에 자극을 받은 문창모·손성엽 등은 보다 대규모의 만세운동을 일으키기로 결심하고, 평소 기독교학생회의 모임에서[60] 친분이 있었던 7개 학교의 간부들과 만세운동의 계획을 추진해 갔다. 이때 7개 학교란 배재고보를 비롯하여 협성학교·피어선성경학원·기독교청년학원 등의 기독교 계통의 학교를 중심으로 한 것이었다.[61] 그리하여 이들은 서대문 73번지에 소재한 피어선성경학원 기숙사에 모여 격문 수만 장을 인쇄하는 등 2차만세운동의 거사를 계획해 갔다.

그러나 추진과정에서 계획을 탐지한 일경이 6월 16일 오후 2시 경 피어선성경학원 기숙사를 습격하여 동 학원생 우재헌을 비롯하여 배재고보 김동진, 중앙기독교 청년학원 김동석 등 3명을 검거하는 동시에 등사판 기계와 종이 수천 장을 증거물로 압수해 갔다.[62] 이어 18일 새벽 협성학교 김승호와 배재고보 5년생 문창모 등 4명이 정동에서 피체되면서 이들의 계획은 좌절되고 말았다.

이들의 거사계획은 비록 뜻을 이루지 못했으나, 일제의 경계와 감시가 그토록 삼엄한 속에서, 그것도 인산 당일의 만세시위에 참가한 학생들이 잡혀가는 것을 직접 목격한 상황에서 추진되어 간 점에서 의미를 찾을 수 있다. 일제 식민지 지배의 부당성에 대한 정의의 항거였으며, 그 정의의 항거는 일제의 온갖 탄압과 강제에도 불구하고 독립을 열망하는 민족적 의지의 표출이었다.

(2) 지방의 움직임과 만세시위

일제는 6월 6일 천도교와 조선공산당의 계획이 탄로남과 동시에 지방에서도 대대적으로 검색·체포에 나섰다. 일제의 탄압과 수색은 전국 각처에서

59) 문창모는 이때 수표교 근처에서 만세운동이 일어나는 것을 보았다고 한다. 그러나 그는 만세운동이 일어날 것이라는 정보를 사전에 전혀 몰랐다고 한다(〈문창모(1906년생) 증언〉, 1995년 6월 27일 면담).

60) 〈문창모의 증언〉.

61) 〈문창모의 증언〉에 의하면 이밖에도 정신여고보, 이화·연희전문학교의 학생들도 함께 참여했다고 한다.

62) 《조선일보》, 1926년 6월 19일.

종교단체와 청년사회단체, 학생 등 모두를 대상으로 철저하게 검색·체포가 이루어졌다. 대구에서는 목사·사회단체 인사 20여 명이 서울의 만세운동 계획과 연결된 혐의로 체포되면서 긴장이 고조되었다.[63] 평양에서는 노농연합회·청년동맹·면옥노동조합과 같은 대중단체나 사상단체에 대해 대대적 수색에 나서는 한편 '요주의'인사들에 대해 철저한 감시를 취하였다.[64] 신천의 경우처럼 학교장 및 교원들이 검거되는가 하면, 친목회의 모임까지 금지시키는 등 집회 자체를 원천봉쇄했다

6월 8일부터는 군경을 동원하여 전국적으로 철야 경계에 돌입하였다. 기차역이나 주요 지역에는 군경이 배치되어 마치 계엄상태의 분위기로 몰고 갔다. 일제 군경은 시내의 여관이나 음식점 등을 수색하면서, 조금이라도 수상한 기미를 보이면 검속하는 한편 사람의 왕래가 잦은 정거장 등에서 왕래객에 대한 철저한 검문·검색을 단행하였다. 지방 각지에서 인산 봉도를 위해 상경하는 사람들에게는 갖은 구실을 붙여 억제, 저지하였다. 그것은 3·1운동 때 상경하여 인산에 참가했던 지방인사들이 귀향하면서 만세운동을 전파하였던 경험에 의거하여,[65] 혹시나 일어날지 모를 만세운동의 조짐이 지방으로 파급될 여지들을 철저하게 차단하고자 하였던 때문이다. 철통같은 경계를 펼치던 일제는 인산 당일인 6월 10일 새벽 전국에서 일제히 행동을 개시하여 '요주의'인사들을 강제 구금하였다. 이는 혹시나 인산 당일에 만세시위가 일어날 것에 대비한 최종의 사전 봉쇄책이었다.

일제가 이렇듯 전력을 기울인 것은 3·1운동 때 지방으로의 확산을 사전에 저지치 못한 뼈아픈 경험을 가지고 있기 때문이었다. 3·1운동 때 일제는 만세시위가 전국으로 확산되리라고 전혀 예기치 못하다가, 만세운동이 불같이 번져 오른뒤에야 폭압적으로 '진압'에 나섰다.[66] 따라서 융희황제 인산

---

63) 이들은 융희황제 인산 직후에 무혐의로 풀려 나왔다(《동아일보》, 1926년 6월 14일).

64) 《동아일보》, 1926년 6월 11일.

65) 이정은, 〈3·1운동의 지방확산 배경과 성격〉(《한국독립운동사연구》5, 독립기념관 한국독립운동사연구소, 1991), 311~314쪽.

66) 윤병석, 〈3·1운동에 대한 일본정부의 정책〉(《3·1운동 50주년 기념논문집》, 동아일보사, 1969), 417~418쪽. 3·1운동의 초기에 일제는 전민족적인 만세운동으로 일어날 것이라고는 전혀 예상치 못하였다. 처음에는 민족자결주의의 영

때에는 그때의 경험을 바탕으로 일제의 무력을 총동원하며 아예 만세운동의 기미를 싹부터 잘라버리자는 것이었다. 때문에 이와 같은 일제의 대응과 탄압은 6·10만세운동이 지방으로 확산되어 가지 못한 커다란 요인으로 작용하였다.

한편 융희황제의 승하 소식이 전해지면서 전국의 한국인은 전면휴업, 撤市에 들어가 근신하는 것과 함께 대부분의 학생들이 휴학에 들어갔다. 그리고 망곡과 봉도식은 成服日인[67] 5월 1일 무렵까지 전역으로 확산되어 갔다. 4월 29일 통곡의 현장에서 심훈이 읊은 〈痛哭속에서〉라는[68] 애도시에서 묘사되듯이 한국인은 일제 군병의 총검과 말발굽 아래에서도 남녀노소를 가리지 않고 통곡하였던 것이다. 여기에 일제의 통제 속에서 일체 보도금지되었던 4월 28일의 송학선 의거에 대해 5월 2일 보도통제가 해제되자,[69] 각 언론은 이 사실을 대서특필하면서 민족의식을 고취시켜 나갔다.

5월 10일부터 6월 초까지는 망곡과 봉도가 뜸해지다가 인산일이 다가오면서 전국 각처에서는 봉도단을 구성하여 상경을 준비하였으며, 인산일에는 전국에서 일제히 망곡과 봉도식을 거행하였다. 망곡과 봉도에 참가하는 계층은 각계 각층의 인사들이 망라되어 있었다. 연령별로는 유치원생에서 보통학교생·청년·노인에 이르기까지, 직업별로는 학생·상인·이발업자·유림·직공·기생·불교승려·목사·역부·관리·서적상·한약상 등 나이와 직업에 관계없이 전 민족적으로 참가하였다.[70]

나이어린 幼年會나 소년회, 보통학교 학생들이 망곡과 봉도를 독자적으로 거행했으며, 전국적으로 볼 때 고등보통학교 학생보다 보통학교 학생들이 월

향으로 일부 운동자의 '선동'에 의해 일어나는 정도로 판단하고 주동자만 체포할 방침이었다고 한다. 그러다가 만세운동이 폭발적으로 일어나자 일제는 국내 주둔의 조선군 19·20 사단, 헌병과 경찰을 총동원하여 무자비하게 진압하였다.

67) 成服日이란 초상이 났을 때 喪服을 처음 입는 날이다.

68) 《시대일보》, 1926년 5월 16일. 《시대일보》에는 본명인 沈大燮으로 기재되어 있다.

69) 《시대일보》, 1926년 5월 2일.
《동아일보》, 1926년 5월 2일.

70) 장석홍, 〈융희황제 인산 전후 지방의 동향과 만세시위〉(《한국학논총》 20, 국민대 한국학연구소, 1997), 123~130쪽.

등히 많았다. 그것은 당시에 고등보통학교가 도청소재지 정도에만 세워질 정도로 적었던 때문도 있겠지만,[71] 지방에서는 학생층의 경우 보통학교가 주류를 이루었음을 알 수 있다. 그리고 어린 幼年들까지 망곡에 참여할 만큼 애도의 분위기가 확산되었다. 그런 점으로 볼 때 적어도 애도의 정도는 1919년 光武皇帝의 승하 때와 크게 다를 바 없었다.[72]

그러나 학생들의 민족적 정서는 일제 당국이나 일본인 교사들에 의해 철저하게 차단되고 있었다. 당시 학교 당국은 총독부의 지시에 따라 학생들의 망곡과 봉도식을 철저히 억제하고 있었다. 이 과정에서 일본인 교장 및 교원은 학생들에게 온갖 형태의 탄압을 자행하였고, 이로써 학교측과 학생들간의 갈등은 고조되었다. 이에 학생들은 학교측에 대항하며 휴학을 단행하거나, 학교측의 반대를 무릅쓰고 독자적으로 봉도식을 거행한 경우가 적지 않았다. 김제 금구보교·홍성보교·여산보교·원주보교·강화길상보교·영일보교·울산보교·강경보교·삼천포보교·홍덕보교·덕산보교·나주보교 등에서는 학교측이 망곡이나 봉도를 억제함으로써 학생들은 盟休로 대항하였다. 그런가 하면 지방의 학생들이 봉도를 하기 위해 집단적으로 맹휴를 하고 서울로 올라온 경우도 있었다.

이때 학교측은 주동학생을 구타하거나 처벌함으로써, 사회문제로 비화되기도 하였다. 강경보통학교에서는 허가 없이 망곡했다고 하여 학교 당국으로부터 무기정학을 당하는가 하면, 서산에서는 학생들이 시내 상점의 철시를 권고했다고 하여 20일간 구류를 받고, 연천에서는 망곡했다고 경찰서에 끌려가 주의를 받았다. 철원보교에서는 학생이 모자에 북포를 둘렀다고 해서 교사에게 구타당하기도 했다. 또한 부여보통학교, 대구 예수교 경영학원 순도학교, 공주보교에서는 국상 중에 금지된 창가와 가무를 교습함으로써 이에 반발한

---

71) 1925년도 기준으로 볼때, 전국에 고등보통학교는 23개교에 학생수는 10,185명이었다. 그런데 이 중 서울 소재의 학교를 제외하면 지방에는 도청소재지에 세워지는 정도였다. 이밖에 사범학교는 14개교에 2,373명이었다(《朝鮮總督府施政年報》, 1925년도 教育條 참조).

72) 광무황제의 국상을 당하여 《每日申報》는 1919년 1월 27일부터 인산 전날인 3월 2일까지 〈國葬彙報〉를 통하여 국장에 관한 소식들을 보도하였고, 望哭과 奉悼에 대한 것은 산견되고 있을 뿐이다. 이것은 《每日申報》가 민중의 동향보다 일제 당국의 행사에 관심을 표명한 때문으로 해석된다.

학생들이 맹휴에 들어가기도 했다. 또한 강화도 길상보통학교에서는 학생들이 喪章을 달았다고 교장과 교사가 학생들을 구타한 일이 있었고, 이에 항거하는 학생들이 동맹휴학을 단행하였다. 특히 길상보통학교의 맹휴는 학교측의 탄압이 사회문제로 비화되면서 민족감정을 자극시키는 계기가 되었다. 그럼에도 불구하고 일제의 탄압은 여전히 자행되면서, 보통학교 학생들을 경찰서에서 소환하여 제재하는 일도 있었다.[73]

학생들의 요구에 의해 망곡과 봉도식이 설령 거행되더라도 그 행사는 반드시 일본인 교장의 주도하에 치루어졌다. 원주보통학교의 경우, 융희황제 인산과 서울에서 6·10만세운동의 소식을 들은 6학년 학생과 고등과 학생들은 수업을 거부하며 맹휴에 들어갔으며, 상급생들은 학교의 뒷산 鳳山과 南山 숲속에서 서울 방면을 향하여 망곡을 하며 나라 없는 설움을 달래었다. 그런데 정보를 접한 일경이 추격하자, 학생들은 산길을 따라 탈출하여 이튿날에도 동맹휴학을 이어 나갔다. 그리하여 하는 수없이 일본인 교장이 학교에서 정식으로 망곡제를 거행할 것을 제의하여 겨우 사태를 수습할 수 있었다.[74] 이렇듯 보통학교를 중심한 지방에서의 맹휴는 망곡과 봉도를 금지하는 학교 당국과 이에 대항하는 학생층간의 갈등으로 표출되고 있었다.

지방에서 만세시위가 일어난 경우를 보면, 고창보통학교와 인천 만국공원에서 수십 명 규모로 만세시위가 이루어지고 있었으며, 나머지는 혼자 또는 몇 사람 정도의 규모로 진행되었다. 완도의 모도청년회는 만세운동을 추진하다가 사전 발각되기도 했다.

고창보통학교의 만세시위는 특히 주체가 보통학교 학생이었다는 점에서 주목된다. 이 무렵 학생운동은 고보생이나 전문학생들이 주류를 이루었다. 그리고 6·10만세운동 때 서울에서 일어난 만세시위의 경우도 전문학교 학생과 고보생이 중심을 이룬 조선학생과학연구회와 같은 학생운동단체에서 만세시위를 주도하였다.[75] 그런 점으로 볼 때, 보통학교 6학년인 10대 중반

73) 장석흥, 앞의 글(1997) 참조.

74) 趙東杰,《太白抗日史》(강원일보사, 1976), 248~250쪽. 그러나 이 일로 일본인 교장 篠原實은 파면조치되었다고 한다.

75) 장석흥, 앞의 글(1994) 참조.

의 어린 소년들이 만세를 고창하고 나선 것은 각별한 의미를 지니는 것이었다. 특히 식민지통치체제 아래 태어나서 성장한 이들이 또한 조직적 기반도 없는 상태에서 독립만세를 고창했다는 사실은 식민지 통치의 모순을 극명하게 노정시킨 상징적 사례인 것이다.

단독으로 행한 것으로는 전남 영광의 송형욱 부부, 함남 풍산의 유재봉 같은 열혈청년, 춘천의 김상식, 신의주의 문봉순 등의 만세시위가 있었다.

한편 안성에서의 선언서 배포, 고원에서 천도교 종리사 김태일이 해외 독립군단체에서 반입된 선언서를 등사하여 배포하다가 발각된 사실, 진주지방의 봉도식에서 선언서 수십 장이 유포되어 있었던 사실 등은 인산을 전후한 시기에 만세운동과 같은 조짐이 다양하게 일고 있었음을 시사해 주고 있다. 해외독립군단체에서 선언서가 반입되었다고 하는 것은 정체가 불명하지만, 진주지방에 선언서 수십 장이 유포되었다는 사실은 서울과 연결되지 않은 상태에서 자생적으로 계획되어 간 모습들을 보여주는 점에서 주목된다고 하겠다.

그리고 산발적이나마 인산 당일을 기해 각처에서 태극기를 게양하거나 공주 유림 盧梗이 민족적 울분이 솟구쳐 자살을 기도한 사례들은 일반 대중에 잠재된 항일의식을 보여주는 것이었다. 그러나 이러한 민족적 항일의식의 분출은 일제의 철저한 탄압에 의해 조직적인 만세운동으로 나아가지 못한채 차단되고 말았다.

6) 6·10만세운동의 이념

6·10만세운동 당시 작성된 격문이나 전단 등은 크고 작은 것들을 포함해 8종이 확인된다.[76] 권오설이 작성한 것으로 알려지는 大韓獨立黨 명의의 〈檄告文〉과 그밖의 전단들인 〈大韓獨立萬歲〉·〈大韓獨立運動者여 團結하라〉·〈朝

76) 이석태, 《사회과학대사전》(1948), 487쪽에는 6·10만세운동 때 20여 종의 선전문이 작성된 것으로 되어 있는데, 이는 〈격고문〉과 傳單의 각 항목들을 개별적인 것으로 보았기 때문이다. 그것들은 별도의 것이 아니라 4개의 전단 속에 들어있는 항목들이다.

鮮人 敎育은 朝鮮人本位〉·〈산업은 조선인본위〉 등과 조선공산당 임시상해부의 기관지 불꽃사 명의로 작성한 〈服喪 慟哭하는 民衆에게 檄함〉, 그리고 학생주체들이 작성한 2개의 짧은 격문 등이 그것이다.

그 중 가장 대표적인 격고문은 6·10만세운동의 始原을 3·1운동에서 밝히고 있다. 그리고 독립은 정의와 평화의 실현으로 정의되고 있음도 살펴진다. '완전 독립을 쟁취하자', '조선독립만세'의 구호를 내세움으로써 絶對獨立을 최고의 이념으로 설정하고 있는 것이다.

격고문은 구체적 방법으로써 일제의 침략으로 死地에 놓인 상황에서 망곡과 같은 감상적 설움만으로는 독립을 절대로 달성할 수 없으므로 정의와 평화의 실현을 위해 혁명적 민족운동자의 단결을 주장하고 있다. 즉 망국의 통한을 망곡으로 낭비할 것이 아니라 독립 달성을 위해 민족적 대단결을 이룩해야 한다는 것이다.

격고문의 이같은 논리는 3·1운동 당시 선언서의 논리와 비교할 때 뚜렷한 차별성을 보이는 것이었다. 3·1운동 당시 독립선언에서는 대체로 세계개조의 분위기에서 인도주의·민족자결론·고유주권설 등에 따라 독립을 주장하고 있었다.[77] 그리고 일본을 경제적 침략자로 규정할 안목을 갖지 못한 채, 정치적 침략주의·강권주의·제국주의 등으로만 인식하고 있었던 것이다. 그런 점에서 정치적 침략뿐 아니라 경제적 침략의 관점에서도 일제 식민지 지배의 모순을 지적하고 있는 격고문의 논리는 3·1운동 때 자유주의의 논리에 비해 그 사상적 기조에서 큰 차이를 보이는 것이었다. 3·1운동 이후 사회주의의 수용과 더불어 성숙되어간 민족이론의 실체를 보여주고 있는 것이다.

식민지 민족을 총체적으로 무산자계급, 제국주의는 자본주의계급으로 규정

---

77) 3·1운동 당시 선언서는 여러 가지가 있다. 때문에 3·1운동의 독립논리는 일률적으로 논하기는 어렵다. 그러나 여러 곳에서 대체로 일치하는 것을 정리해 보면, 국제감각은 세계 개조의 시기로 보았고, 독립논리는 인도주의에 바탕한 동양평화론과 민족자결론이 주되었으며, 방략으로는 광명정대한 전민족의 시위, 국제회의에 대한 기대, 독립군의 살신성인 등으로 표현되고, 독립국가상은 자유주의와 민주주의로 요약될 수 있다(자세한 내용은 趙東杰, 앞의 글, 1989, 398~404쪽).

하면서, 민족적 · 정치적 해방과 계급적 · 경제적 해방을 동일한 성격으로 규정하고 있는 점도 주목된다. 민족해방과 계급해방을 분리하지 않은 채 통일적으로 파악하는 격고문의 논리는 계급지상주의에 대한 편향성이 극복되고 있음을 살필 수 있다. 민족혁명을 위해 자유주의자와 통일전선을 형성하게 되는 이론적 단서로도 주목되는 것이라 하겠다. 이들 사회주의 세력이 '민족운동의 선봉'에 나서야 한다는[78] 노선을 여기에서 분명하게 확인할 수 있는 것이다.

그 같은 사실은 '대한독립당' 명의로 격고문을 발행하고 있는 것에서 뚜렷하게 나타난다. 대한의 독립을 추구한다는 단체의 명칭에서도 민족혁명이 강조되고 있음을 확인할 수 있는 것이다.

전단에서는 당시 식민지 한국사회 전반에서 제기되던 당면과제들이 거의 망라되고 있음을 볼 수 있다. 이와 같이 사회 각 부문의 문제들에 대해 주장하고 있는 것은 다름 아니라 만세운동의 확산과정에서 모든 계층의 참여를 기대하였던 때문으로 이해된다. 계급적 구호가 강조되지 않는 점도 그러한 맥락에서 살펴진다고 하겠다. 그리고 이는 3 · 1운동과 비교할 때 운동의 기반과 이념이 한층 발전된 모습을 보이고 있는 것이다.

6 · 10만세운동은 3 · 1운동의 경험 위에서 일어난 것이었지만, 운동의 주체와 이념적 측면에서 뚜렷한 차별성을 보이며, 민족통일전선을 이룩해 갔던 것이다. 이는 민족혁명에 대한 이론적 발전을 뜻하는 것이었다.

7) 6 · 10만세운동과 그 영향

6 · 10만세운동이 일어난 직후 그에 대한 반응은 중국 상해에서 가장 먼저 나타났다. 상해는 앞서 보듯이 6 · 10만세운동의 진원이 되었던 곳이기도 하였다. 혁명청년사는 1926년 7월 3일자 기관지 《혁명청년》 창간호에서 〈6월운동의 경과와 소감〉이라는 기사를 자세하게 보도하였으며,[79] 이어 같은 해 7

78) 이는 1926년 5월 초 김단야가 권오설에게 융희황제의 승하를 기회로 삼아 만세운동을 일으켜야 한다고 주장하는 대목에서 언급된 바 있다(지중세 역편, 앞의 책, 40쪽).

월 16일에는 임시정부의 기관지인 《독립신문》과 함께 김규식·송병조·이유필·정인교·강경선·최석순·곽헌·황훈 등의 발기로 三一堂에서 6·10만세운동에 대한 연설회를 개최하였다. 이때 연설회에는 상해거주 한국인 약 200명이 모였으며, 이 자리에는 김단야의 6·10만세운동에 대한 경과보고에 이어 안창호의 연설회가 있었는데,[80] 여기에서 안창호는 6·10만세운동이 전연 자각적으로 일어난 것을 강조하고, 이 운동은 동학농민전쟁과 독립협회의 근대적 개혁운동에서 시원을 이루고, 3·1운동의 정신을 계승한 것으로 평가하였다. 그리고 6·10만세운동의 정신을 계승, 발전시키기 위해서 민족적 통일기관을 세울 것을 주장하였으니, 여기서 민족적 통일기관이란 주의와 이념을 초월하여 민족적 '대혁명당'을 조직하자는 것이었다.

대당결성의 필요성에 대한 세론이 높아지는 가운데 국무령 洪震은 1926년 7월 8일 임시의정원 취임식에서 제시한 시정방침의 3대 강령에는 민족대당의 조직을 천명하였다.[81] 이로써 민족유일당운동의 깃발이 올려졌던 것이다.

한편 6·10만세운동으로 조선공산당의 조직은 궤멸상태에 이르게 되었다. 그러나 6·10만세운동의 정신은 국외의 조선공산당 임시상해부에 의해서 다시 표방되기에 이르게 되니 1926년 7월에 발표된 〈조선공산당선언〉이 그것이었다. 여기에서는 6·10만세운동을 민족운동노선의 전기가 가져온 민족적 유일전선의 기초작업으로 이해하였으며 그것은 조직적 지도와 철저한 목적, 표어 및 투쟁방침을 세우고 민족운동자와 공산주의자가 동일대오에 서서 이루어 놓은 민족운동사의 업적이라 하였다. 즉 6·10만세운동을 좌익운동도 우익운동도 아닌 유일전선이 이끈 민족운동으로 규정한 것이다.[82] 6·10만세

79) 革命靑年社, 〈今回六月運動의 經過와 所感〉(《革命靑年》 創刊號, 1926년 7월 3일).
〈不穩雜誌 '革命靑年'ニ關スル件〉(朝保秘八三四號, 大正十六年 八月 十六日 ; 고대 아세아문제연구소 소장자료 551~573쪽에 일어로 번역).
80) 國會圖書館 編, 《韓國民族運動史料(中國篇)》(1976), 601~602쪽.
81) 시정방침의 3대 강령은 다음과 같다.
一. 비타협적 자주독립의 신운동을 촉진할 것.
一. 전민족을 망라하여 공고한 당체를 조직할 것.
一. 전세계피압박민족과 연맹하여 협동전선을 조직하는 동시에 또 연락이 가능한 우방과 제휴할 것(金正明 編, 《朝鮮獨立運動》 2, 1967, 323쪽).
82) 姜萬吉, 〈韓國獨立運動의 歷史的 性格〉(《亞細亞硏究》 59, 1978), 30쪽.

운동의 통일전선은 〈조선공산당선언〉으로 구체화되었으며, 또한 상해에서 안창호가 주창한 유일당운동으로 계승되어 갔던 것이다. 국내에서는 민흥회가 성립되어 통일전선의 새로운 단계로 점입하였다.

6·10만세운동으로 인하여 제2차 조선공산당이 궤멸되는 상황에서도 통일전선의 흐름은 새로운 세력에 의해 추구되었다. 또한 6·10만세운동의 한 축을 이루었던 천도교 구파의 진영에서는 반자치론, 특히 최린 등의 타협적 세력과 노선의 차별성을 부각시키면서 민족운동상에 통일전선의 흐름을 진작시키고 있었다. 이들이 신간회발기회에 참가했던 사실은 그와 같은 흐름을 말해 주는 것이라 하겠다.

〈張錫興〉

2. 신간회운동

신간회는 일제시기 국내에서 공개적으로 활동했던 정치단체 중 가장 큰 결사체였다. 신간회는 1927년 1월 15일 창립하여 1931년 5월 16일 해소될 때까지 만 4년 4개월 동안 존속했으며, 지방의 지회조직은 150여 개, 회원 수는 4만여 명에 달하였다. 신간회 이전이나 이후에도 이만한 규모·활동력·존속기간을 가졌던 단체는 존재하지 않았다. 일제시기 민족운동사상에서 신간회가 가지는 의미는 이러한 양적인 면에만 그치는 것은 아니었다. 신간회는 사회주의세력과 민족주의세력의 협동으로 이루어진 단체였다. 신간회에서의 양 세력의 협조와 협동경험은 해방 이후 남북분단이 계속되는 현재에도 귀중한 역사적 경험으로 역할할 수 있을 것이다.

그러나 이것은 반드시 양 세력의 바람직한 협동만을 말하는 것은 아니다. 우리에게는 양 세력의 불완전하거나 부족한 협조와 협동 경험 또한 반성과 반추의 역사경험이 될 수 있는 것이다. 신간회에서의 양 세력의 협동은 결코 완전한 것은 아니었다. 민족주의세력과 사회주의세력이 만나 최대의 협동을 이루었으나 이후 양 세력 분열의 원형을 보여주는 신간회에 대한 검토는 남북이 분단된 지금의 현실에서도 여전히 유효할 것이다.

1) 창립 배경

신간회의 창립은 민족주의세력과 사회주의세력의 협동의 결과라고 할 수 있다. 그러나 양 세력이 신간회 창립에 나서게 된 계기는 약간의 차이가 있었다. 민족주의세력은 당시 풍미하던 자치론에 대한 적극적 대응책으로 신간회 창립에 나서게 되었고, 사회주의세력은 그들의 운동노선인 민족협동전선을 구축하기 위해서였다.

신간회 창립을 주도한 민족주의세력은 소위 민족주의 좌파 또는 비타협적 민족주의자라고 불리는 사람들이었다. 이들은 당시 민족주의 우파 또는 타협적 민족주의세력이 주장하던 자치운동을 극도로 경계하고 있었다

자치론이 제기되기 시작한 것은 1923년 가을부터였다. 동아일보사와 일부 천도교 간부들이 주동이 된 민족주의 우파진영은 아베 미쓰이에(阿部充家)와 총독부의 정책적 지원을 등에 업고 우익세력단체인 硏政會를 조직하고자 하였다. 이에 앞서 이들은 李光洙로 하여금 이 조직의 이념적 지향이 될 〈民族的 經綸〉이라는 논설을 《동아일보》에 게재하게 하였다. 그러나 이 논설이 자치운동에 대한 주장이라고 하여 세간에 격렬한 반발을 불러일으키자, 민족주의 우파측의 연정회 조직계획은 미수에 그치고 말았다.[1] 자치론이 재차 시도된 것은 1926년 9월 말이었다. 9월 말 자치운동단체를 조직하기로 결의한 민족주의 우파세력은 10월 초순 조직 준비에 착수하여 朴熙道·金俊淵·趙炳玉·金麗植·崔元淳·韓偉健·沈友燮·崔南善·李光洙·卞榮魯·金鑽永·洪命憙·朴承喆·白寬洙·閔泰瑗·洪秉璇·金弼秀 등과 개별접촉에 나섰다.[2]

---

1) 〈민족적 경륜〉의 핵심적 내용은 "총독부가 허하는 범위 내에서" 민족운동을 전개해야 한다는 것이었다. 〈민족적 경륜〉은 민족주의 진영 내에서 타협주의 세력과 비타협주의 세력의 대립을 표면화시키는 계기가 되었다(박찬승, 《한국 근대 정치사상사 연구》, 역사비평사, 1992).

2) 이때 자치운동에 반대하고 있던 조선일보사의 安在鴻과 金俊淵이 이 사실을 民興會 회원들에게 알려 주었다. 이에 민흥회의 明濟世는 최린을 찾아가 만약 자치운동단체 조직을 강행할 시에는 이를 극력 방해할 것이라고 경고하였다.

10월 13일 자치운동자들은 시사간담회라는 준비위원회를 개최하고 발기계획을 발표하려 하였다. 그러나 지금 곧 민족주의단체를 조직해야 할 필요도 없고 경비와 인물도 없으니 이 문제는 당분간 보류하는게 좋겠다는 의견이 제기됨에 따라 논의후 해산하였다.[3] 이러한 자치론자들의 동향은 비타협 민족주의자들의 경계심을 유발하였다. 이에 따라 비타협 민족주의자들은 '民族黨' 결성에 박차를 가하게 되었고 그러한 시도의 일환으로 신간회 결성에 임하게 되었다.[4]

사회주의자들의 민족협동전선 시도는 신간회 이전에도 시도된 바가 있었다. 朝鮮共産黨은 1926년 2월 26일 제13회 중앙집행위원회에서 "민족해방의 조선독립과 공산정치의 통일기를 획책하고 민족·사회 양 운동자를 통일하기 위한 國民黨조직의 전제로서 천도교를 기초로 할 것"을 결의하였다.[5] 이 결의는 사회주의자들이 행한 최초의 민족협동전선 논의라는 점과 구체적인 조직방법이 거론되었다는 점에서 의미가 있다. 이 결의에 따라 당시 조선공산당 책임비서 姜達永은 좌파 민족주의자들을 접촉하였다. 1926년 3월 10일 천도교 간부 權東鎭의 집에서 李鍾麟·申錫雨·安在鴻·權東鎭·朴東完·吳尙俊·兪億兼 등 7인과 회합하고 비타협적 민족운동과 공산주의운동의 공동작전을 펴는 데 대해 논의했다. 그후 1926년 6·10만세운동을 계기로 제2차 조선공산당 당원에 대한 검거로 당이 와해상태가 되자, 조선공산당의 민족협동전선론은 제3차 조선공산당으로 계승되어 나갔다.

신간회 창립배경과 관련하여 중요한 의미를 갖는 것은 〈정우회선언〉이었다. 이를 주도한 단체는 一月會였다.[6] 창립시부터 국내운동의 파쟁을 비판하고 민족협동전선을 표방하였던 일월회의 지도자 安光泉은 河弼源 등과

---

3) 〈民族運動槪觀〉(《齋藤實文書》, 고려서림 영인본, 1926), 238~240쪽.

4) 자치론에 관한 자세한 논의는 박찬승, 앞의 책 참조.

5) 京城地方法院檢査局, 《第2次朝鮮共産黨事件檢擧ニ關スル報告綴》(1926)(《한국공산주의운동사》 2, 1986, 청계연구소, 373~377쪽 재인용).

6) 일월회는 1925년 1월 재일 유학생들을 중심으로 北風會의 재일본조직인 北星會를 해체하고 조직한 사회주의단체였다. 설립 당시 회원수는 많지 않았으나 여타 재일조선인단체의 간부를 겸하는 인물이 많았던 관계로 재일조선인운동에 대해 큰 영향력을 가지고 있었다.

더불어 1926년 8월 하기 휴가를 맞아 귀국하였다. 귀국후 제1·2차 조선공산당사건으로 국내 사회주의운동세력이 위축된 사실을 알게 된 안광천 등은 곧바로 正友會에 가입하였다. 이를 계기로 정우회의 주도세력은 화요회를 중심으로 한 四團體合同委에서 일월회 계열로 바뀌었다. 정우회를 장악한 안광천·하필원 등은 1926년 9월 28일 정우회 위원을 補選하여 새롭게 진용을 갖추는 한편, 11월 15일 〈정우회선언〉을 발표하였다. 이때 이미 안광천은 金錣洙에 의해 재건된 제3차 조선공산당의 책임비서도 겸하고 있었다. 이 정우회선언은 후일 조선의 사회주의자들이 신간회에 참여하는 이론적 배경이 된 중요한 선언이었다. 정우회선언의 주요 내용을 요약하면 다음과 같다.

① 과거의 분열에서 벗어나 사상단체를 통일하고 구체적으로 전위적 운동을 행하여야 한다.
② 교육을 통하여 대중을 조직화하고 질적·양적으로 그 영역을 확대하여 그것을 기초로 일상투쟁을 하여야 한다.
③ 종래의 국한되었던 경제적 투쟁에서 계급적·대중적·의식적 정치형태로 전환하여야 한다. 이 과정에서 타협적 민족주의자와 일시적인 공동전선이 필요하다.
④ 이론투쟁으로 운동의 진로를 제시하여야 한다.
(《조선일보》, 1926년 11월 17일).

이 정우회선언에서 문제가 되었던 것은 ③항이다. 여기에는 "경제적 투쟁에서 정치적 투쟁으로 전환해야 한다"는 방향전환의 내용과 민족협동전선론이 포함되어 있다.

이 정우회선언이 발표되자, 정우회와 조직적 대립관계에 있었던 서울청년회는 정우회선언을 놓고 내부 진통의 결과, 신·구파로 대립하였다. 신파는 정우회선언을 찬성하였으며 구파는 종래 노선을 지지하였다. 이에 따라 구파의 영향하에 있었던 前進會는 1926년 12월 15일 정우회선언에 대한 결의문과 검토문을 발표하였다. 그러나 전진회를 중심으로 한 서울청년회 구파의 정우회선언에 대한 〈검토문〉의 발표에도 불구하고 정우회선언은 국내외 수많은 사상단체 및 노동·청년단체의 지지를 받고 있었다. 이는 사회주의 단체가 민족협동전선에 대해 결성할 준비가 되어 있음을 뜻하는 것이다.

1926년 초 사회주의세력은 크게 4단체합동위와 전진회 세력으로 양분되어 있었다 이때 4단체합동위는 동 단체를 실질적으로 주도하던 화요회·북풍회의 간부 다수가 조선공산당 제1차 검거사건으로 체포된 까닭에 세력이 약화된 상태에 있었다. 반면 전진회는 1926년에 들어서 민족협동전선을 예비하는 적극적 조처를 취하였다. 그러한 조처로서 전진회는 1926년 2월 20일 조선사회단체중앙협의회를 발의하였다. 전진회의 이러한 움직임은 해외의 민족해방운동과 밀접히 관련되어 있었다. 1926년 3월 전진회는 블라디보스톡에서 결성된 비타협적 민족유일당운동단체인 民族黨籌備會에 참여하였다. 전진회의 주도세력인 서울청년회 세력은 민족당주비회가 국내조직을 구축하려는 것을 기회로 자파 중심의 朝鮮民興會를 발기하였다.

1926년 7월 8일 朝鮮物産奬勵會館에 모여 발기된 조선민흥회는 서울청년회계의 사회주의자들과 조선물산장려회계의 민족주의자들의 제휴로 이루어진 한정된 규모의 민족협동전선이었다. 조선민흥회의 발기취지는 "조선민족의 공동이익을 위하여 분투 노력함에는 반드시 전 민족적인 각 계급의 역량을 총집중한 조직력의 활동으로서야 가능할 것이므로 조선민족의 중심세력이 될 유일한 조직체를 완성하기 위하여 조선민흥회 발기준비회를 조직한다"는 것이었다. 그러나 창립준비위원과 상무위원까지 선출한 조선민흥회는 일제에 의해 발기총회와 창립총회를 모두 금지당하여 구체적인 활동을 전개할 수 없었다. 이에 따라 1927년 2월 11일 조선민흥회는 신간회 대표들과 회동하여 신간회에 무조건 가입하기로 합의하였다.

2) 신간회의 창립

1926년 후반, 자치운동단체인 연정회를 조직하려다 실패한 적이 있던 천도교 신파의 최린과 동아일보사의 金性洙·宋鎭禹 등은 다시 비밀리에 자치운동단체를 조직하려 하였다. 물론 이들의 계획은 무산되었으나, 이들의 자치운동단체 재결성 움직임은 신간회를 발기시키는 계기 중 하나가 되었다. 그러한 사실은 일제가 포착한 다음과 같은 서술에서 살펴볼 수 있다.

1926년 말 우연히 평안북도 정주 소재 오산학교 교사로 있던 홍명희는 동기휴가를 이용하여 경성에 와서 최남선을 방문한바 최남선으로부터 그들의 의견을 전해듣고 동시에 서로 자치문제에 대하여 밤을 밝히며 토의하였다. 다음날 홍명희는 안재홍을 방문하고 신석우를 초치하여 대책을 협의한 결과 급속히 진실된 민족당을 조직하기로 결정하였다. 이어서 권동진·박래홍·박동완·한용운·최익환 등의 찬동을 얻어 홍명희로부터 재북경 신채호에게 飛檄하여 역시 찬동을 얻어 발기인에 참가시키고 당국과 접근성을 가진 신석우를 개재하여 그 양해를 얻고 '新幹出古木'이라는 말에서 취하여 신간회란 명칭을 정하였다(警高秘 第8036號 京畿道,《秘密結社朝鮮共産黨竝ニ高麗共産青年會事件檢擧ノ件》; 姜德相·梶村秀樹 編,《現代史資料》29, みすず書房, 1972, 95쪽).

즉 신간회의 발기논의는 자치론자들의 자치운동 소식을 알게 된 다음날부터 추진된 점으로 보아 최소한 1926년 12월 이전부터 진행된 것으로 보인다. 이러한 신간회 발기 움직임은 1927년 들어 더욱 진전되었다. 동년 1월 초 권동진·홍명희·박동완·李甲成·韓基岳 등은 조선일보사에서 회합하여 신간회 발의를 합의하고 발기인들과 접촉하여 가입 승낙을 받는 동시에 강령을 초안하는 등 창립준비를 서둘렀다.[7] 그 결과, 1월 14일 다음과 같은 강령을 발표하였다.

① 조선민족으로서 정치·경제의 究竟的 해결을 도모한다.
② 우리는 단결을 공고히 하는 것을 목적으로 한다.
③ 우리는 기회주의를 일체 부인한다.

그러나 이러한 강령은 일제의 허가를 받을 수 없었다. 이에 따라 신간회 준비인사들은 일제 당국과 절충하여[8] 다음과 같이 수정된 강령을 발표하였다.

一. 우리는 정치적·경제적 각성을 촉진한다.
一. 우리는 단결을 견고히 한다.

---

7) 李炳憲,〈新幹會運動〉(《신동아》60, 1969), 194쪽.
8) 명칭·강령 등에 대한 당국과의 절충은 조선일보사 부사장이었던 申錫雨가 담당하였으며 조직준비에 소요되는 자금은 천도교에서 부담하였다.

一. 우리는 기회주의를 일체 부인한다.

위 강령은 1927년 1월 19일 27인의 명의로 신간회가 정식 발기되는 자리에서 발표되었다. 신간회 창립 때 간부진을 분류별로 살펴보면 다음과 같다.

조선일보계 : 李商在 · 安在鴻 · 申錫雨 · 李昇馥 · 張志暎 · 崔善益 · 韓基岳 · 洪性熹 · 李晶燮
기독교계 : 朴東完 · 曺晩植 · 金永燮 · 朴熙道 · 吳華英 · 兪珏卿 · 鄭春洙
불 교 계 : 韓龍雲
천도교계 : 權東鎭 · 朴來泓 · 李鍾麟
유 림 계 : 金明東 · 李　淨 · 河載華
조선공산당계 : 金俊淵 · 李錫薰 · 韓偉健 · (洪命憙) · 宋乃浩
학　　계 : 兪億兼 · 李順鐸 · 金活蘭 · 趙炳玉

이들 중 권동진 · 김명동 · 박동완 · 백관수 · 신석우 · 신채호 · 안재홍 · 장지영 · 하재화 · 한기악 · 한용운 · 홍명희 · 이정섭 · 이종린 · 권태석 · 명제세 · 박희도 · 송내호 · 오화영 · 정춘수 · 최익환 등 23명은 2 · 8독립선언에 가담하였거나 3 · 1운동 관계자, 임시정부에서 활동하였던 사람들이었다. 즉 3 · 1운동 이후의 부르주아 민족주의자들이 1920년대 전반기 꾸준한 활동을 통하여 참여하고 있었음을 알 수 있다.

1927년 2월 15일 서울 종로 기독교청년회관 대강당에서 신간회 창립대회가 열렸다. 250명의 회원이 참석한 이날 대회는 방청인까지 합하면 1,000여 명이 넘는 성황을 이루었다.[9] 임시의장으로 선임된 신석우의 진행으로 서기와 사찰의 선출, 회원점명, 조선민흥회와의 합동 경과보고, 편의상 신간회란 이름을 그대로 쓰기로 하였다는 보고 등이 있었다. 회장에는 李商在가 추대되었고 부회장에는 홍명희가 선출되었다. 그러나 이날 대회에서 일제가 선언 발표를 금지시킴에 따라 규약대강만 통과되었다.[10]

이와 같이 신간회의 창립은 민족단일당 또는 민족유일당의 매개형태로서 일단락되었다. 신간회 창립의 직접적 계기는 민족주의 좌파를 중심으로 한

9) 《조선일보》, 1927년 2월 16일.
10) 《동아일보》, 1927년 2월 17일.

反自治論에 있었다. 또한 1925년 1월부터 조선 국내의 여러 세력들이 제기한 민족협동전선론과 그에 따른 실천들이 근거하고 있었다.

(1) 사회주의자들의 신간회운동론

〈정우회선언〉 이후 정우회는 협동전선 결성에 방해가 된다는 이유로 산하 사상단체들을 해체시켰다. 반면 서울청년회는 정우회선언에 대한 〈前進會檢討文〉을 발표하였는데 이것이 이른바 신간회운동론인 사상단체찬반론·兩黨論·淸算論의 주요한 이론적 바탕이었다.

전진회는 정우회선언 내용 중 민족협동전선 결성에는 적극 찬성하였다.[11) 우선 전진회가 발표한 검토문 내용을 살펴보면 다음과 같다.

첫째, 정우회선언이 주장하는 협동전선을 만드는 데는 찬성하나 그것은 타협운동이다. 어떠한 조직에도 프롤레타리아의 계급의 독자성 혹은 주도권을 포기하는 것이다. 따라서 어떠한 조직형태로 제휴할 것인가 하는 문제가 언명되어야만 타협운동의 비난을 벗어날 수 있지만 정우회선언은 이 점에 대한 언급이 없다는 것이다. 이 문제는 〈전진회검토문〉이 발표된 다음, 이른바 兩黨論을 내세우는 빌미가 되었다.

둘째, 정우회선언은 부르주아세력을 일시적 동맹자라고 규정하였다. 이에 대해 전진회는 '언제까지 동맹할 것인가'와 '어떻게 동맹할 것인가' 하는 문제에 대해 정우회선언이 대안을 제시하지 못하고 있다고 하였다.

셋째, 정우회선언은 "경제적 투쟁의 형태에서 일층 계급적·대중적·의식적인 정치형태로 비약해야 한다"고 하였는데 여기에서 말하는 경제적·정치적 투쟁의 개념이 매우 모호하다는 것이었다. 더욱이 일본 사회주의운동이 경제적 투쟁에서 정치적 투쟁으로 전환되어야 한다는 것은 일본의 노동조합운동이 합법적 명분을 가진 무산계급정당으로 의회로 진출해야 할 것인가 혹은 비밀전위당으로 공산당을 우선 조직해야 할 것인가 하는 문제와 관련

11) 水野直樹, 〈新幹會運動に關する若干の問題〉(《朝鮮史硏究會論文集》 14, 1977), 97~98쪽.
———, 〈新幹會の創立をめぐって〉(《近代社會社會思想》, 1977), 292쪽.

되어 있었다.

정우회와 조선공산당은 정우회선언 발표를 전후하여 민족협동전선을 결성하기 위한 첫 단계로서 모든 사상단체를 해체시키려고 하였다.[12] 사상단체 해체에 관한 논의가 지상에 등장한 것은 정우회선언이 발표된 1926년 11월이었다. 한편 조선공산당의 표면단체인 정우회는 선언을 발표하기 이전에 이미 모든 사상단체의 해체공작을 시도하고 있었다. 舜昴이란 필명의 글 〈사상단체에 대한 나의 偏見〉에서는 사상단체 해체는 不可하며 경우에 따라서는 각종 사상단체 통일체로서의 단일사상단체가 가능하다고 주장하였다. 이를 계기로 정우회－조선공산당세력과 전진회－서울청년회 사이에 치열한 찬반론이 전개되기 시작하였다.

사상단체해체론의 요점은 ① 사상단체가 계급운동의 원시적·양적 발전을 촉진시키는 소임은 끝났다. 따라서 이제는 목적의식적·전계급적 정치운동의 단계이므로 단일통제기관을 만들어야 하는데 사상단체는 그 형성에 방해가 된다. ② 사상단체는 파벌대립의 온상이라는 것이었다. 이에 대해 사상단체해체반대론자들은 ① 단일통제기관이란 결국 계급정당을 말하는데 현실적으로 그것은 불가능하며 신간회는 계급정당이 아니라는 점, ② 사상단체의 소임은 계급운동의 양적 팽창에도 있지만 그보다 질적 순화를 도모하는 것이 본연의 임무인데 현실의 운동의 질은 유치한 단계라는 점, ③ 사상단체가 파벌대립의 근원이라면 노동·농민·청년·여성단체 등도 해체되어야 할 것이 아닌가 하는 점 등을 들어 반대하였다. 사상단체해체반대론은 "민족당 혹은 민족단체의 강령을 승인하고 그 속으로 들어가는 것은 그 속에서 용해되는 것이 아니라 더욱더 계급적 정신을 고양·결정하려는 것이 동기가 되므로 민족당에 들어가기 위하여 사상단체를 해체해야 할 이유는 없다"[13]고 대응하였으나, 그것은 새로운 이론적 해답이 되지는 못했다. 사상단체에 대한 논의는 1927년 4월 이후 자취를 감추었지만, 서울청년회가 사상단체해체반대론이나 〈전진회검토문〉에서 제기한 문제점들은 해결되지 않은 채 兩黨論으로

12) 사상단체는 사회주의사상을 연구·전파하는 것을 목표로 하는 합법단체인데 실제로는 지하 공산주의그룹의 전위로 활동하는 경우가 대부분이었다.

13) 독고독, 〈사상단체 해체 是非〉(《조선지광》 65, 1927), 3·9쪽.

이어졌다.

양당론은 전진회가 조선사회단체중앙협의회를 통하여 표명한 것으로, 무산계급정당과 민족단일당이 병존해야 한다는 주장이었다. 전진회가 조선사회단체중앙협의회 조직을 결의한 것은 1926년 2월 17일이었다. 그러나 전진회가 양당론을 구상한 것은 그 이전부터로 보인다. 전진회는 구상대로 1926년 2월 무산계급정당의 준비기관으로 조선사회단체중앙협의회를 조직하였으며, 7월에는 조선민흥회를 발기하였다.[14]

전진회가 조선사회단체중앙협의회를 무산계급정당의 준비기관으로 규정한 것은 첫째, 전진회는 이미 민족협동전선이 결성될 것을 예상하고 거기에 대비하여 프롤레타리아의 계급적 독자성과 주도권을 위해 조직적으로 대비하였다. 둘째, 조선사회단체중앙협의회는 '무산계급정당의 준비기관'이므로 조선공산당과 같은 지하단체는 아니지만 그 명분은 지하단체가 맡을 수 없는 계급적인 문제를 해결한다는 것이었다. 이는 결국 조선공산당과 같은 지하당의 역할을 목표로 한다는 것이었다. 따라서 조선사회단체중앙협의회는 조선공산당과 대립적 관계에 놓이게 된 것이다.

이에 따라 조선공산당은 조선사회단체중앙협의회를 조선공산당에 대한 조직적 대립으로 간주하고 이에 대한 대책을 수립하였다. 이 대책에 따라 조선공산당은 1926년 5월 그 산하단체들을 조선사회단체중앙협의회에 가입시키기로 결정하였다. 이것은 조선사회단체중앙협의회를 자파 중심으로 이끌어가거나 파괴하기 위함이었다. 조선사회단체중앙협의회 창립대회는 1927년 5월 16일부터 3일간 열렸다. 대회 첫날, 발언권을 얻은 在日本無産青年同盟의 崔益翰은 다음과 같이 주장하였다. 첫째, 조선사회단체중앙협의회의 非常設論이다. 그것은 조선사회단체중앙협의회를 일시적인 조직으로 그치게 하자는 주장이며, 조선사회단체중앙협의회의 실제기능을 분산 혹은 파괴하자는 것과 같은 의미이다. 둘째, 조선사회단체중앙협의회와 민족단일당의 매개형태로 성립된 신간회가 두 개의 정당으로 서로 대립해서는 안된다는 것이다.[15] 양

14) 일제는 조선사회단체중앙협의회 조직이 결의된 것은 전진회가 조선공산당 제1차검거사건으로 조공계의 세력이 약화된 기회를 이용한 것으로 파악하였다.

당론이란 명칭은 바로 최익한의 이 주장에 의해 연유된 것으로서, 이 발언은 커다란 논쟁을 불러 일으켰다.

이 양당론은 첫째, 전진회가 이전부터 구상해온 것으로 조선사회단체중앙협의회 창립대회를 통해 표출되었다. 전진회는 조선사회단체중앙협의회를 상설기구화하려 하였으나 조선공산당 계열과 조직적 대립을 거친 끝에 비상설화됨으로써 사실상 이 논쟁이 실천적 문제까지 확대되지는 못했다.

둘째, 또한 양당론은 조선사회단체중앙협의회와 신간회를 두 개의 정당, 즉 전자를 무산계급정당으로, 후자를 민족단일당의 매개형태로 규정한 조선공산당 계열에 의해 일방적으로 붙여진 명칭이었다. 그러나 조선공산당이 이미 코민테른의 조선지부로 승인된 상황에서 조선사회단체중앙협의회가 정당으로 규정된다면 무산계급운동기관으로서의 조선사회단체중앙협의회는 존립명분과 이론적 기반을 잃고 마는 것이었다. 따라서 조선공산당 계열은 조선사회단체중앙협의회를 정당적 조직으로, 전진회는 조선사회단체중앙협의회가 정당은 아니나 존립시킬 가치가 있는 단체라는 것을 증명하는데 논쟁의 핵심을 두었다.

셋째, 조선사회단체중앙협의회의 존립가치란 바로 부르주아와 프롤레타리아의 분리는 예비한 무산계급정당의 준비기관이 필요하다는 데 있다. 정당은 그 조직 내에 각종 조합(단체)을 포괄하는 것이 필요하므로 그 준비기관 역시 의회적 기능의 조선사회단체중앙협의회 형식으로 존재하여 각 단체들의 계급의식을 고취시키고 지하의 조선공산당이 맡을 수 없는 프롤레타리아 계급의 현실적 이익을 위하여 투쟁하는 것이 필요하다는 것이다.

넷째, 조선공산당측은 조선사회단체중앙협의회가 신간회에 대항하는 조직이라고 보았다. 그러나 전진회측은 두 단체의 관계에 협동과 대립이 병행되는 것이라고 주장했다. 이 경우 협동은 반제투쟁에서 공동전선을 펴야 한다는 것을 의미하며, 대립이 필요한 것은 계급적 독자성을 강조한 것이다.

다섯째, 프롤레타리아의 계급적 독자성과 주도권의 문제이다. 이것은 파벌의식과 더불어 양당론이 대두되는 가장 근본적인 모티브였다.

15) 《동아일보》, 1927년 5월 18일.

조선사회단체중앙협의회 창립대회는 결국 상설과 비상설을 두고 투표를 벌인 결과 비상설을 주장하는 조선공산당측이 승리함으로써 일시적 단체로 결정되었다. 이러한 양당론의 종결은 "그치지 않던 파쟁에 종막을 닫게 된 것과 조선내 모든 운동세력이 단일화되는 동시에 옳은 방향으로 전환되는 사실을 대중에게 자각시켰다."[16)]

한편 淸算論은 1927년 말부터 1928년 초에 사회주의자 내부에서 논의되었던 이론이다. 그 내용은 계급적 독자성을 버리고 신간회에 참여하자는 것이었다. 이는 전진회가 새로운 비밀전위당인 비이론파 조선공산당(일명 春景園黨)을 조직하는 전략의 하나로 등장한 것이었다. 청산론자로 불렸던 사람은 張日星·洪陽明·朴衡秉·尾星生·扶蘇山人·HS생·金萬圭·權泰錫·洪起文·許一 등이었으며,[17)] 이들은 주로 서울청년회 계열의 인물들이었다. 청산론은 사상단체해체반대론에서부터 제기된 문제의식의 연장선상에서 나온 것이었다. 청산론은 프롤레타리아운동이 민족운동내의 한 '요소', 한 '경향'이며, 신간회에서의 프롤레타리아의 계급적 독자성은 포기되어야 한다는 것이었다. 청산론은 신간회운동에 대한 문제제기였다기보다는 공산주의자들이 파쟁의 전술로 제기된 것이었다. 즉 당시 조선공산당 책임비서였던 안광천이 신간회에서의 프롤레타리아의 헤게모니 쟁취를 주장하는 것에 대한 반론으로 주장된 것이 바로 청산론이었다.

3) 복대표대회와 신간회의 정비

신간회 지회 설립은 1928년 초반을 기점으로 더 이상 활발한 활동을 보여주지 못하였다. 신간회본부 또한 '정치적 투쟁'에 대한 구체적 대안을 제시하지 않은 채 이전 시기의 계몽적 차원의 운동방침만을 천명하고 있었다. 일제

---

16) 〈사회단체중앙협의회 상설론〉(《현대평론》, 1926. 6), 1쪽.

17) 讀注生, 〈조선청년총동맹집행위원장 박형병씨를 駁함〉(《조선지광》 77, 1928), 75쪽.

光 宇, 〈淸算主義の撲滅と朝鮮XX黨當面の中心的問題〉(《朝鮮前衛黨當面の問題》, 42~44쪽 ; 《理論鬪爭》 5(1928), 3·20쪽).

는 제3차 조선공산당 검거사건 등을 빌미로 1928년 2월의 제1회 신간회 정기대회를 금지시켰다. 그러나 이후 신간회에 사회주의 세력이 대거 참여한 사실을 간파한 일제는[18] 신간회에 대한 탄압과 압박정책을 강력 시행했다. 일제는 신간회의 또 다른 핵심세력인 《조선일보》에 대해 압력을 가하였다. 일제는 《조선일보》 정간 해제를 조건으로 신간회에 참여한 《조선일보》 사원의 탈퇴를 요구하였고,[19] 이를 《조선일보》측에서 받아들였다. 이와 같이 신간회 활동의 주축 중 하나였던 《조선일보》계의 후퇴는 신간회 활동의 직접적인 위축을 불러왔다. 이러한 상황에서 1929년 2월 제2차 정기대회 또한 일제에 의해 금지되었다. 신간회는 이러한 무기력한 상황을 타개해야만 했다. 이를 위한 고육책이 정기대회를 대신하는 複代表大會라는 초유의 형식을 안출한 것이었다. 신간회는 복대표대회를 통해 許憲 집행위원장 체제를 출범시켰고, 사회주의자들은 대거 중앙집행위원에 참여하게 되었다. 또한 신간회 강령과 규약 개정을 통해 지방지회의 요구를 수렴하면서 민중대회사건을 추진하는 등 신간회 존립기간 중 어느 시기보다 활발한 활동을 보여주었다.[20]

(1) 복대표대회 개최와 규약 개정

1929년 신간회 제2차 정기대회가 일제에 의해 금지되자, 동년 3월 신간회 본부는 정기대회에서 개정하려던 규약 초안을 각 지회에 배포하여 본부의 임원개선방법 등에 대한 지회의 의견을 수렴하고자 하였다. 이러한 본부의 지시에 따라 각 지회는 토의를 진행시켰다. 이때 1929년 4월 경성지회가 최

18) 1928년 경기도 지역에서 발생한 조선공산당 사건에서 관련자의 약 40%가 신간회 회원으로 밝혀지는 등, 신간회 창립부터 1930년 6월 16일까지 일제에 검거된 조선공산당원 중 신간회 회원이 90여 명에 이를 정도로 당시 조선공산당원으로 신간회에서 활동하고 있던 회원은 상당수에 달했다(《高等警察要史》, 49쪽).

19) 1928년 6월 9일 신간회의 핵심 인사인 安在鴻이 〈濟南事件의 壁上觀(一)－田中內閣의 大冒險〉이라는 사설로 일제의 중국침략을 비판하자, 일제는 안재홍을 투옥하고 조선일보에 대해서는 133일간의 장기 정간 처분을 하였다.

20) 복대표대회에 관한 글은 복대표대회 자료인 〈新幹會綱領及規約〉을 발굴·분석한 이균영의 것이 유일하다. 따라서 이 부분은 이균영, 《신간회연구》(역사비평사, 1993) 제3장을 중심으로 정리하였다.

초로 複代表案을 제기하였다. 본래 신간회는 각 지회 회원 수에 비례하여 대표회원을 선출하며 그 대표회원들이 본부에 모여 정기대회를 개최하여 규약개정과 임원을 개선하는 방식을 취하고 있었다. 그러나 정기대회가 금지당하자, 인접한 몇몇 지회가 합동으로 複代表 1인을 선출하고, 이들 복대표들의 회의로 정기대회를 대신하려는 안이 바로 복대표회 안이었다.

1929년 4월 11일 열린 경성지회대회 임시간사회에서는 중앙간부 개선 건, 규약개정 건, 지회연합회 촉성 건 등을 결의하였다. 이 결의안에서는 전국을 14개 선거구로 정하고(전국 12개 도 및 일본과 경성지회), 각 선거구에서 2인의 중앙간부선거위원을 선출하여 이들로 하여금 중앙 간부를 개선하고 규약개정위원 역할까지 일임하도록 하자는 것이었다.[21] 신간회본부는 경성지회의 복대표회안을 전격 수용하고, 일제 당국으로부터도 허가를 받았다.

1929년 6월 28일과 29일 양일간 복대표대회 일자가 정해지자, 신간회본부에서는 전국을 14개 구역으로 구획한 후 회원수에 비례하여 다시 각 구역을 소구역으로 나누었다. 이에 따라 소구역 대표수는 경북 6명, 경남·함북 각 4명, 전남·함남 각 3명, 경성·전북·평남·평북·일본 각 2명, 경기·강원·충남·충북 각 1명씩 총 34명으로 결정되었다. 복대표들의 임무는 본부에 모여 대표와 간부를 선거하고 규약개정을 최종 결정하는 것이었다. 이러한 복대표 선출과정을 통해 복대표로 선출된 인원 중 복대표대회에 참석한 인원은 〈표 1〉에서 보듯이 총 27인이었다.

1929년 6월 28일 종로 중앙기독청년회관에서 복대표대회가 개최되었다. 첫날 임시집행부 선거에서는 의장 허헌, 서기장 백용희, 서기 이주연, 사찰 안철수·방치규가 선임되었다. 임시집행부 구성후 진행된 규약개정은 이튿날인 29일 오전까지 심의되었다. 그것이 바로 복대표대회의 〈新幹會綱領及規約〉이었다. 이 복대표대회의 규약은 창립시 그것과 비교할 때, 조직이 확대되는 상황과 각 지회에서 요구한 주장들을 대거 수용한 것이었다.

---

21) 《조선일보》, 1929년 4월 13일.

〈표 1〉 복대표 구역과 선출 대표

복대표구	구성지회	복대표	복대표구	구성지회	복대표
영일구		趙致基	홍성구		金淵鎭
김천구	김천 상주 선산 칠곡 고령 등 6개 지회	申相泰	청진구	어주 주을 경성 나남 청진 웅기	林瑞鳳
양산구	마산 밀양 양산	黃尙奎	경성구		許 憲
부산구		朴文熹	단천구	단천 북청 이원	李周淵
송정구	함평 장성 송정 나주	金時中	곽산구	의주 박천 용천 곽산	未 定*
청주구		安喆洙	진남포구		金重漢
경서구		徐世忠	대구구	대구 청도 하양 신녕 등	金善基*
해주구		崔長翼	영주구		權泰錄
함흥구	신포 정평 홍원 함흥 등	朴應七 (方致規)	마산구	마산 함안 창원 고성 통영 거제	呂 海
길주구	길주 명천 성진 등	孫永極	전주구	전주 임실 남원 순창 등	白庸熙
선천구		吳鉉竣*	목포구	장흥 강진 완도 목포	張炳俊
양양구	원주 양양 강릉 삼척 고성 양구 伊川	金炳煥	수원구	인천 강화 경주 수원 안성	孔錫政
봉화구		權景燮	평양구	평양 안주	崔允鈺
안동구		李世寧	회령구	부령 회령 온성	朴 泉
진주구	합천 합양 거창 사천 하동 진주	金辰煥	원산구		未 定*
정읍구		林裁享*	대판구		未 定*
광주구		丁洙泰	동경구		金東訓*

비고 : '*' 표시는 불참. 괄호 안 인명은 대신 참석자.

개정된 주요 내용은 다음과 같다. 첫째, 개정규약의 가장 큰 특징은 '아래로부터의 조직'을 보장하고 있다는 점이다. 77개조로 구성된 규약 중 18개조가 분회와 지회에 대한 것이며, 특히 분회조에는 직업별·지역별 班 조직이 강조되고 있다. 이러한 반조직은 이미 1927년 말~1928년 초 지회 활동에서 분명히 드러나는 신간회운동의 내재적 흐름이었다.

둘째, 인접 지회 혹은 같은 도내 지회끼리 의결기관을 구성하여 일정부분

본부의 지시를 배제하고 독자성이 보장된 도 연합회 설치가 규정되었다.[22]

셋째, 지회의 대표 선출권이 강화되었다. 이전에는 평균 회원 30명당 1명의 대표회원을 선출하였던 반면, 분회의 경우 회원 5명에 1인의 대표선출권이 부여되는 등 대표선출권에서 지회의 발언권이 보다 확실하게 보장되었다.

넷째, 기존의 회장·간사제가 이전부터 각 지회에서 강력히 요구해오던 위원장·위원제로 개정되었다. 이는 당시 회장·간사제도가 봉건적·비민주적인 제도라고 자주 비판된 반면에 위원장·위원제는 당시 풍미하였던 '무산단체'의 일반적 제도로 인정되었던 것을 반영한 것이라고 할 수 있다.

다섯째, 이때의 규약개정에서도 강령의 개정 및 개인가맹제를 대신하는 단체가입제 실현이 이루어지지 않았다.[23]

(2) 복대표대회 선출 간부진의 성격

복대표대회의 간부진의 선출과정을 살펴보면, 전체 14개 구역 중 복대표가 불참한 일본과 평북, 경성지회를 제외한 11개 구역에서 銓衡委員을 1명씩 선출하였다.[24] 이들 11명의 전형위원들은 전국 회원수를 감안하여 56명의 중앙집행위원과 13명의 중앙검사위원을 선출하였고, 중앙집행위원 후보 8명은 이에 앞서 선출되었던 허헌 위원장이 선임하였다.[25]

---

22) 이는 지방지회의 활성화와 제도화의 측면에서 보다 면밀한 검토가 필요한 부분이다.

23) 단체가입제는 신간회 창립기부터 주로 사회주의세력에서 주장되었던 것으로 신간회의 위상과 관련하여 매우 중요한 문제였다. 단체가입제가 반영되지 않았던 것은 복대표대회를 통해 지도부에 사회주의자들이 대거 참여하였던 사실과 관련하여 이들의 신간회내 활동의미 등이 좀 더 검토될 필요가 있는 부분이다.

24) 11명의 전형위원은 경기 공석정, 충북 안철수, 충남 김연진, 경북 권태록, 경남 황상규, 전북 백용희, 전남 장병준, 황해 최승익, 평남 최윤옥, 함북 임서봉, 함남 방치규였다.

25) 중앙집행위원 : 홍명희·김항규·공석정·임서봉·안철수·김연진·김명동·조치기·권경섭·황상규·백용희·임재순·여해·손영극·방치규·최승익·김중한·김동훈·박문희·이주연·김병환·金炳魯·鄭在達·鄭鍾鳴·金翰·李灌鎔·趙東赫·李春塾·韓相駿·朴一陽·李基錫·黃義準·李春壽·申周極·全赫·

개선 간부진의 가장 두드러진 현상은 창립 당시 간부진이 거의 교체되었다는 사실이다. 집행위원장을 포함한 개선된 간부진 78명 중 창립시의 간부는 金明東·李灌鎔·朴熙道·洪命憙·權東鎭 등 5명에 불과했다. 복대표대회로 새롭게 재편된 개선 간부진에는 사회주의자들이 대거 진출하였다. 즉 78명의 간부 중 사회주의자로 신상이 확인되는 인물은 38명으로 전체의 40%를 상회하였다.

이를 좀더 자세히 살펴보면, 이 시기 사회주의 진영의 화요회·서울청년회·ML계는 조선공산당 재건을 당면임무로 삼고 있었고, 그 방편으로 신간회 회원들을 재건운동에 적극 끌어들였다. 화요회계는 모스크바의 東方努力者共産大學 출신들이 귀국하여 벌인 재건운동의 일환으로 특히 신간회본부의 간부진에 가장 현저한 조직적 진출을 보였다. 그러나 신간회의 지방조직이나 노동자·농민층에는 거의 뿌리를 내리지 못한 것으로 보인다. 반면 서울청년회계 재건운동이 보인 신간회에 대한 전략은 매우 적극적인 것이었고 그 때문에 각 지회에 많은 서울청년회계 조직이 만들어졌다. 그 중에서도 서울청년회계가 집중한 곳은 함경북도와 전라도 지역이었다. ML계 역시 신간회 회원을 재건운동의 요원으로 흡수하려는 전략을 가지고 있었다. 그러나 일본 유학생을 중심으로 형성된 집단이었던 ML계는 지방세력을 구축하는데는 일정한 한계를 지니고 있었다. 대문에 지회 회원들의 지지가 필요했던 복대표나 본부 간부진에는 ML계가 포함되지 못하였다.

복대표대회로 새롭게 탄생한 허현집행위원장체제는[26] 이전에 비해 활발한

金東鮮·孫角·崔鍾涉·黃渭顯·金昌容·全一·李圖遠·金道欽·蔡奎恒·韓炳洛·李東壽·崔衡植·曺晩植·崔芝薰·李相求·尹赫濟·李龍吉·高成昌·李雲鎬·全景錫·金長煥, 중앙집행위된 후보 : 趙炳玉·朴熙道·朱翼·金東弼·李會昇·羅承奎·裵鍾哲·裵德秀, 중앙검사위원 : 위원장 權東鎭, 상무 趙憲泳·李恒發, 郭尙勳·林鍾萬·尹吉鉉·鄭建和·全濤·尹秉球·崔建·최윤옥·신상태·이시완.

26) 1929년 7월 4일 중앙집행위원회에서 선출된 임원은 다음과 같다.
중앙상무집행위원 : 홍명희·김항규·박문희·金東鮮·이주연·안철수·임서봉·김명동·이춘숙·조치기·한상준, 서무부장 : 황상규, 부원 : 이주연·金世振, 재무부장 : 金炳魯, 부원 : 김동선, 조직부장 : 김항규, 부원 : 임서봉, 선전부장 : 李鍾麟, 부원 : 조치기·안철수, 조사부장 : 이춘숙, 부원 : 이주연, 교육부장 : 조병옥, 부원 : 박문희, 출판부장 : 박희도, 부원 : 안철수.

활동을 전개하였다. 그중에서도 甲山火田民事件 眞相報告演說會, 광주학생운동에 대한 신간회의 관여와 그것을 대중운동으로 확산시키려 했던 민중대회사건이 대표적인 경우였다. 민중대회는 광주학생운동을 민족적·민중적 운동으로 확산시켜 나가려는 시도였으며, 이는 신간회 간부들이 주도한 것이었다. 즉 복대표대회 이후 신임 중앙간부들은 이전의 침체된 활동을 실천적 활동으로 전환하려는 많은 시도를 하였다. 민중대회사건은 그러한 시도의 연장선상에서 계획될 수 있었다. 그러나 민중대회는 반드시 신간회운동만으로 한정시킬 수 있는 성격은 아니었다. 그것은 준비과정에서 나타난 바와 같이 종교·언론·주요 사회단체의 연합형태로 구성·계획되었기 때문이다. 민중대회는 사전에 관계자들이 일제에 피체되어 실행에 옮겨지지는 못했지만, 신간회 본부와 각 지회는 청년총동맹·근우회와 더불어 1930년 학생운동을 전국적으로 확산시키는 데 큰 역할을 담당하였다. 그후 1930년 金炳魯 체제가 성립됨으로써 신간회는 온건화노선을 지향하였고, 이는 신간회의 해소론이 제기되는 계기 중 하나가 되었다.

4) 지회의 설립과 활동

(1) 지회의 설립

1927년 2월 15일 신간회가 창립된 후 전국에 산재되어 있던 청년·사상·노동·농민단체 등은 신간회에 대해 지지·후원을 표명하거나 신간회 창립을 위해 자진 해체 또는 통합하였다.[27] 신간회의 지회 설립은 이러한 각 지방 단체들의 움직임과 맥을 같이하는 것이라고도 할 수 있다. 이러한 형세를 바탕으로 신간회의 지회조직은 10개월 후인 1927년 12월 27일 지회 100개

27) 이들 각 지방 부문단체들이 신간회를 지지·후원하는 가장 큰 까닭은 그 당시까지 존재했던 사상단체의 해체, 각 단체 사이의 파벌 해소를 통한 전선 통일 등이었다. 1927년 2월부터 6월까지 신간회에 대해 지지·후원을 표명한 단체는 京城仁旺青年會·고성청년회·상주청년회·영흥청년회·전북청년연합회·평양청년동맹·하동청년회·호남4단체연합간담회·함남 靈武青年會·함평청년연합회 등 외에도 상당수였다(이균영, 앞의 책, 230~231쪽 참조).

돌파 기념식을 치를 만큼 급속도로 확산되어 갔다.[28)]

신간회지회는 1927년 12월 말까지 104개, 1928년 2월 15일까지 123개, 1929년 2월 15일까지 144개에 달하였고, 1929년 11월 현재 127개였으며,[29)] 해소 당시의 지회 수는 124~126개에 달하는 등 신간회 지회는 거의 전국으로 확산·조직되었다. 이러한 지회 설립상황을 연도별·지역별로 정리해 보면 〈표 2〉와 같다.

한편, 신간회지회가 본격적으로 설립되기 시작한 것은 1927년 5월부터였다. 그리고 1927년 12월에는 17개의 지회가 설립되어 가장 높은 지회 조직율을 나타냈다. 또한 1927년 6월부터 1928년 3월까지는 매달 5~17개의 지회가 설립되어 신간회지회 설립이 가장 조밀하게 나타나는 시기였다. 그러나 1928년 4월을 기점으로 신간회의 지회설립은 급격히 감소하기 시작하였다. 지회설립이 급감한 이유는 1928년 2월부터 8월까지 계속된 일련의 조선공산당 검거사건과 그에 따른 日警의 강력한 탄압, 그리고 지회 설립요건을 갖춘 지역들이 1928년 3월 이전 대부분 지회를 결성했기 때문인 것으로 판단된다.

---

28) 신간회 지회의 활동과 조직문제에 관한 연구는 아래와 같다. 그러나 대개의 경우, 한 지역의 지회를 중심으로 논점을 전개하고 있다. 반면, 이균영은 신간회 지회 전체를 대상으로 연구를 함으로써 지회 연구의 지평을 개척하였다.
스칼라피노·이정식, 《한국공산주의운동사》 1(돌베개, 1996).
水野直樹, 〈新幹會 東京支會の活動について〉(《朝鮮史叢》 1호, 1979).
강정숙, 〈일제하 안동지방의 농민운동에 관한 일연구〉(《한국 근대 농촌사회와 농민운동》, 열음사, 1988).
신용희, 〈신간회 지회활동에 관한 연구-조선일보 기사분석을 중심으로〉(성균관대학교 석사학위논문 1990).
이준식, 《농촌사회 변동과 농민운동-일제침략 함경남도의 경우》(민영사, 1993).
李均永, 《신간회연구》(역사비평사, 1993).
강재순, 〈신간회 부산지회와 지격사회운동〉(《지역과 역사》 1, 부산경남역사연구소, 1996).

29) 1929년 6월 복대표대회 결과 성립된 許憲 중앙집행위원장 시기에 문제지회 20여 개가 정리된 결과 1929년 11월 현재 지회수는 127개가 되었다.

〈표 2〉 신간회지회 연도별 설립 상황

연도 / 지역	1927	1928	1929	1931	설립 불명	계	기 타
강원	원주 양양 강릉	고성 삼척			양구 춘천	7	伊川 철원
경기	경성 개성 광주 수원 안성 인천	京西 강화	京東 長湖	廣興	용인 양주	13	
경남	사천 마산 부산 거창 고성 진주 창원 하동 함안 함양 합천 밀양 삼천포 거제도	김해 울산 통영 동래 양산	기장 의령			21	창녕
경북	김천 포항 칠곡 봉화 안동 영양 영주 고령 대구 상주 영덕 예천 선산 울진 영천	군위 영해 경주 하양 경산				20	문경 청도 청송 풍천
전남	함평 구례 목포 벌교 장흥 영암 완도 나주 광주 장성 강진	순천 담양 송정 영광	광양		제주	17	고흥 綾州 兵營 右水營
전북	정읍 전주 군산 임실 禾湖 김제 남원	순창 부안			옥구	10	익산
충남	홍성 공주 예산 당진	서산 천안			부여	7	강경 대전 논산
충북	괴산 음성 청주	진천 충주				5	영동
평남	안주 진남포 평양					3	개천 중화 평원
평북	선천 곽산 용천	철산 박천 의주 신의주			龜城	8	
함남	북천 원산 함흥 문천 단천 홍원 덕원 정평 영흥 안변		이원		신포	12	신홍
함북	나남 길주 회령 성진 주을 명천 온성 청진 漁州	웅기	청암		경성	12	신아산 종성
황해	옹진 해주 재령 연백 장연	南川 황주 金川 白川 사리원				10	
일본	東京 京都 大阪		名古屋			4	
중국						0	용정 연변
계	96	34	8	1	10	149	24

비고 : 기타항목은 지회설립을 신청하여 본부로부터 승인받았거나, 설립준비위원회가 개최되었거나, 설립대회가 일시 금지된 경우로서 그후 설립사실이 확인되지 않으며 활동사실도 나타나지 않는 곳이다.

신간회의 지회설립과정은 대개 각 지역에 신간회설립준비위원회나 신간회 발기위원회 등을 구성하면서 시작되었다. 이들의 활동에 의해 30명 이상의 회원이 모집되면 신간회본부에 지회설립을 신청하였고, 이를 본부가 승인하면 설립대회 개최일자를 확정하였다. 설립준비위원회나 발기위원회는 대부분 그 지방에 존재하던 각 부문단체들의 지지나 후원에 의해 조직되는 경우와 각 단체들 중 하나 혹은 단체간 연합에 의해 조직되는 경우가 일반적이었다. 그 대표적인 지역은 영광·마산·김해·고성·함흥·북청·원산·동래·장성·김제·단천지회 등이었다. 그런데 각 지역의 연합·구성된 단체들을 중심으로 신간회지회 설립준비위원회가 결성되었다는 것은 이미 그 지역에서 청년운동·노동운동·농민운동 등 각 부문운동이 활발히 전개되어 왔음을 뜻하며, 그 중심역할은 청년단체가 주도하였다. 그 대표적인 예로 경기도 廣州의 송파청년회·장성청년연맹·순창청년회·합천청년회·괴산청년회·남원청년동맹 등을 들 수 있다.[30]

한편, 지회설립과정에서 가장 주도적으로 역할한 것은 지방신문기자들이었다. 때문에 신간회지회설립준비위원회가 《조선일보》·《동아일보》·《中外日報》의 지국 사무실에서 개최되거나 준비위원회 사무실로 활용되는 경우가 상당수였다. 광양·영광·마산·목포·합천·김천·포항·칠곡·대구·청주·固城 등 24개 지회가 그러한 경우에 해당되며, 설립이 이루어졌던 149개 지회 중 16%에 이르는 비율이었다. 또한 신간회지회에서 지국장을 포함한 지방신문기자들의 비중을 가장 잘 나타내는 것은 복대표의 구성이었다. 각 지회에서 핵심세력으로 역할한 이들 복대표 32명 중 지방의 신문지국장이나 기자가 孔錫政·徐世忠·孫永極·安喆洙·呂海·林載淳·丁洙泰·趙致基·崔允鈺 등 9명이었다는 것이 그 한 예이다. 이것은 지회에서 신문기자들의 활동이 두드러졌다는 것을 의미하는 것이지만 동시에 신간회운동에서 구심적 역할을 한 것은 지식인들이었다는 사실을 뜻하기도 한다.

그러나 신간회지회의 설립이 순탄한 것만은 아니었다. 일경은 신간회지회

30) 안건호·박혜란, 〈1920년대 중후반 청년운동과 조선청년총동맹〉(《한국근현대청년운동사》, 풀빛, 1995), 120쪽.

설립을 갖가지 이유를 들어 탄압하였다. 거제도·울산·白川·통영·김해·양산의 경우는 설립대회를 금지당한 속에서도 피나는 노력 끝에 지회를 설립하였으나, 익산·논산·양주 등은 경찰의 탄압으로 지회를 설립할 수 없었다. 특히 1930년에는 전국적으로 단 한 곳도 지회를 설립할 수 없을 정도로 경찰의 탄압은 극심하였다.[31)]

이러한 상황 속에서도 신간회지회는 거의 150여 곳에 달할 정도로 전국적인 조직망을 건설하였다. 그 회원수는 창립 1주년이 되는 1928년 2월 15일 현재 2만여 명이었으며, 1929년 3만여 명, 1931년 5월 해산 당시에는 4만여 명에 육박할 정도로 폭발적으로 증가하였다. 이러한 현상은 당시 신간회에 거는 민족적 기대를 반영하는 것이었다.

(2) 지회의 성격과 활동

가. 지회의 조직문제

이상에서 살펴본 바와 같이 신간회의 지회 조직이 전국적으로 급속히 확산되는 것과는 대조적으로 본부 차원에서는 1년이 경과하도록 신간회 강령에 명시된 이른바 '비타협적 정치투쟁' 지침이나 활동을 전혀 전개하지 못하였다. 물론 이는 일제가 정기대회를 단 한 차례도 허가하지 않을 정도의 강한 탄압에 기인하는 것이기도 하지만, 신간회 본부의 임원진으로 주로 온건적 민족주의 계열 인사가 포진한 것 또한 주요한 요인으로 작용하였다. 때문에 신간회가 설립된 이후에도 그 활동은 기존 사회단체들의 운동방식과 별다른 차이가 없었다. 물론 신간회가 비타협운동을 지향한다는 점은 누구나 동의하였지만, 비타협운동의 방법 등을 구체적인 것으로 제시한 것은 아니었다.

신간회지회에서 전개한 활동 중 순회강연회, 노동야학, 교양강좌 등은 이미 이전부터 전개된 사회운동이었으며, 소작분규 조사, 東洋拓殖株會社에 대한 저항, 土地改良會社의 폐지운동, 조선인 본위의 교육 요구, 관리·경찰의 부정·불의에 대한 조사·경고 등도 그러하였다. 때에 따라 언론·집회·결

---

31) 이러한 지역은 경원의 新阿山·价川·청송·영동·新興·철원·종성·대전 등이었다.

사의 자유와 단결권·파업권의 요구 등은 정치 투쟁적 성격을 띠고 있었지만, 구체적인 투쟁방법에 대해서 신간회는 뚜렷한 행동지침이 없었다. 따라서 신간회의 실질적 활동공간인 지방의 각 지회에서는 젊고 활동적인 사회주의자들이 주도권을 잡고 있던 관계로 이러한 문제점을 타개하기 위한 방안을 깊숙이 논의했으며, 핵심은 신간회의 '조직문제'로 모아졌다.

1927년 상반기까지 신간회를 民族單一黨으로 인식하던 각 지회에서는[32] 후반기에 들어서면서 신간회를 민족단일당과 구별되는 민족단일당의 매개형태로 규정하려는 경향이 일반적이었다.[33] 그러한 인식을 잘 보여주는 것은 《조선일보》, 1927년 8월 7일자에 실린 〈민족단일당의 문제〉라는 사설이다. 이와 같이 신간회 창립 직후부터 조직형태를 민족단일당의 매개형태로 인식한 것은 조선공산당뿐만 아니라 서울청년회 계열도 마찬가지였다. 그러나 신간회가 전국적인 조직 확산에도 불구하고 정우회선언에서 제기한 '전민족적인 정치투쟁'을 실천하지 못하자, 조선공산당은 "표명해야 할 선언이나 테제·행동강령 등에 의해 명백한 규정 및 선언할 내용을 보류"하고 있는 신간회의 조직형태를 재차 규정하였다.[34] 그 결과 1927년 10월경 조선공산당 책임비서를 역임한 안광천에 의해 신간회에 대한 인식은 '민족단일당의 매개형태'에서 '민족협동전선당의 매개형태'로 바뀌었다.[35] 이는 신간회를 당적 조직과 협동전선으로 구별지으려는 인식이었다. 이렇듯 신간회의 조직형태에 대한 재규정과 논의가 제기된 것은 淸算論에 대한 대응책임과 동시에 지회 설립으로 인한 조직 확대에도 불구하고 구체적 활동이 없는 신간회에 단계별 활동지침을 제시하기 위한 것이었다.[36]

---

32) 《조선일보》 사설이나 시평에 보면 '민족단일당' 외에도 '좌익민족단일전선', '좌익민족전선'이라는 용어도 자주 사용되었다.

33) 《朝鮮日報》, 1927년 9월 16일.

34) 《朝鮮日報》, 1927년 12월 10일, 사설 〈新幹會의 京城大會〉.

35) 盧正煥, 〈新幹會와 그에 대한 任務〉(《朝鮮之光》 73, 1927년 11월호).

36) 신간회의 조직형태에 대해 조선공산당이 저지른 오류에 대해 韓偉健은 4가지를 지적하였다. 첫째 신간회의 조직형태에 대한 불확실한 견해로 인해 '정당적 형태의 협동전선'을 결성하려 한 점, 둘째 이론적으로 노동계급이 이끄는 협동전선을 조직하려 했으나 실제로는 노동자와 농민의 포섭과 동원과정 노력이 결여되었다는 점, 셋째 조직과정 자체를 투쟁과정으로 인식하지 못한 탓에 선

이러한 비판은 신간회의 조직과 인식체계에서 비롯되었다. 즉 신간회 조직이 중앙집권적 형태로 구성된 까닭에 노동자와 농민이 주체가 되지 못하여 전투조직이 수반되지 못했고, 투쟁강령에 따라 구체적 활동을 전개할 수 없었다는 것이었다. 특히 이중에서도 가장 큰 결함은 당적조직형태였다.[37)]

이와 같은 신간회의 오류를 극복하기 위해 조선공산당 관계자들은 구체적 행동강령의 확립, 중앙집권제적 조직형태의 지회중심제로의 개편, 개인가입제의 단체가입제로의 전환 등을 구상하였다. 이에 앞서 신간회 각 지회에서도 1928년 2월의 1차 정기대회를 앞두고 정기대회에 제출할 정책안들을 결의하였다. 그것은 대개 ① 회장제에서 집행위원장제로의 변경, ② 지방(도)지회 연합기관의 설치, ③ 행동강령 제정, ④ 기관지 발간, ⑤ 단체가입제 실현 등이었다. 이 중 기관지 건을 제외한 4가지 안건은 모두 신간회의 조직체계를 개혁함으로써 신간회가 실천적 활동을 전개할 수 있다고 믿었던 대부분 지회의 인식을 반영한 것이었다. 이러한 조직체 변경안들은 대개 중앙본부에 대한 지회의 자율권 확대가 중심내용을 이루고 있는데, 이는 바로 신간회를 아래로부터의 조직형태로 바꾸기 위한 방안이었다. 그 중에서도 단체가입제는 '조직문제'에 관한 논의의 핵심적 내용이었으며, 해소시까지도 해소 찬반론자들 사이에 있었던 논쟁의 쟁점이었다.[38)] 이에 따라 1927년 말에서 1928년 초에 이러한 문제는 각 지회와 사회운동자들 내부에서 제기되었고, 조선공산당은 최소한 1927년 10월경 종래 규정한 신간회의 '민족단일당의 매개형태'를 '민족협동전선당의 매개형태'로 변경·규정하였다. 그에 따라 조선공산당은 신간회에 단체가입제를 실현시킬 것을 계획하였지만 1928년 2월의 검거로 무산되었다.

이러한 '조직문제'에 관해서는 코민테른에서도 입장을 표명하였다. 제6회

조직 후투쟁 방식을 채택하였다는 점을 꼽고 있다.

37) 鐵　岳, 〈大衆的戰鬪的協同戰線の結成と新幹會及び獨立促成會の任務〉(《朝鮮前衛黨當面の問題》, 東京：左翼書房, 1930), 93~94쪽.

38) 신간회는 정당적 조직이기 때문에 아래로부터의 전투적인 조직이 될 수 없었다고 지적되는 주요한 근거로 제시되는 것은 단체가입제가 실현되지 못하였기 때문이라는 점이다.

코민테른대회(1928. 7. 17~9. 10)에서 채택된 〈식민지·반식민지 제국에 있어서 혁명운동에 관한 테제〉 중 조선문제에 대한 언급에서 신간회의 정당적 조직형태를 부정하고 '협의체적 공동전선'을 요구한 것이 바로 그것이다. 이에 따라 조선공산당은 신간회를 '민족협동전선의 매개형태'로 또다시 규정하였다. 이렇듯 신간회의 조직형태를 재편하려는 움직임은 지회와 조선공산당 그리고 코민테른에서 각각 일어났다.[39]

나. 사회적·정치적 정책과 활동

신간회 각 지회의 정책과 활동은 크게 사회적인 것과 정치적인 것으로 나누어 살펴볼 수 있다. 사회적 범주의 활동은 크게 ① 계몽운동, ② 생활·생존권 수호운동, ③ 반봉건운동 형태로 나타났다.

먼저 계몽운동의 가장 주된 형태는 웅변대회와 연설회 개최 및 야학의 운영이었다. 연설회의 주제는 신간회의 선전과 신간회를 통한 민족 결집의 달성이 주된 내용이었으며, 웅변대회의 주제는 미신 타파, 黑衣 착용, 조혼금지, 斷煙과 아편 추방, 매춘과 풍기문제 등으로 주로 계몽적 성격을 띤 것이었다. 그리고 야학의 교사나 경영자로의 참여나 야학을 지회에서 직접 경영함으로써 문맹퇴치운동을 전개하는 활동을 벌였다.

둘째, 생활·생존권 수호운동은 민중의 더 나은 경제생활 영위를 위한 방편임과 동시에 계층·계급으로부터 생존의 권리를 확보하려는 투쟁운동이었다. 생활수호운동에서 가장 일반적으로 나타나는 것은 소비조합의 설치였다.[40] 또한 인구밀접지역인 도시에 기반한 지회들은 주로 借家문제에 관해 활발한 논의를 전개하는 한편, 차가료 인하운동 전개, 차가인동맹 조직, 차가인 보호 등의 운동을 전개하였다. 생존권수호운동은 대부분 농민운동·노동운동 및 사상운동·신간회운동이 결합된 형태로 나타났으며, 그 성격은 반제운동적인 것으로서 일제의 통치정책 철폐와 수정을 요구하는 형태로 전개되

---

39) 이균영, 앞의 책, 270~286쪽.

40) 소비조합 설치를 결의한 지회는 順天·영암·청주·경동·평양·진남포·곽산지회 등이었으며, 양산지회는 협동조합 설치를 결의하였다(이균영, 위의 책, 289쪽).

었다. 따라서 그 전개양상은 토지개량조합 철폐, 戶稅 인하, 수리조합 횡포 타파, 수리조합 설치 반대, 酷稅 폐지, 조선인 본위의 산업정책, 노동조건과 노동임금에서 민족적 차별 철폐, 각 부 농회 반대, 조선인 착취기관의 폐지, 최저임금제 확립 같은 요구가 대종을 이루었다. 그러나 이러한 반제적 성격을 띤 요구는 일제의 정치 정책의 전환없이는 실현불가능한 문제였다.

셋째, 반봉건운동은 당시 조선의 현실상황을 가장 잘 반영하는 것이었다. 당시 조선은 보편적으로 봉건적 질서가 널리 잔존하고 있었다. 따라서 생존권운동과 농민운동에서 드러나는 지주의 소작인에 대한 노동 착취, 지주의 소작권 임의변동, 수확의 최고 80%에 이르는 소작료 따위 등 현존하는 봉건적 잔재가 일반적 양상으로 엄존해 있었다. 그러므로 토지에 대한 농민적 소유제가 확립되지 않는 한 농촌사회에서 일어나는 농업문제는 필연적으로 반봉건운동이 될 수밖에 없었다.[41]

이러한 사회활동과 더불어 전개된 정치적 활동은 일제하 식민지적 상황 속에서 사실상 가능한 일은 아니었다. 그럼에도 신간회 각 지회의 회의에서 주로 논의되는 안건은 정치문제·경제문제·사회문제가 보편적이었다. 이때 정치문제로 포함되는 것 중의 하나는 억압과 착취에서 벗어나려는 자유에 대한 요구들로서, 언론·출판·집회·결사의 자유에 대한 요구, 각종 억압 법률의 철폐, 단결권·파업권 보장 같은 것들이었다. 이것은 결국 민족문제까지 포괄하는 성격의 것이었다.[42] 그러나 실제 이 정책안들은 그 지회의 구체적 실천과는 다소 거리가 있었다. 신간회가 하나의 정치세력이 되기 위해서는 농민·노동·여성·학생·소년·형평운동 등 모든 부문운동세력을 지도·동원할 수 있는 조직적 연계를 확보하는 것이 선결과제였다. 이러한 사실을 잘 간파하고 있던 신간회 관계자들이었기에 정책을 관철시키기 위한 신간회지회의 활동은 사회적 활동에 집중되었고, 이 부분에서 상당한 성과를

---

41) 이균영, 위의 책, 287~293쪽.

42) 수원·대구·연백지회에서는 조선민족억압법령, 制令과 保安法 철폐 등을 논의·요구하였으며, 그 외 각 지회에서도 단결권·파업권 보장, 8시간 노동제 실시, 소년·부인의 야간노동, 갱내노동 금지, 조선인 차별문제, 군대 주둔 반대 등을 주된 요구사항으로 전개하였다.

거두었다. 그러나 이러한 사회적 활동은 신간회 창립 이전부터 각종 부문운동들이 전개해왔던 활동들이었으므로 '정치적 투쟁'을 목표로 했던 신간회 내부로부터 여러 가지 문제가 제기되는 원인이 되었다.

5) 신간회의 해소

(1) 신간회 해소론

1920년대 말부터 사회주의세력은 민족주의세력이 개량화되어 간다고 평가하면서 민족주의 고립화전술을 구사하기 시작하였다. 그리하여 사회주의세력은 민족주의세력과 상층연합에 근거한 정당형태의 통일전선방침을 폐기하고 대중투쟁을 통한 아래로부터의 통일전선운동을 모색하였다. 이는 당면투쟁을 위한 임시적인 대중단체협의회 혹은 반제동맹 결성을 통한 하층 통일전선운동을 뜻하는 것이었다.[43] 이러한 변화는 주로 코민테른의 〈12월테제〉와 프로핀테른의 〈9월테제〉의 영향이었다.[44] 〈12월테제〉에서는 식민지문제에서의 반제연합전선론의 의의가 그대로 계승되었으나 〈9월테제〉에서는 신간회를 개량주의단체로 규정하였다.

이러한 상황에서 1929년 후반기부터 1930년까지는 사회주의자들을 중심으로 해소문제가 논의되었다. 먼저, ML계 조선공산당 재건운동의 이론가로 알려진 한위건은 1929년 12월 1일 天津에서 발간된《理論鬪爭》에 기고한 논설

---

43) 金明久, 〈코민테른의 對韓政策과 新幹會 1927~1931〉(《新幹會硏究》, 동녘, 1983).
신주백, 〈1930년대 반일민족통일전선운동의 전개과정〉(《역사와 현실》 2, 1989).
이애숙, 〈세계대공황기 사회주의진영의 전술 전환과 신간회 해소문제〉(《역사와 현실》 11, 1994).

44) 朴慶植, 〈조선민족해방운동과 민족통일전선〉(《新幹會硏究》, 동녘, 1983).
金明久, 앞의 글.
水野直樹, 〈코민테른의 민족통일전선론과 신간회운동〉(《역사비평》 2, 1988).
禹東秀, 〈1920년대말~30년대 한국 사회주의자들의 신국가건설론에 관한 연구〉(《한국사연구》 72, 1991).
林京錫, 〈일제하 공산주의자들의 국가건설론〉(《大同文化硏究》 27, 1992).

을 통하여 신간회에 대하여, "현재 조선의 공산주의운동 진영에서는 즉시해체론이 일부 일어나고 있는 등 신간회가 많은 결함을 띤 것은 사실이지만, 그것은 당의 조직역량이 대단히 미약한 현재 대중적·전투적 협동전선의 결성을 위해서 노동자·농민의 대중적·정치적 동원을 위해서, 또 지역적으로 합법적 대중조직의 협동통일을 위해서 당면에 있어서는 유력한 투쟁기관이 될 수 있다"고 평가하였다. 즉 한위건은 신간회가 '어느 정도까지 매개 역할이 가능하다'고 본 것이었다.[45] 그러나 이러한 한위건의 입장은 이후 ML계 高景欽의 글을 통해 변화했음을 알 수 있다. 고경흠은 "현 조선의 민족부르주아지는 〈12월테제〉에 명시된 대로 결코 제국주의 통치에 대해서도, 봉건적 유제에 대해서도 유력한 투쟁자가 될 수 없는 것이 분명하며 가장 나은 경우에도 그들은 제국주의자에 대한 단지 개량주의적 반대파를 구상하는 데 머물 따름이다. 이 민족부르주아지의 혁명성 해소가 현 조선 부르주아민주주의를 프롤레타리아트를 맹주로 하는 부르주아민주주의혁명으로 나가게 한다"고 하였다.[46] 이러한 인식 아래 고경흠은 신간회 지도부는 소부르주아정치가들이며 그들이 바로 "자치주의 투사들"[47]이라고 규정하여 이후 신간회 해소론의 논리적 필연성을 제고하였다.

서울-상해계의 李雲赫은 "공산당은 신간회·천도교·형평사 등에 전위분자를 잠입시켜, 대중들이 거기에 참여하는 것을 막고 동시에 그 속에 들어있는 대중들을 끌어내어 무산계급단체나 민족적 해방협동전선에 편입시키고 그 단체들은 해소해 버리지 않으면 안된다"고 하였다.[48] 그는 신간회 해소 후 협동전선은 "공산당이 제시한 당면의 반제·반봉건 슬로건을 행동강령으로 아래로부터의 대중참가에 의한, 신간회와 같은 단체의 내부에서가 아닌, 밖으로부터의 '노동운동협의회'·'농민운동협의회'·'청년운동협의회' 등의 조직"이 되어야 한다고 하여, 신간회를 해소시켜 대중들을 새로운 협의체적 협

45) 鐵 岳, 〈大衆的戰鬪的協同戰線の結成と新幹會及び獨立促成會の任務〉(《朝鮮前衛黨當面の問題》, 左翼書房, 1930), 92~93쪽.

46) インタナショナル編輯部 編譯, 《朝鮮問題》(전기사판, 1930년 4월 18일 발행), 8쪽.

47) 위의 책, 20~21쪽.

48) 姜德相·梶村秀樹 編, 《現代史資料》 19, 314쪽.

동전선의 구성단체들로 흡수시켜야 한다는 전략을 제시하고 있다. 이와 같이 공산주의세력이 통일전선전술이 달라지면서[49] 중국관내·만주에서 만들어진 민족유일당 준비조직은 해체되거나 민족주의자만의 단체로 개편되었다.[50]

(2) 신간회지회의 해소운동

신간회는 복대표대회 결과, 許憲집행부가 구성됨으로써 1928년 2월 이후부터 침체되어 왔던 신간회운동이 큰 활기를 되찾는 듯했다. 그러나 甲山火田民事件을 비롯한 여러 활동은 일제에 의해 철저한 탄압을 받았다. 1929년 11월부터 1930년 3월까지 전개된 광주학생운동은 전국적으로 전개된 학생들의 혁명운동이었지만 그 발생과 전개에는 신간회 및 조선공산당재건운동과 깊은 관련을 맺고 있었다.

신간회본부와 경성지회 간부들은 광주학생운동을 민족적·민중적 운동으로 확산시키기 위해 이른바 민중대회를 계획하였다. 1929년 12월 13일로 계획된 민중대회는 사전에 발각되어 44명의 신간회 회원이 검거되었다. 그러나 신간회 지회를 중심으로 조선청년총동맹·근우회 등이 광주학생운동을 전국적으로 확산시키는데 큰 역할을 하였다.

민중대회사건으로 신간회는 큰 타격을 받았다. 관련 간부들의 구속 외에도 지회의 많은 활동가들에 대한 단속이 강화되었다. 그러나 민족해방운동에서 신간회의 위상은 상승하였다. 1929년말 약 3만 7,000명이던 회원이 1930년 11월에는 3만 9,257명으로 증가한 상황은 이를 보여주는 것이다. 반면 '민중대회'사건은 검거 이후 남은 신간회 본부 지도자들의 변화를 초래하였다.

1930년대에 들어서면서 새로이 구성된 신간회 집행부는 '온건화' 현상이 두드러졌다. 재정부장겸 회계인 김병로가 1930년 1월 서무부장과 조사부장을

---

49) 〈12월테제〉에 의해 조선공산당이 해소된 직후 공산당 재건운동 이론자들 중에서도 韓偉健과 같이 신간회가 "어느 정도 매개적 역할이 가능하다"고 보거나, 林元根같이 신간회가 완전히 소부르주아지로 구성된 단체는 아니며 노동대중의 투쟁력을 말살하는 단체가 아니라는 이유로 해소반대론을 펴는 경우도 있었다.

50) 金喜坤, 《中國關內韓國獨立運動團體硏究》(지식산업사, 1995).
盧景彩, 《韓國獨立黨硏究》(신서원, 1996).

겸직하게 됨으로써 신집행부는 사실상 김병로 집행위원장 대리체제를 의미하게 되었다. 이때 일제에 의하여 파악된 김병로는 "종래의 신간회운동은 다만 관헌과 항쟁 대립하여 그 억압을 받아 하등 조선민족을 위하여 공헌한 것이 없음을 거울삼아 스스로 반성"[51]하고, "종래 운동방침을 개혁하여 중앙간부를 데리고 천도교 최린 일파가 주장하는 자치운동과 협력하여 합법운동을 주장"[52]하게 되었다. 김병로 체제의 이러한 방향전환은 신간회본부의 정책에도 반영되기 시작했다. 한마디로 김병로 체제의 신간회 정책은 우경화 혹은 온건화정책의 성격을 띤 것이었다.

신간회본부의 온건화경향에 대한 반발은 경성지회로부터 시작되었다. 경성지회는 신간회 창립 당시 강령에 명시한 "타협주의를 배격한다"는 사실을 들어 신간회의 존립근거와 목표에 관해 문제를 제기한 것이었다. 문제의 핵심은 이른바 박문희 사건이었다. 이러한 문제에 대응하기 위해 신간회본부측은 자파 중심으로 중앙조직을 정비하려 하였다. 그러나 현실적으로 전국대회를 개최할 수는 없는 상황이었기에, 신간회본부는 1930년 9월 중으로 전국대회를 대신한 복대표대회를 개최하려 하였으나 이 역시 경찰에 의해 금지되었다. 이에 따라 신간회본부는 다시 11월 9일 중앙집행위원회를 개최하여 이것으로 전체대회를 대신하려 하였다. 대회 첫날인 11월 9일 온건파인 본부측은 합법운동단체들과 천도교 신파를 비롯한 자치운동단체를 끌어들이기 위한 수단으로 단체가입제를 채택하려고 하였으나 경성지회의 반대로 실패하였다. 또한 대회에서 50명의 간부가 선출되었는데 그들은 대체적으로 온건화노선을 추구하는 인물이었다.[53]

51) 京畿道警察部, 《治安狀況》(1931), 7·35쪽.

52) 京畿道警察部, 《治安狀況》(1931), 13쪽.

53) 이 대회에서 선임된 간부진은 다음과 같다.

중앙집행위원장 : 金炳魯

중앙집행위원 : 金湖(하동)·沈相玟(김천)·金昌容(나주)·金哲(金川)·朴源植(신의주)·具然達(청주)·李漢鳳(강릉)·崔相稷(해주)·姜基德(원산)·金昌權(청진)·宋斗煥(대구)·金時中(장성)·李廷鴻(순창)·宋秉赫(당진)·李德用(괴산)·李東壽(원주)·金元湖(재령)·金商圭(목포)·尹柱(함흥)·朱埰熙(주을)·宋洙格(정읍)·金士翼(북청)·朴台弘(진주)·申尙泰(칠곡)·黃尙奎(밀양)·尹秉球(주을)·李寬求(경성)·韓炳洛(정평)·郭尙勳(인천)·崔允鈺(평양)·金恒俊(신의주)·金

대회 직후인 11월 19일 신임 중앙집행위원회에서 상정된 중앙상무집행위원회 위원과 각 부서책임자들은 다음과 같다.

중앙상무집행위원 : 李恒發 · 李寬求 · 徐廷禧 · 白寬洙 · 韓炳洛
회계겸 재정부장 : 金容起
서기겸 서무부장 : 金恒圭
조직부장 : 徐廷禧
조사부장 : 李恒發
출판부장 : 白寬洙
(이균영, 《신간회연구》, 역사비평사, 1993).

이 선출 간부들 중 사회주의자들인 이항발 · 박문희 · 이주연 · 한병락 · 서정희 등이 신간회의 온건화노선을 주도하였다. 대체로 이들은 서울청년회 계열의 인물들이었고, 이항발의 영향하에 있었다. 대체로 김병로 집행위원장 시기의 간부진은 前 신간회 간부, 물산장려회와 조선민흥회 간부, 그리고 조선청년총동맹내의 온건파, 서울청년회계가 조직적으로 진출한 것이라고 평가할 수 있다.[54]

신간회 경성지회는 1930년 12월 17일 열린 상무집행위원회에서 전체대회 대행중앙집행위원회를 인정하지 않는다는 결의문을 발표하였다. 또한 거기에 그치지 않고 경성지회는 그 결의문을 더 구체화시킨 이른바 〈通議文〉을 작성하여 전국 지회에 발송하였다.[55] 그것은 본부의 온건화운동으로서의 노선전환을 공격한 것이었다. 그러나 여기서 유의해야 할 점은 경성지회의 본부

容起(경성) · 白寬洙(경성) · 朴文熹(동래) · 李正(진남포) · 李周淵(단천) · 金恒圭(경성) · 姜相熙(경성) · 李恒發(경성) · 徐廷禧(경성)
중앙집행위원 후보 : 변희용 · 장인수 · 조영국 · 노석정 · 김귀동
검사위원장 : 양봉근
검사위원 : 유진태(경성) · 현동원 · 노백용(김해) · 박의양
(괄호 안 지역은 출신지가 아닌 지회임. 이균영, 앞의 책, 389쪽에서 재인용).

54) 이균영, 위의 책, 395쪽.
55) 《조선일보》, 1930년 12월 27일

에 대한 이러한 반발은 결코 신간회를 해체하자는 것이 아니었다는 점이다. 그것은 1930년 12월 30일 경성지회 상무집행위원회에서 신간회 해소운동에 반대성명 발표를 결정한 데서도 잘 드러난다. 그러나 신간회본부의 온건화노선은 이후 신간회 지회에서 해소운동이 전개되는 하나의 계기가 되었다.

신간회본부와 경성지회간의 갈등은 전국 각 지회의 커다란 관심사가 되었다.[56] 원산·이원·통영·평양·길주·성진·부산지회[57] 등은 해소론을 토의하는 자리에서 전체대회대행중앙집행위원회의 부당성을 지적하고 이 위원회의 결과로 신간회는 "소부르주아 개량주의 영도하"에 있게 되었다고 지적하였다. 이외에도 해소론을 논의하는 거의 대부분의 지회가 본부의 온건화노선이나 전체대회대행중앙집행위원회의 부당성을 지적하였다.[58]

해소론자들은 "해소는 한 조직체의 해산을 뜻하는 해체와는 달리 한 운동에서 다른 형태의 운동으로 전환하는 변증법적 자기발전을 뜻하는 것"이라 하면서, 신간회를 해소해야 한다고 주장하였다. 해소론자들의 주장은 ① 신간회 지도부가 타협주의 노선으로 전환된 점,[59] ② 신간회의 조직형태가 정당적 형태로 되어 있다는 점,[60] ③ 신간회의 강령이 추상적이며 구체적 운동지침이 없다는 점,[61] ④ 객관적 정세변화에 따라 주체적 조응조건이 변했다는 점 등이었다. 여기서 언급하는 객관적 정세변화란 세계공황이 일어나고 일본이 만주문제에 개입하기 시작한 것을 말하며, 주체적 조응조건이란 이

56) 安城(《조선일보》, 1931년 1월 23일), 咸興(《동아일보》, 1931년 1월 13일), 密陽(《동아일보》, 1931년 1월 27일), 江陵(《조선일보》, 1931년 1월 27일) 지회는 지회 차원에서 직접 본부와 경성지회의 갈등을 조사하기로 결정하였고, 마산지회는 진상조사를 위하여 검사위원장을 파견하기로 하였다(《동아일보》, 1931년 1월 31일).

57) 신간회 해소론을 처음 제기한 것은 부산지회였다.

58) 이균영, 앞의 책, 397쪽.

59) 부산지회에서는 "본회의 근본정신인 비타협주의를 무시하고 합법운동으로 방향을 전환하려는 민족개량주의가 발호해 온" 때문이라고 하였다.

60) 단천지회에서는 "조직의 중요한 모순과 소부르주아적 지도로 인하여 하등의 적극적 투쟁도 못하고, 그 안의 노동대중의 투쟁의욕을 말살하여 객관적으로 필요한 계급적 대진출을 방해하는데 이르렀다"고 하였다.

61) 평양지회에서는 "행동강령도 없는 신간회의 현재 강령만으로는 오히려 투쟁의식을 말살할 뿐이다"라고 하였다.

무렵에 나타나는 노동대중의 전투화·혁명화 현상이 진전됨을 말하는 것이었다.

해소론을 주장하는 지회와 달리 원산·신의주·마산·함흥·밀양·양산 지회는 해소반대를 결의하였다.[62] 이들은 지금은 해소시기가 아니라고 하거나(양산지회), 해소에는 찬성하지만 해소의 이론적 당위성보다는 노동·농민운동의 강화를 통해 그것에 접근해 나가는 것이 중요하며 이러한 실천이 따르지 못하는 해소론은 관념적 해소론이라고 주장하였다(원산·함흥지회). 민족주의자 가운데 가장 선명한 해소반대론을 펼친 안재홍은 "조선과 같이 근대 累세기에 그 민족의식이 침체 萎微하였던 인민은 그 자신이 민족적 정조의식에 浸潤되는, 앙양되는 민족소브르주아적 혹은 자본주의적 의식인 관념운동의 과정조차 아직도 지속할 것을 역사적 과제로 가지고 있다. 하물며 조선의 운동은 양대 진영의 병렬합동이 가장 동지적 지속을 하여야 할 정도 하에 있고 둘이서 서로 대립 배격할 정세를 가지지 않았다"고 하였다.[63]

안재홍은 해소론을 "공연히 남의 본을 받아 가지고 日本勞動黨 해소론에서 용어와 이론을 빌려온 直譯的 국제연장주의"라고 비난했다.[64]

신간회의 해소문제를 둘러싸고 많은 논쟁이 있었지만 그것은 조정될 수 없었고 결국은 조직대결로 치달았다. 1931년 5월 15일, 경성 중앙기독교청년회관에서 신간회 제2회 전체대회가 열렸다. 1927년 신간회 창립대회 후 처음 열리는 전체대회이자 동시에 해소대회였다. 대회 첫날, 대회에 파견된 대의원 총수는 80명이었다. 대회 이틀째 방치규·최천·조열·김창윤·한홍정 5인을 전형위원으로 하는 임시집행브가 선임되었다. 의장 李晃, 부의장 한홍정, 서기장 尹基鼎, 서기 朴恭根·尹永均, 사찰 崔浩讚·金釆龍·朴哲煥·金斗煥·玄益謙이 선임되었는데 이들은 모두 해소를 주장하는 사람들이었다.[65] 이날 36명의 중앙간부진이 선임되었고[66] 드디어 해소안이 제출되었다. 경찰

62) 이균영, 앞의 책, 518쪽.

63) 安在鴻, 〈해소하에게 與함〉(《批判》 7·9합집, 1931), 32쪽.

64) 安在鴻, 〈解消論 冷眼觀－非國際延長主義〉(《조선일보》, 1930년 12월 26일, 사설).

65) 《조선일보》, 1931년 5월 17일.

의 제지로 찬반토의는 금지되었다. 경성지회 대의원인 김혁의 동의와 林和의 재청으로 거수표결에 부친 결과 찬성 43, 반대 3, 기권 30으로 해소안이 가결되었다.[67] 해소대회에서 해소론 쪽으로 분위기를 선동·유도한 것은 카프 조직으로 알려져 있다.[68] 해소파들은 해소의 변을 신간회의 조직적 결함을 극복한 다른 조직체를 지향하는 것이라 하였지만 신간회 해소 결의 이후 모든 집회가 금지됨으써 결국 신간회 해소는 해체를 의미하게 되었다.

〈安建鎬〉

---

66) 《조선일보》·《동아일보》, 1931년 5월 18일.

67) 《동아일보》, 1931년 5월 18일.

68) 《조선일보》, 1931년 10월 6일.
安漠, 〈朝鮮プロレタリア藝術運動史〉(朴慶植 編, 《朝鮮問題研究叢書》 7권, アシア問題研究所, 1982).

Ⅲ. 1920년대의 대중운동

1. 농민운동
2. 노동운동
3. 여성운동
4. 형평운동
5. 청년운동
6. 학생운동

Ⅲ. 1920년대의 대중운동

1. 농민운동

1) 일제시기 농민운동의 성격

한국은 봉건사회의 지주·소작관계를 청산하지 못한 채 일제의 식민지로 전락하고 말았다. 때문에 한국 농민은 일제의 식민지 지배와 수탈체제를 타도하여 민족독립을 달성해야 하고, 다른 한편으로는 舊來의 봉건적 지주·소작관계를 청산하여 농민적 토지소유를 실현해야 하는 두 가지의 과제를 떠안게 되었다.

일제시기에 이 과제는 별도로 존재하는 것이 아니라 서로 중첩되어 있었다. 그것은 일제가 1910년대 조선토지조사사업을 통하여 봉건지주의 기득권을 인정하고, 이들을 식민지 지주로 재편하여 식민지 통치와 수탈의 주구로 삼았던 탓이다.[1] 또한 식민지 지주제는 이후 일제의 식민농업정책의 본격적 전개에 따라 더욱 확대되었기 때문이다.

전 인구의 8할 이상이 농업에 종사하고 있던 일제시기 산업구조 속에서 한국 농민은 일본 제국주의 對 식민지 민중이라는 식민지 사회의 모순구조와 대결구도 아래 민족독립과 사회변혁의 규정적 존재이자 주력군이었다. 따라서 일제시기 농민운동은 민족해방운동을 이해하기 위해서도, 해방 이후 신국가 건설 방향을 이해하기 위해서도 관건적 의미를 지니고 있음은 물론이다.[2]

일제시기 민족해방운동이 가장 역동적으로 전개되던 기간은 1920년대이다.

---

1) 신용하, 《조선토지조사사업연구》(지식산업사, 1982).
2) 김용달, 〈농민운동〉(《한국독립운동사강의》, 한울아카데미, 1998).

물론 그 역동성의 기저에는 3·1운동이 있었다. 3·1운동을 통해 한국 민족은 민족적·계급적 각성을 이루었고, 또 그것을 자신들의 계급적 차원에서 표출하면서 민족해방운동을 발전시켜 간 것이다. 3·1운동 이후 민족해방운동의 이념으로 수용되기 시작한 사회주의와 무정부주의, 그리고 민족주의의 발전 등도 그것을 고조시켜 간 주체적 요인이 되었다. 따라서 다양한 운동 이념과 그것을 지지하는 운동 조직을 기반으로 1920년대는 민족해방운동의 전성기를 이룬 것이다.

그 가운데 핵심은 농민운동이었다. 당시 전 인구의 80%를 차지한 물리적인 측면에서나, 또 민족적·계급적 모순을 동시에 체감하고 있던 화학적인 측면에서도 농민대중은 민족해방운동의 주력군이었기 때문이다. 오죽하면 일제시기 민족문제는 농민문제라고까지 하였겠는가. 이 글은 그 같은 농민문제에 주목하면서, 1920년대 농민운동의 전개양상과 그 특징을 살펴보고자 한다.

이를 위해 먼저 농민대중이 농민운동에 나서게 된 객관적 조건, 즉 1920년대 일제의 식민농업정책과 그에 따른 한국 농민의 처지를 살펴본다. 그리고 운동의 주체적 역량인 농민운동 조직의 발전, 농민운동의 전개양상과 그 특징을 추적해 보고자 한다.

2) 일제의 농업정책과 한국 농민의 처지

모든 운동은 주체적 역량과 객관적 조건에 따라 변화한다. 일제시기 농민운동도 마찬가지이다. 농민의 주체적 역량, 즉 농민의식의 성장과 그에 기초한 운동조직이 농민운동을 이끌어 갔다. 다른 한편으로 일제의 식민농업정책과 그에 따른 생활상의 문제인 객관적 조건이 농민대중을 운동전선으로 내몰았다.

일제는 1910년대 조선토지조사사업, 1920년대에서 1930년대 초반에 걸친 산미증식계획, 1930년대 중반의 농촌진흥운동,[3] 이후의 조선증미계획[4] 등의 식민농업정책을 실시하였다. 이같은 농업정책의 기조는 식민지 지주제의 형

3) 지수걸, 〈1932~1935년간의 조선농촌진흥운동〉(《한국사연구》 46, 1984).
4) 최유리, 〈일제말기 '조선증미계획'에 대한 연구〉(《한국사연구》 61·62, 1988).

성과 그를 통한 농업수탈의 감행이었다.

제1차 세계대전을 계기로 일제는 미증유의 산업발전을 이루었지만, 1918년 종전과 함께 불어닥친 경제불황으로 일대 위기를 맞이하였다. 특히 미가폭등으로 일본 각지에서 미곡소동이 일어나는 등 극도의 식량위기에 빠졌다. 이에 일본 내의 유휴자본을 한국에 투입함으로써 경제불황을 해소하고, 또 공업화에 따르는 식량부족 현상을 타개하려는 목적으로 시행한 것이 산미증식계획이었다.[5]

일제가 한국에서 산미증식계획을 실시하여 식량난을 해소하려고 한 데에는 그들 나름대로의 계산이 있었다. 그것은 식민통치권력을 이용하여 산미증식계획을 강제로 시행할 수 있고, 또 한국농민을 부역의 형태로 동원함으로써 투자비용을 절감할 수 있다는 것이었다.

산미증식계획의 기본목표는 토지개량과 농사개량에 의한 미곡 증식과 그 증식미의 일본 반출이었다. 그러나 1920년부터 1925년까지 시행된 제1차 산미증식계획은 소기의 성과를 거두지 못했다. 그 이유는 민간자본 유치에 실패했기 때문이다. 그것은 이 시기 일본의 산업자본은 산미증식계획과 같은 장기투자보다는 주로 경공업과 식료품 공업에 투입되었고, 한국인·일본인 지주의 자본도 토지개량보다는 농지를 더 구입하는 데 쓰여졌기 때문이다. 이는 농지소유 수익이 토지개량이나 농사개량의 투자수익보다 높았다는 데 그 이유가 있었다.

이렇게 되자 일제는 1926년부터 官 주도의 제2차 산미증식계획을 실시하여 갔다. 제2차 산미증식계획의 특징은 제1차에 비하여 사업자금 면에서 지주·자본가의 자금, 즉 민간자본의 비중이 42%에서 12%로 대폭 경감된 점에 있었다. 이는 민간자본 유치에 실패한 일제가 관 주도로 제2차 산미증식계획을 시행한 것이고, 또 그 만큼 식민주의적 성격도 강화된 것이라고 할 수 있겠다.

산미증식계획의 추진기구로 일제는 1920년 11월 조선총독부 식산국에 토지개량과를 설치하였다. 여기에 1926년 제2차 산미증식계획을 실시하면서부터는 수리과와 개간과를 더 두었다. 이와 함께 1926년 동양척식주식회사에 토지개

5) 신용하, 〈식량의 증산과 약탈〉(《한국사》 21, 국사편찬위원회, 1976).
河合和男, 《朝鮮における産米增殖計劃》(未來社, 1986).

량부를 설치하도록 하였고, 또 조선식산은행 산하에 조선토지개량주식회사를 창설하여 토지개량사업을 담당케 하였다. 1927년 5월에는 식산국의 토지개량과·수리과·개간과를 통합하여 토지개량부를 창설하고, 이를 식산국에서 독립시켜 조선총독부 직속 관청으로 만들어 산미증식계획을 총괄하여 갔다.

이들 기관이 주로 산미증식계획 가운데 토지개량 사업을 맡았다면, 농사개량 사업은 주로 조선농회가 담당하였다.[6] 일제는 3·1운동 이후 농촌·농민 통제의 강화와 제1차 산미증식계획의 지원을 위해 1920년대 초반부터 郡·島농회와 그 상위 조직으로 道농회를 설치하였다. 그럼에도 불구하고 1920년대에 들어와 소작쟁의가 발생하여 점차 일반적 현상으로 확산되어 갔다. 또 1922년 10월 朝鮮勞動聯盟會와 1924년 4월 朝鮮勞農總同盟의 결성 등 사회주의계열의 농민운동단체, 비록 개량주의적 성격을 지니고 있었지만 1925년 10월 천도교계열의 朝鮮農民社 등이 여러 농민계층을 조직화하면서 전국적이며 계통적인 조직망을 구축하고 있었다.

그런데 비하여 군·島농회와 도농회, 그리고 '任意' 조선농회·지주회 등이 활동하고 있었지만, 농사개량사업에 대한 이들 단체의 기여는 매우 미약하여 제1차 산미증식계획에서 예기한 성과를 거둘 수 없었다. 따라서 일제는 제2차 산미증식계획을 계획하면서 고양되는 농민운동에 대처하고, 산미증식계획에 대한 농민대중의 참여와 협조를 유도하기 위해 일사불란한 농민통제체제를 확립할 필요가 있었다. 그것은 농민운동에 의해 도전받는 식민지 지주제의 안정과 확대 재생산을 위한 것이기도 하였다.

그 방향은 일본의 제국농회체제를 모방하여 기존의 도농회와 군·島농회 체제를 확대·정비하여 계통적인 조선농회체제를 구축하는 것이었다. 조선총독부는 1922년 4월 제정·공포된 일본의 〈농회법〉을 모법으로 하여 1926년 1월 〈조선농회령〉과 〈조선농회령시행규칙〉을 제정·반포하고, 그에 의거하여 기존의 농업단체들을 통폐합시켰다. 그럼으로써 '군·島농회(1926. 6)→道농회(1926. 10)→조선농회(1927. 3)'로 계선화된 조선농회 계통체제를 완성하였다. 그리하여 이들 농회가 산미증식계획에서 농사개량사업을 담당하면서 농

6) 김용달, 〈朝鮮農會의 계통체제 수립과 초기사업(1926~1932)〉(《한국근현대사연구》 4, 1996).

사개량, 저리 자금의 알선·융자 및 회수 사무 등을 맡았던 것이다.

이들을 중심으로 진행된 산미증식계획의 양대 사업은 토지개량과 농사개량이었다. 특히 토지개량은 산미증식계획의 기축이고, 일제가 가장 역점을 둔 사업이었다. 일제가 계획한 토지개량사업의 목표는 35만 정보이고, 사업비는 2억 8,000만원으로 총예산의 88%에 달하고 있었다. 또 토지개량에 의한 산미의 증식 계획량은 472만 석으로 총계획량 가운데 58%를 차지하였다.

토지개량 사업 자금은 조선총독부의 보조금과 일본정부 알선 자금이 주류를 이룬다. 그 중에서도 일본정부 알선 자금의 비중이 가장 높은데, 그 운용은 동양척식주식회사와 조선식산은행이 각각 반액씩 관장하였다. 동양척식주식회사가 관장한 자금은 자체 토지개량부를 통하여, 또 조선식산은행이 관장한 자금은 그 산하 조선토지개량주식회사를 통하여 집행되었다.

실제 토지개량사업의 추진 상황은 1926년에서 1928년까지는 계획량을 웃돌고 있었으나, 1929년을 고비로 급격히 하락한다. 이는 1929년 세계대공황의 영향으로 일본정부의 알선 자금이 급격히 줄어들고, 또 일본 국내의 미가가 하락하면서 산미증식계획을 중지하라는 요구가 거세졌기 때문이다. 이에 따라 토지개량사업의 시행기구도 점차 폐지되기 시작하였다. 동양척식주식회사의 토지개량부는 1931년, 조선총독부의 토지개량부는 1932년에 폐지되었고, 1934년에는 토지개량사업이 중지되면서 조선토지개량주식회사가 해산되기에 이르렀다.

농사개량사업은 제1차 산미증식계획에서는 그 자금을 지주와 자작농에게 의존하였다. 그러나 제2차 산미증식계획에서는 4,000만원의 예산을 따로 책정하여 실시하였다. 주로 조선농회를 중심으로 소위 '우량품종'의 보급, 화학비료 사용의 확대, 퇴비 등 자급비료의 장려를 강제하면서 추진되었다. 농사개량사업은 세계대공황 이후 토지개량사업이 중지됨에도 불구하고 계속 진행되었는데, 그것은 이 사업이 많은 비용을 필요로 하는 것이 아닐 뿐 더러 그 시행효과가 컸기 때문이었다.

1920년대 일제는 산미증식계획에 의한 생산량의 증대를 빙자하여 미곡의 본격적인 수탈에 나섰다. 이는 산미증식계획의 목적이 한국 미곡의 수탈에 있음을 명확히 보여주는 것이다. 산미증식계획 기간에 토지개량과 농사개량으로 미곡의 단위당 수확량과 연평균 생산량이 증가한 것은 사실이다. 연평균 생산량은 1915~1917년 평균 13,106,446석에서 1925~1927년 평균 15,790,898석으로 17% 정도, 단보당 수확량은 1915~1917년 평균 0.89석에서 1925~1927년 평균 0.99석으로 11% 정도 증가하였다. 이에 비하여 미곡의 대일 반출량은 1915~1917년 평균 1,573,503석에서 1925~1927년 평균 5,658,902석으로 무려 360% 증가하고 있다. 수확량은 산술적으로 증가한 반면에 반출량은 기하급수적으로 증가한 것이다.

더구나 연평균 미곡생산량의 증가에도 불구하고 한국인의 1인당 미곡소비량은 1917~1921년 평균 0.68석에서 1927~1931년 평균 0.49석으로 감소하였다. 이는 분명 한국 농민의 식량을 약탈하여 일본인들의 배를 채우는 제국주의 식량수탈정책의 표본이었고, 또한 일본의 선진 공업화를 위한 저미가 정책의 희생양이 한국 농민이라는 사실을 여실히 보여주는 것이다.

특히 1920년대 산미증식계획의 일환으로 시행된 토지개량사업은 대지주에게 실질적인 혜택이 돌아가는 수리조합 설치비용을 중소지주·자작농·자소작농, 심지어 소작농민들에게까지 전가함으로써 이들의 경제적 몰락을 촉진시켰다. 따라서 1920년대 농민층은 아래 〈표 1〉과 같이 자작농→자소작농→소작농·화전민으로 하층분해되어 갔다.

〈표 1〉 1920년대 농민층의 하층 분해 상황

(단위 : %)

연 도	지주	자작농	자소작농	소작농	화전민
1920	3.5	19.4	37.4	39.8	
1921	3.6	19.6	36.6	40.2	
1922	3.6	19.7	35.9	40.8	
1923	3.7	19.5	35.2	41.6	
1924	3.8	19.4	34.6	42.2	
1925	3.7	19.9	33.2	43.2	
1926	3.8	19.1	32.4	43.3	1.3
1927	3.8	18.7	32.7	43.8	1.0
1928	3.7	18.3	31.9	44.9	1.2
1929	3.8	18.0	31.4	45.6	1.2
1930	3.6	17.6	31.0	46.5	1.3

* 朝鮮總督府 編, 《朝鮮ノ小作慣行》 下(1932), 74~75쪽.

소작농의 생활을 더욱 어렵게 만든 것은 지주의 고율소작료 부과와 마름의 횡포였다. 소작인은 지주의 지시에 따라 소작계약서를 제출하는 것이 일반적이었다. 소작계약서에는 소작료의 납입방법과 기준, 계약기간 설정 등이 명시되어 있다. 이 기준에 의하면 소작인이 부담해야 할 소작료는 地代와 토지개량비, 영농에 필요한 자재비, 공과금을 포함한 것이다. 그밖에도 소작인들은 소작료 운반비와 종자대·수리조합비·비료대까지 부담해야 하는 경우가 종종 있었다. 따라서 소작인들은 수리조합 구역 내에서는 수확량의 7~8할까지도 소작료로 지불해야 하는 것이 일반적이었다.

마름은 지주를 대신한 소작지 관리인으로 농민들에게는 절대적인 존재였다. 이들은 소작계약 체결권을 악용하여 소작인들의 경작권을 위협했고, 소작료를 증액하며, 소작인들의 선물증여 등 물품공세 여부에 따라 소작권을 이동하는 등 각종 폐해를 자행하였다. 그 외에도 소작인에게서 받는 소작료와 지주에게 납부하는 소작료 사이의 차액을 가로채고, 추수 종사원들의 접대비를 소작인에게 전가시키며, 소작인에게 금전이나 곡물을 고리대로 빌려주거나 물자를 고가로 팔아 폭리를 취하는 등 횡포는 끝이 없었다.

따라서 1920년대 농촌은 산미증식계획에 따른 수리조합 건설비의 부담과 고율 소작료 등으로 농민층은 경제적으로 몰락하여 갔고, 거기에 더한 마름의 횡포로 인해 소작농민의 궁핍화는 만연되어 絶糧 농가가 속출하고 있었던 것이다.

3) 농민운동 조직의 발전

1920년대 지속성과 투쟁성을 견지한 농민운동의 주체적 역량은 자체 조직력이라 할 수 있다. 즉 한국 농민은 일제의 식민농업정책에 대항하여 민족적·계급적 각성을 이루어 가며 운동조직을 결성하고, 또 그것을 발전시켜 가면서 농민운동을 전개한 것이다.

한말과 일제 초기에도 소작회·소작인회 등의 단체가 있었으나 주체적인 농민조직은 3·1운동 이후 농민운동이 본궤도에 오르면서 본격적으로 탄생하였다. 농민대중이 자신의 권익과 민족적 이익을 위해 농민운동 조직을 결성하기 시작한 것이다.

3·1운동 이후 농민들은 里·面 단위의 소작인조합·소작조합·농민공제회·작인동맹 등의 농민단체를 결성하여 갔다. 총독부의 자료에 따르면 농민단체 수는 1921년 3개, 1922년 23개, 1923년 107개, 1924년 112개, 1925년 126개, 1926년 119개, 1927년 160개, 1928년 307개, 1929년 564개, 1930년 943개로 나타난다. 특히 1922년 7월 〈소작인은 단결하라〉는 조선노동공제회의 농민문제 선언 발표, 그리고 토지혁명론을 공식적으로 제시한 코민테른(Comintern)의 1928년 〈12월테제〉는 농민단체 결성의 기폭제가 되었다. 이는 농민운동이 사회주의의 영향을 크게 받고 있음을 보여주는 것이다.

초창기 소작인조합은 자체규약 내지는 회원규정도 명확하지 않은 유치한 형태의 자연발생적 조직이었다. 또한 소작농민과 임금노동자의 구분이 모호하여 조선노동공제회나 조선노동대회 등의 노동단체가 농민운동을 지도하기도 하였다. 이것은 저급한 공업화로 인하여 식민지 사회가 미분화된 상태였기 때문이었다. 그러나 일제의 탄압에 대응하기 위한 통일적인 조직체계의 필요성이 제기되면서 농민단체의 조직형태도 강화되었다. 1923년부터 소작인조합이 면 단위의 한계성을 극복하여 군 단위의 연합체로 발전하기 시작한 것은 이를 반영하는 것이다.

소작인조합의 구성을 보면 초기에는 조합원은 소작농인데, 지도부는 흔히 지주 또는 지주출신의 인텔리들이 맡는 경우가 많았다. 소작인조합의 활동도 대개 소작계약개선·농사개량·생활개선·계몽활동 등 개량적인 것들이었다. 지역에 따라 차이는 있지만 이 시기 소작인조합의 대지주에 대한 요구사항은 소작료 4할제 실시, 소작권의 보장, 지세·공과금의 지주부담, 부정한 마름의 배척 등이었다. 따라서 소작농민들의 역량을 결집할 수 있는 조직을 마련했음에도 불구하고 지주와의 투쟁에 효과적으로 대처하지 못한 것은 소작인조합의 이러한 한계성 때문이었다. 즉 지주 출신 지도부의 개량주의적 해결책은 조합원의 계급적·민족적 요구와는 거리가 있었던 탓이다.

이러한 한계성을 극복하고 민족해방운동의 발전에 조응하려는 움직임으로 1920년대 후반기 농민운동 조직의 변화가 일어났다. 1924년 4월 노농단체들은 운동역량을 집중하고 통일시키려는 전초작업으로 전국적인 노농운동 조직으로 조선노농총동맹을 결성하였다. 조선노농총동맹의 창립과정에는 전조선노농대회·남선노농동맹·조선노동연맹회 등 182개 단체가 참여하였고, 창립대회 출석자만도 167개 단체의 대표 204명이나 되었다. 이같은 조선노농총동맹의 창립은 조선노동공제회의 해체 이후 전국단위의 운동조직을 건설하려는 사회주의자들과 노농대중의 의지가 반영된 것이다.

창립대회 직후 조선노농총동맹은 임시대회에서 강령초안과 노동문제·소작문제 등에 관한 결의안을 통과시켰다. 강령초안은 "吾人은 노농계급을 해방하여 완전한 신사회의 실현을 국적한다. 오인은 단결의 위력으로서 최후의 승리를 얻는 데까지 철저히 자본계급과 투쟁한다. 오인은 노농계급의 현생활에 비추어 복리증진 및 경제적 향상을 도모한다" 등이었다. 노농계급의 해방을 표방하는 사회주의 이념이 짙게 투영된 조선노농총동맹의 강령은 이후 노농운동조직의 발전은 물론 노농운동의 민족해방운동적 성격을 고양시켜 간 원동력이 되었다.

1920년대 후반기 농민운동 조직은 제2차 산미증식계획에 의해 중소지주·자작농·자소작농 등의 계급적 몰락이 현재화하고, 사회주의의 방향전환론이 본격적으로 채택되면서 변화하여 갔다. 중앙조직인 조선노농총동맹은 조선노동총연맹과 조선농민총동맹으로 분화·분립되었으며, 소작인조합은 자작농층을 포함한 농민조합으로 개편되기 시작한 것이다. 1926년 전남 務安농민연합회가 무안농민조합으로, 岩泰소작회가 암태농민조합으로 발전하면서 그 물결은 전국적으로 확산되어 갔다.

중앙의 조선노농총동맹도 농민·노동 운동의 발전으로 각각의 단일적인 조직체가 필요하게 되자, 1926년 12월 발전적 해체를 결의하면서 노농운동의 신정책을 발표했다. 그 내용은 첫째 노농운동 조직은 경제투쟁을 위주로 한 대중적 조합운동이어야 함에도 불구하고 과거의 운동은 소수 선각분자의 사상운동 조직에 불과했다는 것, 둘째 노동자와 농민은 본래 계급적 차별성이 있는 존재임에도 불구하고 양자를 한 조합 내에 혼합하여 운동의 발전을 저해하였으므로 앞으로는 分盟한 뒤 두 동맹 사이의 협의기관을 설치해야 한다는 것, 셋째 종래에는 정치투쟁을 부정해왔으나 차후에는 노농대중의 정치의식을 향상시켜 적극적인 정치투쟁을 해야 한다는 것 등이었다. 조선노농총동맹의 신정책은 이해관계가 상이한 노동·농민운동의 공동투쟁에 대한 한계성을 지적하고 대중성 확보와 정치투쟁을 강조하고 있는 것이다.

이러한 내적 기류에 따라 조선노농총동맹은 1927년 9월에 書面대회를 통하여 조선농민총동맹과 조선노동총동맹으로 분립하였다. 조선농민총동맹은 소작인단체는 각 지방에서 면을 본위로 하여 군·면 연합회를 두고 지방 소작인 상황을 조사하며, 소작운동의 本旨와 배치되는 異流 소작단체에 대하여 그것을 파괴하고, 소작료는 3할로 할 것, 지세와 공과금을 지주가 부담할 것, 동양척식주식회사 이민의 폐지 등을 강령으로 채택하였다. 이와 같은 조선농민총동맹의 등장은 조직체의 운영방법이 성숙된 단계에 접어들었음을 시사하는 것이며, 전문적인 농민운동의 전국적 지도기관으로 성장했음을 의미하는 것이었다.

그러나 조선농민총동맹은 일제의 탄압으로 제 구실을 하지 못하였고, 오히려 농민운동은 각지의 농민조합을 중심으로 신간회 지방지회 등과 연계하여 전개되어 갔다. 나아가 1929년 세계대공황 이후 농민조합은 혁명적 농민조합으로 개편되기 시작하였다.[7] 혁명적 농민조합은 농민의 경제적 이익만이 아니라 사회주의자들의 혁명적 지도 아래 토지혁명을 비롯한 민족혁명의 주요 과제를 해결하려는 목표를 가지고 있었다. 따라서 이는 경제대공황 이후 강화된 일제의 파쇼적 탄압에 대응한 빈농 중심의 농민운동 조직으로 사회주의자의 黨재건 운동과 깊은 관계를 갖고 있었다.

4) 농민운동의 전개

(1) 1920년대 전반기

1920년대 농민운동은 소작쟁의, 수리조합 반대운동, 화전민 항쟁, 곡물 검사제 반대운동, 조선농회 반대운동 등 다양한 형태로 나타난다.[8] 이를 전개

---

7) 지수걸, 〈일제하 농민운동 연구의 현단계와 과제〉(《한국사론》 26, 국사편찬위원회, 1996).

8) 淺田喬二, 《日本 帝國主義下の民族革命運動》(東京 : 未來社, 1973).
노영택, 〈농민운동〉(《한민족독립운동사》 9, 국사편찬위원회, 1991).

양상에 따라 크게 1920년대 전·후반기로 나누어 살펴보자.

우선 1920년대 전반기는 1920~1925년의 시기로 농민운동의 대두기라 할 수 있다. 이 시기 농민운동은 대지주를 앞세운 일제의 농민지배와 수탈정책에 소작농민이 직접 투쟁하는 방향으로 전개되었다. 즉 소작쟁의가 주류를 이룬 것이다. 소작인조합이 중심이 된 소작쟁의는 주로 소작료 인하와 소작권 이동 반대 투쟁의 양상으로 전개되었다. 그것은 지주의 수탈에 대항한 소작료 인하 투쟁이 초기 소작쟁의의 주된 요구였지만, 지주가 고율 소작료 징수를 무기로 소작권을 악용함에 따라 1923년부터는 소작권 이동 반대투쟁이 중심이 되었기 때문이다.[9)]

또한 소작권 이동 반대투쟁은 산미증식계획에 의해 희생되기 시작한 자작농과 자소작농이 순소작농으로 몰락함에 따라 농업예비군이 증가하면서 야기된 현상이라 할 수 있다. 지주가 교묘한 방법으로 소작농민의 경쟁을 유발시켰고, 이러한 갈등구조는 지주의 권한을 강화시키는 대신 상대적으로 소작농민의 노동강화와 권리 위축으로 나타났다.

이 시기 소작쟁의의 발생건수는 1920년 15건, 1921년 27건, 1922년 24건, 1923년 176건, 1924년 164건, 1925년 204건 등이다. 그리고 수리조합 반대운동은 1921년 2건, 1922년 3건, 1923년 7건, 1924년 5건, 1925년 5건 등이 발생하였다. 소작쟁의 및 수리조합 반대운동 또한 1922년 7월 조선노농공제회의 〈농민문제선언〉 직후 폭발적 증가양상을 보이고 있다. 그리고 대표적인 농민운동은 전북 익산·김제 농민의 수리조합 반대운동(1921), 전남 무안군 암태도 소작쟁의(1924), 황해도 재령군 북률면 여물평 동양척식주식회사 농장의 소작쟁의(1924~1925) 등이다. 쟁의양상은 주로 합법적·온건적 경제권익 투쟁의 범위 내에서 진행되었지만, 때로는 격렬하게 전개된 것도 있었다.

예컨대 1921년 9월 전북 익옥수리조합 반대운동은 농민운동의 결집력을 보여 주는 투쟁으로 여러 가지의 의미를 갖는다. 익산·김제군 내 5,000여 농민들이 益沃수리조합의 취수로가 기존의 배수로를 차단한 것에 반대하여 격렬하게 항의한 운동이다. 즉 익옥수리조합의 수리구역 내 일본인 지주들이

9) 김용달, 〈일제하 토지혁명론의 배경과 전개〉(《북악논총》 8, 국민대 대학원, 1990).

토지개량을 위해 취수로를 내면서 조합구역과 관계없는 김제·익산지역의 기존 배수로를 차단함으로써 침수피해의 위험이 발생하게 되었다. 이에 배수로 차단에 반대하여 5,000여 명의 익산·김제군 농민들은 조촌주재소 앞에서 수리조합 반대투쟁을 전개하였고, 그 과정에서 경찰과 충돌한 것이다. 이 수리조합 반대운동은 산미증식계획이 일본인 지주의 권익을 일방적으로 보호하는 데 대항한 운동으로 의미를 갖는다. 그러면 1920년대 전반기 대표적 소작쟁의인 암태도 소작쟁의와 북률 동양척식주식회사 농장 소작쟁의의 전개 양상을 살펴보자.

가. 암태도 소작쟁의

岩泰島 소작쟁의는 전라남도 신안군 암태도의 소작농민들이 지주 文在喆과 그를 비호하는 일제에 대항하여 1923년 8월부터 1924년 8월까지 벌인 농민항쟁을 말한다.[10] 문재철은 암태도 수곡리 출신으로 일제의 식민지 수탈정책에 편승하여 토지소유를 확대한 전형적인 식민성 지주였다. 그리하여 1920년대에는 암태도·慈恩島 등의 도서지역을 비롯한 전라남도 일대와 전라북도 고창 등지에 755정보의 토지를 소유한 대지주로 성장하였다. 그 가운데 암태도에는 1923년 쟁의 발발 당시 약 140정보(논 98정보, 밭 42정보)의 농지를 소유하고 있었다.

문재철은 이들 소유지를 마름의 감독 아래 경영하였는데, 1910년대에는 지세 및 영농 제경비를 공동부담으로 하는 半分打租制로 소작료를 징수하였다. 그러나 1920년대에는 일제의 저미가 정책으로 말미암아 수익이 감소함에 따라 그는 소작료 증수로써 손실분을 보충하려 하였다. 그 중에서도 암태도의 경우가 유난히 심하여 執租制의 방식으로 7할 내지 8할의 소작료를 징수하기에 이르렀다. 이에 암태도 소작농민들은 1923년 8월 추수기를 앞두고, 徐邰晳의 주도로 소작인들의 권익단체로 암태소작회를 만들어 소작료를 4할로 인하할 것을 요구하였다.

---

10) 趙東杰, 《日帝下 韓國農民運動史》(한길사, 1979).
박천우, 〈韓末·日帝下의 地主制 硏究－岩泰島 文氏家의 地主로의 성장과 그 변동－〉(연세대 석사학위논문, 1983).

그리고 요구가 묵살되자 소작회측은 1차적으로 추수거부를 지시하고, 다른 한편으로는 타협을 시도하여 갔다. 그러나 같은 해 11월 지주측의 타협 거부로 요구사항이 관철되지 못하자 소작회측은 소작료 불납동맹을 체결하여 본격적인 쟁의에 돌입한 것이다.

우선 소작회측은 소작인들의 결속력을 강화하고 행동통일을 이루기 위한 방안의 하나로 소작인대회를 개최하였다. 그리하여 같은 해 12월 열린 소작인대회에서 암태소작회는 ① 금년 소작료는 논 4할·밭 3할로 할 것, ② 이러한 소작료에 응하지 않는 지주가 있을 경우에는 본회원은 모두 그 지주가 깨달을 때까지 소작료를 납부하지 말 것, ③ 지주와 분규가 발생하여 다음해 2월 15일까지 해결되지 않을 경우에는 그 지주에 관계된 회원 일동은 罷作을 단행할 것, ④ 10리 이상의 소작료 운반에 드는 운임은 지주가 부담할 것, ⑤ 마름을 인정하지 말 것 등을 결의하고, 이를 1924년 1월 지주에게 통고하여 승인하도록 요구하였다.

문재철 지주측은 이같은 암태소작회의 요구조건을 전면 거부하고 개별적으로 소작료 강제징수에 나섰다. 이때 목포경찰서는 경찰대를 출동시켜 무력시위를 벌이며 소작인들을 위협하였고, 이와 같은 강권을 배경으로 지주측은 소작료를 강제로 징수하려고 하였다. 그러나 소작농민들의 집단적인 항거로 인하여 소작료를 징수할 수 없게 되자, 지주측에서는 소작인들을 개별적으로 회유 또는 협박하며 소작료를 거두어 갔다. 이에 대하여 소작인회에서는 자체로 순찰대를 조직하여 지주측의 강압에 무력으로 대항하면서, 1924년 봄까지 소작료 납부 거부항쟁을 계속하였다.

나아가 1924년 3월 27일에는 와촌리에서 面民대회를 열어 소작인간의 단합을 공고히 하는 한편, 5월 15일까지 요구에 불응할 때에는 암태도에 있는 문재철 부친의 頌德碑를 파괴하기로 결의하였다. 그런데 이때 지주측은 면민대회를 마치고 귀가하는 소작인들을 습격하여 상해를 입히고, 면민대회의 결의를 묵살하였던 것이다.

암태소작회 지도부는 이같은 상황에서는 지주를 상대로 소작문제를 해결할 수 없다고 판단하였고, 그에 따라 신문이나 노동단체 등 언론·사회단체에 지원을 호소하였다. 그 결과 각 신문에서는 연일 암태도 소작쟁의를 보도하면서 여론을 일으켜 갔다. 또한 소작회에서는 1924년 4월 15일에 열리는 전조선노농대회에 대표를 파견하여 소작문제를 호소하기로 하였는데, 일제의 탄압으로 실패하고 말았다. 이에 분개한 소작인들은 그해 4월 22일 문재철 아버지의 송덕비를 파괴하는 한편, 이를 저지하기 위해 지주측에서 동원한 청년들과 대규모의 난투극을 벌였다.

목포경찰서에서는 이를 빌미로 소작회 간부 및 50여 명의 소작인들을 체포한 뒤, 그 가운데 주도인물 13명을 구속하면서 쟁의를 탄압하여 갔다. 이렇듯 사태가 악화됨에 따라 그 동안 뒤에서 쟁의를 이끌던 암태청년회 회장 朴福永이 전면에 나서 쟁의를 지도하였다. 아울러 암태부인회도 쟁의에 참여함으로써, 이제 암태도 소작쟁의는 소작인만의 일로 국한되지 않고 암태도 전 주민의 일로 발전하였던 것이다.

6월 2일 암태소작회·암태청년회·암태부녀회는 재차 면민대회를 개최하여 일제 경찰의 편파적 처사와 지주의 부당성을 규탄하면서 소작회 간부의 석방을 요구하였다. 또한 목포로 진출하여 항쟁할 것을 결의한 뒤, 400여 명의 시위인원을 선발하여 다음과 같은 지시사항을 시달하였다. ① 목포에서는 소작회 간부 金龍學의 지시에 따른다. ② 목포에서는 허가 없이 자기 자리를 이탈해서는 안되고, 비바람을 무릅쓰고 목적 달성에 협력한다. ③ 5일분의 양식과 소금을 휴대하고 10명씩 1조가 되어 솥을 가지고 간다. ④ 6월 4일 신강리 나루터에서 떠난다. 이에 따라 암태도 소작농민들은 6월 4일부터 8일까지 목포경찰서·광주지방법원 목포지청 앞에서 철야로 시위농성을 벌였지만, 일제 경찰의 강경한 탄압과 식량 부족으로 목적을 달성하지 못하고 철수하고 말았다.

그럼에도 불구하고 7월 8일부터 600여 명의 소작농민들은 암태소작회의 지휘 아래 다시 목포로 진출하여 餓死同盟을 맺고 법원 마당에서 단식투쟁을 전개하였다. 그리고 7월 11일에는 문재철의 집으로 몰려가 시위를 벌였다. 이때 목포경찰서에서는 일방적으로 문재철 지주측을 비호하여 해산명령을 내리고 불응하는 소작인 26명을 체포하기도 하였다. 그러나 소작인들은 이에 굴하지 않고 투쟁을 계속하여 갔던 것이다.

결국 목포 사회단체의 지원과 쟁의의 전국적인 파급효과를 우려한 일제

경찰은 소작인들의 요구조건을 수용할 수밖에 없었다. 7월 14일 암태소작회 측은 목포경찰서장으로부터 구속·수감되어 있던 26명의 소작인들의 석방을 약속 받았고, 목포지청 수석판사로부터는 1주일 이내 사건 해결과 병자 보석이라는 성과를 얻어냈다.

하지만 초기 투쟁단계에서 붙잡힌 소작회 간부 13명의 석방은 이루어지지 못했음은 물론 이들이 광주형무소로 이송되어 감에 따라 암태소작회는 그 대책을 강구하였다. 그리하여 암태소작회는 7월 27일 재차 소작인총회를 개최하여, "광주에 가서 옥고를 치르고 있는 13인과 죽음을 같이 하겠다"고 결의하면서 투쟁방략을 세워나갔다

이러한 암태도 소작쟁의에 대해 목포 사회단체는 물론 전국 각지 사회단체의 측면지원이 이어졌다. 그같은 여론을 일으킨 데는 언론의 역할이 컸다. 특히 《동아일보》는 암태도 소작쟁의를 생생하게 보도하여 전국적으로 관심을 집중시켰던 것이다. 예컨대 《동아일보》는 "대지로 요를 삼고 창공으로 이불을 삼아 입은 옷은 흙이 묻든지 말든지 쫄아드는 창자야 끊어지든지 말든지 오직 하나 집을 떠날 때 작정한 마음으로"라고 하는 내용으로 암태도 소작쟁의를 보도하였다. 당시 암태도 소작농민들의 절박한 투쟁상황의 일단을 다루어 여론을 불러 일으켰던 것이다.

목포의 노동단체와 청년단체들도 아사동맹을 맺고 투쟁하는 암태소작회의 소작인들을 적극적으로 지원하였다. 이들은 식량지원과 자금제공은 물론 목포 사회의 여론을 조성하여 지주측에 압력을 가했던 것이다. 서울·광주·목포 등지의 한인 변호사들은 무료변호를 자청하기도 하였다. 특히 조선노농총동맹은 서울에서 연설회를 개최하여 사건진상을 폭로하는 동시에, 암태도 소작쟁의에 대한 지원을 전국의 노농단체에 전달하였다. 그리하여 평양노동동맹회에서는 지원금 모금활동을 전개하여 암태도 소작쟁의를 직접 보조하기도 하였다.

이렇게 암태도 소작쟁의가 사회문제로 대두되어 세인의 관심을 끌게되자, 일제는 더 이상 쟁의가 확산되는 것을 막기 위하여 중재에 나섰다. 그 결과 8월 30일 목포경찰서장실에서 일제 관헌측을 대표한 전라남도 경찰부의 古賀 고등과장의 중재로 문재철 지주와 소작인을 대표한 박복영이 참석한 가운데 다음과 같은 타협을 보게 되었다.

> ① 지주 문재철과 소작인회간의 소작료는 4할로 약정하고 지주는 소작인회에 일금 2,000원을 기부한다. ② 1923년 미납 소작료는 향후 3년간 무이자로 분할 상환한다. ③ 구속중인 상대편 인사에 대해서는 9월 1일 공판정에서 서로 고소를 취하한다. ④ 파괴된 비석은 소작인회의 부담으로 복구한다. 따라서 1년간에 걸쳐 전개된 암태도 소작쟁의는 소작인측의 승리로 일단락되었던 것이다.

이와 같은 암태도 소작쟁의는 고율 소작료를 강요하는 식민성 지주에 반대하여 소작료 인하를 요구하는 데서 비롯되었다. 암태도 소작쟁의는 지주 문재철의 테러단과 일제 식민통치 권력의 편파적인 탄압에 대항하여 조직적으로 항쟁한 것이 특징이다. 조직적 항쟁의 힘은 암태소작회의 결성에 있었다. 이러한 소작농민들의 결집체로 인해 자연발생적이고 분산적인 운동형태에서 벗어나 조직적이고 체계적인 투쟁이 가능하였던 것이다.

암태도 소작쟁의의 전개양상에서 나타나는 특징은 소작농민들간의 결속력이다. 지주의 테러와 회유책이 집요했음에도 불구하고, 소작회원들의 이탈이 없었다는 점은 높이 평가될 수 있다. 섬이라는 특수성으로 인해 소작권 이동이 원할하지 못했던 것은 결국 지주의 농간을 줄일 수 있었고, 그러한 요인으로 인해 소작인들의 결속력은 강화되었던 것이다. 나아가 투쟁방향을 설정하여 제시하고 항일 독립운동의 차원으로 승화시킨 지도부의 역량 또한 암태도 소작쟁의를 성공으로 이끌어간 주된 요인이었다.

투쟁의 공간도 암태도 지역만이 아니라 목포, 나아가 전국적으로 확대되었다. 이것은 지주와 소작인의 갈등구조가 일제 통치권력에 대항한 민족운동의 차원으로 발전했음을 의미한다. 암태소작회는 일제 식민통치 권력의 편파적인 탄압책에 정면대응함으로써 1920년대 농민운동의 방향을 제시하였다. 특히 노동단체와의 연계과정에서 전국적인 지지와 대중성을 확보하였다. 소작회 지도부의 연계투쟁에 대한 모색과 추진은 암태도 소작쟁의에 대한 전국적인 관심을 집중시키는 단초가 되었고, 이 과정에서 민족의 공감대를 확보할 수 있었다.

따라서 암태도 소작쟁의는 이후 소작쟁의를 전국으로 파급시킨 중요한 계기가 되었다. 특히 전라남도 해안 도서지방의 소작농민들을 자극하여 1925년 都草島소작쟁의, 1926년 慈恩島소작쟁의, 1927년 智島소작쟁의를 촉발시켜 갔던 것이다.

나. 황해도 북률 동척농장 소작쟁의

北栗 東拓農場 소작쟁의는 황해도 재령군 북률면의 동양척식주식회사 농장 소작농민들이 1924년부터 1925년까지 전개한 농민항쟁이다.[11] 북률 동양척식주식회사 농장의 토지는 조선시대에는 궁장토로서 수진궁·육상궁·명례궁 등의 궁방전이었다. 따라서 황해도 재령군 북률면의 농민들은 각 궁방에 보통 3분의 1정도의 賭租를 바치고 조상 대대로 궁장토를 경작해 왔다. 그런데 한말 일제 통감부가 들어서면서 이러한 궁장토는 이른바 〈帝室及國有財産整理〉라는 이름 아래 진행된 토지 소유권 분리 조사사업에 의하여 국유 역둔토에 편입되었다. 그리하여 황해도 재령군 북률면 농민들은 일제 식민지 권력의 소작농으로 전락하고 말았던 것이다.

그 뒤 일제는 1908년 12월 동양척식주식회사를 설립할 때 한국정부 출자분이라는 명목으로 이곳의 농지 1,235정보를 점탈하여 북률 동양척식주식회사 농장을 설립하였다. 이때부터 일제는 종래 3할 수준의 소작료를 5할로 인상하는 한편, 종래 세습되어 오던 소작권을 5년으로 제한하며 소작인 통제와 지배를 강화하였다. 동양척식주식회사는 북률농장의 토지를 계속 확대하여 1924년 소작쟁의 당시에는 2,300정보의 광대한 면적을 점유하고 있었다.

이같은 북률농장을 동양척식주식회사는 북률면에 주재소를 설치하여 3인의 일본인 주재원과 15인의 御用 소작인조합장을 두고 소작농민들을 통제하였고, 정조법과 집조법으로 소작료를 거두면서 수확의 반 이상을 징수함은 물론 소작기간도 3년으로 단축하여 농장을 경영하였던 것이다. 그런데 소작료의 경우 5할이라는 것은 명목에 불과한 것이었고, 실제로는 7할 내지 8할의 가혹한 소작료를 징수하고 있었다. 소작기간 3년은 궁장토 시절에 세습적으로 경작할 때와 비교할 수도 없을 뿐만 아니라, 역둔토 시절의 5년에 비해서도 소작권 상실의 위협이 한층 높아진 것이었다.

나아가 동양척식주식회사는 1924년 봄부터 일본인 농업이민들을 위한 理

11) 金容燮, 〈韓末 日帝下의 地主制－事例2, 載寧東拓農場에서의 地主經營의 變動－〉(《韓國史研究》 8, 1972).

想村을 건설할 계획을 진행하였다. 그리하여 한국 소작농민의 경작지를 빼앗아 일본인 이주민에게 주었고, 이른바 모범농장을 만든다는 명목으로 어용단체인 척식청년단이나 소작인향상회의 회원에게만 소작지를 주는 등 소작농민에 대한 통제를 강화하고 있었다. 그리고 1922년 이래 흉작이 계속되었음에도 불구하고 1924년 추수기에는 평년과 같은 고율의 소작료를 부과하였다. 이에 소작농민들은 여러 차례에 걸쳐 동양척식주식회사 북률주재소를 상대로 소작료 인하를 요구하였는데, 이 때 주재소측은 일본인 농업이민을 앞세워 타작마당에서 곡식을 강탈하거나 혹은 소작인들을 구타하면서 강제로 소작료를 거두는 횡포를 자행하였다.

이렇게 되자 400~500여 명의 소작농민들은 1924년 11월 2일부터 5일까지 동양척식주식회사 사리원지점에 집결하여 연일 연좌시위와 농성을 하면서 소작료 인하를 주장하였다. 그러나 사리원지점에서는 소작농민들의 요구를 묵살한 채 소작료 징수를 강행하였다. 이에 대항하여 소작농민들은 소작료 불납동맹을 맺고 소작료 납부를 거부하면서 동양척식주식회사 서울지사와 조선총독부를 상대로 진정서를 제출하면서 쟁의를 확대하여 갔다. 소작농민들의 요구는 ① 소작료 감액, ② 소작권 보장, ③ 부정사원과 조합장 철폐, ④ 이상촌이나 척식청년단 설치 연기 등을 요구하였다. 그리고 다른 한편으로는 자신들의 자주적인 권익단체로서 북률소작조합을 결성하여 조직적으로 소작쟁의를 전개하여 갔던 것이다. 그 결과 1925년 1월 북률소작조합 대표 李蒙瑞와 동양척식주식회사측은 일단 합의를 보았다.

하지만 동양척식주식회사 사리원지점에서는 그러한 합의를 무시한 채, 그 해 2월 5일 미납 소작료를 다시 강제 징수하기 시작하였다. 이에 소작인들은 실력으로 맞서 이들을 쫓아버렸는데, 다음날에는 엽총으로 무장한 40여 명의 일본인과 몽둥이를 휴대한 15명의 향상회 회원들을 동원하여 강제로 소작료 징수에 나선 것이다. 그리고 반발하는 400여 명의 소작농민들에게 총을 쏘면서 위협을 가하였다. 2월 13일에는 3명의 집달리와 재령경찰서의 일본인 경찰 6명을 앞세워 소작료 차압에 나섰다. 뿐만 아니라 3월부터 시작된 소작계약 때에는 북률소작조합에 가담한 소작농민들에 대해서는 소작계약 체결을 거부하였다.

이렇게 되자, 소작농민들은 소작조합을 중심으로 뭉쳐 모두 소작계약을 거부하기로 동맹하고, 재차 서울에 대표를 파견하여 동양척식주식회사의 처사를 규탄하면서 소작권 보장을 요구하였다. 그리하여 북률 동양척식주식회사 농장의 소작쟁의가 사회문제로 크게 부각되었고, 그로 인해 사회 각계각층으로부터 동양척식주식회사가 지탄의 대상이 되었다. 이에 동양척식주식회사는 북률주재소에 300여 명의 소작인들을 모아놓고 재령경찰서장 입회 아래 다음과 같은 타협안을 제시하였다.

> ① 미납 소작료는 年賦로 함, ② 수해로 인하여 상환하지 못한 사채도 연부로 함, ③ 비료·식량은 소작인이 필요한 한도까지 대부함(3,000석 내외), ④ 일본인 이민 경작지 폐지는 불가하나 그 토지를 한국인 소작인에게 소작하게 함, ⑤ 척식청년단 폐지를 운운하나 최초의 작정 인원인 32인을 반으로 줄여 16인으로 함. 그리고 그들에게 넘긴 소작지는 각 里의 무용한 농지로 대신 충당함, ⑥ 부정사원의 인사조치를 요구하나 회사의 필요에 의하여 전근하게 함, ⑦ 각 里에서 선동자라고 인정되는 소작인 18인의 소작지를 회사에서 인수함, ⑧ 소작인들이 말하는 각 里의 조합장 폐지는 당장에 실시하기 곤란한 즉, 일부 3개소에만 우선 실시한 뒤 차후로 실시할 예정임.

이밖에 추가 補正 조건으로 ① 선동자 18인 중에도 직접 관계자 외에 충분한 悔悟가 있는 사람이라면 경찰당국과 상의하여 3월 말일 내로 다시 소작하게 함, ② 소작인으로부터 차압한 물품을 전부 해제해줄 터이니 곡물만은 회사에 납부할 것, ③ 척식청년단은 당국이 이미 허가한 바이므로 연기는 절대 불가한 즉, 대신 조합장을 4개월 내에 폐지함. 이같은 3개항을 발표함으로써 쟁의는 일단락되었던 것이다.

(2) 1920년대 후반기

1920년대 후반기는 1926~1930년 간의 시기로 농민운동의 발전기라고 할 수 있다. 이 시기 농민조직은 산미증식계획 본격화로 계급적 몰락 위기에 처한 자작농·자소작농이 소작인조합에 참여함으로써 소작인 조합은 농민조합으로 개편되면서 대중성이 강화되는 것이 특징이다. 즉 첫째 단계에서 나타난 산미증식계획에 대한 반대운동의 계급적 지평이 확대된 것이다. 이런 관계로 농민운동이 지주를 상대로 한 소작쟁의만이 아니라 수리조합이나 금융조합·농회·삼림조합·면작조합·양잠조합, 그리고 곡물 검사제 반대운동[12] 등 일제의 식민농업정책 전반에 대항하는 투쟁으로 전개되었다.

이 시기 소작쟁의 발생건수는 1926년 198건, 1927년 275건, 1929년 423건, 1930년 726건으로 수리조합 반대운동은 1926년 4건, 1927년 11건, 1928년 14건, 1929년 7건, 1930년 7건이 발생하였다. 그리고 1929년에는 화전민 항쟁까지 일어났다. 쟁의양상은 전반기에 비하여 합법적에서 비합법적으로, 타협적에서 폭력혁명적으로 변화하면서 일제의 식민통치 기관을 공격하기도 하였다. 대표적인 농민운동은 전북 옥구군 二葉社농장 소작쟁의(1927), 황해도 봉산군 서종면의 수리조합 반대운동(1928), 갑산 화전민 항쟁(1929), 평북 용천군 불이흥업 서선농장 소작쟁의(1927~1931) 등이다. 그러면 1920년대 후반기 대표적 농민운동인 전북 옥구 이엽사농장 소작쟁의와 용천 불이서선농장 소작쟁의, 갑산 화전민 항쟁, 그리고 수리조합 반대운동의 전개양상을 살펴보자.

가. 전북 옥구군 이엽사농장 소작쟁의

전북 沃溝의 이엽사농장 소작농민들이 옥구농민조합을 중심으로 일본인 식민농업회사인 이엽사와 이를 비호하는 일제에 대항하여 투쟁한 농민항쟁이다.[13] 이엽사는 일본인 지주 白勢春三과 白勢量作이 1926년 설립한 전형적인 식민농업회사로서 본점을 전주에 두고 있었다. 1927년 경 이엽사는 전주의 삼례농장, 익산군의 黃登농장, 옥구군의 瑞穗농장 등 3개의 농장에 모두 1,200정보(논 1,000정보, 밭 200정보)의 농지를 소유하고, 이를 1,700여 명의 한국 소작농민들로 하여금 경작케 하면서 식민지 농업수탈을 자행하고 있었다. 특히 옥구의 서수농장은 1905년 기와자키 후리히로(川崎藤太郎)가 서수면에 설치하였던 천기농장을 인수한 것인데, 이 농장에서 1927년 11월 소작쟁의가 발생하였던 것이다. 그 원인은 7.5할이라는 고율의 소작료에서 비롯되었다.

당시 소작농민운동을 지도하고 있던 옥구농민조합 위원장 張公郁을 비롯

---

12) 서승갑, 〈일제하 곡물검사제의 강화와 반대운동〉(《수촌박영석교수화갑기념 한국사학논총》, 1992).

13) 高承濟, 〈植民地隷農體制의 展開와 小作爭議의 社會經濟的 性格〉(《學術院論文集 —人文·社會科學篇》 21, 1982).

한 조합간부들은 농장측에 여러 차례에 걸쳐 소작료를 4.5할로 내려줄 것을 요구하였으나, 농장측이 끝내 거부함으로써 11월 24일 조합측은 소작료 불납을 결의하면서 쟁의에 돌입하였다. 이렇게 되자 서수면 경찰주재소에서는 11월 25일 옥구농민조합 서수면 지부장 張台咸을 검거하고, 또한 군산경찰서에서는 형사대를 출동시켜 조합간부 36명을 체포하여 서수면 경찰주재소와 臨陂面 경찰주재소에 구금하였다.

식민통치 당국의 이같은 일본인 지주 비호에 분개한 500여 명의 이엽사농장 소작인들은 서수면 경찰주재소와 임피면 경찰주재소를 습격하여 조합간부들을 탈환하는 등 적극적인 실력투쟁을 전개하여 갔다. 그럼에도 불구하고 일제는 조합간부들을 재차 검거하여 쟁의를 무력화시키고자 하였다. 이에 농장 소작인들은 노동자·학생들과 합세하여 군산경찰서를 상대로 조합간부들의 석방투쟁에 나섰다. 서수지부 조합원들은 군산에 진출하여 조합간부의 석방을 요구하며 시위운동을 전개하였고, 이에 동조한 노동자·학생들이 합류하여 경찰서로 쇄도하였던 것이다.

소작쟁의가 농민·노동자·학생 등의 연대투쟁으로 격화되어 가자, 군산경찰서에서는 인근 경찰서의 지원은 물론 소방대까지 동원하여 쟁의를 탄압하였다. 이런 상황에서도 옥구군수·이엽사 농장주와 도지사는 소작료 인하를 거부하면서 조합원들에 대한 강경 탄압으로 일관하였던 것이다. 결국 조합원 80여 명이 체포되어 12월 8일에 51명이 송치되어 장태함 등 34명이 유죄 판결을 받았다.

이와 같은 옥구 이엽사농장 소작쟁의는 옥구농민조합이 주도한 농민운동으로서, 일제의 식민수탈체제에 정면으로 대항한 항일농민운동이었으며, 1920년대 후반의 혁명적 농민운동의 특징을 잘 보여주고 있다.

나. 용천 불이 서선농장 소작쟁의

평북 용천군 不二 西鮮農場의 소작농민들이 벌였던 일제 시기 최대의 농민항쟁으로 不二興業株式會社의 서선농장 소작인들이 주도한 것이다.[14] 불이

14) 金容達, 〈日帝下 龍川지방의 농민운동에 관한 연구〉(《北岳史論》 2, 북악사학회, 1990).

홍업주식회사는 1901년 오사카 상인 후지이 간타로(藤井寬太郎)에 의해 설립된 藤本合資會社가 1914년 4월 확대 개편된 식민농업회사이다. 초기 이 회사는 미곡무역을 통하여 자본을 축적하였다. 이 회사가 본격적으로 농업경영에 착수한 것은 러일전쟁 직후이다. 즉 1904년 전라북도 옥구·익산군 일대에 전북농장(소유면적 1,500정보)을 설립하면서 본격적으로 농업경영에 착수한 것이다. 이후 일제 식민통치 당국의 적극적인 지원 아래 서선농장·옥구농장(1919년 설립, 소유면적 2,500정보)·철원농장(1921년 설립, 소유면적 4,000정보) 등을 연이어 설립하여 식민지 수탈과 지배를 실현하였다. 이 회사의 특질은 기간지를 경영한 동양척식주식회사와는 달리 간석지와 미간지를 개척하여 수탈농장을 세우고, 그 농장을 중심으로 수리조합을 설치함으로써 한국 농민을 수탈하고 지배하는 것이었다.

압록강구에 위치한 용천지방은 동북으로는 신의주시와 동남으로는 철산군에 인접하고, 서북으로는 압록강을 사이에 두고 중국 安東縣과 마주보며 서남으로는 황해에 연해 있었다. 특히 이 지방은 압록강과 三橋川에 의해 이루어진 삼각주였으므로 토지가 비옥하고 간석지가 발달하였다. 1912년 8월 용천지방을 둘러본 후지이는 이를 간파한 후 이 지역에 대한 간척 수리사업을 계획하고 서선농장을 개설한 것이다.

후지이는 일부 사유 토지를 헐값에 매입하는 한편 1913년 5월 평안북도로부터 용천·府羅·外下·外上面 일대의 국유 간석지와 초생지를 불하받았다. 그리고 조선총독부의 자금지원으로 간척사업을 벌여 4,000여 정보의 수탈 기반을 마련하였다. 1914년 10월에는 大正수리조합의 설치인가를 얻어 농장 토지를 중심으로 인접 東下·北中面의 기간지 3,000여 정보를 포함한 총 7,000여 정보의 토지에 대한 수리사업을 동양척식주식회사의 자금지원과 起債로 1918년 5월 마쳤다.

그 해 봄부터 불이홍업은 ① 최초 벼농사를 하여 다소의 수확을 득한 연도까지 소작료를 무료로 함, ② 최초 벼농사 다음 연도에는 소작료를 징수하되, 그 액은 수확고의 3분의 1로 하고, 그 익년도부터는 절반 혹은 정조로

李圭洙, 〈1920年代後半期不二西鮮農場地域の朝鮮農民運動について〉(《朝鮮民族運動史硏究》 9, 靑丘文庫, 1993).

할 일, ③ 소작료를 납부하는 연도부터 起算하여 만 10년의 소작권을 부여함 등을 주요 내용으로 하는 〈간석지 개간규정〉을 내걸고, 각지에서 1,500여 호의 소작농민을 모집하여 이들의 자본과 노동력으로 간척지를 개간하였다. 1921년 10월에는 외하면 石串의 간석지 1,000여 정보를 더 불하받아 소작인들을 강제 동원하여 농장을 확장하고, 1927년 2월부터는 해당지역 농민들의 반발을 관권의 도움으로 저지하면서 용천·외하·외상·內中·북중·동하면 일대 4,000여 정보의 기간지를 대정수리조합에 편입시켜 조합구역을 11,093 정보로 넓혔다. 이는 용천군의 총 논면적 18,500정보의 60%를 차지하는 것으로 용천지방에서 불이홍업의 규정성을 말해 준다.

서선농장은 간척지 개척농장이었기 때문에 염분이 많고 농경설비가 갖추어지지 않아 농업조건이 열악했으며, 또 농장 소작인은 대다수가 이주 농민이라는 특성을 갖고 있었다. 불이홍업은 이같은 4,114정보의 서선농장 경작지를 농장주임을 정점으로 농장주사와 각 구역 농감으로 구성된 관리지배체제 아래 16개 농구로 나누어 총 1,798호의 소작농을 관리하면서 식민수탈을 자행하였다. 농장토지가 소작인들의 자본과 노동력으로 개간되어 소작농마다 150원에서 200원의 개간비가 들었음에도 불구하고 일체의 개간비를 지급하지 않고, 오히려 자의로 소작료를 산정할 수 있는 간평법을 채택하여 고율의 소작료를 징수하였다. 따라서 규정 소작료는 5할이었으나 간평법에 의한 실질 소작료는 항상 5할을 넘는 것이었으므로 소작료 산정을 둘러싼 농장측과 소작인 사이의 분쟁은 끊임없이 발생하였다. 그로 인해 1929년 봄부터는 간평법을 정조법으로 변경하였으나, 이 때에도 농장측은 수세부담을 이유로 소작료를 5할 8푼으로 인상하고, 소작료 선곡을 가혹하게 함으로써 수탈의 고삐를 늦추지 않았다.

농장측은 수리조합비(수세)를 소작인들에게 전가하였다. 원래 수세는 지주측이 전담하는 것이 상례였으나 농장측은 수세의 반액을 소작인들에게 전가한 것이다. 더구나 대정수리조합에서는 농장 간척지를 최고 수세 등급인 1·2등급으로 매겨 징수함으로써 소작인들의 부담을 가중시키고, 가뭄과 해일로 인한 무수확년에도 수세를 징수함은 물론 저수지 확장공사비까지 전가하였다. 때문에 수세의 감면(2차 쟁의)과 농장측의 전담(3차 쟁의)을 요구하는 쟁의가 일어남에 따라 1929년 봄부터 농장측이 수세를 전담하였지만, 이를 이유로 농장측은 소작료를 5할에서 5할 8푼으로 인상하는 기만성을 보였다.

이밖에도 농장측은 종자대와 비료대 반액을 소작인들에게 전가하였다. 이 같은 여러 가지의 수탈로 소작인들은 농장측에 매호 70원에서 150원 정도의 부채를 지고 있었는데, 이는 평북 및 전국 소작농가의 평균 부채액 60여 원보다 크게는 배 이상 많은 것이었다. 게다가 이 부채는 한푼도 현금을 빌린 것이 아니라 모두 소작료·수세·종자대·비료대 등의 미납으로 인한 채무였다는데, 그 식민주의적 특성이 있었다.

무엇보다도 농장측이 소작인 수탈과 지배를 위해 가장 강력한 무기로 이용한 것이 소작권이었다. 당초 농장측은 간척지를 소작인들의 자본과 노동력으로 개간하기 위해 소작인 모집시 10년간의 소작권을 주기로 약속하였다. 하지만 개간 초기부터 농장측은 고율 소작료를 부과하고 이에 불응하는 소작인들의 소작권을 개간비도 주지 않고 박탈하였다. 그리고 소작권을 미납금 회수 방편으로 이용하여 채무소작인의 부채를 대신 청산하여 주거나 인수하는 자에게 소작권을 이전하더니, 나중에는 소작계약을 매년 갱신하게 함으로써 소작인들의 반발을 샀다. 그리하여 소작인들의 투쟁으로 1929년 봄부터 소작기간은 3년으로 연장되었으나 이 때에도 농장측은 소작계약조건 가운데 "도당을 조직하고 농장의 명령에 반항하거나 또는 불온한 행동이 있다고 인정될 때에는 소작권을 해제함"이라고 하는 조항을 두어 소작권을 소작인 수탈과 지배 무기로 악용하였다. 서선농장의 이러한 농업조건이 바로 소작인들의 지속적인 소작쟁의를 불러일으킨 주된 요인이 된 것이다.

용천 불이 서선농장에서 최초 소작쟁의는 1925년 1월 일어났다. 쟁의 원인은 1924년 농사가 가뭄으로 흉작임에도 농장측이 간평을 불공평하게 하여 고율 소작료를 부과하고, 이에 반발하는 소작인들을 폭행하면서 소작료를 강제 징수하고, 나아가 400여 명의 소작권을 박탈한 데 있었다. 소작인들은 운동 조직도 없는 상태에서 부라면 소작인들을 중심으로 단결하여 농장측의 소작료 징수를 방해하는 한편, 1월 17일 85명의 연명으로 ① 고율 소작료의 감면, ② 소작권 박탈의 취소 등을 요구하는 탄원서를 군청과 도청에 제출하면서 진정운동을 펴 나갔다. 소작인들의 요구는 농장의 〈간석지개간규정〉이나 당시의 작황에 비추어 보아도 당연한 것이었으므로 도와 군 당국의 조정으로 관철되었다.

소작인들은 1차쟁의 과정에서 권익단체의 필요성을 절감하였다. 그에 따라 쟁의를 주도했던 金迪弘·朴昌烈·李在根 등의 발기로 府羅小作組合이 결성되었다. 물론 이 당시 서선농장에는 불이농장소작인조합이라는 소작인 단체가 있었지만, 이는 소작인들의 주체적 조직이 아니었고 농장측의 어용 조직이었다. 때문에 소작인들은 1925년 3월 2일 부라면 운향시 천도교종리원에서 200여 명이 모인 가운데 부라소작조합의 창립대회를 열고, 조합장에 김적홍, 부조합장에 金承澤, 서기에 鄭彬鎬, 회계에 黃德淵 등을 선출하여 용천지방에서 최초의 주체적 소작인 단체를 조직한 것이다.

그러나 이 조합은 전체 농장 소작인들의 참여로 이루어진 것이 아니라 부라면 소작인들이 중심이 된 제한된 규모의 조합이라는 조직상의 취약성이 있었고, 또 농장측 소작인 단체인 불이농장소작인조합 조합장으로 있던 지주계급의 黃正憲을 고문으로 추대할 정도의 이념적·계급적 한계를 갖고 있었다. 따라서 농장측이 1925년 8월 조합장 김적홍을 농감으로 임명하여 이 조합을 불이농장소작인조합에 통합함으로써 와해되고 말았다.

2차쟁의는 1927년 1월에 발생하였다. 이 시기 농민운동은 일제가 토지개량사업을 중심으로 하는 제2차 산미증식계획을 본격적으로 시행함에 따라 수리조합 설치 반대 및 수세 관계 투쟁이 증폭되어 갔는데, 그런 양상은 여기에서도 어김없이 표출되고 있다. 쟁의원인은 1차쟁의 결과 조직되었던 부라소작조합을 농장측이 붕괴시킨 뒤 1926년 말 소작료 납부고지서를 발부하면서 ① 1920·1923년도 수세연납비, ② 대정수리조합 저수지 확장공사비, ③ 무수확지 종자대 등을 가산하여 청구하고, 수세를 과다 징수하는 등 수탈을 강화한 데 따른 것이다.

이에 대항하여 소작인들은 1927년 1월 朴允寶 등 645명의 연서로 ① 大正 9년(1920)·12년(1923) 양년도 수세 연납비를 영원히 면제할 것, ② 저수지 공사비를 전부 면제할 것, ③ 무수확지 종자대를 전부 면제할 것, ④ 영구 소작권을 승인할 것, ⑤ 1정보 15석 미만 수확지의 수세를 완전 면제할 것, ⑥ 개척비는 농장에서 부담할 것, ⑦ 산업개량조합 규약에 의한 장려비를 지불할 것, ⑧ 수리조합비 등급을 속여서 징수한 금액을 반환할 것 등을 요구하는 탄원서를 농장과 군・도 당국에 제출하고 쟁의에 돌입하였다. 그리고 2월 8일 소작인 단체로 다시 龍川小作組合을 조직하여 이를 중심으로 투쟁역량을 결집하면서 쟁의를 고조시켜 갔다.

용천소작조합은 2월 20일 운향시 천도교종리원에서 500여 명의 소작농민들이 참가한 가운데 소작인대회를 열어 농장측의 부당한 처사를 규탄하면서 요구조건의 승인을 촉구하고, 재차 군・도 당국에 탄원함으로써 쟁의를 격화시켜 간 것이다. 이 소식에 접한 《동아일보》에서도 2월 23일 〈용천소작쟁의에 대하야〉라는 논설로써 소작인들을 외곽에서 지원하였다. 그리하여 도・군 당국의 조정으로 3월 중순 소작인들은 요구조건 가운데 ① ③ ⑦ ⑧항을 관철하고, ⑤항은 정보당 수확량이 10석 미만일 때는 수세를 면제받고, 10석 이상 15석 미만일 때는 수세의 4분의 1을 부담하며 15석 이상일 때는 종전처럼 2분의 1을 부담하기로 농장측과 타협하여 쟁의를 끝냈다. 그러나 개간비 지불, 영소작권 인정 등의 근본적 소작조건의 개선은 이루어지지 않았기 때문에 또 다른 쟁의는 예비되어 있었다.

2차쟁의를 전개하면서 소작인들은 농장측의 어용소작인단체인 불이농장소작인조합에 대항하여 자신들의 권익을 실현할 조직의 필요성을 재인식하게 되었다. 이에 따라 1927년 2월 8일 부라면 운향시 천도교종리원에서 소작인대회를 열어 불이농장소작인조합을 불신임한 뒤 용천소작조합을 결성하고, 조합장에 沈文玉・부조합장에 李在根을 선출하여 집행부를 구성하였다. 그리고 농장측의 조합분열책동에 맞서 5월 15일에는 임시총회를 개최하여 조직을 확대 강화하였다. 즉 명망가인 黃觀河를 조합장에 추대하고, 조합의 운영 및 농장과의 교섭사무를 맡을 이사직을 신설하여 운향청년회장인 林孝峻을 선임하는 한편, 군내에 13개 지부를 설치함으로써 조직과 집행부를 확대 개편한 것이다.

이러한 조치는 향촌사회에서 기반이 취약한 이주 농장소작인들이 개인 지주를 상대로 하는 것이 아니라 거대 규모의 식민농업회사를 상대로 하는 소작투쟁에서 이들의 영향력을 이용하고자 한 때문이었다. 나아가 용천소작조합을 군 단위 소작인단체로 확대하기 위한 조치였다. 따라서 용천소작조합은 이후 농장지역만이 아니라 동하·陽西·陽下面에도 지부를 설치하여 1931년 현재 용천군 내 18개 지부와 2,613명의 조합원을 가진 전 군적 소작인 단체로 성장하였고, 이들 간부들에 의해 조선농민사 군지부인 용천군농민사가 조직되는 등 용천지방 농민운동의 중추적 역할을 수행하였다.

용천소작조합의 초기 조직과 사업활동은 조선농민사의 영향을 크게 받고 있었다. 그것은 조직체계상 특이하게 이사직를 두었고, 사업활동 면에서도 소작투쟁을 조직하고 지도하는 외에 조선농민사 알선부 사업을 본뜬 공동판매부를 설치, 운영하였던 점에서 잘 드러난다. 1927년 9월 지부장회의 결의로써 시행된 공동판매부 사업은 생산품을 공동 판매하고, 소비용품을 공동구입함으로써 간상배로부터 소작인들의 경제권익을 보호하는 데 앞장섰다. 또한 연간 1,000여 원의 수입금을 얻어 조합경비에 보탤 수 있었다. 그밖에도 용천소작조합은 1928년 10월부터 기관지를 발행하고, 각 지부에 게시판을 설치하여 소작인 교양사업과 투쟁역량 증진에 힘썼는데 이것이 강력한 소작투쟁 역량으로 작용한 듯하다.

3차쟁의는 1928년 가을부터 시작된 일제시기 최대의 노동쟁의인 원산노동쟁의를 뒤따라 일어나 그 쟁의가 끝난 뒤인 1929년 5월까지도 지속되었고, 이 때부터 신의주 출신의 사회주의자인 白溶龜가 용천소작조합의 이사로서 쟁의를 지도함에 따라 전과 다른 쟁의양상을 보이기 시작하였다. 3차쟁의 원인은 1928년 추수기에 농장측이 ① 간평을 불공평하게 하여 고율의 소작료를 부과하고, ② 새로 도입한 모터식 풍구를 이용하여 소작료 선곡을 가혹하게 하며, ③ 말질을 고봉으로 하여 소작료를 강제 징수한 데 있었다. 이에 대항하여 용천소작조합에서는 11월 30일 소작인대회를 열고 소작료 불납동맹을 결의한 뒤 ① 영소작권을 승인할 것, ② 개간비를 지불할 것, ③ 수리조합비를 지주가 전담할 것, ④ 소작료 조제는 탈곡현장에서 행할 것, ⑤ 재선곡 비용 일체를 지주가 부담할 것, ⑥ 묘상의 수확 부족으로 인한 손해는 지주가 부담할 것, ⑦ 소작료 양정은 도량형 법규에 의하여 행할 것, ⑧ 금년 간평에 의한 소작료 결정은 전부 고율이니 쌍방 협의하여 감제할 것, ⑨ 소작료 강제 징수는 엄피할 것, ⑩ 소작료는 정조제로 할 것, ⑪ 농장의 농채를 연부로 상환하게 할 것 등 11개항의 요구조건을 제시하고 쟁의에 돌입하였다.

이러한 요구가 관철되지 않자 용천소작조합에서는 12월 7일 1,054인 명의로 평북도청에 탄원한 데 이어 조선총독부에 진정하였다. 나아가 또 용암포경찰서에서 농장측을 비호하여 백용구 등 조합간부를 소작료 불납 지도에 따른 업무방해죄로 검거한 데 이르러서는 신의주 도청과 서울 불이흥업 본사에서 시위·농성하면서 쟁의를 확대·격화시켜 갔다. 더욱이 농장측이 3월 18일 수세의 전담, 소작료 5할 8푼, 소작계약 기간을 3년으로 연장, 간평법의 폐지 등 요구조건의 일부만을 수용한 〈신소작계약안〉을 발표하여 소작계약 체결을 강요하자 용천소작조합에서는 이를 거부하고 불경동맹을 맺은 뒤 농장측의 농사직영에 폭력으로 맞섰다.

이렇게 쟁의가 폭력적 양상으로 발전하여 가자 용암포경찰서에서는 무장경관을 파견하여 농장을 경비하면서 농사직영을 방해하는 소작인들을 검거한 뒤 조합장 황관하를 회유하여 농장측의 〈신소작계약안〉을 승인케 하였다. 때문에 소작인들은 그에 동조하는 온건파와 반대하는 강경파로 분열되었고, 起耕期를 맞이하여 온건파 소작인들이 소작계약을 체결하여 감에 따라 쟁의는 더 이상 발전하지 못하고 말았다.

4차쟁의는 1929년 11월부터 이듬해 4월까지 전개된 광주학생운동의 분위기 속에서 일어났다. 이 쟁의의 원인은 농장 설립의 구조적 식민성에 기인된 것이다. 소작인들의 자본과 노동력으로 농토가 개간되어 소작인들의 채권적 권리가 발생한 소작지에 대해 1930년 초 농장측이 그 동안 묵인해 오던 일체의 소작권 이동을 금지시키고 그 매매자를 조사하여 소작권을 박탈한 데 있었다. 용천소작조합에서는 이를 불이흥업 사장 후지이에게 항의하고, 소작권 이동의 승인과 개간비의 지불을 요구하였다. 이것이 거절되자 200여 명의 소작인들을 동원하여 4월 14일부터 농장사무소에서 단식농성을 시작하면서 쟁의에 돌입한 것이다. 그리고 용암포경찰서에서 농장측을 비호하여 농성 소작인들을 강제 해산시키자 용천소작조합에서는 불경동맹을 결의한 뒤 이를 파기한 소작인들을 응징하고 농장의 기물을 파괴하는 등 폭력투쟁으로 맞서 갔다. 나아가 5월 10일에는 500여 명의 소작인들로 농장사무소에 돌입케 하여 시위·농성하고, 강제 해산시키려는 일경과 무력 충돌하면서 식민통치권력에 대항하였다.

쟁의의 양상이 이렇게 혁명적으로 바뀌어 가자 용암포경찰서에서는 쟁의를 주도하던 백용구와 18명의 소작인들을 검거하여 지도역량을 격리시키고, 무장경관을 농장사무소에 상주시켜 위협적 분위기를 조성하였다. 그런 다음 조합장 황관하를 종용하여 "소작권 이동은 친척에 한하여 승인하고, 起耕을 승낙한 자는 소작권을 복구한다'라고 하는 조건으로 타협케 하였다. 따라서 쟁의는 소기의 목적을 달성하지 못하고 끝났다.

2차쟁의 중에 조직되어 3·4차쟁의를 지도해 왔던 용천소작조합은 조합장이 이질적 존재라는 조직상의 한계를 갖고 있었다. 조합장 황관하는 소작인들과 계급적 토대가 다른 "지주계급에 속하는 부호"였고, 또 "농민을 지도함에 있어 관청식 근검저축·부업장려·농사개량 등을 운운"할 정도로 친일적이었으며, 그 자신 "조합을 절대로 개량주의로써 온건하게 지도할 작정"이라고 천명할 만큼 개량주의적 운동론을 갖고 있었다. 때문에 그는 3·4차쟁의에서 소작투쟁을 혁명적으로 발전시켜 가던 소작인들을 지도할 수 없었음은 물론 그들의 의사를 무시하고 농장측과 타협하는 반동적 태도까지 보였다. 따라서 1928년 4월 조합공금 유용으로 제명된 임효준의 후임으로 용천소작조합에 참여하고 있던 백용구는 밑으로부터 청년들을 조직하여 조합의 이질적 존재의 제거와 혁명적 소작조합으로의 개편을 위한 조직투쟁을 전개하였다.

우선 백용구를 중심으로 한 청년 개혁파는 1930년 9월 조직을 조합장 중심제에서 집단지도체제인 집행위원제로 바꾼 뒤 1931년 3월 임시총회를 열었다. 이들은 조합에 대한 무성의를 이유로 황관하와 그 추종자들을 축출하여 조합의 이질적 존재를 제거하였다. 나아가 조합의 역원을 전원 개혁파 인물로 개선하여 혁명적 소작조합으로의 개편을 완성하여 갔다. 이와 같이 조직투쟁에서 개혁파가 승리하여 용천소작조합의 혁명성이 제고되어 가자 용암포경찰서에서는 백용구가 정주의 同仁수리조합 소작인 선동혐의로 정주경찰서에 피검되어 있던 4월 22일 황관하 일파의 노상집회 개최와 조합문서 탈취를 비호하여 조합의 분열을 획책하였던 것이다.

이렇게 되자 개혁파 소작인들은 밖으로부터 식민통치권력에 의한 외압과

안으로부터 친일적 민족개량주의자에 의해 야기된 조합 분열을 극복하고 조합의 혁명성을 지켜내기 위한 투쟁을 벌여 갔다. 즉 개혁파 소작인 800여 명은 4월 25일 신의주 지방의 사회주의 청년운동단체인 신의주청년동맹의 지원을 받아 탈취당한 조합문서를 탈환하였고, 5월 27일과 28일에는 150여 명이 평북도청에서 문서 탈환시 피검된 백용구 등 개혁파 간부들의 방면을 요구하며 시위·농성을 벌여 이들을 석방시키기도 하였다. 그러나 일제는 개혁파 소작인들의 투쟁이 진정된 6월 12일 백용구를 재차 검거하여 조합의 핵심 지도역량을 축출함으로써 조합의 분열을 지속시켰다.

이와 같이 용천소작조합이 분열되어 있던 1931년 11월에 5차쟁의가 발생하였다. 쟁의원인은 농장측이 1930년 가을 추수시에 소작인들의 부채 일부를 石當 8원씩의 미가로 계산하여 변제한 뒤 세계대공황의 여파로 미가가 폭락하자 이미 징수한 부채를 석당 6원씩의 미가로 다시 환산하여 변제하고, 그 차액을 1931년 추수시 소작료에 가산하여 징수한 때문이었다. 이는 불이흥업이 매년 계속된 소작쟁의와 세계대공황으로 인한 미가 하락으로 말미암아 1930년부터 적자 경영을 면치 못하자 이를 보전하기 위해 수탈을 강화하려 한 것이었고, 또 그것은 용천소작조합이 분열되어 있었기 때문에 가능하다고 보아 취한 조치였다. 그러나 용천소작조합의 혁명성을 지켜가고 있던 개혁파 소작조합에서는 1931년 10월 27일 소작인대회를 열고 선행조건으로 개간비 지불, 소작권 매매·이동의 승인, 채무 지불유예 등을 요구하며 소작료 불납동맹을 결의하였다. 나아가 개혁파 소작인들은 농장측이 식민통치권력의 비호 아래 소작료의 강제징수를 자행하자 이에 혁명적으로 대항하여 갔다.

개혁파 소작인들은 11월 3일 용암포경찰서 경관 15명의 엄호 아래 농장직원과 폭력배 50여 명을 동원하여 부라면 北兼洞에서 소작료 납부를 거부하는 朴承欽·李明植·洪錫夏·金用奎 등 4명을 결박하고 탈곡현장에서 수확물을 거두어 가는 농장주임 일행과 무력 충돌하였고, 다음날 용천면 昭興洞에서도 재차 충돌하였다. 5일에는 용천면 德峯洞에서 일경의 경호 아래 소작인들을 폭행하며 소작료를 강제 징수하는 농장측에 대항해 300여 명의 개혁파 소작인들이 무력으로 일경의 무장을 해제시킨 뒤 무차별 폭행함으로써 소작쟁의를 식민통치권력에 대한 항쟁으로 발전시켰다. 이에 용암포경찰서에서는 도경찰부의 지휘 아래 인근 신의주와 철산경찰서의 지원을 받아 200여 명의 소작인을 검거하는 등 가혹한 탄압을 가하여 쟁의를 진압하였다. 따라서 1925년 농장측의 수탈에 대항하여 경제권익투쟁으로 시작된 소작인들의 투쟁은 1931년 식민통치체제에 대한 무력 항쟁으로 발전하여 끝나게 되었다.

소작쟁의를 주도하였던 용천소작조합 또한 1932년 2월 24일 해체되었다. 해체의 직접적 요인은 식민통치권력과 농장측의 협공이었다. 용암포경찰서에서는 폭력혁명적인 5차쟁의가 있은 후 쟁의를 근본적으로 봉쇄하기 위하여 사상 악화를 이유로 용천소작조합의 해체를 노골적으로 강요하였고, 또 농장측은 소작계약 갱신기를 맞이한 소작인들에게 계약의 전제조건으로 조합의 탈퇴를 요구하였다. 그리하여 조합의 분열과 5차쟁의에서 큰 희생을 치러 투쟁역량이 약화되어 있던 개혁파 조합원이나, 개량주의 노선을 걷고 있던 황관하측 조합원이나 모두 "조합의 존재는 농민을 위하여 별로 유익하지 못하다"라는 표면적 이유를 내세워 스스로 해체를 선언하였던 것이다.

그러나 해체의 본질적인 이유는, 개혁파의 입장에서는 이미 조합의 주된 지도역량과 투쟁역량이 조직투쟁과 5차쟁의를 거치면서 붕괴된 상태에서 조합의 존립은 조합의 혁명성을 담보하지 못한 채 오히려 소작농민들을 민족개량주의자에게 빼앗기는 결과를 초래할 것이라는 우려에서 취한 조치라고 이해된다. 황관하측 입장에서는 소작농민들의 혁명적 진출로 말미암아 조합에 대한 통제력과 영향력을 상실한 마당에 조합의 존립은 무의미하며 1931년 9월 만주침략 이후 강화되는 일제의 식민지 탄압정책은 개량주의적 소작조합조차 용납하지 않을 것이란 사실을 인식한 결과였다고 보인다. 따라서 용천소작조합은 조합 상층부의 이질적 존재를 제거하여 혁명적 소작조합으로 개편해 가는 시점에 일제의 교활한 조합분열책동과 탄압으로 해체되었다.

이와 같은 용천 불이 서선농장 소작쟁의의 주된 원인은 농장 설립의 구조적 식민성과 가혹한 수탈에 있었다. 농장이 이주 소작농민들의 자본과 노동력으로 개간되어 소작인들의 채권적 권리가 발생한 소작지에 대하여 농장측은 그 권리를 인정하지 않았을 뿐만 아니라 오히려 가혹한 수탈을 자행하여 쟁의가 장기간에 걸쳐 지속적으로 발생한 것이었다. 따라서 소작인들은 여러 차례 쟁의를 전개하면서 민족적·계급적 정체성을 확립하여 갔고, 그러한 주체적 역량의 성숙을 바탕으로 소작투쟁을 식민지 문제의 해결을 위한 농민적 차원의 민족해방운동으로 전환시켜 갔음은 틀림없다.

특히 노동자·농민·학생의 혁명적 진출이 눈부시게 나타나고 전체 민족해방운동이 한층 고조되던 1920년대 말부터 1930년대 초에 이 쟁의가 앞 시기와는 다르게 폭력혁명적으로 전개되고, 조직투쟁을 통해 친일적 민족개량주의자를 축출한 것은 그러한 사실을 잘 말해준다. 이같은 용천 농민운동의 질적 전환은 소작농민의 주체적 조직인 용천소작조합의 활동과 그에 참여한 사회주의 운동가인 백용구의 지도에 힘입은 바 컸다. 그러므로 소작농민운동에 있어 주체적 소작조합의 중요성은 용천소작조합 조직 이전의 운동양상을 볼 때 아무리 강조해도 지나치지 않을 것이다.

그럼에도 불구하고 전체적으로 볼 때, 용천농민운동은 같은 시기의 다른 지역 운동에 비해 장기간 지속적으로 전개되었다는 강점을 가졌지만, 상대적으로 그 양상은 다소 개량주의적이었다는 한계를 내포하고 있음을 부인하지 못할 것이다. 그것은 ① 운동주체인 소작농민이 혈연적·지연적 유대관계가 박약한 이주 농민이었던 점, ② 소작조합장이 소작인들과 계급적 토대가 다른 이질적 존재였던 점, ③ 소작조합이 사회주의 계열보다는 민족개량주의적 성격이 강한 조선농민사의 영향을 받고 있었던 점, ④ 소작농민의 평균 소작지가 2.28정보로 다른지역 소작농민보다는 좋았던 점 등에서 연유하는 바 클 것이다.

다. 갑산 화전민 항쟁

1929년 함경남도 갑산 화전민들이 일제에 대항하여 일으킨 농민항쟁이다.[15] 한국 농민은 일제의 이른바 조선토지조사사업에 의해 토지와 그에 발생한 농민적 권리를 잃고 무권리의 소작농민으로 전락하였다. 나아가 뒤 이어 시행된 일제의 미곡 수탈정책인 산미증식계획으로 말미암아 농민층의 몰락은 더욱 심화되었다. 때문에 일제의 농업수탈정책에 희생되어 농촌을 떠나 산간벽지로 이주하여 화전민으로 전락한 농민의 수가 다음의 〈표 2〉와 같이 급증하였다.

---

15) 梶村秀樹, 〈甲山火田民事件について〉(《朝鮮歷史論集》 下, 龍溪書舍, 1979).

〈표 2〉 화전민 증가상황

연 도	화전면적(정보)	화전민가(호)	화전민(인)
1916	81,702	49,161	245,626
1924	140,551	58,566	314,823
1927	249,293	134,828	697,088

* 李如星·金世鎔, 《數字朝鮮硏究》 1(1931), 51~52쪽.

이같은 화전민들의 대표적 항쟁이 함경남도 갑산군 보혜면 대평리 평퍼물에서 1929년 발생한 갑산 화전민 항쟁이다. 갑산군 화전민촌은 여러 해 동안 모여든 유랑농민들과 1928년 함경도 일대에서 이주한 수재민들에 의하여 형성되었다. 1929년 항쟁 당시에는 1,000여 명의 화전민들이 약 200호의 마을에서 촌장을 중심으로 자치조직과 〈洞則〉을 만들어 영농하며 생활하고 있었다.

1929년 4월부터 일제는 삼림보호라는 이름 아래 혜산진 營林署 관리들을 앞세워 화전민들을 추방하여 갔다. 이에 화전민들이 저항하자 일제는 6월 16일부터 5일간 혜산진경찰서 경관 11명과 영림서 직원 6인 등 17명의 식민 관리들로 하여금 민가와 화전을 방화, 파괴하게 하였다. 식민 관리들은 63채의 가옥을 불태우고 3채를 파괴하였으며, 재배 농작물을 짓밟는 만행을 자행한 것이다.

이렇게 되자 500여 명의 화전민들은 경찰서·영림서 등에 몰려가 항의하는 한편, 대표를 함남도청과 조선총독부에 파견하여 진정하고, 新幹會 본부 등 사회단체와 언론기관을 방문하여 지원을 호소하였다. 이에 《동아일보》·《조선일보》 등 언론기관에서는 특파원을 파견하여 그 실상을 보도함으로써 화전민 항쟁을 지지·후원하여 갔다. 신간회에서도 중앙집행위원인 金炳魯를 파견하여 갑산 화전민 항쟁의 진상을 조사한 다음, 그 진상보고대회를 개최하여 일제의 화전민 구축정책을 규탄하면서 화전민 항쟁을 지원하였다.

중앙만이 아니라 지방에서도 지원활동이 이어졌다. 각 지방 신간회 지회와 청년단체에서 후원활동을 전개한 것이다. 특히 각 사회단체 대표 34명은 갑산화전민사건대책강구회를 결성하여 지원활동을 조직화하기 시작하였다. 이에 고무된 갑산 화전민들은 붙잡힌 동지들의 탈환을 위하여 경찰 심문장을 습격하는 등 지속적인 투쟁을 전개하였다.

이 결과 화전민들은 일제로부터 1929년도 수확 보장과 白菜洞으로의 이주 허락을 약속받았던 것이다. 갑산 화전민 항쟁은 사회 각계각층이 광범위한 연대를 형성하여 항일민족운동을 전개한 값진 경험이었다. 나아가 이 운동은 1920년대 말기 항일민족운동의 계급적 지평을 확대하고, 그 열기를 고양시키는 데 크게 기여하였다.

라. 수리조합 반대운동

일제는 조선 토지조사사업을 통하여 식민지 지주제를 확립함으로써 식민지수탈체제를 갖추고, 이를 바탕으로 본격적인 식민지 농업수탈정책인 산미증식계획을 시행하였다. 2차에 걸친 산미증식계획은 한국을 일본의 선진 공업화를 위한 식량공급지로 삼기 위해 계획·실시된 것이었다. 농사개량과 토지개량으로 미곡 증산을 도모하여 그 증식미를 일본에 반출한다는 것이 목표였지만, 실제로는 한국인의 식량을 약탈하는 것에 지나지 않았다.

산미증식계획 가운데 일제가 가장 역점을 둔 사업이 토지개량사업이었다. 수리조합을 설치하여 농경지에 관개·배수함으로써 토지생산성을 높이고, 또 그것을 한국 농민의 지배와 수탈에 이용하는 수리사업은 산미증식계획의 요체였다. 때문에 일제는 조선총독부와 조선토지개량주식회사·동양척식주식회사 등을 통하여 수리사업을 적극적으로 추진하여 갔다. 즉 자금과 기술·행정 등 여러 측면에서 친일 한국인 대지주와 일본인 지주의 수리조합 설치사업을 지원한 것이다. 따라서 이들 대지주를 위주로 한 일제의 수리사업은 중·소 지주와 자작농민 및 自小作농민들에게는 과다한 공사비와 水税의 부담을 초래하였다. 그리고 소작농민들에게는 수리조합구역 내의 소작료 인상과 지주의 수세 및 공사비 轉嫁로 말미암은 부담의 가중을 가져왔다.

수리조합 반대운동은 이같은 상황에서 전개된 것이었다.[16] 그리하여 수리조합 반대운동은 산미증식계획 시행 초기부터 발생하여 그것이 끝난 뒤

16) 西條晃, 〈1920年代朝鮮における水利組合反對運動〉(《朝鮮史研究會論文集》 8, 1971).
이애숙, 〈日帝下 水利組合의 設立과 運營〉(《韓國史研究》 50·51, 1985).
박수현, 〈1920, 30년대 수리조합반대운동의 일양상－지주·소작농의 연대투쟁을 중심으로－〉(《명지사론》 10, 1999).

까지도 계속되었다. 1920년대 수리조합 반대운동의 상황은 다음 〈표 3〉과 같다.

〈표 3〉 1920년대 수리조합 반대운동 상황

연도	창설수리 조합수	반대운동 발생 조합수	반대운동 발생 조합명
1920	9		
1921	8	2	익옥·어운
1922	12	3	중앙·연해·영광
1923	10	7	평안·박천·함안·서천·단천·부평·연해
1924	3	5	영일·연해·익옥·단천·영광
1925	12	5	양덕·안강·장연·영광·연해
1926	14	4	등진·적성·연해·부평
1927	15	11	대정·양산·고성·송정·우두·정연·황룡·서면·익옥·동진·부평
1928	20	14	경산·양동·임천·미림·주익·함흥·안령·부눌·용인·송정·연해·평안·부평·대정
1929	24	7	안변·언양·홍산·평안·동진·부북·함흥
1930	26	7	가양·사천·고원·부평·함흥·안변·대정

*《동아일보》·《조선일보》 각 연도에서 작성 ; 이영훈 외, 《근대조선수리조합연구》(일조각, 1992), 10쪽.

위와 같이 수리조합 반대운동은 1920년대 내내 전국에서 지속적으로 전개되었다. 이러한 수리조합 반대운동의 목적은, 초기에는 설치 자체에 대한 반대투쟁이 가장 많았고, 다음은 浸水토지의 정당한 보상의 요구 등이었다. 그러나 후기에는 조합구역 내의 소작료 인상과 과다한 수세에 대한 투쟁이 많아지고, 또 조합구역의 확장에 반대하는 투쟁도 나타났다.

투쟁양상을 보면, 초기에는 중·소지주와 자작농·자소작농이 지주회를 조직하여 관계당국에 진정하고 시위를 전개하는 정도였다. 그러나 일제의 비호로 수리조합이 설치되고, 그로 말미암아 중·소지주와 자작농·자소작농·소작농까지 피해를 당하게 되면서 투쟁양상은 격화되었다. 후기에는 중·소지주와 자작농·자소작농·소작농이 연합하여 농민조합을 새롭게 조직하거나 혹은 기존의 소작조합을 농민조합으로 확대·개편하여 투쟁을 강화하여 갔다. 즉 농민조합을 중심으로 역량을 결집하면서 수리조합을 파괴하고, 체포된 동지들의 탈환을 위해 식민통치기관을 공격하기도 하였다. 1920년대 수리조합 반대운동 가운데 대표적인 것으로 황해도 재령군의 安寧수리조합 반대운동을 소개하면 다음과 같다.

안령수리조합은 1926년 10월 26일 황해도 載寧·安岳·鳳山郡 일대의 농경지 9,000여 정보를 대상으로 설치되었고, 그 조합장은 金鴻亮이었다. 이 수리조합은 설치 당시에도 시가의 절반에도 못 미치는 부당한 가격으로 저수지용지를 매입하여 해당 지역 농민들의 원성을 샀다. 그리하여 농민들은 토지불매운동을 벌이며 수리조합 설치에 반대한 적이 있었다.

이렇게 태생적으로 수탈성을 가졌던 안령수리조합에서 1928년 재령강 개수공사를 한 결과, 봉산군 西鍾面의 물이 말라버렸다. 때문에 서종면 左曲·津曲·來臨·東屯里 등의 농민들은 1928년 5월 수리조합의 설치로 말미암아 농업용수는 물론, 음료수까지 부족하다고 관계당국에 진정하고, 수리조합 사무소와 봉산군청에 몰려가 손해배상을 요구하였다. 그리고 조합측에서 요구를 거절하자, 300여 명의 서종면 농민들은 6월 25일과 26일 이틀간 조합사무소를 습격하는 등 반대운동을 격화시켜 갔다.

특히 수리조합사무소 습격 당시 서종면 농민들은 직원들을 구타하고 집기를 파괴하면서 출동한 재령경찰서 경관 40여 명과 충돌하여 6명에게 부상을 입혔다. 뿐만 아니라 재령경찰서에서 안악·신천경찰서의 지원을 받아 160여 명의 주동자들을 검거한 데에 대항해서는, 피검자 탈환을 위해 재령경찰서를 습격하는 등 식민통치권력에 직접 도전하기도 하였다. 이와 같이 1920년대 후반기 농민운동은 점차 폭력혁명적인 양상을 띠어 갔는데, 이는 이 시기 사회주의 운동의 발전과 농민조합에 가담한 사회주의자들의 영향이 크게 작용한 것으로 생각된다.

따라서 수리조합 반대운동은 소작농민 중심의 농민운동을 자작농은 물론 중소지주층으로까지 확대한 민족사적 의의를 지닌다. 1920년대 민족통일전선운동은 바로 이같은 농민운동의 계급적 지평의 확대 위에서 가능하였던 것이다.

5) 1920년대 농민운동의 특징

이상과 같은 1920년대 농민운동에 나타나는 특징은 다음과 같다.

첫째, 농민운동의 주체인 농민대중에 의해 운동조직이 결성되고, 투쟁이 전개된 점이다. 이전에도 농민단체들이 있었고 농민운동이 전개되었지만, 그것은 주로 계몽적 지식인들에 의해 지도된 것이 많았다. 하지만 1920년대에는 3·1운동을 통해 이룬 민족적·계급적 각성을 바탕으로 농민대중이 주체가 되어 소작조합·농민조합 등을 조직하고, 이를 중심으로 소작쟁의·수리조합 반대운동 등 농민운동을 전개하였다. 이는 민족구성원의 대부분을 차지하고 있던 농민대중이 민족해방운동에 적극적으로 나서게 된 것을 의미하며, 그것은 바로 일제 식민통치의 파탄을 예비하는 것이었다.

둘째, 농민운동이 소작쟁의, 수리조합 반대 운동, 곡물 검사제 반대 운동, 화전민 운동 등으로 다양하게 나타난 점이다. 1920년대 농민운동에는 일제의 식민농업수탈의 피해자들인 소작농민은 물론 중소지주·자작농·자소작농, 그리고 화전민까지 참여하였다. 가히 대지주와 대자본가를 제외한 전 민족계층이 동참하였고, 그 속에서 계급적 연대의 지평을 넓혀 간 것으로 이해된다. 따라서 1920년대 후반 민족협동전선의 결성도 이같은 계급적 연대 위에서 성공한 것이라고 볼 수 있다.

셋째, 농민운동의 전개과정에서 운동조직은 소작조합에서 농민조합으로, 또 혁명적 농민조합으로 발전하여 간 점이다. 농민운동 주체들은 운동과정에서, 그리고 정세의 변화에 대응하여 운동조직의 개편을 주체적으로 수행하였다. 1920년대 전반기 소작인 중심의 소작조합은 후반기에 오면 자작농을 포함하는 농민조합으로 확대·개편되었고, 또 세계대공황 이후에는 혁명적 농민조합으로 조직을 바꾸어 갔다. 이는 운동주체가 상황의 변화에 그 만큼 능동적으로 대처할 수 있는 역량을 가진 존재로 성장한 사실을 의미한다.

넷째, 농민운동 조직의 결성은 물론 농민운동의 전개과정에서도 사회주의의 영향을 다분히 받고 있는 점이다. 사회주의자들의 농민문제선언 이후 농민운동 조직이 폭발적으로 증가한 사실이나, 소작쟁의과정에 참여하여 쟁의를 지도한 사회주의자들의 활동이 자주 보인다. 이는 경제권익 중심의 농민운동을 민족해방운동으로 발전시켜 간 동력이었고, 나아가 농민대중이 노동자·농민의 세계관을 수용하는 결정적인 계기가 되었다. 따라서 이후 농민운동은 단순한 계급운동이 아니라 민족해방운동으로, 나아가 새로운 사회 건설의 전망을 지닌 변혁운동으로 발전하게 된 것이다.

〈金容達〉

2. 노동운동

1) 노동운동 전개의 배경

(1) 노동자계급의 상태

1910년대에 토지조사사업을 통해 식민지 수탈의 경제적 기반을 마련한 일본제국주의는 1920년대에 들어와서 일본 자본 축적을 위하여 〈회사령〉을 철폐하고 산미증식계획을 실시하여 식민지 조선을 원료공급지, 일본 공업제품의 판매시장, 값싼 노동력 시장 등으로 만들어 갔다. 이러한 일제의 식민지 경제정책의 결과 자본주의적 생산양식이 확대되어 가는 동시에 노동자계급도 양적으로 성장하게 되었다.

1928년 7월 말 현재 전체 노동자수는 약 120만 명이었고, 공업노동자수는 1920년에 5만 5,000여 명에서 1929년에는 9만여 명 이상으로 증가했다. 산업별로 노동자 구성을 보면 1929년의 11개 공업부문의 노동자들 중에서는 식료품공업 노동자가 2만 7,000여 명으로 가장 많고 그 다음으로 방직공업 노동자가 1만 8,000여 명, 화학공업 노동자가 1만여 명 이상이었다. 광산노동자는 1924년에 1만 8,000여 명에서 1929년 2만 9,000여 명으로 증가했다. 부두노동자는 1929년 초에 약 1만 명에서 1929년에는 2만 5,000여 명으로 증가했고, 토목건축노동자는 1928년에 42만여 명, 도시잡업 노동자가 65만여 명에 이르렀다.

이렇게 산업별 노동자 구성에서 막벌이꾼·지게꾼·토공 등으로 불리는 일용노동자들은 수적으로는 훨씬 우세했지만, 그 분산성·미숙련성 등으로 말미암아 집단적 행동을 취하기가 쉽지 않았다. 이와는 다르게 공장노동자·광산노동자와 부두노동자 등의 운수부문 노동자들은 같은 직장에서 장기적으로 복무하며, 기능적으로도 숙련을 요하는 부문이 많았으므로 기업주들이 마음대로 다른 노동자들로 대체하기 힘들었다. 이러한 근대적인 산업노동자의 증가가 1920년대 노동운동을 발전시킨 객관적 기반의 하나가 되었다.[1)]

1928년 7월 말 전체노동자 약 120만 명 가운데서 민족별 구성을 보면 조선인 노동자수는 95.8%, 일본인 노동자수는 1.8%, 중국인 노동자수는 2.2% 등이었다. 1929년의 8만 3,000여 명의 공장노동자의 성별 구성을 보면 남자 노동자는 전체의 68%, 여자노동자는 전체의 32%였다. 공장노동자의 연령별 구성을 보면 16세 이하의 소년공이 2,326명, 소녀공이 6,241명, 16세 이상 50세 이하의 노동자는 남자 47,927명, 여자 19,473명이었다.

일제가 조선을 침략하여 자본주의적 경제정책을 실시한 이래 계속해서 노동자들의 실질임금 지수는 하락했다. 1920년대의 경우에도 1920년도를 100으로 할 경우 1929년도에는 83으로 실질임금 지수가 떨어졌다. 저임금정책은 장시간 노동 강요와 함께 자본축적의 확실한 기제였다. 노동자들의 임금은 민족별, 성별, 연령별, 직종별, 산업부문별, 지역별, 공장규모별, 학력별, 근속연도별, 최저·최고임금별 등으로 차이가 났다. 이 중에서 민족별, 성별, 연령별, 최저·최고임금별로 평균 임금구성을 보면, 1929년 현재 조선인 남녀노동자는 일본인 남녀노동자의 50% 정도, 여성노동자는 남자노동자의 50% 정도, 유년노동자는 성년노동자의 50% 내외, 최저임금은 최고임금의 약 35%에서 64% 정도였다.

1930년 현재 공장노동자의 노동시간은 8시간 이내가 0.8%, 10시간 이상이 32.2%, 12시간 이상이 46.9%였다. 물론 공업부문별·민족별로 노동시간의 차이가 있었다. 광산노동자들은 77.4%가 10시간 이상의 장시간 노동을 했다. 일본노동자의 경우 12시간 이상은 0.3%, 8시간 미만은 1.4%, 10시간 이상은

1) 한국노동조합총동맹, 《한국노동조합운동사》(1979), 35쪽.

43.6%였다. 조선인 노동자의 임금은 일본인 노동자의 50%에 불과했으면서도 일본인 노동자보다 장시간의 노동을 강요당했다. 이렇게 일본제국주의는 자본의 무한한 증대를 위해 노동자들을 산업별·공업부문별·민족별·성별·연령별 등으로 분할하고 다시 여기에다가 임금구조별로·노동시간별로 분할하여 노동자들끼리 상호경쟁을 불러일으키게 하여 더욱 저임금과 장시간 노동을 강요했다.

이러한 노동조건 하에서 노동자들의 재해나 사고율이 높지 않을 수 없었다. 1924년을 100으로 할 때 사고회수 및 그 지수·사망인원수·중상자수·경상자수가 계속 증가했다. 특히 광산노동자의 경우 1924년의 경우 재해나 사고율이 0.078이었던 것이 1929년에는 0.103으로 급격히 증가했다. 일제하의 광산경영자는 노동안전시설을 하는 데 들어가는 비용보다 조선인의 생명의 값이 훨씬 더 싸게 먹힌다는 생각을 했다. 다시 말하면 당시의 조선인 노동자들은 다만 잉여노동을 수탈당한 것이 아니라 필요노동 내지 생명까지도 단축시키면서 노동해야 하는 비참한 처지에 있었다.[2] 일본제국주의 자본가들의 자본축적 욕망은 조선인 노동자들의 생명이나 건강 같은 것은 안중에도 없었다. 그들은 조선인 노동자들을 노동하는 기계나 동물로 바라보았지 인간으로 바라보지 않았다.

여기에다가 일본제국주의 국가권력도 노동자들의 비인간적 노동조건을 개선하여 줄 어떠한 정치적·법률적·제도적 권리를 강구하지 않았다. 일제시대 전기간에 걸쳐 노동자들을 자본가들의 야만적인 억압과 착취로부터 보호하여 줄 최소한의 노동관계법도 실시되지 않았다. 노동자들은 정치적 무권리 상태에 있었다. 일제는 오히려 1925년에 〈치안유지법〉이라는 악법을 만들어 노동자계급의 최소한의 인간적인 생존권 요구조차도 폭압으로 대했다.

(2) 사회주의의 보급

1920년대 노동자계급의 민족해방과 계급해방 사상으로서의 사회주의가 조선에 급속히 보급되었다. 그 이유는 첫째 1917년 11월 17일 사회주의 10월

2) 한국노동조합총동맹, 위의 책, 42~43쪽.

혁명은 러시아에서의 노동자계급과 농민의 해방 특히 피압박 민족들의 해방을 가져다주었다. 10월 혁명으로 말미암아 사회주의는 모든 피압박 민족과 피압박 대중들의 해방사상이 되었다. 둘째 조선에서의 일제의 가혹한 식민지 통치로 말미암아 민족적·계급적 모순이 극도로 첨예화되고 있었다. 이러한 조건에서 노동자·농민을 비롯한 광범한 민중들은 민족적 독립과 계급적 해방을 가능하게 해주는 방도를 사회주의에서 찾았다. 셋째 1920년대 이후 노동자계급의 양적인 성장과 노동운동의 발전은 사회주의 보급의 광범한 기반이 되었다. 넷째 전민족적인 3·1운동을 통하여 부르주아 민족주의가 제국주의와의 대항에서의 무기력성을 드러냄으로 말미암아 새로운 반제국주의 사상으로 사회주의를 요구하게 되었다.[3]

처음에는 조선에서의 사회주의의 보급은 주로 국외의 '사상단체'들의 활동에 의해서였다. 1910년대 말에 소련 원동지방과 이후 중국의 상해와 만주 등지에서 조선인 사회주의사상단체들이 조직되어 활동했다. 이러한 사상단체들은 '민족적 독립'과 무산계급 해방을 위하여 사회주의사상의 보급에 적극 노력했다. 해외의 조선인 사회주의사상단체들은 마르크스(Karl Marx)—레닌(Lenin)의 저작들과 그에 관한 해설서들, 각종 신문과 잡지들을 출판해 비밀리에 국내에 침투시켰다. 일제 경찰이 1924년까지 압수한 것만도 50여 종에 달했다. 조선총독부 경무국에서 발행한 비공개 자료인 〈언문 및 언한문의 적화선전용 간행물 일람표〉(1922년 발행)·〈조선에 있어서의 출판물 개요〉(1930년 발행) 등을 보면 1920~1926년 간에 해외로부터 조선에 들어온 주요 신문·잡지들과 단행본들은 《동아공산신문》·《노동신보》·《노동 세계》·《붉은 별》·《붉은 기》·《선구》·《노등운동》·《효성》·《전위》·《여자해방》·《조선혁명》 등과 단행본들인 《공산당 선언》·《칼 마르크스》·《레닌》·《러시아공산당 강령》·《우리 무산계급의 진로》·《노동조합 이야기》·《새 세상이 되면》·《공산독본》·《토지문제》·《세계 무산자를 단결 시키라》 등이었다.

국외에서 활동하던 사상단체들은 1920년대 초에 들어서면서부터 사회주의 선전사업을 위하여 그의 선전원들을 국내에 파견했다. 이것은 이 시기 국내

3) 김인걸·강현욱, 《일제하 조선노동운동사》(일송정, 1989), 7~16쪽.

에서 발간된 합법적 출판물에도 반영되어 있다. 즉 〈공산주의 선전 목적으로 4명 신의주 방면에 침입〉·〈경성에 공산당원 비밀중에 교묘히 선전〉·〈국경 방면에서 공산주의 선전원이 변장하고 경성에 잠입하여 공산주의 선전〉·〈공산당 선전원 체포 … 행장 속에서 선전문이 다수 발각〉 등의 기사들은 국내에서의 마르크스주의 선전원들의 적극적 활동을 증명해 주고 있다. 또한 일본에서 출판된 《자본론》을 비롯한 사회주의 고전들이 조선의 선진적 인텔리들에 의해 연구되고 보급되었다.[4]

한편 국내에서도 사회주의 서적들이 조선어로 번역되어 출판·보급되었다. 마르크스의 《임금노동 및 자본》(1923년 발행)·《가치, 가격 및 이윤》(1923년 발행)을 비롯한 고전들과 《맑스의 유물사관》(1922년 발행)·《맑스 사상의 진상》(1924년 발행)·《사회주의 대의》(1925년 발행)·《통속 사회주의 경제학》(1925년 발행) 등의 마르크스주의 해설서들이 단행본으로 출판·보급되었다. 사회주의는 《공제》(1920. 9~1921. 6)·《신생활》(1922. 3~1923. 8)·《조선지광》(1922. 11~1933) 등의 잡지와 기타 각종 신문들을 통해서도 소개·선전되었다. 이 잡지들은 국제노동운동에 관한 자료들과 소련의 사회제도를 소개하는 자료들을 게재했으며, 인민대중들의 민족적 자부심과 반봉건적 민주주의사상을 고취하는 일련의 논설들을 실었다.

1920년대에 들어서서 조선의 산업중심지와 주요 도시들, 기타 각 지방들에서는 선진적 노동자들과 지식인들에 의하여 사회주의사상단체들이 수많이 조직되어 비밀리에 활동했다. 1920년대 전반기에 조직되어 활동한 사회주의 사상단체들로 서울의 '신사상연구회'·'북풍회' 등과 평양의 '독서회', 마산의 '혜성사', 영흥의 '삭풍회', 성진의 '신인회', 안동의 '화성회', 나주의 '효종단', 대구의 '신사상회', 진영의 '배수회', 해주의 '사회사상 연구회' 등이 있었다.

그러면 1920년대 전반기 비합법적인 사회주의사상단체들의 활동 내용을 보자. 먼저 사회주의사상을 연구하며 이를 광범한 노동자·농민 및 지식인들과 결합시키려고 노력했다. 이는 당시 그들이 내세운 목적과 구체적 활동에서 볼 수 있다. 사상단체들은 그 목적으로 '역사적으로 필연성을 가진 신사

4) 김인걸·강현욱, 위의 책, 19~20쪽.

회를 건설하는 데 요소가 되는 유물사관을 중심으로 하는 사상 연구', '무산계급 해방에 필요한 지식의 흡수', '무산자 교양에 충실히 노력하여 계급의식을 각성케 할 일', '무산계급해방에 필요한 지식과 전투적 훈련의 촉진', '계급의식을 고취하여 그 해방운동을 촉함' 등을 내세웠다. 사상단체들의 구체적 활동은 '토론회'·'강연회'·'좌담회'·'독서회'·'강습회'·'야학회'·'민중강좌'·'프로문고' 등으로 나타났다. 사상단체들은 10월 혁명 기념일, 5·1절, 파리콤뮨 기념일 등 각종 혁명적 기념일에 강연회 및 토론회 등을 조직하고 자기 성원들과 노동자·농민들의 계급의식 제고에 힘썼다. 이러한 강연회·토론회들에서 여러 가지 이론적·실천적 문제들이 취급되었다. 예컨대 '자본주의의 사적 발전과 그의 필연적 붕괴', '프롤레타리아혁명과 레닌주의', '무산계급정권 탈취와 혁명', '계급투쟁의 원인', '무산계급의 요구', '노동자는 단결하라' 등의 사회문제들이 취급되었다. 또한 사상단체들은 마르크스-레닌주의 고전들과 그의 해설서들을 번역·출판했다. 이렇게 하여 조선에서는 1920년대 전반기에 사상단체들에 의해 사회주의사상이 광범한 노동자·농민 및 지식인층 사이에 보급되기 시작했다. 그러나 이러한 사회주의사상의 보급은 조선사회의 특수성을 규명하고 구체적인 혁명정세에 대응하는 계급투쟁의 옳은 전략전술을 제기할 수 없었다. 이는 사상단체에 망라되어 있던 소부르주아 지식인들이 가지고 있었던 일련의 제한성, 즉 부르주아사상의 습성에서부터 완전히 벗어나지 못한 것에서 연유했다.

다음 사회주의사상단체들은 각종 부르주아사상 특히 민족개량주의 사상조류를 반대하는 투쟁을 했다. 1920년대 초에 민족개량주의자들은 대중들을 사회주의사상으로부터 분리해서 혁명적 의식과 반일사상을 빼앗으려고 획책했다. 민족개량주의자들은 조선사회에서는 노동문제가 그렇게 절박한 문제가 될 수 없다면서 소위 '노동문제 상조론'를 제창하여 조선에서의 노동운동과 사회주의사상의 보급을 반대했다. 민족개량주의자들은 조선의 대중을 정치적 무권리와 경제적 파멸에서 구원하는 길은 유산자와 무산자의 양 계급이 서로 타협하고 '대동단결'하여 '조선사람 자체의 생산력'을 발전시키는 데 있다고 역설했다. 李光洙와 같은 자들은 '민족개조론'을 제창하고, 조선인민이 곤궁에

처하게 된 것은 '열악한 민족성'에 그 원인이 있으며 조선인민을 구원하는 유일한 길은 일제에 순종하여 '민족개조'를 단행하는 데 있다고 주장하면서 인민대중으로부터 민족적 자긍심과 반일의식을 빼앗으려고 시도했다. 민족개량주의자들은 노동자·농민대중 속에 자기들의 영향을 침투시키려고 기도했다.

따라서 민족개량주의자들과 비타협적으로 투쟁하며 그들을 대중으로부터 완전히 고립시키는 것은 1920년대 조선의 사회주의사상단체들 앞에 제기된 중요한 투쟁과업의 하나가 되었다. 사회주의자들은 민족개량주의자들의 '노동문제 상조론'에 대하여 조선에서도 자본주의적 제 관계가 발전하고 있다는 것, 따라서 노동자와 자본가간의 계급적 대립이 명백해졌다는 것을 논증했다. 사상단체들은 조선인이 정치적·경제적으로 낙후하게 된 것은 그들의 '열악한 민족성' 등에 그 원인이 있는 것이 아니라 일제의 '정복과 착취', 즉 일제의 조선인에 대한 식민지 노예화와 지배계급의 가혹한 착취와 억압에 있다는 것을 논증하고 조선인민을 구원하는 길은 일제를 물리치고 현 사회제도를 혁명적으로 개조하는 데 있다는 것을 증명했다.[5] 이러한 각종 부르주아사상을 반대하는 사상단체들의 투쟁으로 당시 노동자·농민대중의 계급의식은 점차 높아져 갔다.

끝으로 사회주의사상단체들은 노동운동과 농민운동 등 대중운동을 발전시키는 데 일정한 역할을 했다. 그들은 노동자·농민 등에게 접근하기 위해 노력하면서 먼저 노동자·농민단체의 조직을 촉성시키는 한편 그들의 투쟁에도 영향을 주었다. 당시 사상단체들의 활동에서 '소작인조합과 노동조합을 일으킬 일', '노동회 조직의 촉성을 기함', '소작운동 및 노동운동에 대하여 그 근본정신을 민중에게 이해케 하여 적극적으로 응원할 일' 등이 중요한 내용이 되었다. 많은 경우 사상단체들의 활동과 영향하에서 노동자·농민단체들이 조직되었으며 그들의 투쟁은 사상단체 성원들에 의하여 지도되었다. 사상단체들은 또한 일제의 주구 또는 지주나 자본가들이 조작하여 낸 반동적 어용단체들의 정체를 폭로, 규탄하며 그들의 영향으로부터 대중들을 떼어내기 위한 투쟁도 벌였다.

---

5) 《신생활》 7(1922).

이상과 같은 1920년대 사상단체들의 활동 자체는 대중적인 노동운동·농민운동과의 강고한 연계 관계를 형성하지 못하고 수공업주의에서 벗어나지 못했으며 분산적이었고, 계통적인 운동계획과 준비가 부족했으며 활동범위도 협소했다. 그럼에도 불구하고 당시 사상단체들은 조선에서의 사회주의 보급과 노동운동·농민운동 등 대중운동 발전에 일정한 기여를 했다.

2) 노동조합의 조직

(1) 전국적 노동조합

가. 조선노동공제회

1920년 4월 11일 서울에서 최초로 전국적이고 대중적인 노동자단체인 조선노동공제회가 선진적 노동자들과 노동운동에 관심을 가지고 있는 소부르주아 지식인들에 의하여 조직되었다. 노동공제회는 〈창립취지문〉에서 노동공제회의 목적은 "自力으로써 自我가 衣食하는 동시에 애정으로써 상호부조하여 생활의 안정을 圖하며 공동의 存榮을 기함"에 있다고 선언했다.[6] 노동공제회는 '노동사회의 조직과 제도를 개선'하기 위한 실천적 대책으로 ① 지식을 계발할 것, ② 품성을 향상시킬 것, ③ 저축근검을 장려할 것, ④ 민중위생을 장려할 것, ⑤ 환난을 구제할 것, ⑥ 직업을 소개할 것, ⑦ 기타 일반노동상황을 조사할 것, ⑧ 기관지 《共濟》를 발행하여 일반 노동문화를 보급할 것 등을 내세웠다.[7] 그러나 노동공제회는 노동자들의 절실한 일상적 요구들을 당면한 투쟁과업으로 제기하지 못했으며 노동자계급의 단결의 목적을 구체적으로 밝히지 못했다.

노동공제회에 가입하는 방식은 단체회원제가 아니라 개인회원제였다. 그리고 조직의 운영방식은 창립 당시에는 회장제를 채택했지만 이듬해 1921년 4월 집행위원제로 변경했다. 여기에 소속된 노동자들은 주로 신문배달부·인력거부·지게꾼 등의 자유노동자들과 정미공·인쇄공·연초공장 직공 등의

6) 김인걸·강현욱, 앞의 책, 30쪽.
7) 김윤환, 《한국노동운동사－일제하편－》 1(청사, 1982), 113쪽.

공장노동자들이었다. 그리고 지방지회에는 소작농민들도 적지 않게 망라되었다. 이는 당시의 노동운동가들이 소작농민을 노동자와 동일시하여 그들 간의 차이점을 이해하지 못했기 때문이다. 즉 노동자와 농민 간의 역사적·사회적인 지위의 차이를 이해하지 못하여 피착취 무산대중이라는 일반개념 속에 노동자계급의 독자성을 해소해 버렸다. 이는 당시 노동자계급의 성장이 유치했음을 반영했다.

당시 노동자계급의 대부분은 대체로 파산된 농민 출신이었다. 그리하여 노동자로 된 다음에도 농민들과 일종의 자연적인 연계를 가지고 있었다. 이것이 1920년대 초부터 노동자와 농민들 간에는 의식적이며 조직적인 노농동맹은 형성하지 못했으나 자연발생적으로 서로 단합된 공동투쟁을 전개하게 했다. 이러한 사정으로 말미암아 노동자·농민들이 함께 노동공제회에 들어갔다.

노동공제회는 그 목적 및 구성원에서 일련의 제한성들을 내포하고 있어서 계급의식적인 노동자 조직으로는 활동할 수 없었다. 하지만 노동공제회는 창립 초기부터 노동자들을 결속하기 위한 조직사업을 광범하게 진행했다. 그리하여 조직 당시에 678명에 지나지 않았던 회원이 1921년 3월에 와서는 1만 7,259명으로 급속히 증가했다. 또한 이 무렵에 노동공제회는 전국의 산업 중심지들, 즉 평양·대구·안악·개성·혜산·정읍·황주·군산·북청·신창·신천·광주·안주·영흥·안동·인천·영주·강화·양양·고산·청진·진주·경주 등에 지방지회들을 가지게 되었다.[8)]

노동공제회는 소작인들을 단합하기 위한 조직사업도 추진시켰다. 예를 들면 1922년 노동공제회 진주지회는 조선에서 처음으로 '소작인대회'를 소집했고, 이것이 계기가 되어 각지에서 소작인들의 결속과 대중적 투쟁이 급속히 확대되었다. 노동공제회는 노동야학 등을 설치하고 기관지 《공제》를 발간하여 노동자들에 대한 계몽활동을 주로 벌였다. 노동공제회는 민족주의·사회주의 등 다양한 이념을 지니고 출발했으나 시간이 지날수록 사회주의적 경향의 색채가 강화되어 갔다. 그것은 노동공제회의 기관지 《공제》에 실린 논

---

8) 김인걸, 강현욱, 앞의 책, 33쪽.

설들을 통해서 알 수 있다.9)

《공제》 창간호의 〈卷頭一聲〉에서는 노동자들의 모든 불행의 근원은 불합리한 현 사회제도에 있다고 폭로했고, 〈전국 노동자제군에게 檄을 送하노라〉에서는 노동은 상품이 아니며 금전으로서 매매될 수 없다는 것을 강조하면서 자본주의 사회하에서의 노동자들의 참혹한 처지와 그 제도의 실상을 폭로했다.10) 이어서 《공제》 2호에 실린 〈노동운동의 사회주의적 고찰〉은 계급의식을 더욱 선명하게 고취했고, 《공제》 7호에는 〈마르크스의 유물사관의 개요〉를 소개했다.11)

이렇게 하여 초기에 상호부조와 계몽적인 성격의 색채로 출발했던 노동공제회 내부의 사회주의자들의 활동에 의하여 점차로 참된 노동자계급의 조직으로 변화 발전할 수 있는 계기가 마련되어 갔다.12) 즉 노동공제회는 본격적인 근대적 노동조합 운동을 준비한 노동자조직으로서 노동운동 발전에 있어서 중요한 선구자적 역할을 수행하게 되었다.13)

그러나 1922년 "노동운동은 노등자 자신의 운동이므로 진정한 육체노동자에게 맡기라"는 노동자 대중의 요구가 제기되는 가운데서 노동공제회 내부에 할거하고 있던 개량주의자 또는 노자협조주의자에 대하여 사회주의 계열의 간부 윤덕병 등이 "사상상 또 행동상 동일보조를 취할 수 없는 분자를 노동운동의 대열에서 제거해야 되겠다"는 의도로 1922년 10월 15일 노동공제회의 해산을 결의했다.14)

나. 조선노동대회

1920년 5월 1일 서울에서 노동자들의 상호부조와 '땀흘리는 노동자들의 인격향상과 상식발달을 도모함을 목적'으로 하는 조선노동대회가 조직되었다.

---

9) 윤여덕, 《한국초기노동운동연구》(일조각, 1991), 96쪽.
10) 김인걸·강현욱, 앞의 책, 34~35쪽.
11) 김인걸·강현욱, 위의 책, 36쪽.
12) 윤여덕, 앞의 책, 97쪽.
13) 김인걸·강현욱, 앞의 책, 37쪽.
14) 김윤환, 앞의 책, 115쪽.

노동대회도 서울·개성·평양·광주·신의주·청주·원산·연백·부여·마산 등에 지방지부를 두고 한 때 8,000명의 회원을 가졌다. 그리고 1922년 4월 이후 회장제를 집행위원제로 바꾸어 노동대회를 운영했다.[15]

노동대회는 1922년 9월에 가서 사회주의자들이 주도권을 장악하고 개혁을 했으나 〈자유노동조합의 취지문〉을 《신생활》에 게재하여 1923년 1월 재판을 받은 필화사건으로 이른바 '한국 초유의 사회주의 재판'을 받은 '자유노동조합사건'이 일어나서 이항발·김사민 등 여러 간부들이 검거되었다.[16]

이후 노동대회는 노동공제회의 해산을 반대하던 車今奉 등의 잔류파와 손을 잡고 '전조선노농대회'라는 전국적 중앙조직의 결성을 추진하다가 실패한 후 1924년 4월 '조선노농총동맹'에 합류했다.[17]

다. 조선노동연맹회

1922년 10월 15일 노동공제회를 해체한 사회주의 계열의 윤덕병 일파는 그 다음날인 16일에 조선노동연맹회를 조직했다. 노동연맹회는 노동공제회에 비해 여러 가지 면에서 발전적 모습을 보여 주었다. 노동연맹회는 다음과 같은 〈강령〉을 내걸었다.

〈강 령〉

一. 오인은 사회역사의 필연적인 진화법칙에 따라 신사회 건설을 기도함.
一. 오인은 공동의 力으로 생활을 개조하기 위하여 이에 관한 지식의 계발, 기술의 진보를 기도함.
一. 오인은 현 사회의 계급적 의식에 의하여 일치단결을 기도함.
(《동아일보》, 1922년 10월 21일).

즉 〈강령〉에는 막연하게나마 자본주의 제도를 부정하고 필연적으로 도래할 신사회 건설 투쟁과 이를 위한 계급적 단결을 주요 활동목적으로 삼았다. 노동연맹회는 〈선언문〉에서 "만국의 노동자는 이미 분기하여 신사회 건설의 역군들이 되어 혹은 투쟁을 계속하고 혹은 개선을 노래하는데 다만 조선의

15) 한국노동조합총연맹, 앞의 책, 131~132쪽.
16) 김홍수, 〈1920년대 노동조합조직의 발전과정〉(《한국사론》 22), 260쪽.
17) 한국노동조합총연맹, 앞의 책, 132쪽.

노동자는 현 사회의 질곡에서 超脫치 못할까. 아니다. 우리 조선의 노동자도 세계에 향하여 여사히 선언하노라. 조선의 노동자도 자유와 평등과 평화를 위하여 만국의 노동자와 단결하여 분투코저 하노라"[18]라고 하여 프롤레타리아트 국제주의의 정신을 천명했다. 〈선언문〉은 불합리한 자본주의 제도의 해독성과 일제하 조선 노동자계급의 참담한 생활형편을 폭로하고, 단결의 힘에 의한 노동자계급의 해방을 열렬히 호소했다. 그러나 노동연맹회의 〈강령〉과 〈선언문〉에는 노동자계급의 당면한 요구들이 반영되어 있지 못했다. 즉 노동단체로서 응당 가져야 할 노동자계급의 구체적 생활상 요구들을 규정한 〈행동강령〉을 가지지 못했다.[19]

노동연맹회는 조직형태와 구성에서도 조선노동공제회에 비하여 일보 진전했다. 노동공제회는 개별적인 노동자들과 함께 소작농민들을 적지 않게 망라했지만 노동연맹회는 노동자들만으로 조직된 직업별 노동조합들과 또는 지역적 합동노조(일부 소작농민 포함)들로 결성된 노동조합 연합체였다. 즉 '경성인쇄직공친목회'·'경성전차종업원회'·'경성양복기공조합'·'반도고무직공조합'·'경성양화직공조합'·'경성노우회'·'이발조합'·'대구노동공제회'·'진주노동공제회'·'감포노동공제회'·'청진노동공제회' 등이 창립 당시에 가맹한 단체였다. 노동연맹회에는 자유노동자들을 비롯한 적지 않은 공장노동자들과 그리고 약간의 소작농민 등 2만여 명이 참가했다.[20]

노동연맹회는 전국적 노동단체로서는 최초로 5·1절(May Day) 기념투쟁을 조직했고, 나아가서 노동자들의 파업투쟁과의 결합을 시도했다.[21] 1923년 노동연맹회와 그 가맹단체들은 5·1절을 기념하는 파업시위 및 연설회 기타 각종 행사들을 조직했다. 노동연맹회가 노동자들의 파업투쟁에 영향을 준 대표적인 사례는 1923년 7월 서울 양말직공 파업, 8월 평양 양말직공 파업에 대한 노동연맹회의 지원이었다. 노동연맹회는 실천적인 투쟁을 통하여 노동자들이 조직의 위력과 단결에 관한 사상을 획득하도록 많은 도움을 주었다.[22]

---

18) 《동아일보》, 1922년 10월 21일.
19) 김인걸·강현욱, 앞의 책, 45쪽.
20) 김홍수, 앞의 글, 261쪽.
21) 김인걸·강현욱, 앞의 책, 45쪽.

라. 조선노농총동맹

서울에서 화요파의 조선노동연맹회와 서울파의 전조선노농대회준비회의 대립에 환멸을 느낀 전라남북도와 경상남북도의 노동단체와 농민단체들은 노동연맹회에서 탈퇴한 후 1924년 3월 초에 각각 '전라노농연맹'과 '남선노농동맹'을 결성했다. 특히 대구에서 열린 남선노농동맹 창립총회에서는 "경성에 있는 기성단체나 조직 또는 조직 중에 있는 단체에 대하여 금후 모든 관계를 단절한다"는 성명을 통해 서울의 중앙지도부의 파쟁을 질타했다. 남선노농동맹은 〈강령〉에서 "노동운동의 전력을 집중하기 위하여 전국적 총단결의 촉성을 기"할 것을 주장하고 '전선노농단체연합기관결성교섭위원회'를 구성했다.

이것이 계기가 되어 서울에서도 노동연맹회와 노농대회준비회 사이에 교섭이 진전되어 1924년 4월 16일 82개 단체의 대표 77명이 서울 YMCA에서 참가한 전국대회가 열렸다. 17일에는 노동연맹회·노농대회준비회·남선노농동맹의 대표 200여 명이 통일적 전국노농조직체로서의 조선노농총동맹발기회를 열었다.

1924년 4월 18일 조선노농총동맹은 서울 광무대에 참가단체 167개, 출석대표 204명으로 창립되었다. 창립총회에서 결정된 규약에 의하면, 중앙상무집행위원회와 그 밑에 총무부·재무부·교육부·조사부·편집부·노동부·소작부 등의 부서를 두도록 했다. 그리고 정기대회는 매년 4월에 개최하되 가맹단체 대의원의 4분의 1 이상의 출석으로 성립되며, 참가단체는 15명 이상의 노동자나 소작인을 가진 노농단체라면 참가할 수 있게 했다. 참가대표의 대의원 수는 회원 100명 이하의 단체는 1명, 500명까지는 2명, 1,000명까지는 3명, 1,000명 이상이면 매 1,000명 마다 1명씩 더 참가할 권리가 있다고 규정했다.

창립대회에서 화요파·서울파 등이 총망라된 50명의 중앙집행위원을 선출하여 전국적인 통일 노농조직체인 노농총동맹이 성립되었다.[23] 노농총동맹의 〈강령〉은 "① 오인은 노농계급을 해방하고 완전한 신사회를 실현할 것을 목적으로 함, ② 오인은 단체의 위력으로써 최후의 승리를 얻을 때까지 철저

22) 김인걸·강현욱, 위의 책, 46·48~49쪽.
23) 한국노동조합총연맹, 앞의 책, 135~136쪽.

적으로 자본계급과 투쟁할 것을 기함, ③ 오인은 노동계급의 현하 생활에 비추어 각각 복리증진, 경제향상을 기함"[24]이었다. 이는 노동연맹회보다 훨씬 더 구체화된 계급투쟁적 성격을 반영했다.[25] 노농총동맹은 1924년 4월 20일 임시대회를 열어 노동문제·소작문제·對동척문제·대《동아일보》문제·대각파유지연합(어용단체) 문제 등 행동방향과 당면한 투쟁방침을 토의했다.[26] 여기서 결정된 노동문제에 대해서는 "① 각 지방에 노동자단체를 조직하고 원조하며 각 지방 노동자 상황을 조사할 것, ② 노동운동의 근본정신과 배치되는 異流단체는 파괴할 것, ③ 강습소와 팜플렛 등으로 노동자의 계급의식을 현저히 높일 것, ④ 노동자 임금을 최저 1일 1원 이상으로, 노동시간은 8시간제로 할 것"[27]을 결의했다. 이와 같이 노농총동맹의 노선은 사회주의적 성격을 띠고 민족개량주의와 어용단체를 배격하는 태도가 명백했다. 따라서 일제경찰은 곧 임시대회의 해산을 명령했다. 이에 500~600명의 군중은 혁명적 노동가를 부르면서 가두시위행진을 감행했다. 서울시내는 군중과 경찰이 충돌하고 30여 명의 검속자를 내고 그 중 26명이 검사국에 송치되었다.[28]

노농총동맹이 결성되자 전국 각지의 노농단체들이 연속 가입하여 한동안 산하단체가 260여 개, 회원수는 5만 3,000여 명이 되었다. 이는 노동자·농민운동의 큰 진전을 의미했다. 그러나 일제의 탄압과 지도부 내의 서울파와 화요파의 대립이 가맹단체에도 영향을 미쳐 통일적인 지도가 보장될 수 없었다. 또 여전히 같은 조직 속에 이해관계가 다른 노동자와 농민을 전부 망라했다는 것도 조직상의 커다란 약점이었다.[29]

노농총동맹이 이러한 문제점들을 가지고 있었으나 그 내부의 공산주의자들과 많은 지방조직들은 노동자·농민들과 연계를 강화하면서 그들의 투쟁을 조직 지도하기 위하여 노력했다. 노농총동맹이 결성된 이후 각지에서 노동자들

---

24) 이반송, 《조선사회사상운동연혁약사》(1934), 58쪽.
25) 윤여덕, 앞의 책, 100쪽.
26) 김윤환, 앞의 책, 124쪽.
27) 《동아일보》, 1924년 4월 22일
28) 한국노동조합총연맹, 앞의 책, 137쪽.
29) 김홍수, 앞의 글, 263쪽.

의 투쟁이 더욱 강화되었으며 그 혁명성과 조직성이 일정하게 제고되었다.[30]

마. 조선노동총동맹

1925년 4월 17일 비밀리 창립된 조선공산당은 11월 무렵, 노농총동맹을 노동자단체와 농민단체로 분리하여 재조직할 것을 결정했다. 그리고 노농총동맹도 1925년 11월 19일 제6회 중앙집행위원간담회를 열어 노동자·농민단체를 분리하기로 결의했다.[31] 그 요지는 ① 노농총동맹의 가맹단체 중에서 농민단체로 따로 조선농민총동맹을 조직하고, 노동자단체는 또 조선노동총동맹을 조직할 것, ② 농민·노동 양총동맹이 완성될 때에는 노농총동맹을 해체하고 농민·노동 양총동맹연합위원회를 조직할 것[32] 등이었다.

이 결의안에 따라 1925년 말부터 우선 각 지방들에서 노동자·농민연합단체들을 분화하기 위한 조직개편 사업들이 진행되었다. 각 지방의 '노농연합회'·'노농연맹'·'노동공제회' 등은 노농총동맹의 분립 결의를 지지하면서 각각 노동자단체와 농민단체들로 분리·재조직하는 사업들을 진행했다. 예를 들면 1925년 12월에 '영광노농연합회'는 '영광노동연합회'와 '영광농민연합회'로, '대구노동공제회'는 '대구노동연맹'과 '대구농민연맹'으로 각각 분화되었고, 1926년 초에는 '務安노농연맹'이 '무안노동연합회'와 '무안농민연합회'로 분화되었다.[33]

한편 1926년 11월 15일 이른바 ML파인 安光泉·韓偉健 등은 사회주의운동의 이른바 '방향전환론'인 〈政友會宣言〉을 발표했다. 이 선언의 내용은 '경제투쟁으로부터 정치투쟁으로', '파벌박멸', '이론투쟁', '민족단일당 결성' 등으로 요약될 수 있다.[34] 노농총동맹은 이러한 〈정우회선언〉을 일정하게 반영하여 1926년 12월 중앙집행위원회는 〈조선노농운동에 대한 新政策〉을 발표했다. 그 요지는 첫째 노농운동은 경제투쟁을 위주로 한 대중적 조합운동이

30) 김인걸·강현욱, 앞의 책, 52쪽.
31) 김인걸·강현욱, 위의 책, 74쪽.
32) 《조선일보》, 1925년 11월 21일.
33) 김인걸·강현욱, 앞의 책, 75쪽.
34) 김인걸·강현욱, 위의 책, 86쪽.

어야 함에도 불구하고 과거의 운동조직은 소수 선각분자의 사상운동조직에 불과했다는 점, 둘째 노동자와 농민은 본래 계급적 차별성이 있는 존재임에도 불구하고 양자를 한 조합 내에 혼합하여 운동의 발전을 저해했으므로 앞으로 分盟을 한 뒤 두 동맹 사이의 협조기관을 설치해야 한다는 점, 셋째 종래에는 정치투쟁을 부정해왔으나 이후에는 노동자대중의 정치의식을 향상시켜 적극적 정치투쟁을 전개해야 한다는 점 등이었다.[35)]

노농총동맹은 이상과 같이 지방의 노동자·농민연합단체의 분화와 신정책에 기초하여 1927년 9월 '조선노동총동맹'과 '조선노농총동맹'으로 분리 개편되었다. 분리될 때 노동총동맹의 경우 가맹단체는 156개, 회원은 2만 600여 명이었다. 이것은 노동자·농민단체의 조직적 발전에 있어서 하나의 큰 전진을 의미했다.

노동총동맹은 노농총동맹의 활동을 계승하여 수많은 노동쟁의를 조직 지도했다. 그러나 일제의 집회금지와 '제3·4차 조선공산당 사건'으로 중앙간부가 검거됨으로써 노동총동맹은 큰 타격을 받았다. 이 사이에 잠입한 노동총동맹 지도부의 개량주의적 경향은 일제 경찰의 탄압을 반대하여 강고히 투쟁하지 않거나 파업투쟁에 궐기한 노동자들에게 타협을 설교하거나 조정안을 제기하고, '상업회의소'와 경찰 등에 탄원이나 중재를 요청하는 데 이르렀다. 그러나 노동총동맹 지도부가 개량주의적 노선에 빠졌다고 해서 그에 소속된 지방조직들과 일반 맹원들이 모두가 개량주의에 기울었던 것은 물론 아니었다. 많은 지방조직들과 맹원들은 지도부의 개량주의적 입장과는 달리 혁명적 진출을 강화했으며 일부 지방조직들에 참가하고 있던 공산주의자들도 그 조직을 혁명화하기 위하여 투쟁했다.[36)]

(2) 지방 노동조합의 조직

가. 지역 합동노동조합과 직업별 노동조합

1920년대 초반 각 지방의 지배적인 노동조합 조직형태는 지역합동노동조

35) 강만길, 《고쳐쓴 한국현대사》(창작과 비평사, 1994), 59~60쪽.

36) 김인걸·강현욱, 앞의 책, 75~76쪽.

합으로 조선노동공제회 지부, 조선노동대회 지부는 거의 대부분 이러한 조직 형태였다. 노동공제회·노우회·노동친목회·노동계·노동회·노동조합 등의 명칭을 가진 지역합동노조는 동일한 지역을 중심으로 직업에 관계없이 각종 노동자를 혼합하여 조직한 것이었다.

지역합동노조는 직업적 공통의 이해기반이 없기 때문에 전국적 수준의 조선노동공제회나 조선노동대회의 활동목적과 구성상의 특징을 가지고 있었다. 활동목적으로 노동자의 지식계발·품성향상·환난구제·직업소개·저축장려·위생보급·상여대여 등의 활동에 치중하는 상호부조 단체에 가까웠다. 구성원은 단지 무산자라는 동일한 처지가 결합의 기초가 되어 대부분 자유노동자·반프로·소작농민 등이었다.[37]

그러나 전국적 수준의 노동자 조직이 조선노동공제회 등에서 조선노동연맹회로 발전하는 것에 발맞추어 지역적 수준에서도 특히 1923년 무렵부터 지역적 합동노동조합을 직업별 노동조합으로 개편하기 위한 투쟁이 활발하게 전개되었다.[38] 지역적 합동노조는 조직구성의 방식상 조직의 내부에 상이한 직업과 생산과정상의 지위가 다른 노동자들이 구별되지 않고 혼재해 있어 노동자들의 요구조건을 단일화하고 이를 다시 공동의 행동으로 이끌어내는 데 어려움이 많았다.

직업별 노동조합은 기업과 산업의 범위를 넘어 동일작업의 노동자가 횡단적으로 조직된 노동자단체다. 이 조합의 일반적 특징은 ① 조합원 자격을 원칙적으로 徒弟制를 경과한 동일직업의 숙련노동자에 한정하고, ② 비교적 높은 입회금, 조합비를 징수하고, ③ 이렇게 모은 풍부한 조합기금을 자조적 공제활동에 지출하고, ④ 특히 실업수당과 遍歷手當을 지급하여 노동시장의 지역적 불균형을 평준화함과 동시에 실업으로 인한 표준임금률의 切下를 방지하고, ⑤ 조합원 자격이 없는 자가 해당 직종에 취업하는 것을 거절하고 직장의 독점, 클로즈드 숍(closed shop)제를 요구하고, ⑥ 표준노동시간을 유지하기 위해 잔업을 가능한 한 거부하고 부득이한 경우에는 프레미엄을 요

37) 김홍수, 앞의 글, 268~269쪽.
38) 윤여덕, 앞의 책, 99쪽.

구하고 그 감소에 노력한다는 것 등이었다.[39]

직업별 노동조합은 비교적 노동조건이 좋은 숙련노동자에 한정되어 대다수의 반숙련·미숙련노동자는 조합에 가입하는 것이 불가능했다. 따라서 조직의 확대에는 곧바로 한계가 따르고 또한 투쟁의 중심이 노동자계급 전체의 관점보다도 기득권의 옹호와 자기의 특권적인 이익의 유지에 머무르기 쉬웠다.[40]

1923~1924년 간에 평양·남포·원산·북청·해주·재령·수안·서울·인천·대구·부산·마산·군산·광주·전주·장성·의령·진주·금천 등지에서 운수·부두·인쇄·고무·철공·정미·광산·양화·양말 등의 직업별 노동조합이 결성되어 활동했다. 이러한 노동단체의 수는 일제의 축소된 자료에 의하더라도 1923~1925년 간에 매년 평균 110개나 되었다.[41]

많은 직업별 노동조합은 활동목적으로 자본가계급의 착취와 억압에 반대하여 노동자계급의 해방과 자유를 위하여 투쟁할 것을 선언했다. 그리고 노동자들의 당면한 요구조건들을 반영한 행동강령을 종합해 보면, 8시간 노동제의 실시, 임금인상, 임금인하 반대, 단체교섭권의 확립, 노동조건의 개선, 실업노동자의 구제, 각지 노조단체들과의 연계 강화, 각지 노동자 파업에 대한 지지와 성원 등이었다.

직업별 노동조합들은 노동자들의 계급의식을 높이기 위한 여러 가지 사업들을 조직했다. 곳곳에 노동야학들을 설치했고, 군중강연회·간담회 등을 열었다. 그리고 이들 노동조합들은 노동자들의 파업투쟁을 직접 조직하고 지도하기도 했다. 1923년 8월에 일어난 평양 양말공장 노동자들 파업, 1924년 8월에 일어난 군산 정미공장 노동자들 파업, 인천 재등정미공장 노동자들의 파업 등은 직업별 노동조합의 지도하에 전개되었다.[42]

나. 직업별 노동조합의 지역연맹체와 전국적 연맹체

1925년 전위조직인 조선공산당의 창건 전후, 1927년 조선노농총동맹에서

39) 사회사상사, 《현대사회사상사전》 상(1980), 992~993쪽.

40) 김홍수, 앞의 글, 266쪽.

41) 朝鮮總督府, 《最近に於ける朝鮮治安狀況》(1934), 573쪽.

42) 김인걸·강현욱, 앞의 책, 48~49쪽.

조선노동총동맹이 분리 개편되는 과정에서, 직업별 노동조합도 지역별 노동조합 연맹체와 전국적 노동조합 연맹체로 확대 조직되기 시작했다.

동일지방의 노동조합운동을 통일하기 위한 지역별 노동연맹의 결성은 두 방향에서 진행되었다. 하나는 종전의 합동노동조합을 직업별로 분리하여 재조직한 다음 그를 다시 지역별로 연합하여 노동연맹을 조직하는 것이었다. 대표적인 예로 합동노동조합이었던 '원산노동회'가 1925년 10월 운송노조·두량노조·선박노조·해륙노조·結卜노조 등의 직업별 노동조합들로 분리 재조직되고 이들을 다시 연합하여 지역별 노동연맹인 '원산노동연합회'를 들 수 있다. 다른 하나는 동일한 지역에서 분산적으로 활동하고 있던 기존 직업별 노동조합들을 연합하여 노동연맹을 결성하는 것이었다. 대표적인 예로 1925년 1월 군산에서 철도노동회·인쇄공조합·정미인섭노조·米選노조·목공노조·배달인조합·인력차부 조합 등의 직업별 노동조합들이 연합하여 조직한 '군산노동연맹'을 들 수 있다. 이외에도 1925~1928년 간에 순천·평양·경성·진주·목포·담양·동북·웅기·북청·익산·광주·영흥·해주·인천·함평·보성·구례·함흥·전주·마산·김천·부산·봉산 등에서 지역별 노동연맹체가 결성되었다.

지역별 노동연맹체들은 보다 발전된 〈강령〉과 당면한 요구와 투쟁구호를 제기했다. 가령 원산노동연합회는 "노동계급의 통일과 무산자의 세계적 연계를 가지며 무산계급의 해방을 목적한다"고 했고, 봉산노동연맹은 "노동계급의 정치적·경제적·사회적 이익의 완전한 획득을 기"하며 "노동대중의 의식적 훈련과 단결 및 조직의 완전을 기함"에 있다고 했다. 담양노동연맹은 창립총회 때 다음과 같은 〈강령〉을 내세웠다.

〈강 령〉

一. 아등은 계급적 단결력으로써 경제적 이익을 위해 투쟁함.
一. 아등은 무산계급의 연쇄적 관계를 자각하고 일치단결을 기함.
一. 아등은 상호부조를 생활기초로 하는 신질서의 실현을 위해 최후까지 노력함.
(《동아일보》, 1925년 11월 1일).

지역별 노동연맹의 당면한 요구조건들은 "① 단체권·파업권·단체계약권의 확립, 최저임금제의 실시, 8시간 노동제의 확립, 유년 및 부인의 야업, 갱내 위험작업금지, 무리해고 반지, 동일노동에 대한 동일임금 지불, 노동자 상해보상, 중간착취 철폐, 일요 또는 의외 작업에 대한 임금지불, ② 민중의 요구와 배치되는 교육제도 철폐, 미신사상 교육의 철폐, 무산아동 수업료 폐지, 교내 학생의 자치권 획득, 노농대중의 문맹퇴치, 남녀교육 평등, ③ 봉건허례 타파, 여성·청소년에 대한 차별 철폐, 민족적 학대와 혹사 근절, 인신매매 금지, 公娼금지, 미성년 남녀의 결혼 금지, ④ 전민족적 이익을 대표할 단일당 수립, 민중을 폭압하는 제정책 반대"[43] 등이었다. 투쟁구호들은 "① 만국의 노동자들은 단결하자. ② 얻을 것은 자유, 잃은 것은 철쇄이다. ③ 우리는 농민운동을 철저히 원조하자. ④ 언론·출판·집회·결사의 자유를 획득하자. ⑤ 부인운동을 원조하자"[44] 등이었다.

이상의 지역별 노동연맹의 강령 및 요구조건과 투쟁구호들은 노동자들의 반제·반봉건 민주주의적 지향, 노동자계급의 계급적 각성과 단결정신 등을 나타내고 있다. 즉 노동자들은 자기들의 계급적 이익을 옹호하기 위한 투쟁과 더불어 광범한 피착취 대중의 이익 및 민족적 이익을 위한 투쟁과 결합시켰다.[45] 이것은 노동자들이 1926년 6·10만세운동, 1927년 5월 신간회 창립과 이후의 활동, 파업투쟁들, 5·1절 기념일투쟁 등에서 획득한 것이었다. 특히 1920년대 후반의 중요한 파업투쟁들 가운데서 1928년의 영흥총파업, 1929년의 원산총파업 등은 지역별 노동연맹체의 지도에 의해 수행된 지역적 총파업이었다.[46]

지역별 노동연맹체들의 발전에 따라 즉 1개 道 및 수 개의 도단위에 걸쳐서 더 광범한 노동자들을 결집하려는 직업별 노동조합의 도연맹체 조직 시도들이 전남북과 함남북 일대에서 진행되었다. 1926년 2월 24일 광주에서 광주 정미노조·철공조합·인쇄직공조합·智島노조·나주노동연맹·담양노동연맹·영암노동회 등 도내 15개 노동단체가 참가한 가운데 전남노동연맹발기

43) 《동아일보》, 1927년 8월 17·18일.
44) 《동아일보》, 1928년 2월 17일.
45) 김인걸·강현욱, 앞의 책, 74쪽.
46) 김홍수, 앞의 글, 279쪽.

대회를 열어 5월 8·9일 경에 창립을 예정했으나 경찰의 집회금지로 실현되지 못했다.[47] 전북에서도 1926년 5월 4일 전북노동연맹이 결성되었다. 1925년 11월 무렵에 함북 경성에서도 노동단체와 농민단체를 분리하여 함북노동연맹이 결성되었다. 1925년 11월 무렵 원산에서는 원산노동연합회의 발의와 9개 노동단체의 참가하에 강원도 철원 이북 및 영동 일대와 함남북을 망라한 노동단체를 결집하여 동북노동연맹을 조직한다는 구상하에 1926년 1월 15일 청진노동공제회 등 10개 단체 대표가 참가한 가운데 준비위원회의를 거쳐 30일에 서면대회 형식을 빌려 창립대회를 열었다. 전반적으로 본다면 이들 도연맹 단체들은 지역 노동단체의 조직과 파업 등에 대한 원조와 노동단체의 분규에 대한 조정과 개입, 지역 내와 국내의 노동문제 등의 현안에 대한 비판과 항의활동을 전개했지만 도연맹체로서 고유한 활동내용을 확립하지는 못했다.[48]

1926년 이후 직업별 노동조합의 전국적 연맹체가 조직되기 시작했다. 직업별 조합의 전국적 연맹체는 직업별 조합의 최고 수준의 조직형태라 할 수 있다. 즉 어느 한 지역에서 파업이 일어날 경우 자본가들이 다른 지역의 숙련 노동자들을 데려와 파업을 무력화시키는 것에 대항할 수 있는 조직적 수단이 되었다.

직업별 노조의 전국적 노동연맹체로는 1926년 2월 창립된 전조선신문배달조합총연맹을 위시하여 조선철공조합·전조선인쇄직공총연맹·전조선양말직공조합총연맹·전조선靴工총연맹과 그리고 1927년 1월 결성된 전조선목공조합, 1928년 2월 조직된 조선양복기총동맹 등이 있었다.

직업별 노조의 전국적 연맹체 가운데서 1926년 3월 결성된 전조선인쇄직공총동맹이 1927년 평양의 대동인쇄주식회사 인쇄노동자들의 파업을 전국적으로 후원하여 승리를 이끌어 내었다. 이는 전국적 연맹체가 없었던 1925년의 평양에서의 인쇄노동자들의 파업투쟁이 패배로 귀결되었다는 경험과 비교해 보면 전국적으로 단결된 조직체의 의의를 알 수 있다. 물론 여기에다

---

47) 김경일, 앞의 책, 225~227쪽.

48) 김경일, 위의 책, 227~229쪽.

어느 노동자들보다도 의식수준이 높은 인쇄직공들이기에 전국적인 결속이 가능했다.

그러나 대부분의 직업별 조합의 전국적 연맹체의 활동은 주목할 것이 없었다. 이것은 직업별 노조의 전국적 연맹체의 결속기반인 노동력 공급제한 가능성이 사라지게 되는 상황이 반영되었다. 즉 1920년대 후반기 세계불황으로 산업예비군의 양산, 같은 직업이라도 지역에 따른 노동조건이나 임금 등의 차별성 등을 직업별 노조라는 조직형태로는 담아낼 수 없게 되어버렸다.[49]

(3) 산업별 노동조합의 조직

서구에서 제기된 동일 산업부문의 전노동자를 하나의 조합으로 조직함으로써 자본가에 대한 효율적인 투쟁을 전개하려는 산업별 노동조합 운동은 독점단계의 자본주의에서 생산기술의 고도화와 대규모 생산의 일반화, 공장 내의 분업과 아울러 사회적 분업의 진전, 이에 따라 미숙련·반숙련 노동자들이 생산에서 중요한 비중을 차지한 것 등을 배경으로 하여 대두했다. 식민지 조선에도 1929년 세계공황을 계기로 1930년대 이후 일본 독점자본이 대거 진출하면서 서구와 같은 산업별 노동조합 건설을 위한 사회경제적 기반이 일정하게 조성되었다.

그러나 식민지 조선의 경우 전반적으로 볼 때 산업별 노조로의 이행은 사회경제적 근거보다 정치적 이유가 훨씬 강했다. 즉 당시의 노동운동가들은 흔히 코민테른 등의 국제적 원조나 지도에 의존하는 경향이 있었다. 이러한 점에서 일제하의 노동운동은 세계적 차원의 혁명운동의 한 고리로 전개되었으며, 산업별 노동운동 역시 그러한 맥락에서 제기되었다. 이와 같이 당시 전세계 노동운동의 대세였던 산업별 노조운동이 식민지로 '이입'되었던 측면을[50] 무시할 수 없다. 1928년 1월에 조선문제에 대한 〈코민테른 결정서〉에서 프롤레타리아의 대중조직은 산업별 조직이며 산업부문에서 그러한 조합의 토대를 건설하는 것이 공산주의자의 임무라고 하여 조선에 산업별 조합

49) 김홍수, 앞의 글, 281~282쪽.

50) 김경일, 앞의 책, 250~252쪽.

의 조직을 촉구했다.

한편 1926년 7월 부산지방 철공조합의 창립을 보도하면서 "부산의 노동운동이 아직 산업별로 조직화되지 못한 것은 일반이 다 유감으로 인정하던 바"라고 했다. 1927년 8월 조선노농총동맹 상무집행위원회에서 노동자·농민 양단체의 분리방침에 따른 규약 통과 등에서 이미 제시되었다.[51] 여기에서 알 수 있듯이 식민지 조선 내부에서도 산업별 노조 건설에 대한 관심은 1920년대 후반기부터 조선 노동운동의 발전 과정에서도 고조되고 있었다.

당시의 산업별 노조운동은 구체적으로는 ① 독점자본주의의 발전에 따라 증대하고 있는 미숙련·실업 노동자를 포괄할 노동조합을 조직해야 한다는 점, ② 노동조합의 활동과 조직의 중심을 이전의 가두에서 노동자들이 집중되어 있는 공장과 기업으로 옮겨야 한다는 점, ③ 이러한 조직대상과 범위의 변화는 종래의 직업별 노조로는 담보할 수 없었다는 점 등에 의하여 제기되었다.[52]

산업별 노조방침은 1926~1927년에 채택되어 1928년 6월 서울의 인쇄출판업에서 가장 먼저 실행되었으며, 이후 1930~1931년에 전국 각지 노동단체들을 통해 실현되었다.[53] 산업별 노조로의 방침변화와 그 구체적 실현은 노조들의 강령이나 요구조건 등을 통해서도 드러난다. 예컨대 1930년 5월 서울출판노조의 조합원 위안회에서는 "① 우리는 출판노동자의 경제적 이익을 획득하기 위하여 투쟁한다, ② 우리는 출판노동자의 계급적 훈련을 획득하기 위하여 노력한다"는 기본강령 등을 내걸었다.[54] 1929년 원산총파업의 패배 이후 1930년 1월 원산총파업 1주년 기념대회에서 3,000여 명의 노동자들은 다음과 같은 슬로건을 채택했다.

一. 8시간 노동제를 채택하자.
一. 임시고용제도 및 봉건적 청부노동계약을 즉시 철폐하자.

---

51) 김경일, 위의 책, 245~246쪽.
52) 김경일, 위의 책, 253쪽.
53) 김경일, 위의 책, 246쪽.
54) 김경일, 위의 책, 247쪽.

一. 일급제도를 즉시 실시하자.
一. 최저임금제 설정.
一. 청년노동자는 6시간 노동제를 획득하자.
一. 산업별 노동조합 및 공장위원회의 조직 및 강화.
一. 동일노동에 동일임금의 획득.
一. 언론·출판·결사·집회·파업·시위의 자유.
一. 파업·질병 및 부득이한 사정에 의한 해고를 절대 반대하자.
一. 해고된 노동자의 취업 자유를 획득하자.
(《중외일보》, 1930년 1월 19일).

당시 산업별 노조로의 재편과 관련하여 노조 내부에 부인부나 청소년부·실업부 등의 전문부서를 설치한 것도 특기할 만 하다. 이는 미숙련 노동자의 대다수를 이루는 여성이나 청년·소년 혹은 실업자들을 단일조직으로 묶기 위한 조직적 차원에서 이루어졌던 것이다. 예컨대 1931년 무렵의 출판노조는 조직부서로 이전의 인쇄공조합과 유사한 상무부·선전조직부·조사연구부·법률쟁의부·재정부·교육출판부에 더하여 공제부·부인부·실업부·청소년부 등의 전문부서를 두었다.[55] 또한 산업별 노조의 활동과 조직의 중심이 공장이나 기업으로 옮겨지게 되었다. 이것은 공장직공대표회의나, 조합원 위원회, 공장의 班조직의 설치·강화 등으로 나타났다.

산업별 노조 건설운동은 전국차원의 단일조직을 결성하여 전국적 연대와 단결을 지향했다. 즉, 1929년 7월 20일에 결성된 전기종업원조합, 1930년 4월에 조직된 전조선운수종사원조합기성회도 산업별 전국조직을 염두에 두었다. 이러한 합법적 영역에서의 산업별 노조 결성 시도는 1930년대 이후 비합법 영역으로 옮아갔다. 즉 각 부문에 산업별 좌익 노동조합을 결성하기 위하여 각 작업장에 3~5명으로 구성된 공장반(세포)을 기초로 노조분회를 조직하여 각 지역에 산업별 좌익 노조(지회)를 결성하는 한편 각 산업별 조합의 지부는 지역적으로 지부(지방)→도→중앙(전국)의 협의회를 아래로부터 위로 조직한 다음에 이를 통일하여 전조선 좌익 노동조합을 조직하려는 시도가 지속적으로 이루어졌다.[56]

55) 김경일, 위의 책, 253쪽.

3) 노동조합의 조직 내 사업과 공장 내 활동

노동조합 활동의 본령의 하나로서 상호부조책의 작성이나 공제활동의 강화, 생활상태 조사, 조합기나 조합의 마크·회원증 제정, 회관 건축 등과 함께 조합원을 획득하기 위한 여러 활동들이 있었다. 이러한 활동들은 20년대 중반에는 노동운동 전반이 고양된 분위기에서 주요한 활동영역이 되지 못했다. 그러나 20년대 후반에 가서는 공장 중심의 활동이 강화되었던 것을 반영하여 노조들은 자체의 강화와 내용을 충실히 하는 것에 활동을 집중했다.

예컨대 서울의 출판노조에서 1929년 9월 9일부터 15일까지를 조합원 획득 주간으로 정하여 이 선전활동 기간에 선전삐라와 선전카드·선전뉴스 등을 배포하고 공장방문대를 조직하여 선전강연회나 조합원 간친회를 개최했고, 1931년의 출판노조 제4회 정기대회에서 회관 건축을 위한 기성위원회 결성과 조합원 배가운동을 전개했고, 1928년 12월 부산 출판종업원조합의 공장반에서 임시위원회를 열어 조합기 및 조합휘장의 작성과 아울러 조합회관의 건립을 촉진한다는 결의를 했다.

또한 조합원에 대한 생활상태 조사나 공장 조사 등도 조합활동 중의 하나였다. 인쇄직공청년동맹에서는 "전조선에 있는 인쇄회사 숫자와 인쇄직공의 임금 및 인쇄직공으로 조직된 단체상황을 조사할 것"을 결의사항으로 채택했다. 공장이나 노동자분포, 혹은 노동단체에 관한 공식 조사자료가 일제에 의해 독점되어 있었던 상황에서 청년노동자들이 주도하여 객관적 현실을 인식하기 위한 기초작업으로 조사활동을 전개했다.

1920년대 후반에 와서 가두 중심의 '정치적' 활동보다는 조합내부에 더 치중했던 이런 활동들은 일제의 탄압 강화, 혹은 그로 인한 운동역량의 손실과 결핍이라는 측면에서 설명할 수도 있겠지만 공장 중심의 활동을 강화하고 나아가서는 산업별 노조로 개편하기 위한 기초를 마련한다는 측면에서도 제기되었다.[57]

---

56) 김경일, 위의 책, 254~259쪽.

4) 노동조합의 후생복지 사업 및 소비자운동

노동조합은 조합원의 후생복지 사업도 전개했다. 서울출판노동조합이나 양복기공조합·노동자동우회 등은 지정병원을 설치하거나 의료기관을 운영했다. 원산노련에서 직영했던 노동병원이 가장 발전된 형태였다. 노동조합은 소비조합이나 공제소비부를 조직·운영했다. 지정병원이나 노동병원의 운영은 상당한 대중적 기반과 운동역량이 있어야만 가능했다. 반면 소비조합이나 협동조합운동은 생활권 수호나 생존권 확보 차원에서 가장 활발하게 전개된 운동이었다.[58]

노동조합의 활동에서 1920년대 전반기 서울철공조합이 주도한 전차요금 인하운동은 특기할 만하다. 당시 경성전기회사는 전차·전기·가스 등을 독점적으로 운영하면서 많은 폭리와 더불어 독점기업으로서의 횡포를 자행함으로써 여론의 지탄이 되고 있었다. 이 시기에 대두했던 경성전기 府營化론이나 1922년과 1925년에 일어난 일련의 전차승무원 파업도 이러한 맥락에서 이해될 수 있고, 그 연장선상에서 1924년 11월 철공조합에 의해 전차요금 인하문제가 제기되었다. 요구의 주요내용은 노동자들이 한 번 타는 데 5전씩 내던 전차요금을 왕복에 5전씩 내자는 것이었다. 같은 해 11월 27일 철공조합은 회의를 열고 이를 실행하기 위해 각 노동조합 및 노동자 대표에 의한 직공대회를 개최할 것을 결의했다. 이 운동은 독점기업 '경전'에 대한 정면투쟁이라는 점과 조선에서 최초로 전개된 일종의 소비자운동이었기 때문에 사회의 비상한 관심을 끌었다.

철공조합은 12월 6일 위원회를 열어 우선 다른 나라의 전례를 참고하기 위해 상해·대련·동경·대판·평양·부산 등지의 각 노동단체에 조회문을 발송했으며, 전차요금 감하와 함께 전차안의 난로 설치도 요구했다. 철공조합의 감하운동에 고무직공조합과 인쇄직공조합 두 단체와 개인적으로 500여

---

57) 김경일, 위의 책, 465~468쪽.
58) 김경일, 위의 책, 468쪽.

명이나 참가했다. 이처럼 운동이 사회문제로 확대되자 경찰의 탄압이 시작되었다. 이러한 탄압에도 불구하고 1925년 1월 18일 '부내 여러 군데의 공장대표 20여 명'이 모여 '직공전차임금감하운동기성회'를 개최하고 각 공장에 출근하는 직공의 전차임금을 5할 할인할 것과 전차 실내에 난로를 설치할 것을 결의사항으로 채택했고, 경전에 교섭하기 위한 교섭위원 4명을 선거하여 교섭에 들어갔다.

철공조합이 이 운동을 전개한 것은 저임금구조하의 과중한 교통비 부담이라는 일반노동자들의 일상적 요구에 착안하여 서울시내 전체노동자들의 단결을 이끌어낼 수 있는 문제로 인식했기 때문이다. 독점기업의 폭리와 횡포에 대한 일반여론이 이를 전 사회문제로 확산시킬 수 있는 토양이 되었다.[59]

5) 노동조합의 작업부와 생산조합의 조직

노동조합이 노동자들의 생존권을 확보하기 위한 하나의 대안으로서 작업부나 생산조합을 조직·운영했던 사례들이 있었다. 특히 양화나 양복 등의 수공업적 노동조합들에서 작업부를 설치하여 운영하는 경우가 많았다. 서울의 경우 1920년대 초에 양화직공들은 실비제작소라는 양화직공조합 작업부를, 1930년 말 영업 부진을 이유로 해고된 양화직공 30여 명은 이듬해 2월에 양화직공 작업부를, 1932년에는 양복기공조합에서 작업부를 설치·운영했다. 이들의 경우 작업부 설치 동기의 하나는 조합운영과 조합원 복지를 위해서였고, 다른 하나는 파업의 결과 해고되거나 뚜렷한 해결의 전망이 없이 지구전을 계속하는 경우 노동자들을 구제하기 위해서였다. 부산의 경우 인쇄직공조합의 파업과정에서 해고당한 노동자들을 구제하기 위해 1926년 5월 작업부 설치를 계획했고, 1930년 4월 양화직공조합에서 임시대회를 열고 작업부 설치를 결의한 후 10월 말에 실업조합원을 구제하기 위해 전주에 양화공조합 작업부의 지부를 설치했다. 대구에서는 1925년 12월 노동친목회에서 조합활동의 일환으로 조합의 재정을 뒷받침하고 실업자의 구제를 위해 작업부를

59) 김경일, 위의 책, 469~470쪽.

설치했다. 1927년 12월에 재봉직공조합에서도 임시총회를 열고 실업자 구제를 위해 작업부 설치를 결의했다. 그 운영방식은 현재 고용되어 있는 노동자에게 배분된 일감을 현직과 실직자 전원에게 동일 배분하여 공동작업을 했고, 실직상태에서 다시 복직된 경우에는 본봉의 4%를 매월 의무적으로 조합에 납입하여 실직자 구제자금으로 충당하려고 했다. 또한 노동조합의 작업부 설치 취지에는 자본가의 이윤이나 혹은 청부업자의 중간착취를 배제하고 소비자에게 직접 상품을 공급하는 것도 포함되었다.

노동조합이 주관해 생산조합이나 작업부를 설치·운영했던 가장 전형적인 사례는 평양에서 찾아 볼 수 있다. 이 곳에서 작업부나 생산조합을 계획·설치한 직종은 인쇄·양복·재봉·금은세공·면옥·월자 등이었다. 설치 목적은 서울·부산·대구의 경우와 비슷했다. 그리고 파업을 계기로 작업부를 설치했다. 그러면 고무노동자들의 생산조합운동 사례를 보자.

1930년 8월의 고무공장 총파업에서 고무노동자들은 300여 명의 희생자를 내고 패배했다. 이들은 생계와 고용을 위해 자신들의 힘으로 직접 공장을 건설해보고자 했다. 그리하여 9월 14일 이들은 공장설치 창립회의를 열고 공장 명칭을 '공제고무공업조합'으로 하고 총자본금은 10만원, 1구좌에 10원씩으로 발기인 60여 명이 2만 5,000원을 모아 일시 불입하기로 했다. 이 운동에는 노동자들만이 아니라 평양의 일부 노동운동가와 유지자산가들도 참여했다.

이렇게 현금 2만원을 모금해서 시작한 노동자들의 고무공장건설운동의 이념적 지향은 '현재 고용주 측이 제정한 모든 제도를 깨뜨려버리고' 8시간 노동제와 이익의 평균분배 등을 지향했다. 공장설립 취지로는 ① 생산기관의 사회화, ② 노동생활의 합리화, ③ 이윤분배의 균등화라는 3원칙을 내걸었다. 그리고 부대사업으로 일용소비품 구입 분배, 의료기관 설치, 탁아소 설치, 숙박소·식당 설치, 욕장·이발소 설치, 오락·수양기관 설치 등을 계획했다. 이와 아울러 주식수의 여하를 불문하고 의결권에서는 권리가 동등하다는 원칙도 명시했다. 공제고무공업조합은 당시 노동자들의 꿈과 이상을 집약적으로 표현했다고 볼 수 있다. 고무공장건설에 참여했던 한 노동자의 말을 들어보자.

> 오늘날 조선의 모든 기업이 자본주의 독점사업으로서 그들의 이익을 본위로

> 한 것이요 직접 생산자인 무산노동자는 오직 아사를 면할 정도의 임금을 받는 것이다. 이와 같이 모든 점에서 자본주의를 본위로 한 오늘날의 제도 앞에서 우선 몇백 명이라도 구해내어 노동자 자신을 본위로 한 공장을 설립하는 데 성공하였다. 이에 우리는 전조선 소비조합과 모든 노동자와 농민을 대상으로 그들의 이익을 도모하는 생산기관으로서 진력코자 한다(《동아일보》, 1930년 10월 8일).

이 공제고무공업조합은 1934년 무렵까지 지탱했다. 그러나 자본의 결핍, 판로 문제 등으로 장기 지속될 수 없었다. 그리고 노동자들의 이상인 노동생활의 합리화나 이윤분배의 균등화 등도 실현되지 않았고, 의료기관·탁아소·수양기관 등도 설치되지 않았다. 생산조합운동을 추진한 사람들의 구상과 의도에 따라 조합을 계획·운영하지 못했다. 그들은 명확한 운동의 목표와 아울러 이를 실현할 수 있는 구체적 방도를 설정·수립하지 못했다. 또한 자본주의는 노동자들의 이러한 이상을 실현하는 것을 결코 허용하지 않았다.[60]

그러면 이러한 노동자들의 생산조합운동의 의의는 무엇일까. 하나는 노동자들의 자유롭고 평등한 결합체로서 생산조합은 노동력의 구입, 생산의 감독과 지휘, 노동 생산물의 소유 등 모든 측면에서 자본가의 개입을 배제했다. 다시 말해서 사회적 생산활동에서 자본가는 필수적인 존재가 아니라는 사실을 증명해 주었다. 그러나 다른 하나는 노동자들의 자유롭고 평등한 결합체로서의 생산조합이 지속적으로 작동하려면 자본주의 사회의 전반적인 변혁이 수행되어야 한다는 점이다. 그리고 이러한 전반적 사회조건의 변혁은 국가권력을 자본가들과 지주들로부터 생산자들 자신, 즉 노동자들에게 옮겨오지 않고서는 결코 실현될 수 없다는 점이다.

6) 노동조합의 문화활동

(1) 노동자 교육활동

1920년대 노동조합의 노동자 교육활동으로 노동야학과 강연·강좌·토론회 등의 활동을 들 수 있다. 이러한 교육활동의 목적은 계몽과 지식전파를

60) 김경일, 위의 책, 417~426쪽.

통하여 노동자들의 교양과 민족의식·계급의식을 고취하는 것이었다. 노동자들은 교육활동에 참여함으로써 자신을 둘러싼 세계를 체계적으로 인식하고 당시에는 아직 낯설었던 노동문제에 대한 지식에 접할 기회를 얻을 수 있었고, 노동조합의 입장에서는 당면의 실제 목표로서 노조를 널리 선전하는 한편 대중적 기반을 획득하기 위한 유용한 수단이 될 수 있었다.[61]

한편 노동자들이 노동조합을 조직하고 그것의 운영에 참가하는 것 자체가 노동자들 스스로를 교육하고 훈련하는 것이라고 말할 수 있다. 즉 조선노동공제회 기관지 《공제》 7호에 있는 〈노동조합의 교육적 의의〉에서는 "노동조합은 노동자에게 절호의 교육기관이올시다. 조합을 조직하는 것이 벌써 無上의 교육이니 각 지방에 백인이나 천인의 조합을 조성하고 이 조합을 적당하게 운영함에는 상당한 훈련을 요합니다"라고[62] 했다.

노동야학은 1907년 마산에서 처음 설립된 후 1920년대에 들어와서 전국 각지에서 출현했다. 가령 1920~1925년에 설립된 주요 노동야학 113개교 중 적어도 15개교 이상은 각지의 노동조합이 직접 발기하고 경영했다.[63] 예컨대 조선노동공제회는 1920년 9월 20일 서울에 서울노동공제회 야학을, 조선노농총동맹은 1924년 4월 19일 서울 종로3가에 서울노동학원을 설립했다. 이밖에 노동공제회·조선노동대회·조선노동연맹회·조선노농총동맹회 등의 산하 지방노동조합에서도 노동야학을 설립했다. 이러한 노동야학의 학생은 노동자들 자신과 그들의 자제들이었다. 그러나 1920년대에는 남존여비사상이 노동자들 사이에도 많이 남아 있었기 때문에 여자들은 노동야학에 별로 가지 않았다.[64]

당시 노동야학에서 가르치던 학과목은 조선어·일어·算術·한문 등 기초과목이었다. 1920년대 일제의 제도교육은 조선인의 민족의식·계급의식을 말살하기 위하여 이른바 황민화교육·동화교육을 실시하여 모든 학과목을 모두 일어로 가르치고 우리말을 조선어라 하고 일어를 '국어'라고 부르면서 '보

61) 김경일, 위의 책, 432쪽.

62) 김인걸·강현욱, 앞의 책, 36쪽.

63) 강동진, 〈일제지배하의 노동야학〉(《역사학보》 46, 1970), 16쪽.

64) 강동진, 위의 글, 23쪽.

통학교'에서의 조선어 시간은 주당 20시간, 일어를 64시간으로 배정하고 있었다.[65] 그러나 당시 노동야학에서는 조선어를 첫째가는 중요과목으로 삼고 있었다.

노동야학의 교사들은 노동자 자신 이외에도 노동운동 등에 관심이 많은 정의감에 투철한 진보적인 청년 지식인들이었다. 예컨대 1921년 9월 부산부두노동자 5,000여 명의 총파업에서 〈선언문〉·〈요구조건〉 등의 문서를 작성해 주며 전략전술을 짜는 일에 참여하다가 일제에게 체포·구금되어 형까지 받은 조동혁·최태열·손명표·김경직 등은 바로 부산 영주동의 노동야학 교사였다.[66]

조선노농총동맹이 1924년 4월 19일 설립한 서울 종로3가 소재의 서울노동학원의 교사들은 노동자 교육 전문연구단체인 '조선노동교육회'을 만들기도 했다. 또한 지방의 노동야학 교사들은 서울에서 내려온 노동단체의 간부를 초빙하여 노동강연회를 열었다. 나아가 노동야학 학생들을 인솔하여 지방순회 노동강연회를 열어 노동자들의 민족적·계급적 각성을 촉진시키는 데 기여했다.[67]

강연회는 조합의 창립일, 5·1절 파업투쟁 때, 사회 또는 시사문제에 대한 비판연설을 하는 등으로 다양하게 시도되었다. 강연회의 내용은 1920년대 전반기에는 노동의 의의와 근검절약·일반교양 등 계몽적이었으나, 1920년대 중반 이후에는 사회의식의 각성과 단결의 고취, 자본주의사회의 이해, 마르크스－레닌주의에 입각한 노동문제 인식 등의 강조로 그 성격이 바뀌어 갔다. 그리고 조합원 자체의 의식과 교양을 위한 토론회나 강습회를 열었다. 원산노동연합회가 1927년 7월 하순에서 10월 초까지 3개월에 걸쳐 진행한 강습회에는 60~70여 명의 노동자들이 참여했다.[68]

---

65) 김진균·정근식·강이수, 〈보통학교체제와 학교규율〉(김진균·정근식 편저, 《근대주체와 식민지 규율권력》, 문학과학사, 1997), 83쪽.

66) 강동진, 앞의 글, 25쪽.

67) 강동진, 위의 글, 26쪽.

68) 김경일, 앞의 책, 462쪽.

(2) 언론·출판 활동

조합원의 조직·행동·사상상의 통일을 도모하기 위한 매개고리로서의 노동조합의 언론·출판활동은 노조의 기관지나 회보·신문 등의 발간을 통해 이루어졌다. 최초의 전국적 노동조합조직이었던 조선노동공제회는 기관지 《공제》를 발간했다. 《공제》는 노동자들에게 사회주의적 의식을 고취시키고 노동조합의 존재 목적과 그 의의를 설명했다. 즉 《공제》 창간호의 〈卷頭一聲〉·〈전국 노동자제군에게 檄을 送하노라〉,[69] 《공제》 2호 〈노동운동의 사회주의적 고찰〉, 《공제》 7호에는 〈마르크스의 유물사관의 개요〉·〈노동조합의 교육적 의의〉 등이 그것이다.[70]

지역별 노동연맹체의 기관지로서 대표적인 사례는 원산노동연합회에서 발간한 《노동운동》이다. 함흥노동연맹에서도 1927년 6월 기관지 《노동운동》을 발행하기로 결의했고, 1925년 하반기 이래 경성인쇄직공조합의 기관지 《鉛友》가 발행되었던 것으로 추정되고, 산업별 노동조합의 기관지로는 출판노조가 1928년 8월 경 《출판노조월보》의 발간계획이 있었다. 회보 발간은 단위노조로서 1924년 8월 평양의 점원상조회에서 준비하고 계획했다.[71]

오늘날의 대자보와 유사한 벽신문이나 산신문 등도 발간했다. 원산노동청년회에서는 1926년 4월 매월 1회 벽신문을 발간했다.[72] 지역별 노동연맹체로서 마산노동회는 1926년 5월 기관지로서 매 10일마다 벽신문 《첫소리》를 발행했다. 1925년 경성노동회에서는 《노동독본》을 편찬했다.

(3) 연예·체육 활동

노동조합이 주도하는 연극·음악·춤·운동회 등 연예·체육 활동은 흔히 노동조합의 정기대회나 창립기념식, 5·1절 위안회 때 이루어졌다. 1922년 9월 평양 노동동맹회 창립총회에서 남산현악대의 주악과 아울러 독창 등이,

---

69) 김인걸·강현욱, 앞의 책, 34~35쪽.
70) 김인걸·강현욱, 위의 책, 36쪽.
71) 김경일, 앞의 책, 428~430쪽.
72) 김경일, 위의 책, 430~431쪽.

1926년 11월 진주노동청년회 창립 1주년 기념식에서는 악대의 가곡연주와 가야금 병창·가곡 독창과 아울러 희극 단막의 연극공연이 있었으며 식이 끝난 이후의 노동청년들의 제등행렬은 연희와 축제의 분위기를 연출했다.[73]

그러나 1920년대 중반 무렵까지는 이러한 노동자들의 연예·체육 활동이 단순히 노동자들 간의 친목을 도모하는 여흥 자체에만 그치는 경향이 강했고, 그것을 통한 노동자들의 단결과 계급의식을 한층 고양시키기에는 미흡했다. 그리하여 1928년 6월 최초의 산별노조라고 볼 수 있는 출판노조는 노동자들의 단결과 계급의식을 고양시키는 것은 노동자들의 생활정서에 더욱 접근하면서 노동자들의 자발적 참여를 이끌어 내었을 때 가능하다고 보아, 노동자위안회와 이를 통한 연예·체육 행사를 각 인쇄공장의 노동자들이 주관하고 노조가 이를 후원하는 방식을 취했다. 그 예로 1930년 5월 경운동 천도교기념관에서 열린 출판노동자의 춘기위안회를 들 수 있다. 이것은 인쇄노동자들이 주관했는데 900여 명의 조합원 및 가족들이 참석하여 2개조의 〈기본강령〉과 12개조의 〈행동강령〉 및 "만국의 노동자는 단결하라"는 등의 3개조 표어를 채택했다. 여흥에서는 素樂과 춤·坐唱·바이올린과 만돌린 및 가야금 연주·촌극·가극·희극·雜歌寸談·철봉 등의 다채로운 연예·체육 행사를 거행했다.[74]

素人劇(전문연극인이 아닌 사람들이 하는 연극) 등의 연극은 위안회나 정기대회 이후의 여흥으로 공연되는 경우도 있지만, 이것과는 관계없이 독자적으로 노동자들의 교양과 계몽, 조합의 기금 마련 등을 위해 행해졌다. 1923년 4월 마산노농동우회의 취지를 설명하기 위하여 연예회를 개최했는데, 동서양의 음악과 함께 '世의 俗情'이라는 사회인 연극을 공연했고, 1924년 5월에는 인천노동총동맹회에서 회관건축 기금마련을 위한 노동연극대회를 열었고, 담양군 내에 거주하는 노동자들의 공동숙박소를 마련하기 위해 1925년 8월 말과 9월 초에 걸쳐 노동청년회 주최와 《동아일보》 지국 후원으로 신파연극을 순회공연 했다. 이러한 노동자들의 연극활동은 일반대중들로부터도 많은 성원을 받았다.

73) 김경일, 위의 책, 444쪽.

74) 김경일, 위의 책, 444~445쪽.

1923년 조선노동연맹회는 5·1절 기념행사의 하나로 서울의 장충단에서 노동자들의 육상경기대회를 개최하기로 계획했다. 그리하여 인쇄직공·고무직공·이발직공 등 각 조합과 조선노동대회 및 지방의 정읍·진주·영주·청주 등지의 각 지부에 주최단체로 가입할 것을 촉구하는 권유장을 보냈다. 그러나 일제 경찰의 5·1절 기념 육상경기대회 행사 금지로 성사되지 못했다.[75]

(4) 봉건적 사회제도·문화 타파운동

전국 각지에서 조직되었던 노동조합들은 노동자계급의 생활과 의식 및 교육 등에 장애가 되었던 온갖 봉건적 잔재와 사회적 편견·신분적 예속관계 등에 반대하여 투쟁했다. 노동단체들이 제기한 당면 요구와 투쟁구호들에는 이러한 봉건적 사회제도와 문화를 반대하는 요구가 들어 있었다. 즉 '봉건허례의 타파', '여성과 청소년에 대한 차별 철폐', '미성년 남녀의 결혼 금지', '인신매매 금지', '공창 금지' 등이 그것이었다.

지방에서 발생하여 전국적 차원으로 확대된 대표적인 봉건적 사회제도와 문화 타파운동은 1925년 11월 무렵 경상북도 안동에서 일어난 도산서원 철폐운동이었다. 이것은 도산서원에서 소작료 관계로 소작인을 잡아다가 笞刑을 치는 등의 私刑을 행한 것이 발단이 되었다. 그러자 안동의 노우회 등 사회운동 단체들은 진상규명과 대책 수립을 위한 6개 단체 '연합위원회'를 조직하여 '일반민중의 방해물이고 죄악의 소굴'인 도산서원 철폐운동을 전개하기로 했다. 이것은 대구로 확산되고, 전라노농연맹, 서울의 노농총동맹 등 전국 각지의 노동단체들이 호응함으로써 전국적 운동으로 되었다.

1925년 12월 전남 영광노동연합회에서도 '금력과 권력으로 자기 부락을 봉쇄하여 타인의 이주를 방해 불허하며 혹은 私刑을 집행하는' 등의 행위를 했던 지역토호에 대하여 진상을 조사하고 이에 적극 항의하는 활동을 벌였다. 1920년대 후반 각 단위노조들에서 회원 교양사업의 일환으로 문맹퇴치, 미신타파 등에 주요한 활동을 경주했다. 1927년 8월 평양노련 임시대회는 미신사

75) 김경일, 위의 책, 458쪽.

상 교육 철폐, 남녀 교육평등, 노농대중의 문맹퇴치 등이 결의되었고, 이 방침은 이후 면옥노조나 양복직공조합 등의 단위노조에 실행되었다. 1928년 2월 창립한 창평노동회도 봉건적 악습 타파와 일체 노예사상의 근절 정책 등을 내걸었다.[76]

7) 노동조합의 국내적·국제적 연대

(1) 국내에서의 민족·민중 연대

먼저 국내의 노동조합들과 다른 민중조직들, 즉 농민단체·사상단체·청년단체·여성단체 등과의 상호 연대관계를 보자. 노조의 창립대회나 정기대회 등에서 서로 다른 지역이나 직종의 노동운동가들, 그리고 사상운동가들이나 민중운동가들이 자리를 함께 하여 축사를 하거나 축문을 보내 공동의 연대와 우의를 표시했다.[77] 1920년대 전반기를 보면, 예컨대 1924년 7월 서울의 철공조합 창립총회에는 평양노동연합에서 축전을 보내왔고, 1923년 4월 평양에서 노동동맹회 제1회 정기총회에 축하의 뜻으로 서울에서 신생활사·무산자동맹회·무산청년회·노동연맹회·노동대회 및 풍기소작조합 등의 각 사상·노동·농민단체 등에서 축전을 보내왔다. 대구에서도 1925년 7월 노동친목회 창립대회 겸 발회식에는 철성단·용진단·혁조단 등 각 사상단체들과 대구청년회 등의 청년단체와 아울러 부산의 노우회 대표가 참석하여 축사를 했고, 목포에서도 1926년 10월 13일 300여 명이 참석한 노동총동맹 창립 1주년 기념식에 각 사회단체에서 다수의 축전과 축문을 보내왔으며, 서울의 전진회와 전남해방운동자동맹·목포청년회·일지청년회에서는 대표를 파견해 축사를 계획했다.

1920년대 후반기를 보면, 1929년 5월 서울의 염색노조 제2회 정기대회에서는 출판노조·양복기공조합·중앙청년동맹 등을 대표하는 자들이 축사를 했고·경룡합동노조 제2회 정기대회가 공장주들의 방해로 유회되어 간담회로

76) 김경일, 위의 책, 463~464쪽.
77) 김경일, 위의 책, 441~443쪽.

대치되자 돈화청년회를 대표하는 자들의 감상담이 경찰의 금지 속에 계속되었고, 6월에 열린 정기대회에는 평양의 대동문노조를 비롯해 함흥노동연맹·함흥청년동맹 등 전국 각지의 우의단체들에서 보낸 축전·축문이 쇄도했고, 9월의 양복기공조합 창립 4주년 기념위안회에서는 출판노조·경성노동조합 등 각 우의단체를 대표한 자들의 축사가 있었다.

노동조합의 활동 가운데는 간담회나 간친회를 조직·개최하는 것이 있었다.[78] 이는 지역 내 노동운동뿐만 아니라 농민이나 청년·여성·형평 등의 다른 사회운동 부문까지 망라해 민중운동자모임·해방운동자모임·사회운동자모임 등의 명칭으로 개최되었다. 예컨대 1925년 7월 인쇄직공조합 주최로 재경노동단체연합간친회를 개최했는데, 여기에는 철공·양말·급수부·양화 등의 각 노동단체 대표들이 참석하여 경성노동연맹회를 조직했다. 평양에서는 1925년 음력 정월 1일에 노동연합회가 노동운동자간친회를 주관했다. 그 취지는 "같은 계급에서 같은 경우에 처하여 있는 노동자들이 한자리에 모여 지나간 해에 괴로웠던 일들을 서로 말하고 아울러 새해부터는 일층 단결을 굳게 하여 새로운 앞길을 힘있게 개척하여 나아갈 기쁨을 나누기 위한 것"으로 평양은 물론 관서 각 지방의 노동청년단체들까지 초청되었다. 경남지방에서도 부산의 노동동맹회와 진주의 노동공제회, 마산의 노농동우회의 세 단체 주최로 1924년 1월 경남노농운동자신년연합간친회가 열려 서울·광주 등 전국 각지의 사회운동가들이 참석하여 노동문제 등에 대해 논의했다. 대구에서는 1926년 4월 노동공제회를 비롯해 청년동맹과 철성단 등의 각 노동·청년·사상단체 대표들이 합동간친회를 열어 지역 운동단체의 합동문제를 집중적으로 논의했다. 인천에서도 1925년 인천노농총동맹이 제2회 간친회를 열었는데 서울에서 노총과 신흥청년동맹·화요회·여성동우회·해방운동사 등의 대표가, 광주와 예천 등지에서도 대표들이 파견되었다. 경북에서는 1925년 2월 안동청년회관에서 경북노농운동자간친회가 개최되어 각지의 운동가들은 운동선상에서 체험한 경험담에서 무산계급의 비참한 생활상태에 대해 담화하다가 당시 노총 집행위원이었던 권오설의 제안으로 노농운동에 관한

78) 김경일, 위의 책, 451~455쪽.

당면 문제들을 결의했다. 전북 이리에서도 1927년 3월에 사회운동자대회의 형태로 간담회가 개최되어 각 지방 운동상황에 대한 보고가 있었고, 아울러 금후의 운동방침 수립을 비롯한 당면문제가 토의되었다. 이와 같은 간담회나 간친회를 통해 운동가들은 각 지역사정에 관한 정보를 교환하는 한편 이를 바탕으로 운동방침을 수립하거나 자파의 결속과 연대를 추구했다.

노동조합의 신간회와의 민족적 연대도 주목된다. 1927년 12월 18일 신간회 동경지회 제2회 대회에서 신간회의 기본정책으로 제안한 20여 개 조항 가운데는 "⑦ 단결권·파업권·단체계약권의 확립, ⑫ 소년 및 부인의 야업노동·갱내노동 및 위험작업의 금지, ⑬ 8시간 노동제의 실시, ⑭ 최저임금·최저봉급제의 실시, ⑮ 공장법·광업법·해원법의 제정" 등의 노동자들을 위한 것도 포함되어 있었다. 이러한 신간회에 많은 노동운동지도자들이 참여하고 있었다.[79] 그리고 1931년 5월 신간회 회원의 '직업별 구성비'를 보면, 농민 53.9%, 그 다음으로 노동자들이 22.1%였다. 이것은 당시 전체 인구에서 차지하는 노동자 구성비가 약 9% 정도밖에 안되었다는 점에 비추어 볼 때 극히 높은 것이었다.[80] 1929년 5월 서울의 경룡합동노조 제2회 정기대회를 대신한 간담회에는 신간회 경서지회에서 사람을 보내왔고, 9월의 양복기공조합 창립 4주년 기념위안회에는 신간회 경성지회를 대표한 사람의 축사가 있었다.[81] 1928년 2월 대구에서는 노동공제회와 청년동맹·신간회지회 등의 주최로 열린 민중운동자신년간담회에서는 신간회 지지와 아울러 언론·출판·집회·결사의 자유 획득에 관한 건 등이 논의되었다.[82]

(2) 세계 노동자계급과의 동지적 연대

1920년대 조선의 노동조합의 세계 노동자계급과의 동지적 연대 관계는 노조의 5·1절 기념대회를 통해 이루어졌다. 메이데이는 "전세계 노동자가 파

---

79) 김윤환, 앞의 책, 196쪽.
80) 水野直樹, 〈신간회운동에 관한 약간의 문제〉(스칼로피노·이정식 외 6인, 《신간회연구》, 동녘, 1983), 86~87쪽.
81) 김경일, 앞의 책, 443쪽.
82) 김경일, 위의 책, 455쪽.

업과 집회·시위를 통해 국제적 단결과 혁명적 역량을 과시하는 노동자 투쟁의 날이며 축제의 날이다. 이 날은 세계의 노동자가 단결하여 노동자의 공동 적에 대해 함께 싸우는 노동자 국제 연대의 날"이다.[83]

조선에서의 최초의 5·1절 행사는 서울의 조선노동연맹회의 주관에 의하여 1923년에 이루어졌다. 노동연맹회에서는 5월 1일 서울지역 노동자들 전부가 휴업을 단행하고 장충단에서 '노동시간 단축', '임금인상', '실업방지' 등을 주장하고 노동가를 부르며 시위행진을 계획했다. 당시 일본 북풍회에서는 노동연맹회와 연락하여 5월 1일을 기하여 시위운동을 결행하기로 선전문 등을 인쇄해 서울로 우송했으나 경찰이 압수했다. 그러나 서울에서는 5월 1일 양화직공과 양복직공·인쇄직공·고무직공 등이 파업을 했고, 당일 밤에는 종로 중앙청년회관에서 2,000여 명이 참석한 가운데 '노동제 기념에 대하여'라는 강연회가 열렸다. 마산에서는 노농동우회가 중심이 되어 시위를 전개했다. 노동자들은 붉은 깃발을 휘날리며 시가행진에 들어갔다. 이들은 '8시간 노동제 쟁취'와 노동자 단결을 외쳤다. 메이데이 기념행사를 민족개량주의자들을 폭로하는 계기로도 활용했다. 이러한 대중적인 5·1절 기념투쟁은 노동자들의 계급적 각성을 크게 제고하고 단결을 강화했다. 이는 또한 조선의 노동자계급이 국제 프롤레타리아트 공동투쟁에 합류하게 되었음을 의미한다.

1924년에는 조선노농총동맹이 5월 1일 오후 1시에 서울의 시천교당에서 열려던 메이데이 기념강연회는 일제의 금지조치로 무산되었으나, 신생활사의 인쇄직공, 서울시내 9개 양말공장 직공들은 1일 동맹파업을 전개해 이 날을 기념했다. 지방의 마산·함흥 등지에서도 기념강연회로써 행사를 대신해야 했다. 1925년 메이데이에는 조선노농총동맹에서 "① 8시간 노동과 최저 임금의 확정, ② 4할 소작료와 지세의 지주 부담, ③ 일제의 식민지 착취기관인 동척에 의한 일본 농민의 조선 이민 반대, ④ 언론·집회의 자유 개방, ⑤ 노농 민중의 문맹 퇴치" 등의 투쟁슬로건을 내걸고 노동자와 농민의 기념투쟁을 지원했다. 인천·대구·강경·홍원·진주·광주·군산·나주·진영·함흥 등지에서 기념행사가 열렸다. 인천노동총동맹이 개최한 강연회의 주제는

---

83) 구로역사연구소, 《우리나라 메이데이의 역사》(거름, 1990), 34쪽.

"① 노동자와 노동절, ② 메이데이의 역사, ③ 메이데이의 역사적 사명, ④ 무산계급 해방과 메이데이"[84] 등이었다. 평양에서는 1924년 5·1절에 평양노동연맹회의 회원들이 자동차 2대에 나누어 타고 "만국 노동자동맹 만만세"라는 기념노래를 인쇄한 선전 삐라 5,000장을 시내에 뿌릴 계획을 세웠다.

메이데이는 이제 조선의 노동자는 물론이고 조선 민중의 가슴에 빼앗길 수 없는 날로 자리잡아 갔다. 당시 《조선일보》 사설에서는 "메이데이, 온세계 노동계급과 동일한 의식을 가지고 압박으로부터 해방을 위하여 노력하는 날"이라고 규정했다. 1926년 4월 22일 조선노농총동맹은 상무위원회를 열고 메이데이 기념행사 준비를 진행했다. 노농총동맹 주관 아래 각 단체연합으로 거행하기로 했다. 당일 행사로는 기념강연회·표어 발표회·메이데이 노래·선전지 발표 등을 하기로 계획했다.

1927년 메이데이 때는 조선노동총동맹의 준비 모임마저 탄압을 받았기 때문에 각 단체별로 준비했다. 대동강선운노조에서는 오전 11시에 조합원 전부가 모여 10여 척의 선박에 분승하여 "메이데이 만세 5월 1일은 우리들 동지의 단결의 힘을 보이는 날이다. 우리는 이날을 뜻있게 기념하자. 만국 무산대중아, 단결하자"는 문구를 적흑색으로 대서특필하여 대동강 위에서 시위행렬을 한 후 모란대에 올라 기념촬영을 했다. 공주와 보성에서는 〈민족해방과 계급해방의 주적인 일제를 몰아내자〉는 격문이 뿌려졌다. 1928년 원산노련 산하 42개 가맹단체의 2,000여 명의 노동자들은 1일 총파업을 단행하고 투쟁에 나섰다. 노동자들은 "8시간 노동 쟁취", "만국의 노동자는 단결하라"는 구호를 외쳤다. 진남포에서는 1928년 5·1절을 앞두고 점원상조회·정미노동조합을 비롯한 일반노동자들이 전시가지에 삐라를 살포한 후 낮에는 수천 명의 기념시위 행렬을 계획하고 밤에는 연합기념 대강연회를 개최하고자 했다.[85] 부산에서는 1929년의 5·1절에 노우회와 부산청맹·경남도청년연맹 세 단체가 연합하여 행사를 추진, 부산역전에 집합하여 시가행렬을 하고 야간에는 기념대강연회를 개최하기로 하고 준비위원 5인을 선출했다. 1929년 메이

84) 구로역사연구소, 위의 책, 55~58쪽.
85) 구로역사연구소, 위의 책, 60~64쪽.

데이에는 마산노련 주관으로 추산공원에서 노동자들 600여 명이 참가한 가운데 산놀이회를 개최해 이날을 기념했다.86)

8) 노동자들의 파업투쟁

(1) 1920년대 전반기 파업투쟁

파업투쟁의 대부분이 노동자들에게 불리하게 끝날지라도 그들이 파업투쟁을 감행하는 이유에 대하여 엥겔스(Friedrich Engels)는《영국 노동자계급의 상태》에서 다음과 같이 말했다.

> 그 대답은 간단하다. 왜냐하면 그들은 임금삭감에 대해서뿐만 아니라 그러한 삭감의 필연성에 대해서까지도 저항해야만 하기 때문이다. 동시에 그들은 인간으로서 그들 자신이 상황에 순응하는 것이 아니라 도리어 상황이 그들에게, 즉 인간에 맞게 조정되어야 한다고 선언해야만 하기 때문이다. 또한 이러한 상황을 인정하는 침묵은, 부르주아지가 노동력 수급사정이 좋은 시기(호황기)에는 노동자들을 수탈하고 나쁜 시기(불황기)에는 그들을 굶어 죽도록 내버려둘 권리가 있다고 인정하는 것이기 때문이다. 노동자들은 그들이 모든 인간적 감정을 완전히 상실한 것이 아닌 한, 이러한 사태에 맞서 저항해야 한다. 그리고 그들이 다른 방식으로가 아니라 파업으로 저항하는 까닭은 그들이 … 즉 실천적인 인간이기 때문이다(F·엥겔스 지음, 박준식·전병유·조효래 옮김,《영국 노동자계급의 상태》, 두리, 1988, 261~262쪽).

일제의 관청 통계에 의하더라도 1920~1925년 간에 발생한 파업 건수는 335건, 파업참가자 수는 28,293명이었다. 파업투쟁에 참가한 노동자의 수와 당시 전체 노동자수를 교차시켜 보면 노동자계급의 力動性이 상당했다.87) 이에는 사상단체의 마르크스-레닌주의의 보급과, 본격적인 노동조합 조직운동의 전개가 많은 영향을 주었다.

1920년대 전반기의 파업 발생 원인을 보면, 파업참가자 총수의 52.1%가

86) 김경일, 앞의 책, 450~460쪽.

87) 윤여덕, 앞의 책, 83쪽.

노동조건의 개선, 즉 임금의 증액과 대우개선을 요구하여 파업을 일으켰다. 파업참가자 총수의 13%만이 노동조건의 악화, 즉 임금인하를 반대하여 나섰다. 이것은 이 시기 파업투쟁이 주로 공격적인 성격을 띠고 전개되었다는 것을 말해 준다. 그리고 공격적인 파업일수록 성공률은 더 높았다. 그러나 이러한 공격적인 파업이 완강성을 띠지는 않았다. 파업투쟁의 완강성이 파업의 평균 지속기간에 의해 측정될 경우 평양·서울·부산 등지에서 전개된 몇 개의 노동자 파업 이외에는 대체로 단기간 파업들이었다.

파업 참가자들의 지역별 분포 상태를 보면, 파업 참가자들의 압도적 다수는 큰 항구들과 산업이 비교적 발전된 경기도·경상남도·전라북도·평안남도·함경남도·경상북도·전라남도 등에 집중되었다. 파업 참가자들의 산업부문별 분포 상태를 보면 방직제사노동자·정미제분노동자·각종 소규모 공장노동자·광산노동자·운수 및 부두노동자·토목건축노동자 등으로 나누어 볼 때, 1920년대 이전 시기부터 일정하게 훈련되어온 운수 및 부두노동자들이 파업투쟁의 선두를 이루었다. 파업의 규모를 보면, 당시 노동자 50명 미만을 사용하는 공장·기업소는 전체의 95% 이상을 차지하고 있었으나 파업 총건수의 52.3%는 노동자 50~1,000명이 참가한 비교적 큰 파업들이었다.

1920년대 전반기 노동자 파업은 일반적으로 자발적인 투쟁으로 주로 임금인상의 요구, 임금인하 반대 등을 요구한 경제적 투쟁이었다. 이러한 경제적 파업은 대부분 일본인 자본가들을 반대하는 투쟁이었기 때문에 처음부터 일제경찰의 탄압을 받았고 따라서 파업투쟁은 일제경찰의 폭압을 반대하는 투쟁과 결부되었다. 이 과정에서 조선인 노동자계급의 반일의식도 빠르게 고양되어 갔고, "파업에 참가한 노동자들에게는 정치권력 장악을 위한 정치투쟁의 필요성을 피부로 느끼게 하는" 효과를 낳았다.[88]

1920년대 전반기 파업투쟁에서의 노동단체들의 역할을 보면, 계몽적인 성격이 강한 조선노동공제회·조선노동대회, 그리고 이들 산하단체들이 활동하던 1920~1922년 간에는 그들의 활동이 미약하여 노동자들의 투쟁을 직접 조직하거나 지도하는 데까지는 이르지 못했다. 그러나 보다 계급의식적인 성

88) 윤여덕, 위의 책, 93쪽.

격이 강한 조선노동연맹회·조선노농총동맹·조선공산당, 그리고 이들 산하 단체들이 활동하기 시작한 1923~1925년 간에 와서 파업투쟁에서 노동단체들의 역할이 강화되어 갔다.89)

노동조합들은 노동자 대중 속에 침투하기 시작했으며 노동자들의 생활과 노동조건들에 대하여 관심을 가지고 자본가들에 대한 그들의 불만·불평을 조직적 투쟁으로 전화시키려고 노력했다. 각지 노동단체들은 동일지역뿐만 아니라 타지방의 노동자 파업까지도 성원하기 위하여 '쟁의응원'의 구호하에 파업기금의 모집, 격문·격전의 발송, 동정연설회 등을 조직했다. 이러한 과정을 통해 노동자 대중의 계급적 연대성은 강화되어 갔다.90)

(2) 1920년대 후반기 파업투쟁

1926~1928년에는 조선공산당이 창건된 이후, 6·10만세운동이 발생하고 신간회가 창립되어 활동하고, 조선노농총동맹으로부터 조선노동총동맹이 조직적으로 분리·개편되고, 직업별 노동조합의 지역별 노동연맹체와 전국적 노동연맹체 조직운동이 벌어지고 나아가서는 산업별 노동조합 건설운동이 시작되고, 조선공산당이 해체되는 사건이 전개되었다.

이러한 1926~1928년의 3년간에 일어난 노동자들의 파업건수는 291건, 파업참가자 수는 2만 4,266명이었다. 이것은 1920년대 전반기 6년 동안에 일어난 파업과 비교해 볼 때 파업투쟁의 커다란 성장이었다. 즉 전반기 6년 동안의 파업건수 335건에 비하여 후반기 3년의 파업 건수가 약 87%를 차지했고, 전반기 6년 동안의 파업참가자 수 2만 8,293명의 약 86%를 차지했다.

파업 참가자들의 지역적 분포상태를 보면, 노동자 파업투쟁의 지역적 범위가 1920년대 전반기에 비하면 현저하게 확대되었다. 전반기에는 파업투쟁이 주로 남부 지역 일대를 중심으로 전개되었는데 비하여, 후반기에는 전국을 휩쓸고 있었다. 특히 북부 지역 일대에 새로운 공업중심지가 조성되고 있는

---

89) 1920년대의 각 지역 파업건수에 대한 노동조합의 건수는 지역에 따라 대략 10~40% 정도에 걸쳐 평균적으로 20%를 상회하는 비교적 높은 비율을 보였다(김경일, 앞의 책, 360쪽).

90) 김인걸·강현욱, 앞의 책, 55~60쪽.

것과 관련하여 파업투쟁의 중심지가 점차 북쪽으로 이동하고 있었다. 파업참가 수의 거의 40%가 함경남북도·평안남도 등에 집중되어 있었다.

파업 참가자들의 직업별 분포상태를 보면, 전반기에는 부진했던 광산노동자들과 토목건축노동자들의 진출이 후반기에 와서 활발해졌다. 그러나 여전히 파업참가자 수의 40%를 부두 및 운수 노동자들이 차지하여 파업투쟁의 선두에 섰고, 각종 공장노동자들이 25%, 토목건축노동자들이 13%, 광산노동자들이 7% 등을 차지했다.

1926~1928년의 파업투쟁의 완강성을 말해주는 지구적 성격도 강화되었다. 목포제유공파업·영흥흑연 광부파업 등은 50~70일 간에 걸쳐 치열하게 투쟁했다. 파업의 전술적 측면에서도 앞 시기에 없었던 노동자들의 자위적 조직인 '규찰대'들이 출현하기 시작했다. 규찰대는 1927년 무렵부터 함남지방에서 나타나 점차 각지로 확대되었다. 규찰대는 일제 경찰의 탄압과 반동적인 폭력단·파업깨기꾼들에 대항하기 위한 노동자들의 전투부대였다. 또한 규찰대는 파업단의 질서와 규율을 유지하며 파업단의 결속을 강화하는 목적도 있었다.

1926~1928년의 파업투쟁에서 노동자들의 계급적 연대성도 강화되었다. 어느 사업장에 파업투쟁이 발생하면 동일부문·동일지역 노동자들의 동정파업이 빈번히 전개되었고, 실업 노동자들도 자본가들의 파업파괴를 위한 새 노동자 모집음모를 단연 배격하고 파업투쟁을 지지했다.

이 시기 파업투쟁은 경제적 투쟁의 성격뿐만 아니라 점차 정치적 성격을 띠게 되었다. 이는 5·1절 기념시위와 파업, 이를 탄압하려는 일제 경찰들과의 유혈적 충돌, 규찰대의 조직, 일제 경찰의 횡포를 반대하는 공격적 시위 등에서 볼 수 있었다.[91]

(3) 1929년의 원산총파업

1929년도는 1928년 12월 조선공산당이 해체된 후 노동자·빈농에 기초한 새로운 당재건운동이 시작되는 원년이고, 광주학생운동이 전개되고, 신간회

---

91) 김인걸·강현욱, 위의 책, 81~84쪽.

내부에는 일제와 결탁한 민족개량주의 세력이 침투하고, 세계경제공황으로 노동자 등 민중들의 생존권이 한층 더 위협받게 되는 시기였다. 1929년의 이러한 상황 속에서 노동자들이 일으킨 파업 건수는 102건, 파업참가자 수는 8,293명이었다. 1929년의 파업 참가자들의 지역별 분포상태를 보면, 함경도·경상도·평안도·충청도·경기도·황해도·전라도·강원도 순으로 비중이 컸다. 파업 참가자들의 직업별 분포상태를 보면, 토목건축·잡공장·인부·방적제사 등의 순으로 비중이 컸다.[92)]

1920년대 노동자운동을 통해서 가장 조직적이고 대규모적이고 지속적인 투쟁은 1929년에 일어난 원산총파업이었다. 원산총파업은 1920년대 수많은 노동자운동들을 결산하는 위치에 있었던 동시에 1930년대 이후의 노동자운동에 새로운 과제를 부여해 주었던 투쟁이었다.

1880년 개항한 원산에는 일찍부터 노동운동이 발달해서 1925년 10월부터 지역별 노동연맹체로서 원산노동연합회가 성립되어 있었다. 원산노련에는 총파업이 일어날 무렵 약 2,000명의 조합원을 가진 54개의 가맹단체가 있었다. 1928년 초 영국인이 경영하던 문평의 석유회사에 일본인 감독이 조선인 노동자를 구타한 사건이 발생했다. 이에 200여 명의 노동자들은 9월 중순 '문평석유노동조합'의 지도 하에 일본인 감독의 遷職, 최저임금제의 확립, 단체계약권의 체결 등의 요구조건을 내걸고 파업을 일으켰다. 회사측은 노동자들의 요구들 중에 일부는 승인하고 나머지에 대해서는 3개월 후 해결하겠다고 약속했다.

그러나 회사측은 기일이 지나도 약속을 지키지 않았다. 1928년 12월 말 원산노련은 그 산하단체인 문평석유노동조합의 제의에 의하여 아직 해결되지 않은 요구조건의 이행을 회사측에 요구했다. 그러나 영국인 지배인은 "본회사에서는 노동단체를 일체 인정하지 않기 때문에 원산노련과 토의할 수 없다"면서 거절하여 자본가들이 이전부터 인정하여 오던 노동자들의 단체교섭권까지 유린하려고 했다. 이것은 노동자들의 대중조직을 파괴하려는 자본가들의 책략이었다. 그러자 문평석유회사 노동자들은 '단체계약권의 획득, 8

92) 윤여덕, 앞의 책, 135~136쪽.

시간 노동제의 실시, 파업기간 중 임금의 지불, 지배인의 축출' 등을 회사측에 다시 요구하고 이를 관철할 때까지 파업하기로 결의했다.

원산노련은 1월 13일 비상집행위원회를 열어 문평석유회사 노동자들의 투쟁을 지지할 것을 결정하고 산하 노동단체들에 다음과 같은 내용의 지시를 내렸다. ① 문평석유 및 운수노조는 1929년 1월 14일에 파업을 단행할 것, ② 원산노동자들은 문평파업에 궐기한 제유 및 운수노동조합에 적극 동정할 것, ③ 원산노동연합회 성원은 문평노동자들의 파업과 함께 라이징 썬 석유회사에 관계되는 일체 상품의 수송을 거절하고 동정파업을 단행할 것, ④ 파업기금의 축적을 위하여 매개 조합원은 금주하고 매일 5전씩을 지출할 것.

그 산하단체들은 이러한 원산노련의 지시를 수행했다. 그러자 국제통운회사와 국제운수회사는 1월 18일 450여 명의 노동자 전원을 해고했다. 회사측은 중국인 노동자들로 대체하여 노동자들의 파업을 파괴하려고 했다. 그러나 중국인 노동자들은 "조선노동자들의 불행을 이용하여 자기의 이익을 도모할 수 없다"고 프롤레타리아 국제주의 정신을 발휘하여 취업을 거절하고 조선노동자들의 투쟁을 지지했다. 1월 21일에는 원산운송노동조합에 소속된 450여 명의 노동자들이 해고당한 노동자들을 위한 동정파업을 단행했다. 사태가 이렇게 진전되자 원산지역 자본가 단체인 '원산상공회의소'는 원산노련 소속 노동자들 전부를 앞으로 고용하지 않겠다고 선언하는 등 노동자들에 대한 공세를 폈다.93)

원산노련은 1월 22일 비상집행위원회를 열어 자본가들의 횡포에 대항하여 총파업 투쟁을 전개할 것을 선언하고 산하 노동단체들에게 다음과 같은 지시를 준수할 것을 호소했다. ① 우리는 결속력으로 대항할 것이요, 결코 완력으로써 맹동하지 말 것, ② 방금 우리는 금주기에 在함을 불구하고 쟁의를 핑계하고 음주하지 말 것, ③ 우리는 항상 규율을 정연하게 하야 진용을 문란하게 하지 말 것, ④ 식료 및 기타 생활비를 가급적 절약하여 지구전에 당케 할 것, ⑤ 일시 맹동으로 인하여 무의미한 희생을 당치 않도록 할 것.

---

93) 윤여덕, 위의 책, 150쪽.

1월 23일 아침부터 원산노련에 망라된 2,000여 명의 노동자들이 총파업 투쟁에 궐기했다. 이는 그들의 가족까지 합하면 당시 원산시 총인구의 3분의 1을 차지하는 것이었다. 이제 파업은 원산지역에서 원산노련으로 대표되는 총노동과 원산상공회의소로 대표되는 총자본 간의 대립·투쟁으로 격화되었다.

자본가측은 원산총파업을 깨기 위해 온갖 수단과 방법을 동원해 왔다. 일본인 자본가들과 예속자본가들의 대변기관인 '원산상업회의소'는 원산노련과 그 가맹단체들을 파괴하는 데 주력하는 동시에 부랑자들과 건달꾼들을 규합하여 친일자본가와 일제관료출신들을 우두머리로 한 '함남노동회'라는 어용노동단체를 조작하여 파업노동자들을 분열시키려고 했다. 원산상업회의소는 함남노동회에 가입하는 노동자들에게 '식량의 염가공급', '병상자들에 대한 실비치료' 등의 특전을 주겠다는 등 노동단체 파괴책동을 벌였으나 성과를 거두지 못했다. 원산상업회의소는 파시스트단체인 '國粹會'와 재향군인회·소방대·일본인청년당 등을 동원하여 威力團이란 폭력단을 만들어 일제경찰과 협조하여 노동자들에게 만행을 저질렀다. 일본인 자본가들은 그들의 주구단체인 일제통치기관의 구관리들·친일자본가들·민족개량주의자들로 구성된 '원산시민협회'를 동원하여 노동자들의 파업투쟁을 파괴하기 위하여 집요하게 책동했다. '원산시민협회'는 다음과 같은 파렴치한 타협조건을 내놓았다. ① 원산노련은 노자협조주의를 실행할 것, ② 원산노련의 최고간부를 개선할 것, ③ 노임문제에 대하여는 간담으로 해결하되 해결되지 못할 시에는 원산상업회의소, 또는 시민협회의 중재에 의할 것, ④ 원산노련의 규약 중 비합법적인 문구가 있을 시에는 이를 개정할 것 등이다. 자본가들은 파업파괴를 위해 기업활동을 중지하는 조치를 취했다. 그러나 기업주들이 오히려 더 큰 타격을 받았다. 파업기간에 파산을 당한 기업주들도 생겼다. 일제는 원산총파업을 진압하기 위해 원산경찰을 비롯해 함경남도 각지 경찰들의 주력을 동원했다. 일본 19사단 함흥 74연대는 출동준비를 완료하고 대기상태에 있었다. 파업투쟁이 확대되자 '조선총독'을 비롯한 경무국·내무국 관리들과 함경남도 '지사'까지 동원되어 총파업을 진압하기 위한 대책을 강구했다. 일제경찰은 2월 10일 원산노련회관과 그 소비조합을 습격 수색하고, 노련의 붉은 旗와 마르크스·레닌의 초상화까지 압수하고 파업기금을 강탈했다. 전 조선 각지와 국외로부터 오는 파업원조금을 금지시켜 파업노동자들을 고립시키려고 했다. 함경남도 경찰부는 원산경찰서에 많은 무기와 탄약을 밀송하고 무장경관과 기마헌병을 증파했다. 원산시와 그 외곽에 정사복 경관들이 동원되어 비상경계망을 폈다. 당시 신문들은 원산시에는 '전시상태'가 조성되었다고 했다.

이러한 간고한 환경 속에서 파업 노동자들은 ① 동일 지역 및 동일 부문 노동자들의 연대투쟁, ② 규찰대의 조직, ③ 지구전을 위한 물질적 준비 등의 투쟁전술을 구사하여 자본가들의 각종의 탄압에 투쟁으로 대응했다. 한편 일제의 폭압을 반대하며 원산총파업을 지지하기 위한 전국의 각 지역 노동자들·농민대중·청년학생들·중국과 일본 등 해외에 있던 조선인 노동자들과 농민들의 지지·성원, 그리고 일본·소련·중국·불란서의 노동자들도 국제적 연대성을 표시해 왔다.[94]

이렇게 원산총파업에 대한 전국적·국제적 연대가 형성되어 가자 일제는 원산노련의 김경식 위원장 등 지도자들을 다수 검거했다. 그리하여 신임위원장 김태영 등의 개량주의적 기회주의자들이 노련의 지도부를 장악하도록 했다. 이들은 일제의 주구단체인 '원산시민협회'와 일제관리들을 찾아다니면서 기업주들과 타협을 통해, 후에는 함경남도 '지사'와 경찰부장, 일제의 '총독부'에 청원의 방법을 통해 노동자들 파업을 해결하려고 책동했다.[95] 이들은 함경남도 '지사'의 요구를 접수하고 당시 노동자 대중의 혁명적인 지향을 반영하여 선진적이었던 노련의 〈강령〉[96](① 노동운동의 통일과 무산자의 세계적 제휴를 도모하고 무산계급의 해방을 기한다, ② 교양에 노력하여 노동자의 지식을 계발하고 당면의 이익을 위하여 투쟁하며 정치적 또는 경제적으로 노동자의 생활을 향상시킨다)을 개량주의적이고 노사협조주의적인 것[97](생활향상을 위한 노동자의

94) 김인걸·강현욱, 앞의 책, 94~105쪽.

95) 윤여덕, 앞의 책, 151~152쪽.

96) 이철악, 〈원산총파업의 경험〉(배성찬 편, 《식민지시대 사회운동론 연구》, 돌베게, 1987), 352쪽.

수양을 본위로 함)으로 바꾸어 버렸다.

그러나 파업노동자들은 이러한 지도부의 배신적 행동과 일제 경찰의 야만적 폭압하에서 파업기금의 결핍과 생활의 고통 속에서 결사적인 항쟁을 계속했다. 1929년 4월 1일 파업노동자들은 일제 경찰의 삼엄한 경계를 뚫고 오후 6시 일제가 조작한 반동적 어용단체인 '함남노동회'를 습격했다. 파업노동자들은 '함남노동회' 부근 일대의 전화선을 절단하고 돌멩이와 곤봉들을 휴대하고 이 반동단체의 두목들과 주구들을 습격하여 심대한 타격을 가했다. 4월 3일에 파업노동자들은 일제 경찰의 삼엄한 감시와 경계를 박차고 '함남노동회'의 산하 조직들을 습격하여 일제 주구들을 응징했다. 그러자 일제 경찰은 원산노련 소속 노동자들에 대한 대대적인 검거, 탄압을 가했다.

이에 원산노련의 개량주의적 지도부는 4월 6일 노동자들의 自由復業을 결정했다. 그리하여 2,000여 명의 노동자들이 참가하여 80여 일이나 지속되었던 원산총파업은 패배로 끝났다. 파업투쟁의 전개과정에서 첫째 장기간에 걸친 투쟁으로 말미암은 파업기금의 결핍과 생활조건의 악화, 둘째 일제의 혹심한 탄압으로 말미암아 파업단의 핵심적 노동자들과 지도자들의 상실, 셋째 원산노련의 지도부에 잠입한 개량주의적 기회주의자들의 배신적 행위로 투쟁조직의 파괴 등의 상황이 조성되었다. 이러한 상태하에서 개량주의적 기회주의자들은 파업노동자들의 눈을 피하여 비밀리에 집행위원회를 열고 자본가들의 요구조건을 접수한 다음 총파업의 종결을 선언해 버렸다.[98]

그러나 원산의 노동자들은 총파업 후에 파업 실패의 조직 내부적 원인이 되었던 개량주의적 기회주의자들을 노련의 지도부에서 쫓아내는 투쟁을 전개했다. 즉 1929년 10월 인쇄직공조합에서 소집한 원산노련대회나 1930년 1월 노련 청년부 주최로 열린 원산총파업 1주년 기념일에서 '일체 타락 간부의 배제', '조합 데모크라시 획득', '봉건적 청부 노동계약을 즉시 철폐하자'[99]

97) 김경일, 〈1929년 원산총파업에 대하여〉(《창작과 비평》, 1989년 봄호), 313쪽.
98) 김인걸 · 강현욱, 앞의 책, 107~108쪽.
99) 김경일, 앞의 글(1989), 331쪽.

라는 슬로건을 내세웠다.

노동자들은 원산총파업을 통해 요구조건을 획득하지 못했으나, 이 투쟁을 통해 그들 자신이 자본가들을 위해 영원히 노동만 하는 온순하고 말없는 노예가 아니라는 것을 세상에 과시했으며, 노동자계급을 비롯한 근로대중의 계급적 민족적 의식을 고양함에 큰 역할을 했다. 원산총파업은 그의 규모와 조직성, 지구적인 강고성, 노동자들간의 연대성, 농민들과의 연계, 투쟁의 적극적 형태로의 이행 등 조선 노동자 운동의 발전에 큰 기여를 했다.

원산총파업은 일제와 그 자본가들에게 상당한 물질적 손실을 안겨 주었다. 총파업 기간 동안 원산항의 수출총액은 1928년 같은 기간과 비교해 보면 32만 5,500여 원이나 감소되었고 자본가들의 파산이 속출되었다.

원산총파업을 계기로 1929년 4월 대전 군시제사공장 노동자들, 7월 부산의 5개 고무공장 노동자들, 평남 순천의 토목공장 노동자들, 9월 경기도 안성 등지의 토목공장 노동자 대중 등 전국 각지에서 노동자들은 대중적인 동맹파업과 전투적인 시위·공장 습격 투쟁들을 계속 일으켰다.[100)]

1920년대 말 원산총파업을 비롯한 노동자들의 파업투쟁이 남긴 새로운 과제는 무엇이었던가. 그것은 '노동자계급의 해방은 노동자계급 자신에 의해서 쟁취되어야 한다'는 관점에서 볼 때, 첫째 노동자 운동을 내부에서 파괴하기 위하여 잠입하여 활동하고 있는 개량주의자들에 반대하여 투쟁해야 했다는 점, 둘째 파업투쟁의 전국적 확대를 위한 조직적 지도부를 건설해야 했다는 점, 셋째 자본가계급과 싸워서 승리하기 위해서는 노동자계급의 편에 선 정치권력을 확보해야 했다는 점, 넷째 노동자계급이 이상의 과제들을 해결하기 위한 주체가 되기 위해서는 현존하는 反노동자계급적 일본제국주의 권력과 자본에 대항해서 노동자계급 스스로가 크고 작은 투쟁을 지속적으로 수행해야 했다는 점 등이었다.

〈安泰貞〉

---

100) 김인걸·강현욱, 앞의 책, 108~109쪽.

3. 여성운동

1) 국내외 항일여성운동

(1) 국내 항일여성운동

한국 근대여성운동은 일제 식민지 지배를 벗어나 신천지의 광복조국을 세우려는 고난의 역사 속에서 성장하였다. 그러므로 한국 근대여성운동은 여권통문을 선언하여 인간으로서의 여성해방을 외친 1898년의 贊養會운동을 제외하고는 줄곧 구국운동에 평등하게 참여해야 한다는 주장이 제시되었으며 구국운동을 통해 단연코 남녀평등권을 획득하겠다는 신념을 가졌었다. 그리고 남녀평등적 구국이념의 실천은 3·1운동을 통하여 더욱 확대되었다.

3·1운동의 결과로 수립된 상해 임시정부를 지원하기 위하여 국내외에는 많은 항일구국단체들이 조직, 활동하게 되었는데 그 중 부녀들에 의하여 조직, 활동된 것도 적지 않았다. 가장 대표적인 것이 서울 중심의 대한민국애국부인회와 평양 중심의 대한애국부인회 등이다. 이 밖에도 평남 강서의 반석대한애국여자청년단, 평남 순천의 대한국민회부인향촌회, 평남 안주의 부인관찰단, 평남 대동군의 대한독립부인청년단, 평남 개천군의 여자복음회, 평양 숭의여학교 졸업생으로 조직된 결백단 등이 있었다.[1] 이들 항일 구국여성단체들은 남자들이 조직한 항일단체들과 연결되기도 하고, 또한 독립전쟁이 필연코 일어날 것이므로 그 때 나이팅게일(Florence Nightingale)과 같은 간호 역할을 하고자 한 결백단과 같은 독립전쟁 준비·참여단체들도 있었던 것이다.

김마리아를 회장으로 하는 서울 중심의 대한민국애국부인회도 그 조직에 적십자장·결사장을 각각 2명씩 임명하고 있는 점으로 볼 때 역시 독립전쟁에의 참여를 준비하고 있었던 것이다. 또한 평양의 대한애국부인회도 적십자

1) 朴容玉,《韓國近代女性運動史硏究》(韓國精神文化硏究院, 1984), 173~191쪽.

장과 적십자員을 두고 있음은 역시 독립전쟁에의 참여를 당연시하였던 때문이다. 이렇게 볼 때 항일여성독립운동의 이념은 민주적 평등 실현을 목표로 한 것이었다. 대한민국애국부인회의 취지문에서 부녀들도 '국민된 의무'를 해야 한다는 평등한 국민으로서의 구국참여운동을 주장하였으며, 평양의 대한애국부인회도 독립운동을 남자들에게만 맡긴 채 수수방관할 수 없다는 국민평등적 구국참여를 내세웠던 것이다. 또한 남성들도 항일독립운동에 여성들이 동반참여해 줄 것을 희망하였다. 청년외교단과 연관을 가진 대조선애국부인회의 조직 당시도 외교단의 총무인 이병철과 임정 파견요원은 신교육을 받고 신앙심이 강한 여자들로 애국부인회를 조직하여 남자와 동반활동을 하게 하고자 했던 것이다.[2]

한국여성계를 대표하는 이상의 항일여성단체들의 활동은 그 후 일제의 사찰에 의하여 활동인들이 거의 모두 체포·구금되어 그 조직들이 와해되지 않을 수 없었다. 그러나 민주·평등에 기초한 여성들의 조국광복에 대한 투철한 정신은 그 뒤로도 여러 형태로 이어져 나갔다. 특히 여학생들의 항일구국운동에 대한 참여정신은 일제의 비인도적인 무자비한 탄압을 스스로 극복[3]하였던 까닭에 더욱 투철하였다.

일제는 3·1운동 이후 소위 '문화정치'를 행하면서 한민족에 대한 정신적 탄압과 경제적 수탈을 한층 강화하였다. 1922년에 개편한 〈조선교육령〉에는 한국인 교육을 초등교육과 실업교육에 치중하게 함으로써 지도적 사회인으로서의 육성을 억제하였다. 또한 교과목에서는 한국의 역사와 지리를 삭제하고 한국어교육을 제한하였다. 반면 일본어 교육시간을 확대하고 일본역사와 지리 교과를 신설하는 국정교과서 편찬을 실시하였다. 이것은 한국인의 민족정신을 말살하고 일제에 강제 동화시키려는 노예교육 강화정책이었다. 3·1

---

2) 朴容玉, 위의 책 참조.

3) 3·1운동에 참여한 여학생은 약 1만여 명이며, 총 기소인 9,411명 중 여자가 587명이고, 제1심 유죄 판결자 8,471명 중 여자 153명이고, 제3심 유죄 판결자 7,816명 중 여자 129명이었다. 일제는 체포된 여학생이나 젊은 여자의 경우는 의례히 나체고문을 하는 등 만행을 하였으나, 유교적인 순결상실을 내세워 자결한 사람은 거의 없었을 뿐 아니라 출감 뒤 소감에서 조국을 위한 일이라면 다시 투옥이 되어도 좋다고 하였다.

운동으로 배일감정과 민족의식이 크게 높아진 여학생들은 이러한 식민지 교육정책에 반발하여 한민족에 대하여 억압적인 일인교사를 배척하고 일어교과서를 찢어 일어 교육받기를 거부하는 등의 행동을 과감하게 행하였다. 그리고 한 걸음 더 나아가 동맹휴학과 비밀결사로 발전하여 1920년대 여학생들의 본격적인 항일운동으로서의 특징을 보이게 되었다. 그 대표적인 것이 1927년 5월 27일부터 시작하여 9월 27일 경에야 겨우 수습된 숙명여자고등보통학교의 맹휴이다. 이 맹휴는 한국인정신을 말살시키는 일제 식민지 여성교육에 반발하여 일어났다. 맹휴 학생들은 일본인 사감 나카시마(中島)와 교무주임 사이토(齋藤)를 면직시키고 일본인 재봉선생을 조선인으로 임명하고, 조선인교사 채용을 늘릴 것 등을 투쟁안건으로 제시하였다.[4] 4개월에 걸친 숙명의 맹휴에는 숙녀회 · 학부형회 · 양명회 등의 지원을 받으면서 학생들은 줄기차게 항일 맹휴를 해 나갔다. 조선학생과학연구회 · 근우회 · 중앙여자청년동맹 등 사회단체의 지지 · 성원도 받았다. 이처럼 강력한 저항에 부딪친 교무주임은 사표를 제시하고 재봉교사는 숙명 출신인 吳慶善이 부임[5]하게 되는 등 학생들의 요구를 어느 정도 관철시킬 수가 있었다. 또한 1928년 4월에 일어나 2개월이나 계속된 경성여자상업학교의 동맹휴학도 독립정신이 강한 한국인 교무주임 申時澈을 이유 없이 파면한 것에 반발하여 3학년 학생들이 중심이 되어 그 유임을 요구하여 일으킨 것이었다.[6]

1920년대 중반 이후 사회주의 운동이 확대되면서 학생들이 그 영향을 받아 독서회 등의 비밀결사운동이 적지 않았다. 여학생들도 이러한 결사운동체를 조직하여 항일운동을 더욱 조직화하였다. 광주여자고등보통학교의 張梅性 · 朴玉蓮 등은 민족의 독립과 자유쟁취, 여성해방을 목적으로 하는 비밀결사 少女會를 조직, 활동하였으며 광주항일학생운동이 일어났을 때는 적극적으로 참여하여 관련학생들이 구속되고 장매성은 징역 2년에 처해졌다.

지속적으로 확대되는 항일학생은동은 1929년 11월 3일 광주학생운동을 통

---

4) 《東亞日報》, 1927년 5월 27일.
5) 淑明50年史編輯委員會, 《淑明五十年史》(4289 : 1956), 167쪽.
6) 서울女商五十年史編纂委員會 편, 《서울女商五十年史》 (1976), 38~39쪽.

하여 보다 과격화·조직화되어 전국적 항일학생운동으로 확대되었다. 이 과정에서 여학생들도 광주여자고등보통학교의 맹휴를 비롯하여 서울과 각 지방에서 가두 시위항쟁을 하였다. 같은 해 12월 2일에는 식민지 교육제도를 절대 반대하고 〈치안유지법〉을 즉시 철회할 것을 요구하며 학생들의 총궐기를 격려하는 격문 8,000매가 서울의 여러 학교에 살포되었는데 경성여상·동덕 등 여학교에도 살포되었다. 12월에 들어서면서 서울 학생들의 항쟁 憤氣는 충천하였다. 12월 10일에 숙명과 근화여학교가 휘문·배재 등에 이어 만세를 불렀고, 11·13일에는 이화·경성여상·동덕·실천여학교들이, 13일에는 배화·진명·중앙보육·정신여학교가 동맹휴학 등의 방법으로 저항하였다.[7] 학생운동 저지를 위한 강제 조기방학을 마치고 1930년 1학기가 시작되자 학생들은 더 조직적이고 강렬한 시위운동을 전개하였다. 경성여상·실천여학교·동덕여고보·정명여학교·배화여고보·진명여고보·숙명여고보·경성보육·태화여자관 학생들이 교내외에서 궐기하였다.[8] 지방에서는 개성의 호수돈여고보·미리흠여학교, 전주의 기전여학교, 진주의 일신여고보, 부산의 부산여고보, 평양의 평양여고보·숭의여학교·정의여학교 등이 맹휴와 항일학생 시위에 적극 동참하였다.[9]

(2) 해외 항일여성운동

한인사회가 형성되어 있는 만주를 비롯한 중국·일본·연해주 및 미주에서는 3·1운동 이전부터 조국광복을 위한 여성들의 민족독립운동이 추진되고 있었으며, 3·1운동 이후 보다 적극적이고도 조직화된 운동으로 발전하여 갔다.

항일 민족독립운동의 중심지인 만주를 비롯한 상해·천진 등지의 한인 부인사회에서는 3·1운동 이후 여권을 확장하기 위해서는 여성의 독립의식을 함양시키는 여자교육이 선행되어야 한다고 믿었다. 그리고 장차 수행될 독립전쟁에는 여성들도 남자와 동등한 국민 자격으로 참여하여야 한다고 생각했다. 그리하여 애국부인회운동이 곳곳에서 일어나게 되었다. 상해애국부인

7) 鄭世鉉, 《抗日學生民族運動史硏究》(一志社, 1975), 378~384쪽.
8) 鄭世鉉, 위의 책, 385~394쪽.
9) 鄭世鉉, 위의 책, 385~433쪽.

회 · 혼춘애국부인회[10] · 천진애국부인회[11] · 간도부인애국회[12] · 안주독립부인단[13] 등이 그것이다.

대한민국임시정부가 수립된 상해에는 국내외의 독립운동 지도자들이 집결하였는데, 그 중에는 1920년 2월 현재 30여 명의 지도급 부녀들이 있었다. 이들은 거의 모두 근대교육을 받은 여학교 출신들로서, 3 · 1운동 이래 국내에서 광복운동을 하다가 수개월의 옥고를 치른 이를 비롯한 민족독립운동계의 대표들이었다.[14] 이들은 1919년 10월 13일 애국부인회를 조직,[15] 국내외 애국부인회의 총본부로서의 역할을 하였다. 그들은 임정의 요원으로서 국내에 잠입하여 독립활동을 비밀리에 행하고, 상해에서는 부녀들이 할 수 있는 여러 가지 사업들을 추진하여 임시정부 활동에 기여하였다. 그들은 독립활동에 필요한 자금을 모으고자 민족독립정신을 진작시키는 연극회 · 연예회 등을 개최하였다.[16] 이들은 독립운동에 관한 수천 부의 사진첩을 만들어 서양인들과 漢人들에게 배포하고, 태극기를 제작하고 독립운동을 연상하는 기념품을 만들어 우리의 독립을 지원하는 세계 인사들에게 보내는 중요한 외교적 역할을 하였다. 또한 독립운동 사료와 선전재료를 수집하는 데 종사하고 재무부의 收稅員 · 군무부의 의용병 권유원의 역할을 하였고, 학교 교사와 적십자회 간호부로서 독립전쟁을 준비하는 등 그들의 사업은 자못 다양하였다. 이러한 애국부인회의 활동에 대하여 당시 《독립신문》(1920년 2월 17일)에서는 "상해 남자는 아무 사무 없이 優遊하는 자가 있으나 여자는 1인도 그러한

10) 1919년 9월 25일 조직되었는데, 그 목적은 평시에는 여자교육과 여권확장운동을 하고 전시에는 부상병을 구원하는 일을 하는 것이었다. 또 그들은 독립의 연금을 모집하는 활동도 하였다(《독립신문》, 1919년 10월 16일, 〈琿春大韓愛國婦人會〉).

11) 《독립신문》, 1921년 11월 11일, 〈外交後援에 대한 婦人界의 義捐募集〉.

12) 《독립신문》, 1923년 11월 30일, 〈墾島婦人愛國會〉.

13) 《독립신문》, 1921년 8월 15일, 〈安州婦人獨立團〉.

14) 《독립신문》, 1920년 2월 17일, 〈婦人과 獨立運動〉.

15) 임원은 회장 李華淑, 부회장 金元慶, 총무 李善實, 서기 李奉順 · 姜錫賢, 회계 李메리 · 李敎信, 출판부 趙淑卿, 교제 姜千福 · 朴仁善 · 李메리, 사찰 尹淑卿 · 洪光善 등임.

16) 《독립신문》, 1922년 3월 1일, 〈我愛國婦人會의 歌舞劇大演奏會〉.

자가 없다"고 높이 평하였다. 그러나 여자들의 이러한 활동은 남자들이 행하는 독립운동의 보조적인 성격의 것이었다. 애국부인회 창립 당시 安昌浩는 부인회 사업 12개조를 제시하였는데[17] 애국부인회운동의 활동 내용이 그 범주를 벗어나지 않고 있었다. 오히려 김연실·李奉順 등은 독립전쟁 최전선에서 남자들과 동등하게 활약하고자 하는 포부를 안고 안창호에게 육군사관학교 입학의 뜻을 밝히자 남자와 동학할 수 없는 형편이니 홍십자병원에 들어가 간호원 수업을 받으라고 권하였다.[18]

1923년 국민대표대회 이후 임시정부의 위상이 약해지면서 애국부인회의 활동도 그 영향을 받게 되었다. 그리하여 1925년 12월에 조직된 上海韓國女子俱樂部[19]는 정치·경제에서의 남녀평등 실현과 신생활을 개척할 실천적 학술연구와 정신적 수양 및 신체적 단련을 목표로 활동하였다. 이후 대표적 민족운동계 부녀단체로 활동하였다.

우리의 독립운동계는 그 운동의 활성화로서 1920년대 초에 사회주의사상을 일부에서 수용하였다. 여성계도 예외일 수 없었다. 1922년 모스크바(Moscow)의 극동인민대표대회에 여성계 대표로서 金元慶과 권애라가 참여하였다. 사회주의계의 부녀운동론은 정치·경제·사회·문화 제반에 걸쳐 보다 철저하게 성평등을 제시하였다. 중국본부한인청년동맹 상해지부는 〈국제부인데이를 맞이하여〉라는 제목의 격문에서 "전민족적 총역량을 집중하여 전세계 여성해방을 위해 투쟁하자"[20]고 주장하였다. 사회주의 여성운동은 1930년대에 들어가면 보다 활발해진다.

중요한 항일운동의 기지인 북간도의 汪淸縣 白草溝의 1921년 3·1독립선언 축하식장에서 강개한 연설로 수만 군중을 감읍시킨 18세의 여인 李涵이 같은 해 4월에 간도부인애국회를 발기하였는데, 1923년 11월 현재 3,000여 명의 회원을 가진 대규모의 애국부인 단체가 되었다. 3,000여 회원이라면 백

17) 安昌浩, 《일기》, 1920년 2월 5·6·16일.
18) 安昌浩, 《일기》, 1920년 1월 19일.
　　───, 《安島山全書》(三中堂, 1971), 628쪽.
19) 《朝鮮民族運動年鑑》, 1925년 12월 10일·1928년 7월 20일.
20) 《朝鮮民族運動年鑑》, 1929년 3월 8일.

초구 부인들만이 아닌 북간도 여러 지역의 부인들을 지역별 지회로 조직, 활동하였을 것으로 생각된다. 간도부인애국회의 설립취지는 2,000만 민족의 절반이 되는 우리 여자들도 독립국민의 권리와 의무가 있으므로 독립사업을 남자에게만 맡길 것이 아니라 우리 여자들도 한번 결심하여 독립후원에 힘쓰자는 것이었다. 그리고 강령으로 ① 인도와 정의를 부식할 것, ② 여자계의 사상을 振起할 것, ③ 독립군 후원에 종사할 것 등이었다. 이들의 활동은 상당히 활발했던 것으로 생각되는바, 1923년 1월 1일자 《독립신문》의 〈恭賀新年〉 광고에 간도 지방의 10개 단체 중의 한 단체로 참여하였다.[21]

1924년 4월 중순 서간도 興京에서 河貞淑·韓承恩·劉得信·崔京善 등 28명의 발기로 여자교육회가 조직되었는데, 그 취지는 만주에 여자교육을 보급시킴으로써 대한여자의 본능을 발휘하고 나아가 세계적 여자가 되는 데 손색이 없도록 노력하자는 것이었다.[22] 즉 대한의 여성 능력을 세계로 뻗어 나가겠다는 큰 포부를 나타내었다.

러시아 해삼위에는 일찍이 이주 한인들로 한인촌들이 형성되어 있어 조국광복을 위한 독립운동이 활발하였다. 노인동맹단에 가입하여 남자들과 같이 활동하는 부녀들도 많았다. 부녀들의 의지로 활동하고자 조직된 단체로는 소녀애국단·노부인회 등[23]이 있으며, 1923년 국민대표대회시에도 해삼위 부녀계의 대표로 참여하였다. 이들은 민족독립의식을 일깨우는 각가지 사업을 하였다.

일본에서는 1920년 3·1운동 1주년 기념에 동경유학생들이 동경 히비야공원에서 만세시위를 하다가 일경에게 체포 구금되었는데 黃信德을 비롯한 여학생들도 참여하였다. 이후 사회주의사상에 입각한 여성운동이 강세를 띠어 丁七星 등 유학생들이 三月會를 조직하여 국내여성운동에도 적지 않은 영향을 미쳤다.

국외 여성항일운동에서 괄목할 만한 것은 하와이의 부인구제회와 미주 서

---

21) 《독립신문》, 1923년 1월 1일, 〈恭賀新年〉 광고.

22) 《독립신문》, 1924년 5월 31일, 〈西間島 女子敎育會〉.

23) 《독립신문》, 1919년 10월 25일, 〈海蔘威 通信〉·1921년 3월 30일, 뒤바보, 〈아령실기〉(9).

부지역에서 주로 활동한 대한여자애국단이다. 1919년 3월 15일 하와이 각지방 부녀대표 41명이 호놀룰루(Honolulu)에서 조국독립운동 후원을 결의하고, 29일 2차대회에서 대한부인구제회[24]를 결성, 회장으로 황마리아를 선출하였다. 이들은 임시정부의 외교선전사업에 동참하여 조국의 독립을 국외에 선전하고, 3·1운동 死傷志士와 그 가족에 대한 구제사업을 행하고 군자금을 수합하여 임정에 송부하는 등의 광복운동 후원사업을 꾸준히 행하였다.

대한여자애국단[25]은 3·1독립선언의 소식을 접한 후 캘리포니아 각지에 기왕에 조직, 활동하던 부인회들이 1919년 8월 2일 다뉴바에 모여 합동 발기대회를 개최하고 대한인국민회중앙총회로부터 5일에 인준을 받아 정식 발족을 하여 활동을 하였다. 이 단체는 본부를 처음에는 샌프란시스코에 나중에는 로스앤젤레스에 두고 다뉴바·사크라멘토·샌프란시스코·로스앤젤레스·윌로우스·오클랜드를 비롯하여 멕시코의 메리다와 쿠바의 마탄자스·하바나·갈데나스 등지에까지 지회를 둔 대규모의 조국광복 후원단체였다. 이들은 군자금을 정기적을 모집하여 임시정부 등 독립운동 단체에 보냈으며, 항일중국군과 광복군 창설시에도 지원금을 보냈다. 또한 태평양전쟁시에는 미국 적십자사업을 도왔고 미국정부 발행의 전시공채의 매입· 발매사업 등의 눈부신 후방공작사업을 하였다. 한편 교포사회의 질적 향상을 위한 사업들도 꾸준하게 행하였다. 대한여자애국단의 활동은 평등적이고 민주적인 정신을 기조로 하였고, 그들의 활동이 중국·미국 등의 우방국으로부터 적지 않은 인정을 받았다.

2) 한국여성운동의 확대와 발전

1920년대는 한민족이 일찍이 경험하지 못했던 강력한 변혁을 추구한 시대적 특성을 갖는다. 아울러 여성운동도 여성 자신들이 시대적 변화에 적극 동참하면서 여성의 정체성을 찾는 여성해방운동을 다양하게 추구하였다.

---

24) 김원용, 《재미한인오십년사》(1959), 232~237쪽.

25) 朴容玉, 〈美洲韓人女性團體의 光復運動支援硏究 : 大韓女子愛國團을 중심으로〉(《震檀學報》 78, 1994) 참조.

아울러 이 시대 여성운동은 시대적 변환에 따라 1920~1924년, 1924~1927년, 1927~1930년이라는 세 시기로 구분되는 역사적 특성을 보였다. 1920~1924년은 3·1운동을 통해 적극적으로 추진되었던 항일여성운동이 일제의 탄압으로 크게 제한받게 되었다. 반면 3·1운동을 통해 사회지도자적 의식이 높아진 고등교육을 받은 여성들이 신사회의 反봉건적 신여자론을 주장하는 여성해방운동을 부분적으로 전개하였으나[26] 사회적 호응도는 약하였다. 이에 비해 일제 식민통치하에서 가장 뒤쳐져 있는 농촌과 부녀대중들을 일깨우기 위한 계몽적 교육운동이 초미의 민족적 과제로 부상하였다. 조혼 등 전통적 가치 고수로 인한 일방적인 여성의 희생, 교육의 성적 차별로 인한 젊은 부부들의 삶의 양식의 불균형으로 인한 갈등과 부인소박 등은 여성문제에서뿐만 아니라 사회적으로도 심각한 문제였다. 그러므로 문맹 부녀대중을 교육시켜 새 시대에 맞는 질 높은 새 생활을 할 수 있게 하고, 여성억압의 기존 사회를 비판, 변혁시켜 여성해방의 새로운 시대를 열려고 하는 신여성운동이 일어나게 되었으며, 여성의 자활을 위한 경제운동도 다양하게 추진되었다.

(1) 서울의 여성계몽교육운동

3·1운동 이후 여성계몽교육운동론이 사회적 과제로 다시 대두되었다. 이 운동은 서울을 중심으로 먼저 일어났고 곧 지방으로 확산되었다. 여성계몽교육운동을 선도한 서울의 대표적 여성단체로는 朝鮮女子敎育協會·조선여자청년회·반도여자청년회 등을 들 수 있다.

조선여자교육협회는 車美理士가 1920년 4월 상순에 서울 종교예배당에 부녀자야학회를 시작한 것에서 비롯된다.[27] 학생은 18명으로 이들을 두 반으로 나누어 매일 2시간씩 주 4일간 조선어·산술·글씨·도화를 현직 교사들의 봉사로 가르쳤다. 학생들은 주로 취학의 기회를 상실하여 정규학교 교육을 받기 어려운 가정부인들이었다. 개강 초에 18명이던 학생 수가 1주일 후에

26) 朴容玉, 〈韓國新女性運動의 脈絡과 歷史的 性格〉(《여성연구논총》 창간호, 성신여대 한국여성연구소, 2000) 참조.

27) 《東亞日報》, 1920년 4월 23일, 〈여자교육회〉.

약 50명으로 늘어났고, 한 학기가 끝난 다음의 새 학기 초에는 150~160명으로 늘어났다.[28] 수강생들은 주로 조혼으로 신학문·신문화에 대한 배움이 없어 유학생 남편으로부터 소박받은 부인들이었다고 하였으니 이들의 배움은 곧 새 삶에 대한 강한 욕구였던 것이다.

차미리사는 19세에 과부가 된 후 뜻을 세워 신교육을 받고자 중국 유학을 거쳐 미국으로 유학,[29] 귀국한 후 배화여학교 사감으로 봉직하면서 《여자시론》을 간행하여 부녀교육에 힘쓰던 중 제6호로 발매·반포 금지를 당하였다.[30] 그녀는 부녀교육의 시급성을 절감하여 배화여학교를 사직하고 조선여자교육협회를 통한 여성교육운동에 혼신의 힘을 기울였다. 차미리사는 金善·李銀·白玉福·許貞子·金順福·金恩洙 등 청년여성들로 전국순회 하기강연단을 조직하여 1921년 7월 9일 서울역에서 경의선을 타고 북으로 출발하였다. 부인교육운동을 지방으로 확대시키기 위한 이 강연단은 9월 29일에 서울로 돌아오기까지 84일간 전국의 지방 주요 도시 60여 처를 순회하며 강연·연극회 등을 하여 청중을 감동시켰다. 이들의 강연에 감동되어 여자 야학을 설립한 지방도 있었으며 가는 곳마다 부녀교육용 의연금이 답지하였다.[31] 안성여자교육회의 경우는 차미리사를 초청하여 강연회를 개최하였는데, 남녀 방청인이 무려 500~600명[32]이나 모여드는 대성황을 이루었다. 당시 《동아일보》의 사설에서 높이 평가하고 있는데, 이는 여자교육회의 활동을 통하여 당시 사회가 여자교육의 실현을 당연히 받아들이고 지원해야 함을 강조한 것이다.

> 특히 이번 순회강연회의 사업에 이르러서는 다만 감탄할 뿐이다. 84일의 장기간에 전선 극남·극북·극동·극서를 다니면서 60여 개소를 순회하였으며 그

---

28) 《東亞日報》, 1920년 9월 17일, 〈여자교육회 여자야학회〉.

29) 朴容玉, 〈車美理士의 美洲에서의 國權回復運動〉(《한국민족운동사연구》 25, 2000) 참조.

30) 《別乾坤》, 1930년 10月號에는 제4호로 정간되었다고 했으나, 《東亞日報》, 1921년 4월 26일자에는 제6호가 발매·반포를 금지되었다고 하였다.

31) 《東亞日報》, 1921년 10월 4일, 〈女子敎育會報告講演會〉.

32) 《東亞日報》, 1921년 3월 14日.

간 경비는 3,000여 원인데 지방 인사의 동정과 원조로 충당하고 또한 2,000여 원의 의연금이 남았다고 한다. 이 또한 반도사의 기록이다. 남자사회에도 일찍이 단체행동으로 80여 일, 60여 처를 순회 강연한 예가 없는데 바깥출입을 못한 여자사회랴. 과연 여자는 약한 자이며 어리석은 자인가. 아니로다. 약하지 아니하고 어리석지 않을 뿐 아니라 반대로 어떤 경우에는 남자보다 강한 자도 있고 더 아는 자도 있도다. … 과거에 있어서는 여자가 교육을 받을 기회가 남자만 못하여 이로 인하여 능력상의 차가 변하여 정치상의 불평등을 이루었으나 현대에 이르러서는 정치상의 불평등도 차차 변하였으며 교육상의 불평등이 대부분 제거되었으니 이것이 곧 장차 사회의 만민평등을 실현할 기초이다. 이러한 의미에 있어서 조선여자의 운동이 교육회로 시작한 것은 참으로 그 건전한 발달이 있는 것을 믿고 축하해마지 않는다(《동아일보》, 1921년 10월 10일).

조선여자교육회의 전국순회강연회는 그 규모가 크고 또 장기간에 걸쳐 행하여졌다는 데서 사회적 주목이 더욱 컸던 것이다. 당시 한국의 장래를 생각하는 배운 젊은이들은 일제 식민지 지배로부터의 해방을 위하여서는 무엇보다도 먼저 한국인이 갖고 있는 낡은 시대의 생각과 생활관습을 변환시켜야 한다고 생각하였다. 그러므로 고등교육을 받았거나 외국 유학을 한 선각적 여성들은 전국순회강연대를 조직하여 계몽적인 교육활동을 하였다. 1920년 하기방학을 이용한 이화전도대[33]의 활동이 있었고, 1921년 하기방학에는 동경 여자유학생 劉英俊·朴順天·김선 등이 "남녀사회에 새 정신을 넣어주고자 전도를 편답"[34]하는 여자순회강연단 활동이 있었다. 海西 각지를 순회한 황해도 장로교회 해서諸職會 학무부에서 행한 여자교육선전강연대[35]도 이러한 활동에 속하는 것이었다.

차미리사의 부단한 노력으로 조선여자교육회는 1921년 5월에 청진동에 회관을 가지게 되면서 성숙된 여성교육을 추진해갈 수 있게 되었다. 그녀의 부녀교육의 목표와 이념은 여성들의 자립생활 교육에 있었다. 그러므로 그녀는 1인 1기의 실용·실천교육에 힘썼다. 그리하여 그녀는 이 교육이념을 실천하

---

33) 《朝鮮日報》, 1920년 6월 24일, 〈꽃같은 處女의 梨花傳道隊〉·28일, 〈女子傳道隊〉.

34) 《朝鮮日報》, 1921년 9월 6일, 〈朝鮮女子巡廻講演團〉.

35) 《朝鮮日報》, 1923년 10월 9일, 〈女子敎育宣傳巡講〉.

기 위하여 여자교육협회 안에 양복과와 여자상업과를 설립하였다. 이와 같은 부녀교육 활동을 발전시켜 그녀는 오늘날 덕성학원의 전신인 근화여학교를 설립하게 되었다.

조선여자청년회[36]는 1922년 4월 8일에 회장 신앨버트와 孫貞圭·成義敬·任永信·方茂吉 등이 "조선여자의 문화향상을 촉진하고 생활개선에 노력하자"는 목적으로 발기·설립하였다. 설립 초 5개월은 태화여자관 강당을 빌려 쓰다가 회원이 증가하자 방무길의 집(관수동) 사랑채를 빌려 부인강습회를 주야로 실시하였다. 회원은 1925년 말 당시 16~40세의 80여 명으로, 그 중 25~35세가 가장 많다고 했다. 회원의 직업은 학교 교원이 대다수이고 학생, 견직회사 부인 및 가정부인이었다. 경비는 회비와 사회 각계의 기부금에 의지하였다. 閔泳徽로부터 받은 500원의 기부금과 경성도서관장 李範昇으로부터 아동도서열람실과 사무실을 밤에만 쓸 수 있도록 빌리게 된 것은 조선여자청년회 사업 발전에 큰 도움이 되었다. 1923년 9월부터 회관을 이 곳으로 옮기고 부인강습소를 조선여자학원으로 고쳐 수준급의 여성교육을 시작하였다. 여성교육은 일반 학교 교과에 준하는 지식교육과 여성자활에 도움을 주는 기술교육을 행하였다. 부인강습회 개최시에 이미 재봉부를 두어 6개월 코스로 학생운동복·와이셔츠 만드는 법을 가르쳤다.

또한 매 토요일 저녁마다 각계 인사를 초빙하여 부인들의 상식을 넓혀주는 부인강좌를 실시하여 기계과학·보건위생·육아업 등 유익한 신지식을 교육, 보급하였다.[37]

이러한 활동은 가정에 묻혀 있는 여성들에게 배움의 길을 열어 줌으로써 각 가정을 개화시키고 나아가 아직도 뒤쳐진 우리 사회를 발전시키려는 것이었다. 동 청년회의 이러한 운동을 보다 적극적으로 확대시키기 위하여 1924년 10월부터 해마다 봄·가을로 조선일보사와 협력, 부인견학단을 조직하여 우리 생활에 직접 관계되는 각 회사와 공장 등을 직접 보고 배우게 하

---

36) 조선여자청년회의 세세한 활동들은 《동아일보》·《조선일보》 등의 신문에 다수 게재되어 있다. 여기서는 그들의 활동을 총체적으로 설명한 《朝鮮日報》, 1925년 12월 17일, 〈가정부인 : 경성에서 활동하는 여자단체〉(1)에 의거하였다.

37) 《別乾坤》(新年號, 1927), 81쪽.

여 큰 성과를 거두었다. 이 운동은 가정에만 칩거하였던 부인들을 사회로 나오게 하여 새로운 문물을 보게 함으로써 부인들의 사회의식을 깨우치려는 것이었다. 신앨버트는 "배움에 목마른 우리 여자들이 날마다 문이 매이게 들어오지만 앉을 곳이 있어야 받아들이지요"라고 하면서 학원의 독자적인 회관을 짓는 것이 소원이라고 하였다. 당시 사회에서 부인들이 배움에 대하여 얼마나 목말라 했는가를 알게 한다.

반도여자청년회[38]는 1923년 9월 25일에 申淑璦·李明順 외 6명의 발기로 廣進부인회를 발기, 조직하고 주된 사업으로 광진여자강습소를 개설하여 학령이 지난 가정부인들의 교육을 행하였다. 광진부인회 회원들은 30세 내외로부터 50세 이상의 노부인으로 구성되었다. 광진부인회는 1925년 1월에 회명을 반도여자청년회로 바꾸고 회원의 모집·관리를 할 사교부와 학원을 발전시킬 교육부를 두고 사업을 확대시켰다. 회원의 연령도 20세로부터 50세 이상 60세라도 청년의 마음을 가지고 일할 만한 부인은 누구라도 받아들였다. 그리고 광진여자강습소는 반도여자학원으로 바꾸어 고등과·보통과·영어반을 두고 야학으로 운영하였다. 1925년 여름 큰 홍수가 있어 수많은 수재민이 생겼다. 그때 반도여자청년회 회원 12명이 조선일보사 사원을 도와 뚝섬 피난민수용소에서 밥을 해 주는 사회사업도 행하였다. 회와 학원의 운영비는 회비와 각계의 동정금 등과 신숙경의 개인재산에 의거하였다. 자식 없이 과부가 된 신숙경은 뜻이 있어 자신의 재산을 바쳐 여자교육사업을 수행했던 것이다.

(2) 지방의 여성계몽교육운동

서울의 조선여자교육협회를 비롯한 여성교육계몽운동은 지방에 적지 않은 영향을 주어 1921~1922년에 지방 각지에서 여성계몽적인 여성운동이 일어나게 되었다. 지방에서의 여성교육운동은 각 지방의 교회와 청년회를 중심으로 부녀들을 위한 강연회나 토론회를 개최하였는데, 이 운동은 겉으로는 조용한 듯하였으나, 내면에 있어서는 지방 사회를 변혁시키는 중요한 기틀이 되었다.

38) 《朝鮮日報》, 1925년 12월 23일, 〈가정부인 : 경성에서 활동하는 여성단체〉(6).

교회 중심으로 1920년 5~7월에 걸쳐 행하여진 실사례를 들면 다음과 같다.

① 1920년 5월 22일 함흥의 기독교청년회·청년구락부·자선금주회·학생청년회 연합으로 함흥기독교청년회관에서 '사회발전은 여자교육이 남자교육에 앞서야'란 제목으로 연합토론회 개최(《동아일보》, 1920년 5월 26일).
② 1920년 5월 28일 개성 동부예배당에서 '외국여자와 비교', '조선여자의 희망'이란 제목으로 여자강연회 개최(《동아일보》, 1920년 6월 1일).
③ 1920년 5월 30일 평남 평원군 肅川장로교당에서 '개조', '진취', '자조', '世無不能', '여자활동' 등의 연제로 숭현여학생에 대한 전도강연 개최(《동아일보》, 1920년 6월 6일).
④ 1920년 6월 19일 원산 新昌里교회에서 '현대에 처한 우리는 울까 웃을까', '시기를 아는가' 연제로 악습타파와 여성해방을 주장한 여자청년강연회 개최(《동아일보》, 1920년 6월 25일).
⑤ 1920년 7월 1일 여자강습회를 안동예배당에 설치(《동아일보》, 1920년 7월 1일).

이와 같이 지방에서는 교회를 중심으로 여성계몽적 강연회를 통해서 교인들과 일반인들의 의식을 변화시키고자 하였다. 1921년 이후부터는 이러한 여성운동은 여성단체운동으로 발전되었다. 《동아일보》를 통해 1921년도 지방 여성단체들을 간추리면 다음과 같다.

① 서울 : 태화여자관
② 경기 : 인천여자엡웟청년회·개성여자교육회·안성여자교육회
③ 충청도 : 청주여자기독교청년회·청양군여자강습소후원회
④ 강원도 : 원주여자강습회
⑤ 전라도 : 군산 밖 구암리기독여자청년회·전주여자수양회·전주야소교성경학원내 야소부여자성경회·목포기독교여자청년수양회
⑥ 경상도 : 부산여자청년회·대구남성정 예수교회부인전도회·밀양여자청년회·마산여자청년회·진주부인회·합천 야소교부인회·창령부인회
⑦ 평안도 : 평양여자기독교청년회·평양 결백회·천도교평양여자청년회·강서여자청년회·안주군 기독청년여자무흠회·의주여자기독청년회·진남포장로교당기독여자청년회·정주읍기독청년여자교육회

⑧ 함경도 : 성진여자청년회 · 함흥여자청년회 · 원산천도교청년회 · 정평여자청년회

이상 30개 단체 중 9할이 기독교계 및 기독교 관련단체이다. 이처럼 1920~1923년 지방 여성운동이 기독교계 중심으로 추진되고 있었던 것은 기독교 여성운동 세력을 결집시키는 사회적 배경이 되기에 족하였다.

(3) 기독교 여성의 여성운동 : 조선여자기독교청년회와 조선여자기독교절제회

1923년 8월 18일에 金活蘭 · 金弼禮 · 兪珏卿에 의하여 창립된 조선여자기독교청년회(YWCA)는 3 · 1운동 이후의 기독교 여성세력의 증대라는 종교적 배경과 사회적 분위기에 따라 필연적으로 탄생케 된 것이다.

YWCA 탄생의 시단은 1922년 6월 13일부터 12일간 개최된 제1회 女子夏令會이다. 이 하령회에는 전국의 공 · 사립 여학교 대표와 급속히 늘어난 각종 여성단체 대표 약 70명이 초청되었는데 이들 중 65명이 참여하였다.[39] 이들은 "새로운 정신을 가지고 조선사회를 위하여 일하고자 하는 여자들에게 일층 원기를 주고 자각을 주는 각종 교육프로그램"을 진행하고, 마지막 이틀 동안에는 당시의 사회문제이자 여성문제의 현안인 축첩 · 이혼 · 공창 등 문제의 토의제안과 더불어 〈YWCA 창설안〉이 가결되어 1922년 12월 9일에 "청년여자의 기독교적 품성을 계발하며 영적 · 지적 · 사교적 · 신체적 행복을 증진케 함"을 목적으로 하는 조선여자기독교청년회를 김필례 · 유각경의 발기로 결성하였다.

1차적으로 지방순회 책임자를 김필례로 선출하여 지방 조직을 서두르게 하였는데, 이것은 1921~1922년의 지방 기독교 여성운동을 결집하려는 데서였다. 김필례는 이후 1년간 마산 · 부산 · 대구 · 청주 · 신천 · 평양 · 진남포 · 해주 · 재령 · 개성 · 인천 · 함흥 · 원산 · 목포 · 경성 · 광주 등을 순회하여 YWCA 연합회기성회 가입을 독려하였다. 그 결과 1923년 8월 18일에 개최된 제2회 하령회에서 5개 도시 11개 학교의 대표 70여 명이 모인 가운데 조선여자기

---

39) 대한YWCA연합회, 《한국 YWCA 반백년》(1976).

독교청년연합회가 정식으로 창립·발족되었다. 회장 유각경을 비롯한 기독교 여성계의 대표인 金承羅·辛義卿·金誠實·印福順·金英順·方信榮(이상 京城), 金聖姆(富川)·李善愛(大邱)·蔡光德(平壤)·황애시덕·趙淑景(開城) 등이 임원 및 위원으로 선출되었다. 이들은 기독교계와 민족주의계 여성계의 대표자들이었다.

YWCA는 최초의 국제적인 여성단체였던 만큼 한국 여성운동이 국제사회로 진출하여 세계와 더불어 문화교류를 하는 한차원 높은 단계의 여성운동이라는 점에서 새로운 의의를 갖게 되었다. 그러므로 YWCA의 활동은 밖으로는 국제적인 문화교류와 친선도모를 행하고 안으로는 수양회·하령회·금주금연운동·생활개선운동·공창폐지운동·물산장려운동·여성지위향상을 위한 각종 사회운동과 아울러 지방 여학생을 위한 기숙사 설치, 농촌계몽운동, 이재민구호 등의 사회사업 등 광범위한 여성운동을 전개하였으며, 그들 활동에 대한 사회적 호응도 지대하였다. 아울러 YWCA의 여성운동은 기독교적 여성운동으로 그치지 아니하고 사회로 확대, 개방하여 갔다. 1926년 이후 조선일보사의 후원으로 懸賞女子歌鬪大會를 지속적으로 한 것은 여성의 사회참여의식을 고취한다는 점에서 항상 성황리에 행사되었으며, 이것을 통해 YWCA 여성운동의 광범위한 지지세력도 확보할 수 있었던 것이다.

회의 운영은 12명의 이사들 및 회장급인 총무와의 협의를 거쳐 민주적으로 사업진행을 하였고, 15세 이상이면 회원으로 가입할 수 있었다. 1925년 말 당시 회원 총수 201인이며 회원들의 직업은 교원(47명)·교역자(30명)·간호부(4명)·의사(4명)·노동직업부인(22명)·외국유학생(9명)·학생(6명)·외국여선교사(12명), 그리고 가정부인(67명)이었다.[40] 여성엘리트가 가장 많이 참여한 규모가 큰 단체였다.

여성교육이나 여성의 사회적 지위향상에 역점을 둔 단체는 아니나, 조선여자기독교절제회도 기독교 여성들에 의하여 활동된 국제적인 사회단체였다. 절제회 활동내용은 일반인의 건강과 사회적으로 올바른 기풍을 세우기 위한 금주단연운동으로, 1923년 6월 서양인 여선교사 쎌링스 부인의 발기로 사업

---

40) 《朝鮮日報》, 1925년 12월 24일, 〈가정부인 : 경성에서 활동하는 여자단체〉(끝).

이 시작되어 단숨에 전국적인 규모의 단체운동으로 발전하였다. 처음에 회관을 協成여자신학교 내에 두었다가 설립 2년만에 茶屋町에 독립된 회관을 설치하는 등 사업기반이 탄탄하였다. 1923년은 생활의 절제와 검소가 요구되는 물산장려운동이 전국적으로 일고 있던 때였으므로 이 절제회운동은 사회적 호응이 많아 설립 3주년에 회원이 3,000여 명, 지회수가 무려 60여 개에 달하였다.[41] 사업의 주간은 총무가 맡았는데, 여성교육계와 기독교계의 신망이 높았던 孫袂禮가 담당했다.

3) 여성 경제의식 성장과 경제자립운동

(1) 부녀들의 조선물산장려운동

일제에게 국권을 침탈당한 후 일제 침략자본은 우리 민족의 생활권을 여지없이 잠식하였다. 민족의 자각이 촉구되던 3·1운동 이후 민족의 단합된 힘으로 근대기업을 일으켜 자주·자립의 민족경제를 수립하기 위하여 조선물산장려운동이 전국적 규모로 전개되었다. 조선물산장려회는 평양 기독교계 민족지도자들이 결집하여 평양에 조직체를 결성하고 1922년 말부터 적극적 활동을 전개하였다. 신문을 통하여 조선물산장려 표어를 모집하고 국산품 애용을 장려하는 지방 순회강연회를 개최하면서 이 운동의 기풍이 대중 속으로 확산되어, 1923년 1월에는 서울 낙원동 협성학교 강당에서 조선물산장려회의 전국적 조직체를 결성하였다. 이 운동을 확대시키기 위하여 각 지역에서 가두행렬을 하였는데 이 행렬에 쓰는 會旗는 전국 8도를 의미하는 각 도 생산의 특산 포(충청도는 모시, 평안도는 亢羅 등)로 만들었다.[42] 물산장려운동은 토산품 애용운동인 만큼 그 실천은 가정에서부터 행해져야 하므로 부녀들의 참여가 절실하였다.

근대화과정과 일제 침략과정에서 부녀들의 국가와 민족에 대한 의식이 높아져 다양한 운동을 역사적으로 일으키고 참여하였던바 부녀들이 민족을 살

---

41) 《朝鮮日報》, 1926년 12월 3일, 〈기독교여자절제회〉.
42) 《東亞日報》, 1923년 2월 7일, 〈特産物로 會旗〉.

리겠다는 이 운동을 외면할 수 없는 것이었다. 서울의 중류 이상의 가정부인들인 李道・朴英子・崔永牙・李淑 등이 50여 명의 부인들을 모아 土産愛用婦人會를 발기하고 1923년 2월 5일에 서대문 민우회관에서 창립총회를 하였다.[43]

이 부인회 참여인들은 가정부인・昌德宮內人, 그리고 간사・평의원의 이름에 불교도로 간주되는 부인들이 다수 참여하였다. 물산장려운동이 주부의 책임이란 데서 중견주부를 상징하여 회장은 72세의 沈貞澤을, 부회장은 53세의 중년 부인 洪鈺卿을 선출하였다.[44] 회장단을 이처럼 고령자로 선출한 것은 가정살림의 주관자가 주부라는 전통적인 가치관과 또 사회를 이끌어 갈 주도세력이 사회의 중류층에 있다는 데서이다. 그들의 취지문은 전통적인 부인형 문장으로 표현이 장황하나, 문장이 극히 소박하다. 또 부인의 애국적 견지의 각성을 촉구하는 순박한 내용은 가히 모든 여성의 심금을 울리기에 족한 것이어서 신구여성의 호응을 불러일으켰다.

취지문의 내용을 간추리면 ① 거미나 개미나 까마귀도 제 살 경륜을 스스로 하는데 우리 조선사람은 그렇지 못하다. 의복과 살림살이 모든 것이 남의 것이다. ② 이 책임은 첫째 우리 여성에게 있다. 우리 여성들은 나라꼴이야 어찌되던 철따라 능라주단을 몸에 두르고 있다. ③ 우리(中流婦人)가 생산에 직접 참여하고 가정경륜을 할 만한 지식 등은 없으나 우리의 토산을 입고 써야 한다. ④ 그러므로 우리 여성은 토산을 애용하고 용돈을 절약하여 민족을 일으키고 가정을 일으키는 책임을 다해야 한다는 것이다. 3월 4일 천도교당에서 개최된 '내 살림 내 것으로', '자작자급', '토산애용에 대한 여자의 책임' 등의 동 부인회 강연회에는 무려 2,500여 명의 청중이 참석하는 성황을 보였다.[45] 이것은 여성들의 애국애족적 호응도를 충분히 보여주는 것이라 하겠다.

---

43) 《東亞日報》, 1923년 2월 7일, 〈토산애용부인회〉.

44) 동 부인회 임원은 幹事長 兼 財務 최영아, 副幹事長 박영자, 書記 이숙, 幹事 李淑子・이도・尹昌求・李仁淑・盧淑卿・金成培・金弘萬・金靜進華・文世完・李淑英・崔玄田・孫景海・朴世圭・李敬玉・金信福・李淑鐘, 評議員 柳善心華・南子玉・盧大慈心・金桂蓮・柳淸淨華・金大恩性・白無量數・安法花行・安昌秀・金慈悲월・盧大慈・朴貞淑・鄭圓覺性・金淸淨日・金淑卿(《東亞日報》, 1923년 2월 7일, 〈土産愛用婦人會〉).

또 다른 토산애용부인회로 美風會가 있었다. 미풍회는 金淑卿・李爽貞・李性來・梁根煥 외 50여 명이 발기, 창립한 것인데 토산애용부인회와 사업의 뜻이 같아 힘을 보다 굳게 하려는 뜻에서 두 단체가 하나로 통합하였다.[46]

土産愛用을 일상 삶 속에 실천 정착시키기 위하여 이 부인회는 구체적 사업으로 有限責任組合인 土産愛用婦人商會를 1924년 5월에 개점[47]하였다. 이 상회는 창립위원 30명을 선거하고 자본금 1股에 10원씩 4만원으로 하되 제1회 불입금은 2만원으로 하여 사업에 착수하기로 하였고 그 이익금은 토산장려운동과 일반 자선사업에 쓰기로 하였다.

또한 1920년대 여성운동은 이미 여성만에 의한 운동이 아닌 범사회적 차원의 운동으로 추진되어야 한다는 새로운 사회적 인식이 일어나게 되었다. 언론기관의 여성운동 후원이 그것이다. 歌鬪懸賞대회(《朝鮮日報》와 YWCA의 연합), 부인견학단 모집(《朝鮮日報》와 朝鮮女子靑年會의 연합), 신문사 주최의 시내 여학교 바자회 또는 부인 밤줍기(拾栗)대회 개최 등은 규문에 갇힌 부녀들에게 사회참여의 기회를 유도한 것이었다.

(2) 여성의 경제적 자립활동

1920~1923년의 여성운동은 비록 짧은 기간이기는 하지만 민족운동을 주도해온 세력들 사이의 계층적인 통합을 이룬 민족운동의 큰 흐름 속에서 추진된 것이었다. 아울러 이러한 여성운동은 한말에 전개되었던 애국계몽운동에서 주장한 여성교육을 통한 국력 신장으로서의 여성운동이 국권회복을 지향하는 다소 새로운 여성운동으로 발전한 것이다. 그러나 급진주의 사상을 받아들인 청년지식여성층에서는 계몽적 여성교육운동만으로는 여성해방을 가져올 수 없다고 생각하였다. 그리하여 그 첫 단계로 여성들에게 독자적 삶을 영위할 능력을 계발시키는 직업교육이 집중적으로 행해졌으며, 더 나아가 1924년부터는 사회주의 여성운동을 수용, 발전시켜 갔던 것이다. 단순한 여

---

45) 《東亞日報》, 1923년 3월 6일, 〈土産婦人의 熱叫〉.
《신한민보》, 1923년 3월 15일, 〈서울아낙네들이 물산애용회를 조직〉.
46) 《東亞日報》, 1923년 4월 15일, 〈兩婦人會合同〉.
47) 《東亞日報》, 1924년 5월 14일・6월 1일, 〈土産愛用婦人商會創立〉.

성교육운동이 아닌 전문직업여성으로서의 교육 및 그것을 추진할 여성단체들이 조직되었다. 1926년 1월 초에 조직된 경성여자미술연구회,[48] 1924년부터 해마다 무료로 편물·수예·양재봉 등을 가르치는 조선부인기예사[49]등이 부인들의 직업교육을 수행하는 한편, 1928년 2월 13일부터 조선여자직업사를 창립하여 적극적인 직업활동을 하였다. 이 직업사의 창립 목적을 "여성의 계몽운동도 필요하지만 여자의 지위를 향상시키려면 경제적 독립이 필요하므로 조선여자의 특장인 자수·조화·편물 등을 전문적으로 교수하여 조선부녀에게 직업적 사상을 고취하기 위함이라"[50]고 하였다. 직업교육은 직업적 단련을 요구하게 된다. 경성여자미술학교 학생들도 학교에서 배운 자수와 수예품들을 실지로 제조, 판매하고 직업적으로 단련하기 위하여 자본금 1만원의 주식회사를 만들어 1927년 4월 1일부터 개업키로 하고 朝鮮女子實業社를 발기, 창립하였다.[51]

여성의 경제적 이익을 목적으로 하는 대표적인 조직으로 1927년 4월 29일 발기한 女子興業社를 보면 규모를 제대로 갖춘 勞使화합의 여자주식회사였다. 충남 예산에서 여성교육운동에 노력하던 尹松堂이 14인의 유지를 모아 서울 명월관에서 "조선여자는 경제적 해방을 받지 않으면 안되겠다"는 의미에서 여자 자활방침의 하나로 방적·기예 등 여자에게 적당한 공업기관을 설치하자는 여자흥업사를 발기하였다. 이는 여자에게 직업을 주어 여자 자신의 생활을 자신이 보장토록 하기에 최선을 다하고자 한 것으로 이 운동을 지방에 한하지 않고 전 조선적으로 할 것을[52] 구상하였다. 윤송당은 1927년 4월 1일 발기인 총회에서, 총자본금 1만원(1주 5원, 총 2,000주)에서 발기인이 2,000주를 출자하는 여자에 의한 새로운 성격의 기업을 기획한 것이다. 그렇다고 남자의 출자를 거부한 것은 아니며, 경우에 따라 남자 감사도 허락한다

---

48) 《朝鮮日報》, 1926년 1월 25일, 〈京城女子美術硏究會〉.
49) 《朝鮮日報》, 1927년 5월 21일, 〈부인기예사의 수예강습〉.
50) 《東亞日報》, 1928년 1월 17일, 〈朝鮮女子職業社〉.
51) 《朝鮮日報》, 1927년 2월 19일, 〈女子實業社〉.
52) 《朝鮮日報》, 1927년 5월 31일, 〈有志 15人이 女子興業社發起〉·6월 4일, 〈女子興業社 發起總會〉.

고 하였다. 역원의 선거·피선거권 및 의결권은 출자액에 관계없이 평등하며, 순연한 출자자는 甲部 사원, 노력제공의 직공은 乙部 사원으로 하되 그 권리를 동등하게 하였다. 이것은 노사간의 동등한 권리를 생각한 것이다.

발기인은 姜信淑·金淑卿·윤송당 외 12인이며, 이 밖에 남자 7인을 합하여 22인이었다. 공장은 윤송당이 예산에 설립, 운영하였던 여성기업장을 그대로 계승하였다. 그 공장의 규모는 직조기계 30여 대, 양말기계 8대에 40여 직공이 일하였다. 일반 직공은 工友라 하고 작업시간 외로 반드시 2시간씩 보통학과·자녀교육·가정경제·요리법·사회상식을 교수하여 일과 배움을 함께 하였다. 이것은 여성으로 하여금 지적·경제적 능력을 겸비케 하려는 것이었다.

일요일은 반드시 휴업하여 공우들을 휴양케 하며 이익의 4분의 1은 일반 공우에게 임금 외로 배당하고 3년간 잘 다닌 공우는 특별 공우로 인정, 퇴직 후에도 가정기업을 하게 하여 그에 소요되는 기계와 원료 등을 공급하고 생산품을 수탁, 판매하도록 소개해 주었다.[53] 자본가와 노동자가 대립적 관계가 아닌 평등한 상호공생적 관계를 갖고 경제적으로 독립하여 행복한 삶을 누리는 데 목표를 두었다.

조선여자흥업사는 열악한 근로조건과 생계유지조차 어려운 저임금과 인간 이하의 대우 등으로 인하여 자본가를 상대로 하는 공장파업운동이 잇달았던 당시 자본가와 노동자간의 사회계급적 갈등을 가장 원만하게 해결하려는 의도에서 창립된 것이다.

직업여성의 경제독립 의식과 직업여성 사이의 친선을 목적으로 하는 朝鮮女子職業組合·望月俱樂部와 같은 전문직 여성단체도 조직되었다. 전자는 "여자의 해방문제는 여자의 노력문제요 활동문제이며, 여성의 경제적 독립과 사회적 활동을 위한 여성의 직업장려"[54]의 목적으로 여성동우회 회원인 宋惠淑·白信愛·蔡敬天·李貞姬 4인이 1926년 5월 16일에 발기하였다. 발기인들은 재봉침을 놓고 노동복·학생운동복·여자개량복·사무복 등을 제작하

53) 《朝鮮日報》, 1927년 6월 9일, 〈女子興業社〉.

54) 《朝鮮日報》, 1926년 5월 17일, 〈朝鮮女子職業組合〉.

여 동조합과 시내 및 상점과 행상원에게 팔게 하였다. 즉 사회주의 여성들의 직업활동인 것이다.

이에 비하여 직업 여성들의 친선을 도모하여 조직되었던 망월구락부는 창립 1주년이 되는 1926년 음력 12월 15일(양력 1927년 1월) 오후 7시에 교사·기자·유치원 보모·산파·전도부인 등 전문직 여성 30여 명이 인사동 태화여자관에 모였다. 이들은 구락부의 사업확장책을 여러 가지로 논의한 끝에 사교기관으로서의 활동을 벗어나 더 의미 있는 회합으로 발돋음하자는 발기를 하였다. 이에 발기인으로 홍애시덕·김또라·김고라·김활란·문인순·손메례·유현숙·곽성실·윤귀련·백경순·이계영·황신덕·박홍순·방신영·안메례·정종명·김명순·김영순·김순영·이은경·최은희 등[55]이 선출되었다. 망월구락부 발기에는 확실한 직업을 가진 황신덕·정종명과 같은 사회주의 운동가들도 참여하였다.

4) 사회주의 여성운동의 대두와 확대

1920년대 일제 자본의 조선 침투와 농촌의 피폐는 부녀들을 생계보조자로서의 공장노동자가 되게 하였다. 일본 자본가들은 여러 형태로 이들의 노동력과 임금을 착취하였다. 이에 여공들은 자신들의 이익을 최소한이라도 보장받고자 단결하여 대결하기 위한 여러 여공단체를 조직하였으며 그 수 또한 급격히 증가하였다. 원산여자학우회·인천選米여공조합·평양처녀양말직공조합·安州염직소공녀조합·부산여공조합·連湖부인노동회[56] 등이 그것이다. 생존권 확보를 위한 착취자본가에 대한 여공들의 파업활동은 계급투쟁적 이론을 가진 사회주의 여성운동을 요구하게 되었다.

아울러 사회주의사상을 배경으로 하는 급진적 여성해방운동은 여성사회에 새로운 바람을 일으켰고 민족주의계열 여성운동과는 이념적 대립이 있게 되었다. 사회주의 여성운동은 여성문제를 계급문제로 집약시켜 여성해방을 자

55) 《朝鮮日報》, 1927년 1월 20일, 〈望月俱樂部를 中心으로 職業婦人團體組織〉.

56) 朴容玉, 〈韓國女性運動史〉(《韓國現代文化史大系》 V, 高麗大 民族文化硏究所, 1980).

본가에 대한 피착취계급의 사회혁명운동과 동일시하는 새로운 방향의 여성운동을 제시하였다.

(1) 조선여성동우회의 조직과 활동

1924년 5월 4일에 발기하고, 10일에 창립총회를 개최, 23일에 발회식을 거행한 조선여성동우회[57]는 우리 나라 최초의 사회주의적 여성해방론을 주장하며 서울에서 창립된 여성단체이다.[58]발기인은 朴元熙·鄭鍾鳴·金弼愛·丁七星·金賢濟·洪順卿·吳壽德·高遠涉·禹奉雲·池貞信·朱世竹·金聖之·許貞淑·李春壽였다. 창립총회에서 허정숙·박원희·주세죽을 집행위원으로 선거하였는데, 이들은 여성동우회의 중요멤버들이며, 우리 나라 사회주의 운동에서 빼놓을 수 없는 林元根·朴憲永·金思國의 부인들이다. 즉 허정숙의 남편은 임원근이며, 주세죽의 남편은 박헌영, 박원희의 남편은 김사국이었다.

박헌영과 임원근은 상해 기독교청년회 부설강습소에서 영어를 배우면서(1920년 9월 이후) 알게 된 절친한 친구 사이이며, 역시 영어를 배우던 허헌의 딸 허정숙과 임원근은 열렬한 연애를 하였다. 이때 허정숙이 피아노 공부를 하고 있던 주세죽을 박헌영에게 소개, 열애 끝에 결혼하였다. 박헌영·임원근은 상해에서 공산당에 입당하고 고려공산당청년동맹을 조직한 후 이론학습에 열중하였다. 박헌영은 극동인민대표자회의(1920년 가을, 모스크바) 등 국제공산당대회에 참여하면서 열렬한 공산주의자가 되었다.[59]

조선여성동우회가 발기되기 전인 1924년 4월 12일에 국내에 세력기반을 갖고 있던 김사국계의 서울청년회와 해외유학생이 주류를 이루는 박헌영계

---

57) 회명을 처음에는 京城女性同友會라고 하였던 것을 단체의 활동범위를 넓히고자 조선여성동우회로 변경하였다(《朝鮮日報》, 1924년 5월 13일, 〈女性同友會發會式은〉).

58) 社會主義女性解放論은 1922년 1월에 창립된 無産者同盟(발기인 : 金翰·元友觀·진병기·申伯雨·尹德炳·李準泰·李英·白光欽·朴一秉)에서 無産階級의 生存權 기초확립과 더불어 婦人解放運動을 적극적으로 응원하고, 따라서 계급적 내지 경제적으로 완전한 해방을 期케 할 일을 제시하고 있다(T.Y.生, 〈社會運動團體의 現況〉, 《開闢》, 1926년 3월호, 44~56쪽).

59) 박갑동, 《朴憲永》(인간사, 1983), 45~47쪽.

의 신흥청년동맹이 국내 청년단체의 통일적 조직체를 만들고자 서울에서 조선청년총동맹을 창립하였다. 이 대회에는 전국 600여 청년단체 중 223개 단체의 3만 7,150여 명이 참석하였다. 이 회에서는 청년의 조직단체에 민중적 정신을 고무하고 계급적 의식을 주입함으로써 그 필연의 조정을 밝게 하는 것을 근본방침으로 하고, 교양선전·노동·부인·교육문제 계몽을 솔선하기로 운동방침을 세웠다. 사회주의 이념 아래 20~30개의 단체가 하나로 뭉쳤다는 것은 한국청년운동사에 있어서도 괄목하지 않을 수가 없다.

여성동우회 발기인들 대부분(김필애·박원희·주세죽·우봉운·허정숙·고원섭 등)이 바로 조선청년총동맹 창립대회에 참가하였던 점을 미루어 볼 때, 신흥청년동맹측의 허정숙·주세죽과 서울 청년회측의 박원희 3인이 중심이 되어 동 대회에 참가한 서울 및 각 지방 여성대표를 결속하여 조선여성동우회를 발기, 창립한 것으로 보인다. 이 후 조선여성동우회 발기인들은 사회주의 여성운동을 추진하는 핵심인물로 활약하였다. 조선여성동우회의 〈선언문〉과 강령은 종래 여성운동에서 찾아볼 수 없는 사회주의 계급투쟁 논리에 입각한 것이었다. 그들의 〈선언문〉과 강령은 다음과 같다.[60]

〈선언문〉

역사의 진전은 인간사회현상에 쉬지 않는 전환을 고한다. 원시시대에서 노예와 봉건시대로 자본주의시대까지 그리고 자본주의시대도 최후의 치명적 모순에 달하여 사회조직은 벌써 그 저편으로 불가피의 전환을 하려 한다. 따라서 여성의 지위와 생활도 여러 가지 역사적 변환을 계속하였다. 원시의 참된 인간인 여성에서 일종의 退化와 무교육과 노예생활의 구렁텅이로만 타락을 당하여 왔다. 尤히 현대에 이르러서는 여성의 다수를 노동과 성의 시장으로 驅出하였다. 그리하여 그들은 완전히 자본의 사슬과 남성의 횡포한 권력에 얽매인 이중 노예의 무참한 消印을 맞고 말았다. 이것이 즉 소유권을 기초로 하고 남성이 우월권을 행사하는 이 자본주의 조직에서의 필연적인 산물인 무산여성이다. 이 현대 여성생활을 대표한 여성은 소위 지배계급인 유산자인 남성에게 여지없이 인권의 유린을 당하고 건강과 생명은 그들에게 희생이 되고 말았다. 그들은 무산여성을 혹사하고 저렴한 賃銀으로 과도한 노동을 강요함으로써 (무산)계급자녀의 심신을 劣弱케 하여 전계급의 쇠퇴를 催促하며 멸망케 沈淪케 할 뿐이다.

60) 《槿友》(창간호), 3~4쪽.

그들의 전횡은 여성의 교육을 거부하고 모성을 파괴하였다. 그리하여 여성에게는 가정과 임은과 성의 노예적 지위가 있을 뿐이요 경제적 요점 생산의 중요한 역할을 이행하는 보수로 飢寒과 굴욕과 질병과 夭死를 받을 뿐이다. 더욱이 조선에 있는 우리 여성은 보다 더한 굴욕적 생활을 하는 동시에 특수를 가진 동양풍 도덕의 질곡에서 운다. 그러나 사회진화의 법칙은 여성으로 하여금 영구히 이 비인간적 함정에서 울고만 있게 하지 않는다. 엄연히 이 과학적 법칙을 앞세우고 여성은 벌써 일어났다. 천하의 (무산)군중은 이 불합리를 합리로의 운동을 개시하였다. 이것이 兩性을 공통한 전(무산)계급의 행동이다. 더욱 이중의 굴욕을 받는 여성은 이중 반역의 소리를 이에 加添하여 높이 외쳤다. 빵과 자유를 절규하면서 冬宮에 殺到하여 (전무산)민중해방의 첫 炬火를 든 여성의 역사적 행동을 우리는 잘 기억한다. 얼마나 굳은 자각 하에 단결한 여성의 위력을 말한 것이며, 승리의 필연성을 얼마나 잘 증명한 것이냐? 빵이 없는 자여! 비인간적 생활에서 운 여성이여! 분기하자! 그리하여 굳게굳게 결속하자! 우리와 이해가 많이 공통되는 군중과 제휴하자! 그리하여 지배계급의 男權을 철폐하고 자본의 毒牙에서 우리를 끌어내자! 우리의 참된 활로는 이것이 첩경인 동시에 또 오직 하나인 길이다! 자유의 미래를 고하는 黎明의 鐘聲은 여난다!

〈강 령〉

1. 본회는 사회진화법칙에 의하여 신사회의 건설과 여성해방운동에 立할 일군의 양성과 훈련을 기함.
1. 본회는 조선여성해방운동에 참가할 여성의 단결을 기함.

위에 제시된 선언문은 마르크스(Karl Marx, 1818~1883)로부터 엥겔스(Friedrich Engels, 1820~1895)·베벨(August Bebel, 1840~1913)에 이르는 사회주의 중심사상이 역력히 나타나 있다. 베벨은 《여성과 사회》[61]에서 "여성은 노예의 일에 종사한 최초의 인간이었다. 이른바 노예가 존재하기 이전에 이미 노예였다"고 하였다. 여성노예론은 여성이 해방되어야 할 강력하고도 합리적인 立論인 것이다. 이처럼 사회주의 여성해방론은 여성노예론에서 출발하였다. 마르크스는 여성해방을 性의 자유와 연결해서 생각했던 푸리에르의 사상을 인정하되, 한걸음 나아가 이상주의적인 도덕적 훈계의 차원에 머물렀던 푸리에르의 사상을 활용하고 변형시킴으로써 여성차별을 인류역사에 대한 철학적 비판의 대상으로 삼았

61) August Bebel, 선병력 역, 《여성과 사회》(한발출판사, 1982), 16쪽.

다.[62] 또 엥겔스는 《가족, 사유재산, 국가의 기원》에서 마르크스의 중심사상을 받아들여 인류의 역사발전단계, 사유재산과 계급사회의 출현, 결혼과 가족구조의 변화, 부권제 역사와 성차별주의의 기원 등을 유기적 연관선상에서 제시하고 있다. 그는 이 책에서 인류역사의 발달과정을 가족구조와 연결시켜 혼인형태를 네 단계로 설명하고 있는데, 제4단계에서 재산의 사유화는 재산상속·관리를 남성에게 부여하는 일부일처 가족이 형성되고 여성을 남성의 부속물로 간주하는 가부장권제가 탄생하며, 분업이 시작되어 생산수단 담당자인 남성이 가사 담당자 여성을 억압하게 된다고 했다.

"모든 사회적 존속과 억압은 피압제자와 압제자에 대한 결론적 종속에 기인하다"고 한 베벨은 여성이 남성에게 경제적으로 예속되는 근본적 조건으로 여성의 모성적 기능인 생물학적 기능을 더 논하고 있다.

조선여성동우회의 선언문에서는 위에서 제시한 바와 같이 첫째 사회주의의 보편적인 여성해방사상으로서의 "가정·임금·성의 노예론"과 "교육의 거절 및 모성의 파괴론"을 제시하였고, 둘째 동양적 및 한국적 특수성으로서의 "동양풍 도덕의 질곡"을 제시하였다. 그리고 여성을 지배·착취당하는 무산계급으로 규정하고 지배계급이며 유산자, 즉 자본가 남성은 바로 무산계급인 여성이 대적하여야 할 존재로 규정하였다.

그리고 강령에서 선언문보다 더 분명하게 "사회진화법칙에 의한 신사회 건설을 목표로 하는 여성해방운동임"을 보다 명백히 제시하고 있으며, 이 운동을 위해 전 여성은 굳게 '결속'(宣言文)하고, '단결'(綱領)할 것을 주장하고 있다. 그런데 '단결'이란 어휘에는 약자의 생존권 확보를 위한 투쟁성을 전제하는 것이다. 그러므로 이미 투쟁적 여성운동으로서의 성격이 분명하게 들어나 있는 것이다. 李光洙는 《東光》 1931년 4월호에서 〈단결 공부〉란 제목으로 단결의 의미를 정의하고 그 실천의 방향을 제시한 바 있는데, 그 서두에서 "새로운 문화를 건설한다든지 정치적 권리를 획득하려는 민중이나 민족에게 단결은 전부다. … 아마도 현재처럼 단결이라는 전술이 보급되고 또 체력을 발휘하는 시대가 과거에는 없었을 것이다. 크게는 러시아의 공산당, 인도의

---

62) August Bebel, 선병렬 역, 위의 책, 48쪽.

국민당, 중화의 국민당, 작게는 각종 노동자단체·농민단체 등 이른바 투쟁의 필요에 있는 자는 모두 단결의 전술을 쓴다. 단결은 진실로 모든 전술 중에 기초가 되는 전술이다"라고 설명하고 있다. 즉 '단결'이란 투쟁의 필요가 있는 자의 전술이라는 것이다.

다음으로 우리 나라 최초의 사회주의 여성해방운동에 대한 당시 사회의 반응을 살펴보고자 한다. 1924년 5월 23일 밤에 거행된 조선여성동우회발회식의 광경에서 그 대답을 쉽게 찾을 수 있다. 발회식에 참석한 사람은 약 80명 가량이었다. 그 중 50명은 축하차 또는 방청으로 참석한 남자들이었고 약 10명은 감시 경찰이었으며, 여자는 발기인이자 간부인 13~14명 밖에 없었다. 이같은 광경을 본 여성잡지 《신여성》의 기자는 1924년 6월호에서 "시간은 훨씬 지났다. 그러나 손님이 와야지 방청의 한 사람이지만 간부 이상으로 가슴이 간지럽다. 여성동우회가 아니라 남성동우회 같다"는 조소 섞인 비판을 하고 있다.

발회식 날 온종일 비가 왔으므로 참여자가 적을 것을 예상했었으나, 사회주의 여성해방론자 이외의 여성은 1명도 참여하지 않은 셈이었다. 발회식에 참여한 50여 명의 남자들은 거개가 사회주의운동자들이었다. 개벽사의 金起田, 사회주의사상 단체를 조직하여 핵심적 활동을 하고 있던 朴一秉·李廷允·白光欽·金永淑 등이 있었으며[63], 평양의 五月會, 대구의 商微會, 서울의 신흥청년동맹 등에서 축전·축문을 보내왔다. 이에 비해 민족주의계 단체에서는 발회식에 거의 참여하지 않았고 또 축전·축문도 보내지 않았던 듯하다.

조선여성동우회의 운영은 7명의 집행위원과 2명의 상무간사가 있어 이들이 일반 사무를 처리하고 매년 3월 8일에 정기총회를 열고 집행위원들의 보고에 따라 사업을 가결한다. 그러므로 총회는 본 회의 최고기관이 된다. 회의 경비는 입회금(50전)과 月捐金(20전) 및 특별 의연금으로 충당된다. 회원은 창립 당시 18명[64]이었으나, 1925년 말 현재 73명으로 늘어났다. 회원 연령은

63) 《朝鮮日報》, 1924년 5월 22일, 〈女性同友會發會式〉.
64) 18명 중 발기인은 14명임.

20~26세가 가장 많았다. 회원들의 직업은 서울의 각 여학교를 비롯하여 러시아·중국·일본 등지의 유학생들까지를 포함하는 학생이 가장 많고, 의사·간호부·산파·교원·기자·직공·가정부인 등[65]이었다.

사회진화법칙에 표준한 새 사회 건설과 여성해방운동에 박차를 가하기 위한 활동 등으로는 사회주의 여성해방의식을 깨우치기 위하여 여성문제에 대한 강연회들을 서울과 지방에서 개최하고 연구반을 조직하여 매주 1회씩 부인문제에 관한 서적을 읽고 토론하였고 국제부인데이(Day)를 기념하기 위한 간담회를 열었다. 또한 정미소·비단회사·고무공장 등에서 임금 착취·성차별·민족차별 등으로 고생하는 여자노동자들을 위한 위로음악회를 개최하였다. 그들은 수재피난민과 같이 소외되고 고통 당하는 사람들을 돌보는 손길이 되기에도 노력하였다.[66] 그러나 그들의 사업은 순탄하지 않았다. 회의 목적을 위한 국제부인데이강연회나 여성문제강연회 등은 일제 당국으로부터 금지조처를 당하기 일쑤였다. 1926년 4월 1일 황해도 재령에서 재령청년회·무산청년회와 연합으로 여성문제대강연회를 개최했을 때 李道刖·조원숙·정종명의 열변은 만장의 청중들로부터 수 없는 박수갈채를 받았다. 그런데 임석한 일본 경찰이 여러 번에 걸쳐 '주의'·'중지'를 하더니 드디어 해산명령을 내렸다.[67]

(2) 사회주의 여성운동의 분파적 확대

1925년에 국내 사회주의운동은 김사국이 주도하는 서울청년회파와 일본 유학생 중심의 북풍회파[68]로 크게 분파되어 있었는데, 국내 세력기반으로는 서울청년회파가 강세였다. 당시 여성동우회는 북풍회파 계열이 우세하였다. 1925년 이후 국내 사회주의 여성운동은 이들 파벌과 연계를 가지며 그 활동 영역을 넓혀갔다. 아울러 새로운 사회주의 여성단체들이 다수 조직되었다.

---

65) 《開闢》(1926년 3월호), 49쪽.

66) 《朝鮮日報》, 1925년 12월 21일, 〈가정부인 : 경성에서 활동하는 여자단체(5)〉.

67) 《朝鮮日報》, 1926년 4월 4일, 〈注意·中止·解散〉.

68) 원명은 北星會·一月會로 東京에서 사회주의 계몽운동을 목적으로 金若水·卞熙瑢·李如星 등이 조직하였다(《東亞日報》, 1925년 1월 20일).

그러나 사회주의 여성운동자들의 수가 그리 많지 않아 결과적으로 조선여성동우회 출신들이 각기 다른 단체를 조직, 활동하는 결과를 가져왔다.

1925년 1월 17일에 시천교당(堅志洞)에서 신·구 여자 50여 명이 모여 여성해방동맹 창립준비를 위한 토의회를 열었다. 이들이 내건 취지는 "종래 우리 여성단체는 일반으로 보아 신여성을 중심으로 하여 편벽한 폐해가 적지 않았으므로 구식 가정여자의 자각과 교양을 힘쓰자"69)는 것이었다. 신여성을 부르주아적 여성으로 간주하여 이를 비판하는 데서 출발하였으나, 그들은 봉건질서에 압박받는 구식 부녀의 해방까지를 아우르는 여성해방운동을 사회주의 이론에 입각하여 추진하려는 의지를 가졌던 것이다. 여성해방동맹의 발기는 조선여성동우회의 발기인이었던 김현제와 천도교 부인계의 지도자인 朱鈺卿 등 신·구 부인들이 1925년 4월부터 준비하였으며, 정식 창립대회는 1926년 1월 3일에 조선노동회관70)에서 개최하였다.

발기 이후 활동이 미미하여 사회주의 여성단체로서의 성격이 여실히 부각되지 않았었다. 그러나 창립총회에서 여성해방동맹의 명칭을 '프로여성동맹'으로 개칭한 것은 사회주의 여성운동노선을 분명히 하려는 것이었다고 생각된다. 조직으로는 서무·교양·경제·보건의 4부를 두고 집행위원 6인(玄愛羅·木不松治·金正玉·金永信·張寶華·宋惠國)을 선출하였다. 규약 통과 후 제1회 총회에서 실행의안으로 ① 여성운동선 통일에 관한 건, ② 남자의 전제압박에 대한 건, ③ 여자교육 및 혼인에 관한 건, ④ 부인노동자의 임금에 관한 건, ⑤ 기관지 발행의 건, ⑥ 직업부인 조사의 건, ⑦ 미신타파의 건 등을 제시, 결정하였다.

프로여성동맹에 비하여 京城女子青年同盟의 창립은 사회주의 여성운동에서 주목할 만하다. 1925년 1월 21일 조선교육협회(수표동) 내에서 여성동우회의 중심인물이며 북풍파와 인맥이 연결되는 여성들이 경성여자청년동맹 발기총회를 개최하였다. 발기인은 朴貞德·鄭達岳·韓東竹·趙寶姬·金隱谷·허정숙·우봉운·金弼順·주세죽·裵赫秀·金祚伊 외 5인이며,71) 집행위원은

69) 《朝鮮日報》, 1925년 1월 20일, 〈여성해방동맹〉.

70) 《東亞日報》·《朝鮮日報》, 1925년 1월 3일, 〈여성해방동맹의 창립총회〉.

허정숙 · 주세죽 · 김조이 · 정달악 · 박정덕 · 배혁수 · 김필순[72]이다. 이 단체는 일제의 주목을 받아 총회에서 임석 경찰에게 강령을 압수당하고 일반 공개를 금지한 후에야 겨우 개회할 수 있었다.

경성여자청년동맹은 창립 후 첫 사업으로 국제부인데이 기념간친회(1925. 3. 8)를 열고, ① 국제부인데이의 의의를 널리 선전하여 이른바 무산인으로 하여금 이날을 기념케 하고, ② 세계 무산부인운동가의 전기 발간 등을 결의하였다.[73] 이것은 사회주의 여성운동이 한국 내에 국한된 것이 아닌 세계 무산부인운동으로 추진되어야 함을 주장한 것이며 동시에 북풍회 및 경성여자청년동맹은 국제공산주의운동의 정통성을 갖는 것임을 보여준 것이다. 이는 경성여자청년동맹의 주축인물인 주세죽 · 허정숙 및 曺奉岩의 처 김조이 등이 국제공산주의운동과 연계되는 남편들의 화려한 배경에 힘입었을 것이다. 그러나 1925년 11월 박헌영이 신의주사건으로 피체되어[74] 그 처의 활동이 제한되고, 허정숙은 임원근과 헤어진 후 宋奉瑀와 새로 동거하느라 경황이 없고, 金丹冶의 애인 고명자는 1925년에 이미 모스크바로 유학을 떠나버리고, 회원 정칠성은 동경 기예학교에서 수학하는 등의 사정으로 인하여 활동이 위축되었다. 이러한 분위기 가운데 1926년 3월 4일에 경성여자청년동맹은 상무집행위원회를 열고, ① 3월 8일의 국제무산부인데이를 조선여성동우회와 연합 개최하고, ② 3월 10～17일을 부인주간으로 정하고, 일반 부인의 자각 촉진을 위해 야간에 부인문제 통속강좌[75]를 개최하고, 주간에는 회원들이 독서

71) 《朝鮮日報》, 1925년 1월 20일, 〈女子靑年同盟〉.

72) 《朝鮮日報》, 1925년 1월 22일, 〈京城의 女子靑年同盟〉.

73) 《東亞日報》, 1925년 3월 10일.
《開闢》(1926년 3월호)에 게재된 〈社會運動團體의 現況〉 참조.

74) 박갑동, 앞의 책, 47쪽.

75) 부인문제 통속강좌 내용 및 강연자는 다음과 같다.
① 3월 10일, 배성룡, '조선부인문제의 실제문제'.
② 3월 11일, 배성룡, '조선부인문제와 결혼문제'.
③ 3월 12일, 배성룡, '조선부인문제와 경제적지위'.
④ 3월 13일, 金璟載, '부인문제의 개론'.
⑤ 3월 14일, 金璟載, '부인문제의 사회적 지위'.

를 하고 또한 저임금에 신음하는 직업부인을 위문할 것을 정하였다. 조선여성동우회와의 연계사업으로 활동을 활성화하려는 노력을 보였던 것이다.

조선여성동우회 창립자이며 열렬한 사회주의 여성운동자 박원희도 여성동우회를 떠나 독자적 사회주의 여성운동을 하였다. 그는 30여 명의 사회주의 여성운동자를 결집하여 1925년 2월 21일에 새로 경성여자청년회를 창립하여 착실한 활동을 수행해갔다. 집행위원은 金繡準·文貞愛·朴春子·박숙자·이정숙·박원희·金淑貞[76]등이며, 희장은 박원희였다. 회원은 경성여고보·진명·숙명·이화·근화학교 학생들이 가장 많고 그 외로 가정부인·노동부인들도 있으며, 가정부인들은 가정에서 주어진 독서를 한 후 연구회가 열릴 때에 출석하여 토론을 하였다.

회의 강령은 ① 부인의 독립과 자유를 확보하며 모성보호와 사회상에 대한 남녀지위평등의 사회제도 실현, ② 부인해방에 관한 사회과학상의 교양을 분명케 하며 이를 보급하고자 함[77]이었다. 강령에는 사회주의 여성운동을 전개해야 할 과학적 이유와 사회주의 경제발전이론에 입각한 여성해방의 방향을 제시하였다. 활동으로는 부인강좌(1925년 9월 12일에 개최한 '조선부인과 구라파 부인')·국제부인데이 기념강연회 등을 개최하여 여성들의 사회주의 의식을 높였다. 1926년 1월 13일 《조선일보》의 후원으로 개최한 신춘여류대강연회는 대성황을 이루었다. 이 강연회에는 유영준·박원희와 더불어 일본 사회주의 여성운동가인 스미이 요시에(住井美江)가 초청되었다. 이는 일본 사회주의 여성운동과의 연계가 이루어지고 있었던 것이라 하겠다.

1926년은 사회주의 등장 이후 좌·우로 분파되었던 국내외의 항일민족운동 노선을 통합하자는 민족유일당운동이 활발하던 때였다. 국내 여성운동계에서도 그러한 움직임이 일고 있었으며, 경성여자청년회 주최로 1926년 11월 14일 오전 11시부터 동 회관(원동 221번지 소재)에서 재경부인운동자 간친회를 열었다. 이 자리에는 조선여성동우회에서 이현경 외 12명, 경성여자청년동맹

---

⑥ 3월 15일, 金璟載, '조선부인의 사상적 지위'(《朝鮮日報》, 1926년 3월 11일).
76) 《朝鮮日報》, 1925년 2월 23일, 〈京城女子青年 새로이 회를 조직〉.
77) 《東亞日報》, 1925년 1월 8일.

에서는 심은숙 외 12명, 경성여자청년회에서는 박원희 외 8명, 도합 33인의 부인운동자들이 모여 임시席長 박원희의 사회로 조선부인운동자의 통일방침과 기타 사항을 논의하였다.[78] 부인운동의 통일과 조직에 노력하자는 논의는 처음 있는 일이었다. 이들은 막혔던 장벽을 허물고 흉금을 털어 놓듯한 자세로 논의를 거듭한 끝에 먼저 경성여자청년회와 경성여자청년동맹을 합동하기로 하고, 합동총회준비위원으로 이현경·황신덕·강아그니아(이상 조선여성동우회), 조원숙·심은숙·김정은(이상 경성여자청년동맹), 박원희·김수준·신기숙(이상 경성여자청년회)을 선출하였다.[79] 이들의 준비로 마침내 12월 5일 두 단체가 통합하여 새로이 중앙여자청년동맹을 탄생시켰다.

그러면 최초의 사회주의 여성단체인 여성동우회의 활동은 어떠하였는가. 1925년에 여러 개의 사회주의 여성단체가 조직, 활동하면서 조선여성동우회의 중요회원들이 빠져나가 자연히 활동이 저조하였다. 이에 1926년 3월 3일 밤 조선교육협회에서 개최한 제2회 정기총회를 통하여 활동면목을 다시 일으키고자 하였다. 회원 56명이 출석한 총회에서 임시집행위원으로 정종명·주세죽·백신애·강아그니아(姜貞姬)를 선출하여 회의를 진행하였다. 이 회에서는 여자청년운동·농촌부인·직업부인·가정부인의 문제, 여학생운동·형평여성·지방여성의 문제, 무산여성교육·공창여성의 문제, 여성운동통일·전조선여성운동자대회 개최, 지방순회강연·부인주간·노동부인위안음악회 개최 등 여성문제 전반에 걸친 것을 선별없이 결의하였다. 그리고 정종명·주세죽·盧順烈·金晶·백신애·金英禧·조원숙을 신임 집행위원으로 선출하였다.

2차총회에서 결의한 사항들은 너무나 광범위하였다. 이것은 사회주의 여성운동의 향후 방향을 밝혀준다는 점에는 의의가 있겠으나, 하나하나를 구체적으로 실행해 나갈 준비는 되어 있지 않았음을 의미하는 것이다. 그러나 그 안건들 가운데 여성운동의 통일화 또는 전조선여성운동자대회의 개최와 같은 것은 여성운동의 지향할 바를 올바로 제시하였던 것이라 하겠다.

---

78) 《朝鮮日報》, 1926년 11월 15일, 〈부인운동자의 간친회〉.
79) 《朝鮮日報》, 1926년 11월 16일, 〈조선여성운동자의 통일전선작성〉.

(3) 사회주의 여성운동의 지방 확대

사회주의 여성운동이 서울에서 바야흐로 활기를 띄던 1925년부터는 지방에서도 사회주의 여성단체들이 조직, 활동하였다. 지방의 경우 지방 청년동맹 등 사상단체들의 도움을 받는 경우도 있고, 여공 활용이 많은 공장도시·항구도시와 같은 곳에서는 여성들 자신의 사회경제의식이 높아져 자신들의 생존권 쟁취를 위해 조직, 활동하기도 하였다. 그러나 지방에서의 활동은 서울의 경우보다 경찰의 간섭과 탄압이 심하여 활동에 적지 않은 어려움을 겪었다.

지방 중에서는 서울과 가까운 인천에서 비교적 일찍 사회주의 여성단체가 조직, 활동하였다. 인천에서 丁南玉·張玉蘭·孫丹 세 여성이 여자청년사상단체가 인천에 없음을 유감스럽게 여겨 1925년 11월 30일에 정남옥의 집에서 인천여자청년동맹 조직을 위한 발기위원회를 열었다[80]. 12월 6일에 창립총회를 개최하기로 논의하여 12월 5일에 경찰 당국에 집회허가를 신청하였다. 경찰측에서는 회명을 온건하게 학술연구회로, 또 강령의 "여성 운운"을 "여자"로 고치고, 이 회 사업에 "교양"·"훈련"이란 말을 고칠 것을 강요하고, 발기위원 중에 중학교육을 받지 못한 사람이 많다는 등의 트집을 잡아 허가를 해 주지 않았다.[81] 창립되기 전부터 경찰의 탄압이 심하였던 것이다. 그러나 이들은 굽히지 안고, "남자청년회를 인정한 이상 경찰측은 여자청년회도 허가해야 한다"[82]고 강력히 항의하였다. 경찰과의 교섭 실강이 가운데서도 인천여자청년동맹은 활동목표를 세우고 계속 활동하였다.

1926년 1월 7일에는 시내 외리에 있는 노동학원 안에서 신년간친회를 하고자 준비하는 중 인천경찰서 고등계 주임 이하 전원이 현장에 달려와 간친회장이라고 쓴 종이를 찢고 무조건 해산을 명하고 "인천여청"이라고 도장 찍힌 과자봉지와 프로그램을 압수하고 장내에 모인 사람을 한 명도 나가지 못하게 하고 위원 손단 외 2명을 연행하여 심문을 하였다. 사상단체를 시인하지 않겠다는 경찰측의 탄압에 대하여 손단은 다음과 같이 단호하게 항의하였다.

---

80) 《朝鮮日報》, 1925년 12월 2일, 〈仁川女子靑年同盟〉.
81) 《朝鮮日報》, 1925년 12월 8일, 〈自鳴鐘〉.
82) 《朝鮮日報》, 1925년 12월 8일, 〈女靑同盟難産〉.

> 이번 일은 너무나 무리한 압박입니다. 원래 인천여청은 세간이 다 아는 단체임에도 불구하고 인천서에서는 인천의 여성단체는 인정치 않겠다고 어리벙벙한 수작으로 누르려고만 하니 대관절 집회 금지인지, 해산인지 분간할 수 없다(《朝鮮日報》, 1926년 1월 9일, 〈仁川女靑의 懇親會禁止〉).

지방 사회주의 여성단체에 대한 경찰의 탄압은 심하였다. 목포여자청년회에서 1925년 4월부터 일반 무산부녀를 위하여 여자야학을 경영하여 300명의 학생들이 모였다. 그런데 당국에서는 무산부녀를 위한 것이라는 이유로 무조건의 해산을 명령하였다. 다행히 학교평의원 金源喜의 노력으로 원만히 해결되었다.[83] 1926년 4월에 조직하여 사업활동을 추진하던 靈岩소녀회의 경우도 강령과 간부가 불온하다는 이유로 해산명령을 받았다.[84]

양반의 고장이며 여성차별이 심한 안동에서도 사회주의 여성단체로서의 좌표를 가진 안동여성회가 1925년 11월 7일 저녁에 李基賢·朱錦卿·金美哉의 발기로 창립총회를 열어 선언·강령·규약을 통과시키고 집행위원 9인을 선출하였다. 그들이 채택한 선언문은 "여성과 남성은 동일한 인간이다. 다 같은 인간으로서 불합리한 도덕과 계급적 제도의 지배를 받아 오늘까지 비참한 역경을 겪어 왔다. 여성도 인간인 이상에는 남성의 전횡적 제재를 절대로 받을 수 없다. 죽음의 구렁을 벗어나 광명한 사회에서 생활하자. 모든 여성들아 분기하여 단결하자"[85]는 것이었다. 철저한 사회주의 여성해방론인 것이다.

신사상의 여성해방론은 지방 곳곳에서 환영받았다. 여성문제 대강연회에서는 현대의 자본주의 사회제도하에서 절대노예에 처한 여성, 그리고 남성 중심주의의 법률·도덕과 현모양처주의는 여성을 인간으로 취급하는 것이 아니라고 논리적으로 토로하였다.

만주·연해주와 연접하였고 새로운 문화와 사상에 대한 수용이 다른 지역보다 적극적인 관북지방에서의 사회주의 여성운동은 보다 과감했다. 함흥여자청년회가 1926년 1월 18일에 동명극장에서 개최한 여성문제대강연회에

83) 《朝鮮日報》, 1926년 2월 26일, 〈三百名女學生 解散命令〉.
84) 《朝鮮日報》, 1926년 7월 30일, 〈小女會까지 解散命令〉.
85) 《朝鮮日報》, 1925년 11월 11일, 〈安東女性의 新旗幟〉.

1,000여 명의 청중이 내도하였던 것은 새로운 사상에 대한 일반 대중의 관심도가 높음을[86] 보여주는 것이었다. 같은 해 11월 20일에도 같은 장소에서 金德惠의 '현대여성의 사회적 지위'[87]라는 연제로 강연회를 개최했을 때도 1,000여 명의 청중이 운집하였다. 봉건적 여성억압을 식민지 여성억압정책으로 전환한 일제 치하에서 문화적·사상적으로 목말랐던 대중들에게 사회주의 여성운동론은 너무나 참신하였던 것이다. 그러므로 이러한 집회가 있을 때마다 산촌 지방에 이르기까지 청중들이 구름같이 모였으며, 일제 사법당국은 이를 위험시하여 탄압하였던 것이다.

함경도의 북청여자청년회는 여성문제대강연회 개최를 준비하던 중인 1926년 3월 27일에 북청경찰서로부터 금지당한 일이 있는데, 그것은 이 청년회의 활동이 사회주의사상에 입각한 여성운동이었기 때문이었다. 그들이 1927년 4월 28일 임시총회에서 토의한 의안들은 보다 광범위하게 세력을 규합하여 철저하게 사회주의 여성운동을 추진하려는 의지가 담겨 있었다. 그들이 토의한 의안을 요약하면 다음과 같다.

① 女靑에 관한 건 : 완전한 여성해방을 목표로 하는 무산여자청년회를 조직하여 여성운동 선구자 양성에 필요한 토론회 등을 수시로 개최하고 사회진화필연법칙을 일반에게 도서로 보급하며, 현재 여성의 사회적 입장과 경제적으로 참담함을 깨닫게 하고 남존여비관념을 타파하여 해방운동의 정신을 이해케 하며, 본 군내에 여청 단체를 조사하여 연합회를 발기할 일.
② 사상운동에 관한 건 : 전인류의 다수인 무산계급의 이익을 대표할 사상을 준봉하여 우리 운동의 지침을 삼기로 일반에 선전할 일(《朝鮮日報》, 1927년 5월 1일, 〈투쟁! 해방! 건설! 북청여자청년회〉).

端川의 여자동무회[88]와 단천여자청년회,[89] 利原의 이원여자청년회[90] 등이

---

86) 이 날의 연사와 강연제목은 金景道의 '동무여 奮鬪하자'와 權明範의 '新進女性들에게'였다(《朝鮮日報》, 1926년 1월 21일, 〈女性問題大講演〉).
87) 《朝鮮日報》, 1926년 11월 24일, 〈咸興女靑講演會開催〉.
88) 《朝鮮日報》, 1925년 2월 13일, 〈女子동무회 창립〉.
89) 《朝鮮日報》, 1927년 8월 16일, 〈단천에서 女子靑年會〉.
90) 《朝鮮日報》, 1925년 2월 12일, 〈利原女子靑年總會〉.

모두 사회주의 여성운동단체로, 전국 여성운동을 통합한 근우회운동이 전국으로 확대되는 과정에서도 지방에 따라 사회주의 여성운동을 독자적으로 수행하여 갔던 곳들이 있었다.

5) 근우회의 조직과 활동

(1) 근우회 조직의 배경

槿友會 조직의 배경으로 민족유일당운동을 들 수 있다. 1920년대 사회주의 사상의 유입으로 인하여 항일민족운동노선이 좌·우로 분파되어 자주독립국 재건의 역량이 약화되었다. 이에 국내외에서 민족유일당운동이 일어나 점차 세력을 연합하였고, 마침내 1927년 2월에 민족유일당으로서 신간회를 조직하였다. 여성운동계도 민족유일당 운동에 보조할 새로운 운동을 하였다. 분파가 확대되어가던 사회주의 여성단체들은 점차 하나로 통합되었고, 사회 각 분야에서 활동하던 유학생 출신 엘리트 여성들이 간친회라는 이름으로 세력을 규합하였다. 이러한 과정에서 주목되는 것은 사회주의 여성운동계의 연합이었다.

사회주의계 여성운동의 분파적 확대는 조선여성동우회의 존재를 약화시켰다. 그런데 1926년 봄 동경에 유학하였던 정칠성·황신덕·이현경 등이 귀국하면서 분파된 사회주의 여성운동의 통합과 조선여성동우회 활성화라는 새로운 전기를 갖게 되었다.

기생 출신의 정칠성은 일찍이 남녀평등 실현에 대한 꿈을 갖고 17세 때 이미 여장부가 되고자 승마를 배운 여성이다.[91] 3·1운동 뒤 홀연히 화류계를 떠나 사회주의 서적을 탐독, 연구하였고 여성동우회 발기에 참여한 후 일본 동경기예학교에 유학하여 三月會를 조직, 활약하였다. 그는 여기서 사회주의사상의 이론적 기반을 착실하게 쌓고 1926년 봄에 귀국하였다. 황신덕은 평양 숭의여학교 졸업 후 동경 일본여자대학에서 사회학을 공부하고 〈사회주의〉라는 방대한 양의 논문에서 사회주의 여성운동의 이론과 그 사상을 제

91) 《別乾坤》(1927년 8월호), 58쪽.

시하였다. 노령 출신 강아그니아도 일본에서 귀국하여 조선여성동우회에 가입, 남편 정필원과 함께 사회주의운동에 힘썼으며 일제에 의한 공산주의자 일제 검거시에 피검, 투옥 생활을 하였다.

1926년 11월 14일[92] 경성여자청년회에서 在京 사회주의 여성운동자간친회를 열고, 사회주의 여성운동 통합의 첫문을 열었다. 당시 《조선일보》는 "막혔던 장벽을 트고 가렸던 흉금을 헤치고 지금까지 여성운동의 소감을 말하여 종합한 결과 전조선 여성운동자의 통일을 도모하지 않으면 안될 것을 깊이 느끼고 먼저 경성여자청년회와 경성여자청년동맹을 합동키로 결의하였다"[93]고 보도하였다. 이 간친회에서 두 단체의 합동총회 개최를 위한 준비위원으로 조선여성동우회의 이현경・황신덕・강아그니아의 3인, 경성여자청년동맹의 조원숙・심은숙・김정은의 3인 및 경성여자청년회의 박원희・김수준・신기숙의 3인을 선출하였다. 이에 따라 11월 20일에 경성여자청년동맹에서 임시총회를 열고 주세죽을 임시의장으로 선출하여 두 단체의 합동에 대한 승인을 결정하였다.

합동총회는 12월 5일 오후 1시부터 천도교당에서 개최하고자 했으나 당국의 간섭으로 인해 여성동우회관에서 개최되었다. 회원 50명과 다수 방청인의 참석 아래 박원희를 임시의장으로 선출하여 총회를 집행하였다. 그 결과 두 단체의 간판을 불사르고 새로 중앙여자청년동맹을 발족시켰다. 여기에서 집행위원으로 김수자・신기숙・심은숙・강아그니아・여영숙・박원희・곽형숙・노승준・김성인・김수준・조원숙을 선출하고 다음 사항들을 결의하였다.

① 본회가 한양청년연맹과 경성청년연맹의 통일을 위하여 조선청년동맹에 직접 가맹함을 3개월간 연기하고 두 단체의 동맹을 촉진키로 하여 촉진위원으로 김수준・조원숙・심은숙・박원희・신기숙 5명을 선정함.
② 부인의 교양 목적을 위해 연구반을 시급히 실시함.
③ 명년 1월 중순에 조선여성단체연합 대강연회를 열기로 함.

92) 《朝鮮日報》, 1926년 11월 11일, 〈在京婦人運動者懇親會開催〉・15일, 〈부인운동자의 간친회〉.
93) 《朝鮮日報》, 1926년 11월 16일, 〈조선여성운동자의 통일전선 작성〉.

④ 명년 3월 신학년을 기하여 무산아동학원을 설립키로 하고 그 준비위원은 집행위원에 일임하기로 함.

⑤ 본회 발회식은 12월 21일로 정함.

⑥ 사무소는 당분간 조선여성동우회관을 사용함.

(《朝鮮日報》, 1926년 12월 7일, 〈양여청의 합동총회〉).

결의사항에 나타나듯 두 단체의 통합은 조선내 사회주의운동의 통일적 확대에 목적을 둔 것으로 생각된다. 중앙여자청년동맹의 강령은, 첫째 "무산계급의 권리 및 여성해방을 위하여 청년여자의 단결과 분투를 기한다", 둘째 "청년여자의 대중적 교양과 조직적 훈련을 기한다"였다. 즉 이것은 청년여자에 대한 사회주의 의식확대 교육을 위해 대중교양에 힘써 지방 여자청년회를 비롯한 국내 여성운동 세력을 사회주의 여성운동으로 흡수하려고 한 것이었다. 근우회가 조직되기 직전인 1927년 3월 8일에 조선여성동우회와 중앙여자청년동맹 연합으로 국제무산부인데이를 기념하는 대강연회[94]를 YMCA 강당에서 7명의 연사에 의하여 대대적으로 개최하려다가 당국의 금지로 중단된 바 있는데, 그 강연회는 청년여자의 대중적 교양과 조직적 훈련을 목적으로 한 것이었다. 사회주의운동에 대한 일제의 탄압은 그 운동을 확대하는데 큰 걸림돌이었다. 그들의 운동목적을 달성하기 위해서는 지도층 여성으로부터 대중사회 여성까지를 아우르는 비교적 광범위하며 온건한 의식과 방법으로 여성운동을 전개하는 기독교 여성운동을 비롯한 민족진영 여성운동과의 연합이 불가피한 것이었다.

(2) 근우회의 창립과 이념

가. 근우회의 창립

민족유일당운동으로서 여성운동계의 통합·단일화의 촉진으로 1927년 5월 27일 근우회가 창립되었다. 근우회의 창립은 한국 근대여성운동의 새로운 이

94) 연제와 연사는 다음과 같다. ① '國際無產婦人데이의 유래' : 朴元熙, ② '國際無產婦人데이를 기념하자' : 鄭錫鳴, ③ '朝鮮婦人의 國際化', ④ '國際無產婦人데이를 맞으면서 朝鮮女性에게' : 李賢卿, ⑤ '國際無產婦人데이와 로서아혁명' : 姜貞姬, ⑥ '3월 8일과 朝鮮女性' : 朴新友, ⑦ '女子解放과 3월 8일' : 羅純金.

정표를 제시하였다는 점에서 큰 의의를 지닌다. 근우회 발기총회는 1927년 4월 26일에 다음 40인의 발기인단을 중심으로 열렸다.

> 강아그니아·차미리사·김선·김순영·김영순·김활란·김은도·김일엽·김순복·길정희·정칠성·조원숙·梁邁倫·유영준·이현경·李德耀·이경식·박원희·박홍순·박신우·방신영·徐弼善·손정규·신앨버트·신숙경·유각경·異恩惠·金智子·정종명·鄭子英·鄭昭君·車士百·최은희·최활란·현덕신·홍애시덕·황신덕·李孝德·林順分·주세행·진숙봉(《東亞日報》, 1927년 4월 27일, 〈근우회발기총회〉).

이들은 사회 각계 각층에서 활약하는 지도적인 지식여성이었다. 발기인의 직업은 의사·교원·종교인·기자·문학인·실업인 등이었다. 여성운동의 계파면에서 인적 상황을 살펴보면 기독교를 기반으로 보수적인 여성교육계몽운동을 펴온 민족주의 여성운동계(右派)와 사회주의사상에 입각하여 급진적인 계급투쟁으로서의 여성해방을 주장하는 사회주의 여성운동계(左派)로 나누어진다. 즉 좌우연합으로 출발된 것이다.

1927년 5월 27일 YMCA 강당에서 회원 150명, 방청인 1,000여 명의 참석 아래 유각경의 사회로 근우회의 성대한 창립총회가 개최되었다.[95] 총회의 진행은 준비위원회에서 미리 준비한 회순에 따라 진행되었다. 창립총회에서 21명의 집행위원을 선출하였으며, 이들은 5월 29일 제1회 신임집행위원회를 열고 임시의장에 김선, 임시서기에 박경식을 선정하여 다음의 8개항을 결의하고 6월 17일 발회식 거행을 위한 준비작업을 하였다.

> 제1항 부서 결정 및 부 역원 배치
> ① 서무부 : 조원숙·차사백·박경식
> ② 재무부 : 김선·최은희·방신영·우봉운
> ③ 선전조직부 : 박신우·유각경·정칠성·정종명
> ④ 교양부 : 황신덕·김동준·김영순·박원희
> ⑤ 조사부 : 김활란·김현경·홍애시덕

95) 《朝鮮日報》, 1927년 5월 29일, 〈槿友會의 創立〉.

⑥ 정치연구부 : 유영준 · 이덕요 · 현덕신

제2항 상무위원선거

① 서무부 : 박경식 · 조원숙

② 재무부 : 김선

③ 선전조직부 : 박신우

④ 교양부 : 황신덕

⑤ 조사부 : 김활란

⑥ 정치연구부 : 이현경

제3항 지회 설치

① 지부규약 기초위원으로 황신덕 · 김활란 · 이현경 3인을 선정.

제4항 각부사업 : 각 부에서 1년간 집행할 사업 구체안을 작성하여 다음 집행위원회에서 통과케 할 것.

제5항 집행위원회 정기집회 : 매월 1 · 15일을 정기집회일로 함.

제6항 회관 : 회관은 당분간 무료로 사용할 곳을 얻고, 교섭위원으로 유각경 · 방신영 · 최은희를 선정.

제7항 발회식

① 발회식 강연회의 개최.

② 근우회가 지어서 당일 고창하며 회가 작성위원은 김동준 · 이현경 · 김활란.

③ 발회식은 6월 17일.

④ 발회식 준비위원 10인(각부 상무위원과 현덕신 · 정종명 · 최은희)을 선정.

제8항 평양 출장

① 평양여자청년동맹 주최 강연회에 정칠성 · 정종명 · 박신우를 연사로 파견.

② 이 기회에 지회 설치에 노력할 것.

(《朝鮮日報》 · 《東亞日報》, 1927년 5월 31일, 〈槿友會 發會式〉).

위의 8개항은 앞으로의 근우회운동을 어떻게 실행해 갈 것인가의 청사진과 같은 것이다. 근우회는 1927년 6월 17일에 발회식을 가짐으로써 한국 여성운동의 역사적 거보를 내딛게 되었다.

나. 근우회의 이념 : 강령과 선언문

근우회의 창립이념과 활동의 기본 방향은 강령에 제시된 “여성의 단결과 지위향상"이다. 근우회는 다음 〈선언문〉에서 이를 보다 선명하게 밝히기에 노력하였다.

〈선언문〉

역사 있은 후부터 지금까지 인류사회에는 다종다양의 모순과 대립의 관계가 성립되었다. 유동무상하는 인간관계는 각 시대에 따라 혹은 이 부류에 유리하게 혹은 저 부류에 불리하게 되었나니 불리한 처지에 서게 된 민중은 그 설움을 한껏 받았다. 우리 여성은 각 시대를 통하여 가장 불리한 지위에 서 있어 왔다. 사회의 모순은 현대에 이르러 대구모화하였으며 절정에 달하였다. 사람과 사람 상에는 인정과 의리의 정열은 최후 잔해도 남지 아니하고 물질적 이욕이 전 인류를 몰아 상벌의 수라장으로 들어가게 했다. 전쟁의 화는 갈수록 참담하여가며 확대하여가고 빈국과 죄악은 극도에 달하였다. 이 시대 여성의 지위에는 비록 부분적 향상이 있었다 할지라도 그것은 환상의 일편에 불과하다.

조선에 있어서는 여성의 지위가 일층 저열하다. 미처 청산되지 못한 구시대의 유물이 오히려 유력하게 남아 있는 그 위에 현대적 고통이 겹겹이 가하여졌다. 그런데 조선여성을 불리하게 하는 각종의 불합리는 그 본질에 있어 조선사회 전체를 괴롭게 하는 그것과 연결된 것이며 일보를 진하여는 전세계의 불합리와 의존 합류된 것이니 문제의 해결은 이에 서로 관련되어 따로따로 성취될 수 없게 되었다. 억울한 인류가 다 한가지 새 생활을 개척하기 위하여 분투하지 않으면 안되게 되었으며 또 역사는 그 분투의 필연적 승리를 약속하여 주고 있다. 조선여성운동의 진정한 의의는 오직 이와 같은 역사적 사회적 배경의 이해에 의하여서만 비로소 파악될 수 있는 것이니 우리의 역할은 결코 편협하게 국한될 것이 아니다. 우리가 우리 자신의 해방을 위하여 분투하는 것은 조선사회 전체를 위하여 나아가서는 세계인류 전체를 위하여 분투하게 되는 행동이 되지 아니하면 안된다(이하 11자 삭제당함). 그러나 일반만을 고조하여 특수를 망각해서는 안된다. 고로 우리는 조선여성운동을 전개함에 있어서 조선여성의 모든 특수점을 고려하여 여성 따로의 전체적 기관을 갖게 되었나니 이와 같은 조직으로서만 능히 현재의 조선여성을 유력하게 지도할 수 있는 것을 간파하였기 때문이다.

조선여성운동은 세계사정에 의하여 또 조선여성의 성숙도에 의하여 바야흐로 한 중대한 계단으로 진전하였다. 부분부분으로 분산되었던 운동이 전선적 협동전선으로 조직된다. 여성의 각층에 공통되는 당면의 운동목표가 발견되고 운동방침이 결정된다. 그리하여 운동은 비로소 광범하게 또 유력하게 발전할 수 있게 되었다. 이 단계에 있어서는 모든 분열정신을 극복하고 우리의 협동전

> 선으로 하여금 더욱 더욱 공고하게 하는 것이 조선여성의 의무이다. 조선여성에게 얼크러 있는 각종의 불합리는 그것을 일반적으로 요약하면 봉건적 유물과 현대적 모순이니 이 양시대적 불합리에 대하여 투쟁함에 있어서 조선여성의 사이에는 큰 불일치가 있을 리 없다. 오직 반동층에 속한 여성만이 이 투쟁에 있어서 회피 낙오할 것이다. 근우회는 이와 같은 견지에서 사업을 전개하려 하는 것을 선언하나니 우리의 앞길이 여하히 험악할지라도 우리는 1,000만 자매의 힘으로써 우리의 역사적 임무를 수행하려 한다. 여성은 벌써 약자가 아니다. 여성은 스스로 해방하는 날 세계가 해방될 것이다. 조선 자매들아 단결하자(《槿友》 창간호, 3~4쪽).

이상 선언문은 좌·우파 여성운동노선이 함께 요구하는 공통 가능한 언어로 조직목적과 활동이념을 표현해야 하는 것이었던 만큼 조선여성동우회의 〈선언문〉처럼 선명하게 여성운동의 방향·방법론 등을 논하고 있지는 못하다. 그러나 조선 여성운동이 존재해야 하는 중요한 이유가 곧 조선여성이 처한 가장 불리한 지위인 "미처 청산되지 못한 구시대의 봉건적 유물과 현대적 모순" 때문이라고 밝혔다. 이는 근우회 이념이 反봉건 여성해방과 일제식민지 지배를 벗어나야 한다는 민족주의 여성해방론과 더불어 무산계급 착취적인 자본주의에 대한 투쟁으로서의 사회주의 여성해방론을 더불어 포괄하고 있다고 하겠다. 그리고 이러한 불합리를 극복하기 위한 방법으로 전국여성은 단결하여 투쟁해야 한다는 것이다. 이 역사적 과제를 수행해 가는 것은 "우리 1,000만 자매의 역사적 임무"라고 선언하였다. 궁극적으로 근우회운동은 〈선언서〉 중반에 밝히고 있듯이, "우리가 우리 자신의 해방을 위하여 분투하는 것은 동시에 조선사회 전체를 위하여 나아가서는 세계 인류 전체를 위하여 분투하게 되는 행동이 되지 않으면 안된다"고 하였다. 이는 근우회운동이 조선의 여성해방이라는 편협된 운동이 아닌 세계인류 전체를 위한 운동이 되어야하므로 조선여성의 단결은 필연적인 것이 된다. 다음으로 여성의 지위향상에 대한 문제제기는 어떻게 하고 있는가. 〈선언서〉에 "이 시대 여성의 지위에는 비록 부분적 향상이 있었다 할지라도 그것은 환상의 일편에 불과하다. 조선에 있어서는 여성의 지위가 일층 저열하여 미처 청산되지 못한 구시대의 유물이 오히려 유력하게 남아 있다"고 함은 구시대의 유물들이 남아 있는 한 여성 지위는 부분적 향상일 뿐이라는 것이다.

여성해방을 위한 여성의 사회적 지위향상론은 여성의 경제적 획득론과 지식향상론의 두 논리가 쟁점화되어 있었다. 여성의 경제적 자립의 주장에 대하여, 朴敬植은 "구속에 울고 압박에 우는 우리는 먼저 경제적 해결을 얻어야 만족한 생활을 얻을 수 있다. … 서양여자들이 조선여자보다 비교적 해방이 된 것은 그들의 경제적 조건이 우리보다 나은 까닭"이라고 하였다. 그리고 "모든 범죄와 모든 행복이 모두 경제 까닭이오, 여자해방뿐 아니라 사회적 독립 내지 민족적 행복도 경제상 독립을 해야 한다"고 결론을 지었다. 또 박호진은 성차별이 생긴 것은 "여성에게도 있던 경제적 권리가 남성에게로 넘어간 이후부터"이므로 이제 우리는 그것을 다시 쟁취하여야 한다고 했다. 이상은 사회주의 여성운동론자의 주장이었다. 이에 반하여 민족주의 진영의 여성운동자들은 지식향상론을 더 중요시하여, "인습・전통에 매어 있는 우리는 썩은 돈만 찾을 것이 아니라 지식을 향상시켜 하루바삐 해방의 길을 찾자", "우리 여자가 모든 점으로 보아 남자보다 비열한 것은 지식이 없는 所以이다. 그러므로 여자해방의 급선무는 지식향상에 있다"[96]고 하였다. 그런데 좌・우 진영간의 지식향상에 대한 인식에는 상당한 차이가 있었다. 다음은 사회주의 여성운동자측의 지식향상론이다.

> 근우회가 학교인가? 아니다. 근우회는 결코 학교가 아니다. 칠판 밑에서 엄숙한 제한을 받아가면서 특정한 교과서에 의하여 그것을 가르치며 그 가르치는 것을 억지로 실행시켜서 우리 생활을 지배하는 계급의 이익을 도모하자는 이 세상의 모든 학교와는 전연 딴 것이다. 그러나 우리 1,000만이나 되는 조선여자, 아니 온 세계 모든 여자가 압박받는 계급이 되어 있는 것을 깨우치게 하며, 그래서 정치적으로나 경제적으로나 모든 자유를 찾는 것이 곧 이 세상 영원히 압박을 없애버리고 우리 여자도 인간의 한 사람으로서 온갖 힘을 다하여 가장 높고 귀한 문화를 창조하여서 행복 있고 광명 있는 생활을 만들고자 힘쓰는 뜻으로 이 근우회는 무엇보다도 가장 위대한 학교라 할 것이다(〈槿友會討論會를

96) 《東亞日報》, 1927년 10월 22일.
朴容玉, 〈1920年代 韓國女性團體運動〉(《한국근대여성연구》, 숙명여대 아세아여성문제연구소, 1987), 263쪽.

보고서〉, 《朝鮮之光》, 1927년 11월호, 70~71쪽).

근우회운동은 여성으로 하여금 정치적·경제적 자유를 찾게 함으로써 영원한 해방을 갖게 해야 한다는 것이다. 그러나 민족진영의 여성지도자들은 한국 여성이 안고 있는 지식향상의 최대과제는 문맹퇴치로 여성을 계몽시켜야 한다고 주장하였다. 청진지회원 金貞媛은 "1,000만 여성의 지위향상을 도모하려면 무엇보다 급무가 문맹퇴치인 것을 잊지 말아야 됩니다. … 근우회운동의 지방적 역할은 농촌여성의 계몽운동에 전력을 집중하여야 되겠습니다"[97]라고 주장하였으며, 근우회 중앙간부이자 정신여학교 교사인 김영순은 "조선여성으로 하여금 완전한 조선의 어머니가 되기에 적당한 지도와 교양은 오로지 우리 근우회에 있을 줄 알며 이것이 우리의 목적인 줄 안다"[98]고 했다. 또 김활란은 "조직과 기관에만 얽매이지 말고 그것을 떠나 개인적으로 일반 조선여성의 요구인 교양사업에 주력 계속할 것"[99]이라고 했다.

민족유일당운동으로 여성운동을 새롭게 출발시킨 근우회는 운동의 추진과정에서 이념의 차이로 인하여 운동의 방법론상에서도 상당한 거리를 갖게 되었다. 시간이 흐를수록 사회주의자들의 주장이 더 강하게 부각되어 그들이 근우회의 헤게모니를 거의 장악하다시피 하였고 민족진영의 여성들은 자신들의 주장에 의한 여성운동을 추진하고자 근우회를 떠나기 시작하였다. 위기에 처한 근우회는 1929년 7월 25일 집행위원회를 개최하고 근우회운동의 재정비를 위하여 다음 7항의 행동강령을 새로 제정하였다.

① 여성에 대한 사회적·법률적 일체 차별 철폐.
② 일체 봉건적 민습과 미신타파.
③ 조혼폐지 및 결혼의 자유.
④ 인신매매 및 공창폐지.
⑤ 농민부인의 경제적 이익옹호.
⑥ 부인노동의 임금차별철폐 및 산전 산후 임금지불.

---

97) 金貞媛, 〈啓蒙運動의 努力〉(《槿友》 창간호), 60쪽.
98) 金英淳, 〈우리 本位의 敎養을 普及하자〉(《槿友》 창간호), 61쪽.
99) 金活蘭, 〈事業을 꾸준히 하자〉(《槿友》 창간호), 62쪽.

⑦ 부인 및 소년공의 위험노동 및 야업폐지.

(《朝鮮日報》·《東亞日報》, 1929년 7월 25일, 〈槿友會大會에 行動綱領과 議案〉).

이상 행동강령은 당시 한국사회가 안고 있는 여성문제를 총체적으로 집약한 것이다. 강령 ①은 여성차별적 모순으로서의 현실 사회구조에 대한 저항이며, 강령 ②~④는 가부장권적 구습에 의한 전통적인 여성차별과 억압에 대한 도전과 극복이며, 강령 ⑤~⑦은 여성에 대한 경제적 불이익으로서의 차별을 논한 것이다. 이 중 ④의 "인신매매 및 공창폐지"는 사회주의적인 경제적 성차별론에 의한 것이다. 독립된 경제활동을 할 수 있는 교육도 훈련도 없는 여성들은 자신의 몸을 성상품화할 수밖에 없다는 것이다.

(3) 근우회 활동과 그 성격

근우회 지회는 국내외의 약 60여 개처에 조직되었다. 지회활동은 근우회의 조직확대로서의 활동이므로 근우회의 성격을 보다 분명히 밝히기 위해서는 근우회의 지회활동을 중심으로 살펴야 한다.[100] 각 지회의 중요사업을 활동별로 분류하면 ① 여성의식향상을 위한 강연회와 토론회, ② 회원 모집 및 회원간 친목을 위한 야유회·체육대회 및 擲柶대회 등, ③ 여성의 기술교육을 위한 강습회, ④ 학교기부금이나 어려운 동포구제를 위한 음악회 등의 사업, ⑤ 문맹퇴치를 위한 부인 야학 등이다.

가. 강연회·토론회

강연회 및 토론회의 주제는 '조선여성운동의 현실과 그 방침', '조선여자의 지위향상과 단결', '생의 비결', '여성운동의 금후', '근대 여성운동의 두 가지 조류', '현단계의 부인운동', '경제사관에 나타난 여성의 지위변천과 현과정에의 그 비판', '가정불화의 원인은 남자에게 있는가 여자에게 있는가', '모성에 대한 편감', '여성으로 본 현사회', '조선여성문제의 당면문제', '여성운동의 급

---

100) 朴容玉, 〈槿友會의 女性運動과 民族運動〉(《韓國近代民族主義運動史硏究》, 一潮閣, 1987), 292~294쪽.

선무', '여성운동의 목표', '금일의 조선여성', '조선여성의 임무', '현대사회와 여성의 지위', '남녀평등', '여자교육', '재만조선인의 경제에 대하여', '재만조선인은 신의로 단결하라', '실업장려' 등이다.

이상의 강연회 및 토론회의 제목을 검토하면 여성해방운동이 진행되어야 하는 역사적 원인과 경과 및 한국여성운동의 현상, 앞으로의 방향이 주요 주제였다.

나. 야유회・체육대회・척사대회

한국유교문화의 전통은 여성에게 규문칩거를 강요하였다. 그러므로 한국여성운동을 실현키 위한 첫째 과제가 여성들로 하여금 그 규문을 벗어나게 하는 것이다. 19세기 말~20세기 초 여성개화를 주장하였던 개화주의자들도 여성개화의 첫째는 규문을 개방하고 내외법을 폐지하는 것이라고 하였다. 아울러 대다수 여성들은 단체훈련이 부족할 수밖에 없었다. 1928년 1월 1일자 《동아일보》에는 각계 여성지도층 인물들의 〈新年新氣焰〉을 게재하였는데, 여기서 황신덕은 여성에게 단체훈련이 부족하고 또 여성들이 경제적・정치적・성적으로 극도의 압박을 받고 있으므로 이에 대한 반항의식이 있어야 하는데 전혀 없는 것이 우리 나라 여성운동의 문제점이라고 지적하였다.

회원모집 및 친목과 단체훈련을 겸한 척사대회・단오절의 그네뛰기・운동경기대회・원유회・간친회 등 20항 중에서 원유회가 가장 많은 11항이다. 각 신문사 및 여성단체에서 행하였던 부인견학단과 더불어 원유회는 가장 널리 실시되었던 일제하 우리 나라 여성해방운동의 한 방편이었다.

다. 기술강습회

태화여학관・조선여자기예사 및 신문사 등에서는 양복의 재단・재봉법・서양 자수의 강습 및 편물강습 등을 행하여 여성의 경제적 자활력을 키워주며 동시에 생활개선에 이바지하게 하였다. 전주지회에서 지회설립 첫 사업으로 편물 무료강습을 개최하였고, 대구에서 1930년 5월에 2주간에 걸친 자수강습회, 강릉지회의 수예강습이 있었다. 또 마산지회에서는 1929년 5월에 염색강연회가 있었다. 여성에게 실익을 주는 이같은 강습회는 다른 지회에서는 거의 행하여지지 않고 있었던 점에 주목하지 않을 수 없다. 즉 근우회운동이 이념적 여성해방운동에 치중된 때문이라 생각된다.

라. 음악회

1928년 11월 10일 평양지회에서 행한 음악회는 운영난에 허덕이는 崇賢학교의 기부금을 마련하기 위한 것이었으며, 청진지회에서는 관북수재구제금을 마련하기 위해 음악회를 개최하였다. 1929년 3월에 신의주지회에서 음악회를 행하였고 같은 해 추석을 기하여 영흥지회에서 음악가극제를 개최하려다가 경찰의 제지로 금지된 바 있다. 이같은 음악회는 동포애의 발양과 더불어 신음악을 이해하는 데도 적지 않은 공헌을 하였다.

마. 야학

1927년 이전의 여성운동은 문맹퇴치를 위한 야학운동이 전부였다 해도 과언이 아니다. 각 지방의 교회와 청년회에서 야학을 설치하여 문맹 부녀자에 대한 단기교육으로 큰 성과를 거두었다. 좌파 여성들은 문맹퇴치가 우리 나라 여성운동의 전부일 수 없음을 이미 신랄히 비판하고 여성의 이중삼중의 압박상을 새로 인식하고 이 압박으로부터 해방되기 위한 투쟁의식을 진작, 고양하는 것이 근우회운동의 목적임을 주장하였다.

그러나 현실적으로 농촌부인 및 도시 근로층 부녀의 대다수가 문맹이었으므로 문맹퇴치를 위한 야학운동은 여전히 절실한 것이었다. 1930년 대회에서 종래 여성해방운동을 비판하고 문맹퇴치운동에 역점을 두어야 함을 의결한 것도 이같은 우리 나라의 현실적 정황을 잘 반영한 것이다. 이것은 또 여성의 인간답게 살 권리를 갖게 하는 것이었다.

60여 지회 중 야학운동을 한 지회는 불과 몇 개에 지나지 않았던 것은 1927~1930년의 근우회 운동의 이같은 방향 때문이었다고 생각된다. 야학을 실행한 지회는 김천·담양·명천·김해·진주·영흥·간도·군산 등의 지회뿐이었다.

이상에서 각 지회의 보편적인 사업활동 중 중요한 것만을 추려 언급하였다. 이밖에 지회의 특성에 따른 특수활동을 하였던 점들에 대해서도 주목하지 않을 수 없다. 최고급 지식여성들로 조직된 동경지회의 경우 1928년 2월 20일 신간회 전국대회를 금지한 데 대하여 일본의 다나카(田中)수상과 조선 총독에게 엄중한 항의를 한 것, 또는 軍威 등의 부인직업소개소의 설치운동, 동경·원산 등 지회의 사회주의운동으로 검속 중에 있는 회원가정의 방문 및 여공파업에 대한 개입 등이 그것이다.

(4) 근우회의 해소

근우회와 같은 목적, 같은 이념의 운동을 추진하는 신간회의 제반 움직임은 근우회에 직접적인 영향을 미쳤다. 신간회는 1931년 1월에 이미 利原지회에서 해소를 결의하였다. 신간회 해소는 다른 지회에 급속히 파급되어 갔다. 근우회의 해소론은 단천·북청에서 처음으로 시작되었으나 동조는 약하였다. 근우회 이원지회에서도 1931년 4월 15일의 제2회 정기대회의 의안 토의사항에서 해소문제가 처음으로 크게 논의되었으나 그 문제를 전국대회 때까지 보류하기로 합의하였다.

근우회 해소론은 처음에 지회에서 일어났다. 최초로 해소를 결의한 신의주 지회는 1931년 3월 31일 제4회 정기대회에서 "기설 운동단체 해소문제로 근우회운동도 조선 노력부인의 전적 해결을 주기에는 부적당하다"[101]는 이유를 들어 해소를 결의하였다. 즉 근우회운동을 통해서는 계급투쟁적인 사회주의 여성운동의 목적을 달성하기 어렵다는 것이었다.

1931년 4월 25일 동래지회의 제4회 정기대회 토의사항에서도 해소문제가 논의되었다. 이 지회에서는 "해소는 운동전환의 중대문제인 만큼 당분간 보류할 것"을 결정하고, "금후는 노동여성운동 세력에 대한 강대책을 주 방침으로 세울 것"을 결의하였다.[102]

해소론이 비등하는 1931년에 들어서면서 지회 운동은 사실상 아주 약화되어 있었다. 경성지회조차 활동이 거의 중단되어 있었다. 평양·양산 등 몇 지회만이 근우회운동을 추진해 갔다.

---

101) 《東亞日報》, 1931년 4월 5일, 〈신의주지회〉.
102) 《東亞日報》, 1931년 5월 6일, 〈동래지회〉.

당시 해소를 극력 저지하였던 신간회 중앙집행위원장 金炳魯가 지적하였듯이 해소의 원인은, 코민테른(Comintern) 지령에 따라 움직이는 공산주의자의 책동과 더불어 조선총독부 경무국의 탄압 때문이었다. 일경의 계속된 탄압은 조직운동 경험이 약한 여성에게는 큰 위협으로 좌절감을 갖게 하기에 충분하였다. 근우회에 대한 일제의 탄압은 발기회·창립대회·발회식 이래 행사처럼 따라다녔다. 무장경관과 사복형사가 진을 치고는 축문·축사를 압수하고 의안토의를 금지시켰다. 집행위원회도 자유롭게 진행시킬 수가 없는 형편이었다.

1928~1930년에 걸친 근우회 연차 전국대회도 탄압으로 한 번도 제대로 진행된 일이 없었다. 1928년 5월 26·27 양일로 예정되었던 제1회 전국대회가 '의안의 불온'을 내세워 경찰 당국에서 집회허가를 내주지 않아 의안 없이 7월 14~16일에 걸쳐 임시대회 명의로 개최할 수밖에 없었다. 그 때 토의하기 위하여 작성된 의안은 ① 중심 슬로건, ② 反戰 결의, ③ 민족운동에 관한 결의, ④ 조직문제에 관한 결의, ⑤ 선전사업에 관한 결의 등이었다. 이 중 조직문제에 주력하여 중심 슬로건으로 '노동부인 동원 슬로건'과 '학생에 대한 슬로건'을 내세워 근우회운동이 전반적으로 사회주의 경향이 강하면서 또한 반일민족운동적 경향도 짙었는데,[103] 이점이 탄압의 초점이 되었다.

1930년 1월 항일민족주의적 학생운동에 근우회 간부가 조직지도에 관련되었다 하여 허정숙·정칠성·박호진·朴次貞 등을 체포·구금하였으며, 강아그니아 등도 공산주의 재건운동에 관련되어 체포·구금되었다. 근우회운동에 대한 일제의 지속된 탄압은 사회주의 여성운동에 동조하지 않았던 지회 운동까지도 힘을 잃고 소멸의 길을 걷지 않을 수 없게 하였던 것이다. 모든 여성운동이 근우회로 집중되었던 만큼 그 해소는 한국여성운동계에 심각한 타격을 주었다. 근우회 해소 이후인 1930년대 여성운동은 일제의 조선민족 말살정책의 강력한 추진 속에서 여성의 자질을 향상시키고 진정한 여성해방을 추구하는 성격의 여성운동은 점차 존재하기 어렵게 되었다.

〈朴容玉〉

---

103) 金俊燁·金昌順, 《韓國共産主義運動史》 IV, (高麗大出版部, 1973), 74~82쪽.

4. 형평운동

衡平社는 白丁의 신분해방과 평등사회의 건설을 목표로 1923년 4월 창립되어 1930년대 중반까지 활동한 단체이다. 형평사 활동의 전기간 동안 운동의 기본적 지향점이 백정의 신분해방과 평등사회를 건설하고자 하는 것이었지만, 이것을 단순히 백정이라는 특정 사회집단의 신분해방이라는 관점에서만 파악하려 한다면 이 운동의 역사적 성격을 바르게 이해할 수 없다. 신분해방운동의 성격과 함께 1920~1930년대 우리 사회를 지배하던 이념과 식민지 지배구조라는 시대적 특수상황에 대한 인식의 바탕에서만 이 운동에 대한 올바른 이해가 가능하다.[1]

1) 형평사의 창립배경

백정은 고려시대에는 일반 백성을 의미하였다. 그런데 조선시대에 들어와 북방계 유목민 출신으로 떠돌아다니면서 사회불안을 일으키고 있던 禾尺과 才人이 문제가 되자 이들을 양인 취급하였으나, 身役으로서의 군역을 의무화하지 않음에 따라 양인들과 구별하여 백정이라 부르게 되었다.[2]

조선왕조는 이들에 대해 적극적인 동화정책을 시도하였으나 원래 영농민족이 아니었던 그들을 완전히 영농민으로 정착시키기는 어려웠다. 유목민 출신으로 육류를 주식으로 하였던 백정은 수렵만으로는 음식을 조달할 수 없

---

1) 형평(사)운동에 관해서는 다음이 참고된다.
金義煥, 〈日帝治下의 衡平運動攷〉(《鄕土서울》 31, 서울特別市史編纂委員會, 1967), 51~90쪽.
金昌順·金俊燁, 《韓國共産主義運動史》 二·三卷(高麗大學校 亞細亞問題硏究所, 1969·1973). 이 책들은 1986년 청계연구소에서 복간하였다.
형평운동 70주년 기념사업회, 《형평운동의 재인식》(솔출판사, 1993).
김중섭, 《형평운동연구》(민영사, 1994).
高淑和, 《日帝下 衡平社 硏究》(이화여대 박사학위논문, 1996).

2) 姜萬吉, 〈朝鮮白丁考〉(《史學硏究》 18, 1964), 491~526쪽.

어 자연히 가축을 도살하였으며, 나아가 전문적인 도살업자로 발전하였다. 또한 유목민적인 생활의 연장으로 초원지대를 따라 전전하던 그들은 늪지에 흔한 풀이나 나무를 생활방도로 이용하였으니, 곧 柳器를 만들어 판매하였으며 屠殺業·獸肉商과 함께 그들의 대표적 직업이 되었다.

이리하여 그들의 직업은 특수화하였고 생활권도 달랐으며 자연히 사회적인 대우와 위치도 엄격히 구분되었다. 이들은 법적으로 無籍者일 뿐만 아니라 거주의 제한을 받았고, 사회적으로는 관혼상제나 의식주 등에서 일반민과 다른 처우를 받는 등 비인도적인 역사를 살아왔다.[3)]

백정들은 이러한 봉건적인 차별구조에서 벗어나기 위해 일찍부터 많은 노력을 하였다. 이러한 노력은 개항 이후 자유평등을 내세우는 서구문물이 들어오고 이미 여러 방면에서 사회·경제적 변화로 흔들려가던 봉건적 사회체

---

3) 백정은 無籍者로서 백성의 자격이 없었다. 역대 법전 어디에도 取締上의 규정 이외에는 이들의 신분을 규정하는 조항이 없었다. 따라서 入學·科擧를 포함한 일체의 公權을 향유하지 못하는 것은 물론이고 병역이나 납세의 의무도 부과되지 않았다.
일상생활에서도 여러 가지 제한이 가해졌다. 기와집에 거주하는 것, 명주옷·笠子·網巾·宕巾·가죽신 등의 착용을 금지하는 한편 외출시에는 蓬頭難髮에 平凉子를 착용토록 강제되었다. 일반인 앞에서 흡연·음주가 금지되었고, 집안에서의 향연도 금지되었다. 관혼상제에서도 차별을 받아 상여를 사용하지 못하였고 묘지도 일반인과 같은 지역에 混在하지 못하였다. 혼인에도 말이나 가마 등을 사용하지 못하였고 여자는 결혼초부터 結髮을 금하였으며, 家廟도 엄금하였다.
교육에도 많은 제한이 행해져 근대적 교육제도가 도입된 구한말에도 구식 서당의 교육은 물론이요, 신식 학교교육에서도 차별이 심하여 백정 아동의 배척 문제로 자주 분규가 일어났다. 사람들과의 교제에 있어서도 일반 어른에게는 물론 어린아이에게도 항상 복종하고 小人이라 칭하며 공경의 예를 행해야 했으며, 공공 집회장소에 허가없이 출입할 수 없었으며, 개인적인 용무로 일반인의 집을 방문할 때에는 문앞에서 禮를 행해야 했으며, 길에서도 일반인과 나란히 걸어 갈 수도 없었다. 특히 성씨와 이름의 사용에 차별이 심하여 성도 분명한 자가 별로 없었고 이름도 일반인과 구별되었다. 혹 성이 있을지라도 본관을 거의 알지 못하였고, 이름에는 仁·義·孝·忠 등의 글자를 사용하지 못하고 대개 乭·萬石·億石·武劍·小介 등과 같은 종류의 이름을 써야 했다. 이러한 경우를 벗어나면 극히 사소한 일이라도 마을 사람들이 합동하여 私刑을 가하는 경우가 허다하였다.
車賤者, 〈白丁社會의 暗澹한 生活相을 擧論하여 衡平戰線의 統一을 促함〉(《개벽》, 1924년 7월호), 42쪽.

제가 한층 급속히 와해되어 가면서 더욱 증가했을 것이다.

본격적으로 신분제도에 대한 차별 철폐요구는 1894년에 시작된 동학농민전쟁시 동학농민군이 全州和約을 즈음해서 정부측에 제기한 弊政改革案 12조 가운데에 나타나 있다.[4] 이후 이 폐정개혁안 12조를 반영하여 개화파 金弘集 內閣時에 행해진 갑오개혁에서 조선시대의 신분제도는 법제적으로는 철폐되어,[5] 백정을 포함한 천민의 신분해방이 적어도 제도적으로는 이루어졌다. 그러나 이 의안은 단지 "驛人·倡優·皮工에게 免賤을 許한다"라고만 되어 있을 뿐 이들이 당시 받고 있었던 사회적 제약이나 차별대우 등에 대해 구체적인 해결방법을 제시한 것은 아니었다. 따라서 갑오개혁 이후에도 천민에 대한 사회적인 억압이나 통제는 여전히 계속되고 있었으나[6] 갑오개혁 의안으로 해방되었다고 하는 깨달음은 백정들로 하여금 어떠한 형태로든지 사회적 차별에 대항하였던 것이다.

2) 형평사의 창립

(1) 형평사의 창립 과정

형평사는 백정들에 대한 차별적 대우를 단체의 힘으로 철폐하려는 목적으로 조직되었고, 그 직접적인 기폭제가 되었던 것은 백정들의 교육에서의 차별문제였다.[7] 그리고 이러한 백정의 교육운동은 전반적으로 1900년대와

---

4) 폐정개혁안 12조 가운데 신분에 관련된 조항은 다음과 같다.
一. 노비문서는 燒却할 事.
一. 七班賤人의 대우는 개선하고 白丁頭上의 平壤笠은 脫去할 事.

5) 宋炳基·朴容玉·朴漢卨 編,《韓末近代法令資料集》Ⅰ(국회도서관, 1970), 14~20쪽.

6) 예를 들면 1896년 9월 〈호구조사규칙〉이 반포되어 일반인과 마찬가지로 戶籍이 만들어져 등재되었다고는 하지만, 이들은 승려와 함께 별도로 호적이 작성되었으며, 또 직업을 '屠漢'이라고 기재하여 백정신분을 그대로 드러내게 하고 있었다.

7) 隆熙 3년(1909) 6월17일 內務警務局長 宋井茂이 統監 曾彌荒助에 보낸 보고서를 보면, 당시 백정에 대한 교육차별이 심각하여 백정들은 자제 교육을 위해 예수교에 귀의할 정도였다.
國史編纂委員會 編,《統監府文書》8(國史編纂委員會, 1999), 390쪽, 〈晋州에 있

1910년대에 행해졌던 부르주아적 교육운동의 조류에 속하였다. 이것은 형평사 창립을 주도한 인물들이 백정중에서도 자산가와 일부 선진 지식인이었다는 것과 연관된다.[8)]

형평사 창립대회는 1923년 4월 25일 晋州의 大安洞에서 회원 80여 명이 참가한 가운데 개최되었다. 먼저 형평사 趣旨書(主旨)와 社則을 채택하였다.

> 公平은 사회의 근본이고, 愛情은 인류의 本良이다. 그런고로 我等은 계급을 타파하고 모욕적 칭호를 폐지하며 교육을 권장하여 우리도 참다운 인간이 되기를 期함이 本社의 主旨이다(《조선일보》, 1923년 4월 30일, 〈晋州에 衡平社發起〉).

위와 같은 형평사 주지라든가, '본사는 계급타파·모욕적 칭호폐지·교육권장·상호의 친목을 목적으로 한다"는 형평사 社則 제3조, 이것이 바로 당시 형평운동의 목표를 단적으로 나타내고 있는 것들이다. 같은 인간으로서의 평등과 해방 이것이 창립시부터 줄곧 형평사의 가장 중요한 목표였다.

그리고 구체적인 실천운동으르서 야학·강습소의 증설, 신문·잡지의 구독, 강연 등을 통하여 스스로의 개발을 도모하기로 하였고, 酒色·賭技·풍기문란의 금지, 근검절약을 통한 스스로의 정화 그리고 사원간의 상호부조를 결의하였다. 이렇게 형평사는 창립시 우선의 당면목표를 계급타파·교육권장·사원 상호간의 친목에 둔 사회개혁운동의 일환으로 출발하였다.

이것은 1920년대 전반기에 조직된 단체들의 대부분이 그러했듯이 인권의 자유평등, 상호부조, 친목 및 단결, 품성의 도야, 지식계발, 기술보급, 근면저축의 장려 등을 표방하는 실력양성론의 경향을 반영하는 것으로 적어도 형평사 취지문이나 강령이라고 할 수 있는 주지나 사칙에서는 사회주의 이데올로기의 영향은 전혀 없었다고 하겠다. 이는 형평사 창립시 성격을 반영하

어서의 白丁出身 排斥 등으로 인한 脫敎者의 批難의 件〉.
한 형평사원, 〈나의 추억〉(《正進》 창간호, 1925년 5월), 32~33쪽.

8) 형평사 발기인 가운데 이학찬은 백정자산가였고, 강상호는 일반인으로 초대《동아일보》 진주지국장이었고, 신현수도 일반인으로 당시《조선일보》 진주지국장이었으며, 천석구는 일반인으로 진주 자작농회 간부였고, 장지필은 백정으로 日本 明治大學 중퇴의 학력을 가졌다 한다.

는 것이면서 동시에 실력양성론으로 대표되는 민족주의 계열의 이데올로기가 형평운동에 일정한 역할과 영향력을 행사하였음을 말해 주는 것이었다.

또 하나 주목되는 것은 사원자격을 백정만이 아닌 모든 조선인으로 하고 있는 점이다(社則 제4조). 이것은 창립과정의 사정을 반영하는 것이겠으나, 후에 운동방향과 조직상의 혼란을 초래하는 한 요인으로 작용하였다. 다양한 부류의 사람들－부유한 유산층 백정, 가난한 도부 노동자인 무산백정, 젊은 일반 선진 지식인들－은 각기 형평사에 참가한 동기와 목적이 달랐으며, 따라서 운동 전개과정에서 내부 분화를 초래하게 되었다.

(2) 형평사 창립에 대한 사회의 반응

형평사가 창립되자 당시 각 언론기관과 사회단체에서는 깊은 관심을 가지고 격려하였다.[9] 이들의 지지 형태는 아직도 존재하는 백정차별에 대한 일반 사회의 각성을 촉구하고, 인도주의적인 형평운동에 대한 지지와 후원의 표명이었다. 그리고 이후 계속하여 형평사 활동을 논하고 각지의 형평지분사 결성 상황을 자세히 보도하는 등 적극적인 지원역할을 하였다.

또한 당시의 대표적인 잡지인 《개벽》은 형평운동이 막연히 백정들의 인권해방에만 머무를 것이 아니라, 그 목표는 궁극적으로 계급해방에 두어야 한다는 것을 강조하고 있는데,[10] 이것은 당시 사회주의자들의 형평운동에 대한 인식을 나타낸 것이라고 볼 수 있다. 그리고 이러한 사회주의자들의 인식을 자신들의 운동논리로 받아들인 형평운동자들은 앞으로의 운동 전개과정에서 운동 노선을 둘러싼 갈등을 야기하였다.

특히 각지의 형평지분사 결성과정에서는 노동공제회 혹은 청년회의 후원 아래 조직되는 경우가 적지 않았다. 이들을 통해 형평운동과 다른 사회운동이 자연스럽게 이어지게 되는 측면도 있었을 것이다. 그리하여 이들의 지원으로 형평사는 한 지역내에서 사회운동 단체의 일원으로 공인받고 자리잡아

---

9) 《동아일보》, 1923년 5월 18일, 〈衡平運動의 意義〉.
《조선일보》, 1923년 5월 3일, 〈衡平社의 奮起〉.

10) 〈형평운동을 위하여〉(《개벽》, 1923년 6월호), 59~60쪽.

가게 되었다.

형평사 창립에 대해 특히 노동단체·사상단체·청년단체들이 관심을 가지고 적극적인 지지를 표명하고 있는데, 이것은 이들 운동단체들이 형평운동을 자신들의 운동과 동일한 계급운등으로 파악하고 있다는 것을 말한다 하겠다. 따라서 형평운동의 독자성－백정에 대한 차별학대는 봉건적인 인습의 소산물로 노동자에 대한 자본가 계급의 착취와는 구별되는 것임에도－을 간과한 채, 그것을 무산계급운동의 일반으로 지도하려 했고 이것은 앞으로의 형평운동의 방향에 많은 영향을 미치게 되었다.

3) 형평사의 분열과 그 극복

(1) 형평혁신동맹의 창립

1924년 2월 10·11일 양일에 진주 형평사 주최로 衡平社全朝鮮臨時總會가 부산에서 개최되었다. 이 총회는 진주에서 형평사가 창립된 후 각지에서 결성된 지방형평사(支社·分社)를 전국적으로 규합한 최초의 대회로서 그 의의가 컸다. 그런데 이 대회에서 본사 이전문제를 둘러싸고 심한 의견 대립이 있었다.

결국 이 문제는 제2회 정기총회로 넘기기로 했으나, 본사의 서울 이전을 주장했던 張志弼·吳成煥(형평사 충남지사장)의 주도로 衡平社革新同盟이 결성되기에 이르렀다. 4월 25·26일 양일에 서울에서 형평사 창립 1주년기념식을 겸하여 형평사혁신동맹대회를 개최하여 衡平社革新同盟總本部를 정식으로 선언하였던 것이다.

그런데 같은 날 대전에서는 진주의 형평사본부가 주최한 형평사 창립 1주년기념 전국형평사대회가 열리고 있었다. 창립 후 겨우 일년만에 형평사는 분열상태에 빠진 것이다.

이 분열은 단지 본사이전 문제를 둘러싸고 일어난 대립에서 기인된 것은 아니었다. 분열되는 과정에서 표견화된 문제는 본사간부 불신임 문제나 본사이전 문제였지만, 혁신동맹은 창립하면서 슬로건으로 "일체 계획을 혁신하여 형평운동은 계급의식을 충분히 가진 철저한 분자만으로 사업을 진행해야 한다", "형평운동은 백정계급 자신의 행동에 의해 절대적인 해방을 도모할 일" 등을 내걸었다.[11] 일본 유학의 경험을 가진 장지필 중심의 혁신동맹이 사회주의적 운동노선을 지향하려고 하는 반면에, 강상호 등의 본사측은 이에 반대하였다.

즉 백정들의 인권해방을 위한 형평운동은 다른 계급운동과 긴밀히 결탁하여 계급운동의 일환으로 추진해야 한다는 입장과, 총단결하여 인권해방운동에만 힘을 기울여야한다는 입장으로, 사회주의적 운동노선을 지향하는 입장과 개량주의적 입장의 강온 양론을 반영하는 것이었다. 동시에 이 두개의 조류는 사상적으로 대립될 뿐만 아니라 경기·강원·전라도 지역을 세력기반으로 하는 무산백정 중심의 세력들은 전자에, 경상도를 기반으로 하는 비백정 일반인 혹은 부유한 백정 중심의 세력들은 후자에 각각 속하여 지역적·계층적 대립의 양상을 나타냈다.

각 지방마다 그 지방의 백정이 겪는 차별은 서로 달랐을 것이고 더욱이 산업화와 도시화 과정에서 일어난 변동은 지역에 따라 달랐으며 또한 그것은 지역적인 연대감을 강하게 하는 동시에 지역에 따라 차별에 반대하는 조직이나 전략이 적절한 형태로 발전된 것을 의미한다고 하겠다.

진주본사의 지도자는 부유한 백정과 선진적인 일반 지식인들이었고, 이들은 백정의 불평등한 사회적 대우를 부각시키며 인권운동으로서의 형평운동을 강조하였다. 그들은 백정에 대한 사회적 차별철폐와 지위향상을 위하여 사원들이나 그 자녀들의 교육과 계몽에 치중하였다. 반면에 경성의 혁신동맹의 지도자는 대부분 백정출신 지식인들이었다. 이들도 인권과 교육문제에 대해서는 진주본사와 비슷한 입장이었으나 사원들의 생활문제에 대해서는 입장이 달랐다. 진주본사에서는 회사설립을 통하여 생활이 어려운 사원을 돕는다고 생각하였을 뿐 백정들의 전통산업 문제를 심각하게 인식하지는 않았다. 이와 달리 경성측은 사원들의 생활문제를 심각하게 인식하여 그 해결책을

11) 《동아일보》, 1924년 5월 23·24일.
《조선일보》, 1924년 5월 22일.

모색하였다. 예를 들면 혁신동맹창립총회에서는 피혁공장 설립을 계획하였다. 또 전국 조직을 활용하여 피혁제품의 공동판매제를 도입하려고 하였으며, 고기값 통제권한을 사원들이 획득하여 지역간의 가격 차이를 없애 이익 감소를 줄이려고 하였고, 일본인 단체나 관청 관할인 도살장을 사원들이 직접 경영하도록 노력하였다. 경제문제에 있어서 경성측은 진주본사보다 분명히 진보적이었다. 이런 점에서 진주측은 온건, 경성측은 진보로 불리울 수 있을 것이다. 그렇기 때문에 진주측에서는 서울의 지도자들의 배후에 불순한 사회주의 집단이 있으며 그들이 형평운동의 분열을 조장한다고 의심하였다. 실제로 서울측은 다른 사회운동단체와 우호적인 협력관계에 있었으며 그 가운데 일부는 사회주의 경향이 농후하였다.

주지하다시피 3·1운동 이후 전국 각지에서는 민족적 신생운동을 부르짖으며 실력을 양성하고 운동을 훈련하는 단체들이 우후죽순처럼 일어났다. 이들 단체들은 대부분 운동의 구체적 내용으로서 교육과 학문을 들고 특히 이를 강조한다는 점에서 애국계몽운동의 맥락안에서 제기된 것이고, 이후 민족주의 계열의 실력양성론으로 이어졌다.

1920년에 들어가면 서서히 민족주의자와 사회주의자들 사이에 분립운동이 진행되기 시작하였다. 뿐만 아니라 이와 동시에 사회주의들과 일정한 측면에서 연관관계를 가지고 있었던 급진 자유주의자들과 사회주의자 사이의 분화도 진행되었다. 그리하여 1922년 무렵부터 재래의 실력양성과 상호부조적 단체에 대신하여 사회주의자들은 무산계급의 해방을 목표로 하는 신단체들을 독자적으로 조직하였으며, 이와 아울러 재래의 단체들도 무산계급적 운동의 색채를 농후하게 띠기 시작하였다.

이리하여 1922년 하반기 또는 1923년 상반기, 지방에 따라서는 이보다 다소 늦은 1924년이나 혹은 그 이후를 경계로 하여 민중운동의 주류는 확실히 사회운동 방면으로 방향을 전환하였다고 볼 수 있다. 그리고 이와 같은 사회운동계의 이데올로기 변화과정이 그대로 형평사에도 반영되어 형평사혁신동맹의 분립으로 나타났다.

(2) 조선형평사중앙총본부로의 합동

형평사는 창립 이후 조직이 급속히 확산되었지만, 곧 이어 앞으로의 전략이나 그 이론적 바탕에 대하여 열띤 논쟁이 벌어졌다. 이 논쟁은 이론적 차이가 무엇인가 분별하기 어려울 정도로 지역적 대립과 혼재하여 일어났기 때문에 그 논쟁의 중요성이 때때로 흐려지기도 하였다. 그러나 그 논쟁의 과정에서 중요한 쟁점을 찾아 볼 수 있다. 즉 차별은 봉건적 잔재인가. 자본주의와 식민통치구조가 결합된 부분인가. 사회주의가 그것을 없애줄 것인가. 이 운동은 누구와 연합하고, 그 연합은 어느 정도 밀접해야 하나. 이 운동은 전체사회에서 자신들의 공동체가 인정받아서 사회주류에 완전히 동화되기를 요구해야 하나, 아니면 단순히 사회가 더 관용을 가질 것을 요구해야 하나. 이러한 쟁점은 전 형평운동 과정에서 끊임없이 제기되는 문제였으며 이러한 운동노선상의 논쟁은 자신들을 위해 일으킨 형평운동을 계속 분열시키는 쟁점이 되었고 그 첫 번째가 형평사혁신동맹의 분립이었다.

형평사는 창립된지 1년도 못되어 분열되어 각각의 전국대회를 개최하고, 상호 비방하며 독자적으로 활동하자, 이에 대한 반성과 두 단체의 합동을 추진하는 움직임 또한 활발하였다. 그리고 분열상태가 계속되는 동안에도 백정에 대한 차별사건은 더욱 다양하게 일어났으나,[12] 차별사건에 대해 분열상태의 형평사가 효과적인 대응을 할 수 없었음은 당연했다. 이렇게 되자 지방의 지분사와 차별에 대응해 싸우던 일반 형평사원들은 양파에 적극적으로 통일을 촉구하고 나섰다.

12) 5월에 水原에서는 형평사원이 말씨가 무례하다고 하여 집단폭행을 당하고(《동아일보》, 1924년 5월 26일, 〈衡平社員의 憤起〉; 5월 28일 〈在京衡平社員 水原에 出張〉), 慶南 進永에서는 장날에 차별발언을 한 상점주와 말다툼을 한 형평사원을 수십 명의 행상이 뭇매를 때리는 사건이 일어났다(《동아일보》, 1924년 5월 17일, 〈衡平社員과 爭鬪〉). 또 7월에는 충남 천안군 笠場面의 사립 보통학교에서 백정자제를 퇴학시킨 것을 계기로, 형평사와 학교 학부형간의 대립이 약 한달반이나 계속되었다(《동아일보》, 1924년 7월 18일, 〈白丁子弟의 退學問題〉; 7월 21일, 〈笠場普通學校와 白丁子姪의 退學〉; 7월 23일, 〈警官監視下에 學契員 學父兄大會〉; 8월 1일 〈天安笠場事件의 根本的 解決을 圖謀〉; 朝鮮總督府官房文書科, 《朝鮮の群衆》 조사자료 16, 1926, 191~195쪽; 金義煥, 앞의 글, 69~72쪽).

또 당시 지원세력이었던 사회운동단체들의 압력으로 양파는 1925년 4월 24·25일 경성에서 개최된 제3회 전국대회(전조선형평대회)에서 합동을 결의하기에 이르렀다.

그런데 이 대회의 초두에 일시적인 혼란이 있었다. 그것은 1925년 4월 20일부터 개최 예정이었던 火曜會 주최의 全朝鮮民衆運動者大會[13]의 참가여부를 둘러싸고 일어났다. 형평사중앙총본부는 발기단체의 하나로 이 전조선민중운동자대회 참가를 적극 찬성했으며, 진주·김해·평양 등 17개 형평 지분사도 참가를 표명했다. 그러나 이에 대해 화요회와 대립하고 있던 서울青年會가 주최한 全朝鮮民衆運動者反對全國聯合大會에 전주를 위시해 김제·강경 등 12개 형평 지분사가 참가를 표명해 총본부의 방침에 반대하는 움직임을 보였다.

이 문제는 "금후는 형평사 내부의 결속에만 노력하고 타 사회운동문제에는 적당한 시기까지 관여하지 않는다"는 결정으로 일단 해결을 보았다.

그러나 이것은 이제 형평사가 사상적인 갈등속에서 독자성을 유지하기가 어렵게 되었으며, 일반 사회운동과의 제휴문제가 당면문제로 부각되고 있었음을 보여주는 것이었다.

《동아일보》는 이 제3회 전국대회에 관한 논평에서 "형평사와 청년·노동·농민단체와의 제휴문제, 민족문제와 계급문제에 관한 형평사의 방침이 어떠한가, 이것이 바로 형평사로서는 제일 긴급 필요한 일"이라고 강조하고 있다. 이것은 이제 형평사가 백정에 대한 불평등한 사회적 대우의 차별철폐 운동에만 머물러 있을 수 없게 되었음을 나타낸 것이었다.

---

13) 전조선민중운동자대회는 일제에 의해 사전 금지되었는데, 대회금지의 구실이 되었던 토의내용중에서 형평운동에 관한 건만 적어보면 다음과 같다.
〈형평운동에 관한 보고 및 의안〉
① 형평운동의 근본방침 및 전국면에 관한 건.
② 차별대우에 대한 태도에 관한 건.
③ 형평사원 교양에 관한 건.
④ 기념일에 관한 건.
⑤ 기타.
金俊燁·金昌順, 앞의 책(1969), 273쪽.

또 《開闢》 評壇에서는 전체 백정의 완전한 해방은 무산계급운동을 통해서만 가능하다는 주장을 펴고 있다. 형평사의 내부에는 소수의 백정자본가·중산계급과 대다수의 무산백정이 존재하기 때문에, 그 운동이 분열되어 자본가·중산계급은 시민계급으로 가고, 무산백정은 무산계급운동까지 발전하지 아니하면 사실상의 무산백정의 해방은 성취되지 않는다는 것으로, 형평운동의 독자성을 간과한 채 무산계급운동의 일반으로 파악하고 있었다.

주지하는 바와 같이 1923년경부터 새로이 대두된 각 사회운동은 1924년에 들어와 더욱 광범위하게 전개되었다. 4월에는 노농단체·청년단체의 전국조직인 朝鮮勞農總同盟과 朝鮮青年總同盟이 창설되었다. 그런데 조선노농총동맹은 4월 20일의 임시대회에서 "형평운동을 원조하는 일"을 결의하였고, 조선청년총동맹도 4월 24일의 임시대회에서 "형평운동을 계급전선에 인도함과 동시에 원조할 것"이라는 주목할만한 결정을 했다. 또한 동년 11월에 조직된 사상단체 北風會의 강령중에서도 노농·청년·여성운동과 함께 "형평운동의 지원과 계급적 훈련"이 명문화되어 있었다.[14] 이러한 사회운동계의 움직임은 형평사가 사회운동단체 혹은 그 집회에 참가하는 계기가 되었다. 김제·진주 양 형평청년회가 조선청년총동맹에 가입한 일, 1924년 6월에 일제의 언론탄압에 항의하는 言論集會壓迫彈劾會에 형평사 혁신동맹이 참가하고 있는 것 등에서 엿볼 수 있다. 특히 후자는 일제의 통치정책에 적극적으로 반대 의지를 표명한 것으로 특기할 만하다. 이러한 형평사의 움직임은 부분적인 것이었으나, 확실히 운동의 일보전진인 것으로 사회운동 민족해방운동의 접근이라는 점에서도 중요한 의미를 갖고 있었다.

그리하여 분열상태의 양파가 회동한 전국적 규모의 이 제3회 전국대회에서는 형평사와 타사회운동 단체와의 제휴문제가 실제문제로 부각되었다.

또 하나, 이 제3회 전국대회의 중요한 의의는 처음으로 사원의 생활문제가 중시되고 있는 점이다. 구체적인 실천방안과 그 투쟁과정은 잘 알려져 있지 않지만, ① 도수장에 관한 건, ② 수육판매에 관한 건, ③ 우육건조에 관한

14) 金俊燁·金昌順, 위의 책, 40·96~97·145쪽.

건, ④ 도부요금에 관한 건, ⑤ 야태박살에 관한 건 등이 토의되었다. 그리하여 제3회 전국대회 이후 사원들의 생활문제를 둘러싼 투쟁은 더욱 활발해지게 되었다.15)

이와 같이 대립되었던 양파가 회동한 제3회 전국대회 이후, 형평운동은 새로운 단계로 발전해 나갔다. 통일의 회복으로 형평사의 조직도 더욱 확대해 나갔다. 별동기관으로 각지에 형평청년회가 조직되고 그 중앙기관으로서 12월에는 衡平社青年總聯盟이 결성되어 사회주의적 강령을 내걸었다. 또 아동교육을 목적으로 하는 衡平學友會가 8월에 조직되어 각지에 권학단을 파견하였다. 형평여성단체도 조직되었고, 논조가 과격하다하여 곧 발금처분을 당했지만 기관지 《世光》도 발행하였다.

4) 형평사의 조직

형평사의 조직은 크게 서울의 中央本部와 각 지방의 支分社로 구성되었다.

중앙본부에는 총회(전국대회)에서 선임된 중앙집행위원회가 있어 이를 중심으로 형평사의 각종 사업을 논의 결정하므로 동위원회는 의결기구로서의 성격을 다분히 가지면서, 동시에 각종 사업을 집행·추진하는 실행기구이기도 하였다.

중앙집행위원회와 각 지방의 지분사와의 관계는 먼저 지분사 설립에 있어 중앙집행위원회의 인준을 받아야 하고, 지분사의 제적이나 복적의 권리를 가지고 있었으므로 형평사 전체를 통괄하는 기구였다. 또 지사와 분사는 활동

15) 安成에서는 4월28일에 수육판매조합이 결성되었고(《동아일보》, 1925년 5월 4일), 開城에서는 형평사원과 수육판매업자간에 도부요금 문제로 충돌이 생기자 동맹파업을 단행하여 屠夫事를 일체 거부하였다(《동아일보》, 1925년 5월 7·9일). 진주에서도 일반민의 購買組合이 형평사의 우육판매가격협정에 대항하여 조직되자 동맹파업을 결의하였다(《동아일보》, 1925년 5월 8·9일). 이후 전북 경북도지사대회에서도 피혁문제가 논의되었고(《동아일보》, 1925년 6월 14일, 7월 6일), 서울에서는 도부조합(형평사원)과 판매업자(일반민)가 대립하고 있었다(《동아일보》, 1925년 11월 23일). 이와 같은 상황에 대해 본부에서는 사원의 생활문제에 관한 조사를 위해 지방순회위원을 선출 파견하였다(《동아일보》, 1925년 12월 20일).

보고서를 본사에 제출할 의무와 전국대회를 비롯한 상급기관의 모임에 대표자를 파견할 권리를 가진다고 규정하였다.

이렇게 보면 형평사는 본사－지사－분사의 위계질서를 갖춘 전국적인 조직이었다. 그러나 각 지분사가 자율적으로 결성된 점으로 보거나, 중앙집행위원회는 총회를 통해 지분사의 건의안 등을 검토 처리할 수는 있으나 지분사 활동에 대하여 직접적인 간섭을 할 수는 없었던 점으로 보면 지분사는 자치적 성격을 갖고 있었다. 중앙기구로서의 집행위원회나 각 지분사의 운영면에서 볼 때 형평사 조직의 특성은 자율적 체제였다고 하겠다.

중앙집행위원회는 총회에서 선임되는 것이므로 그 인적구성이 매년마다 달라지며 또 집행위원회에서 구성하는 부서도 달라졌다. 그러므로 중앙집행위원회의 인적구성 및 부서의 변화는 형평사의 체제와 성격 변화를 가져왔다.

중앙집행위원들이 총회에서 어떻게 선출되며 동위원회의 부서 및 역원의 상황들과 중앙집행위원회가 다루었던 각 안건 및 그것의 집행 등은 바로 형평사 중앙본부의 활동 상황들이었다.

(1) 중앙본부의 조직

형평사는 사칙 제16조에서 “본사의 집회는 정기총회와 임시총회로 나누고 정기총회는 매월, 임시총회는 위원회에서 필요하다고 인정할 때에 이를 소집한다”고 규정하였다. 그러나 1923년 4월 25일의 창립총회 이래, 형평사는 1935년 제13회 전국대회에서 大同社로 개칭되기까지, 매년 4월 25·26일에 창립기념식을 겸한 정기적인 총회를 열었다. 그리고 필요에 따라 임시총회나 지방대표자회의 등이 열리었다.

형평사 전국대회는 형평사 전체 대의원들이 각 지사와 분사의 현안문제를 함께 논의할 수 있는 거의 유일한 기회였다. 따라서 중앙총본부에서 상정하였건, 지방의 지분사에서 제출하여 채택되었건 총회의 안건은 그 시기의 당면 문제를 총괄적으로 반영하였으며, 또 그 토의 결과는 각 하부 조직에 전달되어 활동 방향이나 활동 내용의 기본 지침으로 활용되었다.

형평사의 중앙집행위원회는 중앙집권적인 권위적 기구이기보다는 전국 각 지분사의 의견을 수렴하여 백정에 대한 차별철폐 운동을 전개하고, 백정의 경제적 이익을 옹호하고 형평사의 발전을 꾀하는 각종 사업의 기본방향을 의결하고 이를 집행 추진하는 협의체로서의 성격을 가졌다.

중앙집행위원은 총회를 통하여 선출되었다. 총회의 기능 중 가장 중요한 것이 바로 중앙집행위원의 선출이라 해도 과언이 아니다. 중앙집행위원이 선출되면 사업집행을 위하여 실무를 담당할 상무집행위원회를 구성하고, 조직 활동을 위한 부서를 결정하여 위원들을 각 부에 배속하였다. 최초의 5부서는 庶務部・財務部・外交部・教育部・正行部였다. 중앙집행위원회는 위원장을 중심으로 운영되지만, 일반적으로 본사의 집행위원에는 각 지방의 유력자들이 선출되었으며, 그 가운데 핵심지도자들이 다시 상무집행위원으로 뽑혔다. 그렇기 때문에 본사는 중앙집행위원, 더 구체적으로는 상무집행위원들의 집단 지도체제적인 성격을 띠고 있었다. 그리고 이들 집행위원과 상무위원이 누가 되느냐에 따라, 즉 집행위원회나 상무위원회의 인적 구성에 따라 형평사 사업방향 내지 운동노선도 달라질 수 있었다.

초기 형평사 집행위원의 면면을 보면 창립 당시 형평사는 백정 자산가와 지식인이 중심이 되어 조직되었음을 알 수 있다. 특히 신문기자들의 활동이 두드러졌다.

(2) 지분사의 조직

道에는 支社가, 郡・邑에 分社가 설치되었으며, 지사장과 지사집행위원이 위원회를 구성하여 지방의 문제를 처리하였다. 지분사의 조직은 총본부의 조직 형태를 그대로 축소시킨 형태였다.

분사는 총본부와 지사의 방침에 따라 운동을 진행시켰지만, 절대적인 구속력을 가진 것이 아니었으며, 자율적・독립적으로 운영되었다. 지사와 분사는 생활권을 중심으로 연결되어 있었기 때문에 지역에 따라서는 지사의 영향력이 본사보다도 더 컸던 것으로 생각된다.

전국 조직의 중심인 본사는 집간지도체제의 성격이 강한 반면, 기본단위 조직인 지분사는 일반적으로 지사장・분사장 중심의 단일지도체제를 택하고 있었다. 지분사장의 통제 아래 총무·재무·서기·회계 등의 업무 분담이 이루어졌지만, 실제 이러한 업무 분담이 얼마나 효과적으로 운영되었는지는 의문스럽다. 지방의 각 지분사에서 활동하던 인물들에 대한 자료는 거의 구할 수 없어 지방 활동가들의 지역별 성격이나 특색 등을 알 수 없지만, 대체로 그 지역의 백정사회에서 영향력이 있는 인물을 지분사장으로 선임하고 핵심적인 활동가들이 실무를 담당했을 것이기 때문에 업무 분담은 형식적일 뿐 실제로는 지분사 임원들이 집합적으로 참여하여 처리했을 것으로 짐작된다.

또 일부 분사에서는 평의원회가 별도로 조직되어 있었다. 평의원장과 평의원으로 구성된 평위원회가 구체적으로 어떤 기능을 하였는지 분명하지 않으나, 이런 기구를 통해 보다 많은 사람들의 참여를 유도했던 것은 아닐까 한다.

또한 총본부에서와 같이 고문 자리를 설치하여 운용하였다. 이 역할 역시 잘 알려져 있지 않으나, 자문을 구한다던가 또는 지역의 유력한 인사를 선임한 것으로 보아 형평사의 위상을 높이려는 의도로 마련되었던 것으로 짐작할 수 있다. 이들은 또한 형평운동과 사회운동계를 이어주는 역할을 맡았던 것으로 보인다. 이러한 인적 배경을 통하여 형평운동은 초기부터 다른 사회운동 단체들과 협력하였으며, 더 나아가 형평사가 좁은 의미의 백정 이익단체로 머무르지 않게 되었던 것으로 생각된다.

(3) 형평사 조직의 확대

형평사 각 지분사의 도별·연도별 숫자와 사원수는 다음 〈표 1〉과 같다. 형평사의 지사·분사의 설립과 활동상황은 형평사 활동을 자세히 보도하였던《동아일보》·《조선일보》·《중외일보》기사를 중심으로 살필 수 있다. 그러나 관헌자료에 나타나는 지분사가 신문기사에는 나타나지 않는 경우가 있으며, 설립이나 활동상황에 대한 소식은 알려지고 있지 않으나 사건이 기사화될 수 있는 문제, 예컨대 지분사원이 검거되어 재판에 회부되는 일이 일어났을 때에야 그 지분사의 존재가 드러나는 경우도 있다.

〈표 1〉 형평사 도별·연도별 지분사수와 사원수

연도 \ 도		경남	경북	전남	전북	충남	충북	경기	강원	황해	평남	평북	함남	기타	계	전년대비
1923	지분사수	19	12(15)	7	7	17	8	2	5		1	1			80	
	사 원 수															
1924	지분사수		(17)												83	+3
	사 원 수															
1925	지분사수	23	11(23)	7	10	18	8	6	7	3	2		4		99	+16
	사 원 수															
1926	지분사수	20	25(24)	11	23	24	9	11	12	4	1		5		147	+48
	사 원 수	1,080	2,038	400	1,356	1,758	267	252	431	75	1	1	39			
1927	지분사수		(22)												150	+3
	사 원 수															
1928	지분사수	28	22	6	30	31	8	14	17	1		2	5	2	153	+3
	사 원 수	1,492	1,490	238	1,135	2,313	319	2,016	626	6			53		9,688	
1929	지분사수	29	23	6	30	28	11	15	16	1			3		162	+9
	사 원 수	1,715	867	239	1,155	1,943	387	540	556	6			31		7,439	
1930	지분사수														165	+3
	사 원 수															
1931	지분사수														166	+1
	사 원 수															
1932	지분사수	28	24	7	27	30	14	14	15	1			1		161	−5
	사 원 수	1,564	856	391	1,582	2,687	468	397	326	6			16		8,293	
1933	지분사수	26	20	6	26	28	13	12	13	1			1		146	−15
	사 원 수	1,596	710	186	1,540	2,609	451	470	283	7			16		7,868	
1934	지분사수														113	−33
	사 원 수															
1935	지분사수	18	17	5	12	26	8	9	2	1					98	−15
	사 원 수	1,230	938	253	967	2,425	237	444	39	7					6,540	
各道最大支分社數		29	25	11	30	31	14	15	17	4	2	2	5	2	187	

* ① 1923·1924년도의 통계는 朝鮮總督府官房文書課, 《朝鮮の群衆》(1926), 183쪽.
② 1925년도는 朝鮮總督府, 《朝鮮人の思想と性格》(1927), 131쪽. 1925년 9월말 조사임.
③ 1926년도는 朝鮮總督府警務局, 《朝鮮治安狀況》(1927), 2,910쪽.
④ 1928·1929년도 朝鮮總督府警務局, 《朝鮮治安狀況》(1930).
⑤ 그 외의 통계는 朝鮮總督府警務局, 《最近に於ける朝鮮治安狀況－1933·1935－》(東京:巖南堂書店, 1966년 復刻版), 138·168～169쪽.
비고 : 경북의 ( )의 숫자는 慶尙北道警察局, 《高等警察要史》(1934), 323쪽에 의한 것임.

창립에서 1935년까지 미루어 생각할 때 형평지분사는 전활동기간 동안 전국적으로 약 200개 전후로 조직되지 않았을까 추측해 본다.

지분사가 본격적으로 설립되기 시작한 것은 1923년 5월부터인데 그해 12월까지 80개의 지분사가 폭발적으로 설립되었다. 그러나 1928년부터 전국의 지분사설립은 현격하게 감소추세를 보이고 있으며, 1932년부터는 폐지되는 지분사가 많아지는 것을 알 수 있다. 1920년대 후반기의 형평운동은 확장시기와 정체시기로 뚜렷이 구분되는 것이다. 이것은 부분적으로는 형평사 지도세력간의 파벌투쟁 탓으로, 또 한편으로는 1928년 이후 반형평운동 세력과의 충돌이 빈번하게 일어나는 상황과 관계가 있었을 것이다. 또 이 시기가 형평운동의 방향전환을 모색하는 시점이라는 것과도 연관이 있었을 것이다.

지분사의 도별 설립상황을 보면, 형평운동 전기간 동안 충남(31개~34개)에서 지분사가 가장 많이 조직되었고, 다음으로 경북(25개~33개)－경남(29개~31개)－전북(26개~30개)－강원(17개~22개)－전남(11개~18개)－경기(13개~15개)－충북(14개)－황해(4개~7개)－함남(4개~5개)－평남(1개~2개)－평북(1개~2개)의 순이다. 이러한 지역별 분포도는 형평운동이 활발하게 이루어졌던 지역을 동시에 나타내 주고 있다.

또 지분사의 지역간의 증가 추세는 초기의 발전과정과 크게 다르지 않았다는 것을 보여준다. 중부이남 지방, 그 가운데에서도 충남·경남·전북·강원도의 분사와 사원수가 크게 늘어난 반면, 북부지방인 평안도·함경도·황해도에서는 여전히 부진하였다. 또한 총본부가 진주에서 서울로 옮겨지면서 새로 부상한 지도자들의 활동 근거지가 활동이 활발해진 지역과 일치하는 점으로 보아, 지도세력의 변화가 지역간의 활동에도 영향을 미친 것 같다. 경북의 경우 분사수가 줄면서 사원수도 급격하게 줄어든 반면에, 새로운 지도자들을 많이 배출한 경기·충남·전북에서는 분사와 사원수가 늘어났다. 그러나 경북지방의 부진과는 달리, 경남에서는 분사나 참여자 수가 꾸준히 늘어난 것으로 보아 활동이 크게 위축되지 않은 것으로 보인다. 이것은 또한 형평사의 파벌싸움이 지도노선을 둘러싸고 전개되었으나, 지역간의 주도권 다툼도 한 이유였음을 말해주는 것이기도 하다.

한편 지분사 설립과정에서 지방 신문기자들 역시 구심적 역할을 하였다.[16] 당시 여러 사회단체에서 활약하던 사람들 가운데에는 기자출신들이 특히 많았는데 형평사도 예외는 아니었다.

설립대회와 설립 이후의 지분사 활동에 소요되는 경비는 〈衡平社 社則〉에 따르면 사원들이 내는 의무금인 회비, 즉 入社金 1圓과 社費 매월 20錢, 또는 찬조금에 의하여 충당되어야 했다. 그러나 회비징수가 원만하지 못하였다는 것은 각 지분사 회의의 안건에는 한결같이 〈지분사 유지문제〉가 토의되고 있는 사실에서도 드러난다. 지방의 지분사는 경성의 총본부유지에 필요한 일정액의 부담금을 1년에 몇 번으로 나누어 송금했다.

대회 설립일, 대회장에는 배치된 임석경관이 연설을 중단시키기도 하고 의제의 논의를 금지시키는 등 엄중한 경계를 폈지만, 지분사에 따라서는 대회 전후에 자동차로 시내를 돌며 선전방송을 하거나 삐라를 뿌리고 막대와 綱領旗를 앞세우고 행렬을 벌이기도 하였다. 그리고 이러한 방법은 당시 사회운동단체들이 설립대회나 총회를 개최하면서 행했던 일반적인 방법이었다.

한편 지분사의 설립에는 많은 경우 본부로부터 특파원이 파견되었다. 총본부의 간부들은 각 지역을 방문하여 조직의 확산을 도모하였고, 지역적인 연고가 있는 사람은 그 지방을 중심으로 郡이나 面을 방문하여 지분사의 설립을 권유하였고, 순회방문단 등을 파견하여 참여를 권유하기도 하였다. 이리하여 지분사의 창립이 결정되면, 본부에서 특파원이 파견되어 설립회의 석상에서 형평사 창립의 취지를 설명하거나 형평사 현황을 보고하는 일을 하였고, 설립대회를 마친 밤 별도의 강연을 하기도 하였다. 혹은 본부의 간부들

---

16) 형평사 창립시 姜相鎬·申鉉壽 등 신문기자들이 주도적인 역할을 하였듯이 지분사 설립과정에서도 역시 지방 신문기자들이 구심적 역할을 하였다. 경성지사의 徐光勳은 《조선일보》 숭인지국기자, 《중외일보》 경성지국장, 《조선일보》 강릉지국 기자, 잡지 《批判》의 기자를 역임하였으며, 입장형평분사의 朴好君은 경기도 평택의 《조선일보》 지국 기자로 활약한 경험이 있었다. 홍성지사의 李漢容은 《중앙일보》 아산지국장과 잡지 《이러타》의 아산지국장을 역임하였다. 형평사 천안지부의 金顯憙은 《호서일보》 목포지국 기자와 《남조경제일보》 대전지국 기자로 활약하였으며, 형평사 예산지부의 金成俊은 《중앙일보》 예산지국 기자였다.

이 어느 지역을 방문했을 경우, 그 지역의 백정들이 모임을 갖고 지분사를 설립하는 경우도 많았다. 이 과정에서 각 지역의 사회운동 단체로부터 후원을 받기도 하였다.

(4) 하위단체의 조직과 활동

형평사 지분사 조직의 확산이 이루어진 1920년대 후반에는 또한 다양한 성격의 하위단체들이 생겨났다. 총본부－지사－분사로 이어지는 기간조직 체계와 별도로 독자적인 하위단체가 생겨난 것은 사원들의 관심이 다양해지고, 활동영역이 확대되었다는 것을 반영한 것이다.

가. 형평청년회

전국 각지의 형평사는 자매 단체적인 성격을 가진 형평청년단체들을 따로 조직하였는데, 전국에서 조직된 형평청년단체는 자료에서 볼 수 있는 한 모두 망라하면, 〈표 2〉에서 보듯이 그 수는 49개다.

〈표 2〉 연도별 형평청년회 조직상황

<table>
<tr><td rowspan="2">연 도</td><td colspan="2">1924</td><td colspan="2">1925</td><td colspan="2">1926</td><td>1927</td><td>창립년월일 미상</td></tr>
<tr><td>상반기</td><td>하반기</td><td>상반기</td><td>하반기</td><td>상반기</td><td>하반기</td><td>상반기</td><td rowspan="2">9</td></tr>
<tr><td>단체수</td><td>3</td><td>1</td><td>3</td><td>14</td><td>14</td><td>4</td><td>1</td></tr>
</table>

* 상반기는 1월에서 6월, 하반기는 7월에서 12월까지임.
* 명확한 창립시기를 알 수 없었던 홍성신진청년회·고성형평청년회는 신문기사를 토대로 각가 24년 하반기, 25년 하반기로 취급하였음.

조직 시기를 보면 형평청년단체들이 가장 집중적으로 출현한 시기는 1926년이었다. 즉 전체 49개 단체 중에서 1925년 하반기에 전체의 20.8%에 해당하는 14개 단체가 결성되었는데 이듬해 1926년 상반기에 결성된 단체를 포함하면 그 수는 28개로써 50%를 넘는 높은 비중을 보이고 있다. 전반적으로 보면 이들 단체들은 1924년 하반기에 시작되어 1927년 상반기에 이르기까지 조직되었는데, 그 중심이 되었던 시기는 1925~1926년의 두 해임을 알 수 있다(물론 형평청년단체는 전국적으로 49개 이상이 조직되었음은 틀림없지만, 대체적인 추이를 파악하는 데에는 큰 무리가 없다고 생각된다). 1925~1926년은 또한 형평지분사 조직이 활발하였던 시기로, 즉 형평사 활동이 가장 활발했던 시기였다.

형평청년단체들을 지방별로 분류해 보면, 경남 15개, 충남 12개, 경북 10개, 전북 6개, 전남 3개, 경기 2개, 강원 1개 등이었다. 이러한 지역별 분포도는 형평운동이 활발하게 이루어졌던 지역을 동시에 나타내 주고 있다.

창립 당시 형평운동가들은 형평운동의 중점을 ① 신분차별 철폐와 차별자에 대한 규탄, ② 사원의 경제적 이익과 상호간의 친목과 교육 등에 두고 있었다. 그러나 각지의 운동가들은 창립시부터 운동노선을 둘러싸고 분열과 합동을 거듭했는데 이에 따라 상당수의 운동이 고립적이고 분산적인 형태를 띠고 전개될 수밖에 없었다.

따라서 이에 대한 일정한 반성과 비판을 토대로 형평운동가들은 형평사원들의 당면 이익 투쟁에만 전 역량을 집중하는 것은 계급해방과 민족해방운동으로서의 형평운동에 큰 도움이 되지 않는다고 생각하기에 이르렀다. 이에 따라 형평운동의 각 부문에서 활동할 투쟁분자를 양성, 훈련시키기 위하여 무산청년을 대상으로 형평청년단체가 활발히 결성되었다. 최초의 형평청년회는 형평사 지도부의 파벌싸움이 한창이던 1924년 3월 31일 진주본부에서 결성되었다. 이들은 마르크스-레닌주의 중심의 사회과학 연구, 학술강연이나 토론회의 개최, 신문이나 기관지의 간행을 통한 지식과 교양의 연수 및 계급의식의 고양과 촉진에 집중적 역량을 경주하였다.[17]

형평청년회가 여러 지역에서 폭발적으로 만들어지자 연합활동이나 연맹조직체가 조직되었고 이어 이들 형평청년단체의 전국조직체로서 1925년 12월

17) 충남 각지에 형평청년회(德山·海美·瑞山·泰安·保寧)가 현사회의 불합리에 대하여 교양과 단결의 힘으로 형평운동의 전위대가 되기를 힘씀이라는 선언을 한 것(《동아일보》, 1926년 2월 29·30일 ; 《조선일보》, 1926년 1월 27일, 〈忠南各地에 衡平青年會〉), 경남 咸陽형평청년회가 ① 우리는 생활 향상의 최고 이익을 획득할 때까지 투쟁하기로 함, ② 우리는 형평청년의 교양을 목표로 階級戰에 前衛가 되기를 목적함, ③ 우리는 합리적 사회를 건설하기로 함(《동아일보》, 1927년 6월 10일, 〈衡平青年創立〉)을 강령으로 내걸었던 것이 그 적절한 사례일 것이다.

20일에는 조선형평청년총연맹이 '형평대중의 전위를 양성키 위하여'라는 사상단체적인 강령을 내걸고 결성되었다.

전반적으로 젊은층의 사원이었던 이들은 활동전반에 열성적으로 참여하면서 점점 형평운동의 중추세력으로 성장하였다. 또한 형평운동뿐만 아니라 사회운동 전반의 현안문제를 다루는 등 운동의 활동범위를 확대시켜 나갔으며, 형평운동 전반에 큰 영향력을 미치게 되었다.

특히 이들은 진보적이고 급진적인 변혁을 지향하는 입장이었고 다른 사회운동단체 특히 청년단체·사상단체·노동운동단체와 관계를 맺으며 협력 활동하였다. 이러한 젊은 형평사원 중심의 급진세력이 성장하게 되면서 형평사내의 급진파와 온건파의 대립은 필연적이었다. 형평청년 사원들의 다른 사회운동으로의 활동범위의 확대와 다른 사회운동단체들의 협력과 지원은 많은 지역에서 형평운동의 발전에 크게 기여했지만, 한편으로 그러한 단체와의 밀접한 관계는 역설적으로 형평청년회의 해체를 촉진하는 결과를 가져왔다.

1927년 신간회의 창립으로 상징되는, 각 사회운동단체가 투쟁방법을 전환시키려 하는 시기에 이르면, 朝鮮靑年總同盟에서는 단일청년단체 조직을 만들기 위하여, 형평청년단체에게 해체하여 일반청년단체에 가입할 것을 촉구하였다.

그리하여 결국 형평청년총연맹은 1928년 4월 26일 형평청년총연맹 제4회 대회에서 "청년운동을 단일적으로 행하려면 청년기관을 분립하는 것은 양책이 아닌데다 객관적 정세는 청년동맹조직에 항상 지장이 된다"고 하여 정식으로 해체 선언을 하기에 이르렀다. 이와 같이 하여 형평청년연맹은 만 4년만에 해체되고 그 대신 형평사내에 청년부를 두게 되었다.

나. 정위단

正衛團은 1925년 1월 10일 서울에서 "① 우리는 우리의 생활 안전을 圖할 일, ② 우리는 우리의 직업을 침해하는 자를 적극적으로 방어할 일, ③ 우리는 互相間의 親愛 扶助를 도할 일"을 강령으로 내걸고 결성되었다. 그리고 각 도와 각 군에 지부를 조직하기로 하고, "외부압력에 대해 단호히 대처할 것, 파벌싸움을 벌이는 사람들을 응징할 것, 파벌분열을 극복하여 40만 사원의 단결을 공고히 할 것"을 결의함으로써, 반형평운동과 형평운동의 분열에 반대하는 입장을 뚜렷이 하였다.[18] 이렇게 보면 정위단은 총본부 지도부의 파벌싸움에 불만을 가진 젊은 사원들을 중심으로 조직된 별동조직, 행동조직이었다고 하겠다.

그러나 정위단이 파벌싸움을 벌이는 지도자들에게 압력을 가하려는 의도 아래 결성되었지만, 총본부와 대립하거나 갈등을 빚지는 않은 것 같다. 총본부 간부들도 공개적으로 정위단의 활동을 지원해 주었으며, 정위단의 집행위원 가운데에는 중앙집행위원을 겸하는 자도 있었다. 이렇듯 정위단은 그 독자성을 인정받으면서 총본부와 협조관계를 유지했던 것 같다. 그러나 1926년 9월의 중앙집행위원회의 토의안에 정위단 부흥촉진 문제가 상정된 것으로 보아, 정위단의 실제 활동은 이미 그 전에 중지된 것으로 보인다.

정위단과 형평청년회는 파벌대립에 반발하는 젊은 활동가들이 주도했으며, 형평운동의 발전을 추구하고 진보적인 성향을 보인다는 점에서 비슷하였다. 그러나 조직의 성장과정과 활동면에서 보면 형평청년회는 각 지역의 분사로 확산되면서 젊은 사원들의 독자적인 공간으로 오래 동안 조직을 유지한 반면, 정위단은 경성총본부 중심에서 벗어나지 못한 채 대중화에 실패하고 조직도 오랫동안 유지하지 못하였다.

다. 형평학우회

衡平學友會는 경성에 유학하고 있던 백정학생들의 친목을 도모하기 위한 단체로 조직되었다.

형평학우회는 경성의 혁신동맹측과 진주본사와의 파벌 대립이 진정되어 1925년 4월 24·25일의 제3회 전국대회에서 조선형평사중앙총본부로 합동된 직후인 5월부터 그 조직에 관한 논의가 이루어져 6월 13일에 경성에서 창립되었다.

그리고 8월에 들어가 대전에서 衡平學友大會(全朝鮮衡平學友會)를 열어 강령 등 구체적인 활동 방침을 정하였다. 본부를 경성에 두기로 하고, 6부로

---

18) 《조선일보》, 1925년 1월 11일, 〈衡平社의 正衛團〉.

나누어 사원의 자녀 교육에 종사하기로 하였으며, 勸學團을 조직하여 각지를 순회하였다. 그리고 "① 우리는 교육에 노력하여 실생활의 기본적 정신을 배양함, ② 우리는 상호친목을 꾀하며 형평사의 목적을 실행할 것을 기함"이라는 강령을 제정하였다.19)

형평사의 창립이 백정에 대한 교육차별이 그 직접적인 동기가 되었듯이, 교육문제는 형평사원들의 주요 관심사였다. 따라서 교육을 통해 실생활에 직접 도움을 주며, 회원들의 상호 친목을 통하여 형평사의 목적을 실천한다는 이들의 움직임은 각 지역의 형평사원으로부터 열렬한 환영을 받았다.

그러나 총본부나 여러 분사의 지원이나 기대에도 불구하고 형평학우회의 활동은 그다지 활발했던 것 같지는 않다. 단지 형평사원 학생들간의 친목단체로서의 역할로 그 명맥을 유지했던 것 같다.

이러한 형평학우회의 전반적인 활동의 부진은, 그 회원이 학생사원으로 구성되어 있어 활동시간이 제한되어 있었고 활동공간 또한 분산되어 있었기 때문에 방학기간을 제외하고는 한데 모여 활동을 펼 수 없었던 것에서 이유를 찾을 수 있을 것이다.

라. 형평여성회

1923년 형평사가 창립될 당시부터 여성문제는 특히 중요한 관심사였다. 형평사는 창립 직후인 5월 10일 형평부인 100여 명을 모아 놓고 "앞으로 나아가며, 인류에 비켜나지 않고, 마땅히 해야 할 일을 해나가며, 여자된 직분을 굳게 지키고, 가정을 개혁하며, 앞으로 자녀의 발전을 위하는 가정교육에 힘써야 하겠으며, 제일이 형평운동을 위하여 각자 한가지 일을 하자"20)라고 하여 형평운동의 동반자로 여성들을 참여시키고자 하였다. 또 기관지 등을 통해 러시아 여성의 생활상 등을 소개하여 형평여성의 의식각성을 위해 노력하였다.

1926년 4월의 전국대회에서 형평여성 문제가 정식의제로 채택된 이후, 朴

19) 《동아일보》, 1925년 8월 8·12일.
《조선일보》, 1925년 7월 11일.
20) 《조선일보》, 1923년 5월 16일, 〈衡平社婦人會〉.

世竹이 공식적인 여성대의원으로 처음 참석하였던 1928년 4월 정기총회에서도 정식의제로 채택되었고, 충남과 전북에서 온 20여 명의 여성대표가 참석한 1929년의 전국대회에서도 안건으로 논의되는 등 여성사원 문제는 여러 차례 전국대회나 각 지역의 대규모 집회에서 주요 의제로 등장하였다.

지방 각도연합회 집회에서의 경우를 보면, 1926년 3월 5일의 충남형평대회, 1926년 11월 17일 전북형평사 임시대회, 1927년 11월 15·16일 강원도 형평대회, 1928년 8월 12일의 형평충남대회 등에서 형평여성문제가 토의 결의되었다. 특히 전북형평사 임시대회에서는 봉건적 습관의 개량을 위하여 여성사원들이 머리의 낭자를 결의하였고, 1928년 8월의 충남대회에서는 조혼철폐가 결의되는 등 봉건적 잔재의 일소를 통해 여성사원의 지위향상에 힘썼다.

지방 지분사에서도 형평여성에 관한 논의와 결의가 이루어지고 있었다. 그 내용은 〈형평여성의 건〉·〈형평여성운동에 관한 건〉 등 막연한 것에서부터, 구체적으로 〈조혼폐지에 관한 건〉·〈여성야학에 관한 건〉 등이 결의되었다. 특히 〈여사원 行商 폐지에 관한 건〉이 토의되고 있는데, 이것은 상설 정육점이 생기기 이전에 일반인 마을을 돌아다니며 고기를 파는 것은 백정여성의 일이었고, 일부지역에서는 1920년대에도 여전히 남아 있어 이에 대한 문제였다. 그들은 행상을 하면서 끊임없는 차별대우를 겪었다. 형평사 창립 이후에도 그런 차별로 말미암아 여성사원과 일반인과의 충돌이 빈번하게 일어나 일부 형평사에서 여성 사원의 행상을 금지하는 논의가 이루어졌던 것이다.

일부 지역에서는 독자적인 형평여성회가 조직되었다. 충남 강경, 전북 군산 등지의 형평여성동우회, 전북 김제군 금구의 형평여성회와 같은 것이 그것이다. 이러한 단체들이 전국적으로 확산되어 활동하였는지, 또는 형평청년회나 형평학우회와 같이 전국적인 조직체가 있었는지에 대해서는 자료가 남아있지 않아 확실한 실상을 알 수는 없지만, 독자적인 여성단체가 존재했다는 사실 자체만으로도 운동 지도자들이 여성문제에 대단히 진보적인 인식을 갖고 있었음을 알 수 있다.

이외에도 형평사 하위단체로는 正行團,[21] 경남 진영의 衡平少年同樂會, 충북 음성군 무극지부의 禁酒同盟, 경남 진해지부의 貯蓄契 등이 있는데, 정행단은 그 강령으로 볼 때 사상단체·전위단체였던 것 같으며, 그 외 다른 단체들은 사원들의 상부상조단체였을 것으로 보인다.

5) 형평사의 활동

각 지분사의 회의 안건이 각기 상황에 따라서 특정문제에 치중하는 경향이 있었다는 점을 고려할 때, 전반적으로 형평사의 활동 내용을 잘 보여주는 것은 정기총회의 안건이었다. 1925년 4월 24·25일 양일간 경성에서 열린 제3회 전조선 형평사대회 및 창립 2주년기념식은 형평사가 운동노선을 둘러싼 갈등으로 분열되었다가 합동한 후 처음으로 개최된 대회였다. 여기에서는 상정된 토의안에 대해서 결의안이 채택되었다.

이 대회에서의 주요 논의거리는 ① 차별문제－관공리 혹은 일반인에 의한 차별 철폐문제, ② 생활문제－백정의 전통적인 생활 방편인 도수 관계업에서 누렸던 기득권을 유지하거나 되찾기 위한 생존권 확보문제, ③ 사원자녀들의 교육과 사원들의 교양문제, ④ 조직유지와 활동의 활성화 방안, ⑤ 사회운동단체들과의 관계 등이었다.

이러한 제3회 전조선 형평사대회 및 창립 2주년기념식에서 토의되고 의결되었던 안건들은, 이후 안팎 환경의 변화에 따라 그 성격과 강조점에 약간의 변화가 있기는 하지만, 형평사 정기총회의 전형적인 모델로 전반적인 쟁점은 거의 비슷하였다.

---

21) 1925년 3월 26일 형평사 正行團이 發會式을 갖고 강령으로 "① 본단은 계급의식을 촉진하며 형평적 신사회 건설 역군의 훈련과 교양을 圖함, ② 본단은 해방전선에 반역분자를 철저히 박멸키를 기함"을 제정하였다고 했는데 그 후의 활동에 대해서는 알려진 것이 없다(《동아일보》, 1925년 3월 30일).
다만 1927년 10월 24일 대전형평사에서 정행단 창립총회를 갖고 "① 우리는 형평운동의 警衛隊가 되기를 기함, ② 參謀·서무·조사·實行의 4부를 置함, ③ 15세 이상 37세 이하 형평사원으로서 조직함, ④ 강령 및 단칙을 위반하는 단원은 임원회 또는 총회의 결의로 처벌함, ⑤ 사무 일체를 임원에게 일임함"을 결의하였다는 기사로 미루어 보건데 정행단은 형평사의 전위단체의 하나로 창립되었던 것 같다(《동아일보》, 1927년 10월 27일).

형평사 중앙본부 차원에서의 활동이라 할 수 있는 위와 같이 전국대회에서의 결의된 토의안은 실질적으로는 이를 집행하였던 집행위원회의 활동을 통해 이루어졌다. 형평사의 활동은 이러한 중앙본부의 활동과 함께 지분사 차원에서의 활동도 활발하게 이투어졌다.

(1) 차별철폐와 인권신장운동

형평사의 일차적 목적은 전통사회에서 백정이 겪었던 사회적 편견과 차별을 없애고 인간으로서의 똑같은 권리와 존엄성을 갖도록 하는 데 있었고, 따라서 형평운동은 백정해방과 인간평등을 가장 긴급하고 중요한 과제로 설정하였다.

형평사가 창립된 후, 사원들은 일상적으로 당해 온 일반인에 의한 차별이나 굴욕적인 관습에 대항하게 되었고, 그러자 일반인과의 충돌은 더욱 빈번해지기도 하였다. 1923년 형평사가 창립된 이후부터 1935년까지 일반인과 형평사원 또는 백정과의 충돌 건수는 다음의 〈표 3〉과 같다.

〈표 3〉 1923~1935년간 일반민과 형평사원 및 백정과의 충돌사건 수

연 도	1923	1924	1925	1926	1927	1928	1929
건 수	17	10	14	14	44	60	68
연 도	1930	1931	1932	1933	1934	1935	총 계
건 수	67	52	31	26	27	27	457

* 朝鮮總督府, 《最近における朝鮮治安狀況》(1933・1935・1938년).

이러한 형평사가 창립된 이후 일어난 수많은 충동사건은 오랜 기간 최하층 천민으로 굴욕적인 차별을 받으며 지내왔던 그들이 형평사의 창립과 더불어 신분적 해방과 평등을 지향하자, 이를 기존 질서에 대한 도전으로 받아들인 세력들과의 충돌・박해였다. 다음 〈표 4〉를 보면 이러한 세력들이 대체적으로 양반・관공리・일반민(농민과 노동자) 그리고 경제적 이해 관계자들이었음을 알 수 있다.

〈표 4〉 1923~1927년 4월까지 총본부에 보고된 차별사건의 내용 분류

차 별 내 용	건 수
자본가계급이 양반계급을 선동한 반동적 차별사건	28
관공리에 의한 차별사건	33
일반민에 의한 차별사건	24
아동에 대한 차별적 언어사건	10
차별에 대한 경제적 쟁의	15
계	110

* 平野小劒, 〈朝鮮衡平運動の槪觀〉(關東水平社靑年聯盟, 《人類愛》 2, 1927), 221쪽.

양반이나 관공리들은 기득권 계층으로 기존 사회질서의 변화에 반대하는 부류이다. 이들은 변화해가는 사회에의 적응을 거부하고 봉건적 의식체계를 지니고 있던 보수주의자들이었다. 따라서 이들은 기존의 신분질서를 무너뜨리고 백정들의 인권과 평등을 주장하는 형평운동에 대하여 분명히 반대하고 있었으며 반형평운동과 함께 진보적 사회운동단체에 대한 공격에 적극적으로 가담하였다.

한편 당시의 신문이나 잡지는 충돌사건을 대대적으로 보도하면서 형평사에 대해 공격을 가하는 것은 농민과 노동자라고 표현하고 있었다.[22] 형평운동 지도자의 한사람인 吳成煥은 형평사가 농민들에게 특별히 나쁜 감정을 가진 것도 아니고 또 형평사원들과 일반 농민들이 계급적 배경이나 경제적 이해관계 때문에 대립하거나 갈등을 빚을 이유가 없다고 말하고 있다.[23] 그러나 형평사원들이 농민들에게 특별한 적대감을 갖고 있지 않다고 해도 농민들은 그것을 받아들일 수 없는, 반형평 정서를 공유하고 있었다. 이는 사

---

22) 《조선일보》, 1923년 8월 21일, 〈金海의 階級的 大衝突, 원인은 형평사를 반대하여, 농민 수천 명이 作黨〉.
《조선일보》, 1925년 8월 14일, 〈수천 군중이 형평분사를 대거 습격, 노농회원의 폭동, 노동자 再擧 습격〉.
徐廷禧, 〈형평사원 대 농민 충돌에 就하여〉(《新民》 5, 1925년 9월) 등 대부분의 많은 기사들이 농민과 노동자를 거론하였다.

23) 吳成煥, 〈衡平運動의 敎訓 : 農民에 대한 惡感은 없다〉(《新民》 5, 1925년 9월호), 57~58쪽.

회 최하층 계급이었던 백정들이 신분해방과 평등을 주장하자 농민들은 이를 백정계급과 자신들의 동질화 내지는 자신들의 사회적 계급의 하향으로 인식했기 때문이었다. 이러한 점이 형평운동에 대립적인 사회세력과 농민들이 상호연계되는 이유라고 할 수 있다

그리고 양반·관공리·농민들의 반형평운동은 대부분 형평사원에 대한 개별적 또는 집단적인 물리적 폭력의 형태와 수육비매동맹 결성과 같은 경제적 압박의 형태로 나타났다.

이러한 폭력에 대해 형평사는 진상조사위원 혹은 특파원을 파견한다던가, 응원대나 결사대를 조직·파견하여 원조하였으며, 경고장 발송과 당국에 재발금지를 요구하기도 하고, 상해폭력죄로 고소를 제기하는 등의 방법으로 대응하였다. 또 드믄 예이지만 屠夫들은 屠獸를 거부하는 동맹파업으로, 수육판매업 사원들은 영업중지의 방법 등으로 저항하였다.

이렇게 형평사가 창립되어 그때까지 일상적으로 당해온 차별이나 편견에 집단적으로 저항하게 되었고, 일반인에게 형평의 의미를 선전하는 활동뿐만 아니라 사회 전반에 관심을 촉구하였다.

이러한 결의와 각오를 선포하고 차별에 적극적으로 대항한 지분사는 전국적으로 망라되었고, 전형평운동 기간 계속되었다. 토의안이나 결의안에 단지 〈차별문제에 관한 건〉·〈차별대우 반대에 관한 건〉·〈차별 철폐의 건〉·〈차별대우 적극적 철폐의 건〉으로 그 자세한 내용은 알려져 있지 않은 경우가 대부분이지만 지분사의 차별문제 대처 방안이나 실행 방법의 내용은 비슷했을 것이다.

이러한 차별철폐 운동 가운데에는 호적에 백정이란 신분표시 삭제운동이나 관리에 의한 공적인 차별철폐 운동도 포함되어 있었다. 예를 들면 "관공리의 사원에 대한 무례한 용어 변경을 각 관청에 교섭할 것"이라든가, 〈관공리의 형평사원 차별대우 철폐 건〉 등을 결의하여 적극적으로 대응한 것이 그것이다. 이러한 활동을 통해 부분적인 개선, 즉 공적 사회활동이나 자녀의 학교입학에 가해졌던 억압이 많이 완화되었음에도 불구하고 1930년대에도 백정에 대한 차별은 여전히 남아 있었다.

(2) 생활생존권 수호운동

19세기 말 20세기 초의 급격한 사회 변화 속에서 백정은 특정 산업분야에서 기득권을 상실하게 되었다. 이 문제는 생존권과 관련되는 문제로 형평운동가들의 주요 관심사였다. 특히 초기의 파벌대립 이후 혁신동맹이 총본부를 장악하게 되면서 더욱 중요하게 인식되었다.

생활생존권 수호운동은 가진 계층·계급으로부터 생존에 관계되는 권리를 확보하려는 투쟁 혹은 운동이었고, 형평사원들의 더 나은 경제생활 영위를 위한 방편과 관계되는 것이다. 이 운동은 반제운동으로서의 성격을 강하게 띤 것이었으며 대부분이 일제 통치정책의 철폐나 수정을 의미하였다.

첫째 도수장 관련 문제였다. 19세기 말에 일제 침략이 가속화되면서 도수장에 대한 행정적 규제가 심해지고 일본인들을 포함한 자본가의 투자가 늘어나게 되어 도수장에 대한 백정의 권한은 점점 줄어들어 갔다. 그리하여 1920년대 이르러 도수장의 운영과 소유권은 지방관청이나 그 지원을 받는 일본인들 단체로 넘어갔다. 이러한 상황에서 형평사의 목표는 형평사원들이 예전처럼 그 운영권을 되찾는 일이었다.

또한 도수장에 종사하는 도부에 관한 문제는 특히 무산사원의 문제로 크게 대두되었다. 도부들의 임금인상과 작업 환경의 개선을 요구하고 이의 관철을 위해 동맹파업 등의 집단 행동을 통해 도수장 소유자나 관리들과 대립하였다. 수원에서처럼 도부 급료 지급방법의 개선을 요구한 경우도 있으며, 한 지역의 투쟁이 형평사 조직을 통해 다른 지역으로 알려져 다른 지역과 연대한다거나 총본부 차원에서의 투쟁이 이루어지기도 하였다. 함남 홍원에서는 도부들이 단체교섭을 벌여 지방관청과 임금인상을 성공으로 이끌었다. 또 형평사의 활동 쟁점도 도부들의 임금인상이나 작업환경의 개선뿐만 아니라 세금에 관련된 문제로도 활동을 넓혀 나갔다.

또한 형평사의 생활생존권 문제 가운데 중요시된 것은 수육판매에 관련된 문제였다. 수육판매업은 전통적으로 백정의 직업으로서, 이의 침해는 사원들의 생존권과 직결되는 문제였다. 수육판매업과 관련하여 형평사가 가장 활발하게 취했던 활동은 수육판매조합의 결성이었다. 이것은 육가 단합, 공동생산과 공동판매, 수육판매장소에 관한 문제를 수육판매조합의 결성을 통해 수육판매업에서의 독점권을 유지하려는 운동이었다.

수육판매조합 결성 운동 이외에도 〈생산물 공동직수출에 관한 건〉·〈육가지정의 건〉·〈수육판매장소에 관한 건〉·〈수육판매권 침해에 관한 건〉·〈畜牛移動橫使用 건〉 등이 결의되었던 것에서 알 수 있듯이 다양한 형태의 경제적 이해관계에 관한 활동이 이루어졌다. 형평사는 사원끼리의 경제적 불화에 대한 조정의 역할도 담당하였다.

한편 백정의 전통적인 도수관련 산업 가운데 이윤이 가장 많은 가죽산업도 형평사의 주요 관심 대상이었다. 일부 분사에서는 관청이나 일본인 친목단체, 또는 부유한 개인에게 넘어간 건피장(가죽 건조장)의 소유권을 되찾으려고 노력하였다. 소유권을 되찾으려는 노력이 여의치 않으면 새로이 건피장을 신설하려 노력하였다.

또 가내수공업으로 생산한 우피제품의 공동구매 및 공동 판매망을 구축하려고 시도하였다. 더 나아가 피혁조합이나 피혁공장을 설립한다든지, 우피관계 회사의 설립에도 노력을 기울였지만, 이것들은 기본적으로 대규모 투자가 요구되기 때문에 얼마나 효과를 거두었는지는 의심스럽다.

기타 구체적인 사실은 나와있지 않지만 많은 지분사에서는 앞에서 살펴본 도수관련 산업문제를 포함하였다고 생각되어지지만, 포괄적으로 산업진흥책이라든지 사원들의 경제 생활문제의 형태로 논의가 이루어졌다. 많은 지분사에서 〈사원 생활문제의 건〉이 주요 안건으로 결의되었다.

백정의 또 하나의 대표적인 전통산업인 유기제조에 관한 문제도 관심의 대상이었다. 일부 분사에서 논의된 유기조합 결성문제는 1929년과 1930년의 정기 전국대회에 상정되었던 산업별 조합결성의 한 부분에 포함될 정도로 중요시되었다. 그러나 도부·수육업자·피혁상들처럼 급격한 변화를 겪지 않았고 첨예한 이해관계에도 얽혀 있지 않았던 유기업자들은 생활수준이 전반적으로 낮았고 사회적으로도 소외되어 있어, 실제로 그들이 형평사 활동으로 어떤 구체적인 혜택을 얻은 것 같지는 않다.

이상 살펴본 형평사의 생활생존권 운동은 형평사내에서도 사원들의 경제적 상황에 따라 그 주장하는 바가 달랐다. 경제력에 기초하여 활동방향에 대해 견해차이가 생겨나자, 사회주의 계열의 사원들은 이것을 무산사원과 유산사원의 분화로, 무산사원에 대한 유산사원의 착취로 인식하였다. 대다수의 형평사원들은 도수장 노동자인 도부나 피혁공장의 노동자들로 가난한 무산사원이었고, 이들은 임금인상이나 작업환경의 개선 등을 위해 도수장이나 피혁관계공장의 소유자·관리자들과 대립하였다. 반면에 수육판매점, 즉 정육점을 경영하는 사원들은 다른 사원들보다 부유하였으며, 도수장·건피장을 경영한다든지 또는 피혁관계 공장들을 설립하는 것은 대규모의 자본을 필요로 하는 것이었기에 이 관계에 대한 운동을 벌이는 것은 소수의 유산사원을 위한 것으로 인식되었다. 이것은 1920년대 후반 급진사상의 확산과 더불어 지도력의 분열, 파벌투쟁, 더 나아가 형평사 해소론의 이론적 근거로 제시되었다.

(3) 형평사원의 교육과 계몽활동

형평사원들의 교육과 계몽은 창립초기부터 형평사의 핵심 활동 가운데 하나였다. 특히 교육활동은 형평사의 중점적인 활동이었다. 그것은 형평사의 창립배경이 교육의 차별에서 시작되었다는 점에서도 기인된다고 하겠다.

각 지분사는 모두 교육부를 두어 아동의 교육문제에 특별히 관심을 기울여 일반 학교에의 입학운동과 함께 야학·강습소·기숙사 등을 설치하여 운영하였다. 지분사가 직접 운영하는 경우도 있고, 사원들이 교사나 경영자로 참여하는 경우도 있었다. 강습소나 야학에서 가르치는 교육의 내용은 대개 보통 한국어(쓰기와 읽기)·산수·일본어·상식과 같이 생활에서 필요한 것이었고, 이와 함께 사원들의 의식을 각성하는 역할도 강조되었다. 이외에도 그 구체적인 내용은 나타나 있지 않지만, 〈교육에 관한 건〉이 각 지분사 모임에서 결의되고 있었다.

계몽활동은 사원들이 다른 사회구성원으로부터 무시당하지 않고 동등한 사회적 대우를 받기 위해서는 기본 소양을 갖추는 것이 중요하다는 인식에서 출발하였다. 또한 이것은 일제통치를 벗어나기 위해서는 민족역량의 함양이 중요하다고 인식한 민족주의 운동의 전략과도 부합되었다는 점에서 당시 사회적 조류의 한 면을 반영하는 것이다. 사원에 대한 계몽운동 내용 가운데 흔하게 발견되는 것은 '사원의 교양은 계급의식과 사회적 상식을 갖추기 위한 것'이었고 그 방법은 강좌·강연, 연설회·강습회의 개최였다. 공식적인 교육이나 출판 등의 제도를 통하여 형평운동의 이념이나 사상을 선전·전파하는 데 본질적 한계가 있었던 상황에서 강연회나 강좌·토론회 등은 사원들에게 새로운 지식을 전파하며 사회적 의식을 자각시키는 유용한 장으로서의 역할을 하였다. 연설회의 주제는 사원들의 의식 각성을 촉구하고, 형평사를 선전하고 형평사를 통해 형평운동에 동참하는 사람들의 결집을 이루려는 목적이 대부분이었을 것이다.[24] 혹은 그 지방의 특수문제를 대중의 방법으로 극복하기 위한 방법으로 실시되기도 하였다. 이외에도 교양문제, 즉 〈회원·대중교양의 건〉은 거의 모든 지분사에서 논의되었는데, 이것 역시 강연·강좌 등과 유사한 문제들을 다룬 안건이었다.

지분사의 계몽활동은 반봉건운동의 성격을 가지는 것이기도 했다. 계몽운동의 대상이 된 것이 대부분 봉건질서 내에 존재하는 것이었고, 미신타파·조혼금지·금주문제도 계몽운동의 일종이었다.

다음으로 대표적으로 들 수 있는 것이 機關誌 발행이었다. 최초의 형평사 기관지는 1924년 6월부터 발간된 《世光》이었으나 곧 발금처분을 당하였다. 구체적인 내용은 알 길이 없으나 아마도 형평운동의 의의와 형평사 활동을 소개하고 사원들의 단결 및 일반사회의 의식의 각성을 촉구하는 내용이었을 것이다. 또 사원들의 지식 개발과 품격의 향상, 교양의 증대 등에도 중점이 놓여있었을 것으로 생각된다.

기관지 발행은 기관지를 통해 본부와 지분사가 서로 의사를 전달할 수 있는 방법이었다. 이것은 정책결정에 대한 지분사 차원의, 아래로부터의 의견

24) 1928년 7월부터 8월까지 본부의 지방순회 夏期 講演隊가 조직되어 전국적으로 강연회를 열었던 것 같다. 安城형평사와 형평전주지부에서 행한 강연회의 제목만이 유일하게 남아있다.
一. 형평운동의 의의와 그 사적 전개 : 李石岩
一. 인종차별의 기원부터 소멸까지 : 金基河
一. 형평지방지부의 임무 : 박평산
《동아일보》, 1928년 7월 27일·8월 3일.

을 결집할 수 있는 장치였다. 정보교환에 유용한 것은 말할 것도 없으며, 각 지분사에 대한 차별에 대해 공동전선을 형성하는 방책이 될 수도 있었다.

어렵게 발행되었던 기관지 《세광》이 발금처분을 당하자, 이후 기관지 발행은 형평사의 주요 과제 가운데 하나가 되어 많은 지분사에서 기관지 발행을 촉구하였다.

1929년에서야 형평사 기관지로 《正進》(나아가자)이 발행되었다.[25] 《정진》에 대한 성원이 매우 컸다고 하는 것은 지방의 지분사가 정진사 지사를 설립한 것을 보아도 알 수 있다. 《정진》은 《衡旗》로 改題하기로 하였으나 실제로 게재되어 발행된 것은 1933년에 들어서인 것 같다. 형평청년전위동맹 사건 때 압수된 증거품에 목차만 나타나 있기는 하지만 그를 통해 《형기》의 내용을 추측해 볼 수 있다.

총본부에서 발행되는 기관지는 각 지분사에서 일정 부수를 의무적으로 할당받아 그 대금으로 발간비용에 충당했던 것 같다. 연맹체 수준에서도 기관지 발행이 논의된 기록이 있지만, 실제 간행여부는 불확실하다.

또한 팜플렛 형식의 간행물이 발간되었던 것 같다. 이것은 정기적인 것이 아니었으며, 기관지로서의 월보·회보는 아니었다. 제작이 용이하고 경비가 들지 않는 팜플렛 형태를 통해 조직원의 교양과 의식화 작업의 일환으로 계획되어 발간되었던 것 같다.

이외에도 《별》·《형평》·《형평뉴스》·《동지》·《赤友》·《농민》 등의 출판물들이 비밀로 출판되어 허가없이 반포되었다고 하나 그 확실한 것은 알 수 없다.

(4) 지방순회 활동

형평사는 창립을 선포하자마자 제일 먼저 각 지방의 백정들에게 형평운동

25) 《正進》 창간호의 내용은 '형평운동의 정신', '형평운동의 의의와 역사적 고찰' 등 형평운동 관련 논설뿐만 아니라 '흡연과 음주', '가정강좌(주택)' 등과 같은 일반상식이나 시·수필·소설 등도 있었다. 필자들은 이동환·박평산·길한동·서광훈·이선동·이준호 등 널리 알려진 형평운동가들과 함께 일반사원들도 참여하였다.

을 이해시키고 선전하여 참여를 유도하는 한편, 곳에 따라서는 지사나 분사의 설립을 직접 주도하거나 지원하기 위하여 지방순회위원이나 특파위원 또는 선전대를 편성하여 지방순회 활동을 시작하였다. 특히 일반민과의 분쟁이 발생하였을 경우에 해당 지방의 사원들을 후원하거나 구호하기 위하여 파견되었다.

지분사의 창립대회에 파견된 특파원들은 창립대회 석상에서 형평사 창립의 취지를 설명하거나 형평사 현황을 보고하는 일을 하였고, 설립대회를 마친 후에는 단합대회 형식의 축하연을 가지거나 별도의 강연을 하기도 하였다.

이러한 중앙본부에서 지방에 순회위원을 파견하는 활동은 지분사 설립이 어느 정도 이루어졌을 때에도 "각 지방 세포단체 훈련교양을 위하여", "당면문제를 해결하며 모든 것을 철저히 조사키 위하여" 또는 "침체된 조직확대를 위해" 전형평운동기간 동안 전국을 망라하여 계속되었다.

또한 특정한 사안을 해결해야 할 경우에도 지방순회위원들이 파견되었다. 수육가격·건피장·도부업 등에 대한 세금 현황의 파악을 위해, 사원의 생활상태를 조사하기 위해, 본부회관 건축비 부담금을 增收하기 위해서도 파견되었다.

한편 지방의 지분사 차원에서드 자기 지역내의 형평분사가 조직되지 않은 郡이나 面에 순회위원을 파견해 형평운동의 의의를 선전하여 분사 창립을 위해 노력하였다.

이렇듯 이들 특파원들의 노력과 각 지역의 백정들의 적극적인 호응 그리고 당시 사회운동가들의 적극적인 지원으로, 형평사는 폭발적으로 확산되어 갔으며 전국적인 사회운동 단체로 자리잡게 되었다.

(5) 상호부조활동

형평사는 〈형평사 사칙의 세칙〉에서 "勤儉質素를 主로 하고 상호부조의 미풍을 조장한다", "본 사원중 질병 또는 天災에 걸린 자로서 그 정상이 불쌍한 자에게는 본사 이사회의 결의에 의해 이를 구호한다", "본 사원중 상을 당하였을 때에는 이사회의 결의에 의해 조위하고 일반회원에 주지시켜 상호 조위의 덕을 행하게 한다"고 밝혔듯이 사원들의 상호부조 활동도 형평사의 주요 활동 가운데 하나였다.

특히 엄격한 신분질서하에서 公私는 물론이고 언어·옷차림·주거지·활동공간 등 모든 사회적 영역에서 차별대우를 받았던 백정은 다른 사람과 격리되어 생활하면서 거주·직업·혼인 등으로 단단한 공동체를 형성하였으니, 상호부조의 활동은 이미 오래전부터 자연스러운 상황이었을 것이다. 또한 형평사 창립 이후 일반인들과의 충돌이 빈번해지면서 발생한 사건으로 희생된 사원이나 그 가족에 대한 후원, 구호활동도 활발히 전개되었다.

6) 형평사의 해소

(1) 사회주의운동계의 방향전환론

1926년 11월 15일 火曜會系 조선공산당의 합법적 사상단체인 正友會는 1925~1926년간에 있었던 일제의 제1·2차 조선공산당 검거사건으로 한국 사회주의 운동계가 전반적인 침체에 빠지자 이의 타개를 위하여, 다음과 같은 사회주의운동의 방향전환론을 내걸었다.[26]

① 분파투쟁의 청산과 사상단체의 통일.
② 대중의 무지와 自然成長性의 퇴치를 위한 조직 및 교육활동.
③ 종래의 경제투쟁의 형태로부터 보다 계급적·대중적·의식적인 정치투쟁 형태로의 전환. 이 과정에서 비타협적 민족주의자와의 일시적인 공동전선이 필요.

이미 1925년 이전부터 대부분의 사회주의자들과 비타협적 민족주의자들

---

26) 정우회선언의 사상적 배경에 대한 논의는 다음의 글 참조.
梶村秀樹, 〈朝鮮の社會運動と民族鬪爭〉(《岩波講座 世界歷史》 27, 1971), 249쪽.
姜萬吉, 〈民族解放運動의 發展－新幹會運動－〉 1(《韓國史硏究入門》, 지식산업사, 1981), 501~511쪽.
이균영, 《신간회연구》(역사비평사, 1993), 64~67쪽.
金明久, 〈코민테른의 對韓政策과 新幹會〉(《新幹會硏究》, 동녘, 1983), 254~261쪽.

사이에는 협동전선을 둘러싼 논의가 활발하게 일어나고 있었다. 그리고 이러한 논의는 한편으로 당시 대다수의 사회주의자들에게 절대적 권위를 가졌던 코민테른이 1920년 제2차 대회에서 〈민족테제〉를 채택한 이후부터 제기한 식민지·종속국에서의 반제연합전선 전술론과 중국에서도 국공합작 논의가 크게 일어나고 있었던 데에 영향을 받은 것이었다.

그리고 이와 같은 민족협동전선에 대한 요구는 1925년 6월 치안유지법의 실시에 의해 한층 강하게 되었고 그것의 실현을 위한 시도가 구체화되기 시작하였다. 1926년 7월 8일에는 "조선민족의 공동 이익을 위해 분투한다"는 것을 목적으로 朝鮮民興會가 발기되어, 전민족적인 각 계급의 역량을 집중하기 위해 실업·교육·노동·농민·언론·종교·여자·청년·형평·학생·사상 등 각종의 운동을 망라하여 동회의 조직이 결의되었다.

좌파 민족주의자들-《조선일보》·《중외일보》파(申錫雨·安在鴻·李晶燮·최선익) 및 천도교 구파의 權東鎭·李鍾麟, 불교도인 韓龍雲과 洪命憙·申采浩-은 사회주의자들과 일부 부르주아 민족운동가들을 다수 조직하여 1927년 2월 '민족단일당'·'민족협동전선'이라는 표어 아래 신간회를 창립하였다.

신간회가 창립되자 전국의 각 단체-청년·사상·노동·농민단체-등으로부터 신간회를 지지하는 운동이 전개되었다. 5월에는 신간회의 자매단체로서 여성운동의 통일조직체인 槿友會가 창립되었으며, 청년운동에 있어서도 朝鮮青年總同盟이 8월에 정치투쟁으로 방향전환을 선언하고 조직체를 道·郡을 기초로 하는 전국적 단일 중앙집권적 청년동맹 조직으로 변경하는 등 새로운 체제를 확립하였다. 그리고 9월에는 朝鮮勞農總同盟이 방향전환을 선언하여 발전적으로 해체하고 노동운동과 농민운동을 분립(朝鮮勞動總同盟과 朝鮮農民總同盟으로)시켜 정치투쟁에 적극 참가할 것을 밝힘으로써 정우회 노선을 그대로 따르고 있었다. 이렇게 신간회 창립으로 상징되는 이 시기는 諸사회운동 단체가 그 투쟁방향을 크게 전환시키려고 하는 때였다.

(2) 형평사내 급진·온건파의 갈등

이러한 당시 한국 사회주의운동계의 움직임은 형평사에 직접적인 영향을 미쳤다. 형평사내에는 한국 사회주의운동계의 신경향에 대응하는 새로운 움직임이 나타나게 되었으니, "백정에 대한 인권 유린이나 사회적 차별은 자본주의의 소산이므로 노동자·농민의 계급투쟁과 제휴하여 자본주의 타도의 정치투쟁에 나서지 않으면 안된다"고 주장하는, 즉 정치적 투쟁으로의 방향전환을 주장하는 일단의 그룹이 대두하였다. 그리고 "형평운동은 백정의 인권옹호와 차별철폐의 본래 목적에 충실해야 하며 외부의 정치·사상단체와 제휴해서는 안된다"고 주장하는 측과 분파투쟁을 전개하였다. 대개 전자는 진보적이며 급진적인 변혁을 지향하는 입장이었으므로 급진파로, 후자는 보수적이며 점진적 개혁을 주장하므로 온건파라 불렸다. 이후 계급투쟁의 측면을 중시하여 타 사회운동과 제휴하여 정치투쟁으로 나아갈 것을 주장하는 급진파와 백정의 신분해방운동에 중점을 두는 온건파와의 갈등은 점점 깊어갔다.

가. 형평사 조직개편과 신강령의 채택

1927년 9월 13일의 전라북도 형평대회에서 "여러 가지 운동이 방향전환하는 이 시기에 형평사도 조직론을 충분히 할 필요가 있다"는 당시 사회주의운동계의 신경향에 대응하는 결의가 있었다. 이러한 지방에서의 움직임들은 1928년 4월 25·26일에 개최된 형평사 제6회 전국대회의 주요 현안이 되어 〈組織改編〉과 〈新綱領〉을 채택하였다. 조직개편에 있어서는 종래의 형평사 조직인 자율적인 지분사의 연합체, 즉 자유연합제에서 중앙집권제로 개편하여 각 지방의 형평사는 형평사지부로 바뀌었다. 동시에 衡平靑年總聯盟을 해체하고 총본부 안에 청년부를 설치하였다. 이같은 조직개편은 사회운동계의 방향전환론의 영향을 받은 조직개편으로, 중앙과 지방을 유기적으로 통일하는 중앙집권체제로 발전하게 되었다. 이때 채택된 형평사의 운동준칙이라고 할 수 있는 〈신강령〉은 다음과 같다.

① 我等은 경제적 조건을 필요로 하는 인권해방을 근본적 사명으로 함.
② 我等은 아등 자신으로 단결하여 형평운동의 圓滿과 單一의 促成을 기함.
③ 我等은 일반사회단체와 공동제휴하여 합리적 사회건설을 기함.
④ 我等은 본 계급의 당면한 실제적 이익을 위하여 투쟁함.

⑤ 我等은 본 계급의 훈련과 교양을 기함(《동아일보》, 1929년 1월 4일, 〈衡平運動, 中央集權制－新宣言과 綱領發表〉).

이렇듯 형평사는 제6회 전국대회에서 당시 사회주의 운동단체들이 거의 그러했듯이 신강령을 채택하고, 방향전환론의 영향을 받은 조직개편을 이루었다.

창립시의 형평사 主旨는, 백정차별의 철폐화와 함께 상호부조와 친목 및 단결, 품성의 향상, 교육 등을 강조하고 있었다. 이것은 1920년대 초에 조직된 단체들의 전반적인 특성인 실력양성주의를 반영한 것이었다. 이후 점차 민족주의자와 사회주의자들 사이에 분립운동이 진행되면서 사회주의자들은 상호부조적 단체에서 무산계급의 해방을 목표로 하는 신단체들을 독자적으로 조직하였으며, 이와 아울러 재래의 단체들도 무산계급적 운동의 색채를 농후하게 띠기 시작하였다. 그리하여 강령도 계급관계에 입각한 '신사회 건설', '계급의식의 각성과 일치단결'이라고 하여 사회주의적 성격이 현저하게 강조되었다. 그리고 이러한 사회주의자들의 계급지상주의적 관점을 받아들인 것이 급진파였다. 제6회 전국대회에서 채택된 강령은 이러한 급진파의 주장을 일정하게 반영하여, 온건·급진 양파의 주장을 강령상으로서 조화시키고자 노력했던 흔적이다.

또 이 대회에서 선출된 중앙집행위원도 온건·급진 양파의 인물들로 안배되었다. 그리하여 적어도 형식적으로나마 총본부의 권한이 대폭 강화된 조직틀에서 초기부터 활동하던 온건한 형평운동가와 새로 부상한 젊은 급진적 운동가들이 지도력을 공유하게 되었다.

이리하여 형평사는《동아일보》가 "제6회 전국대회 이후 형평사는 인권해방운동에서 민족 및 계급운동으로 전환하려고 하고 있다"고 평가하였듯이, 종래의 백정의 신분해방운동과 아울러 일반사회 운동단체와 제휴하여 민족운동 내지 사회주의운동 등 본격적인 대중운동으로 나아갈 태세를 갖추었다.

나. 형평청년총연맹의 해체

형평사 제6회 대회에서 새로운 조직개편과 급진파의 주장을 일정하게 반영한 신강령의 채택이 이루어졌으나, 이후 형평청년총연맹의 해체문제가 대두되자 급진파와 온건파와의 대립은 첨예화되었다.

1927년 11월 15일 全江原衡平大會에서는 〈민족단일당 결성 촉진의 건〉·〈신간회지지의 건〉·〈衡平女性團體 해체에 관한 건〉 등과 함께 〈형평청년단체 해체에 관한 건〉이 결의되었는데, 이 〈형평청년단체 해체의 건〉은 형평사로서는 매우 중대한 문제가 아닐 수 없었다.

형평청년단체는 형평청년의 교양과 형평운동 전위투사를 양성하기 위하여 각 지방에서 형평청년회라는 이름으로 조직되었고, 이를 조직적으로 통일하기 위한 목적으로 1925년 12월 16일 형평사 중앙본부내에 그 전국 조직체로 衡平青年總聯盟이 조직되었다.

한편 1927년에 들어 사회운동계에서 방향전환에 대한 모색이 가열되면서 청년운동내에서도 기본적인 운동방침과 조직체계에 대한 새로운 고민이 요구되기 시작하였다. 또한 청년운동 자체를 전위 혹은 예비전위로 자임하던 관념적 규정에서 벗어나 스스로를 대중운동의 일부로 파악하기 시작하였다. 그것은 우선 민족주의 운동에 대한 전략적 규정과 청년운동내 반제통일전선 역량을 조직적 차원에서 광범위하게 수용하기 위한 강력한 중앙집권적 지도체계 수립의 필요성에 의한 것이었다. 이에 사회주의자들은 먼저 기존의 연합체적 형태의 청년연맹에 대한 조직적 개편을 시작하였다. 이는 당시 "노동단체는 조선노동총동맹에, 농민단체는 조선농민총동맹에, 청년단체는 조선청년총동맹에 결집하여 민족해방투쟁을 전개한다"는 조직방침에 따른 것이었다. 요컨대 현재 조선의 청년운동은 전민족적 운동역량을 집중시키기 위한 단일조직체의 조직을 위해 총역량을 투입해야 한다는 것이었다.

또한 청년운동의 지도부에서는 기존의 느슨한 연합체적 성격의 郡府聯盟體를 해체하고 지부와 班, 그리고 이를 기초로 하여 郡府單一同盟－道聯盟－總同盟으로 이어지는 위계조직을 구상하였다. 이와 같은 청년운동의 신조직방침은 1927년 방향전환기로부터 시작하여 1928년도 전반에 걸쳐 전국적인 郡府청년동맹의 조직으로 나타났다. 이러한 중앙집권적 단일청년동맹체라는 조직원리하에서 조선의 청년들은 청년이라는 계층적 특성에 의해 단일한 동맹체내로 조직되고 청년운동이라는 단일부문운동에 주력해야 했다.

이에 따라서 기존의 형평청년단체는 조직론상 그 의의가 부정되었고, 해체하되 청년연령의 형평청년은 郡府단일청년동맹에 가맹시키고 그외의 형평청년은 형평사내 청년부로 편성하고자 하였다. 그리고 대부분 지역의 청년운동은 참모조직의 하나로서 형평부를 편제하여 청년운동내에 형평운동 담당부서를 설치하고자 하였다.

이리하여 당시 조선청년총동맹에서는 단일청년단체 조직을 만들기 위하여, 형평청년단체에게 해체하여 일반청년단체에 가입할 것을 강력하게 촉구하고 나섰다. 이같은 촉구는 형평청년총연맹뿐만 아니라 각 지방의 형평청년회에도 행해져, 그 결과 개성형평청년회와 같이 "직업별 청년단체인 형평청년회를 해체시키는 것이 단일청년운동 촉진에 여러 면으로 유리하다"고 하여 스스로 해체선언을 하는 곳도 생기는 등, 조선청년총동맹의 권고를 받아들인 지방의 형평청년회가 다수에 이르게 되었다.

이러한 "직업별 청년단체인 형평청년회를 해체시키는 것이 단일청년운동 촉진에 여러 면으로 유리하다"는 논리로써 형평청년단체는 형평운동에서의 역할, 즉 형평청년운동을 지도 혹은 주도하는 기관으로서의 임무는 폐기되기에 이르렀다.

형평청년단체의 해체를 주장하는 당시 사회주의자들은 원칙적 차원에서 청년운동내의 직업별 청년단체 조직을 부정하고 있었을 뿐, 기존의 형평청년운동에 대한 평가와 이후의 조직적 전망책을 명확히 제시하지 않은 채 해체론을 도식적으로 적용하려는 경향을 드러내고 있었다.

따라서 이러한 사회운동계의 형평청년단체 해체권고 문제는 형평운동 내부의 온건·급진파의 갈등을 야기하게 되었다. 더 나아가 형평청년총연맹의 해체를 둘러싼 온건·급진파의 갈등은 이후 형평사의 해소문제로 까지 이어지게 되었다.

결국 형평청년총연맹은 1928년 4월 26일 형평청년총연맹 제4회 대회에서

“청년운동을 단일적으로 행하려면 청년기관을 분립하는 것은 良策이 아닌데다 객관적 정세는 청년동맹 조직에 항상 지장이 된다”고 하여 정식으로 해체 선언을 하기에 이르렀다.[27] 이와 같이 하여 형평청년총연맹은 만 4년만에 해체되고 그 대신 형평사내에 청년부를 두게 되었다.

(3) 형평사 해소론의 대두

1929년 말~1932년 시기에는 세계대공항의 여파로 인해 학생·노동자·농민들이 일제 식민통치에 반대하는 대중투쟁에 광범하게 진출하고 있었으며, 그로 인해 그 이전·이후 시기와 구별되는 민족해방운동의 일대 고양기가 조성되었다.

당시 조선의 운동계·사상계는 민족개량주의가 주도하는 자치운동과 사회주의가 주도하는 혁명적 대중운동의 경향으로 대별되었고, 그 중간에서 비타협적 민족주의는 동요하였다.

이와 같이 이 시기의 조선의 각 정치세력은 독자의 정세인식에 기초하여 상이한 정치적 태도를 취하고 있었다. 각 정치세력들의 정세인식상의 상이성은 그들 상호간의 대립과 충돌을 공고하게 하는 사상적 배경으로 작용했다.

이 과정에서 신간회를 비롯하여 근우회, 조선청년동맹, 형평사 등의 해소론이 제기되고 그 반대론도 표명되었다. 주지하듯이 이들 단체의 해소문제는 단지 그 단체에 대한 정책의 차원을 넘어 전체 민족해방운동의 세력배치 계획, 통일전선전술과 맞물려 있었다. 따라서 해소문제는 1930년대 전반기 민족해방운동의 새로운 경향과 직결되었을 뿐만 아니라 다양한 논쟁을 불러일으켰다.

신간회 내부에서 해소론이 대두되기 시작한 것은 1930년 12월부터였다.[28] 1930년 신간회·근우회·조선청년총동맹의 지도부 구성과 태도에서는 개량주의적 경향이 강화되었다. 이는 자치운동과의 제휴, 합법운동으로의 전환

27) 《동아일보》, 1928년 4월 27일.
28) 愼鏞廈, 〈신간회의 창립과 민족운동과 해소〉(국사편찬위원회, 《한민족독립운동사》 8, 1990), 303쪽.

등 허다한 의혹과 아울러 사회주의 및 민족주의 좌파계열의 격렬한 항의·비난을 불러 일으켰으며 신간회 해소론이 주창되는 직접적 계기를 형성하였다. 사회주의자들의 해소투쟁은 전국적 범위에서 전개되어, 결국 신간회는 1931년 5월에 해소되었다.

이러한 사회주의자들이 주도한 신간회의 해소투쟁은 혁명적 농·노조운동과 결합하면서 노농운동의 역량강화에 기여하였다. 그러나 1920년대 후반기부터 극단적으로 강화된 일제의 탄압은 1928년 치안유지법의 개악, 일본 田中義一 내각의 파쇼화, 그리고 그것의 연장으로서의 山梨半造 총독의 조선에 대한 파쇼적 통치와 일제경찰의 억압기구가 강화되었고, 만주사변 이후 합법적 노조·농조가 강제 해산을 당하는 등 합법적 활동 영역이 점차 축소되면서 사회주의 세력의 활동 중심은 점차 비합법 영역에 의존하게 되었다. 이리하여 합법공간은 그들이 비판해 마지않던 '개량주의자' 혹은 '합법주의자'의 차지가 되었다.

이렇게 신간회가 해소되자 이어서 조선청년총동맹(1931년 5월)·근우회 등 많은 대중운동단체 또한 해산 내지 활동을 정지해 갔다.

이러한 신간회의 해소를 둘러싼 당시 사회상황은 곧바로 형평사에 영향을 미쳤으니, 제일 먼저 수원형평사가 1931년 3월 임시대회를 열어, 4월에 있을 전국대회에서 형평사 해소안을 제의할 것을 결의하였다. 그 내용은 형평사는 小부르주아집단이기 때문에 단호히 해소하여 屠夫勞動組合으로 전환하여 일반 산업노동조합과 적극적으로 제휴해 나가자는 것이었다. 수원형평사의 이러한 움직임에 이어 襄陽·笠場형평사가 해소를 결의하자, 禮山·原州·屯浦 등의 형평사는 해소에 반대하여, 해소문제를 둘러싸고 형평사내는 더욱 긴장하게 되었다.

해소에 반대하는 입장은 "형평운동이 민족해방운동으로부터 경제투쟁으로 전환한 것은 사실이나 전반적 추세로 보아 해소문제는 시기상조이므로 이를 반대한다"는 것이었다. 즉 해소 자체를 반대하는 것이 아니라 아직은 시기상조라는 입장이었다. 또 온건파의 핵심간부들도 해소안에 강력하게 반발하며 반대 입장을 분명히 밝혔다. 그들은 형평운동의 특수성과 고유성을 내세워 해소안에 반대했는데, 형평사가 다른 사회운동과 협력해야 한다는 필요성은 공감하지만 서로 성격과 과제가 다르기 때문에 해체하여 통합한다는 것에는 반대한다는 입장이었다.

당시의 사회운동단체의 해소파에 따르면 해소는 한 조직체의 해산을 뜻하는 해체와는 달리, 한 운동에서 다른 형태의 운동으로 전환하는 변증법적 자기발전을 뜻하였다. 따라서 이때의 해소는 해소운동을 뜻하는 것이며 ○년 ○월 ○일 전체회의에서 '해소'를 가결했다는 것도 해체를 가결한 것이 아니라 해소운동을 가결했다는 의미였다. 예를 들면 신간회 해소는 신간회라고 하는 한 단체의 해체를 주장하는 것이 아니라, 새로운 운동을 전개하기 위하여 신간회가 가지는 전술적·조직적 오류를 극복하고 '보다 고도의 운동방향으로 도약하는 현상을 말하는 것'이었다.

이러한 사회단체 해소론이 형평사 해소론자에 의해 그대로 형평사에도 적용되고 있었다. *朴好君*은 1931년 6월호 《批判》의 〈형평운동의 今後〉라는 글에서 먼저 수원형평사의 해소 결의에 대해 "도부들로만 도부조합을 조직하고 그 지부를 현 형평사 지부가 있는 곳마다 둔다고 한 것은 산업별적 조직의 전체적 방법을 몰이해하였고 또 노동조합조직원의 구성적 성격을 몰각하는 등의 오류가 있다"는 것을 지적하였다. 그리고 형평사를 해소하여 각 지역의 편차에 따라 노동조합 또는 농민조합을 조직할 것을 주장하였다. 박호군은 형평청년전위동맹사건의 관련 피고인 가운데 한 사람이었다. 이 사건의 재판과정에서도 그는 다음과 같이 형평사 해소에 관하여 진술하였다.

문 : 그대들의 형평사 해소론의 논지는 무엇인가.

답(박호군) : 형평사가 있으면 유산사원은 더욱 더 부유해지나, 그 반대로 무산사원은 더욱 더 빈곤해지는데, 그 이유는 유산사원이 형평사를 배경으로 무산자의 이익을 착취함으로 그러하다. 예를 들면 우육판매합병회사라는 것이 있는데 이것은 자본이 있는 유산계급들이 형평사를 배경으로 조직한 것으로 그들이 이익을 독점하고, 무산사원은 자본이 없다는 이유로 가입할 수 없다. 또 대외적으로 형평사 설립 이래로 일반민과의 사이에는 오히려 형평사가 있으므로 하여 일반민의 감정을 자극하고 분쟁을 유발하는 결과가 되어서 형평사를 해소하고 각 직업별로 도부조합이라든가 우육판매조합이라든가를 조직하는 편이 앞에서 말한 폐단을 제거하게 되고 무산자 사원에 이익이 된다고 생각한 것이다(〈피고인 朴好君에 대한 소화 9년 3월 9일 광주지방법원 예심 법정 신문조서〉, 《李東煥 외 13명에 대한 치안유지법》 재판기록 2, 4,570~4,587쪽·4,917~4,936쪽).

형평사내에서도 무산 청년사원을 기반으로 하는 이들 급진파는, 형평사가 비록 백정들의 인권해방을 위한 조직이라고는 하지만, 유산백정과 무산백정의 결합은 조직적으로 사실상 도순관계에 있으며 따라서 형평운동의 계급적 투쟁을 마비시키는 결과를 가져오게 될 것이라 생각하였다.

당시는 소위 합법운동 해소론이 좌익계의 지배적 풍토로 받아들여졌던 직후였다. 이에 따라 민족협동전선인 신간회내에서 해소론이 대두되었던 것 같이 형평사에도 적용시켜 일제와의 타협주의에 빠진 개량주의적인 온건파와의 협동에 의해 형평사를 존속시키는 것은 무의미하다는 주장이 대두되었다.[29] 그리고 해소론의 이론적 근거는 신간회의 해소의 경우와 마찬가지로 1930년의 프로핀테른의 〈9월테제〉에 의한 '혁명적 조합은 산업별로'라는 취지에 바탕을 둔 것이었고, 〈9월테제〉·〈12월테제〉의 영향을 받은 것이었다.

이러한 총본부에서의 대립과 해소파와 비해소파의 논쟁은 지방대회의 단계에서까지 계속되고 있었다. 그러나 급진파의 형평사 해소논쟁은 형평사원으로서는 식자층이며 유산층에 속하는 온건파를 압도할 수 있을 정도로 강력하지는 못했다. 그리하여 형평사 집행부를 끝내 장악하지도 못했고 또 해소론도 실현시키지 못했다. 또한 급진파는 1933년 전국대회를 앞두고 형평청년전위동맹사건으로 100여 명이 검거됨으로써 형평사내에서의 활동기반을 상실하게 되었다. 그리하여 결국 1933년에 이르러 형평사는 張志弼 등의 온건파에 의해서 완전히 장악되게 됨으로써, 당시 합법적 노조·농조가 강제 해산을 당하는 등 합법적 활동 영역이 점차 축소되면서 사회주의 세력의 활동 중심은 점차 비합법 영역에 의존하게 되고, 합법공간은 그들이 비판해 마지않던 '개량주의자' 혹은 '합법주의자'의 차지가 되는 상황과 마찬가지의 상황이 전개되었다.

29) 金俊燁·金昌順, 앞의 책(1973), 162쪽.

(4) 형평청년전위동맹사건과 형평사의 종언

형평청년전위동맹사건이 언론에 처음으로 보도된 것은 1933년 1월 27일자 《동아일보》였다. 《동아일보》는 "8개 도에 달한 대검거, 현재 50여 명 취조 중, 형평운동의 해소를 부르짖고 적화운동. 衡平秘事事件 益擴大"라는 제목으로 보도하였다. 기사의 내용은 검거된 형평청년들은 백정의 해방은 현재의 형평운동보다는 계급운동의 일부분이어야 한다고 하여 형평사 해소를 주장하는 동시에 적화운동을 위한 비밀결사를 하였다는 것이다.

이렇게 하여 1932년 연말부터 시작된 형평운동자 검거선풍은 제2차·3차·4차에 걸쳐 전국각지에서 100여 명을 검거하여 7개월간이나 취조하다가, 이들중 徐光勳 등 13명은 형평청년전위동맹이라는 비밀결사를 조직했다는 혐의로 치안유지법으로 구속하였다.

형평전위동맹이라는 단체가 실제하지는 않았다 하더라도 형평사내의 커다란 한 줄기를 이루었던 계급해방을 통한 백정의 인권해방을 부르짖던 부류들이 이 사건을 계기로 표면에 드러나게 되었다. 결국 이들은 형평사를 떠나 형평사내에서 이들의 세력은 소멸되었다.

형평사를 해소하여 무산사원 중심의 직업별 조합인 도부조합을 조직한다든가 또는 형평운동을 사회주의·공산주의 운동으로 전환하고자 했던 급진파는 완전히 소멸되고, 단지 경제생활 중심의 활동을 하는 이익단체, 친목단체로 완전히 전환하게 되었다. 우육판매산업에 비사원들의 침투 반대와 저지를 위한 활동, 피혁조합 설립 논의, 건피장 관리권의 형평사원으로의 이전요구 등 경제적 이익을 위한 활동만이 강조되었다.

이같이 형평사는 1931년의 해소논쟁과 1933년의 형평전위동맹사건을 겪으면서 그 활동이 급격히 퇴조하였다. 1933년 말 현재 지방조직 146단체 7,868명의 사원을 유지할 수 있었지만 형평사는 그 이후 급속히 쇠퇴하기 시작하였다. 1932년-1933년-1935년 사이에 지분사수는 161개에서 146개-98개로, 사원수는 8,293명에서 7,868명-6,540명으로 줄어들었다. 실제로 활동하는 사원이나 조직수는 이 보다 더 적었을 것이다. 총본부는 지부를 재정리하고 지방순회 활동을 통하여 지역활동을 재건하려고 하였지만, 성과는 거의 없었고 오히려 누적되어 가는 부채의 상환문제가 주요 쟁점으로 등장하는 형편이었다.

이런 상황에서 초창기의 인권해방이라는 목표도 퇴색하고 단지 백정계급의 경제적 이익단체로 변모함과 동시에 당시의 일제의 파쇼적인 정책과 맞물려, 일제에 영합하는 융화적인 단체로 전락하게 되었다.

1935년 4월의 제13회 전국대회에서는 형평사의 명칭을 大同社로 개칭하였다. 그러나 대동사로 개칭한 이후에도, 간부들은 새로운 지도방침을 제시하지도 못했고 또 사원들의 열의도 없어 형평운동은 쇠퇴일로의 상태에 처하였다.

그리하여 "종래의 투쟁주의적인 운동방침을 日本主義的 협조적으로 전환한다"[30]고 선언할 정도였다. 이러한 현상은 1930년대 후반에 민족해방운동선상에서 민족주의 우파계열이 변절하여 친일 부역활동을 했던 것과 같은 맥락에서 '변절'이라고 하겠다. 한편, 1939년의 대동사 정기총회에서 〈대동사 해체문제〉가 제안되어 논의를 불러 일으켰으나 '종전대로 유지하기'로 만장일치로 가결하고 있으나,[31] 그 이후 대동사의 활동에 대해서는 확실하지 않다.[32] 다만 1940년 이후에는 형평사의 중추였던 도부조합은 일제의 官制組合인 朝鮮畜産組合에 흡수되었으며, 일체의 정치·경제·사상운동은 금지되었다. 이러한 과정에서 형평사는 종식되었을 것이라고 추측된다.[33]

〈高淑和〉

---

30) 《동아일보》, 1936년 2월 7일.
조선총독부경무국, 앞의 책(1935), 167쪽.

31) 《동아일보》, 1939년 4월 27일.

32) 1940년 3월 대동사 간부들이 총독부를 방문하여 우육값 인상을 건의한 것이 마지막으로 신문에 보도된 것으로 그후의 활동 상황은 나타나지 않는다(《조선일보》, 1940년 3월 23일).

33) 1945년 해방후에는 朝鮮畜産組合은 韓國畜産企業組合으로 개칭되어 전국적인 산업단체로 되었다고 한다(金龍基, 앞의 글, 825~826쪽).

5. 청년운동

1) 청년운동의 발생배경

(1) 청년의 역사적 등장

우리말 가운데, 어린이－젊은이－어른에서 보듯이 사회계층의 하나로 '젊은이'란 개념이 있다. 근대 초기 최남선은 '소년'에 많은 관심을 가졌다. 이때 소년은 20세 미만의 학생신분을 갖는 일단의 사회계층을 가리키는 것이었다. 이 용어는 어린이와도 통했다. 이보다 높은 연령층을 일컫는 말이 '젊은이'이다. '젊은이'는 일반적으로 18～30세 전후의 연령층을 의미한다. 1920년대에 청년단체 가운데 '젊은이 모듬'이란 명칭을 사용한 경우가 있다. 이는 곧 '靑年會'를 순 우리말로 표현한 것이다.

우리 나라에서 '靑年'이란 용어를 사용하기 시작한 것은 19세기 후반부터이다.[1] 우리말 고유의 표현인 '젊은이'가 '청년'으로 바뀐 것은 일본의 영향인 듯싶다. 일본에서는 우리 나라보다 빠른 1880년에 YMCA(Young Men's Christian Association)가 설립되었고, 1887년에는 《新日本之靑年》(德富蘇峰)이란 책이 출판되었다. 이때부터 일본에서는 '청년'이란 용어가 사용되기 시작했다. 이후 영국의 보이스카우트(Boy Scouts)제도가 일본에 들어와 武士敎育과 결합되었으며, 점차 독일의 청년단체에 대한 내용이 소개되면서 일본의 '靑年團'은 체계화되었다.[2]

---

1) '청년'은 영어의 'Young', 'Young Man', 'Youth' 등에 해당한다. 심리학에서는 인간의 발달단계 가운데 'Adolescence' 곧 '靑年期'가 존재한다. 인간발달과정에 대한 이론은 고대 플라톤과 아리스토텔레스부터 언급하고 있다. 그러나 근대 이전에는 청년기에 특별한 관심을 갖지 않고 아동에서 바로 성인이 된다는 견해를 가지고 있었다고 한다. 청년에 대한 실질적인 의미의 연구는 근대 이후 로크와 루소를 지나 스탠리 홀(G. Stanley Hall)의 과학적인 태도와 방법에 의하여 체계화되었다고 한다. 스탠리 홀은 청년기를 '질풍노도의 시기(a period of storm and stress)'로 표현한 바 있다(정옥분, 《청년발달의 이해》, 학지사, 1988, 27～36쪽).

우리 나라에서 '청년단체'를 처음 조직한 것은 일본에 있던 조선인 유학생들인 것으로 보인다. 尹致昊에 따르면, 1893년 10월 경 일본의 도쿄에 '조선청년애국회(The Patriotic Association Corean Youths)'란 청년단체가 있었다고 한다.[3] 국내에서는 1890년대부터 미국인 선교사들이 YMCA 조직에 노력한 결과 1903년 YMCA의 전신인 '皇城基督敎靑年會'가 설립되었다. 이후 '청년'이란 말은 '인기 있는 유행어'가 되었고 각지에서 '청년'을 사용한 단체들이 조직되기 시작했다. 尙洞靑年學院(1904)·靑年學友會(1908)·大同靑年團을 비롯해 미주의 한인교회청년회, 재일조선인기독교청년회 등이 그 대표적인 경우이다.[4]

이때 '청년'은 학생 또는 30대 전후의 젊은 지식인이 그 중심이었다. '청년'은 교육과 계몽의 대상인 동시에 봉건적 질서를 극복하고 근대적인 사상과 사회질서를 추구하면서 앞으로 나라의 자주독립을 이끌 '새로운 역사의 주체'로서 인식되었다. 또한 '구세대에 대한 혁신의 상징'이기도 했다. 20세기 전반기에 '청년문제'는 식민지 조선은 물론 세계가 공통적으로 관심을 갖는 '국민적 대문제의 중심점'이었다.[5] 청년은 당시 식민지 조선이 처한 현실의 극복·대안세력으로 주목을 받았던 것이다.

(2) 청년단체의 출현

3·1운동은 불완전하나마 집회·결사의 자유를 가져왔고, 그 결과 각 부문의 사회단체들이 우후죽순처럼 조직되었다. 어느 계층보다도 사회사정에 민

---

2) 湯原元一, 《靑年團及其敎育》(東京 : 目黑書店, 1917), 3~12쪽. 일본에서는 '청년'이란 말이 일반적으로 사용되기 이전에 젊은이·청년의 뜻으로 '와카모노(若者)'란 고유 언어가 있다. 靑年團'과 같은 말로는 '와카모노 나카마(若者仲間)'가 사용되고 있었다. 1910년대와 1920년대에 일본에서 출판된 청년 관련 서적으로는 《靑年期の硏究》(존·스탠리 홀 著, 同文館, 1910)·《靑年夜學讀本》(金港堂, 1911)·《靑年思想論》(朝報社, 1912)·《靑年團及其敎育》(岩田太郞, 1917)·《靑年團の新紀元》(大日本雄辯學會, 1922)·《改訂靑年公民讀本》(帝國地方行政官朝鮮支部, 1923)·《靑年と語る》(同文館, 1926) 등이 있다.

3) 尹致昊, 《尹致昊日記》, 1893년 10월 31일(주진오, 《19세기 후반 개화개혁론의 구조와 전개-독립협회를 중심으로-》, 연세대 박사학위논문, 114쪽에서 재인용).

4) 전택부, 《한국기독교청년회운동사》(정음사, 1978), 57~60쪽.

5) 안 확, 〈3중위협과 자각〉(《아성》 1, 1921년 3월), 2쪽.

감한 청년들은 제1차 세계대전 이후 세계적으로 몰아친 세계개조사상에 고무되어 '조선 신문화 건설'을 내세울 중심기관의 필요성을 깊이 인식했다.

1910년대부터 많지는 않았지만 지방마다 종교청년단체는 물론 구락부 또는 수양회 형태의 일반 청년단체들이 존재하고 있었다. 뿐만 아니라 곳곳에 보통학교동창회가 있어서 그를 중심으로 청년들이 결합되어 있었다. 일본 유학생 출신을 비롯해 서울이나 기타 대도시의 중·고등학교에 취학한 학생도 많았다. 이들이 모두 청년단체의 주요한 인자였다.

당시 조선의 현실이 학교교육과 사회교육으로 구분하기엔 조선총독부 자체가 학교시설로 청년들을 수용할 수 없었을 뿐만 아니라 할 수 있었다고 하더라도 경제적 곤란으로 수양의 기회를 갖는다는 것은 쉬운 일이 아니었다. 따라서 청년회가 이러한 결함을 채워줄 사회적 수양기관이 되어야한다는 인식이 팽배했다.

일본의 경우 이미 청일전쟁과 러일전쟁 과정에서 청년들의 역할에 대해 상당한 주목을 했다. 러일전쟁 직후 일본 정부는 청년단체의 발흥에 주목하고 1905년 청년단체에 대해 연구·조사했다. 1915년에는 청년단체를 수양기관으로 규정하고 연령제한(20세)·설치구역(행정구역)·지도자 및 원조자·경비·활동내용 등 청년단체의 설치기준까지 마련했다. 즉 국가가 직접 청년단체를 지도하고 통제하였다. 그러나 제1차 세계대전을 전후해서 세계적으로 사상조류의 변화가 일본에 밀어닥치자 일본 정부는 청년단체의 '자치적 경영'을 장려하고 독지가나 유력자들은 고문의 지위에서 청년단체를 지도하거나 원조하도록 했다. 연령문제는 25세까지 확대할 수 있도록 했으며 지방의 실정에 맞게 실시하도록 했다.[6]

---

6) 玉井廣平, 《青年團の新紀元》(大日本雄辯會, 1922), 19~48쪽. 청년단체의 기원은 영국의 보이스카우트에서 찾을 수 있으나 일본의 청년단에 직접 영향을 미친 것은 독일이었다. 특히 당시에 일본어로 '청년교양'으로 번역되었던 '유켄트플레게'는 일본의 청년단에 직접적인 자극이 되었다고 한다. 이때 청년교양은 수양을 목적으로 하는 것을 의미하는 것으로 이해되었다. 당시 독일은 조직의 형태가 단체 중심의 방침이었는데 일본은 행정구역을 중심으로 청년단체를 조직하였다. 또한 당시 독일에서는 청년단체가 애국적이고 군사적으로 활용되었다(湯原元一, 앞의 책, 11~12쪽).

식민지 조선에서도 일본의 청년단체에 대해 알게 되었고, 영국과 독일의 청년단체에 대한 내용도 소개되었다. 1919년 말~1920년 초에 걸쳐 청년회·青年俱樂部·청년수양회 등의 명칭을 가진 청년단체가 군·면·리에 급격히 출현하였다. 평안남도 지사에 따르면 1920년 3·4월 경부터 종교관련 청년회 및 일반 청년회가 곳곳에서 출현하더니 그해 말 청년단체의 수가 124개에 회원이 1만 3,088명에 달했다고 한다.[7)]

이처럼 청년단체가 급증할 수 있었던 배경은 크게 두 가지로 설명할 수 있다. 첫째는 1910년대 전국에 산재허 있던 비밀결사 형태의 반일 독립운동 경험과 3·1운동 당시 곳곳의 비밀 독립운동지도부 경험 등이다. 1919~1920년 각 지역의 일부 청년단체들은 여전히 해외의 독립운동 세력과 합법 또는 비합법의 형태로 관계하고 있었다. 평안남도 도지사의 말대로 1920년 말 현재 124개 청년단체 가운데 온건한 27개 단체를 제외하고는 모두 '불온한' 단체로 많은 지도자들이 '위험인물이거나 전과자들'로서 잦은 강연회 등을 통해 '인심을 미혹'하고 있었다.[8)] 그러드로 조선총독부 정무총감 미즈노 렌타로(水野錬太郎)는 1920년 9월 도지사회의에서 각 지방에 속출하는 청년회들이 겉으로는 인격을 향상하고 체육을 장려한다고 하지만 조직행동은 '독립운동을 삼으려는 경향'이 있다고 주장했던 것이다.[9)]

둘째는 1900년대 중반 이후 전국적으로 확산된 계몽운동단체와 지방 교육기관을 중심으로 한 청년지식인들의 실력양성운동 경험 등이다. 3·1운동이 실패하자 독립을 준비하기 위해서는 실력양성과 문화향상이 필요하다는 인식이 확산되었다. 제1차 세계대전 이후 전세계적으로 몰아친 개조운동과 문화운동 조류와 함께 하면서 그를 지도할 상설적 기관의 필요성이 청년회의 결성으로 나타나게 되었던 것이다 당시 청년회는 일반에게 '지방문화의 중

---

7) 朝鮮總督府, 《道知事會議速記錄》(1921년 4월), 44쪽(박찬승, 《한국근대정치사상사연구》, 역사비평사, 1993, 234쪽에서 재인용).
8) 朝鮮總督府, 《道知事會議速記錄》(1921년 4월), 44쪽(박찬승, 위의 책, 235쪽에서 재인용).
9) 朝鮮總督府, 《施政に關する諭告·訓示竝演說》(1919~1922), 43쪽(박찬승, 위의 책, 234쪽에서 재인용). 조선청년회연합회 집행위원장 吳祥根은 〈지방 청년단체 발전책〉(《동아일보》, 1921년 2월 25일)이란 글에서 "재래로 당국자는 지방 청년단체를 일종의 독립단체로 간주하여 위험시하였다"라고 밝히고 있다.

추기관'으로 인식되고 있었다.

(3) 조선청년의 현실

청년은 일반적으로 계급·계층에 따라 노동청년·농민청년(농촌청년)·지식청년·학생청년·여성청년 등으로 분류할 수 있다. 1920년대 당시 청년들은 어떠한 형태로 존재하고 있었는지 알아보자.

청년노동자의 경우 하루 10시간 이상의 중노동을 강요받고, 같은 노동을 하면서도 일본인 노동자보다는 물론 조선인 성인노동자보다도 적은 임금을 받고 있었다. 1922년 10월 현재 경기도의 경우 143개 공장의 노동자 1만 3,585명(남 : 10,677/여 : 2,908) 가운데 15~30세에 해당하는 청년노동자의 구성비율이 58.5%를 차지하고 있었다. 노동시간은 炭酸水製粉業 1일 최장 11시간이었고, 정미업·製材·製綿·製絲 업종이 9~10시간 30분, 제약업·솥제조업·燐寸製造業 등이 7~8시간이었다고 한다.[10)]

농민청년의 경우는 가정과 농촌의 봉건적 사회질서 속에서 자·소작 대부분의 주요 담당자 역할을 하고 있었다. 봉건적인 악습 아래서 인권을 유린당하고, 가부장적인 가족제도 아래서 경제적 독립이나 여유가 없었다. 더욱이 대부분의 청년들이 일제에게 교육의 기회를 빼앗기고 있었으며 위생상태는 말할 것도 없고 노동자권리를 박탈당하고 정치적으로도 억압받는 처지에 있었다. 특히 학생청년은 한글을 모국어로 하지 못하고 학교 내에서 모욕과 압박을 받았으며, 일부 학업을 마친 학생들조차도 취직하지 못하고 과잉인구로 남는 것이 태반이었다.[11)]

당시 청년들 가운데 일부는 화투나 음주로 소일하거나 모르핀(morphine)에 중독되어 사회문제가 되기도 했다. 또한 생활의 빈곤과 직업을 얻지 못하는 현실을 비관하여 자살하는 청년들도 많았다. 식민지 조선의 청년들이 사회적으로 얼마나 고통스러웠는가를 보여주는 지표 가운데 하나로 자살율을 볼

---

10) 《동아일보》, 1922년 10월 21일.

11) 金基鎭(すず生), 〈朝鮮青年運動ノ當面任務〉(金俊燁·金昌順 共編, 《韓國共産主義運動史》 資料Ⅱ, 고려대학교 아세아문제연구소, 1979), 177~181쪽.
朴應三(泰川), 〈청년운동은 왜 하는가〉(《黨聲》 27, 1933).

수 있다. 1924년의 《조선일보》 기사에 의하면, 조선인 자살자수는 1,487명(남 : 789/여 : 698)으로 주요 원인은 정신착란, 생활고통, 병에 따른 절망, 가정불화 등이었다. 이 가운데 30세 미만의 청년이 40%에 달했다. 이것은 당시 조선청년의 삶이 얼마나 고통스러웠는가를 말해주는 것으로 특히 청년들은 현실과 이상 사이에서 또는 생활의 고통 속에서 정신질환에 시달리고 병들고 마침내는 죽음을 선택하기에 이르렀던 것이다.

독서계를 통해 당시 청년들의 모습을 보자. 당시 조선청년들은 번역된 사상과 문예서적을 가장 많이 보는 것으로 나타났다. 특히 사회주의 소설 《사선을 넘어》는 어느 한 서점에서만 1만 부 가량이 팔렸다고 한다. 동시에 청년들은 화류계 창가와 같은 서적도 많이 보는 것으로 나타났다. 이러한 책은 1년에 4·5판을 발행할 정도였다고 한다.[12] 청년들은 서구의 새로운 사상과 함께 자본주의가 낳은 사회적 병리현상에 노출되어 있었다.

그러한 속에서도 청년들은 민족해방운동, 특히 사회주의 운동에 앞장섰다. 1920년대 전 기간동안 각종 대중운동과 사회주의운동을 하다가 일제 경찰에 검거된 사람들 가운데 거의 대부분은 20~30대의 청년들이었다. 특히 직업적 혁명가 또는 신문기자·학생·교사·관공리 및 회사원 등의 20대 지식청년들이 많았다. 조선공산당원 및 고려공산청년회원으로서 유죄로 확정된 297명 가운데 20~30대의 청년이 61.2%를 차지하고 있었으며, 그 가운데 20대가 62.5%였다.[13]

일제 강점기 여러 정치·사회세력들은 청년에게 식민지 조선의 현실을 변화시킬 역사적 소명을 부여했다. 당시 《동아일보》는 한 사설에서 "청년의 위대한 힘은 높은 이상, 웅장한 기상, 백절불굴의 용기, 義를 위해 생명과 재산을 草芥같이 보는 강렬한 정의감"에 있다고 정의했다. 그러면서 청년에게 "김가도 이가도 아닌 조선의 청년이자 救濟의 使徒"로서 순교자의 정신과 출전용사의 각오를 요구했다.[14] 청년은 조선의 현실을 바꿔낼 가장 중요한

12) 《동아일보》, 1921년 12월 27일.

13) 朝鮮總督府 警務局, 《朝鮮獨立思想運動の變遷》(1931 : 고려서림, 1986), 66~87쪽.

14) 《동아일보》, 1924년 3월 17일, 사설 〈청년 형제자매에게 고하노라－입학과 졸업기를 제하야〉.

대안세력으로 인식되었던 것이다.

2) 조선청년회연합회와 초기 청년단체의 활동

(1) 조선청년회연합회의 결성과 '문화운동'

가. 조선청년회연합회의 결성

1920년 봄 전국 각지에서 청년단체들이 우후죽순처럼 설립되자 서울의 각계 지도자들은 하나의 통일된 지도기관의 필요성을 인식하였다. 그들은 독일과 일본 등지에서 국가가 직접 청년단체를 조직·지도하고 있으며, 이러한 청년단체들이 국난극복과 지방발전에 크게 공헌한 사실에 주목했다. 그런데 조선에서는 각지에서 청년단체가 발생하여 지방발전에 노력하려 하지만 국가가 없어서 지도와 후원을 받지 못하고 있는 상황이므로 바로 청년단체의 통일된 지도기관이 부족하나마 그러한 역할을 담당해야 한다는 생각이었다.[15]

1920년 6월 28일 서울에서 각계 인사 53명이 모여 조선청년회연합회기성회를 발기하였다.[16] 발기자들 가운데는 부르주아 자유주의적인 민족운동자와 함께 사회주의적 성향의 활동가들이 한데 어우러져 있었다. 청년회연합회기성회의 취지가 신문에 발표된 뒤 113개의 지방청년단체가 기성회에 가입수속을 밟았다. 이를 바탕으로 지방 청년단체의 정대표 76인과 부대표 39인이 참석한 가운데 1920년 12월 1일 발기총회를 가진 뒤 12월 2일 창립총회를 열어 朝鮮靑年會聯合會가 정식으로 결성되었다. 대회에서는 7개의 강령과 함께 모두 13장 30조의 헌장이 통과되었다.

창립 당시 가입단체는 121단체였다. 헌장에 따르면 청년회연합회의 가입자격은 연합회의 주의·강령에 적합한 30명 이상의 회원을 가진 조선인 청년단체로 하였다. 그런데 연합회는, 헌장 제5장 제8조에서 '가입 청년단체는 각기 독립단체로 존재한다'고 규정함으로써 전국적인 청년단체의 연합체임을

---

15) 吳祥根(조선청년회연합회 집행위원장), 〈지방 청년단체 발전책〉(《동아일보》, 1921년 2월 25일).

16) 〈연합회 휘보〉(《아성》 1, 1921년 3월), 85쪽.

내세웠음에도 일종의 협의기구 내지 연락기구의 성격을 가질 뿐 중앙집권적인 전국적 통일조직으로 보기에는 어려웠다. 청년회연합회가 집행위원제를 채택하면서도 지방 청년단체의 대표들로 구성된 의사회를 설치한 것은 이러한 상황을 반영한 것이었다.

청년회연합회의 지도자들은 청년의 힘을 모으고 청년단체가 발전할 수 있도록 지방의 청년단체가 합법성을 획득할 것을 요구했다.[17] 그렇게 함으로써 많은 청년들을 청년단체에 끌어들여 계몽하고 이를 바탕으로 청년회연합회의 사업을 대중적으로 확산시키고자 했다.

청년회연합회는 당시 서울에서 조직된 조선노동공제회와 함께, 단순한 청년운동 지도단체가 아니라, 초기 국내의 전국적인 민족운동단체의 위상을 가지고 있었다.[18] 이러한 점은 당시 李商在가 "지금까지 黨規와 黨議가 있는 조선인의 黨이 없기 때문에 당파가 형성되는 것이었다"고 비판하면서 조선청년회연합회에게 조선에서 통일된 당의 역할을 해줄 것을 요구했던 점에서도 잘 알 수 있다. 하와이에서 열린 범태평양교육회의에 참가한 申興雨는 조선청년회연합회가 '조선의 중심단체로서 통일기관'임을 외국 사람들에게 알리기도 했다.

나. 청년회연합회의 활동과 '문화운동'

청년회연합회는 이미 기성회 시기에 ① 사회를 혁신할 것, ② 세계에 지식을 광구할 것, ③ 건전한 사상으로 단결할 것, ④ 德義를 존중할 것, ⑤ 건강을 증진할 것, ⑥ 산업을 진흥할 것, ⑦ 세계문화에 공헌할 것 등 7대 강령을 발표하였다. 지식을 구하고 덕의를 존중하며 건강을 증진한다는 것은 '수양'을 가리키고, 사회혁신과 산업진흥은 '사업'을 가리키는 것이었다. 이처럼 청년회연합회는 사업과 수양을 청년회의 주요 목적으로 하였다.[19]

---

17) 吳祥根, 〈지방 청년단체 발전책〉(《동아일보》, 1921년 2월 25일).

18) 사회주의자 鄭栢은 조선청년회연합회에 대해 '3·1운동의 유산'으로 민족운동자와 정치적 지향의 인물들이 그 중심을 이루고 있었으며 민족주의를 기조로 한 부르주아 자유주의사상이 일관하고 있었다고 평가했다(정백, 〈조선청년운동의 금석—과거 1년을 회고하야〉, 《조선일보》, 1925년 1월 1일).

19) 하지만 청년회연합회의 지도자 가운데 한 사람이었던 安廓은 수양을 보다 중요하게 여겼으며, 사업 또한 '수양을 위한 사업'이라고 인식했다(안확, 〈청년회의 사업〉, 《아성》 1, 1921년 3월, 23쪽). 《동아일보》는 청년회의 사명으로서

청년단체에 대해 비정치성을 요구하고 수양이 강조된 것은 이미 황성기독교청년회 때부터였다. 또한 安昌浩가 세운 청년학우회는 "무실·역행·충의·용감 4대 정신으로 인격을 수양하고 단체생활의 훈련에 힘쓰며, 한 가지 이상의 전문학술이나 기예를 반드시 학습하여 직업인으로서의 자격을 구비"하는 것을 목적으로 하였다. 일부 청년단체들은 청년학우회 운동을 계승하고 있는 모습을 보이기도 했다.[20)]

1921년 4월 청년회연합회 제2회 총회에서는 연합회 헌장 일부를 개정하는 한편 연합회의 기관지 《我聲》의 편집담당인 安廓의 저서 《자각론》과 《개조론》이 연합회의 이름으로 간행된 것에 대한 비판이 강하게 제기되었다. 이를 계기로 총회에서는 최초로 민족주의자와 사회주의자의 논쟁이 벌어졌다.

1922년 4월 청년회연합회 제3회 총회에서는 두 개의 건의문이 제출되었다. 하나는 상해파 사회주의 세력과 관계를 맺고 있던 張德秀의 건의문으로 "조선은 아직 혁명시기가 성숙하지 않았으므로 문화계몽운동을 통해 민중의 경제적 생활수준의 향상과 민족의 잠재력 육성"에 노력해야 한다고 주장했다. 다른 하나는 서울청년회와 무산자동맹회에서 활동하던 사회주의자 金思國의 건의문으로, 정치문제로써 "혁명적 투쟁방식에 의한 완전한 독립국가의 달성"을 주장했다.[21)] 이 문제는 청년회연합회 총회 기간 동안 격렬한 논쟁을 야기했다. 결국 서울청년회를 비롯한 9개 청년단체는 연합회를 탈퇴했다.

제3회 총회 이후 청년회연합회는 '수양'보다는 '사업'에 더 중점을 두기 시

친목-청년의 단결, 수양-정치상의 훈련을 청년회 생활을 통해 실험하고 체득함, 지식교환-신문·잡지 등의 공동구독 및 토론회·강연회 개최와 활동사진·연극의 상영, 체육증진-국가 사회의 힘과 관련하여 체격 양성, 공공적 사업-근검저축 및 산업장려·공동구매 및 공동조합 등 공동제도 건설을 통한 지방발전 공헌 등에 둘 것을 주장했다(《동아일보》, 1920년 5월 26일, 사설).

20) 개성의 고려청년회는 자신의 會歌에서 "무실과 역행을 목적삼아 자강·충실·용감하게 서로 도와가세"라고 하였다(《동아일보》, 1920년 6월 26일).

21) РЦХИДНИ Ф.495 О.135 Д.96, 김사국, 〈고려공산단체 약사〉, 4~5쪽. 김사국이 제출한 내용의 골자는 혁명적 투쟁에 의한 조선의 완전 독립, 소비조합과 노동조합 조직, 학교에서 조선어로 교수, 노동자·농민학교 개설과 교사 양성 위한 사범학교 개설, 민주집중제에 의한 청년회연합회 재조직, 연합회의 대표성을 집행위원회에 부여할 것 등이었다.

작했다. 사업의 주요 내용은 민립대학의 건립과 조선물산장려운동·소비조합·생산조합·소작인조합의 조직 등이었다.[22] 청년회연합회는 1923년에 들어오면서 민립대학기성회와 조선물산장려회를 주도하면서 지방 청년단체가 그 실행기관을 담당하도록 했다. 실행 초기에는 지방 청년단체의 커다란 호응 아래 전국적으로 확산되었으나 약 반년만에 침체의 길로 들어섰다. 그 이유는 일제 당국의 방해공작으로 모금활동이 곤란한 데 있기도 했지만 보다 근본적인 이유는 1923년 3월 전조선청년당대회 이후 지방조직의 근간이 되어야할 청년단체가 '실력양성노선', '문화운동노선'을 버리고 무산계급운동노선으로 방향을 전환하고 있었기 때문이었다.

청년회연합회의 활동은 주로 순회강연을 위주로 한 계몽활동에 집중되어 있었다. 강연내용은 청년회연합회의 주의·강령 소개, 조선청년의 사명, 민족의식의 고취, 부인해방, 교육문제, 농촌문제, 세계대세 등의 내용을 담고 있었다. 청년회연합회의 문화운동은 '선민족개조 후독립', '선실력양성 후독립'을 표방하는 것이었다. 이에 대해 일부에서는 '독립운동'과 거리가 먼 운동으로 독립달성 이후에나 해야 할 운동이라고 비판받기도 했지만, 《독립신문》의 한 사설은 독립운동의 한 방편으로 평가하기도 했다.

일제는 이러한 '문화운동'을 체게 내적인 운동, 더 나아가서는 친일어용적인 운동으로 유도하려 하였다. 조선총독부는 청년회연합회를 중심으로 한 '문화운동' 양상에 대해, 다른 나라에 대한 의존을 버리고 자력으로 독립하겠다는 인식에서 나온 온건노선으로 결국은 일본의 도움과 양해를 얻지 않고서는 불가능하다는 인식에 기인한 것으로 파악하고 환영하였다.[23]

(2) 초기 청년단체의 주요 활동

가. 초기 청년단체의 창립과정과 조직구성

초기 청년회의 창립에는 지주와 상공인, 신문기자나 교사, 각 종교계지도자 등 지역사회에서 경제적·사회적 지위가 가장 높은 계층에 속하는 최고

22) 《동아일보》, 1922년 4월 6일.

23) 박찬승, 앞의 책, 290~293쪽.

지식인들이 중심이 되었으며, 그들은 초기 청년회의 간부로 활동했다. 그들은 식민지 민족으로서 갖게 되는 고통과 불만 때문에 민족의 독립을 지지하였고, 청년운동에 뛰어들었다. 그러나 그들의 경제적 지위는 기본적으로 노동자·농민의 희생에 의존한 것이었고, 이러한 계급적 한계는 격화되는 노동자·농민운동 과정에서 물러나거나 심지어는 적대적인 위치로 변화되었다.[24)]

다른 한편으로는 초기 청년단체들 가운데는 청년회의 고문으로 지주 및 조선총독부의 지방관리, 학교장 등이 다수 포함되어 있었다. 평안남도의 안주청년회는 군내 지주·상공업자·노동자·관공리 모두 청년회에 가입할 수 있도록 했다. 경상북도 예천군의 예천청년회의 경우 예천군수와 경찰서장이 고문으로 있었으며, 경주청년회는 경주군수의 적극적인 지원 아래 창립되었다.[25)]

초기 청년단체들은 지주·상공인·관청의 임원 등 지방 유지들의 금전이나 토지·가옥 등을 물질적 기반으로 하여 청년회 사업을 진행할 수 있었다. 이러한 현실은 청년회로 하여금 운영비나 주요 사업비를 청년 자신들의 회비로서 주체적으로 운영하지 못하고 지방 유지의 기부금에 의존하게 만들었다. 많은 돈을 기부한 유지는 간부가 되거나 청년회에 영향력을 행사하였다.

초기 청년단체들은 회장제를 채택하고 평의원을 두었으며, 고문제도를 두는 경우가 많았다. 청년단체에는 서무부, 재무부, 교육부(지육부·덕육부·문예부·도서부·강연부), 체육부(운동부), 교풍부, 산업부(실업부) 등의 부서가 설치되었다. 그 가운데 청년의 수양을 위해 신문·도서·잡지 등을 비치하고 열람케 하며 강연회와 토론회를 열어 지식을 교환하는 활동을 담당하는 교육부(지육부·도서부·문예부)와 운동기구를 비치하고 운동회와 소풍 등을 통해 체육을 발달케 하고 기타 오락기구(음악도구·풍물 등) 등을 담당하는 체육부(운동부)가 가장 중심적 기구였다.

1919년 말~1920년 초부터 약 1년간 우후죽순처럼 설립된 청년단체는 1921년부터 활동이 주춤하기 시작했고 '수면상태'라고 표현될 만큼 부진한

---

24) 이애숙, 〈1920년대 전남 광주지방의 청년운동〉(한국역사연구회 근현대청년운동사 연구반 편, 《한국근현대청년운동사》, 1995), 238~243쪽.

25) 김일수, 〈1920년대 경북지역 청년운동〉(한국역사연구회 근현대청년운동사 연구반 편, 위의 책, 1995), 278쪽.

상태에 빠졌다. 그 이유는 회비수납이 부진하고 유지들이 지원약속을 지키지 않아 운영이 곤란해진 면도 있지만, 중요한 문제는 청년운동에 대한 전망이나 확고한 자각과 의지가 결핍된 채 일시적인 시대사조에 끌리어 청년단체가 조직되었다는 데 있다.[26] 뿐만 아니라 조선총독부의 지방기관, 즉 경찰서나 군청에서 청년단체를 지나치게 간섭하고 지도하려는 태도를 보임으로써 청년회에 대한 기대가 급속히 냉각되었다는 점도 있다.

1920년대 전반기부터 사회주의 운동의 지도자로 활동하던 金翰과 兪鎭熙는 청년단체가 '新人' 청년 자신에 의해 지도되지 못하고 정치상으로나 경제상으로 자유롭지 못한 조선총독부의 간섭주의 정책 아래에서 청년단체에 기대한다는 것은 위선이라고 판단했다. 따라서 지방 관청의 간부나 보통학교 교원 등이 단체의 지도기관을 이루고 '지도적 간섭과 장려적 강제' 아래 있는 '官設團體'에서 벗어나지 못하는 한 청년단체는 무익한 존재로서 '무서운 해독의 원천'이 될 뿐이라고 주장했다.[27]

초기 청년단체가 출현하던 때와는 달리 1921년부터 청년단체들은 가능한 한 관헌 및 학교의 접근을 회피하기 시작했다. 3·1운동 관련자와 외국이나 도시로 유학했던 학생들이 점차 청년회로 들어오거나 새로운 청년단체를 조직했다. 청년단체들은 1921~1922년에 빈번히 있었던 조선청년회연합회·조선노동공제회·동경유학생학우회·조선고학생갈돕회·조선학생대회 등의 전국 순회강연, 서울 및 도시 유학생들의 방학을 이용한 강연, 각종의 신문과 잡지 등을 통해 청년단체의 혁신의 필요성을 느꼈다. 청년회연합회의 조직방침에 발맞추어 지방의 청년단체들은 단일지도체제인 회장제를 집단지도체제인 집행위원제로 변경하기 시작했고 평의원 또는 議事部가 폐지되었다. 일부 청년단체들은 郡내 모든 일반 청년들에게 개방하면서 연령을 15~40세로 제한하고 40세 이상은 찬성원이 될 수 있도록 했다.[28]

---

26) 장응진, 〈각지 청년단체에 대한 현대 명사의 요구〉(《개벽》 6, 1920년 12월), 26쪽.

27) 김제관·유진희, 〈각지 청년단체에 대한 현대 명사의 요구〉(《개벽》 6, 1920년 12월), 36~39쪽.

28) 《동아일보》, 1920년 6월 15일.

1922년에 들어와서는 기존의 청년단체 가운데 상당한 지역에서 지방 관리나 학교 관계자들이 지도하는 청년단체들은 쇠퇴했다. 지방 관공리들은 이제 독자적으로 자신들만의 수양단체를 만들어야 했다.[29] 일선융화를 지지하는 조선인들과 일본인들은 함께 독자적인 단체를 조직하고 생활개선과 지식교환 활동을 전개했다.[30]

나. 초기 청년단체의 주요 활동

초기 청년단체들 가운데 일부는 해외의 독립운동 세력과 연계하여 독립운동 자금을 지원했다. 함경남도의 홍원(청년)구락부는 독립운동 자금을 모집했다는 혐의로 10여 명의 회원이 감옥에 가게 되었고 결국은 일제 경찰에 의해 해산명령을 받기도 했다.[31] 함흥에서는 청년들이 대한청년연합회와 義勇團을 조직하고(1920년 5월) 연락부·재무부·금원모집부·교통부 등을 설치하고 "우리 조선민중이 어찌 포학한 일본의 통치하에서 망국민족으로 살 수 있으랴. 우리는 피눈물을 뿌리고 광복사업을 위하여 힘쓰자"는 주장의 글을 등사하여 선전하다 일제 경찰에 체포되기도 했다.[32]

초기 청년단체의 주요 사업 가운데 하나는 교육사업이었다. 청년단체들은 강습소나 야학을 운영함은 물론 학교에 준하는 청년학원도 경영했다. 당시는 입학난이 전국적으로 사회문제가 되었을 정도로 학교 수가 절대적으로 부족했다. 학교에 다닐 나이를 초과하거나 학자금 사정 등으로 학교교육에 접근하지 못하는 청소년이 압도적으로 많았다. 더욱이 전국의 문맹률이 90%에 달했다. 따라서 교육사업은 지식청년들이 주요 구성원인 청년단체에서 조선의 교육 현실을 반영한 것이었다.

야학은 대체로 두 가지 형태로 운영되었다. 하나는 일반 노동자를 대상으로 생활상 필수적인 한글과 산수·일어 등을 주로 가르치는 경우와 다른 하

29) 경상남도 진주의 관공리들이 중심이 되어 1923년 7월 2일 수양단 발회식을 가졌다(《동아일보》, 1923년 7월 10일).

30) 1923년 7월 10일 황해도 연백군 연안에서는 일선융화적인 단체 '10월회'가 조직되었다(《동아일보》, 1923년 7월 18일).

31) 《동아일보》, 1921년 3월 29일.

32) 《동아일보》, 1921년 3월 13일.

나는 보통학교 졸업자를 대상으로 산술과 법학·지리·역사·상업·부기·경제대요·영어 등을 가르치는 것이었다. 특히 후자를 마친 학생 가운데 일부는 상급학교로 진학하는 경우도 많았다.[33] 천도교청년회 김해지부의 경우 야학에 필요한 재정 총 400원 가운데 200원은 학생(150명)의 월사금으로 충당하고 나머지 200원은 청년단체에서 부담했다.[34]

초기에는 노동야학과 함께 영어야학도 많았다는 점은 특이하다. 아마도 1921년 11월 워싱턴회의를 전후한 시기까지는 미국에 대한 기대가 상당히 컸음을 알 수 있다. 특히 기독교 청년단체들이 영어야학 내지 영어강습회를 많이 열었다.

교육사업의 대부분은 보통학교의 교실이나 지역사회의 공동시설을 이용했다. 더욱이 운영비 곤란으로 매우 불안정했기 때문에 재력 있는 간부나 지방 부호의 일시적인 도움에 의존할 수밖에 없었다. 이를 타개하기 위해 청년단체들은 연극·음악·강연 등을 열어 스스로 재원을 마련하고자 노력했다.

청년단체는 정기적인 토론회와 강연회를 열어 회원의 지식을 계발하였다. 이는 이미 1900년대 계몽운동 시기부터 각종 계몽단체에서 중심적으로 전개하던 사업이었다. 강연회와 토론회는 회원의 수양과 훈련, 대중의 계몽수단으로 여겨졌다. 강연자들은 청년단체의 지도자는 물론 국내외의 선진적인 사회운동가들로 구성되었다. 강연회와 토론회의 주제는 주로 청년회의 목적 및 사업계획·현대 사조·여성문제·자본과 노동·지방발전과 민족의 장래 등 다양한 내용들이 취급되었다. 1921년 중반 이후부터는 자본과 노동문제·여성문제·조선의 현실과 현대사상 등의 주제가 자주 등장하며 마르크스(Karl Marx)·크로포트킨(Pyotr Alekseevich Kropotkin) 등의 이론도 자주 등장했다.

강연회는 저녁에 2~3시간씩 계속되었고, 자유등단의 기회도 주어졌으며 독

33) 위와 같음.
34) 《동아일보》, 1921년 9월 19일. 강사는 모두 명예직으로 하였고 과목마다 강사를 두었다. 수신·역사·商事要項·경제대요는 崔瑗浩, 일어·산술은 일본인 井上嘉六, 조선어·한문은 盧百容과 林鍾翰, 理科는 安孝駒, 농업·習字·작문은 張洪律, 지리·창가는 尹炳仁, 부기·산술은 朴基洪 등이었다. 이들 가운데 최원호·노백용·안효구(안광천) 등은 1923년 이후 사회주의운동에 적극 참여한다.

창, 바이올린 연주, 피아노 연주 등 근대 음악을 연주하기도 했다. 강연회에는 500~1,000여 명에 달하는 청중들이 참석하는 경우가 많았는데, 이는 당시 새로운 지식과 문화에 목말라하는 청년과 일반대중들의 욕구를 잘 알 수 있다.

청년단체는 체력도 민족의 실력이라는 관점에서 각종 체육활동을 벌였다. 그들은 자주 운동회를 열었으며, 여타 지역의 청년회와 야구·정구(테니스)·축구 시합을 열었다. 이러한 행사를 통해 지역간 청년들은 교류를 활발하게 전개할 수 있었다. 뿐만 아니라 계절에 따라 행해지는 씨름·윷놀이 등 전통체육과 놀이를 정기적으로 열었다. 이와 함께 아마추어 연극이나(이를 보통 素人劇이라 했다) 음악·무도회·활동사진영화상영·야유회 등도 가졌다. 특히 체육활동이나 오락활동은 교육활동이나 청년단체 재정을 보충하기 위한 비용을 마련하는 중요한 방법 가운데 하나였다.

3) 조선청년총동맹과 청년운동의 조직적 진출

(1) 전조선청년당대회와 청년운동의 분화

가. 전조선청년당대회

1923년 3월 서울에서 전조선청년당대회가 개최되었다.[35] 청년당대회는 1922년 봄 이후 사회주의 청년들이 민족혁명적 청년단체를 결성하기 위해 노력한 산물이었다. 1922년. 9월에는 고려공청 중앙총국이 국제공산청년동맹의 지원을 받아 민족혁명청년단체를 만들기 위해 서울청년회를 표면에 내세워 '전조선청년대회'를 개최하기 위한 준비활동에 들어갔다. 이는 고려공청 중앙총국 책임비서 李英과 고려공청에 일시 참가하다 탈퇴한 김사국 그룹이 연합하여 '고려공산동맹'을 결성한 뒤 '전조선청년당대회'로 변경하였다.[36]

35) 전조선청년당대회는 1923년 3월 24일부터 29일까지 6일 동안 서울에서 개최되었다. 대회에는 3만 명을 대표하는 94개 청년단체의 대표 154명과 개인참가자 50여 명이 출석했다.

36) 전조선청년대회가 전조선청년당대회로 변경하게 된 배경에 대해서는 박철하, 〈1920년대 전반기 '중립당'과 무산자동맹회에 관한 연구〉(《숭실사학》 13, 1999).

전조선청년당대회는 민족혁명적 청년단체를 결성하기 위해 소집된 것이었다. 주최단체의 25%가 종교청년단체였으며, 준비위원 9명 가운데 5명이 종교청년단체의 대표자였다.[37] 청년당대회 준비위원 韓愼敎는 "해방과 건설은 파괴의 과정을 밟아야 하나 동일한 처지에서 충돌과 배척만이 그 유일한 방법은 아니므로", "자유가 없고 온갖 것에 구속을 거듭한 우리 조선에서는 일정한 시기에 어느 정도까지는 협동전선이 필요하다"고 주장했다. 따라서 "종교와 비종교의 간격과 지방적 색채의 구별을 초월"하여 조선 현실의 중대문제를 해결하려는 공통점에서 함께 모여 논의할 것을 호소하였다.[38]

청년당대회는 고려공청 중앙총국과 고려공산동맹(서울파)의 청년 사회주의자들이 주도적으로 이끌어갔다. 그들은 각 분과회의에서 '온건파를 압도하고 계급의식의 고취와 공산주의 사상을 선전'하는 데 주력했다. 청년당대회에서는 청년단체문제에 대하여 '청년단체를 근본적으로 개조하여 대중적 해방운동의 전위대'로 만들기로 결의했다. 즉 민족혁명적 청년단체의 결성이란 '마르크스주의 아래 청년단체를 새로이 통합'하는 것이었다.

따라서 청년당대회는 "민족주의 반대", "민족적 투쟁을 경제상 계급투쟁으로 전환"하자고 주장하면서, 《동아일보》를 중심으로 한 상해파 우익과 민족주의 세력이 연합하여 전개한 물산장려운동을 '개량주의 노선'으로 규정하고 《동아일보》 비매동맹을 결의했던 것이다. 또한 '무산대중 계급의식의 고양과 공산주의 선동'이란 관점에서 종교를 절대로 부인한다는 결의는 당연한 것이었다.[39] 즉 그들은 계급투쟁을 통해 민족문제와 계급문제를 동시에 해결하려는 방법론을 가지고 있었던 것이다.[40]

그렇다고 청년당대회의 결의가 민족통일전선에 대한 인식이 전혀 없기 때문에 나온 결과는 아니다. 당시 사회주의 청년들은 일제의 식민지 억압이란

---

37) 이애숙, 〈1922~1924년 국내의 민족통일전선운동〉(《역사와현실》 28, 1998), 110쪽.

38) 한신교, 〈전조선 청년에게 訴하노라〉 (2)·(3)(《동아일보》, 1923년 3월 15·17일).

39) 李 江, 〈조선청년운동사 고찰〉(중)(《현대평론》 1-9, 1927년 10월), 20~21쪽. 박철하, 앞의 글(1999), 58쪽.

40) 이애숙, 앞의 글(1998), 111쪽.

공통의 이해관계를 가지고 있는 세력 안에는 혁명적 조류와 타협적 조류가 있음을 분명히 인식해야 했다. 더욱이 당시 사회주의 청년들은 "계급적으로 자각한 선구자를 적극적 활동적 전투적으로 조직"하는 것을 가장 긴급한 문제로 생각하고 있었던 것이다.[41]

나. 청년운동의 분화

청년당대회에 참가한 지방 청년단체의 대표자들은 청년단체를 적극적으로 변화시켜 갔다. 지방 곳곳에서는 공공연히 "자본주의 사회의 착취·피착취 관계를 없애는 운동에는 무산청년이 그 전위로 나서야한다"는 주제의 강연이 행해졌다.[42] 노동자·농민운동이 증가하는 가운데 사회주의 청년들은 사회주의 사상단체를 만들기 시작했다. 1923년 9월에는 서울·김해 등지에서 국제청년데이기념식 및 기념강연이 열렸고 사회주의와 청년운동의 관계에 대한 선전이 행해졌다. 서울청년회는 선전문을 지방의 청년단체 및 노동자·농민단체에까지 배부하였다.[43] 고려공청의 사회주의 청년들은 국제청년데이를 계기로, 합법적인 청년단체로서 무산계급 청년의 교양과 단결을 목적으로 18세 이상 30세 이하의 청년들을 중심으로 한 '경성신흥청년단'을 만들려고 했으나 일제 경찰에 의해 금지당했다.

조선총독부는 사회주의운동에 대한 단속방침을 강구해야 할 지경이었다. 1923년 7월 新庄 고등과장은 "서울의 학생과 노동자들이 민족독립운동 같은 것은 주의하지 않고 主義的 사상을 무한정 느끼고 생각"하고 있음을 우려했다.

1923년 4월 청년회연합회 제4회 정기총회에는 고작 31개의 지방 청년단체 대표 47명이 참가했을 뿐이었다. 더욱이 그 자리에는 청년당대회에 참석했던 10여 개 청년단체의 대표 20여 명이 참석하여 청년당대회와 제휴하지 않은

---

41) 주종건, 〈무산계급과 물산장려운동－나공민군의 '물산운동과 사회문제' 및 기타에 대하여〉(12)(《동아일보》, 1923년 4월 17일).

42) 정우영, 〈청년의 역사적 사명〉(《동아일보》, 1923년 8월 5일). 이 글은 1923년 8월 1일 서울에서 북성회가 주최한 강연에서 순회강연단의 한 사람인 정우영의 강연이다.

43) 《동아일보》, 1923년 9월 2·4·9일.

이유와 청년회연합회와 물산장려운동의 관계를 따지는 한편 간부를 비판하고 헌장을 개정하자는 주장을 폈다.44)

청년당대회를 계기로 청년운동의 중심세력이 무산계급운동으로 집중되었다. 청년회연합회는 지방 청년단체의 지지기반을 상실해 갔다. 청년회연합회는 스스로를 변화시켜야만 했다. 청년회연합회는 제4회 정기총회에서 여전히 과거 국내 상해파세력이 다수를 차지하고 있었지만, 지방의 비타협적 분자들을 중심으로 중앙간부를 구성했다. 1923년 후반 청년회연합회는 金喆壽를 집행위원장으로 내세우고, 활동방향을 농촌문제와 노동문제를 비롯한 사회문제로 적극 확대하였다. 청년회연합회는 지방 청년단체에게 지방대회를 통해 자신에 대한 비판과 아울러 청년운동의 방향과 농촌문제를 해결하기 위한 '전선소작인대회' 개최 등을 요구하기에 이르렀다.45) 하지만 지방의 청년단체대회는 개성과 재령에서만 개최되었으며 평안북도 지방대회는 실패하였다.

(2) 조선청년총동맹의 결성과 '무산계급 청년단체'의 확산

가. 조선청년총동맹의 결성

서울청년회는 1923년 3월 청년당대회 이후 국내에서 가장 강력한 합법적인 청년운동의 지도세력이 되었다. 1923년 12월 제3회 정기총회에서는 강령을 바꾸어 '신사회의 건설'을 목표로 하여 '계급적 자각과 단결로 무산대중해방운동의 전위'가 될 것을 선언했다. 또한 회칙을 개정하여 회칙위반 회원 80명을 제명함으로써 통일성을 강화했다. 서울청년회는 청년당대회 참가단체를 결속하여 새로운 전국적 청년단체의 결성을 준비해 갔다.

이러한 상황에서 서울청년회는 1923년 중반 이후 세력이 급속히 약화된 청년회연합회와 함께 계급운동에 기초한 전국적 청년단체를 결성하는 데 합의했다. 무산계급의식에 기초한 민족혁명적 청년단체를 주장하는 사회주의 청년들은 청년회연합회의 비타협성의 강화와 지방 청년단체들의 '反문화운

44) 《동아일보》, 1923년 4월 2·4일.
〈朝鮮青年會聯合會第四會定期總會開催件〉(京高秘 5495號, 1923년 4월 14일).
45) 《동아일보》, 1923년 10월 23·28일.

동' 노선에 주목하였고, 그 결과 청년회연합회지도부와 손잡고 '조선청년총동맹'의 결성에 나섰던 것이다.

서울청년회와 청년회연합회는 1924년 2월 조선청년총동맹 발기준비회를 조직하고, '계급적 대단결을 목표'로 하는 선언과 함께 강령으로 "대중을 본위로 한 신사회 건설을 기도함", "조선민중 해방운동의 선구가 되기를 기도함" 등 2가지를 내세웠다.[46]

고려공청 중앙총국도 1924년 2월 합법적인 청년운동 지도단체로서 신흥청년동맹을 결성하고 조선청년총동맹 건설에 함께 하기로 하였다.[47] 1924년 3월 서울청년회·청년회연합회(115개 단체 연합)·신흥청년동맹 등의 대표자로 조선청년총동맹 창립위원회가 구성되었다.[48]

1924년 4월 21일 223개 단체 대표와 700여 명의 방청객이 지켜보는 가운데 조선청년총동맹이 창립되었다. 대회에서는 중앙집행위원과 중앙검사위원을 선출하고 중앙집행위원회를 열어 서무부·조사부·사회부·교육부 등의 각 부서를 담당할 상무위원을 선출했다. 대회에 참석한 각 단체 대의원들은 "조선청년총동맹 만세"를 삼창하고 창립대회를 마친 뒤 파고다공원으로 가서 창립기념 사진촬영을 했다.[49]

당시 조선청년총동맹(이하 청총)의 결성에 대해 《동아일보》는 "조선의 무

---

46) 조선청년총동맹의 강령은 1923년 12월에 개정된 서울청년회의 강령인 "역사적 진화의 필연인 신사회의 건설을 목표로 하여 돌진함", "계급적 자각과 단결로써 무산대중 해방운동의 전위를 기함"과 동일한 선상에 있는 것이었다.

47) 고려공청 중앙총국은 1923년 8월 지방 야체이카를 동원하여 지방 청년단체를 정리하는 한편 국제청년데이를 이용하여 "청년운동은 청년 자신이 운전하자"는 표어를 내걸고 장년자들은 노동단체와 농민단체에 들어가 활동한다는 방침을 내놓았다. 고려공청 중앙총국은 연령제한을 두어 청년단체를 '청년답게' 한 뒤 조선청년총동맹을 조직하기로 하였으며, 첫 사업으로 서울에 주력 청년단체를 조직하기로 하였다. 그리하여 1923년 9월 서울에 있는 무산청년회와 토요회를 한데 묶어 신흥청년동맹 창립총회를 열려 했으나 마침 일어난 일본의 관동대지진사건을 빌미로 한 일제 경찰의 금지로 실패했다(〈고공청 일반진행상황〉, РЦХИДНИ ф.533 о.10 д.1908 л.11). 신흥청년동맹은 1924년 2월 창립되었으며, '청년의 교육과 훈련', '계급의식의 각성'이란 강령을 발표했다.

48) 조선청년총동맹의 결성 배경에는 당시 각 공산주의그룹의 결합과정, 즉 '13인회'와도 밀접한 관계를 가지고 있다.

49) 《시대일보》, 1924년 4월 25일.

산청년운동이 기분운동에서 조직운동으로 방향전환"하였음을 의미하며, 또한 "청년운동의 통일을 상징하는 동시에 민족주의적인 운동에서 사회주의적 무산계급 운동으로 청년운동이 전환했다"는 의미를 갖는 것이라고 평가하기도 했다.[50)]

청총은 강령에서 사회주의 이념을 기반으로 청년운동을 전개할 것이며 청년운동이 조선해방운동의 중심이 될 것임을 분명히 했다. 청년회연합회 시기와 마찬가지로 청총 자체가 합법적 공간에서 '조선민중 해방운동'의 지도기관으로 출발하였다. 이것은 사회주의운동 세력의 분열, 즉 서울파와 화요파 공산주의자들이 각각 조선청년총동맹과 조선노농총동맹을 분리하여 장악함으로써 나타난 폐단이기도 했다.

청총은 민족운동에 대해 과거와 같은 타협적 운동을 배척하고 '혁명적 운동'과 협동한다는 방침을 제시했다. 이에 기초하여 종교문제에 대하여 "원리상으로는 부인하지만 현재 조선의 현실에서 종교를 절대 배척하지 말고 당분간 종교가 민중을 마취케 하므로 그 폐해를 일반청년에게 이해시키고 그를 믿는 사람들에게 계급적 사상을 갖도록 하자"고 결의했다.[51)] 이것은 곧 종교에 대한 '사상투쟁'을 전개한다는 방침을 밝힌 것으로, 따라서 청총은 종교청년단체의 가입을 허락하지 않았던 것이다.

청총은 창립대회에 이어 임시대회를 진행하던 중 일제 경찰에 의해 해산당했다. 종로경찰서장은 토의안 가운데 종교를 부인하고, 민족운동은 혁명적이어야 한다거나 동양척식회사를 공격한 것은 조선총독정치를 근본적으로 부인함과 동시에 타파하자는 것이라 하여, 청총 관련회의는 일체 집회금지를 당했다.[52)]

청총은 조선총독부 정책과 관련된 각종 사회문제에 대해 민족운동 세력과 손을 잡고 대중선전운동을 전개하고자 노력했다. 1924년 6월 노농총과 함께

---

50) 星山學人, 〈조선사회운동개관－을축 1년 수확기〉(6)(《동아일보》, 1926년 1월 6일).

51) 《시대일보》, 1924년 4월 26일.
《동아일보》, 1924년 4월 26일.

52) 《시대일보》, 1924년 4월 26일.

연합하여 부산에서 발생한 조선노동자의 渡日制限철폐문제에 대한 강연회를 서울에서 개최하고자 했으나 일제 경찰에 의해 금지되었다. 이 문제는 민족차별문제와 함께 여행권증명철폐운동의 내용도 담고 있는 것이었다. 강연은 허가제가 아닌 신고제였음에도 불구하고 강연회가 있기도 전에 금지한 것이었다. 당시 일제 경찰은 1923년 關東大地震 발생 직후 긴급히 내놓은 훈령을 계속 적용하고 있었던 것이다.

또한 청총은 노농총과 함께 언론집회압박에 저항하기 위해 서울의 각 단체 대표자회의를 열고 '언론집회압박탄핵회'를 결성했다.[53] 그리고 1924년 6월 20일 1,000여 명의 군중이 모인 가운데 탄핵대회를 개최하려 했으나 일제 경찰은 치안방해란 이유로 갑자기 금지시키고, 정사복 경찰 50여 명이 몰려와 군중을 해산하는가 하면 실행위원들을 일시 구속하기도 했다.[54]

이외에도 조선청년총동맹은 칼(Karl Liebknecht)·로자(Rosa Luxemburg) 순국기념(1월 15일), 레닌(Lenin) 사망 추도(1월 21일), 파리콤뮨 기념(3월 15일), 부인해방데이 기념(3월 8일), 국제무산청년데이 기념(9월 첫째 일요일), 러시아혁명 기념(11월 7일) 등 각종 기념일에 강연 및 가두 행진, 선전삐라 배부 등을 통해 사회주의에 대한 대중선전을 실시했다. 그러나 이러한 행사 대부분은 일제 경찰에 의해 금지되곤 했다.

나. 조선청년총동맹의 청년운동 방침

청총은 1925년 7월 집행위원회를 열어 조직을 보다 전문화하고자 특별위원회를 설치했다. 중반 이후 청년운동의 체계화와 함께 청년운동의 전문가이자 대중적 검증을 받은 청년운동자를 임원으로 선정하여 청총의 대중성을 확보하고자 노력했다. 특히 청년운동의 질을 높이기 위해 청년지도자의 견고한 사회주의적 입장을 요구했다.[55]

청총은 연령제한문제에 대해 매우 신중하게 접근했다. 청총은 연령제한조사연구위원회를 설치하고 각 청년단체의 역사, 회원 구성(연령·성별·재산·

---

53) 《시대일보》, 1924년 6월 9일.
54) 《시대일보》, 1924년 6월 22일.
55) 《시대일보》, 1925년 6월 21일.

신앙·정치성향 등), 가입하지 않은 청년의 수 및 성향, 연령제한 찬반 여부, 연령제한적정선, 연령제한이 청년단체는 물론 다른 사회단체에 미치는 영향 등 19개에 달하는 연령제한 연구세목을 마련하기도 했다.[56] 그 결과 청총은 지방대회 시기에 실시한 위원회의 지역 실태조사를 기초해 청년단체의 공식적인 연령제한선으로 만 16세 이상 30세 미만으로 정하였다. 연령제한은 청년운동을 청년 스스로가 하기 위한 것이기도 하지만 동시에 당시 부문운동들의 관계가 혼합되어 있는 상태에서 청년운동을 사상운동과 노동운동·농민운동 등과 구분을 분명히 하기 위한 것이기도 했다.

또한 청총은 1925년 청년운동이 실제 민중 속으로 들어가 민중들의 계급의식을 각성시키기 위해, 그동안 도시와 읍내를 중심으로 전개된 청년운동을 농촌으로 확대한다는 목적으로 농촌위원회를 설치하고 농촌계몽운동과 농촌무산청년운동에 노력하기로 했다. 농촌위원회는 조선 사회운동자 가운데 적임자를 선정하여 구성하기로 했다.[57] 그밖에 조선경제사정조사위원회·중령재류조선인문화사업위원회·조선사정선전위원회 등의 특별위원회도 설치하기로 했다. 이와 같은 청총의 방침에 따라 함경북도 청년연맹은 민중교양의 한 방법으로 농민계몽운동을 완전히 하기 위해 1面에 1명씩 참가하는 '농촌위원회'를 설치하였다.[58]

청총은 창립 이후 서울청년회의 영향력 아래 활동했다. 초기 청총은 개별 청년단체는 물론 복수단체(연합기관)까지도 모두 세포단체로 받아들였다. 이에 대해 고려공청은 창립 직후부터 서울의 신흥청년동맹과 한양청년연맹 및 지방의 합법적인 청년단체들을 통해 청년운동의 조직방침을 내놓았다. 그들은 '지역별·직업별 청년회 및 농민청년회→군·부청년연맹→도청년연맹→청총'이란 조직방침을 가지고 청총을 개혁하고자 했다. 이에 대해 서울파 청년운동 세력은 '반청총운동', '제2청총론'이라고 비난했다. 하지만 이것은 청총을 조직적이고 통일적으로 중앙집권화하여 청년운동 초기의 자연발생성을 극복

56) 《시대일보》, 1924년 12월 12·25일.
57) 《시대일보》, 1925년 7월 31일.
58) 《동아일보》, 1925년 12월 9일.

하고자 한 것이었다.

청총은 1926년 3월 3일 도연맹간부간담회에서 그동안 불완전했던 조직방침을 논의, 결정했다. 청년단체는 노동청년회·농민청년회·지식계급청년단체로 구분했다. 노동청년회와 농민청년회에는 무산지식청년의 가입을 허용했다. 지식계급청년단체는 중산계급 청년과 자본계급 청년으로 만든 민족청년단체와 학생청년에 의한 학생단체로 나누었다. 조직방침은 다음과 같다.

총동맹－도연맹－군·부연맹－(면)청년회－도시 : (직업별 청년회)－공장반(3명)
농촌 : 지부(리 명칭을 붙인 청년회)
－농촌반

청총은 교양문제를 민중교양과 자체교양으로 나누었다. 민중교양은 공개적인 강연회(강좌·강습회)와 도서공람소·生新聞·壁新聞 등을 이용해 민중의 상식을 보급하는 한편 《민중독본》을 발간하도록 했다. 특히 각 청년단체는 '순회국문교수반'을 조직해서 부녀자와 기타 문맹자들에게 한글을 가르치도록 했다. 자체교양은 일반 자연과학(생물학·진화론·지리학)과 사회과학(사학·정치학·법률학·사회학·경제학)으로 나누고, 특히 자본주의 사회의 생성과 소멸에 관한 법칙과 국내외 정세에 대한 인식을 높이도록 했다. 세포단체에는 '연구반'을 설치해 각 회원이 의무적으로 참석하는 정기적인 연구회를 열도록 했다.[59]

다. 무산계급 청년단체의 확산

청총 결성 이후 '무산계급' 의식에 기초한 청년단체가 급속도로 확산되었다. 무산계급 청년단체는 민중해방운동에 기초한 사회주의 사회의 건설을 지향했다. 1924년 9월 仁川의 漢勇靑年會가 새로 거듭나려함을 보고 高逸이란 청년운동가는 "정치적 경제적 사회적 민족적으로 생명을 잃은 조선의 무산청년은 혁명적 의기로 시대적 진리인 사회주의 깃발 아래에서 무산청년해방운동자가 되라"고 주장했다.[60] 이것은 당시 지방 청년단체에 불기 시작한 청

59) 이 강, 앞의 글(하)(《현대평론》 2－1, 1928. 1), 16~17쪽.

년운동의 성격을 단적으로 보여주는 대표적인 사례의 하나였다. 서울의 신흥청년동맹과 서울청년회는 노골적으로 "공산주의 청년 및 무산청년의 단결로 특정계급에 대항하자", "공산주의를 실현하자"고 주장했다.61) 대구의 第四靑年會는 〈공산당선언〉을 연구하기 위한 정기강좌를 계획하기도 했다.62)

1925년을 전후한 시기부터 1926년 후반까지 전국적으로 60개가 넘는 군·부 지역에 청년단체 연합기관으로 군·부청년연맹체가 결성되었다. 전국 각 도에 道 청년연맹이 설립되었거나 준비상태에 있었다. 경남과 함남의 경우 군·부의 50%가 넘는 곳에 청년연맹이 결성되었으며, 경북과 전남·함북은 40% 이상의 조직률을 보이고 있었다.63)

1925년 후반부터는 형평청년회를 비롯하여 양복·양화·인쇄·운수·점원 청년회 등의 직업별 노동청년단체가 곳곳에서 조직되었다. 서울과 평양·부산·대구·광주 등의 도시에는 인쇄직공청년회가 조직되었으며, 담양과 목포·원산·인천·진주 등의 도시에는 노동자를 망라한 노동청년회가 조직되었다. 점차 지식계급 청년 중심의 청년운동에서 노동청년과 농민청년을 중심으로 한 청년운동으로 변화된 모습을 보이기 시작했다.

(3) 청년단체의 주요 활동

이 시기 기존의 청년단체들은 '혁신총회'의 형태를 통해 사회주의적 청년단체로 전환하거나 사회주의 이념 아래 새로운 청년단체가 결성되었다. '혁신'의 이유는 "회원 중심의 충실한 단체로 전환하여 민중해방과 신사회 건설에 청년운동이 사회적 역할을 하기 위한 것"이었다. 기존의 청년단체는 회장을 주축으로 한 간부 중심이어서 그 운영이 비민주적이며, 또한 장년층이 중심이어서 시대적 요구를 충실히 반영할 수 없다는 판단에서였다.

'혁신'의 내용은 회장제를 집행위원제로 바꾸어 민주적 중앙집권제를 통한

---

60) 고 일, 〈한용청년회의 중흥을 듣고〉(《시대일보》, 1924년 9월 17일).
61) 《시대일보》, 1924년 10월 8·15일.
62) 《시대일보》, 1925년 1월 11일.
63) 박혜란·안건호, 〈1920년대 중후반 청년운동과 조선청년총동맹〉(한국역사연구회 근현대청년운동사연구반 편, 앞의 책), 101쪽.

회원의 의사 반영 확대, 장년층을 배제하고 청년이 직접 청년회를 운영하기 위한 연령제한의 실시, 청년회원의 회비를 통한 재정운영으로써 지방유지의 영향력 이탈, 부서의 개편—집행위원과 검사위원을 두고 서무부·교양부·조사부를 설치— 등이었다. 혁신한 청년단체에서 도태된 사람들은 독자적인 사회단체를 만들었으며, 연령제한에 해당되는 사람들은 준회원 제도를 두거나 노동자·농민운동으로 이전하였다.

이처럼 지방 청년단체의 '혁신총회'는 청년운동에서 이념적 분화가 일반화되었고, 동시에 청년운동의 이념이 사회주의로 통일되어 가는 과정이었다. 사상의 통일화 과정은 군·부청년연맹 및 도연맹의 결성을 가능하게 해주었다.

1924년 청총 결성 이후 지방의 청년단체들 가운데 사회주의사상을 연구하고 선전하는 경향이 급속도로 확산되었다. 대구의 제4청년회는 마르크스의 〈공산당선언〉을 연구하기 위한 정기강좌를 계획했다.[64] 평북 신의주의 新灣青年會는 문예부 사업으로 학술강좌를 개최하고 저녁 7시부터 9시까지 2시간 동안 마르크스 유물사관을 공부했다.[65] 이와 같은 사회주의 학습은 일제 경찰에 의해 금지당하기 일쑤였지만 비밀리에 계속되었다.

청년단체들은 각종 기념일을 이용해 청년대중에게 사회주의사상을 선전하고 반일의식을 고취시켰다. 기념일에는 레닌사망 추도 기념일(1월 21일), 칼·로자 추도 기념일(1월 15일), 국제여성의 날(3월 8일), 파리콤뮨 기념(3월 18일), 메이데이 기념일(5월 1일), 국제청년의 날(9월 첫째 일요일), 러시아혁명기념일(11월 7일) 등이 있었다. 청년단체들은 기념일을 위한 준비위원회를 구성하였으며, 기념 당일 오전에는 기념식을 거행하고 오후에는 가두행렬을 하면서 선전삐라를 살포하였으며 저녁에는 기념강연회를 갖는 것이 일반적이었다.

1925년부터는 레닌주의에 대한 강연이 곳곳에서 열렸다. 강연의 주제는 레닌의 생애, 레닌과 레닌이즘, 레닌이즘과 마르크시즘, 레닌의 무산계급 독재정치, 레닌과 볼셰비키, 레닌이즘과 민족문제, 레닌과 약소민족운동 등이었다. 서울청년회는 《레닌과 레닌이즘》이란 소책자를 발행할 계획을 세우는가

64) 《시대일보》, 1925년 1월 11일.
65) 《동아일보》, 1925년 11월 23일.

하면,[66] '레닌 탄생 56주년'을 기념하기 위해 1926년 4월 23일을 '레닌학설 연구데이'로 정하고 4일 동안 레닌강좌를 갖고자 했다. 레닌강좌는 매일 밤 무산계급 독재정치의 의의, 레닌과 레닌이즘, 레닌과 볼셰비키 등의 주제를 가지고 개강할 예정이었으나 일제 경찰에 의해 금지당했다.

이 시기 청년단체들은 청년운동의 핵심인 '교양과 훈련'에 더욱 충실하고자 했다. 교양과 훈련의 내용은 계급의식으로 무장한 청년을 양성하는 데 초점이 맞추어졌다. 청년단체들은 계급적 단결을 목표로 무산대중의 해방에 필요한 일꾼을 양성하기 위해 노력하였다. 청년단체들은 회원의 교양을 위해 회보를 발행하였으며, 서울의 청년단체들은 간편한 신문 형태인 벽신문과 산신문을 정기적으로 발행하여 청년회관이나 지정한 곳의 벽에 걸어 회원은 물론 일반 대중들도 보고 쉽게 이해할 수 있도록 했다.

또한 회원들로 연구반과 독서반을 만들었으며, 서울의 경성청년회의 경우 러시아어연구반을 만들어 의무적으로 참여하도록 했다.[67] 서울의 신흥청년동맹과 경성청년회는 기존의 교육기관에 대해 '부르주아교육기관'이라 비판하고 그를 부인함과 동시에 무산계급 청년이 교육할만한 교육강령을 따로 만들었다.[68]

이 시기 청년운동의 특징 가운데 하나는 반기독교운동의 전개이다.[69] 반기독교 운동은 사회주의가 민족해방운동 이념으로 수용되는 그 순간부터 시작되었다. 1921년 5월 창립된 상하파와 이르쿠츠크파 고려공산당은 각각 종교에 대한 사상투쟁을 강조했는데, 특히 이르쿠츠크파는 기독교를 구체적으로 지칭했다. 물론 그들은 종교도 민족해방운동의 일시적인 동맹자가 될 수 있다는 것을 염두에 두었고, 그에 따라 반종교운동을 사상투쟁에 제한하였던 것이다.

---

66) 《시대일보》, 1925년 1월 23일. 서울청년회는 레닌기념사업의 일환으로 레닌과 칼 리프크네히트, 로자 룩셈부르크 등의 약력을 담은 기념사진 엽서도 발행하고자 했다.

67) 《동아일보》, 1926년 2월 10일.

68) 《동아일보》, 1925년 9월 29일 · 1926년 2월 10일.

69) 반기독교운동에 대해서는 이준식, 〈일제침략기 기독교지식인의 대외인식과 반기독교운동〉(《역사와 현실》 10, 1993)을 참조.

1922년 이후 식민지 조선에서 일어난 반기독교운동은 소비에트 러시아의 반종교운동과 중국의 반기독교운동이 큰 영향을 미쳤다. 아울러 반기독교운동의 이면에는 미국을 중심으로 한 제국주의 열강에 대한 비판도 깔려 있었다. 1923년 3월 전조선청년당대회에서는 반제국주의 측면을 가지고 '종교의 존재의의를 부인'하였다. 1924년 4월 조선청년총동맹 임시대회에서는 "종교를 원리상 부인하되 적극적으로 배척하지 말고 청년들에게 계급의식을 고취해 청년운동의 근본적 정신을 이해시켜야 한다"고 결정했다. 곧 청총은 종교를 계급운동의 완전한 적대세력으로 간주하지 않으면서도 종교에 대해 사상투쟁을 벌인다는 방침을 세웠던 것이다.

1925년 4월 전조선민중운동자대회의 토의사항 가운데 종교문제를 보면, 계급사회의 기독교 이데올로기적 기능("현대종교의 본진인 기독교는 자본가적 제도 옹호의 제일선이다")과 제국주의 시대의 기독교의 역할('침략의 梯隊')을 비판하고 반종교운동을 일으킬 것을 요구했다. 그리고 반기독교운동의 구체적인 방법으로는 '선전·폭로·학교의 종교교육 반대' 등 3가지를 제시했다. 이와 같이 1923년부터 1925년까지 국내의 사회주의 청년들은 반자본주의·반제국주의라는 측면에서 원칙적인 반기독교운동을 천명하고, 반대운동은 대중운동 차원이 아니라 '선전'을 통한 사상투쟁 차원에 국한하였음을 알 수 있다.

반기독교운동은 1925년 4월 조공과 고려공청의 결성을 전후해서 더욱 고조되었다. 고려공청의 합법기관 역할을 하던 신흥청년동맹은 자본주의와 제국주의에 대한 투쟁이란 차원에서 반종교운동의 첫번째 대상으로 기독교를 지목했다. 이후 지방의 청년단체들 사이에서 반기독교운동은 일상적으로 발생했다. 일부 지역에서는 기독교세력과 직접적인 충돌이 발생하기도 했다. 한편 이 시기에는 전국 각지에서 빈발하고 있던 선교사들의 비행사건과 관련해 반선교사운동이 고조되었다. 반기독교운동은 점차 반제운동의 성격을 띠게 되었다. 구체적으로 '미국'이라는 나라와 관련해 '제국주의의 침략도구 역할을 하는 기독교'가 비판의 대상이 된 것이다.

1925년 10월 한양청년연맹은 서울에서 이틀동안 반기독교대회와 반기독교 강연회를 열려고 했으나 일제 경찰에 의해 금지되었다. 반면에 주일학교대회는 예정대로 실시되었다. 이로 말미암아 기독교가 일제의 비호를 받고 있다는 의혹이 제기되었다. 신흥청년동맹은 1925년 크리스마스를 반기독교의 날로 정하였으며, 지방의 청년단체들은 기독교의 반민중성·반민족성을 들어 반대운동을 벌였다.

그러나 1925년 말 1926년 초에 정점을 이룬 반기독교운동은 민족통일전선론이 제기되면서 수면으로 가라앉았다. 조공 및 고려공청은 물론 각 공산주의그룹들은 종교계의 혁명분자를 망라한 민족운동세력과 협동전선을 주장하였다. 함북청년총연맹은 1926년 7월 집행위원회에서 "조선 민중의 최대 이익을 위해 종교·비종교의 구별을 불문하고 통일단결할 것"과 "사교는 박멸하되 기독교·불교·천도교의 이해와 연결을 촉진할 것"을 결의함으로써 기독교와 연대를 공식적으로 결정했다.70) 경성청년회연합회는 "조선의 종교청년단체는 구미의 종교청년단체와 같이 지배자의 대변자적 역할을 연출하려 하지 않을 뿐 아니라 일보를 진하여 목전의 개량적 이익과도 타협하려 하지 않는 것이다. 그러므로 이들과 협동전선을 취하는 것이 좋겠다"는 내용의 건의문을 청총에 제출하기도 했다.71)

4) 청년운동의 방향전환과 민족협동전선

(1) 조선청년총동맹의 '신운동방침'

가. 청년운동의 방향전환

청총은 창립 당시 혁명적 민족운동과 협동전선을 천명하였다. 각지의 청년단체들은 민족문제와 종교문제를 논의했다. 하지만 청년단체의 조직과 운동의 중심은 무산계급 청년운동에 있었다. 무산계급 청년단체와 민족청년단체·종교청년단체는 분리되어 있었으며 일정한 범위 내에서만 서로 협동하여 활동했다. 특히 종교문제에 대해서는 '종교박멸'이 공통적인 양상이었다. 곳곳에서 반종교운동이 주장되었으며, 그 가운데서도 기독교에 대한 반대운

---

70) 《시대일보》, 1926년 7월 28일.

71) 이 강, 앞의 글(하), 21쪽.

동이 자주 일어났다.

1925년 후반부터는 청년운동의 방향전환 문제가 논의되기 시작했다. 한양청년연맹은 제한된 무산계급 청년운동에만 머물지 말고 '민족적으로 대중적인 청년운동'을 전개하기 위해 강령을 수정하고 대중적인 슬로건을 제시했다. 동시에 그 안에서 '무산청년의 지도성'을 확보하기 위해 무산청년을 교육기관에 집중시키도록 했다.[72] 하지만 '제1차 조선공산당 검거사건'으로 청년운동의 방향전환 문제는 더 이상 논의되지 못했다.

1926년 중반 청년운동은 새로운 국면에 들어섰다. 6·10만세운동 과정에서 확인된 민족통일전선의 가능성과 민흥회 발기, 아세아민족대회 반대투쟁 등은 청년운동에 많은 영향을 미쳤다. 1926년 7월 함북청년연맹은 청년단체의 강령을 "조선 민중의 최대이익을 목표"로 수정할 것을 주장했다. 이에 기초하여 청년단체는 종교와 비종교, 노동자·농민을 구별하지 말고 통일단결할 것과 종교문제에 대해서도 邪敎는 박멸하되 기독교와 불교·천도교를 이해해고 그들과 연결을 촉진할 것을 결의했다.[73] 1926년 8월 고려공청은 청총의 강령을 계급적인 것에서 민족적인 것으로 개정해야한다는 합의를 보았다. 즉 과거 무산청년만으로 조직하던 제도를 폐기하고 종교청년과 민족주의 청년도 가입할 수 있도록 하자는 것이었다.

1926년 11월 〈정우회선언〉을 통해 대중운동이 정치투쟁으로 나아가는 문제가 제기되면서 청년운동의 방향전환 열풍이 불어왔다. 조선 청년운동의 중심 역할을 하던 서울 지역의 주요 청년단체들은 청총에 대하여 계급위주에서 벗어나 민족적 의식을 토대로 한 강령을 채택하도록 요구했다. 종교청년단체를 민족주의 청년단체로 인정하였으며 이들을 망라한 총기관을 설치하자고 주장했다.[74]

---

72) 《시대일보》, 1925년 11월 26일. 한양청년연맹은 11월 확대위원회에서 강령을 "① 我等은 지적향상과 실력양성을 期함, ② 아등은 호상친목과 단결을 圖함, ③ 아등은 정의로써 사회봉공을 誓함" 등으로 수정하고자 했으나 논의 결과 보류되었다. 당면 표어로는 문맹퇴치·미신타파·조혼폐지·유소년 학대방지 등과 같은 대중적인 슬로건을 제시했었다.

73) 《동아일보》, 1926년 7월 27일.

74) 《조선일보》, 1926년 12월 21일.

1927년 2월 신간회가 결성되고 5월 조선사회단체중앙협의회에서 조선운동의 방향전환론이 정당성을 획득하면서 청년운동에서 민족문제에 대한 인식은 한층 높아갔다. 대부분의 청년단체들은 정치투쟁 슬로건 아래 강령과 규약을 바꾸고 '민족주의 단체 조직', '종교청년 제휴'를 결의했다. 이제 청년운동이 식민지 조선의 민족해방을 위한 통일전선운동의 주요 세력임을 깨닫기 시작했다.

나. 조선청년총동맹의 '신운동방침'

청총은 창립 이후 집회금지 상태에 있었기 때문에 청년운동의 방향전환에 대한 구체적인 결정 및 그를 통한 조선 청년운동의 통일적 지도가 매우 어려웠다. 이를 해결하기 위해 청총은 1927년 6월 간담회 형식의 집행위원회를 열고 "무산계급 청년운동을 전민족적 청년운동으로 전선을 확대한다"는 방침 아래 강령과 규약을 수정하고 군·부청년동맹을 토대로 한 조직방침을 실행하는 문제에 대해 '書面大會' 형식을 빌어 지방 청년단체의 의견을 수렴하기로 했다. 청총은 8월 서면대회를 통해 새로운 중앙집행위원회를 구성했다. 이를 두고 한 언론에서는 청총창립 이후 처음으로 구성된 '통일'지도부라고 높이 평가했다.[75]

청총은 1927년 8월 31일과 9월 1일 이틀에 걸쳐 중앙집행위원회를 열고 청년운동 방침을 확정했다. 중앙집행위원회에서는 군·부동맹 및 도연맹의 강령과 규약을 통일하였고, 연령문제와 조직, 교양문제 등을 결정하였다. 이것을 일컬어 조선청년총동맹의 '신정책' 또는 '신운동방침'이라고 했다.

청총은 조선의 청년운동은 "전민족적 운동의 일부분을 차지하는 무산자운동으로서 청년운동이 전민족적 협동전선의 선두대"가 되어야 한다는 인식 아래 전체운동의 한 부분인 청년운동의 강령과 당면임무를 규정하였다. 청총은 "전조선 청년대중의 정치적·경제적·민족적 이익의 획득을 기함", "전조선 청년대중의 의식적 교양과 훈련의 철저를 기함", "전조선 청년대중의 공고한 조직의 완성을 기함" 등의 새로운 강령을 채택하였다. 또한 "조선 민족

75) 박혜란·안건호, 앞의 글, 110쪽.

의 이익을 대표할 수 있는 전민족적 단일협동전선 결성의 촉진", "전조선 청년남녀의 언론·출판·집회 및 결사의 자유" 등 20개 항목을 당면정책으로 결정했다.[76]

청총은 이러한 목적에 함께 할 수 있는 모든 청년대중 요소를 적극적으로 획득·지도·전화하여 전국적으로 단일한 중앙집권조직으로 완성한다는 방침을 세웠다. 청총은 규약 제2장 '조직'에서 "① 본 총동맹은 각 郡·府의 청년동맹 및 해외 청년단체로 조직함, ② 동일 군·부에는 단일 청년동맹제로 함, ③ 동일 道 내에 3개 이상의 가맹동맹이 있을 때에는 도연맹을 조직케 함, ④ 군·부동맹 및 도연맹의 주장·규약은 본 총동맹의 승인을 요함" 등을 명시함으로써 (민주주의적) 중앙집권제를 확립하고자 했다.

이에 기초하여 청총은 계층별·직업별·성별로 나뉘어 있던 종전의 청년단체를 해체하고 노동자·농민청년·여성청년·형평청년·학생청년 등 각 계급계층의 청년대중과 종교청년을 비롯한 민족주의 청년을 단일한 조직 안에 포괄하여 군·부청년동맹을 조직하기로 결정했다. 군·부청년동맹의 기초조직으로서 班과 支部를 두기로 하였는데, 농촌에서는 洞이나 里 단위로, 도시에서는 공장·회사·광산 등 작업장을 단위로 반(동맹원 5인 이상)을 설치하며, 한 지역에 2개 이상의 반이 있을 때에는 지부를 설치하기로 했다.[77]

또한 청총은 청년운동의 주요 임무가 교육과 훈련에 있음을 분명히 하고 이론에 대한 무관심주의를 배척함으로써 유물변증법에 기초한 진정한 마르크스주의 의식을 흡수하는 데 노력할 것을 요구했다. 동시에 민족협동전선에서 '무산청년운동 자체의 입장'을 가지고 '부르주아청년의 기만과 환상'에 대해서는 대립하여 용감하게 주장할 것임을 천명했다.[78] 이것은 청총이 민족협동전선에 나서는 가운데 기본적으로는 청년운동에서 마르크스주의적 입장을 견지하고자 했음을 보여주는 것이다.

---

76) 박혜란·안건호, 위의 글, 111쪽.

77) 慶尙北道 警察部, 《高等警察要史》(1934), 60~61쪽. 그러나 군·부청년동맹의 지부는 반을 기초로 설립되기보다는 面을 단위로 기존의 청년단체를 해체하고 설치하거나 새로 결성되는 경우가 일반적이었다.

78) 이 강, 앞의 글(하), 20쪽.

다. 조선청년총동맹의 해소

청총은 계속된 집회금지로 청년운동을 제대로 이끌어가지 못했다. 청총은 1929년 4월 이틀에 걸쳐 중앙위원간담회를 열고 청총의 집회해금을 위해 경무당국에 보낼 집회금지이유질문위원을 선정하고 중앙간부도 재구성하였다.[79] 하지만 여전히 청총의 집회금지는 해결되지 않았다. 1928년 중반 이후 고려공청마저도 거의 붕괴되어 청년운동은 해당 지역의 사회주의 청년지도자들에 의해 지도되었다.

1929년 말부터 대중운동은 뚜렷하게 고조의 기운을 보이기 시작했다. 1929년 11월 광주 학생들의 투쟁을 계기로 1930년 봄까지 전국적으로 학생들의 반일 운동이 계속되었다. 1930~31년에 파업투쟁과 소작쟁의도 최고조에 달했다. 서울과 지방의 청년들은 격문 살포, 시위, 지방 통치기관 습격, 검거된 동지 탈환투쟁 등을 전개했다. 청년동맹과 청총 도연맹은 집회금지 또는 해산조치에 대한 격렬한 항의와 가두시위도 전개하였다.[80] 청총 해금을 위해 과거 당국과 교섭하는 방식과는 달리 '청총해금투쟁동맹'을 조직해 청총의 해금을 직접 쟁취하고자 했다.[81]

청총의 조직도 강화되었다. 청총은 1929년 8월 조직강화를 위해 '1지방 1동맹 승인주의' 아래 두 차례에 걸쳐 가맹단체를 정리했다.[82] 11월 광주학생

---

79) 《중외일보》, 1929년 4월 29일. 질문위원 朱允興·姜壽永·朴世榮·沈恩淑 金達隣, 중앙상무 서기 車載貞·주윤홍, 상무위원 박세영·金連培·朴泉·金若秀·許貞淑·金若泉, 중앙집행위원 張錫天·朴斗彦·朴勝極·金善基·崔衡植·金鍾禹·楊順永·洪炳哲·강수영·羅承奎·鞠埰鎭·張奎晶·黃潤經·沈致寧·裵尙炫·金得永·黃泰成·심은숙·姜貞熙·李三手·任允宰·趙斗熙·金桂影·李明郁·元會翊·方致規·朴雄鍾·金在翰·安喆洙·金台洙·李泰煥·金衆載·金泰秀·金亨潤.

80) 이애숙, 〈1930년대 초 청년운동의 동향과 조선청년총동맹의 해소〉(한국역사연구회 근현대청년운동사연구반 편, 앞의 책), 368~370쪽.

81) 《동아일보》, 1929년 9월 13일.

82) 청총 가맹단체는 1929년 말 현재 203단체, 회원총수 2만 782명이었는데, 그 가운데 청년동맹이 174단체(지부 456)에 동맹원 19,160명이었다. 당시 행정구역의 군·부가 232곳임을 감안한다면 군·부지역의 75%가 청총에 가입한 것이며, 가입단체의 85.7%가 청년동맹이었고, 가입회원 가운데 92%가 청년동맹에 소속되어 있었다. 전남·경남·함북 같은 곳은 1~2개 군을 제외한 거의 모든 군·부에 청년동맹이 조직되었고, 함북의 경성청년동맹은 동맹원이 1,500여 명

운동이 일어나자 청총은 중앙상무위원간담회를 열고 이에 적극 대처하고자 했다. 그러나 12월 차재정을 비롯한 주요간부들이 광주학생운동사건에 연루되어 검거됨으로써 청총은 완전히 통제력을 잃고 그 기능을 잃어버렸다.

청년운동의 통일성과 집중력을 높이기 위해 지방 청년동맹에서 '전조선 군·부청년동맹 대표자대회'의 소집을 제기했다. 이 대회는 1929년 12월 함북의 경성청년동맹에서 처음 발의된 뒤 함북도연맹에서 인수하여 준비되다가 1930년 4월 청총에 인수되었다. 각 도연맹과 청년동맹들은 대회 파견 대표자를 선정하는 등 활발하게 움직였으나 5월 25일 열려던 전국청년동맹대표자대회 준비위원회는 일제 경찰의 금지로 무산되었다.

1929년에 들어오면서 사회주의 청년들은 청년운동의 공개적 지도기관으로서 청총의 역할을 부정하였다. 지방 청년동맹에서는 종교문제에 대한 논의가 다시 일어나고, 새로운 청년운동의 지도이론(또는 운동방침)의 수립을 요구했다. 공산주의 그룹은 노농청년을 계급적으로 지도하고 동시에 노농운동을 강화하기 위해 각 조합 안에 독자적인 청년부를 조직하였다. 1928년 말부터 일부 설치되기 시작한 조합 내 청년부는 1930년에 들어오면서 본격적으로 실현되었다. 특히 지방의 청년동맹의 사회주의 청년들은 1930년 5월의 전국청년동맹대표자대회 준비위원회를 계기로 농민조합과 농민조합 내 청년부 설치방침을 실현하고자 했다.[83] 그들은 청년부를 통해 무산계급청년을 규합하고 이들을 당 및 공청의 주요인자로 교양·훈련하고자 했다.

한편 일부 사회주의자들은 청총을 비롯해 신간회·노총·농총의 집회가 계속 금지되어 사회운동의 통일적 지도와 대중과 결합이 봉쇄된 상황에서 분산적인 비합법 활동은 일제의 탄압 아래 자멸할 것이라는 의식을 가지고

에 달했다(《중외일보》, 1930년 4월 16일). 1931년 2월 현재 청총 가맹단체는 147단체, 회원 3만 1,723명이었고 그 가운데 청맹은 135단체(지부 205), 동맹원 3만 1,041명이었다. 청총 가맹단체의 수는 줄었지만 청년동맹의 가맹률 및 청총 소속 동맹원 비율은 각각 91.8%와 97.8%에 달했다(朝鮮總督府 警務局, 《朝鮮治安狀況》, 昭和 5年, 20쪽).

83) 〈張台亨豫審請求書(1930. 9. 29)〉(김경일 編, 《韓國民族解放運動史資料集》 6), 101~102쪽.

〈鄭遇尙 외 4인의 判決文(1932. 3)〉(김경일 編, 같은 책), 103~129쪽.

있었다. 그들은 공민권획득운동을 대중적으로 전개하여 일제의 법이 허용하는 범위에서 정치적 자유를 먼저 확보함으로써 투쟁조건을 유리하게 만들자고 주장했다.[84] 이를 일컬어 당시 '합법운동파'라 불렀다. 이러한 움직임은 과거 서울계 구파에 속했던 許一·李恒發 등이 주도하였다.

청총 중앙의 다수파를 형성한 '합법운동파'는 傳說大會라는 명분으로 지방을 순회하면서 세력을 확보하고자 했다. 청총의 '합법운동파'는 1930년 11월 새로운 중앙간부를 구성하고 12월 중앙집행위원간담회에서 "청총이 대중적·합법적 조직인 만큼 과거와 같이 계급적 조직을 산출하는 단체주의적 경향을 청산"하고, 군·부동맹을 본부 직속의 지부제로 변경하는 방침을 지도노선으로 채택했다.

청총의 이러한 정책에 대해 지방의 청년운동가들은 패배주의적 합법주의자들인 기회주의적·개량주의적 간부들의 반동행위로 규정하고 청총 중앙간부 불신임 및 지도노선 전환에 대한 항의성명서를 발표했다. 1931년 1월부터는 지방의 청년동맹에서도 청총·청년동맹의 해소논의가 대중적이고 공개적으로 진행되었다. 청년동맹의 청총 해소논의 이면에는 공산주의자 그룹의 입장이 일정하게 반영되었다.[85] 이후 노농청년은 조합의 청년부로, 소부르주아 청년은 반제동맹으로 집중되었다. 그러나 청년동맹의 해소과정에서 농촌청년은 농조의 청년부로 재편성되는 것이 용이하였으나, 도시의 노동청년은 직업별 노조의 청년부로 흡수가 쉽지 않았다.[86] 반제동맹도 학생층만을 대상으로 한 조직운동으로 변질되었다. 뿐만 아니라 이러한 조직적 전환이 당 및 공청의 보조조직이자 양성소 역할을 한, 이른바 당의 별동대로 되었던 것이다.[87]

---

84) KH生, 〈사회운동〉(《別乾坤》, 1930년 10월), 5~9쪽. KH生은 비합법적인 종파주의에 흐르지 말고 합법적 활동으로써 광범히 대중과 접근해야 하며, 노동자·농민·소시민 일부 '혁명'적 부르주아의 공통된 이해를 반영하는 슬로건을 내걸어야 한다고 주장했다.

85) 이애숙, 앞의 글(1995b), 388쪽.

86) 이애숙, 앞의 글(1995b), 397~398쪽.

87) 박한용, 〈1930년대 전반기 민족협동전선론과 '학생반제동맹'〉(한국역사연구회 근현대청년운동사연구반 편, 앞의 책), 475쪽.

(2) 청년단체의 주요 활동

조선공산당 및 고려공청의 방침에 따라 1927년 초반부터 진행되던 단일한 군·부청년동맹의 건설은 8월 청총의 '신운동방침'이 확정된 이후 전국적으로 확산되었다. 청년운동의 방향전환에 발맞춰 지방 청년단체들은 기존의 강령과 조직내용을 변경하였다. 청년동맹은 청총의 강령에 기초해서 "청년대중의 정치적·경제적·민족적 이익의 획득"과 "청년대중의 의식적인 교양과 훈련 철저", "청년대중의 공고한 단결" 등을 자신의 강령으로 하였다. 즉 청년동맹은 청년운동의 정치투쟁 진출과 함께 청년단체 본연의 임무인 '교양과 훈련'에 집중하였다.

단일한 군·부청년동맹－지부－반의 결성과정은 과거 분열되었던 청년운동을 지방차원에서 극복하는 과정이었다. 동시에 민족주의 청년은 물론 종교청년까지 청년동맹에 포괄할 수 있는 민족적이고 대중적인 청년운동, 즉 청년운동이 민족통일전선의 주요 기반의 하나로 자리하는 훈련과정이기도 하였다.[88] 또한 이는 청년운동을 '대중운동의 선구됨'에서 '전체운동 가운데 하나의 支隊'로 자리매김하는 것이었다. 군·부청년동맹으로 전환하는 과정은 청년운동과 다른 부문운동의 계선을 명확히 해주었다. 일부의 직업별 청년단체와 농촌 청년단체들은 노동조합 또는 농민단체로 전환되었다.[89]

청총 가맹단체들은 '조선청년총동맹 ○○도연맹 ○○군·부동맹'의 형태를 취하여 (민주주의) 중앙집권화된 모습을 보였다. 군·부청년동맹의 부서로는 서무재정부·조직연락부·정치문화부(문화선전부)·조사연구부·교양부·체육부·소년부·여자부 등이 설치되었다. 조직연락부는 청년동맹의 중앙집권제 강화 및 대중단체와 연계를 강화하기 위한 것이었으며, 정치문화부(문화선전부)는 청년운동이 정치투쟁에 진출하는 것에 대한 조직적인 반영이었다. 성별을 구별하지 않기로 한 청년운동의 조직방침에 따라 여성부가 설치되었으며, 지방의 여자청년단체는 해체되어 청년동맹의 청년부와 근우회로 편입되었다.

---

88) 이애숙, 앞의 글(1995b), 261쪽.

89) 1927년 9월 대구재봉직공청년회는 대구재봉직공조합으로 변경되었다(《동아일보》, 1927년 9월 28일).

청년단체의 구성이 계급적으로 혼합된 상태에서 청년에 대한 교양문제는 매우 중요한 것이었다. 청년단체에서는 사회주의 서적을 구비하여 회원들이 열람할 수 있도록 하고 독서회 등을 조직하여 그에 대한 연구발표와 토론 및 강좌를 개최하였다.[90] 함북청년연맹은 청년의 교양을 위해 청년동맹에게 《무산자신문》·《대중신문》·《마르크스주의》 등을 구독하도록 지시했다.[91] 뿐만 아니라 회원에 대한 '의무교양제'를 실시하는가 하면 전위분자를 양성하기 위한 특별강좌를 설치했다. 이 시기 청년운동의 방향전환은 곧 '마르크스주의적 중앙집권조직 아래 전민족 청년운동으로 방향을 전환'하는 것이었다.[92]

청년단체들은 1926년 후반부터 청년대중의 교양을 위해 기관지·회보는 물론 벽신문·산신문을 발행했다. 벽신문은 정치·경제·사회 등 다양한 문제들을 회원 및 일반 대중들에게 쉽게 이해시키기 위한 것이었다. 고성청년회의 《先驅》, 하동청년회의 《뭇소리》, 청주청년회의 《湖聲》, 공주청년회의 《慧星》, 개포프로청년동맹의 《新靑年》, 진주청년회의 《뭇소리》, 노량진청년회의 《鷺聲》, 경주청년회의 《活路》, 통영청년동맹의 《炬火》 등은 대표적인 벽신문들이다.

이 시기 청년운동의 특징 가운데 하나는 학생운동에 대한 지도이다. 특히 경북청년연맹과 대구청년동맹은 자체 내에 학생부를 설치하여 학생들에게 사회주의를 전파하고 학생들을 전위활동가로 양성하고자 했다.[93] 학생운동 지도는 당시 고려공청에서 학생부를 설치하고 각 학교 안팎에 독서회를 조직하여 학생맹휴를 조직적으로 이끌어 갔던 것과 깊은 관련을 맺고 있었다. 고려공청은 학생부를 설치하고 조선학생과학연구회를 통해 1927~1928년의 서울지역 학생맹휴를 지도하였으며, 전남 광주에서도 醒進會를 통해 1929년 11월 광주학생운동을 지도하였던 것이다.

---

90) 대구청년동맹은 한 달에 두 차례씩 《통속 사회주의》·《경제학》에 대한 독서회를 가졌다(《중외일보》, 1928년 6월 7일).

91) 《중외일보》, 1928년 2월 3일.

92) 《동아일보》, 1927년 8월 12일.

93) 《중외일보》, 1928년 8월 11일.
김일수, 앞의 글, 307~308쪽.

군·부청년동맹의 활동은 이전과 변화된 모습을 보이고 있다. 청년동맹은 주로 순회강연 및 순회문고 설치, 군내 민중생활 정황 조사, 투쟁 통계표 작성, 신간신문 발행 촉진, 삼총(청총·노총·농총)해금, 무산아동 교육, 지부 및 반 조직문제, 다른 지역의 사회단체와 연대 등을 중심으로 활동했다. 직접적인 대중활동은 지부와 반 중심으로 이루어졌다.

경남 하동군청년동맹은 신간회 및 노동자 농민단체와 연합하여 一面一校制 시행을 번복한 경남도지사의 방침에 대한 반대운동을 전개했다. 경남도지사탄핵연설회를 열고 일반 민중에게 '조선인교육 무시정책'의 진상을 폭로하기로 했다. 나아가 경남 각 지역의 사회단체와 연합하여 경남도민대회를 열고 경남 도당국에 적극적으로 항쟁할 것을 결의했다. 또한 서울의 조선교육협회에 알리고 전국적으로 여론을 불러일으킬 것을 결의했다.[94)]

지방의 기독교청년회들은 농촌부를 설치하고 농촌사업을 벌였다. 조선기독교청년회 전남연맹과 광주기독교청년회는 연합하여 농촌지도자양성강습회를 열기도 했다.[95)] 평양기독교청년회에서는 남녀청년과 중학생을 대상으로 한글을 보급하고 조선사의 관념을 인식시키기 위해 '한글과 조선사' 강좌를 6일간 열기도 했다.[96)]

기독교와 천도교 및 시천교 청년단체들도 조선청년총동맹의 조직방침을 모방하여 중앙-도-군·부 단위형태의 조직형태를 취했다. 천도교의 청년단체는 천도교청년당의 신파와 천도교청년동맹의 구파로 나뉘어 전국적으로 조직화 되었으며, 시천교의 청년단체는 시천교중앙청년회를 중심으로 중앙청년회 지회를 설치하였다.[97)] 종교청년단체는 농촌을 중심으로 농촌계몽활동을

94) 《중외일보》, 1929년 3월 24일.

95) 《중외일보》, 1928년 7월 29일. 강습회는 1928년 7월 24일 무등산 澄心寺에서 열렸다. 강습회에 참가한 회원들은 가슴에 "협동하여 나가자"란 표어를 달았다. 강습회 환영회에서 崔元淳은 "농촌문제는 조선에 제한된 문제가 아니라 세계적으로 중대한 문제로 동서양을 막론하고 국가에서 농촌사업에 전력을 경주하고 있다"는 내용의 연설을 했다.

96) 《중외일보》, 1929년 3월 8일.

97) 시천교중앙청년회는 1929년 4월 7일 서울에서 시천교청년대회를 개최하였는데 의안을 보면 다음과 같다. 〈의안〉 ① 시천교중앙청년회 지지에 관한 건, ② 시천교중앙청년회 지회 조직에 관한 건, ③ 교회 기관지 지지의 건, ④ 布德방침

전개했다.

이 시기 청년운동의 대표적인 대립은 청년운동에서 프롤레타리아 헤게모니를 관철시키기 위한 조직방침을 둘러싼 논쟁과 무정부주의 청년단체의 동지단체 폭력을 들 수 있다.

신간회 안에서 프롤레타리아트 헤게모니 전취문제가 제기되자 지방의 청년단체들은 이를 둘러싸고 논전이 벌어졌다. 지방의 청년단체들 가운데는 그러한 주장을 후쿠모토주의(福本主義)에 기초한 "좌경소아병적 속학적 번역주의 이론"이라고 비판하면서 그들을 가리켜 신파벌을 조성하는 '신중간파'로 규정하였다.[98] 서울의 경성청년회에서 군·부청년동맹론에 반대하는 성명서를 발표한 뒤 경기도 안성, 경상북도 상주, 함경남도 영흥 등지의 청년단체들은 군·부청년동맹론자와 군·부위원회론자로 대립하여 엎치락뒤치락하기도 했으나 결국 군·부동맹론으로 매듭지어졌다. 1927년에 들어와 평양과 원산을 중심으로 무정부주의자들의 조직화가 활발하게 전개되었다. 특히 원산에서는 원산청년회를 둘러싸고 공산주의자와 무정부주의자 사이에 폭력이 행해지기도 했다.

5) 고려공산청년회와 사회주의 청년운동

(1) 사회주의 청년운동의 출현

한국의 사회주의 청년운동은 국제공산청년동맹(킴 КИМ)과 국제공산당(코민테른 Коминтерн)의 영향 아래 발생, 성장하였다. 1921년 5월 상해와 이르쿠츠크에서 각각 고려공산당이 결성되었다. 1921년 8월 경에는 북경에서 '고려공산청년회 중앙총국'이 결성되었다. 공청의 기반은 상해의 공청조직과 북경·연해주의 사회주의 청년이었다.

의 건, ⑤ 미신타파 철저 실행에 관한 건, ⑥ 白衣 폐지에 관한 건, ⑦ 자체교양과 사회적 훈련에 관한 건, ⑧ 저축조합 실시에 관한 건, ⑨ 敎綱 준수에 관한 건, ⑩ 소년소녀 교양 보호에 관한 건, ⑪ 조혼폐지에 관한 건.

98) 김일수, 앞의 글, 303쪽.

국내에는 1919~1920년에 걸쳐 '서울공산단체(1919. 10)'·'조선공산당(1920. 3)'·'마르크스주의 크루조크(1920. 5)'·'사회혁명당(1920. 6. 상해파)' 등의 사회주의 비밀단체가 출현하였다. 1922년에는 무산자동지회(1922. 1)와 신인동맹회(1922. 2)가 합동하여 서울에서 사회주의사상단체 무산자동맹회(1922. 3)를 결성했다. 일본 도쿄(東京)에서도 한인 사회주의자들에 의해 '사회혁명당(1921. 10. 서울파)'이 조직되었다.[99]

1922년에 들어와 사회주의 비밀단체들은 서울을 중심으로 활발하게 활동했다. '조선공산당(김한그룹)'과 '사회혁명당(김사국그룹)' 세력이 결합하여 중립당을 건설하였으며, 李括을 중심으로 한 '조선중앙공산당'이 출현했다. 1923년 초에는 김사국 그룹이 중심이 되어 고려공산동맹(1923. 2)을 결성했다. 이들 공산주의 비밀결사들은 한국에서 사회주의 청년운동이 출현하는 중요한 토대가 되었다.

중심기관을 국내로 옮기려고 노력하던 고려공청 중앙총국은 1922년 8월경 '조선공산당(중립당)'과 결합하여 새로운 중앙간부를 구성했다.[100] 중앙총국의 중요한 임무는 고려공산청년회의 완성과 함께 전조선을 대표할 '민족혁명적 청년단체'를 만드는 일이었다. 그런데 1922년 가을 중립당 내에서 국내외 공산주의 그룹의 통일당 결성 문제를 놓고 김한 그룹과 김사국 그룹이 분열되었다. 이는 곧 고려공청 중앙총국에도 영향을 끼쳤다. 김사국 그룹은 중앙총국을 탈퇴하고 서울청년회를 중심으로 활동하면서 공산당 및 공청 기

---

99) 1920년대 전반기 국내 각 공산주의 그룹에 대해서는 다음의 글 참조.
임경석, 〈서울파 공산주의 그룹의 형성〉(《역사와 현실》 28, 한국역사연구회, 1998) 참조.
박철하, 〈북풍파 공산주의 그룹의 형성〉(같은 책).

100) 고려공청 중앙총국은 중심기관을 서울로 옮기려고 朴憲永(책임비서)·金丹冶(중앙위원) 등 공청 책임자들을 국내로 들여보냈으나 일제 경찰에게 검거되어 실패했다. 고려공청 중앙총국에 대해서는 다음의 글 참조.
박철하, 〈고려공산청년회의 조직과 활동(1920~1928)〉(한국역사연구회 한국근현대청년운동사연구반 편, 앞의 책).
———, 앞의 글(1999).
이현주, 《국내 임시정부 수립운동과 사회주의 세력의 형성(1919~1923)－서울파, 상해파를 중심으로－》(인하대 박사학위논문, 1999).

관을 만들었다. 고려공청 중앙총국은 무산계급 청년단체로 서울에 '무산자청년회(1922. 10)'를 조직했다.

고려공청 중앙총국과 고려공산동맹은 서울청년회를 앞에 내세워 1923년 3월 전조선청년당대회를 열고 무산계급 청년을 중심으로 한 민족혁명적 청년단체의 결성을 추진했다. 대회에서는 부르주아 문화를 배척하고 사회주의 사회를 건설하기 위해 무산계급의 단결과 조직적 훈련을 전개할 것을 주장했다. 민족주의를 반대했으며 그동안의 민족적 투쟁을 계급투쟁으로 전환하고 종교를 부인할 것 등을 결의했다. 전조선청년당대회는 부르주아 민족주의 청년운동이 무산계급 청년운동으로 전환하는 중요한 계기가 되었다.

1924년 4월 서울파와 고려공청 중앙총국의 사회주의 청년들이 결합하여 조선청년총동맹을 결성했다. 마르크스주의 이념 아래 조선의 혁명적 청년단체가 조직된 것이다. 청총결성 이후 무산계급 청년단체가 전국적으로 확산되었다. 새로이 조직된 청년단체 대부분이 사회주의 사회의 건설과 계급의식에 기초한 교양과 훈련을 강령으로 내걸었다.

합법적인 공간에서 사회주의 청년운동을 주도적으로 이끈 단체는 서울청년회와 신흥청년동맹·경성청년회·경성무산청년회였다. 이들 청년단체는 각 공산주의그룹, 즉 서울청년회는 고려공산동맹(서울파), 신흥청년동맹(1924. 2)은 고려공청 중앙총국(화요파), 경성청년회(1924. 12)는 까엔당(북풍파), 경성무산청년회는 스파르타쿠스당(조선노동당파) 등과 지도-피지도의 관계를 맺고 있었다. 이들 네 단체는 서울을 중심으로 하면서 지방의 선진적인 사회주의 청년들과 연대하여 지방의 청년운동을 사회주의적으로 이끌었다.

사회주의 청년단체들은 각각 기관지를 가지고 있었다. 서울청년회는 《청년조선》, 신흥청년동맹은 《신흥청년》, 경성청년회는 《청년의 聲》을 기관지로 발행했다. 기관지 발행을 위해 출판사를 설치하고 편집부·사업부·선전부 등의 부서를 두었다. 이들은 회보를 발행하였으며, 동시에 벽신문이나 산신문을 발행하여 회원 및 일반 대중이 청년운동 문제나 시사문제 등을 쉽게 이해할 수 있도록 했다.

또한 이들은 레닌이나 칼·로자의 사망 기념일, 세계부인데이, 메이데이,

국제청년데이, 러시아혁명 기념일 등을 이용한 강연을 통해 청년대중에게 사회주의사상을 선전했다. 청년단체 내에는 러시아어 연구반·학술연구반 등을 설치하고 청년운동 이론은 물론 세계정세 인식, 국제혁명운동사, 레닌이즘 등을 공부했다. 여기에서는 기관지에 게재하려다 금지된 내용들도 같이 학습되었을 것이다. 지방의 무산계급 청년단체들도 학술강좌의 이름으로 한 곳에 모여 마르크스 유물사관, 〈공산당선언〉 등을 공부했다.

(2) 고려공산청년회의 결성과 조직 변화

고려공청 중앙총국은 '유일한' 조선공산당이 없는 상태에서 공청 자체가 정치적인 운동에 많은 힘을 기울여야 했다. 이러한 상황은 공청 지도자들의 경험 부족과 각 당그룹의 대립의 영향과 함께 공청사업을 어렵게 만들었다. 고려공청 중앙총국은 각 그룹을 통일하여 공청을 건설하는 것에 대해 회의적이었다. 특히 서울청년회 내 '정치가의 횡포'를 개혁할 가능성이 없다고 판단했다. 서울청년회에 대해 청년단체라기보다는 하나의 '政黨'으로 규정했다.[101]

조선공산당이 결성된 그 다음날인 1925년 4월 18일 서울의 박헌영 집에서 고려공청창립대회가 열렸다. 대회에는 10개 道의 28개 세포단체 회의에서 선정된 대표 19명과 조공의 공청 파견대표 1명 등 20명이 참석했다. 참석한 대표들은 노동자(1명)·농민(1명)·여성(1명) 및 지식계급(17명)으로 모두 신흥청년동맹과 화요파에 속하는 30세 미만의 사회주의 청년이었다. 창립 직후 고려공청은 28개의 야체이카와 165명의 공청원을 보유하고 있었다. 그 가운데 지식계급이 95명이었고 노동자와 농민은 71명이었다.[102] 고려공청의 책임비서는 박헌영이 선출되었으며, 국제공청의 유일한 조선지부로 승인되었다.

고려공청은 서울청년회와 조선노동당 등에 대한 분해작용을 통해 사회주의 청년들을 개별적으로 공청에 끌어들였다. 이를 위해 서울청년회와 조선노

---

101) 〈高麗共産青年會第1次創立代表會〉, РЦХИДНИ ф.533 о.10 д.1891.

102) Представитель Ц.Б. Коркомсомоа(Теньтен－гван)(고려공청 중앙총국 대표 전정관), 〈Исполком КИМа, Доклад о деятельности Централного Бюро Коркомсомола (국제공청 집행위원회에 보내는 고려공청 중앙총국 활동보고)〉, РЦХИДНИ ф.495 о.135 д.98 л.144.

동당에 모스크바 공산대학 출신의 공청원들이 파견되었다. 하지만 서울파와 화요파의 대립은 지방의 청년운동까지도 분열로 이끌었으며, 고려공청도 조선청년총동맹에서 힘을 상실하게 되었다.

고려공청은 공청조직의 확대와 사회주의 선전, 혁명적 민족단체와 협동전선을 위한 활동을 전개했다. 고려공청은 공청원의 회비만으로는 활동에 필요한 비용을 감당할 수 없었기 때문에 비용의 상당 부분을 국제공청에게서 지원 받았다. 고려공청은 군연맹－도연맹－총동맹의 조직방침을 세우고 조선청년총동맹을 중앙집권적으로 개혁하려고 노력했다. 고려공청이 지도하는 합법단체인 신흥청년동맹 내에는 활동가와 노동청년·학생청년 각각의 연구반을 설치하고 지도자를 양성했다. 사회주의 청년들은 연구반에서 사적유물론과 국제청년운동사 등을 공부했다.103)

고려공청은 창립 이후 일본 경찰에 의해 4차례에 걸쳐 대대적으로 검거되었다. 1925년 11월 '조선공산당 및 고려공청 제1차 검거사건' 이후 權五卨을 책임비서로 하는 중앙위원회를 재건하고 공청 지방기관도 복구하였다. 고려공청은 조선공산당과 함께 민족협동전선에 많은 노력을 기울이면서 1926년 5월 고려공청 제2차 대회를 개최하고자 했으나 일제 경찰망이 좁혀와 실패했다. 6·10만세운동을 계기로 '제2차 검거사건'이 터졌으며, 이로 인해 공청의 지방조직 대부분이 파괴되었다.

고려공청 중앙은 盧相烈에 이어 高光洙를 책임비서로 선출했다. 고광수는 모스크바 공산대학을 졸업하고 고려공청에 파견된 자로 이미 1926년 3월부터 고려공청과 합동을 적극 요구하던 李仁秀·金炳一 등 서울新派 중심의 공청그룹 및 梁明(북경의 《革命》 잡지를 중심으로 한 공산주의의 그룹) 등과 함께 '레닌주의 동맹'을 만들어냈다. 1926년 8월 고려공청과 서울청년회를 중심으로 활동하던 공청그룹은 통합을 결의했다.104)

고려공청은 1926년 12월 조선공산당 제2차 대회 시기에 고려공청 중앙위

103) 〈Одеятелности Союза Новорожденной Молодежи(신흥청년동맹의 활동에 대하여)〉, РЦХИДНИ Ф.495 О.135 Д.98 Л.83～84.

104) 박철하, 앞의 글(1995), 133～136쪽.

원회를 열고 각 부서 및 각도 지방책임자를 선정했다. 공청원의 대부분은 서울신파의 지도를 받는 사회주의 청년들로 보충되었다. 이 시기 고려공청의 야체이카수는 국내－37(서울파 공청 20), 만주－42, 일본－2개 등 81개였으며, 공청원은 과거의 고려공청원으로 국내－162명(이 가운데 80명 체포), 만주－164명, 일본－7명과 서울파 공청원으로 국내－96명, 일본－4명 등 모두 443명이었다. 1927년 초까지 경기도·황해도·평안도·함경남도·함경북도·전라북도·전라남도·경상북도·경상남도·강원도·충청남도·충청북도 등 11개의 고려공청 도기관을 건설했다.[105] 이후 고려공청은 1928년 8월까지 양명－河弼源－金哲－金在明 등의 책임비서가 존재했는데 1928년 1~2월의 조공 및 고려공청 제3차 검거사건과 1928년 8월을 전후한 제4차 검거사건으로 거의 모든 조직이 파괴되었다.

고려공청은 1928년 12월 코민테른의 〈12월테제〉에 따라 해체되었고, 당 및 공청 재건운동으로 이어지게 되었다. 공청 재건운동은 각파 공산주의 그룹에 의해 분산적으로 진행되었다. 1930년 이후에는 즉각적으로 공청을 재건하기보다는 혁명적 농민조합과 노동조합 안에 청년부를 설치해 사회주의 청년들을 결집하는 데 노력했다.[106]

(3) 고려공산청년회의 청년운동 방침과 주요 활동

가. 민족문제 인식

고려공청은 조선 청년운동의 투쟁목표는 일제의 타도와 봉건적 유제의 청산임을 주장했다. 고려공청은 조선의 완전한 독립을 위한 투쟁을 기본축으로 하여 민족해방운동을 지원하고, 중앙집권적인 민족혁명 청년조직을 결성하며, 사회주의사상을 전파하고 근로대중을 민족혁명운동에 끌어들이는 것을 자신의 중요한 임무로 설정했다.

고려공청은 조선의 독립은 러시아처럼 독립적으로 이루지는 것이 아니라

105) Делегата от Коркомсомола КИМ－ГАН(고려공청 대표 김강), в И.К.К.И. и И.К.К.И.М.(코민테른 및 킴에게), 1927년 2월 10일, РЦХИДНИ ф.533 о.10 д.1897 л.4~5.

106) 신주백, 〈1929~36년 공청재건운동의 전개 및 성격〉(한국역사연구회 한국근현대청년운동사 연구반 편, 앞의 책), 415쪽.

일본의 혁명과 함께 할 것으로 판단했다. 따라서 조선의 혁명은 공산주의자만이 아니라 일제에 반대하는 모든 세력을 망라해야 하며, 그렇게 함으로써 일본 혁명의 도화선이 되고 그 강대한 응원대가 되어야한다고 생각했다.

고려공청은 1925년 4월 창립 당시 조선의 혁명에 대해 "제1계단으로 민족혁명을 하고 제2계단으로 노력군중해방운동"을 전개해야한다는 국제공청 동양부위원회의 방침을 수정하였다. 고려공청은 국내의 대중운동은 모두 무산계급운동이며 그 외에는 일부 '우경 민족주의자의 문화운동'이 있을 뿐이라고 판단했다. 즉 국내에는 혁명적 민족주의자는 없으며, 민족주의자라면 타락한 문화운동자나 친일파를 가리키는 것이 현실이라는 입장이었다. 따라서 조선혁명은 노력군중이 주력대가 되어 혁명을 직접 이끌어야 하며, 그 과정에서 해외의 혁명적 민족주의자 및 천도교와 같은 혁명적 종교단체와 협동전선을 공고히 하고 우경 문화운동자 또는 기타 일본 침략주의에 반항하는 모든 요소를 견제하고 이용해야 한다고 주장했다.

고려공청의 이러한 입장은 당시 서울파와 북풍파·조선노동당파의 공산주의 청년세력에게서 "좌익소아병에 걸려 국내에 특별한 민족적 혁명세력을 인정하지 않고 있다"고 비판을 받았다.

고려공청은 1926년에 들어와 약간의 변화된 인식을 보였다. 과거와 마찬가지로 남북만주의 의열단과 신민부·통의부에 대해서는 민족혁명 전선에서 직접 투쟁을 하고 있는 세력으로 인정하면서 동시에 국내의 종교단체인 천도교와 대종교에 대해서도 민족적 혁명관념이 있는 세력으로 인정했다. 특히 權東鎭을 중심으로 한 천도교 구파와 민족혁명단체를 구성할 가능성이 예견되었으며, 조선공산당은 이를 바탕으로 '국민당' 조직을 준비해 나갔다. 그러나 여전히 기독교와 불교에 대해서는 개인적으로는 민족혁명적 사고를 가진 자가 있을 수 있으나 단체로는 전혀 없다고 판단했다. 고려공청은 1926년 5월로 예정되었던 제2차 대회의 의안으로 민족문제를 상정해 놓았다. 6·10만세운동은 바로 이러한 속에서 준비되고 실행된 것이었다.

고려공청은 1926년 8월 고려공산청년동맹(서울파)과 합동하고 12월 5일 중앙집행위원회에서 청총의 강령을 수정하여 일반 민족주의 청년단체까지 포용하기로 결정했다. 이 시기 공청의 민족문제 인식은 기본적으로 조선공산당이 1926년 11월 正友會를 통해 '정치운동으로 방향전환'을 선언한 뒤 제2차 당대회에서 결의한 민족운동방침을 따랐다.

조선공산당은 제2차 당대회에서 민족운동을 혁명적 민족운동과 민족적 정치운동으로 구분하였다. 혁명적 민족운동 세력, 즉 혁명적 독립운동 비밀결사와 연맹을 체결하고 만주에 의병을 조직하거나 기존의 단체를 원조함과 동시에 당원이 직접 가담하여 지도하도록 했다. 민족적 정치운동에 대해서는 합법공간에서 정치운동을 전개할 단일한 민족주의자의 정당(개인 가입, 지부제)을 만들고 프락치를 설치하기로 했다. 특히 과거 사상단체에서 활동하던 전위분자들을 '전국적 단일 표면적 정당'에 가입토록 하고 당의 직접 지도 아래 활동하도록 했다. 조공은 모든 기회를 이용하여 대중에게 정치적 폭로와 정치적 교육을 행하여 민중을 이론적으로 지도하기로 했다.

그러나 1927년 10월 조선공산당 내 ML파에서 "신간회 내 프롤레타리아트 헤게모니 전취"를 공개적으로 주장했다. 이에 따라 고려공청도 '신간회 내 실제적 헤게모니 확보'를 자신의 이론으로 결정했다. 이에 대해 김규열·김영만 등의 서·상파는 12월 독립적으로 조공 제3차 대회를 열고 신간회 내 헤게모니 정책을 반대하였다. 이후 고려공청은 신간회 내 프롤레타리아트 헤게모니의 확대를 둘러싸고 찬성과 반대 두 세력으로 나뉘었다. 경북과 전남·전북 지역의 일부 공청기관들은 신간회 내 헤게모니 확보에 반대입장을 표명하면서 "후쿠모토이즘 직역파 배격", "당간부파 타도" 등을 주장했다.

한편 경성청년회를 중심으로 한 사회주의 청년들은 노동자·농민청년 및 무산계급 청년 이외의 계급청년과 정치적 제휴는 개별 사안에 따라 각 계급청년의 전위분자가 민족적 단일당과 공동투쟁을 통해서 행할 것을 주장했다.107)

나. 공산대학에 학생파견과 공청학교 경영(계획)

1920년대 조선의 사회주의운동은 이론의 미숙과 경험의 부족 등으로 많은 어려움을 겪어야 했다. 이러한 상황 속에서 조공과 고려공청은 당시 러시아

107) 《중외일보》, 1928년 2월 8일.

에 있는 교육기관, 특히 모스크바의 동방노력자공산대학에 자질이 우수한 청년을 입학시켜 이론·사상적 무장을 강화하고 조직활동방법 등을 학습토록 했다. 조공과 고려공청은 이를 통해 잘 훈련된 청년들을 당원 및 공청원으로 확보하고 그들을 직업적 혁명가로 양성함으로써 당과 공청의 토대를 강화하고자 했다.

고려공청은 창립대회 이후 "가능한 한 유학생을 모스크바에 다수 파견"하고자 노력하였으나 공식적으로는 화요파가 이끌던 1925~1926년 시기에만 두 차례에 걸쳐 26명을 공산대학에 입학시켰다. 파견된 학생들은 서울을 중심으로 한 인텔리 청년들이 대부분이었으며 노동자·농민의 청년에게까지 깊숙이 파고들지 못했다.

한편 공청원에게 일정한 공산주의 교양과 훈련을 실시하여 당원으로서 정치적·사상적 준비를 갖추게 하는 제반사업은 고려공청의 가장 중요한 임무의 하나이다. 고려공청은 공청원의 사상교양사업을 위해 서울에 공청학교를 설치하고 그들의 조직규율과 훈련을 시키고자 했다. 학교는 3개월을 예정으로 책임강사제로 실시할 방침이였다. 장소는 서울에 5개소를 두며, 학교 운용비용은 국제공청에서 지원받는 것으로 되어있었다. 학교는 보통과와 고등과로 나누고, 학생들은 보통과를 학습한 후 고등과로 진학하게 되어 있으며 고등과에서는 공산주의에 대해 보다 깊이 있게 가르치고자 했다. 또한 학과를 학술과 실습으로 나누었는데 학술시간에는 공산주의 이론을 교양하고 실습시간에는 그 선전방법을 가르치기 위한 것이었다. 특히 경비문제로 고심하던 고려공청은 이러한 계획을 1925년 10월 20일부로 국제공청에 보고했는데, 11월 말부터 시작된 조선공산당 및 고려공청 제1차 검거사건으로 말미암아 일제 경찰에 폭로되었고, 결국 공청학교의 건설은 실현되지 못했다.

다. 조직방침 논쟁

조선청년총동맹 창립 당시에는 복수단체(연합기관)는 물론 개별단체까지도 모두 청총에 가입하는 방식이었다. 이에 대해 고려공청은 청년운동을 보다 통일적이고 (민주주의적) 중앙집권적인 것으로 체계화하는 데 노력했다. 그리하여 고령공청은 창립 이후 전국의 청년단체를 지역별·직업별/1면 1회-군·부연맹－도연맹－총동맹의 형태로 묶기로 했다.

구체적으로는 크게 도시와 농촌으로 지역을 구분하고 도시의 경우 일정한 지역별(구역별)로 청년들을 조직하는 동시에 노동청년은 직업별로 조직하며, 농촌의 경우는 '1면 1회'의 표준에 의해 조직하는 것이었다. 전국의 군·부행정단위를 기준으로 지역 내 지역별·직업별 청년단체를 망라하여 군·부청년연맹을 만들고 이를 단위로 해서 도연맹을 조직하며, 도연맹을 기초로 조선청년총동맹을 결성하는 것이었다.

이때 군·부연맹 내에는 공청원이 들어가 공산주의 사상을 교양하는 활동을 하며, 도연맹은 공청에서 직접 지도하도록 했다.[108] 이는 청년단체를 통일적으로 중앙집권화하여 청년운동 초기의 자연발생성을 극복하고자 한 것이었다. 이에 대해 서울파는 또 하나의 청년총동맹을 만들기 위한 '제2청총론'이라고 비판하였다. 따라서 고려공청은 서울파와 이론적으로 '政策戰'을 전개해 나가기로 했다. 이러한 방침의 영향을 받아 청총은 1926년 3월 '공장/농촌－지부(직업별·산업별/리단위)－노동청년회(구역별)/농민청년회(면단위)－군·부청년연맹－도연맹－청총'의 방침을 내놓았다.

고려공청은 1926년 8월 서울신파를 중심으로 한 고려공산청년동맹과 합동을 하고 청총에 일반 민족주의 청년단체도 함께 할 수 있도록 강령을 수정하기로 했다. 12월 고려공청 중앙위원회를 재구성한 뒤 혼합·직업별·산업별 청년단체를 지역별 청년단체로 정리하기로 결정했다. 이에 따라 1927년 8월 청총 제3년도 제1회 집행위원회를 통해 '반－지부－군·부동맹－도연맹－총동맹'의 조직방침을 공개적으로 선언하였다.

지부와 반 설치의 경우, 농촌은 洞里의 거주지별로, 도시는 공장·회사 등의 생산현장을 단위로 군·부동맹원 5인 이상인 곳에 반을 설치하고, 동일

108) 도연맹에 대한 고려공청의 직접 지도방침은 1927년 4월 전라북도 청년연맹에서도 확인할 수 있다. 전라북도연맹은 한때 도위원회 체제를 취하려 했는데, 이때 선출된 준비위원 11명 가운데 8명이 공청 및 당원이었음을 확인할 수 있다 : 林赫根(조공 전북도당 책임)·李平權(고려공청 전북 책임)·李明壽(조공 및 고려공청 군산 책임)·朴泰華(고려공청 전주 책임)·趙龍雲(전주 고려공청원)·鄭乙(김제 고려공청원)·金世民(군산 조공 및 고려공청원)·崔宗奎(군산 고려공청원)·송시용·최성룡·한철종.

지역 내에 2개 이상의 반이 존재하면 지부를 설치하도록 했다. 이것은 종래의 청년운동 방향을 전환하여 무산계급적' 청년운동에서 '전민족적 청년운동'으로 확대하면서 동시에 전국적으로 청년단체를 완전한 중앙집권적 단일 조직체로 한다는 것이다. 그러나 청년운동의 지도성은 마르크스주의에 기초한 무산계급 청년에게 있었다.

이에 대해 경성청년회를 중심으로 한 사회주의 청년들은 계급적 조직과 강령을 고수하였다. 그들은 1927년부터 고려공청의 청년단체 조직방침을 가리켜 '자유연합주의적 조직형태'라고 비난해왔다. 1928년 1월 21일에는 〈모든 修正派들의 기회주의적 연합전선을 攻함〉이란 성명서를 경성청년회 집행위원회 이름으로 발표하였다. 그들은 군·부동맹 방침을 주장하는 세력에 대해 '수정파적 기회주의자', '멘세비키적 조류'라고 비판하면서, 모든 부문운동에서 민족주의적 색채를 절대 배격하고 계급우선주의를 선언하였다.

그들은 계급적 강령에 기초해 직업별 청년단체를 조직하여 '프롤레타리아트 헤게모니의 확립과 프로 민주주의적 중앙집권제의 원칙' 아래 청총을 재조직할 것을 주장했다. 즉 군·부청년동맹 대신에 각 지역의 직업별 청년단체를 바탕으로 한 군·부위원회의 설치, 다시 말해서 '직업별청년회－군·부위원회－도위원회－조선청년총동맹'의 조직방침을 주장했다.[109] 이에 따라 서울과 경북 상주, 함남 영홍, 경기 안성 등 일부 지역에서는 군·부청년동맹론자와 군·부위원회론자들 사이에 격렬한 대립이 발생하기도 했으나 곧 군·부청년동맹론으로 일반화 되었다.

라. 연령제한 논쟁

고려공청은 "청년운동은 청년 자신이 운전하자"는 슬로건 아래 청년운동자의 연령제한을 실시했다. 합법적으로는 일반 청년운동에서 봉건적 혹은 부르주아적 장년층을 배제하고 청년의 처지와 역할 등의 특성에서 제기되는

109) 《중외일보》, 1928년 2월 1·8일 조선청년총동맹과 군·부 청년동맹에 종교청년단체나 기타 부르주아 청년을 혼합하는 '초계급적' 태도는 '청산주의적 타락'이고 '계급적 표식의 철거'라고 비난하였다(金平山, 〈이렇게 수정파 조류에 대립한다－프로운동 모든 자립성을 엄수하기 위하여－〉(1~11), 《중외일보》, 1928년 2월 7일~19일).

청년운동을 다른 부문운동과 구분할 필요성에 따른 것이었다. 비합법적으로는 당과 공청의 관계에서 당에서는 일정 연령 미만의 청년당원을 공청에 참가토록 함으로써 공청을 정치적으로 지도하고 동시에 공청에서는 당을 위한 새로운 정치적 투사를 양성하여 적정한 연령에 달한 청년을 당에 입당케 하여 당을 보다 젊고 활기차게 하기 위한 것이었다.[110]

1920년대 내내 청년운동에서 연령제한은 '25세', '27세', '30세', '무제한' 등을 두고 많은 논쟁을 벌였다. 경성청년회의 사회주의 청년들은 1924년부터 25세를 주장했고, 고려공청의 지도를 받던 신흥청년동맹은 30세를, 서울청년회는 청년회의 조건에 따라 달리 하되 30세 내지 27세를 시행하였다.

고려공청은 1921년부터 1926년 말까지 연령제한을 30세로 제한하였다. 국내 청년단체들은 일반적으로 청년운동자의 연령제한을 30세로 하고 있었다. 1926년 12월 고려공청 중앙집행위원회에서는 공청원의 연령을 16세에서 25세까지로 제한하였다. 고려공청은 합법적인 영역에서도 이와 같은 연령제한을 관철시키려 하였으나 지방 청년단체의 상황은 여전히 30세가 일반적이었다. 1927년 조선청년총동맹조차도 30세와 25세의 절충형인 27세로 연령을 제한하기로 결정했다. 하지만 조선청년총동맹의 연령제한규정마저도 일반 청년단체의 현상과 맞지 않았으며 1920년대 내내 30세론이 대세를 이루고 있었다.

이에 대해 경성청년회의 사회주의 청년들은 1924년 조선청년총동맹 결성 때 청년운동의 연령제한을 25세로 할 것을 강력히 주장했다. 1924년 12월 경성청년회 창립 이후 경성청년회가 해체되기까지 연령제한에 관한 그들의 입장은 변함이 없었다. 전국적으로 경성청년회의 25세론은 주로 일본의 조선인 청년단체들의 경우 관철되고 있었으나, 국내에서는 극히 일부 청년단체에서만 실시하는 형편이었다. 1920년대 내내 논쟁을 벌인 청년운동의 연령제한 논쟁은 사실상 소모전에 불과했다.

마. 학생운동 지도

고려공청은 1924년부터 선진적인 학생들을 중심으로 한 조직사업에 노력

---

110) 村田陽一, 《コミンテルン資料集》 2, 604쪽(주 180).

하였다. 고려공청의 합법기관인 신흥청년동맹 안에는 책임자 연구반·노동청년반과 함께 학생청년 연구반을 따로 설치했다. 학생청년 연구반은 대체로 중학교 재학생 또는 그 출신자로서 사회에 대한 상식을 가진 자들이었다. 연구반에서는 유물사관, 유산계급의 모순적 현상 등에 대해 각성시키고, 현대교육의 자본적 옹호책을 자각케 했다. 이 연구반의 책임자로는 책임자 연구반에서 파견된 세 사람이었다. 연구반원은 45명이었으며, 각 중학교 학생, 갈돕회 학생, 焰群社員, 여자고학생상조회원 및 보통회원(신흥청년동맹회원이 아닌 사람도 포함) 등으로 조직되었다.[111]

고려공청은 1925년 4월 창립대회의 강령에서 교육문제로 학교 당국자는 학생운동에 간섭하지 말 것, 학생에게 사회과학 연구의 자유를 줄 것, 종교교육에 반항할 것 등을 사업내용에 포함했다.[112] 즉 고려공청은 학생운동에 대해 직접 지도한다는 프로그램을 가지고 있었던 것이다. 고려공청은 서울에 있는 기존의 학생 관련단체 고학생갈돕회와 혁청단·조선학생회에 주목했다. 이후 1925년 9월 학생운동의 합법적 지도기관으로 조선학생과학연구회를 조직했다.

고려공청은 학생운동을 지도할 기관으로 학생부를 설치하는 데 노력하였다. 6·10만세운동을 끝까지 이끌었던 李炳立이 '고려공청 학생부의 임시간부'였다는 것으로 보아 이 시기 학생운동 지도기관이 설치되었던 것으로 판단된다.[113] 6·10만세운동 이후 고려공청은 공청강화와 민족해방운동의 주요 역량으로 인식하고 더욱 많은 관심을 가졌다. 고려공청은 고려공산청년동맹 -특히 서울 신파-과 통합을 이룬 뒤 1926년 12월 중앙집행위원회에서 현존하는 학생단체인 조선학생과학연구회와 민중과학연구회·조선학생회 등을 적극 지지하면서 동시에 각 학교 내에 공청세포를 조직하고 그 지도를 받는

---

111) 〈新興靑年同盟事業報告〉, РЦХИДНИ ф.533 о.10 д.1888 л.27~30.

112) 〈고려공산청년회 제1차 창립대표회〉. 조선공산당은 창립 이전에 청년에 대한 표어 가운데서 "학생에게 집회의 자유를 허락하라. 조선인의 교육용어는 조선어를 본위로 하자. 청년운동자는 학생 속으로, 노동청년 속으로, 농촌청년 속으로 들어가자"고 주장했다.

113) 박래원, 〈반세기의 증언-횃불은 흐른다〉(《조선일보》, 1964년 4월 26일).

표면기관을 설치할 것을 결의했다.114)

고려공청은 '학생부'를 설치하여 중등학교 이상의 학생을 "당의 정신에 기초해 지도·훈련시켜" 학생운동을 보다 조직적으로 지도하고자 했다. 1927년경 고려공청 각도 위원회에는 학생에 대한 주의·선전방침이 전달되었다. 그 내용은 "조선의 교육제도는 제국주의 옹호의 노예교육을 강제하고 있다는 것, 조선 민족의 민족적 존엄을 유린하고 민족정신을 마비시키기 위해 조선어 교육을 금지하고 조선역사의 교육을 폐지하고 있다는 것, 각 학교의 학생회를 자치회로 할 것" 등이었다. 이에 따라 고려공청 경기도위원회에서는 학생야체이카를 조직하고 그를 통해 조선학생과학연구회를 지도했다. 학생운동의 주요 형태는 동맹휴학으로 나타났으며 서울과 광주 등지에서는 일정한 효과를 볼 수 있었다. 고려공청은 1928년 3월 1일에 학생을 선두로 한 전국적 시위운동을 비밀리에 준비하였으나 신간회 중앙간부의 반대와 1928년 2월을 전후하여 불어닥친 '조공 및 고려공청 제3차 검거사건'으로 수포로 돌아갔다.115)

1928년 3월 고려공청은 학생부를 설치하고 조선학생과학연구회를 통해 공청원이 직접 지도하여 각 학교 내 학생회를 자치회로 할 것, 학생을 야체이카원으로 하여 소속학교에 독서회를 조직한다는 방침을 세웠다. 이에 따라 그해 5월부터 서울을 비롯해 일부 지방의 각 학교에 5명 이내의 독서회가 조직되었으며, "공산주의 정신의 교양, 교내 우등생 1명을 독서회에 입회시켜 책임자로 할 것, 이후 순차적으로 전국적으로 중등 정도 이상의 각 학교에 동일한 정책을 실시할 것" 등의 활동방침을 실천해 갔다.116)

고려공청은 합법 기관지《靑年朝鮮》제2호(1928년 7월 31일)를 통해, 각 학교의 학생회를 자치회로 변경하고 지역별 '학생자치연합회'를 구성하며, 학교대표자회와 학생대회를 열고 전국적 학생단체를 조직하여 분산적 투쟁을 전국적 투쟁으로 조직화하는 문제를 제기했다.117) 또한 1929년 3·1운동 10주

114) 〈(고려공산청년회 중앙집행위원회) 건의안〉(1926년 12월 5일).

115) (京高秘 제8306호) 경기도, 〈비밀결사 조선공산당 및 고려공산청년회사건 검거 건〉(1928년 10월 27일) ; 梶村秀樹·姜德相 編,《현대사자료》29, 90·94쪽.

116) 梶村秀樹·姜德相 編,《현대사자료》29, 90~91쪽.

117)《청년조선》2(1928년 7월 31일) ; 朴慶植 編,《朝鮮問題資料叢書》5, 403쪽.

년을 기해 민족운동과 제휴하여 학생을 선두대로 하는 대대적인 시위운동을 계획했다. 그러나 모든 계획은 1928년 6~8월에 걸쳐 진행된 '조공 및 고려공청 제4차 검거사건'으로 무산되었다. 이상과 같은 고려공청의 학생운동에 대한 노력은 1929년 11월 광주학생운동의 중요한 밑거름이 되었다.

바. 6·10만세운동과 신간회운동

조공과 고려공청은 1926년 5월 1일을 기해 전국적인 시위운동을 계획하고 있었다. 그런데 4월 말 純宗의 사망 소식이 발표되자 그의 因山日을 이용한 대대적인 시위투쟁을 전개하기로 계획을 수정했다. 이렇게 하여 6·10만세운동이 일어나게 된 것이었다.

조공 당 간부회의에서는 당 중앙위원이자 고려공청 책임비서인 권오설에게 '혁명적 대시위운동'의 지도임무를 위임했다. 먼저 '大韓獨立黨'을 조직하고 그를 통한 대대적인 시위운동을 6월 10일 전개한다는 대체적인 방침이 결정되었다. 고려공청은 총책임자 권오설을 비롯해 李智鐸·朴珉榮 세 사람의 투쟁지도부를 구성했다. 투쟁지도부는 조공 상해부와 연락을 취하고 격문과 자금의 지원을 받았다.

6·10만세 운동의 추진과정에서 권동진 등 천도교 구파 상층간부들과 제휴는 성공했으나 서울청년회·북풍회 등의 사회주의 청년과 결합하는 데는 실패했다.[118] 서울에서는 고려공청 학생부 임시간부 이병립을 중심으로 한 조선학생과학연구회의 조공 및 공청 학생부 프랙션의 지도 아래 학생을 주축으로 시위를 준비했다. 천도교에서 활동하는 朴來源과 인쇄직공 閔昌植이 철도연변의 지방도시와 농촌의 청년단체를 중심으로 지방조직 건설을 담당했다.[119]

그러나 6월 7~8일에 투쟁지도부가 일제 경찰에 의해 와해되자 공청 및 조공 학생부가 실질적인 지도부 역할을 했다. 그들은 조선학생과학연구회를 중심으로 해서 서울의 연희·보성전문, 휘문고보 등의 학생 지도자들과 결합

---

118) 이지탁, 〈독립운동과 학생－6·10만세운동을 회고하며－〉(《조선일보》, 1960년 6월 11일).

119) 박래원, 〈반세기의 증언－횃불은 흐른다－〉(《조선일보》, 1964년 4월 26일).

해 격문과 삐라를 살포하고 태극기를 흔들면서 만세 시위운동을 전개했다. 비록 6·10만세운동이 많은 한계를 지닌 채 서울에 국한되어 전개되었지만 조공과 고려공청이 일부 민족운동 세력과 연대하여 반일투쟁을 실천적으로 전개한 최초의 투쟁이었다. 또한 이를 계기로 학생청년이 반일운동에서 주체적으로 등장하게 되었다는 점도 커다란 의미를 부여할 수 있다.

고려공청은 신간회 지회 결성에 매우 적극적인 지원을 아끼지 않았다. 몇몇 신간회 지회, 즉 경기도의 서울·인천·개성, 전남의 광주·담양·목포, 장성·순천·제주, 전북의 전주·옥구·군산·정읍·부안·익산·김제, 경북의 안동·김천·영천·대구, 경남의 통영·진주, 황해도의 안악·재령·해주, 강원도의 춘천, 평북의 의주, 함남의 원산·함흥·안변에는 당 및 고려공청 프랙션이 설치되었다.[120)]

고려공청원들은 대체로 신간회 각 지회의 실무와 이론활동에서 중심적 역할을 하는 간사를 맡았다. 지방의 공청원들은 청년단체를 실질적으로 이끌었으며, 신간회 지회에 개별적으로 가입했다. 공청 도기관들은 전민족적 정치투쟁에 노력한다는 결의 아래 신간회에 노농계급을 가입시켜 신간회에서 실제적 헤게모니를 확보한다는 것을 지도이론으로 삼았다. 서울의 신간회 경성지회에 대해서는 중앙간부직으로 침투하기보다는 청년단체·노동단체·학생단체 등의 계급·계층운동에 주력하면서 그 역량을 가지고 신간회를 지원했다.[121)] 이처럼 지방의 조공 및 고려공청의 지방기관들은 신간회 결성에 적극적으로 참여했으며, 각 지역의 청년동맹들은 신간회 운동을 실질적으로 추동하는 역할을 담당했다.

경성청년회의 사회주의 청년들은 1928년 초 조선공산당 ML파에서 주장한 민족협동전선당의 보조기관으로서 '민족적 전국단체협의회'와 조선공산당 서·상파에서 주장한 신간회에 대한 개인 및 단체가맹제를 비판했다. 그들은 앞의 두 세력의 주장에 대해 청총과 지방의 청년단체들을 신간회에 예속시키려는 것으로 '계급적 자립 단체의 청산'을 기도하는 행위라고 비판했다.[122)]

---

120) 梶村秀樹·姜德相 編,《現代史資料》29, 91~93쪽.

121) 梶村秀樹·姜德相 編,《現代史資料》29, 100쪽.

6) 조선총독부의 청년단체에 대한 대책

(1) 조선총독부의 청년단처 지도방침

조선총독부는 청년단체가 급속히 증가한 1920년에 들어와 지방관청에 청년단체에 대한 지도방침을 내렸다. 청년단체에 대한 지도방침에 대해 조선총독부는 1918년 5월과 1920년 1월 일본정부에서 발표한 〈내무성·문부성 훈령〉과 그에 기초한 〈청년단체에 관한 통첩〉을 기본적으로 따랐다.[123]

조선총독부의 청년단체에 대한 대책은 크게 기존 청년회를 건실한 방향으로 유도하는 간접지도와 건전한 청년회를 직접 설치하는 방법 등 두 가지로 구분할 수 있다. 초기에는 관청이 청년단체의 결성을 유도하는 것은 피하고 청년단체가 결성될 경우 '이에 접근하여 적당한 지도'를 하는 방침을 가지고 있었다. 이에 대해 1920년 9월 도지사회의에서 전라남도 도지사는 대다수의 청년회가 관헌과 학교의 간섭을 기피하는가 하면 불명료한 재정지출이 많은데, 청년단체에 대해서는 특별한 감독과 단속이 필요하므로 조선총독부에서 이에 대한 방침을 확립해줄 것을 요구했다.[124] 일부 지역에서는 지방관들이 청년회를 직접 설립하여 청년회운동을 보다 온건한 방향으로 유도하는 한편 지방개량사업에 이용했다.[125]

조선총독부는 1921년 10월 경 각 도지사에게 각지 청년회에 대해 조사하고 '성적이 우량한 청년회'에 대해서는 표창하고 널리 알리도록 하라는 지시를 내렸다. 1922년 5월 '도지사회의'에서 미즈노 렌타로 정무총감은 "학교교육의 혜택을 받지 못한 청년이 많은 조선의 경우, 청년의 지도계발이 사회교화에서 매우 중요하므로 보통학교·소학교의 직원 및 기타 지도자를 중심으

---

122) 《중외일보》, 1928년 2월 8일.

123) 1918년 5월과 1920년 1월 일본정부에서 발표한 〈내무성·문부성 훈령〉과 그에 기초한 〈청년단체에 관한 통첩〉의 내용은 玉井廣平, 《青年團の新紀元》(1922), 46~48쪽.

124) 〈道知事提出意見(全羅南道)〉, 6쪽(박찬승, 앞의 책, 236~237쪽에서 재인용).

125) 박찬승, 앞의 책, 238쪽.

로 청년교화기관을 만들 것"을 지시했다.[126]

조선총독부의 청년단체에 대한 인식은 1922년 2월 전라남도가 각 군에 보낸 〈청년단체의 지도 감독에 관한 건〉이란 지시 내용을 통해 알 수 있다. 그 내용은 크게 두 가지로 요약할 수 있다.

첫째는 청년단체는 청년의 수양기관으로서 목적은 청년이 '건전하고 선량한 국민'의 소질을 얻는 데 있으므로, 회원은 충효의 본뜻을 깨닫고 품성향상을 도모하며 체력증진과 실제생활에 적절한 지능을 연마하여 국가발전을 돕는 정신과 소질을 양성해야 한다는 것이다. 둘째는 청년단체의 목적은 자주·자립으로 그 힘을 기르는 데 있으므로 그 조직은 자치적으로 행하며 단체의 지도자는 회원 가운데서 천거하고 관공서와 학교의 장 및 지방유력자는 고문의 지위에서 서로 연락하고 제휴하여 단체의 후원자가 되어 원조하고 지도함으로써 그 발달을 조성해야 한다는 것이다. 이상의 내용에 기초하여 조선총독부는 '청년회 설치 요령', 즉 청년회의 목적과 조직(회원 자격·연령), 청년회의 지도 및 옹호 등을 제시하였다.[127]

1920년대 중반 이후 조선총독부는 조선의 청년단체를 일본 국내의 '청년단'과 같은 형태의 어용청년단체로 만들기 위해 국고와 지방비를 지원하기 시작했다. 청년단체에 대한 지도방침이 '간접지도' 방식에서 한 발 더 나아가 재정지원을 통해 청년단체에 대한 장악력을 높이는 방향으로 나아갔다.

조선총독부는 1927년부터 각 지방의 기존 청년단체 보조금 지급을 위해 국고 13,000원을 책정하고 이를 각 도의 지방비 예산으로 설정했다. 1929년에 들어와서는 청년단체를 보다 적극적으로 지도하기 위해 각 도의 改良費 대부분을 청년단체 보조금으로 이용했다. 기존 청년단체를 어용화하기 위한 조선총독부의 정책은 점차 실효를 거두었다. 1929년 9월 현재 경상남도의 삼랑진청년회, 평안남도의 壽山靑年會, 강원도의 松岩靑年團, 함경남도의 下車

126) 《동아일보》, 1922년 5월 5일.

127) 全羅南道 內務部, 〈靑年會指導方針〉(1922), 13~17쪽. 전라남도 내무부의 〈청년회 지도방침〉은 기본적으로 1918년 5월과 1920년 1월 발표된 일본정부의 〈내무성·문부성 훈령〉과 〈청년단체에 관한 통첩〉의 내용을 기본으로 하여 구성한 것이다.

書農村青年會 등이 조선총독부의 정책으로 어용화된 대표적인 사례였다.[128] 전라북도의 '府尹郡守會議'에서는 '실업청년단' 조직을 위한 구체적인 논의와 결정이 이루어지기도 했다.[129]

조선총독부의 청년단체 지도방침에 따라 조직되어 활동한 것은 각지의 '청년단'이었다. '청년단'들은 일본인만으로 조직되거나 일본인과 조선인 혼합으로 조직되었다.[130] 이들은 스스로 단체를 조직했지만 관변청년단체의 성격을 가지고 활동했다. 이러한 청년단체의 한 예로 1925년 12월 경에 秋花面에 조직된 興風青年會를 들 수 있다. 흥풍청년회의 주요 목적은 日鮮人의 융화와 법령전파 철저, 일어보급, 축제일 국기게양 및 납세를 힘써 행하는 데 있었다. 청년회의 회칙은 모두 일본어로 작성되었으며 고문 가운데 세 명이 일본인이었고 회장을 단장이라 불렀다.[131] 청년단의 대표자는 일부를 제외하곤 대부분 일본인이었다.

'청년단'은 서울과 지방 도시를 중심으로 꾸준히 성장하여 경성부연합청년단·전남도연합청년단 등 군·부 또는 도연합기관이 설치되었다. 청년단들은 1929년 9월 서울에서 '조선청년단대회'를 열고, 서울에 중앙기관을 설치하는 문제, 조선청년단연합회－도연합청년단－군·부연합청년단－청년단의 조직체계를 갖추는 문제 등을 논의, 확립하기에 이르렀다.

조선 각지의 청년단들은 1929년 9월 경성부연합청년단 주최로 서울에서 '조선청년단대회'를 열었다. 대회에는 81단체 1,114명이 참석했다. 대회에서 청년단들은 주로 전국청년단연합회 창립문제를 제기했다. 이때 京城青年團은 청년단의 지도계발에 조선총독부가 과거보다 더 적극성을 보일 것을 요구하고 있다. 즉 지금까지 조선총독부는 지방장관에게 한 두 개의 서면통지를 보내 감독·단속만을 하고 있을 뿐 적극적인 지도계발에 대한 공공연

128) 《중외일보》, 1929년 9월 8일.

129) 《중외일보》, 1929년 5월 25일.

130) 1926년 10월 현재 청년단체에 대한 통계가 신문에 보도되었는데, 일본인 청년단체가 68단체에 3,578명, 조선인과 일본인 공동단체가 47단체에 7,982명이라 한 것은 바로 '청년단'의 현황으로 파악할 수 있을 것이다(《동아일보》, 1926년 10월 15일).

131) 青丹分局 기자, 〈秋花청년에게〉(《시대일보》, 1925년 12월 28일).

한 지시가 없다고 볼멘소릴 했다. 당시 경성청년단은, 현재 조선의 청년단이 아무런 준거 없이 단지 일본 국내의 청년단을 기준으로 해서 각 지방에 임의로 조직되고 있는데, 조선총독부의 적극적 지도계발 없이 이러한 방식으로 계속되는 것은 청년단의 건전한 발달을 가로막을 것이란 판단을 가지고 있었다.[132]

조선총독부는 만주침략을 계기로 청년단에 대해 보다 적극적인 지도방침으로 변경했다. 조선총독부는 1932년 9월 청년단의 조직 및 지도에 관한 근본방침을 확립하였고, 1936·1937·1941년 거듭 개정하여 청년단을 전쟁 동원의 대중적 기반확보의 주요 거점으로 삼았다.

1920년대 후반에 들어와 조선총독부는 청년단체 외에도 '청년훈련소'란 것을 설치하여 청년들을 직접 통제하기 시작했다. 조선총독부가 1922년부터 일본 국내에서 실시하던 '청년훈련소'를 식민지 조선에 적용하기 시작한 것은 1929년부터였다.

조선총독부는 1928년 6월 이케가미(池上) 정무총감의 지도 아래 열린 '제1회 임시교육심의위원회'에서는 〈청년훈련소에 관한 건〉을 의안으로 다뤘다. 교육심의위원들은 1922년 勅令 제70호 〈靑年訓練所令〉을 조선에서도 실행할 것을 제안했다. 청년훈련소는 학교조합이나 學校費에서 설치하고, 일반 개인은 공장·광산·상점 등에서 다수의 청년을 고용할 경우에 한하여 지방장관의 인가를 받아 설치할 수 있도록 했다. 회의과정에서 일본과는 달리 조선에 補習敎育이 보급되지 못한 상태에서 〈청년훈련소령〉을 그대로 적용할 수 있을지, 그와 관련하여 연령과 훈련시간은 지장이 없는지 등의 문제제기가 있기는 했지만 원안대로 가결되었고, 실행을 위한 구체안의 준비에 들어갔다.[133] 청년훈련소는 1929년에 설치되었으나 특별한 성과가 없다가 중일전쟁

---

132) 京城鐘路警察署長, (京鐘警高秘 第11215號) 〈朝鮮靑年團大會取締狀況報告(通報)〉, 1929년 9월 25일. 조선청년단대회는 1929년 9월 23일 서울 경복궁 근정전에서 경성부연합청년단의 주최로 열렸다.

133) 《동아일보》, 1928년 6월 30일.
《중외일보》, 1928년 6월 29일·7월 1일. 제1회 임시교육심의위원회는 조선총독부의 초등교육 시설 확충 방침에 기초하여 제1차 계획실행안을 자문하고 심의하기 위해 1928년 6월 28~29일 이틀에 걸쳐 조선총독부 제1회의실에서 개최

을 계기로 체계화되고 확충되었다.[134]

(2) '중견청년'의 양성

지방기관에서 중견청년을 양성하는 모습은 1920년대 전반기부터 나타나고 있다. 충청북도 학무과에서는 1923년 '사회의 중견인 일반청년을 양성한다는 목적'으로 '中堅靑年修養團'을 조직하고 영동공립보통학교에서 9월 27일부터 10월 1일까지 1주일간 강연 및 실지운동을 실시했다. 대상자들은 영동·옥천·보은 3개군의 보통학교 졸업생 가운데 유망한 청년을 각 학교마다 약 10명씩을 선발, 모집하였으며 강연자는 충북지방 교화촉탁·학무과장·농업학교장·사범학교장·영동군수·영동경찰서장 등으로 학술·수양·체육 및 활동사진 등을 실시했다. 여기에는 각 보통학교장들이 참석하도록 했으며, 회원의 식비를 비롯한 일체 경비와 약간의 日當金까지 도청에서 지불하였다.[135]

1920년대 중~후반에 들어와서 조선총독부와 지방기관들은 '중견청년'의 양성이란 이름으로 조선청년을 체제 내로 끌어들이거나 친일·어용화하는 데 적극 나섰다. 이러한 사업은 '농촌청년지도교육회'·'중견청년강습회'·'농촌청년강습회' 형태로 대부분 농촌청년에 집중되었다. 그 실상은 황해도의 경우를 통해서 잘 알 수 있다.

황해도는 도내 학교의 여름방학을 이용해 각 지역에서 '농촌청년강습회'를 실시했다. 도는 이것을 학교 중심의 사회교화사업으로 실시하였으며, 농촌지역의 '중견청년'을 양성하는 데 목적을 둔 것이었다. 구체적인 내용을 보면 다음과 같다.[136]

> 농촌청년강습회의 목적 : 공립보통학교 졸업생의 剛健한 정신을 함양하고 아

되었다. 교육심의위원회의 위원장은 조선총독부 정무총감 池上이었다.

134) 청년훈련소에 대해서는 최원영, 〈일제말기(1937~1945)의 청년동원정책-청년단과 청년훈련소를 중심으로〉(서강대 석사학위논문, 1998) 및 변은진, 《일제 전시파시즘기(1937~1945) 조선민중의 현실인식과 저항》(고려대 박사논문, 1998)이 참조된다.

135) 《동아일보》, 1923년 9월 30일.

136) 《동아일보》, 1928년 8월 4일.

울러 농촌에 堅要한 實業 지식을 보급함을 목적함.
개최지 : 해주군·연백군·송화군·안악군·신천군·황주군·재령군·평산군 등 8개소
기 간 : 12일간
강습인원 : 30명
대 상 : 18세 이상 25세 이하의 해당 지역 보통학교 졸업생
과 목 : 修身과 농업
강습시간 : 학과와 실습 각 36시간 내외
강 사 : 공립보통학교와 실업보습학교의 직원 및 郡의 技術員
(《동아일보》, 1927년 12월 18일).

특히 강습받는 청년들에겐 하루에 1인당 40錢의 식비와 별도의 왕복여비를 보조함과 동시에 공동숙박을 하도록 하는 등 지방관청에서 직접 그에 필요한 경비를 제공했다.[137]

뿐만 아니라 황해도의 각 군수들은 이에 적극 협조하며 농한기 때마다 군내 각 里에 '농촌청년지도교육회'를 설치했다. 이것은 각 리의 유력자 사랑방이나 교회·서당 등을 빌려 운영되었으며 저녁 8시부터 10시까지 그 마을의 유식한 청년이 지도교육하는 '아주 간편한 방식'을 사용했다. 이와 같은 형태의 교육회가 신천군의 호월면 일대에 10여 개소나 설치되었다.[138]

이처럼 조선총독부는 지방기관을 통해 보통학교 교육을 받은 18~25세의 청년들에게 '日鮮同化'에 기초한 '건전한 국민의 육성'을 위한 정신교육과 농업관련 기술을 교육하고 농촌지역의 개량과 산업진흥을 이끌어 갈 '중견청년'으로 양성함으로써 지방청년들을 체제 내로 끌어들였다.

〈朴哲河〉

137) 《동아일보》, 1927년 12월 18일. 함경북도에서도 일반 농촌청년의 강습을 위한 경비로 6,000원을 지원했다고 한다(《중외일보》, 1929년 9월 8일).
138) 황해도 信川郡守 李承九는 면장회의 때마다 면장들에게 '농촌청년지도교육회' 설치를 요구했으며, "무지한 농촌의 문맹군중을 속속 교양하는 것이 농촌개발과 산업진흥에 요소가 되는 동시에 급무"라고 주장해 왔다고 한다.

6. 학생운동

1) 일제하 학생운동의 배경

(1) 근대학생운동의 본질

일반적으로 학생운동이란 학생들이 학구생활의 범위를 벗어나 집단적인 행동으로 정치·경제·사회·문화 각 방면에 걸친 현실에 적극적으로 참여하여 활동하는 사회운동이라 할 수 있다.

학생운동의 일반적 경향은 현실에 대한 불만과 과거(전통)에 대한 비판에서 출발하고 있다. 그것은 오랜 전통을 가진 사회나 국가일수록 과거가 현실을 지배하기 때문에 학생들은 자기네와 무관한 과거에 묵종할 수도 없고 하등의 책임도 질 수 없다고 주장하면서 그 결과 자연히 반항적인 성격이 뚜렷이 나타난다. 한편 현실에 있어서도 대내적으로 사회 각 분야의 모순을 극복하고 근대화를 위한 정치·사회·문화운동을 일으키며 대외적으로는 외세의 침략과 억압에 대항하는 민족운동을 전개하였던 것이다.

세계사적으로 보아 학생운동이 역사적 의미를 갖기 시작한 것은 19세기부터라 할 수 있다. 당시까지만 하더라도 정치적으로 후진성을 극복하지 못하고 있던 독일과 이탈리아의 학생들이 통일운동·자유입헌운동·문화운동 등 애국운동을 일으켜 사회와 국가발전을 도모하였던 것이다. 1815년 창립된 독일의 '학생결사(Burschenschaft)'는 최후의 목표를 독일의 통일과 개인의 자유에 두고 철학자 칸트(Kant, 1724~1814)·피이테(Fiehte, 1762~1816) 등의 관념주의에 의한 도덕관, 프랑스대혁명에서 나타난 자유주의·평등사상에 영향을 받아 이의 실천에 노력하였던 것이다. 독일학생들은 자신들의 내적 생활을 개선하기 위한 운동에서 출발하여 낙후되고 분열된 독일의 통일과 민주국가로의 건설에 앞장섰던 것이다.[1]

---

1) 金成植, 《獨逸學生運動史》(日新社, 1957), 2쪽.

한편 1831년 맛지니(Mazzini, 1805~1872)에 의하여 조직된 이탈리아의 '청년 이탈리아(La Giovine Italia)'도 이탈리아를 자유와 평등의 공화국으로 통일할 것을 주장하면서 사회개혁에서 출발하여 우선 시대에 적응되는 정치현실을 위하여는 사회가 개조되어야 한다며 사회운동을 일으켰다. 또한 국교인 로마가톨릭(Roman Catholic)은 중세적 이념의 부산물이라고 이를 배격하고 종교는 현대 지식과 조화되어야 한다고 주장하면서 종교운동·정치운동으로 발전하였다.[2]

아시아에 있어서는 20세기에 들어와 중국에서 일어난 1919년의 5·4운동이 北京大學 학생들을 중심으로 전국의 학생과 중국인들이 排日·민족자결·軍閥打倒 등을 표방하고 새로운 중국을 건설하려고 한 반제항일민족운동이었다. 이들 학생들은 쑨원(孫文, 1866~1925)·캉유웨이(康有爲, 1895~1927) 등 민족 선각자나 천두쉬우(陳獨秀, 1879~1942)·후산(胡適, 1891~1936)·루신(魯迅, 1881~1936)·리따수오(李大釗, 1889~1927) 등의 신문화운동에 영향을 받고 한 걸음 나아가 제1차 세계대전 후 미국대통령 윌슨(Thomas Woodrow Wilson)의 민족자결주의와 유럽의 자유 민주주의의 영향을 받아 민족운동으로 승화시켰던 것이다.[3]

(2) 일제하 한국학생운동의 성격

한국 근대에 있어서 학생운동은 개항과 더불어 신교육이 실시되고 학생계층이 형성됨에 따라 이들이 교육개화·교육입국·교육구국의 시대적 요청에 의하여 민족운동의 일환으로 교내외를 통하여 적극적인 사회활동을 전개한 데서 비롯되었다.

대체로 개항에서 1910년 '한일합병'까지 개화·애국계몽운동기(1876~1910)에는 協成會 등의 결사, 《매일신문》 등의 언론, 교내에서의 동맹휴학, 문화계몽운동과 체력단련을 위한 운동회를 통하여 학생 자신들의 민족의식과 실력을 양성하고, 일반 국민들을 위한 민족의식의 고취, 문맹타파, 생활개선을 위

---

2) 金成植, 위의 책, 5쪽.

3) 周策從(Chan, Tse-Tsung) 原著, 楊默夫 編譯, 《五四運動史》(龍田出版社, 1984), 1~7쪽.

한 집회·강연 등을 활발하게 추진하였다.4)

1910년 일본제국주의에게 나라를 빼앗긴 다음에는 항일민족운동의 성격을 분명히 하고 다방면에 걸쳐서 일제와 대항하기 위한 학생운동을 전개했다. 식민지시기의 학생운동은 대체로 일제통치정책의 변화와 짝하여 1910년대의 무단통치기(1910~1919), 1920년대의 소위 문화정치기(1920~1930), 1930년대 이후의 황국신민화통치기(1931~1945)로 시대구분하여 살펴볼 필요가 있다. 이는 일제하 항일학생운동의 체계화와 그 역사적 성격을 이해하는 데 도움을 주기 때문이라고 생각한다.5)

대체로 일제하 항일학생운동의 양상은 합법적인 결사, 문화계몽운동, 동맹휴학, 비밀결사, 가두시위 등으로 나누어 살펴볼 수 있다.

합법적인 단체의 결성은 당시 기성세대들의 결사운동에 짝하여 1920년대 전국적인 단체로서 1923년 朝鮮學生會와 1925년 朝鮮學生科學研究會, 1927년 新幹會學生部가 등장하여 민족주의·사회주의·좌우협동전선을 펴면서 학생운동을 이끌어 갔다.6) 이들의 조직은 고립·분산적인 학생운동을 조직화, 통일적인 운동으로 발전시키는 데 결정적 역할을 담당하였다고 하겠다. 특히 1926년 6·10학생운동은 이들 단체의 힘이 작용한 것이다.

동맹휴학이 본격적으로 사회화·여론화되고 민족운동의 일환으로 그 성격이 뚜렷이 나타나기 시작한 것은 1920년대부터이다. 일제측 통계에 의하면 동맹휴학 회수가 1920~1935년까지 866회나 되었다. 대체로 1926년 6·10학생운동 이전과 이후로 대별해서 본다면 전자가 민족주의적 색채를 띤 식민지 교육에 대한 반항이었다면, 후자는 사회주의의 영향 아래 식민지 자체를 부정한 항일민족운동으로 승화되어 갔던 것이다. 그 후 1930년대에 들어오면 동맹휴학은 비밀결사와 연계되어 전개된 특징을 엿볼 수 있다.7)

---

4) 金鎬逸, 〈韓國近代開化·愛國啓蒙期의 學生運動에 대한 一考察〉(《人文學研究》 14, 中央大 人文科學研究所, 1987).

5) 金鎬逸, 〈1910年代 學生運動에 대한 考察〉(《又仁金龍德博士停年紀念 史學論叢》, 1988).

6) 김호일, 《일제하 학생운동》(독립기념관 한국독립운동사연구소, 1991), 81~83쪽.

7) 趙東杰, 〈韓國近代學生運動 組織의 性格變化〉(《韓國近代民族主義運動史研究》,

비밀결사는 항일학생운동의 중추적 기능으로 작용했다. 합법적인 단체활동으로는 일제의 탄압에 의하여 제기능을 할 수 없는 상태 속에서 교내에서는 讀書會・班會를 조직, 소수정예부대를 양성하여 시위운동이나 동맹휴학에 앞장서게 하였다. 광주학생운동(11・3학생운동) 때의 醒進會, 1930년대 각급 학교의 독서회・반제반전동맹, 1940년대 黑白党・茶革党・無等會・조선독립당 등이 그러한 사례들이었다.[8)]

가두시위의 형태로 학생운동이 전개된 것은 1919년 2・8학생운동에서부터이다. 비록 동경 시내로 진입하지는 못하였지만 분명히 가두시위를 통해서 그들의 의사를 표명하려고 하였던 것은 사실이다. 국내에 있어서는 같은 해 3・1운동시 서울 탑골공원에서부터 시위를 주도한 것은 학생들이었으며 3・5학생운동은 학생들의 계획과 추진에 의하여 실행된 항일시위운동이었다.[9)]

1926년 6・10학생운동도 純宗의 인산일을 당하여 독립만세를 고창하면서 시위에 돌입한 실천운동이었고, 1929년 광주를 기점으로 한 광주학생운동은 항일학생운동의 꽃으로 광주시내에서 전개되었던 학생들의 울분이 전국의 都鄙를 막론하고 시위의 횃불이 꺼지지 않고 타올랐던 것이다. 그리하여 1929년 11월에서 다음해 1930년 1월 사이 전국적으로 참가교 194개교, 참가학생이 5만 4,000여 명이나 되었다. 또한 1940년 부산제2상고・동래중학생의 군사훈련 반대시위는 전시하 결전교육을 강요하던 시기에 일어났던 항일학생시위운동으로 그 특징을 가지고 있었다.[10)]

일제 식민지 시기 한국학생들은 학교 안에서 식민지교육에 대한 저항운동을 전개했을 뿐만 아니라 자신들이 동원할 수 있던 모든 전략과 전술을 동원하여 적이 일본제국주의라는 명확한 판단 아래 항일민족독립운동에 앞장서기도 하였고 그 중심에 위치하여 운동을 이끌어 갔던 것이 일제하 한국학생운동이었다고 하겠다.

一潮閣, 1987).

8) 鄭世鉉, 《抗日學生民族運動硏究》(一志社, 1975), 506~542쪽.

9) 金成植, 《日帝下 韓國學生獨立運動史》(正音社, 1974), 121~122쪽.

10) 金義煥, 〈日帝下 釜山의 學生抗日獨立運動〉(《尹炳奭敎授華甲記念 韓國近代史論叢》, 1990).

2) 1920년대 이전의 학생운동

(1) 개화·애국계몽운동기의 학생운동

1876년 개항한 조선왕조는 국내외 급격한 변화에 직면하여 부국강병을 목적으로 개화정책을 추진했다. 이어서 1894년 甲午改革을 통하여 교육의 기회균등과 학교교육의 제도화가 실현되고 學務衙門의 설치로 문교행정기구가 독립되면서 근대적 신학제의 수립을 보았다. 1895년 1월에는 〈洪範十四條〉가 반포되어 그 11조에 "국중에 총명한 자제를 널리 파견하여 외국의 학술과 기예를 전습시킨다"하여 국가적 차원에서 교육에 대한 관심을 표명하였고, 이해 2월 고종은 전국민에게 교육입국의 뜻을 밝힌 〈敎育詔書〉를 반포하였다.[11]

교육입국을 위한 정부의 노력은 교육에 대한 법제화 실현을 가능케 하여 1895년 4월 〈漢城師範學校官制〉를 비롯하여 1904년 6월 〈農商工學校官制〉에 이르기까지 제교육 관제·법령이 공포되었고, 이에 따라 1895년 4월 한성사범학교가 서울 교동에 설립되었으며, 외국어학교로는 同文學(1883)·育英公院(1886)·日語學校(1891)·英語學校(1894)·法語學校(1895)·俄語學校(1896)·漢語學校(1897)·德語學校(1898)가 설립되었다. 소학교는 1895년 서울 중부 수하동에 수하동소학교를 개교한 뒤를 이어 장동(뒤에 매동)·정동·제동 소학교가 설립되었고 이어서 동부학당 옛터에 양사동소학교가 설립되었다. 이와 함께 각 지방에도 심상소학교가 설립되었다. 그리하여 1896년 38개교였던 것이 1904년에는 서울에 10개교, 지방에 50개교의 소학교가 설립되었다. 중학교로서는 1900년 서울에 漢城中學校가 설립되었고, 1899년 京城醫學校·商工學校(1904년 농상공학교로 개칭), 1900년에 鑛務學校, 이밖에 1895년 法官養成所, 1897년 郵務學堂·電務學堂이 세우지기도 하였다.[12]

1905년 제2차 〈韓日協約〉(일명 〈乙巳保護條約〉)으로 외교권을 일제에게 빼앗긴 대한제국은 그 뒤 1907년 〈韓日新協約〉(일명 〈丁未七條約〉)으로 행정권·

---

11) 《官報》, 開國 504년 2월 2일, 〈敎育詔書〉.

12) 渡邊學, 《朝鮮敎育史》(講談社, 1975), 238쪽.

사법권・인사권까지 빼앗기고 1910년 〈합방조약〉으로 한국은 1945년 8월 15일까지 일본제국주의의 식민지로 그들의 지배를 받게 되었다.

개화・애국계몽운동시기 한국민족은 일본제국주의에 대항하여 민족운동을 꾸준하게 전개하였다. 그 방법의 하나는 직접 무기를 들고 일제와 싸웠던 의병전쟁이었고, 다른 하나는 실력을 양성하며 일제를 물리치겠다는 애국계몽운동이었다.

애국계몽운동은 독립사상(국권)과 민권사상을 기반으로 언론・결사・교육・산업 등 전 분야에 걸쳐 자강지술을 강구하여 기울어져 가는 나라를 건지려고 의식하고 국민들을 깨우치고 가르쳐서 투철한 국가관・민족관에 입각하여 구국대열에 나설 수 있는 실력을 배양하는 데 그 목적이 있었다.[13)]

국권과 민권을 목표로 전개되었던 애국계몽운동은 그 실천방법으로서 교육의 진흥과 산업의 개발을 추진하려고 하였다. 사실 당시 애국계몽가들은 일제의 침략을 받게 된 것은 일본과 같이 근대화되지 못했기 때문이라는 각성 속에서 실력을 양성하여 일본을 구축하고 자주독립국가를 세우려고 하였던 것이다. 그러기 위해서는 모든 국민을 無知로부터 깨우쳐 근대 학문의 지식을 보급시키고 이들에게 애국정신을 일깨워주어야 한다고 믿었다. "아는 것이 힘", "배워야 산다", "교육이 일어나지 않으면 생존할 수 없다"는 등의 구호 속에 전개되었던 교육구국운동은 애국계몽운동의 근간이었고 한민족 생존권의 절규였다.

1896년 11월 30일 培材學堂 학생들에 의하여 우리 나라 최초의 학생단체인 협성회가 조직되었다.[14)] 이 협성회를 결성하는 데는 徐載弼의 도움이 있었다. 그는 1884년 甲申政變으로 미국에 망명, 그곳에서 의학을 공부하고 체류하던 중 1895년 朴泳孝의 권유로 귀국, 중추원 고문에 임명되었다. 그는 국내에서 독립협회 창립, 《독립신문》 간행, 독립문 건립 등 활발한 민권・국권운동과 자주독립을 위한 개화운동을 추진하였다. 한편 그는 학생활동 지도

13) 愼鏞廈, 〈新民會의 創建과 그 國權回復運動〉 上・下, (《韓國學報》 8・9, 1977).
14) 尹聲烈, 〈남기고 싶은 이야기들－培材學堂〉(35)(《中央日報》, 1977년 3월 16일).

에도 관심을 가져 장차 배재학당 학생들로 중추원 의관을 삼고 민주의회를 개설할 목적으로 자주 토론회를 열어 입헌정치에 대한 훈련을 시켰다. 그리하여 그는 1896년 5월 21일 이래 매주 목요일 3시부터 2시간씩 특별 연속강의를 배재학당 학생들을 상대로 실시하고 세계지리 · 역사 · 정치뿐만 아니라 의회규칙 · 국내외 정세 등의 내용을 학생들에게 교육시켰다.

서재필은 본격적인 토론회를 위하여 우선 13명의 학생을 모아 학생 모의국회와 같은 협성회를 발기시켰다. 이 때 창립 발기회원들은 梁弘默 · 李承晩 · 申興雨 · 盧炳善 · 周相鎬 · 尹昌烈 · 閔燦鎬 등이었고 창립 당시 회칙, 사업계획, 회원명단, 임원진의 구체적인 기록은 없으나 창립된 지 14개월 후에 발간된 기관지 《협성회회보》에 의하면 그 설립목적과 창립 당시의 임원진을 알 수 있다.[15]

13명의 학생으로 출발한 협성회는 창립 1년 만인 1897년에는 회원수가 200명으로, 1898년에는 300여 명으로 증가되었다. 협성회의 활동은 다방면에 걸쳤지만 그 중에서도 토론회의 개최, 가두 연설회의 개최, 기관지 발행이 그 대표적인 활동이었다.

서재필은 협성회를 조직한 후 그 운영의 제1차적인 방법으로 교내문제에서부터 정치 · 사회문제에 걸쳐 주제를 선정하여 토론을 통하여 해결방법을 모색하도록 하였다. 협성회의 토론회는 매주 토요일 오후 2시 배재학당에서 통상회로 개최하였으며 회원 · 찬성원 이외에 일반인의 방청도 허락하였고 특별한 의제가 있으면 특별회를 열기도 하였다.[16]

협성회는 토론회와 함께 민중에게 자유민권사상과 자주국권사상을 일깨워 주기 위하여 초청연사를 통한 강연회와 회원 스스로가 가두에 진출하여 강

---

15) 《협성회회보》 1-1, 1898년 11월 1일, 〈론셜〉.
설립목적 : ① 충군 애국지심의 함양, ② 상호간의 친목도모, ③ 학문연마와 선행 이행, ④ 민중계몽.
임원진 회장 : 양홍묵, 부회장 노병선, 서기 이승만 · 金淵根, 회계 윤창렬 · 金赫洙, 사찰 李益采 · 任寅鎬, 사적 주상호.

16) 김동면, 〈협성회연구-토론회 및 기관지 논설을 중심으로-〉(단국대 석사학위 논문, 1980).

연회를 갖기도 하였다. 협성회의 초청연사로는 서재필·尹致昊가 인기 있었다. 서재필은 학생들에게 새로운 서양사상을 심어주기도 하고 회의진행에 있어서 '동의'·'제청'·'개의' 등의 방법을 가르쳤다. 윤치호도 '연설'이라는 용어를 사용하기도 하고 한국의 장래에 대한 견해를 제시하기도 하였다.

협성회는 초빙강연회를 개최함과 동시에 1897년 여름부터 광화문·종로 등에서 민중계몽을 위한 가두연설회를 개최하였다. 처음 대중들은 연설을 한다면 무슨 잔치를 벌이는 것으로 오인하였으나 차츰 호기심에 구경하기 위하여 모여들게 되었고, 연설내용 중 좋은 말과 새로운 용어를 발견하게 되고 사회개혁을 주장함에 따라 차츰 관심도가 높아지게 되었고 학생연사들도 차츰 정치문제를 주제로 삼는 연설회로 발전시켜 나갔다.[17]

협성회의 활동 중 또 하나의 업적은 기관지의 발행이었다. 협성회 회원들은 토론회를 전개하면서 널리 일반시민들에게 토론의 내용과 결과를 알려주기 위한 필요성을 느끼고 회보간행을 계획하였던 것이다. 그리하여 1898년 1월 1일자로 《협성회회보》 제1권 제1호를 주간으로 간행하였다. 회보의 체제는 4·6배판 2단제로 1면에는 〈광고〉를 싣고 2·3면에는 〈내보〉와 〈외보〉를, 4면 끝에 〈회중잡보〉를 실었다. 《협성회회보》는 1898년 1월 1일부터 4월 2일 제14호까지 주간으로 간행되었다가 9일 《민일신문》으로 제명을 바꾸어 일간지로 간행하였다.[18]

이 시기 최초의 동맹휴학은 1896년 10월 배재학당에서 일어났다. 1895년 정부는 200명의 국비생을 이 학교에 위탁하였는데, 이들이 국가에서 지급되는 장학금의 액수와 지불이 늦어지는 것에 불만을 품고 동맹휴학을 단행한 것이다. 주동자 梁在弘은 수업을 받으러 교실에 앉아있던 동료들에게 "여보게들 무관학교로 가세 거기서는 학원대접을 잘한다네" 하면서 밖으로 나갔다. 이에 학생들도 동조하여 다음날부터 학교에 나오지 않았다. 당황한 학부에서는 학생들에게 해명을 하고 지불약속도 하자 다시 등교하였지만, 몇몇 학생은 더 대우가 좋은 학교로 전학하였다.[19]

---

17) 尹聲烈, 〈남기고 싶은 이야기들-培材學堂〉(36)(《中央日報》, 1977년 3월 17일).
18) 《매일신보》 1-1, 1898년 4월 9일, 〈론셜〉.

한편 같은 해 6월 새로 학부대신에 임명된 申箕善이 국왕에게 상소하여 단발, 양복착용이 야만의 시초요, 국문 사용의 금지를 요구하였는 데, 이에 대하여 한성사범학교 학생들이 학부에 청원서를 내고 모두 퇴학하겠다고 위협하였다. 이 시기 학제문제로 일어난 동맹휴학은 1897년 교동고등소학교에서였다. 즉 이 학교에 학부가 수하동소학교생 12명을 전학시키자 고등소학교생들이 초등소학교생들과 같이 수업을 받을 수 없다고 하면서 30여 명이 일제히 동맹휴학에 들어갔으나 이 학교 교사 李承喬의 무마로 해결되었다.[20]

또한 교사의 처우문제로 일어난 동맹휴학도 있었다. 1899년 아어학교 교사 미루코프(Mirukoff)가 봉급을 영어학교 교사와 같은 수준으로 인상하여 줄 것을 요구하면서 학부에 항의하자 이에 동조하여 이 학교 33명의 학생 중 11명이 자진 퇴학하였으며, 같은 해 영어학교 교사 허치슨(Hutchison)이 임기가 만료되어 근무하기 어렵게 되자 학생들은 동교사의 유임을 학부에 요구하면서 들어주지 않으면 퇴학하겠다고 위협하였다. 그러나 학부에서는 청원서에 서명한 金永濟 등 12명을 출학시켰다. 이에 학생들은 동맹휴학을 단행하니 동교의 부교사 핼리팩스(T.W.Hallifax)의 노력으로 출학자 12명이 재입학됨으로써 해결을 보았다.[21]

한편 정치현실에 대한 문제와 일인교사 및 일본어 수업거부로 일어난 동맹휴학도 있었다. 1899년 영어학교 학생들은 독립협회의 만민공동회에 참가를 제지하는 학교 당국의 처사에 불만을 품고 동맹휴학에 돌입하였으며, 1905년 〈을사조약〉이 늑결되자 시내 소학교 300여 명의 학생이 고등소학교 학생과 함께 일제히 동맹휴학에 들어갔으며, 일어학교 학생들도 일본어교육을 거부하면서 동맹휴학하였다. 일본인 교사에 대한 불만으로 동맹휴학한 학교는 1906년 농상공학교생의 맹휴, 1907년 일어학교생의 맹휴, 1908년 법관양성소 학생의 맹휴가 두드러졌다.[22]

---

19) 《독립신문》, 1896년 6월 4일, 〈잡보〉.
20) 《독립신문》, 1897년 1월 14일.
21) 《독립신문》, 1899년 1월 14·23일, 〈잡보〉.
22) 《대한매일신보》, 1908년 6월 3일.

개화·애국계몽기에 있어서 학생들의 가장 활발한 활동은 체육행사였다. 당시 공·사립학교가 계속 설립되면서 교과과정에 체육교과목이 초등교육에서 사범교육, 고등교육에 이르기까지 설정되어 있었다. 더욱이 1896년 〈교육입국조서〉에서도 나타난 바와 같이 교육의 3대 목표도 체육·지육·덕육으로 체육을 제일 먼저 내세운 것은 건전한 정신을 갖기 위하여 건강한 육체의 단련이 급선무였음을 알려주는 것이다. 그리하여 이 시기 공사립을 막론하고 체육시간이 있었고 이 시간에는 엄격한 군대식 체조와 운동경기 특히 육상경기를 가장 많이 장려하였다.[23]

학교 내에서의 신체단련을 위한 체육활동은 학교단위의 운동회, 지역별 각급 학교의 연합운동회, 나아가 전국학생 대운동회가 자주 개최되어 학생들의 친선과 단결을 도모하는 데도 그 목적이 있었지만 한 걸음 나아가 일반민중들에게까지 단결과 민족적 자각을 불러일으키게 했다. 특히 운동경기가 끝나고 학생·관중을 위한 계몽강연이 종종 열려 운동회는 육체와 정신의 조화 속에서 학생의 사기를 드높이게 하여 민족의 장래를 위한 애국심의 고취에 일익을 담당하였던 것이다.

이 시기 각급 학교에서 개최했던 운동회의 성격은 1896년부터 1899년 사이에는 순수한 체육행사로 진행되었으나, 1905년 〈을사조약〉 늑결 이후에는 애국계몽운동의 일환인 교육구국운동의 차원에서 개최되고 있었다. 그것은 첫째 운동회가 체육행사로 끝나지 않고 강연회와 함께 개최되고 있었다는 것, 둘째 운동회가 군대식 훈련을 본땄다는 것, 셋째 운동회 때는 반드시 태극기가 게양되고 애국가와 운동가가 제창되었다는 것, 넷째 운동회가 학생들만이 아니라 그 지역주민과 일체감을 가지고 개최되었다는 것을 보아서도 그러하다.[24]

(2) 2·8학생운동

1919년 2월 8일 동경유학생들이 朝鮮青年獨立團을 조직하고 조선독립을 목

---

23) 羅絢成, 《韓國體育史》(青雲出版社, 1963), 98쪽.
24) 金鎬逸, 앞의 글(1987).

적으로 재동경조선기독교청년회(YMCA) 강당에서 〈민족대회소집청원서〉·〈독립선언서〉 및 〈결의문〉을 일본 귀족원·중의원과 각부 대신 및 각국 공사에게 우송하고, 오후 2시 〈독립선언서〉와 〈결의문〉을 낭독함으로써 2·8학생 독립운동의 막은 올랐다.[25] 이 운동은 하루아침에 갑자기 이루어진 것이 아니라 일어날 수밖에 없는 몇 가지의 배경을 가지고 있었다. 그것은 첫째 이들 동경유학생들은 지적 소수자였으며 자기 나름대로 사상적 체계를 갖추고 있었던 계층이었던 것이다. 둘째 이들 유학생들은 서로간에 친선을 도모하고 학문을 서로 면려할 수 있는 조직체를 가지고 있었던 것이다. 그 대표적인 단체가 1912년에 조직된 동경유학생 학우회였다. 셋째 1910년대 일본의 자유·민주주의적인 학풍의 영향을 받고 있었던 것을 들 수 있다. 조국인 한반도에서는 일제의 무단통치의 지배하에 사상의 자유가 없었지만 일본에서는 다이쇼데모크라시(大正Democracy)라고 하던 민본주의에 입각한 자유주의와 민족주의가 팽배하고 있어서 동경유학생들도 이의 영향을 받고 있었던 것이다. 넷째 이들 동경유학생들은 웅변회·토론회 등을 통하여 민족의식과 독립사상의 강조를 주장하고 있었다. 다섯째 윌슨의 민족자결주의의 영향이 컸다. 1918년 1월 미국대통령 윌슨이 세계평화안으로 14개조를 미국의회에 제출하였는바 그 중에 민족자결론이 포함되어 있어서 약소민족에게는 복음과도 같았다.

이상과 같은 배경 속에서 2·8학생운동의 결정적 계기가 된 것은 다음과 같은 2가지 기사를 알면서부터이다. 그 하나는 1918년 12월 1일자 영국선교사가 발행하던 《저팬 어드버타이저》(Japan Advertiser)에 "미국에 거주하는 이승만·閔燦鎬·鄭翰景 3명이 한국민족대표로 한국독립을 제소코자 파리평화회의에 파견되었다"는 기사와 12월 15일자 《東京朝日新聞》에 "미국 샌프란시스코에 거주하고 있는 한인들이 독립운동자금으로 30만원을 모금하였다"는 기사였다. 이 두 가지 기사를 본 동경유학생들은 차제에 한국독립의 의지를 표명하여야 한다는 생각을 갖게 되고 구체적인 실천방법을 모색하게 되었다.

---

25) 金成植, 〈日帝下 韓國學生運動史〉(《日帝下의 民族運動史》, 高大 亞細亞問題硏究所, 1971), 137쪽.

1918년 12월 20일 동경 明治會館에서 열린 학우회 주최 망년회에서 민족자결주의에 의한 한국독립론이 주제로 거론되었으며 다음 날 조선기독교청년회관에서 개최된 동서연합웅변대회에서도 독립문제가 거론되었다. 드디어 1919년 1월 6일 조선기독교청년회관에서 학우회 주최 신년웅변대회가 개최되었다. 이 자리에서 독립선언을 위한 임시대책위원으로 崔八鏞(早稻田大 재학) 이하 9명을 선출하였다.[26]

이들 대표들은 정치적 결사로서 조선청년독립단을 조직하고 이들의 이름으로 〈독립선언서〉·〈민족대회소집청원서〉 및 〈결의문〉을 작성하기로 결의하고 문안작성은 李光洙에게 일임하였다. 이와 같이 작성된 〈독립선언서〉 원문과 결의문은 각각 600부씩 등사하였고 청원서는 1,000부를 인쇄하여 비밀리에 보관하였다.

한편 독립운동을 유학생들만의 단독으로 감행하기보다는 국내와의 제휴를 모색하기 위하여 송계백이 〈독립선언서〉를 가지고 국내에 들어와 玄相允·宋鎭禹·崔麟 등을 만나 독립운동에 관한 결의와 협조를 요청하였다.

1919년 2월 8일 오후 2시 학우회 임원선거라는 명목으로 400여 명의 동경유학생이 모였다. 최팔용의 사회로 학우회장 白南奎의 개회사에 이어 白寬洙가 〈독립선언서〉를 낭독하고 金度演이 결의문을 읽자 장내는 흥분의 도가니로 화했다. 결의문의 만장일치 통과와 함께 "조선독립만세"를 부르고 시위운동에 나서려고 하였으나, 이 집회를 예의주시하고 있던 일경에 의하여 해산당하고 30여 명의 학생들이 연행되었다. 그 뒤 이들 중 학생대표자 9명은 1920년 3월 모두 출옥하였다.[27]

이상과 같이 2·8학생운동은 일제의 탄압으로 소기의 목적을 달성할 수 없었지만 그것이 가져다준 영향은 컸다. 적국의 심장부인 동경에서 항일운동

---

26) 이날 선출된 10명은 최팔용(早稻田大)·田榮澤(青山學院)·徐椿(동경고등사범)·백관수(正則學院)·尹昌錫(青山學院)·송계백(早稻田大)·李琮根(東洋大)·金相德(무직)·김도연(慶應義塾)·崔謹愚(동경고상)였다. 그러나 전영택이 신병으로 사퇴하고 이광수(早稻田大)와 金喆壽(慶應義塾)가 새로 위원으로 보선되어 대표위원은 11인이었다.

27) 독립운동사편찬위원회, 〈학생운동〉(《독립운동사》 9, 1980), 135쪽.

을 학생들만으로 일으켰다는 것과 〈2·8독립선언서〉에서 일제와의 영원한 血戰을 주장한 강력한 독립의 의지를 표명하였으며, 국내의 3·1운동과 3·5 학생운동의 촉진제 역할을 하였던 것이다.

(3) 3·1운동과 3·5학생운동

"최후의 1인까지 최후의 1각까지 민족의 정당한 의사를 발표하라"는 정신으로 일본제국주의 통치에 반대하여 일어났던 1919년 3·1운동은 집회수 1,452회, 참가인원 2,051,448명, 사망자 7,059명, 부상자 1만 5,850명, 체포당한 자 4만 6,306명, 파괴된 교회 47가소, 파괴된 학교 2개교, 파괴된 민가 715호라는 엄청난 희생이 뒤따랐다.[28] 그러나 이 운동은 민족독립을 위하여 전국 방방곡곡, 국내외 한민족이 거주하는 곳이면 일어나지 않은 곳이 없을 정도로 전 민족이 독립만세를 부르짖었던 민족운동사상 최대의 독립운동이었다.

이 운동의 계획과 추진은 대체로 3갈래의 계통에서 이루어졌다. 즉 천도교계통·기독교계통·학생계통이 그것이었다. 이들 계통은 무단통치 아래서도 유일하게 단체 결성과 조직을 가지고 있었던 종교단체나 교육기관이었기 때문이다.

때마침 제1차 세계대전이 끝나고 전후문제를 처리하기 위한 강화회의가 1918년 프랑스 파리에서 개최되었다. 이 회의에 미국대통령 윌슨이 14개조의 처리방안을 제창했는바 그 중에 민족자결주의가 포함되어 있었다. 국내에서는 고종의 국장일이 3월 3일로 정해져 어떤 형태로든지 독립운동을 일으켜야겠다는 민족적인 감정이 싹트게 되었던 것이다.

학생계통은 1919년 1월 6일 경 기독교청년회 간사 朴熙道와 연희전문학교생 金元壁, 보성전문학교생 康基德, 경성의학전문학교생 韓偉健, 보성전문학교 졸업생 朱翼 등이 서울 관수동 중국음식점 大觀園에서 친목모임을 가졌는 데, 이 자리에서 독립운동에 대한 논의를 시작하였다.[29]

학생들의 독립운동 거사계획이 진행되어 가고 있을 때 기독교계 운동 주

---

28) 朴殷植, 《韓國獨立運動之血史》(서울新聞社, 1947), 96쪽.

29) 金大商, 〈三·一運動과 學生層〉(《3·1運動 50周年記念論叢》, 東亞日報社, 1969).

동자의 한사람이었던 박희도가 천도교와 기독교가 연합하여 독립운동을 전개하기 위한 교섭이 진행되고 있으니 학생들은 독자적인 행동을 중지하고 기성 민족운동가들과 활동할 것을 제의하여 왔다. 이에 2월 20일 각 전문학교 대표들은 승동예배당에서 제1회 학생간부회의를 개최하여 첫째 金性得·金炯璣·金文珍·金大羽·강기덕·김원벽은 각자 학교대표로서 제반의 책임을 지고, 둘째 李容卨·한위건·尹滋英·韓昌植은 대표들이 체포될 때 그 다음 운동의 지도를 맡을 것을 결의했다. 이어서 박희도로부터 민족대표 33인에 의한 독립만세시위운동이 전개된다는 통보를 받은 김원벽은 25일 밤 각 학교의 대표들을 정동예배당에 모이게 하여 첫째 각 전문학교 및 중등학교 학생은 3월 1일 정오까지 탑골공원으로 집합하여 일대 만세시위운동을 전개한다. 둘째 형편에 따라 전문학교생을 중심으로 하는 독립시위운동도 전개할 것을 결정했다.[30] 이는 기성세대들의 독립운동에 적극 가담하면서 별도로 학생들만의 시위운동을 감행한다고 한 것은 2·8학생운동에 자극을 받은 것에도 기인하지만 무엇보다도 기성인들의 독립운동에 상당한 의문을 가졌기 때문이기도 했다.

거사일이 가까워오자 26일 김문진·이용설·윤자영 등 학생대표들은 정동예배당내 李弼柱 목사댁에 모여 학생들만의 독자적 시위는 3월 5일로 정하되 3월 1일의 시위에 적극 참가할 것, 제2차 3·5학생시위에서 체포를 면한 학생은 백절불굴의 의지로 최후까지 운동을 전개할 것을 다짐했다.

민족지도자들에 의한 만세시위운동의 준비가 착착 진행되어 崔南善이 기초한 〈독립선언서〉가 2월 26일 경 인쇄됨에 따라 서울에서의 선언서 배부와 군중동원은 학생층에서 책임지게 되었다. 그리하여 28일 오후부터 각 전문학교 대표들 손에 인수된 〈독립선언서〉는 각급 학교생들에게 100~200장씩 분배되고, 이와는 별도로 각 종교계와 연결된 학생들은 시내를 3개 지역으로 나누어 불교계 학생은 종로 이북, 기독교 학생들은 종로 이남, 천도교 학생들은 남대문 이외를 담당, 가가호호에 선언서를 배부했다.

30) 岩瀨健三郎, 〈學生團事件豫審終結書〉(《朝鮮併合十年史》, 大東出版協會, 1921), 371~394쪽.

1919년 3월 1일 정오 각급 학교 학생들과 시민들이 탑골공원에 모이기 시작하여 민족대표 33인을 기다렸으나 이들은 장소를 태화관으로 변경, 선언식을 거행하였다. 이를 알지 못한 탑골공원의 시민과 학생들은 〈독립선언서〉를 낭독하고 대한독립만세를 고창한 다음 시위행진에 나섰다. 이들 시위대는 2대로 나뉘어 1대는 종로1가→남대문역→서소문동→정동 미영사관 앞→대한문→광화문→조선헌병대 앞→프랑스영사관 앞→소공동→을지로를 거쳐 충무로2가까지 행진하였고, 다른 1대는 종로1가→무교동→대한문→정동 미영사관 앞→대한문으로 나와 2대로 갈라 행진하다가 충무로에서 해산당하였다.[31]

3월 1일 이후 삼엄한 일제 군경의 감시 속에서도 학생들의 '3·5학생운동'[32]은 예정대로 추진되어 갔다. 4일 오전 한위건의 소집에 의하여 시내 각 전문학교 및 중등학교 대표자회의를 배재고보 기숙사에서 가졌다. 여기서 제2차 만세시위를 3월 5일 오전 9시 남대문역전 광장에서 감행할 것을 재차 확인하고 당일의 지도자로 강기덕·김원벽을 선출하였다. 이어서 이날 밤 강기덕·한위건·한창식·張基郁·金玉快 등은 별도로 모여 시위전개의 구체적 방법을 논의하였으며, 한편 金宗鉉(중동학교)·崔康潤(보성학교)·蔡順秉(국어보급학관) 등은 안국동 박해병 집에 동숙하면서 다음날 시위에 각자 태극기 지참을 강조하는 〈경고〉라는 제목의 격문 400장을 등사하였다. 이들 3명은 종로지역의 각 동을 분담, 가가호호에 배부하였다.

3월 5일 오전 9시 경 수천 명의 중등 이상 학생들이 남대문역 역전에 집결하였다. 이들 학생들이 남대문역전을 시위장소로 택한 이유는 3월 3일 因山을 보고 지방으로 내려가는 군중이 많은 것을 감안하였기 때문이며, 평양 방면의 학생들이 200명 이상으로 학생결사대를 조직하여 서울로 향하여 남대문역에 도착한다는 소식이 있었기 때문이다.

이날의 시위계획은 남대문역 광장에서 만세시위를 벌인 다음 대오를 정돈

---

31) 金正明 編, 《朝鮮獨立運動》 1(原書房, 1967), 308쪽.

32) 3·5학생운동이란 넓은 의미에 있어서는 3·1운동의 범주에 속하나 한국근대 학생독립운동에서 보면 2·8학생운동과 같이 학생계층이 계획하고 추진하여 행동화에 옮긴 항일독립운동이기 때문에 명명한 것이다.

하여 남대문→덕수궁으로 향하려고 하였다. 역전광장에 운집한 군중수가 수만 명[33]에 이르자 학생들은 강기덕·김원벽이 미처 도착하기도 전에 지참하고 있던 유인물을 군중에게 나누어주고 붉은 머리띠로 머리를 동여매고 "독립만세"를 고창하면서 남대문 방면으로 시위를 전개했다. 이때 총지휘자인 강기덕·김원벽은 예정시간에 도착하지 못하자 인력거를 타고 역전으로 달려가다가 시위대가 남대문을 향하여 돌진해오자 인력거를 돌려 시위행렬 선두가 되어 지휘하게 되었다. 시위행렬이 남대문을 지나려하자 일경의 강력한 저지로 많은 학생들이 구타당하고 체포되었으나 학생과 군중들은 일경의 저지선을 뚫고 두 갈래로 나뉘어 시가행진을 계속 감행했다.

1만 명 이상이 시위에 참가하고 많은 학생이 부상당하고 수백 명이 체포당함에 따라 오전의 시위운동은 실패했지만, 이날 밤 11시 경 동경유학생과 시내 학생대표 63명이 송현동 62번지 李仁植의 집에 모여 사후수습과 앞으로의 시위전개방법을 숙의하던 중 일경의 급습으로 전원 체포되었다. 일제는 다음날 새벽 사건관계자 수색에 나서서 43명의 학생을 체포하고 많은 문건들을 압수하였다.[34]

이와 같이 '3·5학생운동'은 최대의 인원을 동원한 순수한 학생만으로 주도되고 실행에 옮겨졌던 민족독립만세운동으로 이날 이후 3·1운동이 전국적으로 확대되고 지방학교와 학생들의 독립만세시위에 자극제의 역할을 하였던 것이다.

---

33) 이때 참가한 시위군중 수에는 각 문헌마다 차이가 있다. 즉 〈尹益善事件判決文〉에는 '無慮數萬', 총독부 보고에는 약 4,000~5,000명, 조선군사령부 보고에는 약 1만으로 기록되어있다. 3·1운동 전기간을 통하여 1회 집회에 1만 명 이상이 한 장소에 모여 시위를 감행한 것은 3·5학생만세시위와 18일 강화도, 23일 경남 합천군 삼가(약 1만) 정도였다.

34) 姜德相 編, 《現代史資料》 26 朝鮮 2(みすず書房, 1967), 293쪽.
〈獨立運動に關する件〉(高第5885號), 大正 8年 3月 6日.

3) 1920년대 학생운동의 기저

(1) 학생단체

1919년 3·1운동은 이를 실행하였던 우리 민족이나 일본제국주의 모두에게 현실에 대한 반성을 안겨주었다. 일제는 지금까지의 헌병경찰에 의한 무단통치에서 소위 문화정치라는 통치책으로 바꾸었다. 즉 총독부관제의 철폐, 헌병경찰 폐지, 총독부직원 복제의 폐지, 조선인관리의 임용, 조선舊慣舊習의 존중, 행정처분의 신중, 민중의 편익 도모, 언론출판의 취체 완화와 민의 창달, 지방자치제 시행조사 준비 등의 시정방침을 내세웠다. 그러나 이 통치책은 일본 국내에서 일어나는 반군국주의·민주주의적 풍조와 노동운동을 선두로 한 사회주의운동이 앙양되고 국제적으로 일본제국주의의 고립화가 진행되는 현실 속에서 조선지배는 迂廻戰이었고, 우리 민족을 보다 기만하고 교활한 술책에 의하여 지배하고자 한 통치책이었다. 더구나 식민지 교육정책은 오히려 강화되고 있었다. 초등교육과 실업교육의 치중, 편수관·시학관의 증원, 조선역사·지리교과의 삭제, 조선어의 수의과목화, 일본어시간확대, 일본역사·지리교과의 신설 등을 단행하고 1922년 제2차 〈朝鮮教育令〉을 공포, 다소의 진전을 보았으나 동화교육, 노예교육에는 변함이 없었다.

3·1운동은 국내 민족운동에도 큰 변화를 가져왔다. 비폭력·무저항으로 만세시위를 전개하면 독립이 될 것이라는 낭만적인 기대가 무너지면서 민족적 각성 속에서 실력양성이 대두되었다. 이 실력양성의 2대 지주는 교육의 진흥과 산업의 개발이었고, 그것은 1923년 民立大學設立運動과 物産獎勵運動으로 나타났다.[35] 그러나 이 두 운동은 일제의 교묘한 탄압책으로 수포로 돌아갔다.

1920년대는 사회주의사상이 널리 퍼지면서 독립운동가들에게는 상당한 관심과 매력을 주었다. 즉 "독립운동가들의 관심을 모으는 공산주의의 장점은

35) 민립대학설립운동은 金鎬逸, 〈日帝下 民立大學設立運動에 대한 一考察〉(《中央史論》 1, 中央大史學會, 1972).
물산장려운동은 趙璣濬, 〈朝鮮物産獎勵運動의 展開過程과 그 歷史的 性格〉(《歷史學報》 41, 歷史學會, 1969).

상당히 많았다. 그것은 당시 식민지 인민해방에 가장 중점을 두는 운동으로서 인식되었으며 이것만으로서 한국의 많은 애국자들에게 하나의 광명이 될 수 있었다"[36]라고 한 것을 보아, 당시 사회주의는 민족운동에 있어서 활력소였고 보수주의에서 공산주의에 이르는 모든 정치적 신념을 주장하는 사람들의 유일한 공동의지로 민족주의 속에 사회주의가 용해되고 있었다고 하겠다. 사회주의가 민족운동에 가세되면서 1920년대는 집회·결사가 활발하게 전개되어 각양각색의 많은 단체가 결성되었다.[37]

기성세대들의 단체 조직과 함께 학생계에도 합법적인 단체가 결성되기 시작하였으니 1920년대 학생단체는 대체로 3갈래로 나누어 볼 수 있다. 민족주의 성격의 朝鮮學生會, 중도적인 신간회 학생부, 사회주의 계열의 朝鮮學生科學硏究會가 대표적인 단체였다.

조선학생회는 1923년 2월 전조선전문학교의 연합기구로 창립되었다. 이보다 먼저 1920년 5월 朝鮮學生親睦會 후신으로 朝鮮學生大會가 창립되었다. 이 회의 중등학교생이 탈퇴하게 되어 전문학교 학생들만으로 조선학생회가 조직된 것이다. 조선학생회에 가입한 전문학교 학생은 당시 9개의 전문학교 소속으로 전국적인 규모였다.[38]

전문학교 학생만으로 발족한 조선학생회는 강령으로 ① 조선학생의 단결을 도모하고 당국의 학생문제의 해결을 기함, ② 학생상호간의 선도나 친목을 기함이었다. 학생회는 초대임원구성에 착수하여 중앙집행위원장에 金鼎相(경성의학전문학교)을 선출하고, 상무집행위원 洪大權(경성법학전문학교) 등 6인, 회계 2인, 서기 1인과 학교별 중앙집행위원 각기 3인씩 선정하여 완료하였다.

---

36) R. A. Scalapino 저, 이정식 역, 《韓國共産主義運動의 起源》(韓國硏究院, 1961), 36쪽.

37) 이 시기 대표적 기성세대의 단체로서는 1920년 조선노동공제회·조선청년연합회, 1921년의 서울청년회, 1922년의 조선노동연맹회 등이며, 1926년에는 청년단체가 1,092, 정치단체 338, 노동단체 182, 형평단체 130 개가 존재하고 있었다.

38) 당시 9개의 전문학교는 다음과 같다.
경성법학전문학교·경성의학전문학교·연희전문학교·보성전문학교·경성고등상업학교·수원고등농업학교·경성고등공업학교·숭실대학·세브란스의학전문학교.

조선학생회의 두드러진 문화계몽운동은 학술대회 및 지방순회강연과 체육행사였다. 1923년부터 전문학교연합학술대회를 실시하여 자신들의 학문연구의 성과를 검증받기도 하였으며, 전조선전문학생웅변대회도 1924년부터 개최하였으며, 1927년부터는 전조선중등전문학생웅변대회로 발전하여 1928년에는 전문·중등학교 21개교가 참가하는 대성황을 이루기도 하였다.[39]

조선학생회의 중요한 행사는 체육대회였다. 1924년 5월 11일(일요일) 훈련원에서 개최한 전조선학생육상경기대회는 3개월의 준비를 거쳐 100m경주 등 15종목의 경기를 치루었다. 이 대회는 각계의 성원과 언론기관의 적극적인 후원으로 성황리에 끝났으니 당시 언론에서는 우리 체질을 잘 기르는 여러가지 준비 중의 하나라고 평하였다.[40] 육상경기와 함께 1923년부터 시작된 전문학교연합정구대회는 해를 거듭할수록 장안의 인기를 얻어 전문학생들의 친선을 도모하고 신체를 단련하는 체육행사로 고정되었다.

조선학생과학연구회는 1925년 9월 27일 시천교당에서 70여 명의 학생들이 모여 결의사항과 임원을 선출하였다. 일제경찰의 해산명령을 받고 주춤했으나 재차 당국과 교섭하여 같은 해 11월 3일 총회를 개최하고 회의 발족을 보았다. 당시 발표한 강령은 ① 사회과학의 보급, ② 학생의 사상통일, ③ 상호단결, ④ 인간교육 본위의 실효 ⑤ 조선학생 당면 문제의 해결이었고, 임원은 집행위원 대표에 鄭達鉉, 서무부·사업부·도서부·조사부·연구부로 나누어 각기 2명의 위원을 두었다.[41]

이 회의 가장 두드러진 활동은 창립 다음 해인 1926년 6·10학생운동을 계획하고 추진하여 실행에 옮겼다는 데 있었으며, 그밖에 각급 학교에서 일어났던 동맹휴학에도 음으로 양으로 간여했으며 사회과학과 과학사상에 대한 학술강연회, 농촌계몽운동과 농민강좌의 실시, 학생도서관 설립도 추진시켜 나갔다.

1927년 2월 신간회가 조직되고 20세 이하의 학생은 별도 학생부를 설치한

39) 《東亞日報》, 1928년 12월 4·8·9·10일.
40) 《東亞日報》, 1924년 5월 13일, 〈여러 준비중의 하나〉.
41) 朝鮮總督府 警務局, 《高等警察用語辭典》(1933), 250쪽.

다는 결정에 따라 신간회 학생부가 탄생되었다. 이는 민족·사회주의 양계통으로 대립되어 있던 학생계가 통일되어 협동전선이 이루어진 것을 뜻한다. 이로써 종래 분산, 고립적으로 전개되었던 학생운동이 협동전선 아래 조직적이고 통일적 활동으로 발전할 수 있는 계기가 되었으나 1932년 신간회가 해소됨에 따라 신간회 학생부도 해체되고, 이어서 1933년 조선학생과학연구회도 일제의 엄중한 감시와 탄압에 견디지 못하고 조선학생회로 합류하고 말았다.[42]

(2) 동맹휴학

동맹휴학이란 학생들이 교육상 제문제나 또는 정치적 제요구를 관철하기 위한 수단으로 학업을 거부하는 집단행동을 말한다.[43] 1920년대의 동맹휴학은 학원내의 사소한 문제로부터 발단되어 일제식민지 노예교육에 대한 규탄, 나아가 총독정치에 대한 비판으로 확대 발전하고 결국 민족독립을 절규하는 민족운동의 성격으로 나타났던 것이다. 특히 이 시기의 동맹휴학은 보통학교에서 전문학교에 이르기까지, 서울을 비롯한 대도시 학교에서 산간벽지의 학교까지 전국적으로 일어났으며 한 학교, 한 지역의 운동으로 끝나는 것이 아니라 전국 학교, 전 민족의 운동으로 전개되었다는 데 그 특징이 있다.[44]

그리하여 일제당국자들은 동맹휴학에 대하여 예의주도한 감시와 그 대책을 강구하여 가차없이 주동자는 퇴학, 구속하고 학교는 폐쇄시키는 등 강경일변도로 탄압하였다. 더욱이 일제는 동맹휴학이 교육문제인 이상 學務局 소관이었으나 警務局에서 취급하여 강경하게 대처하였던 것이다.

일제 경찰 당국은 이 시기의 동맹휴학을 성격적 측면과 사상적 측면으로 시기를 구분하여 분석하면서 발생원인을 처음에는 무자격교원의 배척 등 3개 항목으로 보았으나 동맹휴학이 차츰 격화되자, 학교설비, 학교규칙, 학과기타에 관한 맹휴 등 6항목으로 나누어 보았다.[45] 맹휴건수도 〈표 1〉에서와

---

42) 中川矩方, 《思想犯罪調査提要》(新光閣, 1934), 338쪽.

43) 李錫台 編, 〈同盟休學條〉(《社會科學大辭典》, 文友印書館, 1946), 164쪽.

44) 金鎬逸, 〈日帝下 學生運動의 一形態－1920年代 동맹휴학을 中心으로－〉(《亞細亞學報》 11, 1975).

45) 동맹휴학의 원인이 처음에는 ① 무자격교원의 배척, ② 시설충실, ③ 축제일의

같이 1920년 20건에서 1925년 55건, 1930년에는 107건으로 증가하였다.

〈표 1〉 연도별 동맹휴학 건수

연 도	건 수	연 도	건 수	연 도	건 수	연 도	건 수
1920	20	1924	24	1928	83	1932	33
1921	33	1925	48	1929	78	1933	38
1922	52	1926	55	1930	107	1934	39
1923	57	1927	72	1931	102	1935	36

* 朝鮮總督府 警務局, 《最近に於ける朝鮮治安狀況》(1936), 106~113쪽.

그러나 학생들이 제시한 요구조건·진정서·건의서·결의사항 등을 분석하여 보면 이 시기의 동맹휴학은 1926년 6·10학생운동을 분기점으로 하여 그 이전과 이후의 성격이 변화되고 있음을 알 수 있다. 즉 6·10학생운동 이전 동맹휴학은 주로 교내문제와 교육문제가 주류를 이루고 있다. 그것은 ① 교장 및 교사배척, ② 교수방법 및 교과과정 시정, ③ 학교시설확충요구, ④ 학교승격 요구 등이었다. 그러나 6·10학생운동 이전의 동맹휴학이 식민지교육에 대한 저항이었다면 그 이후는 식민지통치에 대한 저항이었고 사회개혁을 도모하려 한 운동이었다. 동맹휴학의 결과 많은 학생희생자가 발생했고 그것은 상대적으로 민족운동가를 배출하는 산실의 역할도 했다. 일제 당국은 동맹휴학을 단순한 학생불만의 표시라 보지 않고 민족운동의 일환으로 판단하여 철저한 감시와 탄압을 가하였다. 1921년부터 1928년까지 동맹휴학 404건에 연루된 학생 수는 7,674명이었고 이 중 퇴학당한 학생이 1,560명, 재판에 회부되어 형의 언도를 받은 학생도 172명이나 되었다.[46]

1920년대 동맹휴학이 가장 격렬하게 전개된 배경에는 사회주의사상의 영

식전 참여기피, 봉축가 불합창이었다(朝鮮總督府 警務局, 《高等警察報》 5, 1936, 37~38쪽). 그러나 맹휴가 격화되자 그 원인분석을 ① 학과설비·교규교칙·학과 기타에 관한 맹휴, ② 교원배척에 관한 맹휴, ③ 학교 내부의 사실에 관한 맹휴, ④ 생도간의 사실에 관한 맹휴, ⑤ 지방문제에 관한 맹휴, ⑥ 민족의식 및 좌경사상의 반영에 기인하는 맹휴로 구분하였다(朝鮮總督府 警務局, 《朝鮮に於ける同盟休校の考察》, 1929, 20쪽).

46) 李如星·金世鎔 共著, 《數字朝鮮硏究》 1(世光社, 1931), 93쪽.

향과 학생단체 및 비밀결사가 있었기 때문이다. 이 시기에 들어와 사회주의 사상이 대두되고 많은 사상단체의 조직과 활동이 학생들에게 영향을 주었으며, 조선학생회·조선학생과학연구회·신간회학생부 등 학생단체가 동맹휴학을 지도하고 각급 학교에 조직되어 있던 비밀결사 독서회·반회 등이 동맹휴학을 치열하게 전개시키는 데 핵심적 역할을 하였던 것이다.

그것을 일제 당국자가 시기별로 사상동향을 분석하여 도표로 작성한 것이 〈표 2〉의 내용이다.

〈표 2〉 시기별 학생운동의 변화 추이

<table>
<tr><th>연 대</th><th>맹휴의 색채</th><th>사상경향</th><th>비 고</th></tr>
<tr><td>구한국시대</td><td></td><td></td><td>한학·과학만능시대</td></tr>
<tr><td>한일합병
(1910~19)</td><td></td><td></td><td>신교육기지·서당만능시대</td></tr>
<tr><td>1919</td><td rowspan="5">배일맹휴시대</td><td rowspan="2">독립운동시대
관학기피·소극적 저항시대</td><td>3월 독립만세소요사건</td></tr>
<tr><td>1920</td><td>미국의원단의 내선</td></tr>
<tr><td>1921</td><td rowspan="3">실력양성운동과
향학열 발흥시대</td><td>워싱톤회의</td></tr>
<tr><td>1922</td><td></td></tr>
<tr><td>1923</td><td>2월 조선학생회 성립
4월 민립대학기성회 성립</td></tr>
<tr><td>1924</td><td rowspan="2">주의적
맹휴시련기</td><td rowspan="3">좌경화시대</td><td>9월 조선학생과학연구회 성립</td></tr>
<tr><td>1925</td><td>4월 제1차 조선공산당사건 검거</td></tr>
<tr><td>1926</td><td rowspan="5">주의적
맹휴시대</td><td>6월 10일 이태왕 전하 국장</td></tr>
<tr><td>1927</td><td rowspan="3">민족·공산합류시대</td><td>2월 신간회 성립</td></tr>
<tr><td>1928</td><td>11월 대구에서 최초의 공산주의 비밀결사 적우동맹 및 경성에서 ㄱ당사건 검거</td></tr>
<tr><td>1929</td><td>11월 3일 광주학생사건 발발</td></tr>
<tr><td>1930</td><td rowspan="2">반전운동시대</td><td></td></tr>
<tr><td>1931</td><td rowspan="5">단순한(사상 배경 없는) 맹휴시대</td><td>5월 신간회 해소, 하기문맹퇴치운동 개시, 9월 18일 만주사변 발발</td></tr>
<tr><td>1932</td><td rowspan="4">전향시대
주의사상 침체시대</td><td></td></tr>
<tr><td>1933</td><td>3월 27일 국제연맹 탈퇴 통고</td></tr>
<tr><td>1934</td><td></td></tr>
<tr><td>1935</td><td></td></tr>
</table>

* 朝鮮總督府 警務局, 《高等警察報》 5(1936), 37~38쪽.

그리하여 1920년대 동맹휴학은 1926년 6·10학생운동과 1929년 광주학생운동을 일으키게 하고, 이를 확산시키는 데 결정적 작용을 한 항일학생민족운동의 한 형태였다.

4) 6·10학생운동

(1) 6·10학생운동의 사회적 배경

3·1운동의 소용돌이 속에 해의 여러 곳에서 움텄던 독립운동은 기대하였던 미국을 비롯한 서구열강들의 원조가 없었고, 일제의 교묘한 탄압에 따라 점차 영락되어 가고 있었다.

무릇 대한민국임시정부도 상해에 모인 청년정객들의 이상주의에 불과하였고, 그것은 처음부터 너무나 많은 분란·오해의 요인을 안고 수립되었던 망명정부였다. 즉 임시정부 각료로 추대된 인물들의 대부분은 미국·만주·연해주·중국본토 등지에서 망명생활을 하던 구한말 이래의 우국지사들이었다. 이들은 오랜 망명생활 중에서 각기 그 나라의 생활양식에 젖어 민족의 독립이란 공통된 유대가 있을 뿐, 그것은 민족주의에서 사회주의에 이르는 모든 정파를 망라한 좌우합작의 연합정부였다. 그 위에 그때만 하여도 농후하였던 지방색은 자연적으로 파벌을 조성하여 임시정부는 처음부터 난항에 난항을 거듭하였던 것이다. 그러던 중 레닌(Lenin)정부에서 보낸 독립원조자금문제를 계기로 하여 1921년 1월 좌파의 영수 국무총리 李東輝가 사직함으로써 임시정부는 분열되었으며, 거기에다가 구미파인 대통령 李承晩의 구미위원부와 기호파인 노동국총판을 역임하고 초창기 임시정부의 사실상 실권자였던 安昌浩와의 대립은 재정문제를 둘러싸고 1925년 3월 임시의정원이 이승만을 대통령 직위에서 면직시키기로 결의함으로써 결정적인 난파상태에 들어가고 말았다.47)

만주의 무장독립투쟁은 3·1운동 후 間島를 비롯한 각지에서 우후죽순과 같이 독립단체가 조직되고 독립군의 활동이 활발하게 움직이고 있었다. 그러

---

47) 在上海日本總領事館 篇,《朝鮮民族運動年鑑》(東文社書店, 1946), 315~318쪽.

나 1920년 10월 청산리전투 대승리를 절정으로 일본군의 대토벌 작전에 밀려 러시아 방면으로 철수하지 않을 수 없었고 1만 명에 달하였던 러시아 각지의 한인 무장세력도 공산당 이르쿠츠크파와 상해파의 알력 및 유혈충돌로 1,000명 이상의 사상자를 낸 1921년 6월의 소위 '자유시 사변'48)을 계기로 큰 상처를 입고 그 후 만주로 돌아온 독립군의 전력은 약화되었다.

이러한 국외의 사정과 함께 국내에서도 1920년부터 민립대학설립운동과 물산장려운동 등 실력양성운동이 활발하게 일어났으나, 일제의 문화정치라는 교묘한 탄압과 회유의 양단정책에 말려 1925년을 분수령으로 좌절·부진하게 되었다. 또한 이 시기 기대했던 1921년 미국의회 의원단의 내한이나 1922년 워싱턴회의에서도 한국의 독립에 대한 한 가닥의 희망은 또다시 수포로 돌아가고 말았다.

거듭되는 독립쟁취를 위한 실패가 주는 상처 위에 날개를 펴간 것이 러시아혁명과 더불어 싹트고 자라난 사회주의였다. 일제 경찰문서가 지적하듯이 당시의 사회주의는 혼미 속에서 헤매던 독립운동에 하나의 참신한 자극이었으며 광명이었다고 하겠다. 그리하여 당시 레닌정부의 정책에 많은 독립운동가들이 사회주의운동에 가담하게 되었다.

이러한 당시의 실정, 곧 일제식민지에서 최선결문제가 민족독립에 있었기 때문에 총독정치의 타도와 민족의 자주독립을 위한 방편으로서, 초창기 사회주의가 민족주의적 경향이 농후하였다는 것은 국내외 학자들 사이에 이론이 없는 바이다. 여하간 사회주의 세력의 팽창은 민족운동 전체에 새로운 활력을 주었고, 이러한 사정이야말로 반일 민족유일당인 신간회의 탄생을 가능케 한 여건이었다.

이러한 사회현실 속에서 학생층은 1919년 동경유학생들에 의한 2·8학생

48) 일명 '黑河事變'이라고 한다. 만주에서 활동하던 항일무장독립단들의 일대 참사였다. 1920년 청산리전투 후 일본군의 군사적 압력과 약소민족의 해방을 도와준다는 소비에트정부의 협조를 기대하고 1921년 1월 李靑天부대 1,000여 명을 마지막으로 흑룡강 건너 黑河(愛渾)에서 150리 들어간 수랍스케에 독립군 1만여 명이 집결하였다. 그러나 이곳에서 독립군 사이에 무장해제반대, 지휘권 문제로 충돌이 일어나 전사 272명, 익사 31명, 포로 917명, 실종 250명을 낸 사건을 말한다.

운동, 같은 해 3·1운동에서 전위적 역할과 3·5학생운동을 강행하였으며 1920년대에 들어서면서 전국적인 학생단체의 조직, 문화계몽활동의 전개, 학생비밀결사의 조직, 동맹휴학 등으로 좁게는 학원내의 문제에서 넓게는 식민지 교육철폐, 총독정치 거부, 근대화의 추진 등을 전개하면서 민족운동에 활력소를 불어넣었다.

1926년 4월 26일 대한제국의 마지막 황제 순종이 53세를 일기로 승하하였다. 각지의 연이은 애도 속에 인산일은 6월 10일로 정해졌다. 일경은 3·1운동의 전철을 밟지 않기 위하여 삼엄한 경계를 펴고 한국인의 행동을 예의 감시하였지만, 애국의사 宋學先의 '金虎門義擧'[49]가 일어나 이들을 놀라게 하였다. 그리하여 일제는 경성을 비롯하여 평양·함흥·원산 등지에 주둔하고 있던 육·해군 등 도합 7,000명을 경성으로 집결시키고 부산 및 인천항에는 제2함대를 대기시켜 놓고 인산일에 대비하였다.

이와 같은 삼엄한 경계 속에 일경에게 검속 당한 한국인이 71명이었고, 행동을 제지받은 인사가 2만 8,000명이나 되었다.[50]

또한 일경은 6월 8일 전격적으로 서울시내 전사상단체의 수색에 나서, 각 단체가 보관하고 있던 많은 문서들이 압수하였는데 그 내용은 다음과 같다.

① 견지동 소재 : 서울청년회·경성청년연합회·중앙협의회준비위원회관은 형사 4명이 수색하여 철공동맹창립총회록 50여 장과 기타 잡지《革命》등 수종을 압수.
조선노동회·경성인쇄직공동맹·赤雹團사상동맹창립준비위원회관을 형사 4명이 수색하여 문서 약간을 압수.
조선노동총동맹회관을 형사 5명이 수색하여 문서 약간을 압수.
조선학생회·조선학생과학연구회관을 수색.
② 서대문정 소재 : 조선청년동맹회관을 형사 5명이 포위, 수색하여 2주일 전 동경에서 가져온 성명서 여러 장을 압수.

---

49) 송학선이 사이토 총독암살을 기도하였으나 실패한 사건이 즉 4월 28일 경성 평의원 高山 일행이 자동차로 금호문을 나와 돈화문으로 향하는 것을 총독으로 오인하고 자동차를 습격하였으나 현장에서 체포당하였다.

50)《東亞日報》, 1926년 4월 16일.

③ 인사동 소재 : 신흥 청년연맹·한양청년동맹을 수색하여 문서 여러 장을 압수.

④ 재동 소재 : 정우회·경성청년회관을 수색하여 많은 문서를 압수.

⑤ 와룡동 소재 : 형평사 본부를 수색.

⑥ 낙원동 소재 : 여성동우회·경성여자청년동맹을 수색.

⑦ 관수동 소재 : 조선인쇄직공청년동맹을 수색.

(《東亞日報》, 1926년 6월 10일).

한편 1925년 4월 17일 조선민중운동자대회에 참가한 좌파청년들이 아서원에서 조선공산당을 창건하고, 이어서 18일 훈정동 朴憲永 집에서 고려공산청년회가 창립되었다.51) 그러나 같은 해 11월 신의주사건이 확대되어 조선공산당세력의 대부분이 검거되고 이를 피한 姜達永·權五卨·洪南杓·李準泰·洪悳裕 등이 다시 재조직을 위하여 활동 중 순종의 승하로 6·10만세운동을 준비하게 되었다.

조선공산당계열은 1926년 4월 3일, 권오설·李智鐸·朴珉榮 3명이 소위원회를 구성하고 권오설에게 6·10만세운동의 총책임을 맡기고 6월 10일 10시를 기하여 반일시위를 감행하기로 결의했다.

그러던 중 6월 3일 중국지폐위조사건과 《개벽》지 압수사건이 일경에게 발각되어 6월사건의 전모가 세상에 알려지게 되었다. 즉 제1차 공산당사건에 관련되어 망명중인 曺奉岩·金燦·金丹冶 등과 사회주의로 전향한 呂運亨 및 권오설이 상해에서 회동하여 제2차 공산당을 조직, 조선의 적화를 도모하기로 결의하고 그 날을 세계노동자들의 날인 메이데이(May-day, 5월 1일)로 잡고 국내에서 대규모의 사회주의운동을 일으키기로 하였던 것이다.

그리하여 상해에서 밀입국한 권오설은 국내사정이 여의치 못하자 한국의 사회주의화를 위한 방편으로 민족해방운동을 추진하였으니 이를 6월사건이라 하였다.

조선노동총동맹의 간부 권오설 일파가 인산일을 맞아 조선독립의 실현과

---

51) 김준엽·김창순, 《한국공산주의운동사》 2(고대 아시아문제연구소, 1969), 285~320쪽.

아울러 극단적인 사회주의 선전을 목적하였으니, 이들은 3·1운동이 민족주의자들에 의하여 추진되고 실현되었음에 반하여 이번의 거사는 반드시 사회주의자가 주동이 되어 일으켜야 한다는 것이었다. 그리하여 운동자금은 권오설이 상해에서 적화공작금으로 조봉암으로부터 받은 1,500원을 사용하기로 하였다. 이어서 권오설은 민족주의 세력과의 제휴를 위하여 당시 노동동맹과 천도교청년회 간부 朴來源과 같은 해 5월 1일 회동, 동조를 얻고 그를 격문 인쇄의 책임자로 선임하였다.

박래원은 일본으로부터 인쇄기 2대를 구입, 같은 해 5월 17일부터 조선독립운동에 사용할 조선독립을 위한 격고문[52]과 4종의 전단 합계 5만여 매를 안국동 8번지 감고당 閔昌植의 집 지하실에서 비밀리에 인쇄하였다. 인쇄가 완료되자 권오설 등은 천도교청년당원인 孫在冀과 상의하여 6월 3일 밤 천도교당내 손재기의 집에 보관토록 하였다. 이는 독립운동을 민족주의 단체들과 연합하여 일으키려고 한 의도가 있었다고 보아지며, 또한 종교단체에 보관하여 당국의 눈을 피하려고 한 행동이라고 보아진다. 이와 함께 사회주의자들은 적화운동에 필요한 격문서는 상해의 사회주의자들에 의하여 작성, 인쇄된 것을 비밀리에 서울로 가져와 〈조선독립격고문〉과 함께 사용하려고 하였다.[53]

이와 같이 모든 일이 순조롭게 진행되어 가던 중 중국지폐위조단이 검거되고 그들이 소지했던 격고문 1매가 일경에 발견됨으로써 주모자가 권오설이라는 것이 밝혀졌다. 일경은 권오설 체포에 혈안이 되었고 격고문 은닉장소도 알 길이 없어 고심하던 중, 《開闢》지 압수사건이 일어났다. 즉 6월 6일 오전 개벽사를 급습, 수색 중 잡지 제본 여직공들의 잡담이 단서가 되어 손재기 집에 보관, 은닉되었던 격고문과 전단 등을 발견, 압수하였고 아울러 상해 불꽃사에서 만든 격문도 압수하였다.

---

52) 慶尙北道 警察部, 《高等警察要史》, 289~290.
李錫台 編, 〈六·十運動條〉(《社會科學大辭典》), 487~488쪽.

53) 李錫台 編, 〈六·十運動條〉(《社會科學大辭典》), 487~488쪽. 상해 불꽃사 명의로 되어 있는 이 격고문의 제목은 〈喪에 복하고 곡하는 민중에게 격함〉으로 되어 있다.

처음 일경은 이 격고문에 의한 거사가 천도교를 중심으로 한 각 사회단체 연합의 운동인 줄 알고 천도교도에 대한 대대적인 수사를 진행했다. 즉 동대문밖에 있는 4대교주 朴寅浩의 常春閣을 수색하고 천도교 간부들을 검거하였으나 조사가 진행됨에 따라 그들과 관계없는 사회주의자들에 의한 운동인 줄 알고 모두 석방하였다.[54)]

그리하여 6월 6일부터 6월사건에 관련된 사회주의자들에 대한 대대적인 검거가 시작되었다. 7일에는 주모자 권오설이 도피하던 찰나 체포되고, 계속하여 모두 16명의 사건관련자가 검속되었으며, 아울러 제2차 공산당조직사건도 폭로되어 여기에 관련된 인사들도 모두 체포당하였다.[55)]

이로써 사회주의자들에 의하여 계획되고 추진되었던 6월 10일의 조선독립만세시위운동은 실패하고 말았다. 그러나 이와 같은 기성세대의 민족운동과는 별도로 학생들에 의한 6·10만세학생시위운동은 일경의 삼엄한 경계 속에서도 진행되어 3·1운동에 뒤이어 학생들에 의한 민족운동으로 승화되었던 것이다. 6·10학생운동의 추진은 대체로 두 갈래로 추진되었으니, 한 갈래는 조선공산당과 연계된 전문학교학생 중심이었고, 다른 한 갈래는 민족주의 색채가 강한 중등학교 학생들의 움직임이었다.

(2) 6·10학생운동의 추진

순종의 승하로 국내가 어수선한 가운데 일경의 감시가 기성 민족운동가들에게 쏠리고 있을 때 학생층은 제2의 3·1운동을 목적하고 6·10학생만세시위운동의 거사계획을 진행시켰다.[56)]

전문학교 중심의 학생들은 1926년 4월 26일 마침 조선학생과학연구회 춘계야유회날로 회원 약 80여 명이 세검정으로 야유회를 가던 도중 순종의 승하소식을 호외로 보고 이때부터 어떤 방법으로든 간에 민족운동을 일으켜야

---

54) 《東亞日報》, 1926년 6월 21일, 〈유월사건의 진상경계〉(3).

55) 慶尙北道 警察部, 《高等警察要史》, 290~292쪽. 제2차 공산당사건으로 체포된 자는 권오설·박래원·문창식·양재식·이용재·백명천·손재기·이선우·안정식·이동규·이지탁·박민영·김항준·강연천·홍덕유·강달영 등이다.

56) 國史編纂委員會, 《韓國獨立運動史》 Ⅳ(1968), 3~8쪽.

겠다는 결심을 하였다. 첫 거사회담이 개최된 곳은 같은 해 5월 20일 죽첨정(현재 서대문 충정로) 1정목 35번지 연희전문학교 문과 2년생인 朴河均의 하숙에서였다. 이날 40여 명이 모인 가운데 순종 인산일인 6월 10일에 독립만세와 가두시위를 일으켜 민족독립을 성취하자는 결의를 하고, 그 준비책임자로 李柄立·李先鎬·李天鎭·朴斗鍾을 선출하였으며, 자금은 박하균·박두종이 맡기로 하였다.57)

그 후 6월 6일 이병립은 견지동 97번지 조선학생과학연구회 사무실에서 이 회 집행위원인 이선호와 회담하고 거사일을 인산일로 할 것을 재차 다짐하였고, 같은 달 7일에는 최종적으로 박하균의 하숙에서 모든 계획을 수립하였다. 다음날에는 이선호·이병립·박두종·박하균 등이 서대문 애기릉(북아현동) 솔밭에서 태극기, 〈조선독립만세문〉 약 30매를 작성하였다. 다음날인 9일에는 평동 12번지 3 金鍾讚의 방에서 이병립이 기초한 "이천만 동포의 원수를 구축하라. 피의 대가는 자유다. 대한독립만세"58)라는 격문을 무수정으로 통과시켰다. 이에 이병립은 이를 인쇄하기 위하여 박두종의 친구인 金洛煥에게 인쇄기계를 부탁하였는데, 마침 黃圭昌이 명함인쇄기를 가지고 있다는 것을 알고 이를 빌려서 사직동 이석훈의 하숙에서 약 1만 매를 인쇄하였다.

이렇게 인쇄된 격문은 이선호가 중앙고보생 權泰晟·柳冕熙, 연희전문생 權

---

57) 朴龍圭, 〈6·10 만세운동 37주년〉(《동아일보》, 1963년 6월 10일).
한편 전문학교생 중심의 거사계획 주동인물의 인적 사항은 다음과 같다.
이병립(24), 강원도 통천군 학삼면 학고리 19, 연희전문학교 문과 2학년.
이선호(24), 경북 안동군 예안면 정포리 176, 중앙고등보통학교 4학년.
이천진(23), 함남 북청군 양가면 중리 1633, 경성제국대학 예과 1학년.
박두종(24), 함남 홍원군 경포면 좌상리 161, 청년학관 영어과.
박하균(25), 함남 홍원군 포청면 신평리 23, 연희전문학교 문과 2학년.

58) 경성복심법원형사부, 《6·10만세운동사건판결문》.
이 격문을 기초한 이병립은 《동아일보》, 1926년 6월 26일자에서 '조선학생회장'으로 보도되었으나, 平江汕二, 《朝鮮民族獨立運動秘史》(改訂增補), 135쪽에는 '고려공산청년회중앙집행위원후보 7명 가운데 한사람으로 소개되어 있고, 慶尙北道 警察部, 《高等警察要史》, 293쪽에는 '조선학생총연합회집행위원'으로 나오며 제1·2차 〈조선공산당사건판결문〉에는 조선공산당후계당조직에 참여한 것으로 보아 좌경학생으로 볼 수 있다.

五尙·洪明植·朴漢福에게 태극기 몇 폭과 함께 교부하였으며, 박두종은《시대일보》배달부 김낙환에게 360매, YMCA 영어과생 劉瑗植에게 300매, 근화여자학교생 金貞子에게 태극기 한 폭과 100매를 교부하였다. 이천진은 중동고보생 김인오에게 태극기 2폭과 격문 600매를 주었으며, 박하균은 연희전문생 金奎鳳에게 500매, 이석훈에게 600매, 韓一淸에게 30매를 교부하였다. 한편 유면희는 중앙고보내에서 300매와 태극기 3폭을 교부받아 50매를 같은 학교생 朴鍾業·金鉉相에게 나누어 주었다.[59]

사립중등학교학생을 중심으로 6·10학생운동의 거사계획은 중앙고보와 중동학교생들에 의하여 추진되었다. 중앙고보의 朴龍圭·李東煥, 중동학교의 郭戴炯·金載文·黃廷煥 등이 순종의 승하소식을 듣고 시내 사립고보생 중심의 시위운동을 계획한 것이 5월 16일이었다.[60] 이날 이들은 文仁根의 하숙방에서 거사에 필요한 동지규합을 의논하고 같은 달 23일 혜화문 삼선평에서 각 학교별 축구시합을 위장하여 동지 50여 명을 규합하였고, 같은 달 26일 낙원동 255번지 황정환의 하숙방에서 격문을 인쇄하기로 결정하였다.

그리하여 같은 달 29일 박용규 등 5명은 통동 71번지 金召史宅 김재문의 하숙에서 다음과 같은 격문을 기초하였다.

〈격문〉

조선민중아! 우리의 철천의 원수는 자본·제국주의 일본이다.

2천만 동포야! 죽음을 각오하고 싸우자! 만세 만세 조선독립만세!

단기 4259년 6월 10일

조선민족대표 김성수·최남선·최린

---

59) 〈대검찰청 소장〉(《형사재판원본》 제1책 3, 소화 2년 4월분), 508~509쪽.

60) 중앙중고등학교, 《중앙60년사》, 127~129쪽.

중등학교생 중심의 거사계획 주동인물의 인적 사항은 다음과 같다.

박용규(22), 경북 달성군 하빈면 소동805, 중앙고등보통학교 5학년.

곽대형(20), 전북 김제군 만경면 만경리355, 중동학교특과 2학년.

김재문(22), 전북 임실군 임실면 성가리 284, 중앙학교특과 3학년.

황정환(22), 전북 익산군 망성면 화산리107, 중동학교특과 3학년.

이동환(27), 전북 정읍군 산외면 형사리26, 중앙고등보통학교 5학년.

(〈重大宣傳文集〉, 《朝鮮思想運動調査資料》 1, 44쪽).

위와 같은 격문을 29일부터 31일 사이에 낙원동 250번지 金性琪에게 등사판을 빌려서 5,000매를 등사, 앞의 5명이 각기 1,000매씩 나누어 갖고 다시 이를 각 학교 학생들에게 분배하여 거사일인 6월 10일 봉도대열 속에 있다가 조선독립만세를 고창함과 동시에 살포하기로 하였다.[61]

(3) 6·10학생운동의 전개

1926년 6월 10일 순종의 인산일을 맞이했다. 돈화문 앞에서 홍릉까지 도열한 30만의 봉도인원중 학생(보통학교 6학년 이상으로 제한)만도 약 2만 4,000여 명이나 되었고 5,000명의 군대와 2,000명 이상의 정사복 경찰이 경계를 담당한 가운데 장례절차가 진행되었다.

학생들의 항일만세시위는 오전 8시 30분경 대여가 종로3가 단성사 앞을 지날 때 중앙고등보통학교학생 30~40명이 이선호의 선창으로 "조선독립만세"를 외치면서 격문 1,000여 매를 살포한 데서 비롯되었다. 이때 수백 명의 학생이 일제히 만세를 부르며 태극기를 흔드니 근처에 도열한 민중들도 이에 동조하여 함께 만세를 고창했다. 이와 같은 소란 속에 현장에서 학생 30~40명이 일제군경에게 체포당하였으나 만세시위는 계속해서 다음과 같은 장소에서 일어났다.

오전 8시 45분 경 : 관수교 부근, 연희전문학교학생 50여 명이 독립만세고창과 격문살포, 보성전문학교생 동조, 일반민중 가세, 현장에서 주동학생 이병립·이천진·박하균 등 체포당함.

오전 9시 30분 경 : 을지로 경성사범학교 부근, YMCA생 박두종 외 2명이 독립만세와 격문 150매 살포.

오후 1시 경 : 훈련원 부근, 학생 1명이 독립만세와 격문살포.

오후 1시 30분 경 : 동대문 근처, 시대일보 배달부 김낙환과 청년 2명이 독립만세와 격문살포.

---

61) 중앙고등학교, 《중앙60년사》, 125~127쪽.

오후 2시 경 : 신설동 부근, 학생 1명이 독립만세와 격문 100매 살포.

오후 2시 20분 경 : 동묘 부근, 중앙고등보통학생 박용철·이동환, 중동학교생 곽대형·황정환 등 독립만세와 격문 700매 살포.[62)]

이와 같이 학생들이 계획한 항일독립만세시위는 실행되었다. 그러나 요소요소에 배치되어 있었던 일군경에 의하여 제지당하고 또 체포되어 소기의 목적은 달성하지 못했다. 그렇지만 이 운동으로 일제 당국자들을 놀라게 하고 우리 민족의 독립의지를 대내외에 다시 한번 심어주었으며, 독립을 위하여 끝까지 투쟁할 것이라는 결의를 나타내었다.

학생만세시위운동 중 민중을 크게 격동시킨 곳은 사범학교 앞인데, 학생들이 조선독립만세를 고창하고 격문을 살포하자 그곳에 모여 있던 민중들도 이에 호응하였다. 당황한 일군경이 총탄을 난사하면서 진압에 나서고 학생과 군중이 한꺼번에 도피하는 바람에 사범학교 벽돌담이 무너지고 부근의 상점들이 파괴되었으며, 구경나왔던 일인 고관부인이 부상을 당하고 민중 속에서도 부상자가 나오는 등 불상사가 있었다.[63)]

6·10학생운동으로 일경에게 검거된 수는 종로서에 150명, 동대문서에 50명, 본정서에 10여 명, 합계 210여 명이나 되었고, 전국 각 지방의 동요에 따라 1,000여 명의 학생이 체포당하였다. 이와 같이 체포된 학생 중에서 취조를 받은 학생이 106명이었고, 그 뒤 6월 12일에는 90명, 14일에는 47명만이 수감되었다.[64)] 한편 중앙고등보통학교생들은 교사 趙喆鎬와 함께 21명이 취

---

62) 《東亞日報》, 1926년 6월 11·12일.
《朝鮮日報》, 1964년 4월 26일, 〈6·10만세사건〉.

63) 중앙중고등학교, 阿部薰, 《朝鮮問題論集》(1932), 388쪽.

64) 《東亞日報》, 1926년 6월 16일. 수감된 학생들을 학교별로 소개하면 다음과 같다.

연희전문학교생(33명)

문과 3년 : 이권희·이은택·윤지련

문과 2년 : 김규봉·이금산·이광준·이병립·박안근·채우병

문과 1년 : 김세진·김영하·김윤근·박봉래·박영준·안태희·원종뢰·장홍식·홍명식

상과 2년 : 김근배·김낙기·김명진·김근·김대삼

조를 받고 그 중 6명이 감옥에 수감되기도 하였다.[65]

학생만세시위가 어느 정도 가라앉자 일경은 수감중인 학생들을 석방하고 그 중에서 11명만 제령 제7호 및 〈출판법〉 위반으로 같은 달 25일 기소하였다. 구속 기소된 학생은 11명이었지만, 학생들에 대한 일제 당국의 처사는 가혹하였다. 총독부 학무당국은 7월 초 6·10학생운동으로 기소된 학생은 경성제국대학 입학불허방침을 발표하고, 각급 학교에 6·10학생운동에 관련된 학생에 대한 처벌지시를 내렸다. 이에 따라 협성학교·중동학교에서는 각 7명, 중앙고등보통학교는 21명, 배재고등보통학교는 8명의 학생이 무기정학을 당하였다. 이러한 가혹한 처사는 당시 사회 각계각층에 비상한 관심을 불러 일으켰고, 이로써 일제당국에 대한 비난이 비등하였다.

같은 해 11월 2일 기소된 11명에 대한 공판이 경성지방법원에서 개정되었다. 이때 재판장 강릉의 심문에서 학생들은 조금도 거침없이 거사의 동기와 목적을 다음과 같이 진술하였다.[66]

> 이병립 : 거사의 목적과 동기는 삼척동자라도 다 알고 있는 말인데 새삼 물어 볼 것이 어디 있느냐.
>
> 박하균 : 우리 나라의 형편은 현명한 너희들이 더 잘 알 텐데 무엇을 알려고 하느냐.
>
> 이천진 : 호각으로 군호를 삼아 일제히 거사하였다. 그런데 뜻대로 되지 않아 애석하다.

상과 1년 : 김영소·장희창·이병철·안운정
학과학년미상 : 박락규·조대벽·최창일·김락식·김락기·김석영
중동학교 : 황정환·김재문·정대형·장길주·김인오·박선복
경성제대예과 : 이천진
신문배달부 : 외 1명
중앙기독청년학관 : 박두종 외 기타 4명

65) 《東亞日報》, 1926년 6월 19일
중앙중고등학교, 《중앙60년사》, 133쪽. 취조 받은 학생들은 박용규·이동환·조홍제·김홍신·강연선·이규호·정수영·박객원·이홍영·김영환·정달영·김규정·계익선·이단종·안증운·박승태·박덕규·김장춘·정민환 등이었다.

66) 《東亞日報》, 1926년 11월 3일

이선호 : 자유를 절규하면 자유가 생긴다는 결심으로 거사에 임했다.

유면희 : 오로지 기미년 경험으로 재거하려 했다.

박용규 : 4,000매의 격문을 각 남녀고보에 배부하였고 가회동 취운정에서도 계획하였다.

곽대형 : 격문 500매는 만세 당일 돈화문 앞에서 살포한 뒤 학우들과 같이 승인동 방면으로 달려가 기회를 포착하여 만세를 고창하였다.

이상의 진술과 같이 이들 젊은 학생들은 솔직 담백한 태도와 기개로 잠재된 민족정신을 설파하였다. 그러나 일제 검사는 이들 학생에게 무거운 형량을 구형하여 학업을 등지게 하였으니 일제의 한국인에 대한 탄압의 일면을 여기에서도 엿볼 수 있다. 이들 11명의 명단과 형량은 다음 표와 같다.[67]

〈표 3〉 학생운동 관련자 형량

성 명	연령	본적	학 교	학년	학생단체 가입	형 량
이선호	24	경북	중앙고등보통학교	4	조선학생과학연구회집행위원	징역2년
이병립	〃	강원	연희전문학교문과	2	조선학생총연합회집행위원	징역3년
박두종	〃	함북	YMCA 영어과			징역2년
박하균	25	함남	연희전문학교문과	2		〃
이천진	23	〃	경성제국대학예과	1	조선학생과학연구회집행위원	〃
유면희	〃	경북	중앙고등보통학교	4		징역1년
박용규	22	〃	중앙고등보통학교	5		징역2년
곽대형	20	전북	중동학교특과	2		〃
김재문	22	〃	중동학교특과	3		〃
황정환	〃	〃	중동학교특과	3		〃
이동환	27	〃	중앙고등보통학교	5		〃

이들에 대한 변호는 13명의 변호사가 맡았다. 이때 姜世馨 변호사는 학생들이 양심에 의하여 행동하였고 솔직한 대답과 학생으로서의 신분을 감안하여 벌을 주는 것보다는 학업을 계속할 수 있게 배려하는 것이 상책이라는

67) 위와 같음.

요지의 변론을 하였다.[68] 같은 해 11월 17일 언도공판에서 박하균만 징역 1년을 나머지 10명은 5년간 집행유예의 선고를 받았다.

그러나 담당검사인 長屋은 이 판결이 부적합하다는 이유로 공소를 제기, 1927년 3월 25일 2심공판이 개정되었다. 이때에도 학생들의 태도와 결의는 변화가 없었다. 즉 이병립은 "1년 또 1년이 되어도 초지는 결불변"이라 하였고, 박하균은 "양심의 소신대로 만세를 호창하였다" 하였으며, 박두종은 "오직 인산 당일의 목적은 조선독립을 완수하자는 데 있다"라고 하였고, 이선호는 "지금도 마음은 변치 않았다"고 대답하였으며, 유면희는 "그날을 어떻게 기념할까 하였다" 하였고, 박용규·김재문은 "지금도 조선독립을 열망한다"라 하였고, 곽대형은 "아직도 조선독립을 희망한다"고 하였다.

그리하여 2심판결의 결과 형량은 무거워져 이선호·이병립·박두종·박하균·이천진·박용규·곽대형·김재문·황정환·이동환은 징역 1년의 실형을 받고 영어의 몸이 되었으며, 유면희만은 징역 1년 집행유예 3년의 언도를 받았다.[69]

6·10학생운동이 학생들의 뜻한 바와 같이 이루어지지 않자 제2의 6·10학생운동이 계획되었다. 즉 시내 6개 고등보통학교학생 대표 수십 명이 서대문 피어선성경학원에 모여 거사계획을 토의했다. 이들은 비밀리에 격문을 인쇄하고 만세시위를 추진하다가 1926년 6월 16일 오후 2시 피어선학원생 劉載獻, 배재고등보통학교 3년생 金東鎭, YMCA 학원생 金東石 등 3명이 검거되고, 뒤를 이어 배재고보의 文昰模·孫盛華·廉弼柱·車鎭浩·金祚永·黃奎燮, 협성학교의 崔永植·孫秉錫 등이 일경에게 체포되었다. 일제는 이 사건을 되도록 축소, 경미한 운동으로 취급하여 그 여파를 줄이는 방법을 취하여 같은 달 30일 기소유예처분으로 마무리지었다.[70]

6·10학생운동은 3·1운동 때와 같이 전국적인 민족운동으로 승화되지 못하고 서울에 국한되었으나 그래도 이 사실이 알려지자 전국적인 동요가 일

---

68) 《東亞日報》, 1927년 3월 26일.

69) 《東亞日報》, 1927년 3월 26일.

70) 《東亞日報》, 1926년 7월 1일.

어났다. 전라도의 고창·순창을 비롯하여 평안도의 정주·평양, 충청도의 홍성·공주 등지에서 동요가 있었고, 충청도 당진·홍성·강경, 전라도의 전주, 경상도의 하동, 함경도의 이원 등지의 학교에서는 동맹휴교로 일제와 대항하기도 하였다.[71] 특히 전북 고창에서는 고창고등보통학교생 50여 명이 봉도식을 마치고 돌아가는 길에 "조선독립만세"를 고창하면서 시위 운동을 전개, 일제에 대항하였다.[72]

5) 광주학생운동

(1) 광주학생운동의 사회적 배경

1929년에서 1930년 사이 광주학생운동('11·3학생운동')[73]의 요람지는 전라남도 광주였다. 광주에서 학생운동이 일어나게 된 역사적 배경은 몇 가지 방향을 설정하여 살펴보면, 첫째 광주를 중심으로 한 호남지방은 한국근대사에 있어서 가장 큰 혁명을 일으켰던 지역이란 점이다. 즉 1894년 동학농민전쟁이 이 지역에서 일어나 조선왕조와 외세에 대하여 치열한 저항운동을 벌였으며 일제침략이 노골화되던 19세기 말에서 20세기 초에는 일제에 대항하여 의병전쟁이 격렬하게 전개되었던 지역이기도 하다. 그러므로 이 지방민들의 불의에 대한 저항의식이 어느 지역보다 강했다고 볼 수 있다.

둘째 1919년 3·1운동시 전국적인 만세시위운동이 활발하였으나 지역적으로 늦었던 곳이 전라도였다. 그러므로 이 지역의 학생들은 학생운동에 의한 민족운동은 이 지역에서 일으켜야 한다는 역사적 사명감에 불타고 있었다는 점이다.

셋째 우리 나라의 곡창지대인 이 지역에 대한 일제의 착취가 가혹하였기

71) 《東亞日報》, 1926년 6월 12·13·14·16일.
72) 《東亞日報》, 1926년 6월 12일.
73) 역사용어에 대해서는 일반적이고 객관성을 지니는 것이 타당하다. 1929년 11월 3일 광주에서 일어난 광주학생운동에 대해서는 기존 연구가들이 지역 이름을 붙여 사용했으나 본 연구자는 당시 이 운동을 전국적으로 확산된 항일민족운동으로 규정하여 11·3학생운동으로 명명하는 것이 타당하다고 생각한다.

때문에 이에 대한 반동이 학생운동을 유발시켰다 하겠다.

어떻든 간에 광주는 호남의 중심지로 정치·경제·사회·문화 제분야에서 호남을 이끌어가던 곳이었다. 더욱이 교육에 있어서 호남을 대표하던 2개의 중등교육기관이 있었다. 그것은 한국인 학생의 광주고등보통학교와 일본인 학생의 광주중학교였다. 이들 두 학교는 3·1운동 후 설립된 호남의 교육기관 중 한국인과 일본인들의 상징적인 존재였다. 그리하여 항상 서로 경쟁·대립하였고 학생운동시에는 서로 적이 되었다. 두 학교는 민족적으로나 감정적으로도 서로 대립, 충돌하였다.

한·일간의 두 지방학교의 대립과 함께 1919년 3·1운동 이후 민족운동의 방편으로 전국의 각급 학교에서 조직되었던 비밀결사인 독서회의 조직과 동맹휴학의 파동이 광주에도 밀려와 광주학생운동의 주도적인 역할을 담당하게 되었다. 광주에 있어서 이러한 현상은 1926년 6·10학생운동 이후인 그해 11월 3일 醒進會가 조직되면서부터였다. 성진회는 광주고등보통학교와 광주농업학교의 張載性·鄭瑀采·王在一 등 16명이 崔圭昌의 하숙에서 조직한 비밀결사였다. 이 회의 임원과 강령은 다음과 같았다.74)

임원 : 총무 왕재일, 서기 박인생, 회계 장재성.
강령 : ① 일제의 기반에서 한국의 독립을 쟁취한다.
② 일제의 식민지 노예교육을 절대 반대한다.
③ 언론·출판·결사의 자유를 요구한다.
(朝鮮總督府 警務局, 《光州抗日學生事件資料》, 風媒社, 1979, 361쪽).

한편 회원의 의무로서 ① 사회과학연구의 정진, ② 비밀엄수, ③ 언문신문의 숙독, ④ 동지의 획득을 결정하고 매월 제 1·3 토요일을 연구일로 정하고 활동하였다.

---

74) 朝鮮總督府 警務局, 《光州抗日學生事件資料》(風媒社, 1979), 361쪽.
이때 참석한 16명은 장재성·林同弘·정우채·金匡溶·安鍾翊·金昌柱·최규창·蔡泳錫·왕재일·鄭南均·朴仁生·金漢苾·鄭鍾奭·鞠淳業·文升洙·鄭東秀 등이다.

성진회는 조직 5개월만인 1927년 3월 자진해산하고 각기 학교단위의 비밀조직을 통한 항일운동을 벌이다가, 1929년 6월 중순 경 독서회중앙부를 결성하였다.

독서회중앙부는 광주고등보통학교 졸업생이며 성진회의 간부였던 장재성이 광주고등보통학교 재학생인 金相煥·金普燮·尹敬夏, 광주사범학교 재학생 宋東植·姜達模, 광주농업학교 재학생 曹吉龍·金順福 등과 회합하여 성진회를 발전·확대시킬 것을 결의하고 조직하였던 것이다.

이에 따라 장재성은 金基權과 상의하여 학생소비조합을 만들어 자금조달에 힘쓰면서 각 학교별 독서회 조직에 힘써 광주고등보통학교독서회·광주농업학교독서회·광주사범학교독서회·광주여자고등보통학교독서회 등이 조직되도록 힘썼다.

광주에서의 동맹휴교는 1920년 사립학교로 출발한 광주고등보통학교가 1923년 공립으로 바뀐 다음 해부터 일어났다. 즉 1924년 봄 광주고등보통학교 4학년생 金昌植이 일본인 양화점 주인 篠原과의 언쟁이 도화선이 되었고, 이어서 그 해 6월 광주고등보통학교와 광주중학간 야구시합의 불상사가 발단이 되어 광주고보생의 동맹휴학이 일어났다. 이 동맹휴교로 구속된 학생들은 그 해 9월에 모두 석방되었으나, 동맹휴교의 주동자로 지목된 광주고등보통학교 4년생인 高光得·鞠採德·崔憲柱·池昌洙 등은 퇴학처분을 받아 첫 희생자가 되었다.[75]

광주고등보통학교에서 동맹휴교가 격화되기 시작한 것은 전술한 바와 같이 1926년 성진회가 조직된 이후부터이다. 1927년 5월 하순 수학여행에서 돌아온 2·3학년생들이 '한일학생 교육제도의 차이와 시설의 차이'를 지적하고 물리·화학교실의 확충을 비롯한 몇 가지 요구조건을 내걸고 동맹휴교에 들어갔다. 당시 교장 시라이(白井)는 시설확충을 해주겠다는 공약을 하여 일단 무마되었으나 해를 넘겨도 공약은 실천되지 않았다.

이와 같은 상황 속에 1928년 6월 26일부터 본격적으로 항일동맹휴학이 일어났다. 이 동맹휴교의 직접적인 동기는 광주고등보통학교 5년생인 李景采가

75) 梁東柱,《抗日學生史》(青塔出版社, 1956), 25~26쪽.

광주 송정리 불온문서사건에 연루되어 구속되면서부터이다. 광주 송정리사건이란 1928년 4월 16일 광주와 송정리 일대에 〈朝鮮獨立宣言文〉이 살포된 것을 중대시한 광주경찰서가 광주와 송정리의 청년과 학생들을 구속하였는데 그 중에 이경채가 포함되어 있었던 것이다.

그리하여 이경채는 6월 8일 구속되니 이 사실을 통고받은 광주고등보통학교장 시라이는 그를 19일자로 토학 처분했다. 이 사실을 수일 후에 안 학생들은 이경채의 제적이유를 밝혀달라고 요구하였으나 거절당하였다. 이에 학생들은 수업거부로 대항하자 24일 시라이 교장은 사태수습을 위하여 학부형회를 소집하고 대책을 협의하기에 이르렀다. 학교 당국과 학부형회에서도 시원한 대답이 나오지 않자 학생대표들은 25일 동맹휴교를 결의, 26일 2·3·4·5학년 전교생이 강당에 모여 다음과 같은 〈진정서〉를 학교당국에 제출하고 일제히 동맹휴교에 들어갔다.

〈진정서〉

① 교우회의 자치권 인정.
② 물리·화학교실의 신축.
③ 이경채의 제적사유 해명과 무죄시의 복교.
④ 하세가와(長谷川)외 6명의 무자격 일본인 교사의 축출.
⑤ 조선인 教諭의 채용.
⑥ 조선어문법의 교수.
⑦ 상기 요구조건을 실현시킬 수 없는 경우에는 시라이교장은 인책 사퇴할 것.

(光州學生獨立運動同志會 編, 《光州學生獨立運動史》, 國際文化社, 1974, 48~49쪽 ; 梁東柱, 《抗日學生史》, 青塔出版社, 1956, 35~36쪽).

이같은 〈진정서〉를 제출하고 맹휴에 돌입하자 학교 당국은 긴급직원회를 열고 다음 날인 27일 주모자로 鄭東華 등 27명을 퇴학, 朴世模·金基權 등 281명을 무기정학 시켰다. 그러나 학생들은 이에 굴하지 않고 7월 10일 경 최규창의 하숙인 진남여관에 모여 맹휴대책을 강구하기 위한 중앙본부 설치를 결의하고 다음과 같은 격문을 학부형들에게 발송하였다.

학부형 여러분! 우리들의 맹휴는 일제의 식민지 노예교육정책 밑에 유린, 기만당하고 있는 400명 학도의 최후의 비명인 것입니다. 학교 당국의 처사는 우리의 참다운 정신을 박탈하고 우리로 하여금 얼빠진 한낱 고깃덩어리로 만들려는 가공할 정책인 것입니다. 우리는 목숨과 명예를 걸고 최후의 일각까지 투쟁할 것을 맹서하는 바입니다. 학교의 배후에는 도 당국과 경찰 등 절대적인 권력이 도사리고 있지만 우리에게는 학부형 여러분이 있을 뿐이니 학부형 여러분은 그들의 어떠한 꾀임이 있더라도 속지 마시기 바랍니다.

목전의 내 자식 하나보다 이 민족과 강산이 더 소중하지 않습니까 학부형 제위께서는 끝까지 우리편에 서서 신조선 건설의 역사적 사명을 수행하려는 미약한 우리들을 지도, 후원하여 용기를 북돋아 주시고 일체 협력하여 문제해결에 힘써 주실 것을 갈망하는 바입니다.

이와 함께 맹휴지도학생들은 광주고등보통학교 전교생들에게 끝까지 결사적으로 투쟁하자는 격문을 발송하고 다시 8월 초순 중앙본부의 격문을 발표하여 일제의 주구 노예됨의 거부와 자유쟁취를 호소하였다. 한편 시일이 오래되고 일제경찰의 압력이 가중됨에 따라 동요되는 학생들의 기색을 살피고 이들에게 경고문을 보내어 경각심을 일깨워 주기도 했으니 경고문의 중요한 내용은 다음과 같다.

君의 신호로 궐기했던 400명의 의사를 어떻게 할 작정이냐? 억압과 박해 때문에 유린된 전조선의 학생, 대중을 보라! 우리의 투쟁을 물었을 때 군은 어떻게 답변할 것인가? 전 조선학생 대중의 피가 되고 눈물이 되는 것을 군을 잊지 않았겠지! 용감하게 일어서서 돌진하라.

그러면서 맹휴단 중앙집행본부는 8월 하순 ① 맹휴해결 전 타교 전학 금지, ② 중앙본부 명령에 절대 복종, ③ 반동분자 박살 등 5개 항목의 실행요목이 담긴 격문을 학우들에게 보내고 아울러 학부형 대표들에게도 학교측과 타협하는 행위에 대하여 엄중 항의를 하였다.

1928년의 광주고등보통학교 동맹휴교는 그해 10월 초 일단 중지될 때까지 반년이나 끈질기게 계속되었다. 이에 따라 학생들의 희생도 커서 수형자가 16명, 퇴학생이 40명, 무기정학생이 300명이나 되어 얼마나 동맹휴학이 격렬하였던가를 단적으로 입증해 주고 있다.

광주에 있어서 광주고등보통학교와 함께 동맹휴교가 극심하였던 학교는 광주농업학교였다. 광주농업학교는 산업중등교육기관으로 인문계 중등교육기관인 광주고등보통학교와는 전라도에서 쌍벽을 이루고 있었던 학교였다.

이 학교에서는 1928년 6월 27일 보통작물을 담당하던 일본인 교유 모리오카(盛岡)를 배척하는 진정서를 4년생 宋聖秀·金允性, 3년생 柳上烈, 2년생 羅碩鉉 등이 주동이 되어 2·3·4년생 150명의 연명을 얻어 히라노(平野)교장에게 제출하였다. 그러나 교장은 이를 묵살하고 오히려 학생들을 질책하자 29일 동맹휴교에 들어갔다. 학교 당국이 송성수 등 주동자 12명을 퇴학시키고 동조자 10명을 무기정학에 처하자, 이에 격분한 맹휴학생들은 폐교가 되는 한이 있더라도 학교와 대항하기 위하여 조직을 강화, 동원부·연결부·모계부·탐정부를 두어 맹휴의 체계적·조직적인 움직임을 실천하려고 하였다. 사실 광주농업학교의 동맹휴교에서 작물교사의 배척은 표면상의 이유에 불과하였고 광주고등보통학교의 동맹휴교와 유기적 연관하에 일어났던 반일민족운동이었으니 그것은 이 당시 맹휴학생들이 발표했던 다음과 같은 격문을 통해서도 알 수 있다.

〈격문〉

① 식민지 노예교육제도를 철폐하라.

② 한일공학제실시는 절대 반대한다.

③ 싸워라! 싸워라! 모국을 위해서 최후까지 싸워라.

④ 모국의 생명은 우리들의 활동에 달려있다. 2천만 동포를 부활시키고 삼천리 강산을 빛내는 것은 우리들의 쌍견에 달려 있다. 시기를 놓치지 말아라. 우리들의 친우들이여! 금번의 사건은 혁신의 기초, 갱생의 기초다. 각오하자.

(光州學生獨立運動同志會 編, 《光州學生獨立運動史》, 國際文化社, 1974, 53쪽).

(2) 광주학생운동의 전개

1929년의 광주고등보통학교와 광주농업학교의 동맹휴교는 학교 당국·도학무과·경찰의 강경조치로 표면상으로는 종식되었지만 학생들의 반일감정은 더욱 심화되어 갔고 돌파구만 있으면 분출할 정세에 놓여 있었다.

이러한 상황 아래 1928년을 보내고 1929년을 맞이했다. 방학이 끝나고 개학이 되면서 학생들이 등교하자 학교 당국에서는 학생들의 동태를 주시하고 있었다. 그러나 광주고등보통학교에서는 5월부터 학생들의 움직임이 보이기 시작하여 벽이나 화장실 등에 "조선독립만세", "조선혼을 고취하자", "6월이 되면 全鮮的으로 맹휴하자"라는 낙서가 나붙었다.[76] 6월 26일에는 5학년 학생들이 자치회를 한다는 명목으로 수업을 거부하였고, 전체 학생들이 동요를 일으켜 그 중 일부가 수업을 받지 않고 학교당국과 신경전을 벌이다가 하교하였다.

더구나 이날은 광주고등보통학교와 광주중학교 학생간의 첫 충돌을 일으킨 날이기도 하다. 즉 이날 송정리의 한일통학생들의 열차가 광주와 송정리 중간역인 운암역을 지날 때 한국인 농부들이 개를 잡아 불에 그을리고 있는 광경을 본 광주중학생인 곤도시즈오(近藤靜雄)가 "野蠻이다"라고 말했다. 옆에서 이를 들은 광주고등보통학교생들이 "무엇이 야만이냐" 하면서 그의 모자를 벗겨버렸다. 곤도가 모자를 벗긴 학생을 구타하자 광주고등보통학교생들도 이에 곤도를 때려 패싸움으로 변했다.

통학생들의 감정적인 대립은 민족적인 반목으로 발전하였다. 1929년 6월의 운암역사건이 일어난 지 4개월 후인 10월 30일 또다시 한일기차통학생간의 시비가 발단되어 11월 3일 광주학생운동으로 확대·발전되었다.

1929년 10월 30일 오후 5시 30분 경 광주에서 통학생을 실은 하행통학열차가 나주역에 도착, 통학생들이 삼삼오오 짝을 지어 출찰구로 나갈 때 광주중학 4년생 후꾸다슈조(福田修三)·스메요시 가쓰오(末吉克己)·다나까(田中) 등이 광주여자고등보통학교 3년생인 朴己玉·李光春·이금자(이와시로 기누코: 岩城錦子) 등을 '센징(鮮人)'이라 조롱하며 특히 후꾸다가 박기옥의 댕기머리를 잡아당기며 희롱하니 여학생들은 항거도 못하고 어쩔 줄 모르고 있었다. 이 당시의 사정을 박기옥의 4촌동생이며 광주고등보통학교 1년생이었던 朴準埰는 다음과 같이 술회하였다.[77]

---

76) 鄭世鉉, 앞의 책, 1164쪽.

77) 朴準埰, 〈光州學生運動〉(《新東亞》, 1969년 9월호).

> 나는 피가 머리로 역류하는 분노를 느꼈다. 가뜩이나 그놈들과는 한차로 통학을 하면서도 민족감정으로 서로 멸시하고 혐오하며 지내온 터인데 그자들이 우리 여학생을 희롱하였으니 나르서는 당연한 감정적인 충격이었다. 더구나 박기옥은 나의 누님(4촌)이었으니 나의 분노는 더하였다.
>
> 나는 박기옥의 댕기를 잡고 장난을 친 후쿠다(福田)를 개찰구 밖 역전광장에서 불러 세우고 우선 점잖게 따졌다.
>
> '후꾸다, 너는 명색이 중학생인 녀석이 야비하게 여학생을 희롱해' 그러자 후꾸다는 '뭐라고? 센징놈이 뭐라고 까불어' 이 센징이란 말이 후꾸다의 입에서 떨어지기가 무섭게 나의 주먹은 그자의 면상에 날아가 작렬하였다. 더구나 센징이란 말이 얼마나 우리민족을 모욕하는 말인가? 일인교사들이나 지각없는 일인들 입에서 불시에 튀어나오던 이 비칭에 대하여 평소 나는 어린(16세) 마음에도 앙심을 먹고 있었다.

박준채의 위와 같은 대일관은 당시 한국학생들이 가지고 있던 태도였다. 박준채와 후꾸다의 싸움은 양교 통학생간의 패싸움으로 변하여 역전광장이 어수선하자, 나주역전 파출소에 근무하던 모리다 마쓰사부로(森田松三郞) 순사가 일방적으로 광주고등보통학교생이 나쁘다고 힐난하면서 박준채의 따귀를 때리고 이의 부당함을 항의하는 박준채를 또 때리니 할 수 없이 한국학생들은 민족차별에서 오는 분노를 참고 귀가하지 않을 수 없었다.

다음 날인 10월 31일 광주로 가는 상행통학열차에서 일본인 학생들은 전날의 앙갚음으로 떼를 지어 박준채의 자리로 몰려와 시비를 걸자 한국인 학생들도 가만있지 않고 박준채를 호위하면서 서로 옥신각신하였으나 별다른 충돌은 없었다. 그러나 이날 오후 5시 하행열차에서 한·일 학생간에 패싸움이 벌어졌다. 이때 차장이 달려와 싸움을 말리고 박준채 외 수명의 광주고등보통학교 학생과 후쿠다의 통학승차권을 압수했고, 이 싸움을 보고 있던 《광주일보》의 모 일본인 기자가 후쿠다의 말만 듣고 한국인 학생이 무조건 나쁘다고 욕설을 퍼부었으며, 일본인 승객들도 박준채를 향해서 "조선인주제에 건방지다"느니, "조선인학생이 잘못했다"느니 하면서 욕설과 폭언을 퍼부었다. 이를 들은 한국학생들은 대항도 하지 못하고 울분을 삼킨 채 국가 없는 민족의 설움을 다시 한번 되새기게 되었다.

11월 1일 박준채와 후쿠다 등은 전날 압수당한 통학승차권을 찾아 각기 학교에 등교하였다. 통학생간의 사이가 이처럼 험악하다는 것을 파악한 광주고등보통학교의 하세가와(長谷川) 교유가 통학생 감독을 위하여 이날 오후 광주역에 파견되어 학생들을 감시하였다. 그러나 통근열차의 발차시간이 거의 다 되었을 때 광주중학교 5년생 4~5명이 광주고등보통학교생 鄭世勉에게 시비를 걸자 정세면은 기차에 타고 있던 광주고등보통학교 통학생들에게 이 사실을 알렸고 한국인 학생들은 모두 기차에서 하차하여 개찰구를 경계선으로 서로 대치하게 되었다.[78]

광주역에서 벌어진 한일학생간의 새로운 사태를 접한 광주고등보통학교에서는 이케다(池田) 등 3명의 교유가 달려왔고, 광주중학교에서는 이다(伊田) 등 3명의 교유가 달려와 현장수습에 나섰다.

현장에 달려온 중학교의 일본인 교사들은 일본학생편을 들면서 한국학생들을 나무라고, 전날 주먹을 휘두른 학생이 누구냐면서 오히려 더욱 사태를 악화시키려 하자, 광주고등보통학교의 일본인 교사들이 "지금은 싸움을 말릴 때가 아니냐"하면서 동시철수를 제의하자 광주중학교의 일본인 학생들이 먼저 철수하고 뒤이어 한국인 학생들도 일단 학교로 철수하였다.[79]

학교에 돌아온 한국학생들은 5학년 을급 급장 盧秉柱와 통학생단장 蔡奎鎬 등이 이날 사태를 보고하고 의견을 교환하려 했으나 분노에 복받친 학생들은 선후대책이 불가능한 것을 알고 일단 해산하기로 하고, 하세가와 교유의 인솔로 송정리 통학생이 귀가하고 기시모토(崇本) 교유의 인솔로 나주통학생도 모두 귀가하였다.

드디어 일제하 한국학생들의 항일독립운동의 금자탑인 광주학생운동의 날은 밝았다. 이날은 일본 4대국경일의 하나인 明治節이었고, 공교롭게 음력으로는 10월 3일이 되어 우리민족에게는 開天節이어서 한국학생들에게는 희비가 교차되는 날이었으며, 마침 일요일인데다 전남 견산(繭産-누에고치) 600만석 돌파 축하회가 광주신사 앞에서 열리는 날이어서 온 광주시가 인파로 들

78) 朝鮮總督府 警務局, 《光州抗日學生事件資料》(風媒社, 1979), 131쪽.

79) 《朝鮮日報》, 1929년 11월 5일.

끓었고, 일본학생들은 축제분위기에 들떠 있었으나 한국학생들은 비분 속에 이날을 맞이하였다.

특히 이날은 광주시내 한국인 학생들에 의하여 조직된 비밀결사 성진회 창립 3주년 기념일이어서 독서회 중앙본부에서는 이날을 기하여 일제히 궐기하자는 암암리의 상호연락과 지시가 있어서 광주고등보통학교를 비롯하여 광주농업학교·광주사범학교·광주여자고등보통학교생들의 분위기는 자못 험악하였다. 이런 눈치를 알아차린 각 학교의 교사들은 기념식을 마치고 시내 요소요소에 배치되어 불상사를 방지하려고 하였다.

오전에 학교에서 식을 마친 광주고등보통학교생들은 삼삼오오 떼를 지어서 시내로 쏟아져 나왔다. 거리에 나온 광주고등보통학교생 일동은 통학열차 안에서 일어난 한일·학생간의 충돌사건을 편파적으로 보도한 광주일보사에 몰려가 기사의 왜곡을 항의하고 윤전기에 모래를 뿌려 신문제작을 방해했다.

한편 任漢吉·高光信·具龍祐·黃南玉·崔祥訖 등 7~8명이 수기옥정 우체국 앞에서 광주중학교의 사이토(齋藤俊夫) 등 16명과 맞부닥쳐 패싸움이 되었다. 이들 일본인 학생들은 신사참배 후 귀로에 광주천 부근에서 광주고등보통학교생 崔雙鉉을 단도로 코와 안면을 찔러 부상을 입히고 도주해 온 자들이었다. 우체국 앞에서의 싸움은 광주고등보통학교생들이 수적인 열세에도 불구하고 일본인 학생들을 구타하니, 이들은 형세 불리함을 느끼고 광주역 쪽으로 도주하였다. 이에 광주고등보통학교생들은 이들을 쫓아 광주역으로 달려가 순찰 중이던 광주경찰서 순사 5명과 광주중학교 후꾸(福正) 교유를 제치고 플랫폼으로 도망친 일본인 학생들을 닥치는 대로 때려눕히니 이들은 두려워서 자기 학교로 도주하기 시작하였다.[80]

이럴 즈음 광주중학교생들이 구타당하고 있다는 급보를 받은 광주중학교에서는 기숙사생 백수십 명이 목도·단도 등을 휴대하고 유도교사의 인솔로 "광주고보생타도"를 외치면서 달려왔고, 광주고등보통학교 기숙사생들도 야구방망이나 운동기구 등으로 무장하고 광주역으로 달려왔으며, 시내를 배회하던 광주고등보통학교생과 광주농업학교생들도 역전으로 모여들었다.

---

80) 梁東柱, 앞의 책, 108쪽.

이리하여 광주역 광장은 한일학생간의 결투장으로 변하였다. 현장에 몰려 있던 군중들도 한국학생들이 싸우는 모습을 보고 "왜놈 죽여라"라고 함성을 지르면서 사기를 북돋아 주었다. 이때 양측의 학생수는 각각 200여 명 내외로 수에 있어서는 비등하였으나 싸움은 한국학생들이 유리하여 일본인 학생들은 차츰 도망가기 시작하였다.

이와 같은 한일학생간의 충돌을 연락받고 광주서에서는 비상경계를 내리고 경찰대·기마대·소방대까지 동원, 현장에 출동하여 도주하는 일본인 학생들의 뒤를 쫓는 한국학생들의 진로를 차단하였다. 그리하여 양측 학생들은 담양가도 성저리 십자로 부근의 작은 토교를 사이에 두고 서로 대치하게 되었다. 이에 경찰의 강력한 제지와 양교 교사들의 교섭으로 동시퇴각이 결정되어 일단 험악한 상태는 가라앉았다.[81]

광주고등보통학교학생들은 노병주의 인솔로 학교강당으로 집결하였다. 이때 많은 학생들의 손에는 장작 한 개씩을 들고 있었으니, 이것은 양측이 서로 대치해 있을 때 광주중학교를 습격하기 위하여 인근에 있던 관동여관의 장작더미에서 한 개씩 집어들고 있었던 것이다.

강당에 집합한 학생들은 노병주의 사회로 사건경위의 보고와 사후대책을 논의, 일인중학교를 완전히 타도해야 한다는 강경론이 지배적이어서 가두시위투쟁을 벌리기로 하였다.

金明基·康潤錫·金容大·金相煥 등이 농구실을 부수고 삽·괭이·목봉 등과 검도실에서 검도도구를 꺼내어 장작을 들지 않은 학생들에게 나누어주었다. 이때 광주농업학교의 崔泰柱가 광주농업학교생들도 가두시위에 참가한다고 통고해와 사기는 더욱 충천하였다. 오후 1시 상급생들이 앞과 뒤에서 저학년생들을 보호하면서 교문을 박차고 시가로 쏟아져 나왔다. 이때에 광주농업학교생들이 뒤를 따랐고, 광주사범학교의 한국인 학생들도 학교의 완강한 제지를 뿌리치고 학교담을 뛰어넘어 시위대열에 합세했다.

시내에 나온 시위대열의 학생들은 "조선독립만세"·"식민지 노예교육을 철폐하라" 등의 구호를 외치고 애국가·응원가를 부르며 행진했다. 한국학생

81) 《朝鮮日報》, 1929년 11월 5일.

들의 사기는 충천했다. 전남 견산 600만 석 돌파 경축대회에 참석했던 수많은 도민들도 이에 호응하여 시위군중은 3만 명이라고 당시 언론기관이 보도하고 있다.[82]

시위대열은 두 번에 결쳐 광주중학교를 목표로 돌진하였으나 일경의 강력한 제지에 부딪쳐 성공은 거두지 못하였으나, 광주시내는 완전히 한국학생들로 메워져 일본인들은 겁에 질려 폐문 철시하였고, 광주서도 자체경찰력으로 부족하여 인근지방의 경찰을 동원하고 초비상상태에 돌입하였다.

광주중학교 습격이 좌절되자 시위대열은 대오를 정비하여 광주고등보통학교로 돌아왔다. 교문 앞에서 광주농업학교와 사범학교생들은 해산하고, 광주고등보통학교생들은 강당에 집결, ① 부상자문제, ② 금후의 연락방법들을 결의하고 대오를 지어 모두 귀가하였다. 이 시위로 광주고등보통학교를 비롯하여 광주농업학교·광주사범학교는 물론 광주중학교까지 이날부터 3일간 휴교령이 내려졌고, 다시 사태가 악화되자 11월 9일까지 휴교령이 연기되었다. 그뿐만 아니라 이날부터 한국학생들에 대한 검거선풍이 불어 다음날까지 70여 명이 구속되고 그 중 62명이 검사국으로 송치되었다.[83] 이와 같은 검거는 일경의 편파적인 행위였다. 한국학생 70명에 비해 일본학생은 7명을 검거했으나 그것도 얼마 지나지 않아 모두 석방했던 것이다.

광주학생운동에 대한 일제 당국의 불공평한 처사에 민중들은 불만을 품었고, 언론기관·신간회를 비롯한 각 사회단체에서도 이를 규탄하고 비밀리에 조사단을 파견, 진상조사에 나섰다. 그 중 신간회는 許憲·金炳魯·黃尙奎 등이 11월 9일 광주에 도착, 광주고보교장과 광주중학교장을 만나서 사건진상을 조사하고 관계기관을 방문하여 사건의 불공평한 처리를 엄중 항의하였다.[84]

---

82) 光州學生獨立運動同志會 編 앞의 책, 57쪽.
《東亞日報》, 1929년 12월 28일, 號外.

83) 光州學生獨立運動同志會 編 위의 책, 57쪽.

84) 광주학생들에 의한 항일투쟁의 진상조사를 위하여 서울에서는 신간회·조선학생과학연구회·조선학생회·중앙청년동맹 등에서 진상조사단을 광주에 보냈으며 《東亞日報》·《朝鮮日報》 등도 특파원을 광주에 파견하였다.

한편 광주고등보통학교·광주농업학교·광주사범학교·광주여자고등보통학교·광주수피아여학교·광주숭일학교 등의 한국학생들은 편파적인 행정기관의 처사에 격분하고 끝까지 항쟁할 것을 결심, 제2차 시위운동을 전개하게 되었다. 제1차 시위운동 직후인 11월 4·5일 경 광주고등보통학교 출신 장재성은 재광주사회단체의 간부인 張錫天·姜錫元·朴五鳳 등과 회합하여 학생투쟁지도본부를 결성하여 각 학교의 책임자를 정하고 다음과 같은 격문의 초안을 작성, 학생들에게 보냈다.

> 학생이여 대중이여 궐기하라. 검거된 학생은 우리의 손으로 탈환하자. 언론·결사·집회·출판의 자유를 획득하라. 식민지 교육제도를 철폐하라. 조선인 본위의 교육제도를 확립하라(大邱覆審法院 刑事部, 〈昭和 5년 刑控 제176·177호〉).

이리하여 10일 광주고등보통학교생 吳快一·李榮範, 광주사범학교생 李信珩·황상남, 광주농업학교생 金南哲·鄭昱 등이 회합하여 11일 각 학교별로 수업시작종을 신호로 격문을 살포하고 만세시위운동을 전개하기로 합의하였다. 그러나 11일보다 12일이 마침 광주장날이라 이날 많은 군중들이 모일 것을 예상하고 시위일을 12일로 수정하고 오쾌일이 다음과 같은 4종의 격문인쇄를 책임지기로 하였다.

> ① 학생·대중이여 궐기하라! 우리의 슬로건 아래로! 피검자를 우리의 힘으로 탈환하자. 검속자를 즉시 석방하라. 교내의 경찰권 침입에 반대하라. 언론·집회·결사·출판의 자유를 획득하라. 조선인 본위의 교육제도를 확립하라. 식민지 노예교육제도를 철폐하라. 사회과학연구의 자유를 획득하라.
> ② 조선민중이여 궐기하라! 피검자를 탈환하라. 재향군인의 비상소집에 반대하라. 경계망을 즉시 철회하라. 소방대·청년단을 즉시 해산하라. 광주중학을 폐쇄하라. 언론·집회·결사·출판의 자유를 획득하라.
> ③ 용감히 싸워라, 학생·대중이여! 우리의 슬로건 아래 궐기하라. 승리는 오직 우리들의 단결과 희생적 투쟁에 달려 있다(이하 제목은 2항과 같음).
> ④ 용감한 학생·대중이여 최후까지 우리의 슬로건을 지지하라. 그리고 궐기하라. 전사여 힘차게 싸워라(이하 제목은 1항과 같음).
> (大邱覆審法院 刑事部, 〈昭和 5년 刑控 제176·177호〉).

이와 같은 격문을 약 1,000매 인쇄하여 12일 오전 8시 金安鎭에게 약 500매, 姜旻燮에게 약 200매, 조길용에게 약 300매를 교부하였다.

11월 12일 수업종이 울리자 광주고등보통학교에서는 김향남이 "철창에서 신음하는 교우를 구하라"는 외침과 함께 김안진·최양을·김삼석·김동섭·송만수·김홍남 등을 선두로 학생일동이 교문을 박차고 시내로 쏟아져 나왔다. 학생시위대열은 격문을 뿌리고 구호를 외치면서 광주형무소를 목표로 정하고 진격하였다. 도중에 광주여자고등보통학교와 광주사범학교 앞에서 시위에 합세하라고 외쳤으나 양교의 교사들이 교문을 굳게 잠그고 극력 제지하였으므로 시위대열에 참가하지 못하였다.

그러나 광주농업학교에는 수업종을 신호로 조길용의 제창과 김남철·최정기 등 10여 명의 선도로 전교생이 일제히 교문을 박차고 격문을 뿌리고 구호를 외치면서 광주형무소로 진격하였으나 광주고등보통학교 부근에서 급히 출동한 일경에 의하여 저지 당하였다.[85]

이상과 같은 제2차 항일학생시위운동으로 일경에 검거된 학생수는 양교를 합하여 280명이었으니 시위참가학생 약 550여 명의 과반수가 되며 일경은 이 많은 학생을 유치장으로 모두 수용할 수 없어서 도청 앞 무덕전에 집단으로 학생을 수용하였다. 특히 제2차 시위운동에 연루되었다는 혐의로 광주시내 일반 사회단체에 대하여도 검거선풍이 불어 사회단체간부 100여 명이 차례로 구속되었다.[86]

이와 같은 제2차 광주학생시위운동이 있은 후, 일제는 광주시내 중등교육기관에 휴교조치를 내리고 시위운동에 관한 일체의 〈보도금지령〉을 단행했다. 이러한 조치는 같은 해 12월 28일까지 취해져 그 사이 한국민족은 광주학생운동의 진상을 파악하지도 못하였고, 이에 따라 전국의 민심은 동요되고 일제의 악랄한 정책에 대한 분노는 커져갔다.

2차에 걸친 광주학생들의 항일시위운동으로 정식 구속된 학생은 255명이

---

85) 光州學生獨立運動同志會 編, 앞의 책, 58쪽.
양동주, 앞의 책, 119~200쪽.

86) 《東亞日報》, 1929년 12월 28일, 號外.

었다. 그러나 광주학생들은 이러한 희생에도 불구하고 1930년 1월 9일 광주고등보통학교에서는 다시 백지동맹을 일으켜 17명의 학생이 퇴학당했고, 16일에는 제3차 시위운동을 준비하다가 발각되어 48명이 무더기로 퇴학당하였으며, 광주여자고등보통학교생도 백지동맹·비밀결사 등 시위에 관련된 학생 40여 명이 퇴학을 당하였다.[87)]

(3) 광주학생운동의 전국적 확대

1929년 11월 3일 광주에서 일어난 항일학생운동은 일제의 보도관제 때문에 단 한번 신문보도에 게재되었을 뿐 한국민이나 학생들에게 그 전말이 잘 알려지지 않고 있었다. 그러나 이 운동의 소식은 구전으로 차차 전국 각지로 전파되고 일제의 탄압이 가혹하여 학생들이 신음 속에 허덕이고 있다는 소식이 알려져 한국민, 특히 한국학생들의 분노는 지금까지 참아왔던 식민지체제에 대한 항일민족운동으로 승화케 하였다. 우선 광주와 가까운 전남지역에서 먼저 항일학생운동이 일어났다. 전남의 대표적 지역은 목포와 나주였다.

목포에서는 목포상업학교에서 일어났다. 이 학교는 공립학교로 한국학생이 121명, 일본학생이 130명 재학하고 있던 한일공학제였다. 광주학생운동이 일어나자 이 학교의 崔昌鎬·李麟炯 등이 11월 9일 광주에 와서 장재성을 만나 광주 학생들의 항일운동의 활동상을 듣고 이에 호응할 것을 결심, 계획을 세운 뒤 목포에 돌아와 11월 19일 총궐기를 감행하였다.[88)]

한국인 학생들은 이날 교내의 전화선을 절단하여 외부와의 연락을 끊고 학교 당국의 만류를 뿌리치고 오후 1시 경 "우리 2,000만 생령을 사랑하고 우리 조국을 사랑하는 광주 남녀학생 수십 명은 빈사의 중상을 입고 200여 명은 불법검거로 철창에서 신음하고 있다. 그들은 정의를 위해 시위했던 것이다. …"라는 격문 살포와 "광주학생 만세"를 외치면서 교문 밖으로 뛰쳐나와 시내의 양동·무안통을 지나 목포역전까지 진출하였다.

그러나 사후 연락을 받은 목포경찰서에서는 100여 명의 경찰을 출동시켜

---

87) 《朝鮮日報》, 1930년 1월 20일.

88) 《東亞日報》, 1930년 1월 9일.

70여 명의 학생을 검거하고, 시위를 해산시켰다. 이때 검거된 학생 중 주모자로 꼽힌 李光雨·朴鍾植 등 16명은 최고 1년에서 5년의 체형 또는 집행유예를 받았다.

나주에서는 학생들과 기성 민족운동가들이 합세하여 항일시위운동을 전개하였다. 즉 《중외일보》 지국 기자이며 신간회 집행위원인 金亨浩, 신간회 나주지회 서기장 朴恭根, 나주청년동맹집행위원 梁東澤 등이 나주농업보습학교 2년생인 柳贊玉·洪敏原과 항일시위운동을 일으킬 것을 결정하고 시위일을 11월 13일로 정하였다가 나주 장날이 11월 27일이므로 이날로 결정하고 26일 격문을 보습학교 2년생인 李昌信이 등사판으로 약 24매를 등사하였다.

이같은 격문을 등사한 후 다음날인 27일 정오 나주보습학교생 50여 명과 나주보통학교생 28명이 군청 앞 광장에 모여 격문을 살포하고 만세시위항쟁에 들어가 시장방면으로 행진하였으나 출동한 경찰과 교직원의 제지로 해산당하였다. 이 항쟁으로 보습학교생 9명과 보통학교생 7명이 체포되어 이들 중 박공근 등 5명은 징역 1년~10개월의 체형을 받았다.[89]

전남에서는 이 밖에 각 지역에서 계속 항일시위운동이 일어났다. 함평에서는 12월 2일 함평농잠학교생의 시위운동계획이 미연에 발각되어 주모자 4명이 구속되었다. 1930년 1월 28일에는 광주수피아여학교에서 시위계획이 있었으며, 이달에 담양군 창평보통학교, 강진 대구보통학교·왕양보통학교·여수수산학교 등의 시위계획이 있었으며, 2월에는 담양보통학교·보성보통학교·순천농업보습학교·목포정명여학교 등이 동맹휴교 내지 시위운동을 계획하다가 발각되어 그 뜻을 이루지 못하였다.[90]

동일한 역사적 상황하에 놓여 있던 한국민과 학생들은 광주학생운동을 자신들의 것으로 간주하고 전남뿐만 아니라 서울을 중심으로 전국적으로 확대, 발전시켜 나갔다.

서울에서는 신간회를 비롯한 각종의 사회단체·학생단체들이 광주학생운

89) 光州地方法院, 《昭和 4年 刑公 第51號》 참조.
《東亞日報》, 1929년 12월 28일.

90) 《東亞日報》, 1930년 2월 7·10·13일.

동을 극대화시키기 위한 활동과 계획을 추진하여 갔다. 당시 신간회 경성 지부장이었던 趙炳玉의 회고록에서 다음과 같이 당시의 사정을 술회하고 있다.

> 광주에서 대대적인 학생항쟁이 벌어진 다음 날 신간회 광주지회로부터 신간회 중앙본부에 보고가 왔고, 이와 때를 같이 하여 광주청년 장석천이 급거 상경하여 신간회 중앙본부를 방문하고 사건의 동기와 내용을 상세히 알려줌으로써 신간회 중앙본부에서는 진상에 대하여 확실한 근거를 가지고 파악하게 되었다. 그리하여 신간회본부에서는 긴급 간부회의를 소집하여 그 대책을 협의한 후에 이날 장성·나주·담양·광주의 각 지회에 전보지시를 하여 그 다음날까지 각 지회간부는 광주에서 만날 수 있도록 하였다.
>
> 그리고 중앙본부의 간부이며 변호사인 김병로·허헌, 그리고 서기장 황상규는 밤열차로 광주로 떠났던 것이다. 이들이 다음날 아침에 광주역에 도착하였을 때는 전기 4개 지회의 간부, 우호단체, 각 신문사 기자들을 합친 약 30여 명의 인사가 환영해 주었고, 반면에 그와 비슷한 정사복의 경찰이 동태감시를 위해 광주역까지 파견되어 있었다. 이들이 광주로 가게 된 목적은 진상조사를 하기 위해서라는 것을 내세웠던 것이다. 김병로·허헌·황상규 등은 광양여관에 투숙하였고, 경찰의 삼엄한 감시를 받으면서 광주중학교장·광주경찰서장·검사정 등을 만나서 한국학생만을 처벌하는 문제에 대하여 그들에게 항의하고 진상을 조사하고 상경하였다. 전기 3인이 상경하자 신간회에서는 긴급위원회를 열고 '광주학생사건보고대강연회'를 개최하기로 하고 선전삐라 살포를 계획했으나, 경찰의 탄압으로 중단되고 말았다. 그리하여 여기에 항의하고자 '언론탄압강효대강설회'의 개최를 추진했으나 이 집회도 좌절당하고 말았다(趙炳玉, 《나의 回顧錄》, 民敎社, 1959, 104~106쪽).

광주학생운동의 전국적인 확대에 결정적인 역할을 한 신간회에서는 다음과 같은 결의문을 채택하였다.

> 1) 민중대회를 개최할 사.
> 2) 시위운동을 할 사.
> 3) 하기표어로 새 민족 여론을 환기할 것.
> ① 광주사건의 정체를 폭로하자.
> ② 구금한 학생을 무조건으로 석방케 하자.
> ③ 경찰의 학생 유린을 배격하자.

④ 포악한 경찰 정치에 항의하자.

이러한 결의문 채택과 함께 "래하라! 투하라! 형제여! 자매여! 광주대연설회", "아등의 자질이 희생되는 것을 묵시키 불능하다" 등의 격문을 만들어 광주고등보통학교 사건보고회를 개최하려고 하였다.

이것이 좌절되자 다음 단계로 민중대회를 열 것을 계획하고 韓龍雲·조병옥·柳東鎭·허헌·홍명희·金恒奎·李源赫·李灌鎔 등이 〈민중선언서〉를 작성하고, 1929년 12월 13일 안국등 네거리에서 대회를 개최키로 하였다. 그러나 대회 6시간 전 신간회본부는 일경에 의하여 포위되고 현장에서 대회 준비에 열중하고 있던 조병옥 외 44명의 회원과 근우회·청년총연합회·노동총동맹 등의 관련자 47명을 합하여 도합 91명이 검거되어 대회는 실패로 돌아갔다.

한편 11월 7일 학생전위동맹에서는 광주학생운동의 진상을 조사키 위하여 夫鍵·權遺根을, 조선학생회에서는 李漢星을 광주에 파견하였고 9일에는 조선학생과학연구회의 朴日이 광주로 출발하였다.[91] 그러나 이들은 광주에 도착은 하였으나 일경의 감시와 방해로 제대로 진상을 조사하지도 못하고 10일 광주서에 구속되었다가 상경하고 말았다.

이러한 상황 아래 광주에서의 항일운동은 그 무대가 서울로 옮겨져 서울 학생들에 의한 격렬한 민족운동이 전개되었다. 1929년 12월 2일 밤과 3일 아침 사이에 경성제국대학을 비롯하여 중동학교·경성여자상업학교·동덕여자학교·중앙고등보통학교 기타 시내 공·사립학교와 시내 요소에 광주학생항일운동의 전국화를 위하여 학생과 민중의 총궐기를 촉구하는 격문이 살포되었다. 이에 놀란 일경은 종로경찰서에 수사 총본부를 설치하고 12월 4일 정오까지 각 사상단체·청년단체·근우회 등의 간부와 학생 등 127명을 검거하고 조사에 나서 13개 처를 수색, 격문 8,000매를 압수하였다. 계속하여 12월 5일 40여 명이 다시 검거되었다. 이때 살포된 격문은 앞서 상경한 장석

91) 朝鮮總督府 學務局, 《全羅南道光州に於ける內朝鮮生徒鬪爭事件の眞相並て鮮內諸學校に及ほる影響》, 32~33쪽.

천·강영석 등과 학생전위동맹간부 및 각 학교 비밀결사 간부들이 모여 11월 중순에서 하순 사이에 車載貞이 낸 인쇄비 70원으로 郭良勳이 8,000매를 인쇄한 것이며, 한편으로 권유근·鄭鍾根 등이 申用雨와 협의하여 격문 8,000매를 인쇄하여 살포한 것으로 그 격문 요지는 다음과 같다.

〈격문〉

조선청년학생대중이여! 제국주의적 침략에 대한 반항적 투쟁으로서 광주학생운동을 지지하고 성원하라! 우리는 이제 과거의 약자가 아니다. 반항과 유혈이 있는 곳에 승리는 역사적 조건이 입증하지 않았던가? 조선학생대중이여! 당신들은 저 제국주의 이민배의 광만적 폭거를 확문하였을 것이다. 이것은 광주조선학생동지의 학살의 음모인 동시에 조선학생에 대한 압살적 시위이다. … 그들의 언론기관은 여기에 선동하였으며 그들 횡포배들은 일본인의 생명을 위하여 조선인을 죽이라는 구호 밑에 소방대와 청년단을 무장시켰으며, 재향군인연합을 소집하여 횡포무도한 만행이 있은 후에 소위 그들의 사법경찰을 총동원하여 광주학생동지 400여 명을 참혹한 철쇄에 묶어 넣었다.

여러분! 궐기하라. 선혈의 최후까지 조선학생의 이익과 약소민족의 승리를 위하여 항쟁적 전투에 공헌하라.

① 검속된 광주조선학생동지를 즉시 탈환하라.

② 식민지 노예교육에 대항하라.

③ 살인적 폭도인 일본이민군을 구축하라.

④ 신간회와 청총에 민족적 환기로 호소하라.

⑤ 삭제

(《東亞日報》, 1930년 9월 9일, 1931년 4월 9·14일).

일경은 이 사건을 차재정사건 또는 학생전위동맹사건이라 하여 장석천·차재정의 검거에 혈안이 되었으며, 이에 연루된 45명을 검사국에 송치하고 그 중 12명을 재판에 회부하였다.

이 격문 살포는 서울시내 각급 학교 학생들에게 커다란 자극이 되었다. 그리하여 12월 5일부터 14일까지 계획된 순서에 따라 제1차 서울학생항일시위운동이 감행되었다. 1929년 12월 5일 제2고등보통학교에서 3·4학년생이 2교시 직전 운동장에 집합하였다가 다시 강단에서 집회를 열고 다음과 같은 결의문을 채택하였다.

〈결의문〉

① 학우회의 자치.
② 조선역사의 교수.
③ 조선어문법과 작문시간 편입.
④ 광주학생에 대한 응원.
⑤ 식민지 노예교육반대.

그리고 교문을 나가 시위운등을 전개하려고 하였으나 교직원의 필사적인 저지로 좌절되고 말았다.[92] 그렇지만 이로 인하여 7일에는 제1고등보통학교에서 항일운동이 일어났으며, 경신학교와 중동학교에서도 〈진정서〉를 제출하고 동맹휴교를 단행하였다. 특히 제2고보와 제1고보의 항일시위는 비록 교내항쟁으로 끝났지만 양교가 공립학교이며 가장 우수한 한국학생들의 학교로서 이들 학생들이 항일운동에 서전을 장식하였다는 데 더 큰 의의가 있었다.

한편 이날 오전 9시 30분 경 조회를 마친 경신학교 학생 300여 명은 학생대표가 행한 '광주학생지원' 연설을 듣고 "독립만세"를 외치면서 교문을 박차고 시가로 진출하였다. 이들은 일경기마대의 포위망을 뚫고 혜화동 남대문상업학교(현 동성중학교) 앞까지 진출하여 만세를 고창하며 시위합류를 권유하였으나 남대문상업학교에서는 교문을 굳게 닫고 교직원들이 합류를 저지하여 할 수 없이 경신학교생들은 교문 밖에서, 남대문상업학교생은 교실에서 만세를 불렀다. 이때 보성고등보통학교생 400여 명이 가두로 진출, 경신・보성 양교의 시위대가 합세하여 사기 충천한 가운데 두 대로 나누어 제1대는 경성제국대학 앞을 지나 종로 5정목으로 진출하고, 제2대는 창경원 앞을 지나 종로 4정목으로 행진하던 중 제1대는 제국대학 앞에서, 제2대는 박석고개에서 일경에게 포위되어 시위학생 1,100여 명 중 950여 명이 검거되었다. 그러나 이 포위망을 탈출한 학생들은 창덕궁 뒷산을 넘어 계동 중앙고등보통학교 뒷산으로 가서 400여 경의 중앙고보생과 합세, 화동과 팔판동을 지나

---

92) 《朝鮮日報》, 1929년 12월 28일.

경복궁 뒷길로 나오려 하였으나 일경에게 포위·검거되었다. 이와 때를 같이 하여 숙명여자고등학교생들도 독립만세를 외치며 시가로 진출하여 가두시위를 벌이려 하였으나 일경의 제지로 교내로 들어와 통곡하며 독립만세를 외쳤으며, 휘문고등보통학교생 400여 명도 궐기하여 가두시위를 벌이려다가 실패하고 교내에서 광주학생지원집회를 갖고 독립만세를 고창하였으며, 협성실업학교생 150여 명도 광주학생지원과 대일본규탄연설을 갖고 동맹휴교에 들어갔다.

이러한 학생운동은 다음 날도 계속되어 10일에는 휘문·숙명·근화·협성실업·청년학관·배재 등이 궐기하였고, 11일에는 이화·서울여자상업·동덕·실천여학교·경기농업·법정학교·전기학교·선린상업 등이 궐기하였다. 13일에도 배화·진명·중앙보육·정신·간이상공 등이 광주학생지원과 일제에 대한 성토·통기·동맹휴학 등의 형태로 항일운동을 전개하였다.[93)]

제1차 서울학생항일독립만세시위운동을 탄압하기 위하여 일제는 2,400여 명의 경찰력을 동원하여 남녀학생 1,400여 명을 검거하였다. 이처럼 전 서울 시내의 각급 학교가 동요하자 일제 당국은 12월 13일 조기 동계방학을 실시토록 하였고, 소요가 극심한 학교에 대해서는 휴교토록 하였다.

1929년 11월 13일 이래 일제 당국에 의하여 보도금지되었던 광주학생운동에 관한 기사는 12월 28일 동아일보사장 송진우가 조선총독부 고다마 히데오(兒玉秀雄) 정무총감을 면담하고 강력 항의한 끝에 해제되어 광주학생에 관한 기사를 비롯한 전국 각지의 학생운동상황이 호외로 일제히 보도되기 시작하였다.

1929년 12월 조기 동계방학에 들어간 서울 시내의 학교들은 1930년 1월 초순부터 휴교했던 학교부터 개학하기 시작하였고, 지방학생들도 상경하여 학원가는 정초부터 동요하였다. 처음에는 학교별로 산발적인 동맹휴교에 그쳤으나, 1월 중순부터는 전문학교에서 남녀 중학교와 보통학교생까지 총궐기하여 가두시위의 항일운동으로 발전하였다.

---

93) 朝鮮總督府 警務局, 《光州抗日學生事件資料》(風媒社, 1979), 139쪽.
《朝鮮日報》, 1930년 1월 15일, 號外.

1930년 1월 15일 서울시내 각급 학교생 5,000여 명이 일제히 궐기하여 독립만세를 외치면서 시내로 쏟아져 나와 시위운동을 전개했다. 우선 보성전문학교에서는 오전 10시 경 200여 명의 학생이 교정에 모여 광주학생들을 석방하지 않으면 수업을 받을 수 없다는 요지의 연설을 하고 독립만세를 고창하면서 시내로 나오려고 하였으나, 일경의 제지로 좌절되자 교정에서 농성시위로 들어갔다. 이때 학생들은 ① 구속학생을 즉시 석방할 사, ② 학원을 독립시킬 것 등을 결의하여 이를 조선총독부의 총독과 학무국, 일본내각 및 문부성에 요구하기로 하였다. 이 시위로 李源七 등 15명의 학생이 종로서에 피검되었다.[94]

한편 경신학교를 비롯한 시내 남녀 중등학교생들은 각기 교정에서 광주학생 지원 연설을 한 후 교문을 나와 시위운동을 벌였다. 제2차 학생시위운동은 제1차 학생시위 때보다 그 수가 약 3배가 넘는 학생이 참가하였다. 일경은 서울의 경찰병력으로는 제지하기 어렵다고 판단하고 인천 지방의 경찰력을 동원하고 자동차를 강제징발하여 무차별 검거에 나서서 종로서를 비롯한 각 서는 검거 학생으로 초만원을 이루었다.

이와 같은 검거에도 불구하고 항일의 불길은 꺼질 줄 모르고 타오르기만 하였다. 16일에는 경성여자상업학교·진명여자고등보통학교·숙명여자고등보통학교·협성실업학교 등의 1,200여 명이, 17일에도 중앙기독교청년학관 전학생과 경성실업전수학교생 100여 명, 배재보통고등학교생 600여 명이 독립만세 시위운동을 감행하였다.[95]

이와 같이 만세시위가 연일 일어나자 일제 당국은 17일 시위에 참가한 모든 학교에 대해 휴교조치를 내렸다. 천수백 명이 일시에 구속되고 그 중 480여 명의 학생이 정식 구속된 상황하에 휴교령이 아니라도 각급 학교에서는 정상수업을 할 수 없는 실정이었다.

제2차 서울학생만세시위운동의 특징은 시내 여학교 학생들이 총궐기한 사

94) 《東亞日報》, 1930년 1월 16일.
《朝鮮日報》, 1930년 1월 16일.
95) 《東亞日報》, 1930년 1월 17일.

실에 있다. 이것은 제1차 시위운동이 남학생 중심인 데 반하여, 제2차 시위운동은 여학생들이 중심이었다는 것이다. 즉 이화여고보의 崔福順은 광주 학생의 지원과 학생민족항쟁을 위하여 여학생의 궐기가 필요함을 느끼고 동급생인 金鎭賢·崔允淑과 협의하여 당시 근우회 서무부장인 許貞淑을 방문하여 자문을 받고 다음과 같은 격문을 작성하였다.

〈격문〉

① 학교는 경찰의 침입을 반대한다.
② 식민지 교육정책을 철폐하라.
③ 광주학생사건에 대하여 분개한다.
④ 학생희생자를 석방하라.
⑤ 일본의 ○○정책을 반대하라.
⑥ 각 학교의 퇴학생을 복교시켜라.

(《東亞日報》, 1930년 3월 19일, 〈市內女學生萬歲事件公訴事實要略〉).

宋桂月·최복순 등은 이상과 같은 격문과 대소의 태극기 100여 장을 만든 다음 1월 14일 밤 가회동 48번지에 진명·숙명·실천·근화·미술·여상·정신·배화·동덕·이화 등 각 학교 대표들을 모이게 하고 휘문고보 張洪淡 등과 회합하여 15일 오전 9시를 기하여 총궐기할 것을 결의하고 제2차 학생 시위운동을 일으켰던 것이다.

광주에서 시작된 항일학생운동은 서울에서 2차에 걸친 대규모 학생운동으로 발전하고 다시 1930년 2월 초순까지 전국적으로 확대되었다.

경기도에서는 1930년 1월 9일 개성송도고보·호수돈여고보·개성상업학교·미리령여고의 만세시위운동이 일어났으며, 이보다 앞서 1929년 12월 13일 인천상업학교에서도 만세시위운동이 있었다.96)

전라북도는 전주를 중심으로 1930년 1월 20일을 전후하여 전주고보·전주농교·전주여고보·신흥학교 등이, 22일에는 고창고보가 보통학교와 제휴하여 만세시위운동을 계획했으나 좌절되었고, 그 밖의 정읍농업학교·삼례영신학교·삼례보통학교·이리농림학교·정읍보통학교·군산고보 등에서 시위운

96) 《朝鮮日報》, 1930년 1월 9일.

동이 있었다.[97]

경상남도는 진주·익산·마산 등이 가장 강렬하게 시위운동을 전개했다. 특히 진주에서는 진주고보·진주제일보통학교·일신여고보 등 1,000여 명이 1930년 1월 17일 궐기하여 만세시위운동을 감행하였고 이 시위로 진주고보생 29명이 검거되고 11명이 퇴학, 246명이 무기정학을 당하였다.[98]

경상북도에서는 1928년 11월 초순 대구학생비밀결사가 발각되어 대구고보·대구사범·대구상업학교 학생간부 100여 명이 희생되었다. 이 사건의 공판이 1930년 3월에야 판결되어 지도급 학생들의 투옥으로 전국학생운동에서는 활발한 운동을 전개할 수 없었다. 그러나 이러한 상황 속에서도 1930년 1월 20일 대구시내 전학교 학생들의 만세시위운동이 계획되었으나 1월 18일 발각되었다.[99] 19일 다시 계획을 추진하였으나 이것도 발각되어 실패로 돌아갔다.[100]

충청남북도는 공주와 청주를 중심으로 1930년 1월 20일을 전후하여 만세시위운동이 일어났다. 즉 청주고보·청주농교·공주고보·공주영명학교·공주금성보통학교와 그 밖에 대전상업보습학교·홍성공업전수학교·당진석문보통학교·조치원농업보습학교·대전제2보통학교·부여농업보습학교·예산대흥보통학교·괴산청천보통학교·충주대소보통학교 등에서도 동맹휴교 내지 독립을 위한 만세시위운동을 일으켰다.[101]

황해도에서는 1930년 1월 21일 해주고보생 300여 명의 시위운동이 있었고 사리원농업학교도 보통학교와 연합하여 만세시위운동이 일어났다.[102]

강원도는 춘천과 철원이 중심이었다. 1929년 12월 19일 춘천고보의 동맹휴

---

97) 《朝鮮日報》, 1930년 1월 22·23·26·27일.
《東亞日報》, 1930년 1월 22·23·25·27·28일.

98) 《朝鮮日報》, 1930년 1월 19·23일
《東亞日報》, 1930년 1월 28일.

99) 《朝鮮日報》, 1930년 1월 21·22·23·25·26일, 2월 12일.
《東亞日報》, 1930년 1월 24·25·26·30일.

100) 《朝鮮日報》, 1929년 9월 12일, 〈大邱學生事件公判〉 참조.

101) 《朝鮮日報》, 1930년 1월 21~26일·28일.

102) 《朝鮮日報》, 1930년 1월 31일.

학이 있었고, 1930년 1월 24일 춘천농교의 만세시위가 있었으며 강릉농업도 거사계획 중 사전에 발각되어 실패했다.[103)]

평안남도는 평양이 중심이었다. 1929년 12월 5일 경부터 광주학생운동을 격려하고 일제의 정책을 규탄하는 격문이 나붙기 시작하여 16일 경 시내 관립학교 7개교 대표들이 "광주학생들이 철창에서 떨고 있는데 우리만 이렇게 공부할 수 있겠는가"라는 항의문을 작성, 각 학교에 보내고 동맹휴교를 단행하였으며, 1930년 1월 21일 남녀학생 3,000여 명이 일제히 궐기하였다. 숭실전문을 비롯하여 광성고보·숭실중학·숭의여고보·평양고보·평양사범·숭인학교·평양공립보통학교·평양여고보·정의여고보 등의 학생들이 참가하였으며, 다음날도 시내 12개교가 총궐기하여 만세시위운동을 전개하였다. 이로써 21일~22일 사이의 사건으로 피검된 학생이 138명이나 되었다. 그럼에도 불구하고 23일에는 명륜여자보통학교·광성보통학교·숭덕보통학교·숭실여학교 등이 만세를 불렀고 더구나 기생학교생 200명도 만세시위운동에 참가했다. 평양학생들의 만세시위운동은 인근 지방에 파급되어 진남공립상공학교·안주농업학교·인화학교·영변해림공립학교 등에서도 만세시위운동이 끊이지 않고 일어났다.[104)]

평안북도에서는 신의주고보와 오산고보의 항일운동이 가장 격렬하였다. 신의주고보는 1월 8일 개학식 도중 전교생이 만세시위를 하였고, 25일 제2차 시위운동을 전개하였다. 2월 중순에는 동맹휴학을, 20일 제3차 만세운동을 단행, 도합 3차에 걸쳐서 100여 명의 희생자를 내면서 항일운동을 감행했다. 신의주농업학교도 제2차 신의주고보만세시위에 합세하려고 하였으나 사전에 발각되어 좌절되었다. 정주오산학교도 광주에서의 학생운동소식을 듣고 1월 18일 전교생 380여 명이 궐기하여 만세를 외치면서 30리나 떨어진 정주읍까지 시위행진을 하였다. 이 사건으로 90여 명이 검거되고 7명이 퇴학, 200여 명이 무기정학을 받고 학교는 휴교조치가 취해졌다. 그 외에 선천신성중학교·영변농업학교·숭덕중학교·숭덕여학교·영변보통학교·영변고성보통학

103)《朝鮮日報》, 1930년 1월 26일·10월 30일.
104)《東亞日報》, 1930년 1월 25일.

교・소림보통학교・팔원보성학교・의주지신학교・박천보통학교・봉산보통학교・성천농림학교에서도 만세시위운동이 벌어졌다.105)

함경남도는 함흥고보가 1929년 11월 16일 제1차로 광주학생들의 항일운동에 호응하는 만세시위운동이 일어났고, 제2차로 12월 16일 시위운동을 감행 동맹휴교로 항쟁을 계속하였다. 이로써 50명의 퇴학・정학생이 나왔고, 수십명이 경찰에 체포되어 그 중 5명은 체형을 받기까지 하였다. 함흥상업학교에서도 1930년 1월 14일 만세시위가 있었고, 이어서 영생중학・영생여고보・영생고보생이 연합하여 만세시위운동을 단행하였다. 그 밖에 신상보통학교・단천농업학교・광천보통학교・감홍농업학교 등에서도 만세시위가 있었고, 원산에서는 1930년 1월 3일 루씨여학교 학생 300여 명이 청년학관생과 합세하여 만세시위운동을 전개하여 60여 명의 희생자를 냈다. 또한 원산상업학교와 원산고등여학교에서도 동맹휴교르 일제에 대항하였다.106)

함경북도에서는 1930년 1월 25일 경성고보생 500여 명과 경성농업학교생 500여 명이 합세하여 만세시의운동을 벌여 102명이 검거되었다. 이에 경성시민들은 피검학생석방요구 시민대회를 열었다. 27일에는 시민・학생들이 구속학생 석방을 요구하며 시위운동을 전개하였다. 이밖에 회령상업학교・회령여학교・청진상업보습학교・호령보광여학교・경성어랑보통학교・어대진보통학교・주을보통학교・학동학교・성진임명보통학교・길주농교・길주덕산보교・성진보교・명간보교・나남중학고・청진청공학교・청진여보고 등에서 만세시위운동이 계속 일어났다.107)

이상과 같이 전국학생운동은 광주에서 불꽃을 피운 후 한반도 전지역에 학교가 설립되어 있는 곳이면 어디서든지 일제의 식민지 정책에 반대하는 항일민족운동으로 그 불꽃은 꺼지지 않고 번져만 갔던 것이다. 학생들의 항일학생운동은 학생들의 희생을 전제로 한 것이어서 전국에서 퇴학처분을 받은 학생이 582명, 무기정학을 받은 학생이 2,330명, 피검자가 1,462명이나 되

105) 《朝鮮日報》, 1930년 1월 28일, 2월 21・25일, 3월 2일.
《東亞日報》, 1930년 1월 19일.

106) 《東亞日報》, 1930년 2월 22일.

107) 《朝鮮日報》, 1930년 1월 27・30일.

었으며 참가교는 194개교로 초등교육기관이 54개교, 중등교육기관이 146개교, 고등교육기관이 4개교였고 참가학생 수는 약 5만 4,000여 명이나 되었다.[108]

광주학생운동은 그 사회적 배경으로 당시 국내사상의 동향, 전남 광주의 사회적 조건, 성진회·독서회 등의 비밀결사와 동맹휴학의 영향이 이 운동을 일으키게 한 요인으로 작용하였던 것을 고찰하였다. 이제 이 운동이 전개, 확산되어간 과정과 그 성격을 살펴보면 다음과 같다.

첫째 광주학생운동은 단순한 사건이 아니라 대일 민족독립을 절규하던 민족운동이었으며 사회를 개혁하고자 한 사회문화운동이었다. 일제는 광주학생운동을 '광주학생사건'이라고 규정하고 사회주의운동으로 간주하였지만 이는 어디까지나 그들이 학생들의 민족운동을 축소하기 위한 술책이었던 것이다.

둘째 이 운동은 단순하고 순간적인 폭발에서 일어난 것이 아니라 학생들이 꾸준하게 전개하였던 조직적이고 계획적인 항일독립운동이었다. 1929년 10월 30일 전남 광주에서 한국인 통학생과 일본인 통학생간의 통학열차에서 비롯된 충돌은 하나의 계기였지 그것 자체가 광주학생운동은 아니었다. 광주고보를 비롯한 광주의 한국인 학생들에 의하여 1926년부터 조직되고 운영되었던 비밀결사 성진회·독서회 등의 활동과 1920년대에 들어와 격화되고 있던 동맹휴학에 의한 학생들의 민족의식이 연결되어 일어났던 것이다.

셋째 광주의 한국인 학생들의 항일투쟁은 전국학생들의 궐기를 가져와 전국 방방곡곡의 보통학교에서 전문학교에까지 확산된 항일민족운동이었다. 1929년 11월 3일 광주고보·광주농업학교·광주사범학교·광주여자고보 등에 수학하고 있던 한국인 학생과 광주중학교 일본인 학생과의 충돌은 광주시가지 전체를 휩쓸었고, 일제경찰의 가혹한 탄압에도 불구하고 12일까지 계속 학교별로 항일시위가 감행되었다. 일제 당국은 이 시위내용은 일체 보도금지시켰으나 광주와 가까운 전라도 나주·목포에서 여수·함평·담양·강진·보성·순천으로 이어지고 서울에서는 같은 해 12월 5일에서 14일까지 제1차 서울학생항일시위가 감행되었고 1930년 1월 15일 제2차 항일시위가 일어나면서 광주학생운동은 서울에서 그 절정에 이르렀다. 이후 항일독립시

108) 國史編纂委員會 編,《韓國獨立運動史》V 資料編(1968), 261쪽.

위 운동은 요원의 불길과 같이 확대되어 전국 각도 각급 학교 학생들에게 파급되어 전국적 학생운동으로 발전되었던 것이다.

넷째 광주학생운동으로 규정하기보다는 전국학생운동으로 보는 것이 보다 더 광주에서 일어난 항일독립운동을 인식하는 방법이라 할 수 있다. 그것은 광주만이 지니고 있었던 특수성도 있었지만 당시 한국 전지역에 걸쳐 일본 제국주의 통치에 대한 저항의식이 보편화되어 있었던 데 기인한다고 보며 아울러 항일독립운동은 학생계층뿐만 아니라 민족전체가 수행하여야 할 지상과제였기 때문에 학생들이 선봉에 서서 이 운동을 전개하였고 민족 전체가 후원하였던 것이다. 그러므로 항일독립운동에 있어서 '11·3학생운동'으로 명명하는 것이 타당하다고 생각한다.

광주를 기점으로 하여 전국적으로 확대된 1929년부터 1930년 사이의 전국 학생운동은 3·1운동 이후 우리 민족이 감행한 최대의 항일민족운동이었다. 이는 1920년대 일제의 문화정치에 대한 일침이었으며 우리민족이 추구하여 왔던 실력양성운동의 성과가 가져다 준 결실이었다.

〈金鎬逸〉

집 필 자

개 요 ·· 정재정

Ⅰ. 국내 민족주의와 사회주의 운동

1. 1920년대 국내 민족주의 세력의 동향 ························ 박찬승
2. 조선공산당의 성립과 활동 ·· 전명혁

Ⅱ. 6·10만세운동과 신간회운동

1. 6·10만세운동 ·· 장석흥
2. 신간회운동 ·· 안건호

Ⅲ. 1920년대의 대중운동

1. 농민운동 ·· 김용달
2. 노동운동 ·· 안태정
3. 여성운동 ·· 박용옥
4. 형평운동 ·· 고숙화
5. 청년운동 ·· 박철하
6. 학생운동 ·· 김호일

한국사 49
민족운동의 분화와 대중운동

편찬간행 **국사편찬위원회**

초판1쇄 2003년 11월 30일
2쇄 2013년 6월 4일

번각발행 **탐구당**

등록일 1950년 11월 1일
등록번호 서울 제 03-00993 호

주소 서울특별시 용산구 한강대로 62 나길 6
전화 (02) 3785-2211(대표)
팩스 (02) 3785-2272
홈페이지 www.tamgudang.co.kr
전자우편 tamgudang@paran.com

ISBN 978-89-8236-615-4
978-89-8236-566-9(세트)

값 19,500 원

* 파본이나 잘못된 책이 있으면 교환해 드립니다.